U0458779

枝丫集

金友博 辑

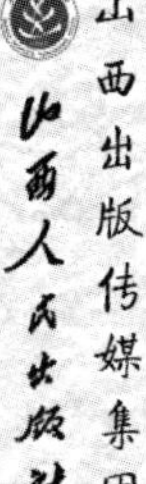

山西出版传媒集团
山西人民出版社

图书在版编目（CIP）数据

枝丫集 / 金友博著. —太原：山西人民出版社，
2015.9

ISBN 978-7-203-09282-7

Ⅰ.①枝… Ⅱ.①金… Ⅲ.①中国历史—研究—先秦
时代 Ⅳ.①K220.7

中国版本图书馆 CIP 数据核字(2015)第 227363 号

枝丫集

编　　著：金友博
责任编辑：孙　琳　　徐晓宇
装帧设计：刘彦杰

出 版 者：山西出版传媒集团 · 山西人民出版社
地　　址：太原市建设南路 21 号
邮　　编：030012
发行营销：0351-4922220 4955996 4956039 4922127(传真)
天猫官网：http://sxrmcbs.tmall.com　　**电话**：0351-4922159
E - mail：sxskcb@163.com　发行部
sxskcb@126.com　总编室
网　　址：www . sxskcb . com

经 销 者：山西出版传媒集团·山西人民出版社
承 印 厂：山西辰昱印务有限公司

开　　本：890mm × 1240mm　1/32
印　　张：23.75
字　　数：600 千字
印　　数：1-2000 册
版　　次：2015 年 9 月　第 1 版
印　　次：2015 年 9 月　第 1 次印刷
书　　号：ISBN 978-7-203-09282-7
定　　价：55.00 元 (上、下)

如有印装质量问题请与本社联系调换

尽管还只是这枝枝丫丫，也总是我迄今或可留予世间的几许痕迹。

——作者题记

目　录

上

下

枝丫集

（上）

书峰隙窥孔子生年

林叶蓁

两千余载孔子生年是非，可谓笔山墨峦；史载有异，致使从“经”、从“史”，莫衷一是。古之文人，何休、王钦若、胡安国、王圻、钱曾、钱大昕等巨匠大家从经，苏辙、刘安世、朱熹、罗泌、万斯大、齐召南等文星墨斗从史；近之学者，钱穆先生认从“襄二十二年”规定，董作宾先生赞成“襄二十一年”之说。笔者愚钝，多与星宿无缘，偶翻章文，竟窥群峰间隙，不妨试笔属文，以乞行家一顾。

一

借览今人纪年，见群书众系同非《春秋》纪“庚子，孔子生”于鲁襄公“二十一年”籍，虽不知其何以为据，却，几近记文皆然。为求真去伪，笔者缀文试证：《春秋》纪年何无信?

(一)

孔子生年史载有三：

1.《穀梁传春秋》载：襄公“二十有一年……冬十月，庚辰朔……庚子，孔子生。”[1]

2.《公羊传春秋》载：“二十有一年……十有一月，庚子，孔子生。”[2]

3.《史记》，《孔子世家》载：“鲁襄公二十二年而孔子生”[3]；《鲁周公世家》载：“二十二年，孔丘生”[4]；《十二诸侯年表》载：“二十二”年，“孔子生”[5]。

依《春秋》“二十一”年生，依《史记》则“二十二”年生。史载见异，致使孔子生辰有二千余年之争。

观当世之论，已势少波澜，从“二十二”年之说，几成公认。记释孔子生卒，《辞海》(1989年版)载：“(前551—前479)”[6]；《中国大百科全书·哲学》载：“(Confucius，公元前551—前479)”[7]；《中文大辞典》载：“生于周灵王二十一年八月二十七日、卒于周敬王四十一年夏四月己丑、年七十三(西元前551—479)”[8]；《简明不列颠百科全书》载：“(公元前551—前479)”[9]；*Большая Советская Энциклопедия*(《苏联大百科全书》)载：“(Р. приблизительно 551—ум. 479 до н. з.)”[10]；《世界大百科事典》载：“551—479B. C.”[11]；*ENCYCLOPEDIA AMERICANA*(《美国百科全书》)载：“(551—479B. C.)”[12]；*The New Encyclopaedia Britannica*(《新不列颠百科全书》)载：

“(b. 551BC，state of Lu，China–d. 479，Lu)”[13]。虽势已如此，执意笔书管见，试以微力疏正，仍为笔者愿。依《史记》所载，若以为鲁行夏正，当推孔子为前551年至前550年生，但今人所考，鲁正建子，又当推为前552年至前551年生，总因太史公未纪孔子生之月、日，依中、西史历之差确无定年可指。然，现已多有指定孔子生年月日者，台湾政府早已有“孔子生年为鲁襄公二十二年”之规定，“并推定阳历九月二十八日为孔子之诞辰”[14]；大陆又有以9月28日纪念孔子生日的邮票发行，及载文“10月4日·前551（鲁襄公二十二年十月庚子）孔子诞辰”[15]的《历史上的今天》一书出版；近又张培瑜先生刊文《历史研究》：“孔诞9月28日是依据孔子生于襄公二十二年（公元前551年）十月庚子推算得出”[16]。推敲以上所指，不知所据何来，疑为取《史记》纪年、取春秋经《穀梁》之纪月、日，合而为一；后见《新民晚报·孔子的生日推算》[17]一文，证愚所疑。

笔者以为，此定孔子生日之法，实不可为。何凭何据《史记》纪年为正？又何凭何据《穀梁》经文，纪月日为正、纪年为误？“臆断”而张冠李戴之举历为史家大忌，如是，何以扪心：无愧古人？纵然史料确无正误可究，亦当有个据史分析，从一而定。

（二）

司马迁之《史记》也，路人皆知；而《春秋》经传者，路人知而不“皆”；虽如是，仍不可以其影响大小定断书之信否。所载者何？史据实否、今推合否，当优其影响之深广。总应以“载”而评“书”，岂可依“书”而断“载”？本末倒置，万不可为！

《春秋》无存，假以《左氏》、《公羊》、《穀梁》三传而留世，“相传孔子依据鲁国史官所编《春秋》加以整理修订而成”[18]，其《传》作者虽无确据可考，但多已认传，其左丘明春秋史学家、公羊高战国齐人、穀梁赤战国鲁人（“相传是子夏的弟子”[19]）。《史记》一书，则为西汉太史令司马迁手笔。《春秋》、《史记》，相间四五百年，载据孔子生年，总该以《春秋》经传为首推。正如《春秋经传引得·序》之言：“事实发生，当其时，有记载者，取之以为著述之本，史所贵也；《春秋》有焉。”[20]

虽“经传”可寻“残缺讹误”之处，然，“史家之绝唱”《太史公书》却更显见其不合之载。《史记》，《鲁周公世家·定公十二年》载：“季桓子受齐女乐，孔子去”[21]；《十二诸侯年表·鲁定公宋十二年》载：“齐来归女乐，季桓子受之，孔子行”[22]；《孔子世家·定公十四年》载：“桓子卒受齐女乐……孔子遂行”[23]。所载，有差二年。《史记》，《秦始皇本纪·二世皇帝三年》载：“子婴为秦王四十六日，楚将沛公破秦军入武关，遂至霸上……子婴……降轵道旁”[24]；《六国年表·秦二世三年》载：“诸侯入秦，婴降，为项羽所杀”[25]；《高祖本纪》载：“汉元年十月，沛公兵遂先诸侯至霸上。秦王子婴……降轵道旁”[26]。同一史事，入载异年。若以书中瑕疵决断全书是否，岂不《史记》亦当入“否”之列？

虽《史记》三载孔子鲁襄二十二年生，然，终为同书，本当无异；真若诸多见载自误，岂不有愧后人盛誉？《公羊传春秋》与《穀梁传春秋》经文，同载孔子鲁襄二十一年生，倒是应当视《春秋》"可信"，胜于《史记》。《公羊》、《穀梁》纪日，虽见一月之差，却是同纪"庚子"生；而《史记》一书，却终无月、日见载。以此观之，《春秋》经传所纪，较之《史记》所载，"可信"尤甚。

(三)

> "夫古时记载，今人推算，不谋而合；算得其法，记得其实，交相证也。不仅三十次日食纪事可藉此而无疑，且鲁十二公之世次年代亦确乎不可移矣。然则《春秋》有真史以为根据，无捏造事实之嫌，此甚可信者也。"[27]
>
> ——《春秋经传引得·序》

《公羊》经文有："九月庚戌朔，日有食之。冬十月庚辰朔……十有一月，庚子，孔子生。"[2] 九月庚戌朔，十月庚辰朔，十一月即无日"庚子"；若去"十有一月"四字，即与《穀梁》经文同，疑为《公羊》衍文。《左氏传春秋》虽无孔子生年见载，却亦于经"二十有一年"同载："九月庚戌朔，日有食之。冬十月庚辰朔"[28]。《春秋》三传经文皆有鲁襄二十一年"九月庚戌朔日有食之冬十月庚辰朔"十五字见载，应视为：纪时可信。从《穀梁》之"冬十月庚辰朔"而"庚子，孔子生"，应视：孔子生日，《春秋》有明载。

查〔清〕顾栋高《春秋大事表·朔闰表》[29]、〔清〕王韬《春秋历学三种·朔闰表》[30]及方诗铭、方小芬《中国史历日和中西历日对照表》[31]，鲁襄二十一年月朔均载“九月庚戌，十月庚辰”〔方表每下多列刘羲叟《长历》、罗振玉《纪元以来朔闰考》、董作宾《中国年历总谱》存异，未见载异，可视亦同〕。又张培瑜《中国先秦史历表·冬至合朔时日表》因置闰于十二月后，故列“十月庚戌，十一月庚辰”[32]；而汪曰桢《历代长术辑要》以“夏正”列“七月庚戌（八月庚辰）”[33]〔方表亦附：《辑要》七月庚戌、八月庚辰[31]〕。再查诸表之“鲁襄二十二年”，皆无“庚辰”朔，亦无“庚戌”朔。“庚子孔子生”者，《春秋》之“十月庚辰朔”也。鲁襄二十二年之“十月庚子”朔在甲戌，非《春秋》“庚辰朔”之庚子。非“庚辰朔”之庚子，即非《春秋》“孔子生”之庚子。《春秋》、《史记》于鲁襄二十二年均无“庚子，孔子生”见纪，何据可记孔子“前551年9月28日（格里历）、10月4日（儒略历）”生？庚辰朔之庚子历二十一日，甲戌朔之庚子历二十七日；一日“庚子”岂能异年而纪？鲁襄二十二年十月惟见甲戌朔庚子，绝无庚辰朔庚子；自鲁襄十七年至二十五年惟有一日庚辰朔庚子，鲁襄公二十一年是也。正因孔子生日庚子，方致臆断“孔生前551年”成说；后世学者不惜一舍“庚辰朔”之载，趋迎《史记》二十二年之缺，不能不说是历史的遗憾。倘若孔子不是生日庚子而生戊申，不知移年而记孔子生日者该如何安排孔子生辰月日？

《春秋》所载隐公元年至哀公十四年鲁国二百四十二年历史，

纪日食三十七次，与十九世纪奥地利天文学家 V. OPPOLZER（奥波尔子）*Cannon der Finsternisse*（《日月食典》）相合者三十，其一即为鲁襄二十一年的“九月庚戌朔日有食之”：

“1574 ｜ -551 Ⅷ 20 1520037 6∶30. 2 ｜ ……”[34]。日本新城新藏表列其合：

“12 354 1574 1520037 -551/Ⅷ/20 6.30.2 r 47 … 171 襄21/9/47 朔 0/11+1=12”[35]。

注释：

1）“12”，上食距是食月数；

2）“354”，上食距是食儒略日；

3）“1574”，《日月食典》中该次日食编号；

4）“1520037”，是食儒略积日；

5）“-551 / Ⅷ / 20 6.30.2 r”，天文记年、月、日、时（格林威治）；

6）“47”，干支序数；

7）“171 襄 21 / 9 / 47 朔”，“171”为春秋始至年序，后即“鲁襄公二十一年九月庚戌朔日有食之”；

8）“0 / 11+1=12”，上食距是食间隔整年数、上食距是食非闰月数、置闰月数，间距月和数。

验解：

1）“12”与“8）”的运算得数合；

2）597－243=354；

4）1040×1461+366+231=1520037；[36]

5）天文记年置元前“0 年”，“-551”为公元前 552 年，月日合《中国先秦史历表》：前552.8.20，[32] 时合《中国先秦史历表·〈春秋〉日食表》曲阜时：15：02；[37]

6）干支47：庚戌；

7）隐11、桓18、庄32、闵2、僖33、文18、宣18、成18、襄21，序171；

8）前举诸历表除因建正、置闰而名差一、二月外，实月皆合。既而，当视《穀梁传春秋》经文载“襄公二十有一年，冬十月庚辰朔，庚子，孔子生”，为史。

至是，笔者析定孔子生日：周灵王二十年（鲁襄公二十一年）十月（己酉年八月）二十一日，即公元前552年10月9日（儒略历）。今人则当以每年10月3日（格里历）为孔子诞辰纪日。

二

鉴阅史书评议，知诸家似有多“疑”《公》、《穀》载“庚子，孔子生”于“鲁襄公二十一年”文，虽未见其充足理由，然，已是“疑”者成众。欲圆说明世，笔者赘笔试辩：《公》、《穀》载史岂有疑？

（一）

《春秋》三传经文于“鲁襄公二十一年”皆载“冬十月，庚辰朔，日有食之。曹伯来朝。公会晋侯、齐侯、宋公、卫侯、郑伯、曹伯、莒子、邾（娄）子、于商任”[1] [2] [28]，其下，

《穀梁》经文纪“庚子，孔子生”，《公羊》经文纪“十有一月，庚子，孔子生”。《公羊传》徐彦解：“《左氏》经无此言，则《公羊》师从后记之”[2]；清人段玉裁《经韵楼集·〈公〉〈穀〉记孔子生说》议：“《公》、《穀》识孔子之生犹《左氏》记孔子之卒，然，《左》大书孔子名以记其卒，严然赓经也；《公》、《穀》曰‘孔子生’，不敢书名，则此当为传文无疑。……自《公》、《穀》经不别为书，唐开成石经每年经传混合之，尽一年乃跳起，于是经传不可分；经传不可分，而‘庚子，孔子生’之文严然经矣。故马端临谓：《公》、《穀》二经有‘孔子生’，而不知固传也，非经也。”[38] 然则，徐、马、段诸公以《公》、《穀》经文“孔子生”为传，仅止为“疑”而已。观“庚子，孔子生”（或冠“十有一月”）之字句简白，其用字确当经文而非传语。鲁襄公二十三年，《春秋》经载：“八月，叔孙豹帅师救晋，次于雍渝。”《公羊》传：“何为先言救而后言次，先通君命也。”[2]《穀梁》传：“言救后次，非救也。”[1]《左氏》传：“八月，叔孙豹帅师救晋，次于雍榆。礼也。”[39] 上引三传之文皆为释经，较之“庚子，孔子生”，风格显别。《公羊》、《穀梁》及《左氏》因注释《春秋》经文而称“春秋三传”，然“庚子，孔子生”与“公会晋侯、齐侯……于商任”却正如之“风马牛”，根本不相及也！非但“孔子生”于鲁襄二十一年经全无注用，且于《公》、《穀》所载从鲁隐公元年至鲁哀公十四年全经绝然无注释之解。正如清人崔适《史记探源》所按：“《公》、《穀》全体释《经》，此言何以入传？”[40] 既而可鉴：“庚子，孔子生”，绝非传文。

（二）

既然“孔子生”句不为传文，且《公》、《穀》二传皆入经文，自当视为经文。然，崔适《史记探源》又有难“孔子生”句言：“当由二家经师附记于旁，后乃误入正文尔。其始附于二十二年‘公会诸侯于沙随’之下，一本误脱，而误补于二十一年‘公会诸侯于商任’之下。上文相似，易于致误。一本误则各本皆误，一《传》误则二《传》并误”[40]。以笔者观之，崔公之言实难成立。如“一本误则各本皆误”，《公》、《穀》当不该有“一月”之差；若“一《传》误则二《传》并误”，既有《公》、《穀》“庚子，孔子生”之“误”，《左》则不当存“无此句”之“不误”。崔公此推实少力据。如言《公羊》之“十有一月”句于“沙随”下脱而补于“商任”之下，尚可权以一二人情（然其年之十一月亦无日庚子）；但若以《穀梁》之“庚子，孔子生”尚能始为脱于“沙随”之下就无存为立之理了。经文鲁襄二十二年之“沙随”前只冠季时“冬”，并非有“月”见系；若有言“冬，庚子”之“史官”，岂能配修国史？“冬庚子”者，何人可知其日？更，三传皆脱，谁人可信？倘若“庚子，孔子生”有脱，则二十二年必有“十月”二字脱；然载纪孔生“十月庚子”者惟见《穀梁》经文，其文“十月，庚辰朔，日有蚀之”只能紧接“冬”字而纪、“庚辰朔”其日又仅可依附“十月”而载（“十月庚辰朔”，“庚辰朔十月”，二者不可间），而“十月，庚辰朔”者，必历二十一年；且“十月”至“庚子”间尚有“庚辰朔……于商任”三十二字见载，若为“脱”而有“补”，必是“沙随”、“商任”二会，事施同年；此等悖史之笔，谁人奇能可“脱”？何者神功可“补”？又，鲁襄二十一年“孔子生”下已无经文，而鲁襄二十二年经文于“沙随”之下尚载：“公至自会。楚杀其大夫公子追舒”。真不知此二家经师何等眼力，竟视其下之“十三字”于罔闻？甚“一本误则各本皆误，一《传》误则二《传》并误”，其时文墨皆等盲眼，天下谁信？是断：崔公所言无以立。

(三)

汉唐于孔子生年仅有《史记》“二十二”年与《公》、《穀》“二十一”年之争，后有金人孔元措《孔氏祖庭广记》称引《世本》之言：“鲁襄公二十二年冬十月庚子日，孔子生”[41]；清人孔广牧撰文《先圣生卒年月日考》又信而言：“至宋濂谓迁《史》后于《公》、《穀》，不知迁《史》所本则先于《公》、《穀》耳”[42]。若孔元措所引果为《世本》语，自当有信；然其所谓《世本》之言，多有荒诞，其中更见时语。其引：“伯夏生叔梁纥，长子曰‘伯皮’，有疾不任继嗣，遂娶颜氏；祷于尼山，得孔子。”[41] 长子有疾与叔梁纥“娶”并非“因、果”，长子疾可生次子，岂须再娶？以长子疾饰“娶”，示再娶有因，既要使后人信娶，又欲晓后人非为“女”而娶；立“娶”而隐“野合”（《史记·孔子世家》载：“纥与颜氏女野合而生孔子”[3]），其掩先祖之私意显。“颜氏”，郑樵《通志·氏族略》注：“王俭谱云：‘出自鲁侯伯禽，支庶食采颜邑，因氏焉’”[43]；知“颜”为“氏”，非为“姓”。“三代之前，姓氏分而为二：男子称氏，妇人称姓。”[44] 是孔子弟子有“颜回”。颜不为姓，“颜氏”

必不为妇；权假“颜”为姓，则“颜氏”为妇，亦不为“女”，叔梁纥又何以娶一妇人为妾？断此言绝非《世本》语，而为引者自言。颜氏为男，当为“女”之父，生孔子者，《史记》之“颜氏女”也。若孔公之文仅此“颜氏”一载，可视其脱字一“女”，然见《孔氏祖庭广记·庙外古迹》，再载“尼丘山……即齐国公与颜氏祷于此”，三载“颜母山……乃齐国公与颜氏祷于尼丘山，尝游此而休息焉”[45]，及再见章目之“母颜氏”，就绝非可视“脱字”之笔了。孔公之“引”更另有其彩：“孔子长九尺六寸，腰大十围，凡四十九表：反首洼面、月角日准、手握天文、足履度字（或作王字）、坐如龙蹲、立如凤跱，望之如仆、就之如升、耳垂珠庭、龟背、龙形、虎掌……”[41]。此为孔子焉？非人也，乃神也。《世本》乎？“演义”乎？况若孔公引文于《世本》，《史记》何以拒录“十月庚子”入《世家》？明鉴：孔公所引“《世本》”，实为假托。

(四)

唐人陆德明释《公羊》鲁襄二十一年经文“冬十月，庚辰朔……十有一月，庚子，孔子生”注：“‘庚子，孔子生’，传文上有‘十月庚辰’，此亦‘十月’也。一本作‘十一月庚子’，又本无此句。”[2] 段玉裁有言：“据陆氏《释文》，《公羊》与《穀梁》同。上文‘十月庚辰’，此亦‘十月’也。一本作‘十一月庚子’，是《公羊》有异本。今唐石经及版本均从异本耳。”[38] 笔者却有异解。观上引释文，陆公何有“异本”之意？陆公全文注释者，“庚子，孔子生”。是因《公羊》经文冠“庚子”以

“十有一月”，而以经文证其误，继断“此亦‘十月’也”；是以“十月庚子”正“十有一月庚子”之误。其下“一本”、“又本”并非注释《公羊》，而为深憾三传《春秋》载纪“此句”之异所发议论，是紧接前注正误“此亦‘十月’也”而议；是就“十月”而书异，而非就指“十有一月”之异。陆公“此亦‘十月’也”之“此”，《公羊》孔子生之“庚子”也。其下“一本作”之“十一月庚子”正因“十月庚子”而别，从“十有一月庚子”正而“十月庚子”再别而“十一月庚子”，俱指“庚子”所冠之“月”别；全文皆就“庚子，孔子生”而注、而议，何见因“有”而书“异”之笔？若陆公以一“有”字见异而书“一本作”当书“十一月”而不书“十一月庚子”，“十一月”可强调同月中数字表纪之差，而“十一月庚子”却正强调数量词数异而月别。“十一月庚子”非陆公“一本作”严格引文，而为议论之述文，是承上文：“此亦‘十月’也”。“一本‘作’”当指与“此本‘文’”别，然此本“文”者何，“庚子，孔子生”之“冬十月，庚辰朔”也；若以为其指《公羊》之“十有一月庚子”，文似不通耳。“十有一月”者，“十一月”也，即传文已有“十有一月，庚子”，何而再“一本作”“十一月庚子”？“有”者，“又”也，为副词；仅一“有”字之缺，陆公岂肯为书“一本作”？其时尚无印本，且果存“十一月”之《公羊》“异本”，以陆公，尚不知为抄脱，能否？又何以不注“脱”而书“作”？《监本春秋公羊注疏·昭公卷二十四》经文载：“二十三年春，王正月，叔孙舍如晋。”[46] 于“二十三年”下却未见陆公置注，而所附阮元校勘记：“闽监毛本同唐石经作‘廿有三年’，此脱‘有’

字。”[47] 未置注，应为宋本刊脱；却是，虽刻本亦不为疑之出自“异本”。陆公彼处“十一”与“十有一”之“别”，恰如阮公此处“廿”与“二十”之“异”，皆为注校者意述之笔，绝非其逐字之引文；又岂为所书之“一本作”？段公言“今唐石经及版本均从异本”，若陆公确曾以“一本作”之“一本”指为段公此言之“异本”，又何以不于与“一本”“异”之此处注异？于《公羊》“孔子生”下陆公之释文，阮公校勘有按：“《穀梁传》作‘庚子，孔子生’与陆氏本合，疏本作‘十有一月庚子’与唐石经同。”[48] 阮公此言紧接陆公“又本无此句”而按，文中又何见《公羊》“异本”之意？且“与唐石经同”之“十有一月庚子”与《公羊》经文，何“异”之有？清人卢文弨《经典释文考证·春秋公羊音义考证》考陆公“一本作十一月庚子”证：“今注上有‘十有一月’四字。”[49] 知陆公之“一本作”确非就指《公羊》之“十有一月庚子”而言，既而知陆公此注之“一本”非指《公羊》异本。陆公为《公羊》、《穀梁》、《左氏》作音义，三传参照，“庚子，孔子生”于《穀》、《左》二传皆无陆公文字，于《公羊》记“一本”、“又本”是议而作注。其“传文上有‘十月庚辰’，此亦‘十月’也”，是因《穀梁》而“亦”，即指与《穀梁》本同，实指《穀梁》本之“十月庚子”；其下“一本”、“又本”是均以《穀梁》为“底本”而书异。其“一本作‘十一月庚子’”，即指为作注之《公羊》本“十有一月庚子”；其“又本无此句”当为不载“孔子生”之《左氏》本。而段玉裁之“陆氏云：‘……又一本无此句。’可证唐初《公羊》尚有无此条者”[38]，崔适之以“十有一月庚子”为“此句”按“《穀梁传》亦无此句，有者特三本之一”[40]；皆是以为陆公所言之“本”为《公羊》“异本”耳。倘若真有《公羊》之“异本”，亦断不为陆公所独见，而世人无览，更证“异本”无存。

(五)

段公有言：“盖《左氏》记卒者，用鲁史之成文；《公》、《穀》记生者，见尊圣之微意，皆非敢曰‘真’经也。”[38]笔者亦以为，“孔子生”句纪非其时。以孔子家世，其生自不当入国史；“孔子”之称更非生而有之。只是笔者仍信，虽其非为原经，亦不当可视为“假”；愚意以为，应视“修”经为当。《孟子》、《史记》多言孔子作《春秋》，而《论衡》之言，有称孔子“作”，有曰孔子“修”；虽“孔子修《春秋》”为史久信，而今人却多有非议。不管修《春秋》者终为何人，《春秋》有修，却为史册所载。《公羊》鲁庄公七年传文：“不修《春秋》曰：‘雨星不及地，尺而复。’君子修之曰：‘星陨如雨’。”[50]而今存之《春秋》三传经文，皆书“星陨如雨”，知为“君子修”之《春秋》。鲁文公十五年，《左氏》传文载华耦言：“君之先臣督，得罪于宋殇公，名在诸侯之策。”[51]鲁襄二十年《左氏》传文载：卫宁惠子疾，召悼子曰：“吾得罪于君，悔而无及也。名藏在诸侯之策，曰：‘孙林父、宁殖出其君。’君入则掩之。”[28]然见今之《春秋》鲁襄十四年经文所载，已为：“夏四月……己未，卫侯出奔齐。”[52]足见，从文字到内容，《春秋》皆可修；且证：《春秋》有修。《春秋》虽有修，然其时，即使当政亦无力以己意为动。鲁襄二十五年《左氏》传文载："太史书曰：'崔杼弑其君'，崔子杀之；其弟嗣书而死者二人。其弟又书，乃舍之。南史氏闻太史尽死，执简以往，闻既书矣，乃还。"[53] 国史实录，君力不能擅，私而不可改。《后汉书·班彪上·子固》载："父彪卒，归乡里。固以彪所续前史未详，乃潜精研思，欲就其业。既而有人上书显宗，告固私改作国史者，有诏下郡，收固系京兆狱，尽取其家书。"[54] 然《春秋》者，何人可修？《左传》言："君子修之"。《左传春秋》鲁桓二年经文有："宋督弑其君与夷及其大夫孔父"[55]，传文有："宋督攻孔氏，杀孔父而娶其妻，公怒；督惧，遂弑殇公。君子以督为有无君之心而后动于恶，故先书弑其君。"是为：修《春秋》者"君子"也，书《春秋》者亦"君子"也。"君子"何指？《左传》鲁宣二年载："赵穿攻灵公于桃园，宣子未出山而复。太史书曰：'赵盾弑其君'，以示于朝。"[56] 孔子赞曰："董狐，古之良史也，书法不隐。"如董狐之古良史，孔子为赞，传者何以不尊，是尊而"君子"也。以崔杼连杀太史、南史氏"闻既书矣乃还"及董狐书"赵盾弑其君"而示于朝，知《春秋》书者当太史所为，修《春秋》者也只能非太史莫属。试想，就上引史载，非太史者，何人能修？何人敢修？是传者不知《春秋》究为何史所修，故而谓"君子修之"。今存"君子修之《春秋》"于"庚子，孔子生"三传见异，当视此句所增之时为"君子修"后之再修；其时增句讯息未必诸侯国全达，或其中传递有误，而致诸侯国录本有异，后据异本而别有三传，是为今十月庚子之《穀梁》、十一月庚子之《公羊》及无此句之《左氏》。

(六)

《史记》载孔子鲁襄二十二年生，唐人司马贞为作《索隐》言："以周正十一月属明年，故误也。"[57] 虽众议多有不从者，然笔者愚识中却总有几分见同。《史记·历书第四》载："昔自在古，历建正作于孟春。于时冰泮发蛰，百草奋兴，秭鴂先滜，物乃岁具，生于东，次顺四时，卒于冬分。"[58] 司马公以季时因于物生，其不以人定而更，正如天象之不以历法为改，"建正"可变，而"孟春"恒定。言古历建正作于孟春，是喻"今"历建正有非作"孟春"者；是以"孟春"为不可变之"时"，以"建正"为可变之"历"。而"夏正以正月，殷正以十二月，周正以十一月"[59]，是司马公以为"建正"可异月，而月名依古称。故司马公纪年秦及汉初以十月为岁首，仍冠之以"冬"，且于十二月后序同年"正月"。于"天下有道，则不失纪序；无道，则正朔不行于诸侯。幽、历之后，周室微，陪臣执政，史不记时，君不告朔……是以其禨祥废而不统"而继言"周襄王二十六年闰三月，而《春秋》非之"，是司马公所见《春秋》用历，与周正有异。然司马公见《春秋》纪年春始正月，冬终十二月，无异夏正而有其疑，故于《孔子世家》纪年，皆为月不冠时、时不系月。其后世之争论、考证，亦更是延而不绝。明人张以宁有《春王正月考》及《辨疑》专文，何以汉之司马迁竟不能疑"以周正十一月属明年"？以笔者就观上引《历书》愚见，司马公未知《春秋》改时、改月之周正纪年，确有其可能；只是司马公未以《公羊》之"十有一月"为"衍"，而以《穀梁》之无为“脱”。既见“二传”鲁襄二十一年“夏正”冬之“十有一月庚子”有载“孔子生”，以周正建子而改纪“二十二年”生，便是“顺理”成章了；只是“十一月”无日庚子，又未见《左氏》有载，司马公只好略月、日而纪。此为笔者愚析，并非定断司马公其时之“二十二年”所纪；终因史料无载，也惟有析而述之。如此作析，当然并非全然牵强，亦有比附小据。《史记·孔子世家》载：“冬，蔡迁于州来。是岁鲁哀公三年，而孔子年六十矣。”[60] 而《左传春秋》鲁哀二年经文为：“十有一月，蔡迁于州来。”[61] 《世家》此记，恰与笔者愚析合。

（七）

虽《史记·孔子世家》纪年多有反证愚析处，而纵观《世家》纪年，亦更多与经传见异之载。《左传》定公二十年载：“仲由为季氏宰，将堕三都”[62]，而《世家》却记此句于鲁定公“三十年”[63]。“公孙翩射杀蔡昭公”事载《春秋》哀公四年春，[64] “齐景公卒”载五年秋；[65] 而《世家》却同记二事于桓子病卒、季康子代立之“明年”[66]。《左传春秋》经传同载鲁哀公七年“公会吴于鄫”[67]，而“冉有为季氏将师，与齐战于郎”事却见载传文哀十一年，[68] 然《世家》却将“郎”事记于“鄫”事“其明年”[69]。孟僖子（郁釐）卒载《春秋》昭二十四年，[70] 而《世家》却竟于“孔子年十七”下记：“鲁大夫孟釐子病且死，诫其嗣懿子曰：‘……今孔丘年少好礼，其达者欤？吾即没，若必师之。’及釐子卒，懿子与鲁人南宫敬叔往学礼焉。”[71] 其后更记南宫敬叔“请与孔子适周”于昭二十年之前。[72] 司马公何据此记?《左传》昭七年有载:“孟僖子病不能相礼,乃讲学之,苟能礼者从之。及其将死也,召其大夫曰:‘礼,人之干也。无礼,无以立……我若获没,必属说与何忌于夫子;使事之而学礼焉,以定其位。’故孟懿子与南宫敬叔师事仲尼。”[73] 本《左传》所载,孟僖子以“不能相礼”为“病”,而“讲学”于礼,与“及其将死”本“风马牛”之不相及也!晋人杜预有注:“不能相仪答郊劳,以此为己病。”[73] 不想司马公竟能浅识经传如此,一个“病且死”竟将相间十七年之事同日而语;而“病”距“死”间之且,竟然“且”了长达一十八年之久。既然司马公有言“及釐子卒”而“南宫敬叔往学礼”,其所书之昭二十年前(其时釐子在世)“适周”之笔自当化为乌有了。不管世之如何盛誉,以笔者之愚,实在不敢太多恭维司马公之《史记》纪年。正如唐人杨士勋之疏《穀梁传春秋》“庚子,孔子生”:“马迁之言与经典不同者非一,故与此传异年耳。”[1]

(八)

清人黄宗羲《南雷文定前集·答陈士业论孔子生卒书》识:“孔子之年七十三,不特见于《史记》,《家语》之终记曰:‘寝疾七日而终,时年七十三矣。’杜预《左》注亦云‘七十三’,《孔子家谱》、《祖庭记》无不皆然。”[74] 《家语》、《家谱》及《祖庭》类书,其言讹误、荒诞,诸家多有评语,自不足为史论。而杜公《春秋左传》之注,虽有言孔子卒年“七十三”,亦不过依《史记》而作注孔子“二十二年”生耳。然览其注,于昭十七年传文“仲尼闻之，见于郯子而学之”又有“于是仲尼年二十八”[75]；于昭之七年传文“及其将死也”有“二十四年孟僖子卒”，更于“吾闻将有达者曰‘孔丘’”有“僖子卒时，孔丘年三十五。”[73] 其杜公《左氏》注，于孔子生、卒依《史记》，于孔子史事又依《公》、《穀》，然杜公之意，终主孔子所生何年，又谁人知晓？孟僖子卒昭二十四年，《春秋》有载；其时孔子“年三十五”，《左氏传解谊》又有汉人服虔所引贾逵之同注。[76] 虽然尚不可断杜公所主为孔子襄二十一年生，但亦无可确其系孔子卒年七十三的真信者。事实，就黄公所举，“孔子之年七十三”者，惟特见《史记》耳。

《春秋》者，其时之鲁国史；《史记》者，汉司马迁众采前人成书之撰。《史记》载文多见经传语句，其“堕三都”、“孔子卒”诸段几是直录《左传》全文，足证《春秋》经传本为《史记》成书之源；其撰所悖经传之笔颇多，正当本经传以纠其误，岂能以后撰而难经本？试想，若非幸得三传经文见载孔子生卒年、月、日，其西汉之司马公又何能越前人而识春秋之孔子生卒？即使不计《史记》讹误，也绝无本末倒置之理。认《史记》之“二十二年”成说已本为牵强；后之信《史记》而疑《公》、《穀》，则已只能为视非理；再后之移《穀梁》“十月庚子”而冠之以《史记》“二十二年”，就只有视其为悲剧了。而今之海峡两岸同以“鲁襄二十二年十月庚子”公纪孔子生辰，更何而无憾?!

纵观二千余载“二十一年”与“二十二年”孔生之争，虽掺各有半，然从“二十二年”者又多认“十月庚子”生，而“庚辰朔”之“十月庚子”其日，又必历鲁襄二十一年无疑。继而可视：真信《史记》者寥寥，真疑《公》、《穀》者稀稀。正是无需争议，诸公已为证实：孔子生之年、月、日，历史本无疑。

若君有问：何至仍以“二十二年”纪？

笔者只答：“?”。

清人崔述《洙泗考信录》有言：“以为‘二十二年’生者，《史记·世家》文耳。《世家》未尝言为‘十月庚子’生也。以‘穀梁氏’为不可信乎，则‘十月庚子’之文不必采矣；以‘穀梁氏’为可信乎，则固‘二十一年’生也。何得又从《世家》改为‘二十二年’，以《世家》之年冠《穀梁》之月、日，方底圆盖，进退皆无所据。然而世咸信之，余未知其为何说也。”〔77〕

难哉！孔子。二千余载，无定生年！

注释：

〔1〕〔2〕〔28〕〔39〕〔46〕〔47〕〔48〕〔50〕〔51〕〔52〕〔53〕〔55〕〔56〕〔61〕〔62〕〔64〕〔65〕〔67〕〔68〕〔70〕〔73〕〔75〕〔清〕阮元校刻《十三经注疏》（附校勘记），中华书局1980年影印版第2430、2309、1970、1977、2327、2332、2310、2228、1854、1955、1984、1740、1867、2155、2149、2158、2159、2162、2166、2105、2051、2084页。

〔3〕〔4〕〔5〕〔21〕〔22〕〔23〕〔24〕〔25〕〔26〕〔57〕〔58〕〔59〕〔60〕〔63〕〔66〕〔69〕〔71〕〔72〕〔汉〕司马迁撰，中华书局1982年2版第1905、1538、640、1544、669-670、1918、275、758、362、1906、1255、1258、1927、1916、1928、1934、1907、1909页。

〔6〕〔18〕〔19〕《辞海》（1989年版），上海辞书出版社第2930、4229、4021页。

［7］ 中国大百科全书出版社1989年第428页。

［8］ 中国文化学院出版部民国五十七（1968）年第九册259页（总第3741页）。

［9］ 中国大百科全书出版社1985年第4卷816页。

［10］ Гл.ред.А.М.Прохоров. Изд.3-е.Москва, ***Советская Энциклопедия***, 1973.Т. 13Л.88

［11］ 下中邦彦編集，東京平凡社1981年第10巻246ページ。

［12］ Bernard S. Cayne.， ed. -in-Chief. New York：Grolier， Inc. 1985：V. 7P. 540

［13］ 15th ed. Philip W. Goetz， ed. -in -Chief. Chicago： Encyclopaedia Britannica Educational Corp. 1986：V. 3 P. 530

［14］ 钱穆著《孔子传》，东大图书股份有限公司民国七十六（1987）年第7页。

［15］ 宋庆光、韩凯、张元隆主编，山西人民出版社1988年第556页。

［16］ 张培瑜《关于历史年代计数的规范化问题》，载《历史研究》1991年第4期153页。

［17］ 荣铨著《孔子生日的推算》，1989年10月22日第6版。

［20］ ［27］洪业序，上海古籍出版社1983年序I、IV页。

［29］ ［38］ ［42］ ［76］ 〔清〕阮元、王先谦编《清经解·清经解续编》，上海书店1988年《清经解续编》第一册第426页，《清经解》第四册第532页，《清经解续编》第五册第1309、1304页。

［30］ 曾次亮校，中华书局1959年第149页。

［31］ 上海辞书出版社1987年第73页。

［32］ ［37］张培瑜著《中国先秦史历表》，齐鲁书社1987年第81、246页。

［33］ 《四部备要》，中华书局，1989年第66册《长术辑要》21页。

［34］ Denkschr. d. Wiener Akad. d. Wiss.， math. KI.， Bd. 52， 1887，

S. 64

［35］《東亞天文學史研究》，東京弘文堂昭和三（1928）年第296ページ後の表。（转引自洪业《春秋经传引得·序》，上海古籍出版社1983年序Ⅲ。）

［36］“2)”、“4)”算依俞忠鑫文《历算三题》，见《杭州大学学报》(哲学社会科学版）1988年增刊第49页。

［40］张烈点校，中华书局1986年第147–8页。

［41］［45］［49］［74］［77］《丛书集成初编》，中华书局1985年第3316册1、3317册96、1203册269、2463册37、143册5页。

［43］［44］〔宋〕郑樵撰，中华书局1987年第一册志461、439页。

［54］〔南朝宋〕范晔撰，中华书局1965年第1333–4页。

（稿一邮寄：1991. 12. 12.　全稿邮寄：1992. 4. 10.）

〔载1993年5月8日自刊《纪年研考》第1期〕

关于张培瑜《孔子生卒的中历和公历日期》

叶小草

于《孔子诞辰2540周年纪念与学术讨论会论文集》[1]一书幸阅张培瑜先生《孔》文年余，因未见其文立论新义，本无意缀笔，近悉张先生及其文"孔诞前551年9月28日"之说影响深广，多使今人于孔生前552年10月9日的历史定载难见共识，遂不得已而执笔。

现就张先生《孔》文逐节探讨，其中曲直，读者诸君自有明辨。

"生年的一岁之差对应的诞辰月日就会有所不同。例如仅就笔者所见，孔诞就有公历9月22日、9月28日、10月3日、10月4日、10月9日诸说，中历又有八月二十一日、八月二十七日、十月二十一日、十月二十七日之别。"

《春秋穀梁传》经文鲁襄公二十一年载："冬十月庚辰朔……庚子，孔子生。"[2]"十月庚辰朔"即十月一日庚辰，则其庚子为二十一日；十月二十一日，在任何一年都不会改变其月日，所以张先生的"生年的一岁之差对应的诞辰月日就会有所不同"不能成立。张先生例举之9组月日，无非是中、西史历换算及儒、格二历推算之日差（其一为差误），说到底仍不过襄二十一年十月二十一日与二十二年十月二十七日之别。只闻因"月建"而纪月有异，未知月中定日尚可有变之"历法"；真不知道谁人用了何种推步之法竟将二十一日移年而推成了"二十七日"，致令张先生引来作据？

一"据唐陆德明《经典释文》，知唐初《公羊传》有三种版本：1. 十月庚子；2. 十一月庚子；3. 又本无此句。"

笔者弱视，竟未查得《释文》中有如张先生所"据"，更不能有解张先生之何以为"知"。惟见陆氏于《公羊》经"十有一月庚子，孔子生"下注文："'庚子，孔子生'，传文上有'十月庚辰'，此亦'十月'也。一本作'十一月庚子'，又本无此句。"[3] 此间所指，正为"庚子，孔子生"之《春秋》三传异本（确如张先生之"十月庚了、十一月庚子、又本无此句"）；"《公羊》有异本"之说恰为清人段玉载之误解（然，段氏之"异本"却为：十有一月庚子、十一月庚子，无此句）。此句者：庚子，孔子生。又何见"《公羊》"异本之"知"？

"这里孔子出生年有两说，《公羊传》、《穀梁传》主张襄公二十一年，《史记》主二十二年。诞生之月也有十、十一月两说。先讨论月份……生月当为十月。生日《公》、《穀》的说法一致，都是庚子日，《史记》缺书。在年月日生辰三要素中，月日基本上可以确定下来：十月庚子日。"

《史记》缺书者，不止生日，生月亦缺。

抛开生年而讨论月、日，“十月庚子”何人可知其日？真不知张先生又是何以“确定”十月庚子其日的。不要说各代历法的建正有别、置闰生异，就是鲁襄公的31年中，即有18个与二十一年不同的“十月庚子”之日。任何一组干支都只标示始于甲子的干支序数，用以纪日的每一干支，本身并无“数”的概念，只有在出现朔日干支时，方可依月朔干支推算其月各干支所纪之月中日。同一名称之月份因在各年中朔日不同，其月同一名称干支所纪月日依见其异。张先生于孔诞“月日”要素中忽略了一个至关要素——“十月庚子”间的“庚辰朔”；“十月”可借而确其年中月（亦常可确其年），“庚子”可凭而定其月中日。且“庚辰朔”本身即可确指年中月（另年中出现两月“庚辰朔”时除外），此襄二十一年的“十月庚辰朔”，即是“庚辰朔”比这“十月”更能确定其月。如查检张先生的巨编《中国先秦史历表》[4]、《三千五百年历日天象》[5]，二表周灵王二十年（鲁襄二十一年）皆不见有“十月庚子”；而其二表鲁历月朔“庚辰”之庚子正为西历之10月9日，但其月名却称：十一月。

二“大约在南宋前后……学者逐渐形成折衷采用《史记·世家》的生年。《公羊》、《穀梁》月日的办法决定孔子诞辰，即：鲁襄公二十二年十月庚子。”

本《穀梁》经文载孔生襄二十一年月日为“十月庚辰朔……庚子”，其月为“十月庚辰朔”，其日为“庚辰朔……庚子”；《史记·孔子世家》记“鲁襄公二十二年而孔子生”[6]。如“采用《史记·世家》的生年。《公羊》、《穀梁》月日的办法”，当为：鲁襄公二十二年，十月庚辰朔，庚子。但襄二十二年，绝无“十月庚辰朔”，更无“庚辰朔”月庚子；所以采用《史记》生年、《穀梁》月日，根本无法“组合”。至于“鲁襄公二十二年十月庚子”，正如155年8月29日，根本与孔子生年、月、日无关。自然，“八月二十七日”也只能如七月二十八日一样无涉孔诞。《春秋》是以君王年次数字纪年、以一至十二月（附系朔干支）数字纪月，却以“甲子”(依月朔排序）干支纪日。其襄二十一年冬之“十月庚辰朔，庚子”即十月二十一日，其十月即“庚辰朔之十月”，其二十一日即“庚辰朔之庚子”，如若仅取年月日中的“十月庚子”，所纪当为任何一年之十月、十月一至三十的任何一日，那还何谈干支纪“日”？虽其时不以数字纪日，但其干支正有确日可指；所谓“干支纪日”，当是月朔干支与日干支合而构成，所以古史历表多名《朔闰表》(朔定干支日、闰改月之称。日干支依朔确月、月之称凭朔定年，正是中华历法所贵)。古人行文，于年月日常略月朔，全因确年之月日，可凭朔闰《历表》有定；而张先生抛年弃朔以推“十月庚子”，其间大谬，实令读者生憾。

三“东汉经师贾逵、服虔、边韶、何休都接受《公》、《穀》孔子生于襄二十一年之说，《史记》二十二年说在杜预、陆德明等晋唐学者提倡以后才逐渐为学者采用。”

既有上文，何以不疑《史记》?

晋人杜预《春秋经传集解》言及孔生“二十二年”之笔有二：襄三十一年，“仲尼以二十二生，于是十岁”[7]；哀十六年“鲁襄二十二年生，至今七十三年也”[8]。“以二十二年生”、“至今七十三也”，可见二句皆非注语，均为解句。“以”

二十二年生，是杜氏不为真二十二年生；至今七十三“也”，是杜氏假以二十二年生的助词判定；是均以“二十二年”作前题的假言判断，其间绝非有见杜氏之于“二十二年”的肯定之笔。且看杜氏注语：注昭七年传文：“二十四年孟僖子卒”，“僖子卒时，孔丘年三十五”[9]；注昭十七年传文：“于是仲尼年二十八”[10]。何等干脆的注语！此间绝无假言“二十一年”的前题使用。以笔者观之，杜氏绝非曾主孔生“二十二年”，恰是疑而否“二十二年”，确而正“二十一年”的客观史家。以杜氏书名及襄二十一年“冬十月庚辰朔，日有蚀之”注：“无传”[11]，知其时未曾参阅《公》、《穀》，然杜氏据它书有确孔生“二十一年”，更见《公》、《穀》载纪孔生可信犹甚。杜氏之解注“鲁襄二十二年生，至今七十三也。四月十八日乙丑，无己丑；己丑，五月十二日。日、月必有误”[8]，正是有就《史记》“孔子年七十三，以十六年夏四月己丑卒”[12]而作；从司马氏“孔子年七十三”到杜氏“鲁襄二十二年生，至今七十三也”，其间何而有见杜氏于《史记》二十二年“提倡”之说？且陆氏《释文》：“‘鲁襄二十二年生，至今七十三也。’本或作‘鲁襄二十三年生，至今七十二’，则与《史记·孔子世家》异，此本非也。”[8]其意所指有悖《史记》异本为非，何以据《史记》为指？正是陆氏明判杜氏之“鲁襄二十二年生，至今七十三年也”是针对《史记》而书其非，即：《史记》以鲁襄二十二年生，故至今七十三也。《释文》有上句：“孔子卒。孔子作《春秋》，终于‘获麟’之一句；《公羊》、《穀梁》经是也。弟子欲记圣师之卒，故采《鲁史记》以续夫子之《经》，而终于此。”其见陆氏深信《公》、

《穀》无疑。

晋人杜预、唐人陆德明本为《公》、《穀》二十一年的卫道者，何以于张先生笔下竟成了《史记》二十二年的“提倡”者？如此强加古人，倘若二贤有灵，岂肯忍气吞声？

四“《史记》的史学价值是极高的，司马迁又是一位严肃的史学家……今天只能相信《史记》所载的生年、年寿和卒年月日，而没有理由把司马迁弃而不信的‘十月庚子’拿来做文章，孔子的诞生月日只能存疑。”

非常遗憾的是，张先生《孔》文通篇正是在拿司马迁“弃而不信”的“十月庚子”做文章；是否《孔》文的史学价值更“极高”、张先生亦更为“严肃”的史学家呢？

“《史记》给出孔子生、卒、年寿三个年代数据……组成严格的自检系统……而《公羊》、《穀梁》只给出生年一个年代数据……仅此一点即可看出在出生纪年上显然《史记》有较高的可信度。”

不知张先生何据有用如此“逻辑”推理，其实，再严格的自检系统于命题之立论也绝无半点佐证。事实是，《史记》的生、卒与年寿中任何一个数据为误，都会使另一个数据被否；而《春秋》经文已见生、卒确载，第三数据自明。倒是《史记》生年不见月、日，足见其纪年可“疑”。

为使人们相信“《公羊》、《穀梁》给出的生年早一年”（注意：这里张先生是于证据的提出之前已先确定了《公》、《穀》其“早”。何以张先生竟然否定了《史记》亦可能为“晚”一年呢?），张先生引出了两条历法推算作据：

㈠“岁星的恒星周期不是整十二年，而是11.857年。古人以十二年一周天去计数岁星位置，往往得出比真实要早的历史年代（约84年早一年）。”

这里，11.857年比12年少0.143年，所于85年后推纪为84年，只能说84年是比85年少纪了一年；而以“84年”去纪岁星周天的85年，恰是得出比天象要“晚”的岁星纪年。只有当比12年多0.143年（即12.143年为一周天）时，其于天象的83年前提纪为84年，才会是比之83年多纪了一年；以“84年”去纪岁星周天的83年，方可“得出比真实要早的”岁星纪年。此处“84年”与83、85年之早、晚，诚如把1993年纪成1992年是晚纪一年，把1992年纪成1993年是早纪一年；数序先、后与纪年早、晚，恰恰相反。其实，岁星周天与之人世纪年相合与否，从来无缘关涉“真实……的历史年代”自身序数早、晚也。

㈡“有可能襄二十一年是《公羊》、《穀梁》的传人根据周鲁行子正，把‘十月庚子’理解为上一年的后十月，把年份向前推了一年造成的。”

“后十月”一词，笔者未见史籍行文。其历史上的“后九月”仅为《史记》置闰概念，其时历法是否真行“后九月”一词尚置疑问，更况“后十月”之发扬！即使《春秋》以夏正十一月作年首来纪年子正，也只能是上年之十一二月移纪次年；岂能以此年岁终之十月越前之“九……正……十一”月份十有一而跳至上年入充“后十月”？且《春秋》纪年，岁终冬之十二月，次年九与十一间之十月就算鬼使神差而蹦出，其入上年之何处，可称“后十月”？此等“理解”设想，别说古之传人，即使今之历算大师，又何人可证其解？

“两者中任何一条都会把纪年误上一年。由此看来，前贤折衷采用《史记》生年和《公》、《穀》的月日来决定孔子诞辰就不是没有理由的了。”

即使假设张先生的两条历算成立，也不可能成为“折衷”隔代史书的“理由”；况且两条历算的依据已成乌有呢！如若“折衷”可行，相信今人的能力是不难“折衷”出一部漂亮的《中国历史》的，但那还是历史吗？

五“根据《史记》生年和‘十月庚子’，孔子当生于鲁襄公二十二年十月二十七日庚子，公历儒历前551年10月4日，儒略日为1520447。如此孔子实际存世26089天，合71年156天（公历71年5个月零5天），虚龄73岁。”

难得张先生做了如此详尽推算，只是此算与孔子其生之年、月、日只为“风、马、牛”，根本无涉；因为迄今的历史，还不曾发现过（除了后世的臆说）有孔子如上生辰的一丝史据。

六“格历，是1582年3月罗马教皇格里高里十三世颁行的。”

格历行于1582年10月15日，其前为儒历。中外有关文献皆见如是载。

“诞辰二（年从《史记》、月日从《公羊》、《穀梁》）：

中历：鲁襄公二十二年鲁国历法十月二十七日庚子；夏历八月二十七日庚子；

儒历：前551年10月4日；

格历：前551年9月28日。”

“诞辰二”之年、月、日皆非孔子生辰纪年，且《穀梁》月日本为：十月二十一日。公元纪年：1582 年 10 月 4 日前为儒历，1582 年 10 月 15 后为格历。张先生之纪“前 551 年 9 月 28 日”等三日为“格历”，实属乌有。

七“孔子在国内外有较大影响。他的诞辰的确定要采取比较稳妥、慎重的态度。除考虑上述的文献和历法因素外，还应考虑一些历史因素和习惯、感情问题。”

笔者的感觉，似乎张先生这里不是在讨论学术问题。如若真要采用“稳妥、慎重的态度”，惟有尊重历史事实；对于显见失误的“历史因素”，大可不必拘泥于人们的“习惯、感情”之类，尽管去还历史的本来面目。历史，并非有凭今人的主观“确定”，只能是依靠物证的事实考订。至于如何对待史实与历史因素下形成的人们的感情、习惯问题，那已远离了《孔》文及本文的学术探讨范畴；所以张先生的“我们认为，以鲁襄公二十二年十月二十七日庚子，夏历八月二十七日，公历格历前 551 年 9 月 28 日作为孔子诞辰比较合宜”，其所做，已并非学术结论（且不论其结论之是、否）。既然并非旨做学术结论，又怎么可能意如篇首大义，“把认识基本上统一起来”呢？

又，何为“公历格历”？公元前只为儒历，何存格历？“公历格历前 551 年”又指为何年？如指西历中“格历的前 551 年”，当为公元 1031 年，其年可为孔子诞辰之年？权当其指为公元前 551 年 9 月 28 日、亦且当其“折衷”之“襄二十二年十月庚子”（前 551 年 10 月 4 日）有立，又何以忽而 10 月 4 日、忽而 9 月 28 日？如果张先生的本意是想到了依儒、格二历推算的 6 日之差，那张先生也实在是太多忽略了历法常识：中历的襄二十二年十月甲戌朔庚子之对应西历为前551年10月4日，今人是以西历的格里历纪年，与孔子“诞辰”其西历的儒略历月日，依推相差6日，只有在今人纪念孔子“诞辰”之时，才应将其“生”年月日的10月4日减去6日，以9月28日为孔子“诞辰”纪念日。岂可以孔子“诞辰”之年月日减其6日而充“格里历”？西历于公元前之纪，只用儒历年，再减去6日，当为何指？

文字，以它最无私的公允记录了前人的功绩，更是以它极无情的刻板保留着作古者的误失。唐人司马贞的作《史记索隐》，正是用“盖以周正十一月属明年，故误也”[12]之明断证明了自己的敏锐洞察，却也又是以“若襄二十二年生，则孔子年七十二”[13]的显误有留遗憾于后人。汉人司马迁《史记》的文学价值世人无力不首肯，而其于纪史的误失，笔者又实在不敢多有恭维。不知道是《史记》以司马迁而神，还是司马迁因《史记》而圣；大凡谈历史于国人，几是无不以《史记》为举、以司马迁为推，以致司马迁之“说”、《史记》之“载”，便罩了神圣光环。于是乎，有抵《史记》之载，不再以之为史，遂则“修”史“里手”由然而盛，科学与民主的意念就只有在圣光与贤风中荡然了。根本上不得科学尺码的“鲁襄二十二年十月庚子”孔诞，竟然操胜于中国的千年历史，还不当引诫国人的一点思考吗？以历算大家著称于世的张培瑜先生，竟以简单的算术加减（“四”中“㈠”之“早”）误笔于《孔》文，其中真还缺少“崇”、“迷”圣贤的致因吗？世纪初叶呼唤“德”、“赛”先生的中国学子呐喊，真的止于政治抗争，其间就全无“学术”之指？倘若有尊民主，科学自会由然；一个孔子生辰，何须两千余年？

还是不要致力于追随作古的圣贤吧，一旦回归有尊历史的科学，你便会发现自己的聪明。

注释：

[1] 中国孔子基金会编，生活·读书·新知三联书店上海分店1992年827-836页。

[2] [3] 〔清〕阮元校刻《十三经注疏》（附校勘记），中华书局1980年影印版2430、2309页。

[4] 齐鲁书社1987年81页。

[5] 河南教育出版社1990年20页。

[6] [12] [13] 〔汉〕司马迁撰，中华书局1982年2版1905、1906、1945页。

[7] [8] [9] [10] [11] 〔晋〕杜预集解，上海古籍出版社1978年1165、1816-7、1302、1423、967页。

(1993. 10. 21. 稿)

〔载1993年11月27日自刊《纪年研考》第3期〕

《史记》纪年与孔子生寿

林叶蓁

孔子生、卒，《公羊》《穀梁》《左氏》三传《春秋》经文本已明见其载年、月、日，只因司马迁《史记》的纪年与异，方致二千余载孔生之争为史。虽见笔者前曾作证《公》《穀》孔生之文有信，却几似深信《史记》者不减，则析论《史记》纪年其疑之举势在必行。

一、“周正十一月属明年”

《公》《穀》经文鲁襄公二十一年皆载“十月庚辰朔……（《公》衍‘十有一月’）庚子，孔子生。”[1] [2] 《史记》（引文下皆括注页码）[3] 则“鲁襄公二十二年而孔子生。”（1905）是有唐人司马贞作《史记索隐》：“《公羊传》‘襄公二十一年十有一月庚子，孔子生’。今以为二十二年，盖以周正十一月属明年，故误也。”（1906）是否《索隐》其言真有道理呢？至少，异年之纪，必有一误。

（一）《史记》杜撰“岁首”

清人王元启《史记证讹》按“昔自在古历，建正作于孟春”有言：“近时全祖望曰：《晋书》董巴历议曰：汤做殷历，弗复以正月朔旦立春为节，更用十一月朔旦冬至为元首；下至周、鲁及汉，皆从其节。巴言‘历初’非‘岁首’也。”[4] 古历建正“孟春”，是古历以孟春之时为“正”月；建正者，“历初”也、“岁首”也，并无二分之意。“建”者月建、“正”者正月也；孟春者，月建为“寅”之时也，则当为指“正月建寅”。建正者，据天象之星有定历法之元；“岁首”者，依人为之意，有改始岁之月。上引“正月朔旦”、“十一月朔旦”可析为岁首之指，然“立春为节”、“冬至为元首”却正指意为历；既有“汤作殷历”，其全句所指当以“历初”为言，则“正月”为孟春、“十一月”为仲冬之意。所以笔者以为董巴之言并非“历初非岁首也”！只是所用正月、十一月之古历夏正月名不当。事实，《春秋》经传子正纪年之“春王正月”，正是“历初非岁首”的无情反证。然，建正者，其时史载有纪；而“岁首”者，只见后人臆为。历史是否真有建正外之“岁首”之用，笔者尚疑。

建正、岁首分而纪年之始作俑者，当誉司马迁。其《史记·历书》之言“王者易姓受命，必慎始初，改正朔，易服色，推本天元，顺承厥意”（1256），并非有见天象“月建”之依，惟而推尊人解“天意”之改，而“夏正以正月，殷正以十二月，周正以十一月”（1258）及“秦灭六国……而正以十月”（1259），其“正”

之解，更无语及建正，止为“岁首”之意。所见《史记》用语，“作于孟春”之建正与夏、商、周、秦“岁首”之正，实有其别。司马迁之“三正”者，全与月建无关；而《左传》之“三正”者，昭公十七年“火出，于夏为三月，于商为四月，于周为五月”[5]，所指正为三历建正之异。若依《史记》“岁首三正”纪年，昭公十七年之“火出”当同夏、商、周之“三月”，何存《左传》月建三正之别？是司马迁“三正”异解，方致建正、“岁首”分而纪年跃然《史记》。

《周本记》武王“十一年十二月戊午，师毕渡盟津，诸侯咸会。……二月甲子昧爽，武王朝至于商郊牧野，乃誓。”(121–2)

《秦本纪》昭襄王“四十二年，安国君为太子。十月，宣太后薨，葬芷阳郦山。九月，穰侯出之陶。……四十八年十月，韩献垣雍。秦军分为三军。……司马梗北定太原，尽有韩上党。正月，兵罢，复守上党。……五十年十月，武安君白起有罪，为士伍，迁阴密。……十二月，益发卒军汾城旁。……龁攻邯郸，不拔，去，还奔汾军二月余。攻晋军斩首六千，晋楚流死河二万人。……初作河桥。五十一年，……。”(213–8)

《秦始皇本纪》二世皇帝“三年……冬，赵高为丞相，竟案李斯杀之。夏，章邯等战数却，二世使人让邯，邯恐，使长史欣请事。……八月己亥，赵高欲为乱，……。”(273)

《项羽本纪》“汉之二年冬，项羽遂北至城阳，田荣亦将兵会战。……春，汉王部五诸侯兵，凡五十六万人，东伐楚。”(321)

《高祖本纪》“汉元年十月，沛公兵遂先诸侯至霸上。……十一月中，项梁果率诸侯兵西，欲入关，关门闭。……四月，兵罢戏下。诸侯各就国……八月，汉王用韩信之计，从故道还，袭雍王章邯。”（362–8）

《吕太后本纪》“八年十月，立吕肃王子东平侯吕通为燕王，封通弟吕庄为东平侯。三月中，吕后祓，还过轵道，见物如苍犬，据高后掖，忽弗复见。……七月中，高后病甚，乃令……吕王产居南军。……八月丙午，齐王欲使人诛相……八月庚申旦，平阳侯窋行御史大夫事，见相国产计事。……后九月晦日己酉，至长安，舍代邸。”（405–11）

《孝文本纪》“孝文皇帝元年十月庚戌，徙立故琅琊王泽为燕王。……十二月，上曰……正月，有司言曰……三月，有司请立皇后。”（418–20）

《孝武本纪》“三元以郊得一角兽曰元狩云。其明年冬，天子郊雍……其春，乐成侯上书言栾大。……其夏六月中，汾阴巫锦为民祠……得鼎。……其秋上幸雍，且郊。”（461–7）

《楚元王世家》“王戊立二十年，冬，坐为薄太后服私奸，削东海郡。春，戊与吴王合谋反，……。”（1988）

《梁孝王世家》“二十九年十月，梁孝王入朝。……十一月，上废栗太子，窦太后心欲以孝王为后嗣。……其夏四月，上立胶东王为太子。”（2084–5）

《秦楚之际月表》“秦二世元年……九月、二年十月、十一月、十二月、端月、二月……九月、后九月、三年十月……。”（761–9）

上引《史记》冬之十、十一、十二诸月序于春之正、端月前之纪年，笔者不敢以之为史。笔者所览《史记》其前之古史纪年，非但不闻“岁首”之说，更是不见“岁首”之纪；遂使愚识，百思不得《史记》“岁首”纪年之解。三正者，三历之“建正”也；“正”者，正月也，历之岁始之月也。若之“十”至“十二”为岁首，何以言“正”？又，既已入岁，何得又于岁中再见“正月”？如若仅以岁首异月而言改“历”，岂非“历”当仅为“月”指，又何需古之“六历”？倘信《史记》“岁首”为史，岂非国史纪年皆依“建寅”为历、止以“岁首”而异？如若以为秦史确曾有如《史记》纪年，岁始冬十月，四而春正月，十二而终秋九月，岂非秦朝君臣万民明知秦历其非而故为之？既有《史记》“秦灭六国……而自以为获水德之瑞，更名河曰‘德水’，而正以十月”(1259)，又何当秦政朝野念念不忘以夏正时、月为正统，而再岁始冬之十月以纪年？《史记·历书》载：“至今上即位，招致方士唐都，分其天部；而巴落下闳运算转历，然后日辰之度与夏正同。乃改元，更官号，封泰山。”(1260) 若《史记》秦至汉初果真为史，至其纪已用夏正，仅为岁首序月有异，何至尚待“转历，然后日辰之度与夏正同”？《汉书·律历志》载：“历数之起上矣。传述颛顼命南正重司天，火正黎司地，其后三苗乱德，二官咸废，而闰余乖次，孟陬殄灭，摄提失方。”[6] 颜师古注：“孟康曰：‘正月为孟陬。历纪废绝，闰余乖错，不与正岁相值，谓之殄灭也。’”[7] 若其秦史果岁春始正月、冬终十二月，则未废孟陬，何见汉初“袭秦正朔”而“服色，未睹其真，而朔晦月见，弦望满亏，多非是”[7]？《晋书·律历下》载杨伟言："仲尼之拨乱于《春秋》，托褒贬纠正，……。至此以降，暨于秦汉，乃复以孟冬为岁首，闰为后九月，中节乖错，时月纰缪，加时后天，……。至武帝元封七年，始乃悟其缪焉，于是改正朔，更历数，……。以建寅之月为正朔，……。"[8] 其"复以孟冬为岁首"当以"孟冬"为正月，方有"改正朔"以"建寅之月"；其"后九月"之使用当为《史记》语之沿引，若以为岁首孟冬十月，年终季秋九月，则虽岁首月异却历依夏正，何以有致"中节乖错，时月纰缪，加时后天"？又，明悖夏正岁首纪年，何"至武帝元封七年，始乃悟其缪焉"？《史记》之"三正"者，止为岁首之月；《左传》"三正"者，三历正月之月建，所指非一。《春秋》载史纪年，岁始"春王正月"、置闰冬十二月后，所据诸家历表之推，确其历正建子。后史之王莽代汉称帝改元始建国历丑正，亦皆于正月有纪季冬事。然，如《史记》改岁首月序之寅正纪年，实不见于其前史纪，笔者自然不敢以之为史。古人以简为书，如之《史记》之纪，尚须何物之系，方致经久耐损？一旦系物有断，何以凭之序年？是笔者不敢有信先祖之愚至此。且，《晋书·律历中》有载："至明帝景初元年……施行伟历，以建丑之月为正，改其年三月为孟夏，其孟、仲、季月虽与夏正不同，至于郊祀搜狩，班宣时令，皆以建寅为正。"[9] 其虽多事时夏正，却仍以建丑为历。司马贞《史记索隐》有言："王者易姓而兴，必当推本天之元气行运所在，以定正朔，以承天意，……。"(1256)《史记·历书》有载："盖黄帝考定星历，建立五行，起消息，正闰余，于是有天地神祇物类之官……各司其序，不相乱也。民是以能有信，神是以能有明德。民神异业，敬而不渎，故神降之嘉生，民以物享，灾祸不生，所求不匮。……尧复遂重黎之后，不忘旧者，使复典之，而立羲和之官。明时正度，则阴阳调，风雨节，茂气至，民无夭疫。年耆神舜，申戒文祖，云‘天之历数在尔躬’。舜亦以命禹。由是观之，王者所重也。”（1256–8）而秦“自以为获水德之瑞”，何又另以建正为历本，致昏而非岁首十月之秦纪？是笔者有析：历史本无“岁首”之“正”，而为司马迁误解《左传》建月三正，杜撰于《史记》也。

（二）《史记》改属“明年”

司马迁误以杜撰“岁首”为史，则多以经典纪年为非，而改属“明年”为纪。

《周本纪》“西伯崩，太子发立，是为武王。……十一年十二月戊午，师毕渡盟津，……。”（118–21）《竹书纪年》（下简：《竹书》）帝辛“四十一年春三月，西伯昌崩。……五十一年冬十一月戊子，周师渡盟津而还。”（清人范来宗笺：“是年己丑，周武王即位之十年也。”）[10]

《周本纪》“十七年，襄王告急于晋，……。”（154）《春秋经传集解》（下简：《经传》。引文括注页码）[11] 僖公二十四年，经“冬，天王出居于郑”；传“王使来告难曰：‘……鄙在郑地汜，敢告叔父。’……王使简师父告于晋，……”（339–51）。《十二诸侯年表》（下简：《年表》）：乙酉·周襄王十六年·鲁僖公二十四年。（593）

《秦本纪》武公“十三年，齐人管至父、连称等杀其君襄公而立公孙无知。”（183）《经传》庄公八年，经“冬十有一月癸未，齐无知弑其君诸儿”；传“齐侯使连称、管至父戍葵丘。……冬十二月……见公足于户下，遂弑之而立无知”（142–4）。《年表》：乙未·秦武公十二年·鲁庄公八年。（567）

《秦本纪》缪公“十八年，齐桓公卒。”（189）《经传》僖公十七年，经“冬十有二月乙亥，齐侯小白卒”；传“冬十月乙亥，齐桓公卒”（306–9）。《年表》：戊寅·秦穆公十七年·鲁僖公十七年。（590）

《秦本纪》缪公“二十年，秦灭梁、芮。”（189）《经传》僖公十九年，经“冬，……。梁亡”（313）。《年表》：庚辰·秦穆公十九年·鲁僖公十九年。（590）

《秦本纪》“惠公立十年卒，子悼公立。”（198）《经传》哀公三年，经“冬十月癸卯，秦伯卒”；传：缺载。（1723–8）《年表》：己酉·秦惠公九年·鲁哀公三年。（673）

《齐太公世家》昭公“六年，翟侵齐，晋文公卒。”（1495）《经传》僖公三十二年，经“冬十有二月己卯，晋侯重耳卒”；传“冬，晋文公卒”（402–3）。《竹书》襄王“二十四年，晋文公卒。”[12]《年表》：癸巳·齐昭公五年·鲁僖公三十二年·周襄王二十四年。（598）

《鲁周公世家》“昭公三年，朝晋至河，晋平公谢还之，鲁耻焉。”（1539）《经传》昭公二年，经“冬，公如晋，至河乃复”；传“秋……晋少姜卒。公如晋，及河。晋侯使士文伯来辞曰：‘非伉俪也。请君无辱！’公还，季孙宿遂致服焉”（1208–14）。《年表》：辛酉·鲁昭公二年。（646）

《鲁周公世家》昭公“二十六年春，齐伐鲁，取郓而居昭公焉。”（1542）《经传》昭公二十五年，经“十有二月，齐侯取郓”；传“十二月庚辰，齐侯围郓。……二十六年春，王正月庚申，齐侯取郓”（1513–34）。《年表》：甲申·鲁昭公二十五年。（659）

《鲁周公世家》定公“七年，齐伐我，取郓，以为鲁阳虎邑以从政。”（1543）《经传》定公六年，经“冬，……。季孙斯、仲孙忌帅师围郓”；传“七年春二月，……。齐人归郓、阳关，阳虎居之以为政”（1643–9）。

《宋微子世家》宋殇公“九年……是岁，鲁弑其君隐公。”（1623）《经传》隐公十一年，经“冬十有一月壬辰，公薨”；传“十一月……壬辰，羽父使贼弑公于寪氏，……”（55–63）。《年表》：己巳·宋殇公八年·鲁隐公十一年。（554）

《晋世家》历公“八年……十二月壬午。公令胥童以兵八百人袭攻杀三郤。”（1680–1）《经传》成公十七年，经“十有二月丁巳朔……晋杀其大夫郤锜、郤犨、郤至”；传“十二月……壬午，胥童、夷羊五帅甲八百，将攻郤氏。……以戈杀之”（771–8）。《年表》：丁亥·晋厉公七年·鲁成公十七年。（628）

《楚世家》成王“三十九年，鲁僖公来请兵以伐齐，楚使申侯将兵伐齐，取谷，置齐桓公子雍焉。齐桓公七子皆奔楚，楚尽以为上大夫。”（1698）《经传》僖公二十六年，经“冬，……。公以楚师伐齐，取谷”；传“冬，……。公以楚师伐齐，取谷。……桓公之子七人，为七大夫于楚”（359–62）。《年表》：丁亥·楚成王三十八年·鲁僖公二十六年。（595）

《楚世家》灵王“八年，使公子弃疾将兵灭陈。”(1705)《经传》昭公八年，经“冬十月壬午，楚师灭陈”；传“九月，楚公子弃疾帅师奉孙吴围陈，……。冬十一月壬午，灭陈”(1310–6)。《年表》：丁卯·楚灵王七年·鲁昭公八年。(650)

《十二诸侯年表》癸亥·鲁隐公五年·卫宣公晋元年“共立之。”(551)《经传》隐公四年，经“冬十有二月，卫人立晋”；传“冬十二月，宣公即位”(25–8)。

当然，《史记》之如类纪年，绝非仅止笔者例举（其孔子生年之载即为类例），不知读者诸君是否可于上述，真的有感一二司马贞“盖以周正十一月属明年，故误也”之道理呢？

二、“与经典不同者非一”

《史记》纪年之误，确非皆循上指，然其纪年多悖经典、有见紊乱，虽多历代史家评指，却依然难明其误之道。《春秋穀梁传》经文襄公二十一年冬十月庚辰朔载“庚子，孔子生”，唐人杨士勋疏言：“仲尼以此年生，故传因而录之。《史记·世家》云‘襄公二十二年生’者，马迁之言与经典不同者非一，故与此传异年耳。”[2] 其言所见《史记》纪年之非，更见之“非”而无律。

（一）超前纪年

《周本纪》襄王“十三年，郑伐滑，……。”(153)《经传》僖公二十年，经“五月……。郑人入滑”；传“夏，郑公子士、泄堵寇帅师入滑”(317–8)。《年表》：辛巳·周襄王十二年·鲁僖

公二十年。(591)

《吴太伯世家》王僚“十二年冬，楚平王卒。”(1463)《经传》昭公二十六年，经“九月庚申，楚子居卒”；传“九月，楚平王卒”(1533–40)。《年表》：乙酉·吴僚十一年·鲁昭公二十六年。(659)

《秦本纪》“共公立五年卒，子恒公立。”(195–6)《经传》宣公，经“四年春，王正月，……。秦伯稻卒”；传：缺载。(550–1)《年表》：丙辰·秦共公四年·鲁宣公四年。(613)

《卫康叔世家》惠公“二十九年，郑复纳惠王。”(1594)《经传》庄公二十一年，传“夏，……。郑伯将王，自圉门入，……。郑伯享王于阙西辟，乐备”(177)。《年表》：戊申·卫惠公二十七年·鲁庄公二十一年。(575)

《宋微子世家》“十一年秋，闵公与南宫万猎，因博争行，闵公怒，辱之，……。万……遂以局杀闵公于蒙泽。”(1624)《经传》庄公十二年，经“秋八月甲午，宋万弑其君捷，……”；传“秋，宋万弑闵公于蒙泽”(156–7)。《年表》：己亥·宋闵公十年·鲁庄公十二年。(570)

《鲁周公世家》“襄公元年，晋立悼公。”(1573)《经传》成公十八年，经“春，王正月，……。庚申，晋弑其君州蒲”；传“二月乙酉朔，晋悼公即位于朝”(782–6)。《年表》：戊子·鲁成公十八年·晋厉公八年“立襄公孙为悼公。”(628–9)

《晋世家》献公十二年“使太子申生居曲沃，公子重耳居蒲，公子夷吾居屈。”(1641)《经传》庄公二十八年，传“夏，使太子居曲沃，重耳居蒲城，夷吾居屈”(198)。《年表》：乙卯·晋献

公十一年·鲁庄公二十八年。(577)

《楚世家》武王“二十三年，卫弑其君桓公。”(1695)《经传》隐公，经“四年春，王二月，……。戊申，卫州吁弑其君完”；传“四年春，卫州吁弑桓公而立”(24–6)。《年表》：壬戌·楚武王二十二年·鲁隐公四年。(550)

《楚世家》灵王“七年，就章华台，下令内亡人实之。”(1705)《经传》昭公七年，经“三月，公如楚”；传“楚子成章华之台，愿与诸侯落之”(1285–9)。《年表》：丙寅·楚灵王六年·鲁昭公七年。(649)

《楚世家》昭王“二十一年，吴王阖闾伐越。越王句践射伤吴王，遂死。”(1717)《经传》定公十四年，经“五月，于越败吴于槜李。吴子光卒”；传“夏，……。吴伐越。……阖庐伤将指，取其一屦。还卒于陉，……”(1693–7)。《年表》：乙巳·楚昭王二十年·鲁定公十四年。(670)

（二）滞后纪年

《周本纪》襄王“三年，叔带与戎、翟谋伐襄王，襄王欲诛叔带，叔带奔齐。”(152)《经传》僖公十二年，传“王以戎难故，讨王子带。秋，王子带奔齐”(281)。《年表》：癸酉·周襄王四年·鲁僖公十二年。(587)

《周本纪》“三十二年，襄王崩，子顷王壬臣立。”(155)《经传》文公八年，经“秋八月戊申，天王崩”；传“秋，襄王崩”(461–3)。《竹书》“襄王元年庚午。……三十三年王陟。”[13]《年表》：壬寅·周襄王三十三年·鲁文公八年。(604)

《秦本纪》缪公“十二年，……。晋旱，来请粟。”（188）《经传》僖公十三年，传“冬，晋荐饥，使乞籴于秦”（284）。《年表》：甲戌·秦穆公十三年·鲁僖公十三年。（558）

《齐太公世家》顷公“六年春，晋使郤克于齐。齐使夫人帷中而观之。”（1497）《经传》宣公，传“十七年春，晋侯使郤克徵会于齐。齐顷公帷妇人，使观之”（628）。《年表》：“己巳·齐顷公七年·鲁僖公十七年。（619）

《齐太公世家》“悼公元年，齐伐鲁，取欢、阐。”（1507）《经传》哀公八年，经“夏，齐人取欢及阐”；传“夏五月，齐鲍牧帅师伐我，取欢及阐”（1753–8）。《年表》：甲寅·齐悼公二年·鲁哀公八年。（675）

《宋微子世家》景公“三十七年，楚惠王灭陈。”（1631）《经传》哀公十七年，传“秋七月己卯，楚公孙朝帅师灭陈”（1829）。《年表》：癸亥·宋景公三十九年·鲁哀公十七年。（681）

《宋微子世家》庄公“九年，执郑之祭仲，要以立突为郑君。”（1624）《春秋公羊传》桓公十一年，经“九月，宋人执郑祭仲，突归于郑”；传“祭仲……途出于宋。宋人执之，谓之曰：‘为我出忽而立突’”[15]。《经传》桓公十一年，传“夏……诱祭仲而执之，曰：‘不立突，将死’”（107）。《年表》：庚辰·宋庄公十年·鲁桓公十一年。（560）

《晋世家》“献公元年，周惠王弟颓攻惠王，惠王出奔，居郑之栎邑。”（1640）《经传》庄公十九年，传“秋，五大夫奉子颓以伐王，不克，出奔温”（174）。《竹书》“僖王元年庚子。……五

年，晋武公卒。王陟。惠王元年，……。”[16]《年表》：丙午·周惠王二年·晋献公二年·鲁庄公十九年。(574)

《楚世家》文王“十三年卒，子熊囏立，是为庄敖。”（1696）《经传》庄公，传“十九年春，楚子……败黄师于踖陵。还，及湫，有疾。夏六月庚申卒”（172）。《年表》：甲辰·楚文王赀十三年·鲁庄公十七年；（572）丙午·楚堵敖囏二年·鲁庄公十九年。(574)

《楚世家》成王“二十二年，伐黄。”（1697）《经传》僖公十一年，经“冬，楚人伐黄”（278）。《年表》：壬申·楚成王二十三年·鲁僖公十一年。(587)

（三）《史记》自悖

《秦本纪》“十三年，城籍姑。灵公卒，……。”(200)《秦始皇本纪》“肃灵公，昭子子也。居泾阳。享国十年。”（288）

《秦本纪》献公“十一年，周太史儋见献公曰：‘周故与秦国合而别，别五百岁复合，合七十七岁而霸王出。’”(201)《封禅书》“秦灵公……作下畤，祭炎帝。后四十八年，周太史儋见秦献公曰：‘秦始与周和，合而离，五百岁当复合，合十七年而霸王出焉。’”(1364–5)《老子韩非列传》“自孔子死之后百二十九年，而史记周太史儋见秦献公曰：‘始秦与周合，合五百岁而离，离七十岁而霸王者出焉。’”(2142)《六国年表》：秦献公十一年（年序丁未·秦灵公作下畤后四十八年·孔子卒后百五年）。(716)

《高祖本纪》“五年，高祖与诸侯兵共击楚军，与项羽决胜垓下……使骑将灌婴追杀项羽东城（《史记集解》徐广曰：‘十二月。’)，斩首八万遂略定楚地。……正月，诸侯及将相相与共请尊汉王为皇帝。……五月，兵皆罢归家。……六月大赦天下。十月，燕王臧荼反，攻下代地。……其秋，利几反，高祖自将兵击之，利几走。”(378–81) 《秦楚之际月表》五年：十、十一、十二、正、二……八、九、后九月。(795–800) 《孝景本纪》“四年夏，立太子。……六月甲戌，赦天下。后九月，更以弋阳为阳凌。复置津关，用传出入。冬，以赵国为邯郸郡。”(442)

《陈杞世家》成公“二十八年，楚庄王卒。”(1580) 《楚世家》“二十三年，庄王卒，子共王审立。”(1703) 《年表》：庚午·陈成公八年·楚庄王二十三年。(620)

《卫康叔世家》文公“十六年，晋公子重耳过，无礼。”(1595) 《十二诸侯年表》：甲申·卫文公二十三年“重耳从齐过，无礼。”(593)

《卫康叔世家》宣公“十年，晋曲沃庄伯弑其君哀侯。”(1593) 《晋世家》“哀侯二年，曲沃庄伯卒，子称代庄伯立，是为曲沃武公。……九年，伐晋于汾旁，掳哀侯。”(1639) 《年表》：乙丑·卫宣公三年·晋哀侯二年。(552)

《楚世家》王负刍“四年，秦将王翦破我军于蕲，而杀将军项燕。五年，秦将王翦、蒙武遂破楚国，虏楚王负刍，灭楚名为郡云。”(1731) 《秦始皇本纪》“二十三年，秦王复召王翦，……使将击荆。……虏荆王。……二十四年，王翦、蒙武攻荆，破荆军，……项燕遂自杀。”(234) 《六国年表》秦始皇二十三年“王翦、蒙武击破楚军，杀将军项燕”；秦始皇二十四年“王翦、蒙武破楚，虏其王负刍”(756)。

《白起王翦列传》秦昭王十三年“其明年……明年，白起为大良造。攻魏，拔之，取城小大六十一。明年，起与客卿错攻垣城，拔之。”(2331)《魏世家》昭王“七年，秦拔我城大小六十一。”(1853)《秦本纪》昭王“十五年，大良造白起攻魏，取垣，复予之。”(212)《六国年表》：秦昭王十八年“客卿错击魏……取城大小六十一。”·魏昭王七年“秦击我，取城大小六十一。”(739)

(四) 纪悖经典

《宋微子世家》闵公“九年，宋水，鲁使臧文仲往吊水。……十年夏，宋伐鲁，战于乘丘，鲁生虏宋南公万。”(1624)《春秋穀梁传》庄公十一年，经“夏五月戊寅，公败宋师于鄑。秋，宋大水”，传“宋万之获也”[19]。《经传》庄公，传“十一年夏，宋为乘丘之役，故侵我。公御之，宋师未陈而薄之，败诸鄑。……秋，宋大水，公使吊焉……乘丘之役，公以金仆姑射南宫长万，公右歂孙生搏之”(153–5)。《年表》：戊戌·宋闵公九年·鲁庄公十一年。(569)

《宋微子世家》“襄公七年，宋地陨星如雨，与雨偕下”(1625)。《经传》庄公七年，经“夏四月辛卯，……。夜中，星陨如雨”；传“星陨如雨，与雨偕也”(140–2)。僖公，经“十有六年春，王正月戊申朔，陨石于宋五”；传“十六年春，陨石于宋五，陨星也”(303–4)。《年表》：甲午·宋闵公五年·鲁庄公七年；(567) 丁丑·宋襄公七年·鲁僖公十六年。(589)

《晋世家》顷公“九年，鲁季氏逐其君昭公，昭公居乾侯。”(1684)《经传》昭公，经“二十有八年春，王三月，……。公如晋，次于乾侯”(1560)。《年表》：丁亥·晋顷公十二年·鲁昭公二十八年。(660)

《楚世家》简王“八年，魏文侯、韩武子、赵桓子始列为诸侯。”(1719)《竹书》“威烈王元年丙辰。……二十三年，王命晋卿、魏氏、赵氏、韩氏为诸侯。”[20]《六国年表》：楚简王八年·周威烈王二年。(703)

《越王句践世家》“三年，句践……兴师。吴王闻之，悉发精兵击越，败之夫椒。越王乃以余兵五千保栖于会稽。吴王追而围之。……卒赦越，罢兵而归。……吴既赦越，越王句践反国……而使范蠡与大夫柘稽行成，为质于吴。二岁而吴归蠡。句践自会稽归七年，拊循其士民，欲用以报吴。……居二年，吴王将伐齐。子胥谏曰……。吴王弗听，遂伐齐，败之艾陵，虏齐高、国以归。”(1740–3)《吴太伯世家》王夫差“二年，吴王悉精兵以伐越，败之夫椒，报姑苏也。越王句践乃以甲兵五千人栖于会稽，使大夫种因吴太宰嚭而行成，请委国为臣妾。……卒许越平，与盟而罢兵去。七年，吴王夫差闻齐景公死而大臣争宠，新君弱，乃兴师北伐齐。子胥谏……吴王不听，遂北伐齐，败齐师艾陵。”(1469–71)《经传》哀公，传“元年春……吴王夫差败越于夫椒，报檇李也。遂入越。越子以甲楯五千保于会稽。使大夫种因吴太宰嚭以行成。……越及吴平”(1706–8)；经“十有一年……夏……五月，公会吴伐齐。甲戌，齐国书帅师及吴战于艾陵，齐师败绩，获齐国书”(1767–8)。

《国语》，《越语下》“越王句践即位三年而欲伐吴，范蠡进谏……王弗听。……果兴师伐吴，战于五湖，不胜，栖于会稽。……乃令大夫种行成于吴……曰：‘请委管钥属国家，以身随之，君王制之。’吴人许诺。……令大夫种守于国，与范蠡入宦于吴。三年，而吴人遣之”[21]；《吴语》吴王夫差“十二年，遂伐齐。齐人与战于艾陵，齐师败绩，吴人有功”[22]。《年表》：丁未·吴王夫差二年·鲁哀公元年；（671）丁巳·吴王夫差十二年·鲁哀公十一年。(677)

《魏世家》惠王“二年，魏败韩于马陵，败赵于怀。”(1844)《韩世家》“懿侯二年，魏败我马陵。”(1868)《竹书》显王“二十四年，魏败韩于马陵。”[24]《六国年表》：（壬子）·周烈王七年·韩庄侯二年·魏惠王二年“败韩马陵”；（辛亥）·周烈王六年·魏惠王元年·赵成侯五年“魏败我怀”(718)。

《齐太公世家》“惠公二年，长翟来，王子城父攻杀之，埋之北门。”(1496)《鲁周公世家》“齐惠公二年，鄋瞒伐齐，齐王子城父获其弟荣如，埋其首于北门。”(1535)《宋微子世家》“昭公四年，宋败长翟缘斯于长丘。”(1628)《经传》文公十一年，传“鄋瞒侵齐。……冬十月甲午，败狄于碱，获长狄侨如。……以戈杀之，埋其首于子驹之门，以命宣伯。初，宋武之世，鄋瞒伐宋，司徒皇父帅师御之，……以败狄于长丘，获长狄缘斯，皇父之二子死焉。……齐襄公之二年，鄋瞒伐齐，齐王子成父获其弟荣如，埋其首于周首之北门”(476–7)。《十二诸侯年表》：乙巳·齐昭公十七年·宋昭公四年·鲁文公十一年“败长翟于碱而归，得长翟”(607)；甲寅·齐惠公二年·宋文公四年·鲁宣公二

年。（612）乙酉·齐襄公二年·鲁桓公十六年。（562）

（五）孔子悖年

《孔子世家》“孔子年十七，鲁大夫孟釐子病且死，诫其嗣懿子曰：‘……今孔丘年少好礼，其达者欤？吾即没，若必师之。’及釐子卒，懿子与鲁人南宫敬叔往学礼焉。是岁，季武子卒，平子代立。”（1908）《经传》昭公七年，传“三月，公如楚，郑伯劳于师之梁，孟僖子为介，不能相仪。及楚，不能答郊劳。……九月，公至自楚。孟僖子病不能相礼〔杜注：‘不能相仪答郊劳，以此为己病。’〕，乃讲学之，苟能礼者从之。及其将死也〔杜注：‘二十四年，孟僖子卒，《传》终言之。’‘僖子卒时，孔丘年三十五。’〕召其大夫曰：‘……我若获没，必属说与何忌于夫子，使事之而学礼焉，……。’故孟僖子与南宫敬叔师事仲尼。”（1290–1302）；经“二十四年春，王二月丙戌，仲孙貜卒〔杜注：‘孟僖子也。’〕”（1506–7）。《年表》：丙寅·鲁昭公七年“季武子卒。”（649）癸未·鲁昭公二十四年。（658）

《孔子世家》“定公九年，阳虎不胜，奔于齐。是时孔子年五十”（1914）；“鲁襄公二十二年而孔子生”（1905）。《年表》：庚戌·鲁襄公二十二年；（640）庚子·鲁定公九年。（676）

《陈杞世家》“二十四年，楚惠王复国，以兵北伐，杀陈闵公，遂灭陈而有之。是岁，孔子卒。”（1583）《孔子世家》“孔子年七十三，以鲁哀公十六年四月己丑卒。”（1945）《年表》：壬戌·陈闵公二十三年·鲁哀公十六年。（681）

《孔子世家》“冬，蔡迁于州来。是岁，鲁哀公三年，而孔子年六十矣。……明年，孔子自陈迁于蔡。……秋，齐景公卒。(1927–8)《经传》哀公二年，经“十有一月，蔡迁于州来”(1714)；传“冬，蔡迁于州来”(1722)。哀公五年，经“秋九月癸酉，齐侯杵臼卒”(1734)。《年表》：戊申·蔡昭侯二十六年“乞迁于州来”·鲁哀公二年；(672)辛亥·齐景公五十八年“景公薨”·鲁哀公五年。(673)

《卫康叔世家》“庄公蒯聩……元年即位，……。二年，鲁孔丘卒。”(1602)《十二诸侯年表》：壬戌·卫庄公二年·鲁哀公十六年“孔子卒。”(681)《经传》哀公，经“十有六年春，王正月己卯，卫世子蒯聩自戚入于卫。……夏四月己丑，孔丘卒”(1816)。

《周本纪》“烈王二年，周太史儋见秦献公曰：‘始周与秦国合而别，别五百载复合，合十七岁而霸王者出焉。’”(159)《老子韩非列传》“自孔子死之后百二十九年，而史记周太史儋见秦献公曰：‘始秦与周合，合五百岁而离，离七十岁而霸王者出焉。’”(2142)《六国年表》：周烈王二年（丁未鲁共公三年）(716)；周显王十九年（辛未鲁康公三年，孔子卒后百二十九年）(723)。

《史记》纪年多悖经典，尤以《年表》而显。《十二诸侯年表》鲁孝公列终“三十八”年，元年乙未；(523–33)《鲁周公世家》载“伯御即位十一年……乃立称于夷宫，是为孝公。……二十七年，孝公卒，子弗湟立，是为惠公”(1527–8)，清人张照等作《史记考证》按：“周宣王诛伯御立孝公在伯御之十一年，其年乃孝公元年。而《表》以伯御元年为孝公元年，故孝公多十一年矣”[25]。《十二诸侯年表》秦桓公列“二十七”年终，(627)《史记考证》按：“《春秋》成十四年秦伯卒，则桓公立二十八年明矣。《表》因《本纪》之误，是以秦桓之事，俱与《春秋》异而递误一年耳”[26]。《六国年表》齐平公十七年·赵简子五十四年·周定王五年《韩表》载“知伯伐郑，驷桓子如齐求救”(692)，清人邵泰衢《史记疑问》按：“《左传》鲁哀公二十七年，当周定王元年、晋公七年、郑声公三十三年、齐平公十三年也。此与《齐表》误，《郑世家》声公二十六年尤误”[27]；《赵表》“知伯谓简子，欲废太子襄子，襄子怨知伯”(692)，《史记疑问》按：“是时简子已死十三年，《左传》末篇甚明，此及《世家》误”[27]。《年表》误纪非鲜，查阅者自有感知，不赘。

所举《史记》纪年例误，不过其书一斑，然已足见，杨公之言“非一”有据；虽杨公其言之“故”未见穷根，但却终不失为“《史记》与经典不同者”之一。倘若不当有据《史记》之悖而纠经典，自然无存依《世家》之载而纪孔子生年之理。

三、《史记》孔子生寿

> “说实话的是历史家，说假话的才是小说家。历史家用的是记忆力，小说家用的是想象力。历史家取的是科学态度，要忠实于客观；小说家取的是艺术态度，要忠实于主观。”[28]
>
> ——杨振声《玉君·自序》

今人之凭纪孔子生年，非《春秋》而取《史记》，然，司马迁《史记》一书，有为“信史”否？

（一）史记本非“信史”

后世尊列正史第一之汉撰《史记》，正可谓：盛誉空前。梁启超《中国历史研究法》称誉：“史界太祖，端推司马迁”[29]；其《中国史界革命案》更誉：“太史公诚史界之造物主也”[30]。翦伯赞《中国史纲》赞：“中国历史学之成为一种独立的学问，是从西汉时起，这种学问之开山祖师，是大史学家司马迁。”[31]元人马端临《文献通考》序称：“《诗》《书》《春秋》之后，惟太史公号称良史。作为纪、传、书、表：纪、传以述理乱兴衰，八书以述典章经制。后之执笔操简牍者，卒不易其体。”[32]顾颉刚校点《史记》序文：“窍谓《史记》一书……独其创定义例，兼包巨细，会合天下，贯穿今古，奠史学万祀之基，炜然有其永存之辉光，自古迄今，未有能与之抗颜而行者也。”[33]然见序文另有言：“司马氏之学优于汉而绌于古。今试所记，自秦以上，时见抵牾，至于不胜指摘。”是当于《史记》盛誉之时，不可无视历代史家的“《史记》妄误”评指。南朝宋人裴骃《史记集解》序言“班固有言曰：‘司马迁据《左氏》、《国语》，采《世本》、《战国策》，述《楚汉春秋》，接其后事，讫于天汉。其言秦汉详矣。至于采经摭传，分散数家之事，甚多疏略，或有抵捂。……又其是非颇谬于圣人，论大道则先黄老而后六经，序游侠则退处士而进奸雄，述货殖则崇势利而羞贫贱：此其所敝也。然自刘向、杨雄博及群书，皆称迁有良史之才，服其善序事理，辩而不华……故谓之实录。’骃以为固之所言，世称其当。”[34]唐人柳宗元《柳宗直西汉文类序》言：“左右史混久矣，言事驳乱，《尚书》《春秋》之旨不立，自左丘明传孔氏、太史公述历古今，合而为史，迄于今交错相纠，莫能离其说。”[35]何一《史记》，褒贬甚殊？

宋人王若虚《史记辨惑》言：“班固讥迁论游侠、述货殖之非，世称其当；而秦少游辨之，以为迁被腐刑，家贫不能自赎，而交游莫救，故发奋而云。此诚得其本意，然信史将为法于万世，非一己之书也，岂所以发其私愤者哉！”[36]明人李贽《司马迁传》议：“使迁不残陋，不疏略，不轻信，不是非谬于圣人，何足以为迁乎？……《史记》者，迁发愤之所为作也，其不为后世是非而作也，明矣。”[37]章炳麟《略论读史之法》慎语：“史公重视游侠，其所描写，皆虎虎有生气，班氏反之，谓之乱世之奸雄，其言实亦有理，是故《史》、《汉》之优劣，未可轻易下断语也。”[38]常乃德《历史哲学论丛》论：“有些莫明其妙的考据家，认为《史记》的记述自相抵触之处甚多，颇欠正确，照他们的看法，还不如班固的《汉书》。其实太史公根本就不是在写历史，他是在写他的哲学，他著《史记》的动机是想：穷天人之故，达古今之变，成一家之言。”[39]如此看来，入《史记》于“正史”，确实冤枉了司马迁撰书立意。

鲁迅《汉文学史纲要》又以司马迁撰《史记》：“恨为弄臣，寄心楮墨，感身世之戮辱，传畸人于千秋，虽背《春秋》之义，固不失为史家之绝唱，无韵之《离骚》矣。惟不拘于史法，不囿于字句，发于情，肆于心而文，故能如茅坤所言：‘读《游侠传》即欲轻生，读《屈原贾谊传》即欲流涕，读《庄周》《鲁仲连传》即欲遗世，读《李广传》即欲立斗，读《石建传》即欲俯躬，读《信陵》《平原君传》即欲养士'也。"[40]施章《史记新注》言司马迁："把历史中人物特起的个性太显露的具体地描写出来，于是历史变成文学了。……所以我说《史记》最精彩的部分是文学不是历史。"[41]更胡怀琛《史记选注》序言："拿真正史学的眼光来看，《史记》的缺点实在不少。……记载失真……自相矛盾……体例不当……次序错乱……他在文学界上的位置，比在史学界上的位置要高，我们拿他当史看，不如拿他当文看；……故我以为《史记》这部书绝象现在的历史小说。"[42]一代文史才子郭沫若于其《关于"接受文学遗产"》亦称司马迁的"一部《史记》不啻为是我们中国的一部古代的史诗，或者就说他是一部小说集也可以。"[43]笔者未曾有涉文、史门坎，自是不敢妄言；然就需时之叩门《史记》，确已不敢有恭《史记》"信史"。

书"微言大义"之《春秋》堪为信史，而成"一家之言"之《史记》却多见悖史之纪，正如宋人黄震之议《汉书·司马迁传》："以迈往不群之气无辜受辱，激为文章，雄视千古。呜呼！亦壮矣。惜乎其未闻道也。……今迁之所取，皆吾夫子之所已弃，而迁文足以诏示，遂使里巷不经之说，间以得为万世不刊之信史。"[44]以此观之，《史记》其书，虽意不在"史"，却亦不无遗憾。虽笔者绝非有敢苟同梁启超之推司马迁"史界太祖"之誉，却也不敢有赞常乃德"太史公根本就不是在写历史"之论；愚以为既是《太史公书》，不写历史，乃写何物？只是太史公“发愤”而书史，欲“成一家之言”，本非“信史”耳。所不解者：本为《太史公书》，何当《史记》之改？

（二）太史公改引《春秋》

太史公之书，既意非信史，自当可见悖史之笔；然其《史记》之载，何而有悖《春秋》之纪？若以《史记》文字比照经、传，不难有见端倪。

《齐太公世家》襄公十二年“冬十二月……无知入宫……或见人足于户间，发视，乃襄公，遂弑之，而无知自立为齐君。”（1484）《经传》庄公八年，经“冬十有一月癸未，齐无知弑其君诸儿”；传“冬十二月……见公之足于户下，遂弑之，而立无知”（142–4）。

《齐太公世家》“四十三年……冬十月乙亥，齐桓公卒。”（1493）《经传》僖公十七年，经“冬十有二月乙亥，齐侯小白卒”；传“冬十月乙亥，齐桓公卒”（306–9）。

《晋世家》“七年八月，襄公卒。……赵盾废贾季，以其杀阳处父。十月葬襄公。”（1671）《经传》文公六年，经“冬十月，公子遂如晋，葬晋襄公。晋杀其大夫阳处父”；传“九月，贾季使续鞫居杀阳处父。……冬十月，襄仲如晋，葬襄公”（444–51）。

《晋世家》“十四年九月，惠公卒，太子圉立，是为怀公。”（1655）《经传》僖公二十三年，传“九月，晋惠公卒”；僖公二十四年，经“冬，……。晋侯夷吾卒”（331–9）。《年表》：甲申·鲁僖公二十三年·晋惠公十四年“圉立为怀公。”（592–3）

《晋世家》惠公六年“九月壬午，秦缪公、晋惠公合战韩原。”（1653）《经传》僖公十五年，经“十有一月壬戌，晋侯及秦伯战于韩”；传“九月，晋侯逆秦师……壬戌，战于韩原”（288–90）。

《史记》纪年，舍经取传者，屡见不鲜；前文例中可多见。

《鲁周公世家》“十年，定公与景公会于夹谷，孔子行相事。齐欲袭鲁君，孔子以礼历阶，诛齐淫乐，齐侯惧，乃止，归鲁侵地而谢过。”（1544）《春秋穀梁传》鲁定公十年，经“夏，公会齐侯于颊谷”；传“颊谷之会，孔子相焉。两君就坛，两相相揖；齐人鼓噪而起，欲以执鲁君。孔子历阶而上，不尽一等，而视归乎齐侯，曰……齐侯逡巡而谢曰：‘寡人之过也。’……齐人使优施舞于鲁君幕下，孔子曰：‘笑君者罪当死，使司马行法焉！’首足异门而出。齐人来归郓、欢、龟阴之田者，盖为此也”[45]。

《孔子世家》“定公十三年夏，孔子言于定公曰：‘臣无藏甲，大夫毋百雉之城。’使仲由为季氏宰，将堕三都。于是叔孙氏先堕郈。季氏将堕费，公山不狃、叔孙辄率费人袭鲁。公与三子入于季氏之宫，登武子之台。费人攻之，弗克，入及公侧。孔子命申句须、乐颀下伐之，费人北。国人追之，败诸姑蔑。二子奔齐，遂堕费。将堕成，公敛处父谓孟孙曰：‘堕成，齐人必至于北门。且成，孟氏之保障，无成是无孟氏也。我将弗堕。’十二月，公围成，弗克。”（1916）《春秋公羊传》定公十二年，经“夏……季孙斯、仲孙何忌帅师堕费。……冬……十有二月，公围成”；传“孔子行乎季孙，三月不违，曰：‘家不藏甲，邑无百雉之城。’于是帅师堕郈、帅师堕费”[46]。《经传》定公十二年，传“仲由为季氏宰，将堕三都。于是叔孙氏堕郈。季氏将堕费，公山不狃、叔孙辄帅费人以袭鲁。公与三子入于季氏之宫，登武子之台。费人攻之，弗克。入及公侧。仲尼命申句须、乐颀下伐之，费人北。国人追之，败诸姑蔑。二子奔齐。遂堕费。将堕成，公敛处父谓孟孙：‘堕成，齐人必至于北门。且成，孟氏之保障也；无成，是无孟氏也。子伪不知，我将不堕。’冬十二月，公围成，弗克”（1686）。

《鲁周公世家》文公“十一年十月甲午，鲁败翟于碱，获长翟乔如，富父终甥舂其喉，以戈杀之，埋其首于子驹之门，以命宣伯。初，宋武公之世，鄋瞒伐宋，司徒皇父帅师御之，以败翟于长丘，获长翟缘斯。晋之灭路，获乔如弟棼如。”（1535）《经传》文公十一年，经“冬十月甲午，叔孙得臣败狄于碱”；传“冬十月甲午，败狄于碱，获长狄侨如。富父终甥摏其喉，以戈杀之，埋其首于子驹之门，以命宣伯。初，宋武公之世，鄋瞒伐宋，司徒皇父帅师御之……以败狄于长丘，获长狄缘斯……晋之灭路也，获侨如之弟焚如”（475–7）。

《鲁周公世家》文公十八年“冬十月，襄仲杀子恶及视而立俀，是为宣公。哀姜归齐，哭而过市，曰：‘天乎！襄仲为不道，杀嫡立庶！’市人皆哭，鲁人谓之‘哀姜’。”（1536）《经传》文公十八年，经“冬十月，子卒。夫人姜氏归于齐”；传“冬十月，仲杀恶及视而立宣公。……夫人姜氏归于齐，大归也。将行，哭而过市曰：‘天乎，仲为不道，杀嫡立庶。’市人皆哭，鲁人谓之哀姜”（518–22）。

《卫康叔世家》宣公“十八年，初，宣公爱夫人夷姜，夷姜生子伋，以为太子，而令右公子傅之……（略述《左传》事二百二十三字）……盗并杀太子伋，以报宣公。宣公乃以子朔为太子。”（1593）《经传》桓公十六年，经“十有一月，卫侯朔出奔齐”；传“冬……。初，卫宣公烝于夷姜，生急子，属诸右公子。为之娶于齐而美，公娶之，生寿及朔，属寿于左公子。夷姜缢。宣姜与公子朔构急子。公使诸齐，使盗待诸莘，将杀之。寿子告之，使行。不可，曰：‘弃父之命，恶用子矣！有无父之国则可也。’及行，饮以酒。寿子载其旌以先，盗杀之。急子至，曰：‘我之求也。此何罪？请杀我乎！’又杀之。二公子故怨惠公”（120–1）。《年表》：乙酉·卫黔牟元年·鲁桓公十六年。（562）

是见，《史记》一书多有取笔《春秋》经传，其中尤甚《左传》直录。更可有窥之悖史误引。

《春秋》者，三传之所附；经传者，《史记》之所本。无经何所传？非源经传，又岂生《史记》？虽《史记》多见明赞《春秋》之笔，然却更见曲笔《春秋》之文；其太史公之未明之意，笔者愚而不识，但其明载文字总可视而有见。至少尚可断言者：太史公不信《春秋》纪年。

孔子生年。《穀梁》经襄二十一年载：“冬十月庚辰朔……庚子，孔子生。”《公羊》经襄二十一年载：“冬十月庚辰朔……十有一月庚子，孔子生。”（汉人何休解诂：时岁在己卯）《左氏》经传缺载“庚子，孔子生”。《史记》纪年，司马迁多以杜撰岁首之“正”而非《春秋》建子之历，其所取《春秋》纪年者，多因《左传》亦同；其《左传》与之有悖之纪，反而舍经以取传；其《左传》见缺之经载，又常见视以为非而改纪。《左氏》无传之秦惠、宋庄经文卒年尚在《史记》改纪之列，其全然不见《左氏》经、传之《公》《穀》孔子经文生年，太史公岂肯有置其改纪例外？而《史记》不改《左氏》经文之“哀公十六年……夏四月己丑，孔丘卒”(492)，正是其无涉岁首之“正”。是笔者以为，太史公书《史记》杜撰“岁首”而改纪《公》《穀》孔子生年于“二十二”年也。

《史记》者，或非严格史家之笔，或为撰者心猿意马，明非信史。本已“祷于尼丘得孔子”，何而又见“生而首上圩顶，故因名曰丘云”(1905)？“圩顶而名曰丘”孔子未必有知，其司马迁何得而知？“圩顶而名曰丘”，何经可引，何典可据？至多里巷之语，更多“演义”之嫌。《史记》何颜入信史？而《春秋》也，凿凿确史，百攻而不破。孔子生年是非之明，本童叟可鉴！是断：孔子，生鲁襄公二十一年冬十月庚辰朔庚子（年序己酉），寿七十有四。

止为《太史公书》之劳，移功《史记》之誉，后人自过也。是非颠倒二千载，不过“史家一绝唱”。

注释：

[1]　[2]　[5]　[15]　[19]　[45]　[46]　〔清〕阮元校刻《十三经注疏》（附校勘记），中华书局1980年影印版2309、2430、2084、2219–20、2383、2445、2342页。

[3]　〔汉〕司马迁撰，中华书局1959年版。

[4]　二十五史刊行编委会编《二十五史补编》，中华书局1955年一册67页。

［6］［7］〔汉〕班固撰、〔唐〕颜师古注，中毕书局 1962 年 973、974 页。

［8］［9］〔唐〕房玄龄等撰，中华书局 1974 年 535-6、503 页。

［10］［12］［13］［14］［16］［20］［24］〔清〕范来宗等撰《竹书统笺》，台湾商务印书馆民国七十二（1983）年《影印文渊阁四库全书》303 册 123-4、175、173-5、180-2、185-7、195 页。

［11］〔晋〕杜预集解，上海古籍出版社 1988 年新 1 版。

［21］［22］上海师范大学古籍整理研究所校订，上海古籍出版社 1983 年 641-4、600 页。

［25］［26］［27］《影印文渊阁四库全书》243 册 334、336、385 页。

［28］上海书店 1985 年影印现代社民国十四（1925）年再版自序 1 页。

［29］《民国丛书》第一编，上海书店 1989 年影印版 73 册 23 页。

［30］《饮冰室文集下·历史》13 页，转引自《历代名家评史记》34 页。

［31］大孚出版公司民国三十六（1947）年二卷 654 页。

［32］浙江古籍出版社 1988 年影印版 3 页。

［33］转引自杨燕起等编《历代名家评〈史记〉》，北京师范大学出版社 1986 年 38 页。

［34］中华书局 1959 年版《史记》十册《史记集解序》1 页。

［35］〔清〕董浩等编《全唐文》，中华书局 1983 年影印版 6 册 5831 页。

［36］《滹南遗老集》卷十九，中华书局 1985 年新一版《丛书集成初编》2050 册 117 页。

［37］《藏书》卷四十，中华书局 1959 年 692 页。

［38］《制言》月刊五十三期，转引自《历代名家评〈史记〉》36 页。

［39］上海商务印书馆民国三十六（1947）年 2 页。

［40］《鲁迅全集》卷十，人民文学出版社 1973 年 581 页。

［41］南京北新书局民国二十（1931）年 14 页。

[42] 胡怀琛等选注，商务印书馆民国十六（1927）年《序言》2-7页。

[43] 《郭沫若全集》文学编十九卷，人民文学出版社1992年246页。

[44] 《黄氏日钞》卷四十七，《影印文渊阁四库全书》708册298页。

(1994. 1. 3. 稿)

〔载1994年1月21日自刊《纪年研考》第4期〕

《史记》、《公》《穀》孔诞异年考确

——与周振鹤、平势隆郎先生商榷

林叶蓁

后世之于孔子生年，所宗者，文献有三：

《穀梁传春秋》：襄公二十有一年秋九月庚戌朔冬十月庚辰朔庚子孔子生。

《公羊传春秋》：襄公二十有一年秋九月庚戌朔冬十月庚辰朔十有一月庚子孔子生。

《史记》：《孔子世家》鲁襄公二十二年而孔子生；《鲁周公世家·襄公》二十二年，孔丘生；《十二诸侯年表·鲁襄公二十二年》孔子生。

或有以为《史记》孔诞宗于《世本》者，查无实据，不足以为史料。

历来孔诞鲁襄“二十一年”与“二十二年”之争众说纷纭，是有笔者数年考论《史记》记年之非，然近周振鹤先生《评日本学者平势隆郎所著〈新编史记东周年表〉》有见惊言：“新年表既出，所有的五百多个矛盾也都随之而解。解决矛盾

的精彩例子不能一一举出，只举其最著之一条：孔子生年，聚讼两千年而不能解，一主鲁襄公二十一年十一月庚子；一主二十二年。一年之差虽无关紧要，但于孔子这样的重要人物而言，若能将这一年之差统一起来，不啻一件快事。然而在过去个别考证的情况下，这个问题无法得到解决，即钱穆先生的《先秦诸子纪年》亦将其搁置不议。而在这一新年表中，由于整体考证的成功，孔子的生年迎刃而解，无论《春秋（公羊）经》所载的襄二十一年，或《史记·孔子世家》所说的襄公二十二年都是正确的，前者是以逾年法记，而后者是用立年法称，两者归到公元纪年，都是公元前522〔林按：此当552之笔误〕年10月9日。二千年的矛盾终于冰消于一朝。"[1] 有见周语荒唐，故于暑期赴京目睹平势先生大著，不幸其书确载："この配列が逾年法·立年法の关系をよく知る者の手になり，本来の立年法が正しく逾年法に置き换えられていると假定すると，『春秋』·『左传』と『史记』との间存在する矛盾も解消される.例えば，孔子の生年について，孔子世家は鲁襄公22年とし，公羊传·谷梁传は同21年とするのが，从来矛盾としれてきた.しかし，襄公22年が立年法による本来の年次，同21年がそれを逾年法で书き换えた年次としてみると，いすれも前552年のことであつて矛盾は存在しない."[2] 平势《新编》欲彰其明，特作图版显之：

二十有一年……十有一月庚子孔子生 （监本附音注疏）《公羊传春秋》 （原书据元刊明修本照拍）	鲁襄公二十二年而孔子生 《史记·孔子世家》 （原书据长庆—元和本照拍）
襄公 21 年は逾年法に书き换えられた年次	**襄公 22 年は本来の立年法による年次**

いすれも西历前 552 年のことで同年である. 从来これを矛盾と误解してきた.

孔子の诞生日，この年の鲁历十一月庚子の日は，ユリゥス历では前 552 年 10 月 9 日にたる.

其实，历史纪年，无论是君王立年改元、或是逾年称元，都是不会出现其矛盾的；因为每个以“年”为单位的时间量段本身即以它的其时指称年次为标示的，就是说每个纪元年次都永远只标示它固定的时间量段（如：鲁襄公二十一年〈前 553.12.27—前 552.12.26〉、昭和二十二年〈1947.1.22—1948.2.9〉、公元一九九五年〈1995.1.1—12.31〉）。如果以后若有人把 1996 年在亚特兰大举行的第 26 届奥运会改记于 1997 年，又有谁会以为它是可行的呢！后人又何以凭知其“1997 年”不示 1997 年而指 1996 年？倘若越世四五百年的司马迁竟然明火执仗地窜改历史，把鲁成公十八年的八月己丑“公薨于路寝”改称之“鲁襄公元年”、鲁襄公元年改称“鲁襄公二年”、鲁襄公二十一年改称“鲁襄公二十二年”，其又何颜受称后誉之“史学家”？虽是司马迁“草创未就”之著记年紊乱令人发指（《孔子世家》尤甚），却亦不致有意为之。遗憾平势先生之所谓《史记》“襄公 22 年は本年の立年法による年次”，不过仅为“假定”耳，其实全然不见论据。

关于《史记》“立年改元”的设想，大凡探讨过《史记》记年的学者，多当做过考证尝试，只是不得其证而已。其实，《史记》所载鲁襄公年事，“逾年”称元为记者，历历在目：

《左氏·公羊·穀梁传春秋》	《史记·鲁周公世家》
成公十有八年秋八月己丑公薨于路寝	十八年，成公卒，子午立，是为襄公。
襄公元年冬晋侯使荀罃（《穀》茔）来聘	襄公元年，晋立悼公。
四年冬公如晋	四年，襄公朝晋。
五年十有二月辛未季孙行父卒	五年，季文子卒。
九年冬公会晋侯……齐世子光伐郑	九年，与晋伐郑。
十有一年春王正月作三军	十一年，三桓氏分为三军。
十有二年冬公如晋	十二年，朝晋。
十有六年春王正月葬晋悼公（平公即位《左传》）	十六年。晋平公即位。
二十有一年春王正月公如晋……冬十月庚辰朔……庚子孔子生（《穀梁传春秋》）	二十一年，朝晋平公。
	二十二年，孔丘生。
二十有五年夏五月乙亥齐崔杼弑其君光	二十五年，齐崔杼弑其君庄公，立其弟景公。
二十有九年夏吴子使札来聘	二十九年，吴延陵季子使鲁……鲁人敬焉。
三十有一年夏六月辛巳公薨于楚宫	三十一年六月，襄公卒。

即使勘察孔子行年对照，所见《史记》者，亦如《春秋》“逾年”称元为记：

襄公二十有一年秋九月庚戌朔冬十月庚辰朔十有一月庚子孔子生（《公羊传春秋》）	
	鲁襄公二十二年而孔子生。（《孔子世家》）

三十有一年秋九月癸巳子野卒（立敬归之娣齐归之子公子裯……于是昭公十九年矣，犹有童心；君子是以知其不能终也。《左传》）	三十一年……。其九月，太子卒。鲁人立齐归之子裯为君，是为昭公。昭公十九年，犹有童心。……君子曰："是不终也。"
昭公元年春王正月公即位	
七年冬十有一月癸未季孙宿卒（孟僖子病不能相礼，乃讲学之……及其将死也，召其大夫曰："吾闻将有达者曰'孔丘'，圣人之后也……我若获没，必属说与何忌于夫子，使事之而学礼焉，……。"《左传》）	七年，季武子卒。（孔子年十七，鲁大夫孟釐子病且死，诫其嗣懿子曰："孔丘，圣人之后……虽不当世，必有达者。……吾即没，若必师之。"……是岁，季武子卒，平子代立。《孔子世家》）
二十年（齐侯至自田，晏子侍于遄台。《左传》）	二十年，齐景公与晏子狩竟，因入鲁问礼。（鲁昭公之二十年，而孔子盖年三十矣。齐景公与晏婴来适鲁……。《孔子世家》）
二十有五年夏有鸜（《公》鹳）鹆来巢（季、郈之鸡斗……九月戊戌伐季氏。《左传》）	二十五年春，鸜鹆来巢。……季氏与郈氏斗鸡……昭公九月戊戌伐季氏，遂入。（孔子年三十五，而季平子与郈昭伯以斗鸡故得罪鲁昭公，昭公率师击平子。《孔子世家》）
三十有二年十有二月己未公薨于乾侯	三十二年，昭公卒于乾侯。鲁人共立昭公弟宋为君，是为定公。（孔子年四十二，鲁昭公卒于乾侯，立定公。《孔子世家》）
定公元年	
九年夏六月伐阳关。阳虎使焚莱门，师惊，犯之而出奔齐……齐侯执阳虎……又以葱灵逃奔晋，适赵氏。（《左传》）	九年，鲁伐阳虎，阳虎奔齐，已而奔晋赵氏。（定公九年，阳虎不胜，奔于齐。是时孔子年五十。《孔子世家》）
	定公十四年，孔子年五十六，由大

	司寇行摄相事……桓子卒受齐女乐……孔子遂行。(《孔子世家》)
十有五年夏五月壬申公薨于高寝	十五年，定公卒，子将立，是为哀公。
哀公元年春王正月公即位	
二年冬十有一月蔡迁于洲来	
三年春齐国夏、卫石曼姑帅师围戚。夏五月辛卯桓宫僖宫灾。秋七月丙子季孙斯卒。	冬，蔡迁于洲来。是岁，鲁哀公三年而孔子年六十矣。齐助卫围戚，以卫太子蒯聩在故也。夏，鲁桓釐庙燔，南宫敬叔救火。孔子在陈闻之，曰：“灾必于桓釐庙乎?”已而果然。秋……桓子卒，康子立。(《孔子世家》)
六年秋七月庚寅楚子轸卒。齐陈乙弑其君荼(《公》舍)。	六年，齐田乙弑其君孺子。(其秋，楚昭王卒于城父……于是孔子自楚反乎卫。是岁也，孔子年六十三而鲁哀公六年也。《孔子世家》)
十有一年春齐国书帅师伐我。冬卫世叔齐出奔宋。(冬卫大叔疾出奔宋。初……孔文子之将攻大叔也，访于仲尼。仲尼……退，命驾而行……文子遽止之……将止；鲁人以币召之，乃还。《左传》)	
	而卫孔文子将攻大叔，问策于仲尼。仲尼辞不知。退而命载而行……文子固止之。会季康子……以币迎孔子，孔子归鲁。孔子之去鲁，凡十四岁而反乎鲁。(《孔子世家》)
十有六年夏四月己丑孔丘卒(《左氏传春秋》)	十六年，孔子卒。(孔子年七十三，以鲁哀公十六年四月己丑卒。《孔子世家》)

综观《史记》《春秋》襄公年次并孔子行年，未知平势先生《公羊传春秋》“襄公 21 年は逾年法に书き换えられた年次”、《史记·孔子世家》“襄公 22 年は本来の立年法による年次”之“いすれも西历前 552 年のことで同年である”，并周先生之“无论《春秋（公羊）经》所载的襄二十一年，或《史记·孔子世家》所说的襄二十二年都是正确的，前者是以逾年法记，而后者是用立年法称，两者归到公元纪年，都是公元前 52〔5〕2 年 10 月 9 日”，有为何说也？不要说《史记》纪年绝然不见“立年”之法，即使果为“立年”之法，亦当孔子“襄二十二年”降生、“哀十七年”逝世，寿同《公》《穀》二传《春秋》“襄二十一年”生、《左氏传春秋》“哀十六年”卒之“七十有四年”；而实《史记·孔子世家》“鲁襄公二十二年而孔子生”，“孔子年七十三，以鲁哀公十六年四月己丑卒”，生异、卒同，寿亦异，其不为“立年”改记甚明（惟而生异、卒异，寿相同，方可以为“立年”改记）。且《春秋》并三传鲁十二公次世纪年皆与《史记》同为“逾年”，诚是不知平势之书有为何说也！平势先生之“本来の立年法が正しく逾年法に置き换えられていると假定すると，『春秋』·『左传』と『史记』との间に存在する矛盾も解消される”只顾弥合《史记》之“二十二年”，竟然大胆“忽略”了《史记》普遍载合经传的“逾年”事实；其所做结论，就自然难免仅似海市蜃楼之彩虹了。未详平势先生何竟于其图版“略”去了《公羊传春秋》“秋九月庚戌朔冬十月庚辰朔”记事文字，既鲁襄公二十一年“秋九月庚戌朔冬十月庚辰朔”，又何来其年之“十有一月庚子”（其页图版明鉴陆德明注文“‘庚子，孔子生’，传文上有

‘十月庚辰’，此亦‘十月’也”，不想平势先生竟能视若罔闻)？“十月庚辰朔”，则“十有一月”庚戌朔，其月定无“庚子”之日；真不知平势先生之“この年の鲁历十一月庚子の日は，ユリウス历では前552年10月9日にたる”，乃据何等历法换算求之？儒略历公元前552年10月9日其对应中历历日本为之鲁襄公“二十有一年冬十月庚辰朔庚子”，而《公羊传春秋》之“襄公二十有一年十有一月庚子”全无其日（“十有一月”诚为衍文，古今学者多有定论)，又何能换算一个儒略历之“公元前552年10月9日”也！既然《史记》载记鲁襄公年次并孔子行年诚如上引，则《史记·孔子世家》之“鲁襄公二十二年”只能是庚戌岁鲁襄公二十二年即儒略历公元前552年12月17日至公元前551年12月5日。事实上，无论《公羊传春秋》所载的“襄公二十有一年冬十月庚辰朔十有一月庚子”、或《史记·孔子世家》所说的“鲁襄公二十二年”，都是“错误”的；两者归到公元纪年，都“不可能”是公元前552年10月9日。既然“『春秋』·『左传』と『史记』との间に存在する矛盾”并非表现于整体纪年（仅为个别史事)，那么平势先生的“この配列が逾年法·立年法の关系をよく知る者の手になり，本来の立年法が正しく逾年法に置き换えられていると假定すると”就只能使“『春秋』·『左传』と『史记』との间に存在する矛盾”非但不能“冰消”，反而更为加剧了。

平势先生为了弥缝《史记》记年的某些纰缪，竟然得意于“本书が试み，良好な结果が得られたのは，战国中期の称王改元（更元）に着目し，その际にはじめて逾年法が采用されたと假定することである”[2]，进而妄断“中国の特异な称元法である逾年称元法が，战国时代前4世纪半ばに出现したことを知らなかつたために生じた矛盾を正す.『春秋』・『左传』といつた系年の根据を缺いたまま，立年称元法による君主卒年次を逾年称元法によると误つて配列した部分が多い”[3]。既然平势先生以为“『春秋』における鲁公の纪年配列がこれに据つており，この称元法は『春秋』をさらに溯る古来の称元法と见なされてきた”[2]，为什么不拿出证据来呢？虽其《春秋》原书不存，惟借《左氏》《公羊》《穀梁》传本传世，即或三传皆为“战国时代前4世纪半”之后笔，却《春秋》总为其时鲁国史录；倘若以为三传并其《春秋》皆为“立年称元法による君主卒年次を逾年称元法によると误つて配列した部分が多い”，然其三书“错误”竟会出现如此“异曲同工”之妙，不觉得如此“假定”之设想未免太荒诞了点吗？《左氏》《公羊》《穀梁》三传，不过只为《春秋》作传耳，倘若果为“立年称元法による君主卒年次を逾年称元法によると误”，亦当“传”改逾年法、“经”仍“立年法”；因为迄今得见史料，尚无一证《春秋》经文有为“战国时代前4世纪半”之后人笔也。倘若以为《春秋》亦为“战国时代前4世纪半”之后人执笔，尚待平势先生出示力证也。今见《春秋》经传并及《竹书纪年》皆与《史记》同为“逾年”之纪，且有平势先生尊史自言“逾年法で配列された『春秋』・『左传』は，天文史料のうち，日蚀の的中律の高さからみて，西历年代としては正しく配列されている”[2]，当知由平势先生“假定”为真、经周先生附会之“逾年称元法是公元前4世纪中叶才出现

的”[1]，不过一纸荒唐言。倘依平势先生之意，《春秋》经传皆为误将“本来の立年法”改行“（不为史实的）逾年法”之纪年，则《春秋》误将“隐公二年”纪为隐公元年而缺载“（本来的）隐公元年”矣。所见《史记·鲁周公世家》有载：“四十六年，惠公卒，长庶子息摄当国，行君事；是为隐公。初，惠公适夫人无子，公贱妾声子生子息。息长，为娶于宋，宋女至而好，惠公夺而自妻之；生子允，登宋女为夫人，以允为太子。及惠公卒，为允少故，鲁人共令息摄政，不言即位。”[5]其时之隐公，不过“允少”之故，以“长庶子”摄当国而行君事，岂容其改纪惠公“四十六年”以谓“隐公元年”！平势先生当知，中国古之君王即位非比日本天皇改元：“古者天子崩，太子即位，其别有四。始死，则正嗣子之位；《尚书·顾命》‘逆子钊于南门之外，延入翼室’是也。既殡，则正继体之位；《顾命》‘王麻冕黼裳入即位’是也。逾年，正改元之位；《春秋》书‘公即位’是也。三年，正践阼之位；舜格于文祖及成王免丧，将即政，朝于庙是也。”[6]其实，《史记·鲁周公世家》“二十一年，朝晋平公。二十二年，孔丘生”所见“逾年”至明，倘为“立年”，则《春秋》二十一年之“公如晋”“孔子生”，当于《鲁周公世家》（“朝晋平公”“孔丘生”）同入“二十二年”；今记“二十一年，朝晋平公”，所记二十二年者仅止“孔丘生”，则《史记》“立年”之法，无以为说矣。《史记》之于孔诞，异年《春秋》甚明，平势不解其失，反纠经传以缝《史记》，岂得孔子生寿正果！

其实，世人之于《史记》孔子生年所误，早道卓识矣。唐人杨士勋疏《穀梁传春秋·襄二十一年》“庚子，孔子生”云：

“仲尼以此年生，故传因而录之。《史记·世家》云‘襄二十二年生’者，马迁之言与经典不同者非一，故与此传异年耳。”[4] 唐人司马贞《〈史记〉索隐》更显名言：“《公羊传》‘襄公二十一年十有一月庚子，孔子生’，今以为‘二十二年’，盖以周正十一月属明年，故误也。”[7] 近人董作宾以为“司马贞的解释是对的。……司马迁误以为《春秋》用的夏正，鲁国当然用周正，所以认为襄公的二十一年夏正十一月，就是周正的襄公二十二年正月，所以《史记》就写下来‘鲁襄公二十二年而孔子生’。这是非常合理的解说。当然‘十一月没有庚子’，‘鲁襄公二十一年十月庚子’〖，〗本是周正，这都是司马迁所不曾注意到的问题。历史家不愿细心研究历法问题，古今都是一样的。”[8] 细察《史记》，诚见诸公所言不妄。《史记·历书》载：“昔自在古，历建正作于孟春。于是冰泮发蛰，百草奋兴，秭鸩先滜，物乃岁具；生于冬，次顺四时，卒于冬分。”[9] 所见，司马迁以为四时月序基于物候恒定，“建正”可变，而“孟春”不易。言古历建正作于孟春，是喻今历建正有非作“孟春”者；以“孟春”为不易之“时”、“建正”为可变之“历”。“夏正以正月，殷正以十二月，周正以十一月”[10]，是《史记》全然未解《左传·昭公十七年》之“火出，于夏为三月，于商为四月，于周为五月”（孔颖达疏：“斗柄所指，一岁十二月分为四时；夏以建寅为正，则斗柄东指为春、南指为夏，是为得天四时之正也。若殷、周之‘正’，则不得正。”）[11] 之月建三正也。《左传》“三正”者，别以斗柄月建始年谓之“正月”也；《史记》“三正”者，“正月”恒定夏历建寅之月，另以他月序首始年之谓也。《史记》未识夏正以建寅之月、殷正以建丑之月、周正以建子之月，是于《周本纪》有言“十一年十二月戊午，师毕渡盟津，诸侯咸会。……二月甲子昧爽，武王朝至于商郊牧野，乃誓”[12]（《尚书·泰誓》：“惟十有一年，武王伐殷。一月戊午，师渡盟津，作《泰誓》三篇。”[13]）。自《历书》“秦灭六国……而正以十月”[14]，至《孝武本纪》“汉改历，以正月为岁首”[15]，其间《史记》之《本纪》《世家》更及《秦楚之际月表》并以年始“冬十月”为纪。不管其时是否“秦以冬十月为岁首”[16]（今见出土秦简《日书》、汉帛《五星占》，不证“秦以冬十月为岁首”），《史记》所谓夏、殷、周、秦之“正”者，别为夏历建寅之春正月、冬十二月、冬十一月、冬十月序首纪年甚明。

《春秋》纪年，始春正月、终冬十二月，司马迁未察其为“建子”之历，误以夏正而为修之；司马迁所谓“周正”者，即以建寅夏正之“冬十一月”移序年首。前引《春秋》、《史记》异年诸例（除定公九年阳虎奔齐“是时孔子年五十”有为《史记》笔误外），皆当类此。《孔子世家》定公十四年“孔子遂行”，而言“凡十四岁而反乎鲁”者，哀公十二年也；《左传·哀十一年》虽“冬卫大叔疾出奔宋。初……孔文子之将攻大叔也……鲁人以币召之，乃还”，却司马迁未能详察，误以冬之后事移计“明年”而谓“十四岁”也。《春秋》哀公二年“冬十有一月蔡迁于州来”，《孔子世家》“冬，蔡迁于州来。是岁，鲁哀公三年而孔子年六十矣”更为“盖以周正十一月属明年”之明鉴例证矣。三传《春秋》皆见“襄公二十有一年春王正月公如晋……秋九月庚戌朔日有食之”，又《穀梁传春秋》“冬十月庚辰朔……庚子孔子生”，再《公羊传春秋》“冬十月庚辰朔……十有一月庚子孔子生”；而《史记·鲁周公世家》襄公“二十一年，朝晋平公。二十二年，孔丘生”，移记“十有一月庚子孔子生”于“二十二年”甚明。当是司马迁未识“十有一月”为衍，或其误以《穀梁》为脱、或其未曾参阅《穀梁》，既然“周正以十一月”，自当“冬”之“十有一月庚子”归“属明年”，只是其月无日“庚子”，惟略月日以言“鲁襄公二十二年而孔子生”。《史记》改记经传冬之十一、二月归属“明年”之文，拙篇《〈史记〉纪年与孔子生寿》[17]已见多有例举，虽非《史记》载年皆如类误，却亦不失误因一也。至少《史记》孔诞之异年《春秋》，诚如司马贞之“盖以周正十一月属明年，故误也”。

比照《春秋》、《史记》纪年，同此（己酉）鲁襄二十一年（公元前553年12月27日—公元前552年12月16日）、（庚戌）鲁襄二十二年（公元前552年12月17日—公元前551年12月5日）无疑；载记孔子生年，襄二十一年是、则襄二十二年非，襄二十二年是、则襄二十一年非，二者必居其一。周文“钱穆先生的《先秦诸子纪年》亦将其搁置不议”一语，诚非其实——《先秦诸子系年考辨》明列“孔子生年考”、“孔子卒年考”专节，何谓“搁置不议”？虽其“生年考”节颇见“搁置”之论，却“在‘孔子卒年考’一节中，他仍花了不少笔墨论证孔子当生于襄公二十二年，才能符合终年七十三的记载”[18]。不才昔曾有幸拜读过钱先生书中二节，亦诚不免憾叹——其学者形象之“自点”。以为“在过去个别考证的情况下，这个问题无法得到解决”之言，更非其实。董作宾先生 1939 年既已考定孔诞“周灵王二十年，鲁襄公二十一年，己酉，周正十月，夏正八月，二十一日，庚子……西元前五百五十二年，十月九日”[19]，且至 1960 年续论文篇不断；虽世不取，然非“个别考证”不得“解决”也。全因司马迁一个“草创未就”之笔“鲁襄公二十二年而孔子生”，众人颇疑《公》《穀》孔子生年；力证诸疑不立，是有拙文《书峰隙窥孔子生年》[20]交流于世。虽于《书》文或见首肯复函，却亦彻悟——《史记》误因亟待清明。至与张培瑜先生讨论《孔子生卒的中历和公历日期》[21]，倍觉《史记》“二十二年”不破，则《公》《穀》“二十一年”不立；遂则不舍昼日，以成文篇《〈史记〉纪年与孔子生寿》。今之《史历“岁首”质疑》、《司马迁生卒与“书序”搁笔》相继赠阅问世，当说《史记》“二十二年”孔诞之记年误因见明、司马迁“草创未就”墨笔之书史紊乱堪忧。至少，笔者敢信：比之平势先生《新编》，“个别考证”更得孔诞“解决”之法。

虽则《公羊传春秋》的襄二十一年十一月庚子、《史记·孔子世家》的鲁襄二十二年，皆非公元前 552 年 10 月 9 日，却是平势隆郎先生、周振鹤先生张扬孔子生于公元前 552 年 10 月 9 日之功，世不可没。借此恭谢！

注释：

[1] 《中国史研究动态》1996 年 5 期 16–21 页。

[2] [3] 『史记东周纪年の再编について』，东京大学东洋文化研究所 1995 年 3 月 24 日第 6ベノヅ、第 2ベノヅ.

［4］［11］［13］〔清〕阮元校刻《十三经注疏》，中华书局1980年9月影印版2430页上《春秋穀梁传注疏》卷十六、2084页中下《春秋左传正义》卷四十八、179页下《尚书正义》卷十。

［5］［7］［9］［10］［12］［14］［15］［16］中华书局1982年11月第2版1528–9、1906、1255、1258、121–2、1259、483、1377（《封禅书》）页。

［6］〔清〕梁玉绳《史记志疑》，中华书局1985年新1版《丛书集成初编》一四九册163–4页卷四。

［8］［19］《董作宾先生全集·乙编·平庐文存·卷二》，艺文印书馆民国六十六（1977）年十一月影印版第三册320页《孔子生年考》、302页《孔子诞辰之考定兼论改为国历问题》。

［17］［20］［21］交流小刊《纪年研考》，第4期（1994.1.21）、第1期（1993.5.8）、第3期《关于张培瑜〈孔子生卒的中历和公历日期〉》（1993.11.27）。

［18］张培瑜《孔子生卒的中历和公历日期》；中国孔子基金会编《孔子诞辰2540周年纪念与学术研讨会论文集》，三联书店上海分店1992年5月827页。

（1996. 9. 18. 初稿）

〔载1997年1月14日自刊《余修文稿》辑一〕

《史记》“‘孔子生’年”索源

金友博

《穀梁传春秋》：襄公“二十有一年……秋，晋栾盈出奔楚。九月，庚戌朔，日有食之。冬，十月，庚辰朔，日有食之。曹伯来朝。公会晋侯、齐侯、宋公、卫侯、郑伯、曹伯、莒子、邾子于商任。庚子，孔子生。”

《公羊传春秋》：襄公“二十有一年……秋，晋栾盈出奔楚。九月，庚戌朔，日有食之。冬，十月，庚辰朔，日有食之。曹伯来朝。公会晋侯、齐侯、宋公、卫侯、郑伯、曹伯、莒子、邾娄子于商任。十有一月，庚子，孔子生。”

《左氏传春秋》：襄公“二十有一年……秋，晋栾盈出奔楚。九月，庚戌朔，日有食之。冬，十月，庚辰朔，日有食之。曹伯来朝。公会晋侯、齐侯、宋公、卫侯、郑伯、曹伯、莒子、邾子于商任。”

哀公“十有六年……夏，四月，己丑，孔丘卒。”

《史记》：《孔子世家》载“鲁襄公二十二年而孔子生”，“孔子年七十三，以鲁哀公十六年四月己丑卒”；《鲁周公世家》、《十二诸侯年表》并记孔诞鲁襄“二十二”年。

——今见西汉逆前载记孔子生卒文献

孔子生年聚讼二千余年不决，本身即当有引令人学者深思。《史记》之“二十二年”何以为“是”，《公》《穀》之“二十一年”何以为非，辨其所明，已远非孔子个人之事耳。世人舍经取史之论林林总总，此前多有驳文，然于《史记》“二十二年”所本，似欠详语之论；今就《史记》异载，力求其源，试乞孔诞真年有白于世。

一

清孔广牧《先圣生卒年月日考》有见其言："龙门撰《史记》于先圣生年，根据《世本》为说，诚以其可信也。……至宋濂谓迁《史》后于《公》、《穀》，不知迁史所本则先于《公》、《穀》耳！"[1] 昔司马迁草撰《史记》有"采《世本》"，诚可为信（《汉书·司马迁传》确有载言）；却其"鲁襄公二十二年而孔子生"亦"据《世本》为说"，诚待商榷也。孔氏所言"《世本》久佚，今即钱氏大昭、孙氏冯冀、淇氏饴孙、王氏谟、秦氏嘉谟、茆氏泮林所辑诸本"[1]，钱大昭、洪〔按："淇"，当"洪"字之讹〕饴孙之辑本今不为传；尚存之王谟、秦嘉谟、茆泮林等诸家所辑《世本》，全然不见有记"孔子生年"之语，不知其"根据《世本》为说"何以为说也！孔广牧之所言征引《世本》者，不过金人孔元措之《祖庭广记》耳，当知钱、洪之本亦无其前文献辑言也。孔元措其《祖庭广记》之撰，《世本》之书不见时传，即使其书所宗之宋人孔传《东家杂记》及孔宗翰《孔氏家谱》是否得见《世本》而书，亦不可考，更何以凭断《祖庭广记》之"鲁襄公二十二年冬十月庚子日孔子生"，必据《世本》也？今《东家杂记·先圣诞辰讳日》首言即见"周灵王二十一年己酉岁，即鲁襄公二十二年也；当襄公二十二年冬十月庚子日"[2]，未曾有冠"世本云"。孔广牧以为"《广记》检阅书目，《世本》未著录，知首卷所引《世本》，为《家谱》《杂记》原文"[3]，诚止主观猜度耳！其实，《祖庭广记》所引

“《世本》云”，仅止“宋孔父嘉生木金父，木金父生祈父，其子奔鲁为孔防叔，生伯夏；伯夏生叔梁纥。”[4]其后文“长子曰‘伯皮’，有疾不任继嗣，遂娶颜氏；祷于尼山，得孔子。鲁襄公二十二年冬十月庚子日，孔子生；生而首上圩顶，故因名丘，字仲尼。二岁纥卒”，皆非征引《世本》语。唐孔颖达疏《诗·商颂·那》：“《世本》云，宋湣公生弗甫何，弗甫何生宋父，宋父生正考甫，正考甫生孔父嘉，为宋司马华督杀之而绝其世，其子木金父降为士；木金父生祈父，祈父生防叔，为华氏所逼，奔鲁为防大夫，故曰‘防叔’。防叔生伯夏，伯夏生叔梁纥，叔梁纥生仲尼。”[5]唐杨士勋疏《春秋穀梁传·桓公二年》范注“孔子旧是宋人”：“《世本》：‘孔父嘉生木金父，木金父生祈父，其子奔鲁为防叔，生伯夏；伯夏生叔梁纥，叔梁纥生仲尼。’”[6]孔颖达再疏《春秋左氏传·桓公元年》杜注亦见：“《世本》云：‘华父督，宋戴公之孙，好父说之子。孔父嘉生木金父，木金父生祈父，其子奔鲁为防叔；防叔生伯夏，伯夏生叔梁纥，叔梁纥生仲尼。’”[7]虽孔颖达之征引《世本》多见其注释自语，却也“伯夏生叔梁纥，叔梁纥生仲尼”之句，二引并与杨氏文同，句间绝然不见“伯皮”之语。《祖庭广记》“《世本》云”之“宋孔父嘉生木金父，木金父生祈父，其子奔鲁为孔防叔，生伯夏；伯夏生叔梁纥”，几与《穀》《左》二传疏引无差，惟舍《世本》“叔梁纥生仲尼”之引，后叙“伯皮”以舍“野合”更与《史记》文别，全无《世本》之载据丝毫也。孔元措之“遂娶颜氏”，显见其非《世本》语也。宋郑樵《通志·氏族三》“颜氏”：“王俭谱云：‘颜氏出自鲁侯伯禽支庶，食采颜邑，因氏焉。’”[8]又郑樵《通志·氏族序》：“三代之前，姓氏分而为二；男子称氏，妇人称姓。”[9]汉郑玄注《仪礼·士昏礼》“祝告，称妇之姓曰‘某氏来妇’”：“某氏者，齐女则曰‘姜氏’，鲁女则曰‘姬氏’。”[10]倘若果如唐司马贞所引《家语》之叔梁纥因“孟皮病足，乃求婚于颜氏征在”[12]，亦当“遂娶颜‘女’”；“求婚于颜氏”，则所娶者，实乃《史记·孔子世家》之“颜氏女”也。《广记》而称“颜氏”（《广记》所书“颜氏”多处），本为孔元措之时语，何以得见“《世本》云”焉？若孔元措“鲁襄公二十二年冬十月庚子日，孔子生；生而首上圩顶，故因名丘，字仲尼”可为《世本》语，则孔颖达、杨士勋之“叔梁纥生仲尼”必非《世本》语；然却孔、杨之引，三经疏征《世本》，其前则绝然不见“《世本》载记孔子生年”相关文字也。本其孔元措之述文，岂可误以《世本》之“云”？既然孔广牧之“龙门撰《史记》于先圣生年，根据《世本》为说”，非但全然不得其证，更“叔梁纥生仲尼”之六字疏引多证其非，则当另作《孔氏祖庭广记》其文句读如是：**“至圣文宣王，鲁曲阜昌平乡阙里，其先宋人也。《世本》云：‘宋孔父嘉生木金父，木金父生祈父，其子奔鲁为孔防叔，生伯夏；伯夏生叔梁纥。’长子曰‘伯皮’，有疾不任继嗣，遂娶颜氏；祷于尼山，得孔子。鲁襄公二十二年冬十月庚子日，孔子生；生而首上圩顶，故因名丘，字仲尼。二岁纥卒。”**

近人董作宾1939年《孔子诞辰之考定兼论改为国历问题》文有“据现行之辑佚《世本》，则记有：鲁襄公二十二年冬十月庚子孔子生”[13]；1950年《孔子诞辰和八月二十七日》文又见“据现在辑佚书的《世本》，确有一条是：鲁襄公二十二年冬十月庚子孔子生”[14]；1952年《孔诞的抉择》文更直见“《世本》：‘鲁襄公廿二年冬十月庚子孔子生’”[15]；1957年《孔子生年考》再见“据现在的辑佚书《世本》，有如下一条：鲁襄公二十二年冬十月庚子孔子生”[16]。憾其四引全未道明何人所辑佚书《世本》、辑自何典何籍原引，然据现行1957年上海商务印书馆版《世本八种》，不见一种辑书载有其言。观董先生《孔诞的抉择》之另文“乙说：是西元前五百五十一年，根据《史记·孔子世家》：‘鲁襄公廿二年而孔子生’。《世本》：‘鲁襄公廿二年冬十月庚子孔子生’。……自宋元丰八年（西元一〇八五）孔宗瀚撰《孔子家谱》时被采入，直到现在，已经过了八百六十七年之久”[15]，不过沿袭孔广牧“知首卷所引《世本》，为《家谱》、《杂记》原文”之说，然其孔广牧说，全为猜度之言耳！宋人罗泌《路史·余论》亦只言“《孔氏家谱》及《祖庭记》等所以俱云‘二十二年十月庚子’”[17]，未尝语引《世本》也。董作宾先生三十年前已然作古，憾其无以商榷矣；倘果有据《世本八种》之外辑本，亦惟取自《祖庭广记》之文，《广记》之“鲁襄公二十二年冬十月庚子日孔子生”不为“世本云”语，前已有证，是当知董文四引《世本》“孔诞”，诚见其失也。今人夏乃儒先生释《孔子大辞典·孔子诞日》之“《史记》之年与《世本》所记一致”[18]，更令不才大惑；观夏先生之语，俨然《世本》其书尚存，似乎“孔诞异年”之争，本即始于先秦之《世本》与《公》《穀》耳！然却笔者所见迄今古史文献，无一“《世本》载记孔子生年”之笔也。诚憾其所谓“《世本》：鲁襄公二十二年冬十月庚子孔子生’”，只闻讹传，不见真证也。

《世本》者，《汉书·艺文志》载："《世本》十五篇。古史官记黄帝以来讫春秋时诸侯大夫。"[19] 其"古史官记"之《世本》，诚当不载孔子生年月日。是有杨士勋疏《穀梁传春秋》襄二十一年"孔子生"："仲尼此年生，故传因而录之。《史记·世家》云'襄公二十二年生'者，马迁之言与经典不同者非一，故与此传异年耳。"[20] 杨氏曾引《世本》"叔梁纥生仲尼"以疏《礼记》，此言"马迁之言与经典不同者非一"，且谓"'故'与此传异年耳"，其《世本》"不载孔子生年"已明。又多处引据《世本》以作《史记索隐》之司马贞，亦断《史记·孔子世家》之"二十二年"："《公羊传》'襄公二十一年十有一月庚子孔子生'，今以为'二十二年'，盖以周正十一月属明年，故误也。"[12] 参阅《世本》而断《史记》"二十二年"之"误"，且以"周正十一月属明年"致误，则"《世本》不载孔子生年"之明无碍。即使颇疑《春秋》经文"庚子，孔子生"句，有以"传文上有'十月庚辰'，此亦'十月'也，一本作'十一月庚子'，又本无此句"[21] 而为《公羊春秋》音义之唐人陆德明，亦是不见所据《世本》助疑，更见《世本》确无"孔子生年"之记也。司马贞引谯周语疏《史记·燕召公世家》"宣侯立"作按："今《系本》无燕代系，宋忠依《太史公书》以补其缺，寻徐广作音【义】尚引《系本》，盖近代始散佚耳。"[22] 则当知古《世本》者，汉晋季人得见。汉贾逵《左氏解诂》襄二十一年疏："此年仲尼生"[3]。服虔《左氏传解谊》昭二十四年疏："贾逵云'是岁孟僖子卒，属其子使事仲尼，时年三十五'，定以孔子为襄二十一年生也。"[3] 边韶《老子铭》："孔子以周灵王廿年生。"[23]

何休解诂《公羊春秋·襄二十一年》“孔子生”：“时岁在己酉。”[21] 晋杜预注《春秋左氏传》，昭七年注语：“二十四年孟僖子卒”，“僖子卒时，孔丘年三十五”[24]；昭十七年注文：“于是仲尼年二十八”[25]。非但汉晋经师凡言孔子生年皆以“襄公二十一年”为记，且汉—唐经史大师无一称言“《世本》载记孔子生年”者，是当作断：古、今《世本》未录“孔子生年”，确然。

二

《史记》之“鲁襄公二十二年而孔子生”既非取自《世本》，又其何所据书？这里，《孔子家语》一书，不得不及。《汉书·艺文志》录：“《孔子家语》二十七卷。”唐颜师古注：“非今所有《家语》。”[26] 今传《孔子家语》出自三国魏人王肃，虽其宣以得自孔子二十二世孙孔猛，世人多见其中攻击郑玄之意，不敢信以为真；笔者亦以为，肃序自言“孔子二十二世孙有孔猛者，家有其先人之书，昔相从学，顷还家方取已来与予，所论若重规叠矩”[27]，既其本《家语》“自肃始传”，自非东汉班固《汉书》所录《孔子家语》也。难怪《四库全书提要》有言“《乐记》称舜‘弹五弦之琴以歌南风’，郑注：‘其词未闻。’肃作《圣证论》引《家语》阜财解愠之诗以难康成。孔颖达疏引马昭之说亦云：‘《家语》，王肃所增加，非郑所见也。’故王柏《家语考》曰：‘四十四篇之《家语》乃王肃自取《左传》、《国语》、《荀》、《孟》、二戴《记》，割裂织成之；孔衍之《序》亦王肃自为也。’”[28] 今其定名《儒家者言》之出土汉简“二十七”章，

《说苑》记其"十六"章，《孔子家语》仅其"十"章；且《家语》之记，《说苑》无遗其一也。倘以刘向《说苑》取材今本《孔子家语》，则其"十"章不足"十六"章之所征也；若说今之《家语》采择《说苑》以成其书，倒是可以顺理成章矣。且今见《家语》载记孔子生年数字，唯一《终记解》之"遂寝病七日而终，时年七十三矣"[29]；肃语远在《史记》之后，何知其非撷《史记·孔子世家》之"年七十三"也！更何风可捕、何影可捉，其语能为"汉十一世孙子国子《孔子家语·终记解》"[30]之言也？不记生、卒之年，仅以终时年龄指谓"七十三"，不仅司马贞《史记索隐》以为"鲁襄二十一年生，至哀十六年谓七十三；若襄二十二年生，则孔子年七十二"[31]，注襄二十一年生之贾逵亦以孔子卒于"七十三年"[30]，碑以孔子生"周灵王二十一年"之唐人杨炯则更谓孔子"享年七十有二"[30]，又何以知其王肃所指孔子"襄二十一年生"也、"襄二十二年生"也？班固《汉书》之二十七卷本《孔子家语》曾否载记孔子生年，今人不得一见；三国王肃《孔子家语》之"时年七十三"，又断非司马迁撰稿有能时取，则便无由臆度"孔子之'年七十三'不特见于《史记》，《家语》之《终记》曰：'寝疾七日而终，时年七十三矣'"[32]。愚析《史记》之"年七十三"，诚当其如宋人洪兴祖《阙里谱系》之"太史公读《公羊》，误以'十一月'为'建子'之月，于周为明年岁首，故遂以孔子为七十三岁"[33]也，不过王肃袭之以为"据"耳。历史本断王肃伪托《家语》以攻郑学，今或以定名《儒家者言》之出土汉简载文早于现存秦汉典籍，便有今本《孔子家语》提作"先秦史料"意向，是作插言如上。

其《史记》一书草创之时，《世本》、《家语》皆当有传于世，否则后之《汉书》无以书录矣。然却汉晋经师无一引据二书以注孔子生年，唐宋疏家更见直言作否《史记》所记孔诞、明语指非王肃其书托伪，当知《世本》、《家语》诚非《史记》“鲁襄公二十二年而孔子生”之所以为据也。司马迁之《史记》“孔子生卒”，倘非其为自笔杜撰，则当惟而取材《左氏》、《公羊》、《穀梁》三传《春秋》耳；舍此，全无其他载记“孔子生卒”之先秦史料可为人知也。是断，《史记》之于孔子生卒，必源三传《春秋》无疑。

《汉书·艺文志》录：“《左氏传》三十卷；左丘明，鲁太史。《公羊传》十一卷；公羊子，齐人（注：师古曰：‘名高’）。《穀梁传》十一卷；穀梁子，鲁人。”[34] 唐人徐彦疏引东汉戴宏之序《公羊传》：“子夏传与公羊高，高传与其子平，平传与其子地，地传与其子敢，敢传与其子寿；东汉景帝时，寿乃其弟子齐人胡毋子都著于竹帛。”[35] 杨士勋疏《春秋穀梁传序》：“穀梁子，名淑，字元始，鲁人。一名赤。受经于子夏，为经作传，故曰《穀梁》。传孙卿，孙卿传鲁人申公，申公传博士江翁。其后鲁人荣广大善《穀梁》，又传蔡千秋。汉宣帝好《穀梁》，擢千秋为郎；由是，《穀梁》之传大行于世。”[36] 后世颇疑《公》《穀》之传，笔者无以置喙，然于疑者之论，或有不敢以之为然者；有言“杨伯峻先生在《经书浅谈》中指出：旧说《公羊》、《穀梁》俱出自子夏……不能自相矛盾，更不能自〔按：‘自’当为‘互’〕相攻击。而事实上，‘不但两传矛盾之处很多，而且有《穀梁》攻击《公羊》处'"[37]，言者需知，"受经于子夏，为经作传"者，乃别为齐人公羊高、鲁人穀梁赤也，二传歧牾自在情理之中。世人多以《公》《穀》先秦之"传"为其"口耳"之传，今人更以二书成于汉代："《公羊传》大致成书于汉景帝时，那么，《穀梁传》写定的时间，当在汉景帝之后。"[38] 自公羊高、穀梁赤受经子夏别而作传，其于鲁之十二国公二百四十二年史事"耳经心传"，再而"口说耳听"有越并争战国、经秦历汉始著笔端，倘非神人助力，世间凡人何得如此奇功？世之人果如其功，"耳闻"经传尚可口传存世，"目睹"书策更岂能秦火焚之致亡？试问，"二十四史"口授子孙以传，今人谁能为之？若是，则人类文字及其载体岂非"画蛇添足"之举？笔书传世之先秦古籍凭多，何独《公》、《穀》非得"口传"也；有见徐彦解文"孔子至圣，却观无穷，知秦无道将必燔书，故《春秋》之说口授子夏，度秦至汉乃著竹帛"[35]，固知其说荒唐也。笔者以为，《公》、《穀》其传者，笔录经传之"策"也，其先师生或父子单传，"著于竹帛"者，竹简帛书广布于世也。《史记·儒林列传》载："汉兴至于五世之间，唯董仲舒名为明于《春秋》，其传公羊氏也。……瑕丘江生为《穀梁春秋》，自公孙弘得用，常集比其义，卒用董仲舒。"[39] 汉兴至于五世之间，明于《公羊传春秋》之誉者董仲舒、其谙《穀梁传春秋》闻声者瑕丘江生，二传笔书竹帛于世，至迟亦于秦季也。而南宋赵去疾《孔子生年月日考异》以为"司马迁博极群书而去孔子之时为近，其书孔子之生卒年月必不误"[40]，诚是不知其所何以为说也。

《史记》载记"孔子生卒"，所卒"鲁哀公十六年四月己丑"

照录《左氏春秋》笔述，《孔子世家》定公十年之“齐鲁夹谷相会”取材《春秋穀梁传》之同年传文，定公十三年之孔子语“臣无藏甲，大夫毋百雉之城”出自《公羊春秋》定公十二年传引，所生“鲁襄公二十二年”必其取材《公》、《穀》二传经文以书也。然其所记异年《公》、《穀》，笔者辨析以为：司马迁一误《穀梁》“十有一月”有脱，二误“周正十一月属明年”，致别二经前记焉。前有“十月庚辰朔”，“十有一月”即无“庚子”其日，似当司马迁舍其月日而记“鲁襄公二十二年而孔子生”焉。正是司马迁取材《公》、《穀》经文方致弃舍月日仅记“二十二年”，倘依宋元乃至后人之“鲁襄公二十二年冬十月庚子孔子生”，则司马迁必不舍其“十月庚子”而独记“二十二年”也。司马贞之“盖以周正十一月属明年，故误也”确已明津世人，憾其世久不以为然；更有清人毛奇龄者《经问》：“从来三正推法，只以后月属前月，并无以前月属后月者；周正十一月第，能为夏正九月，未闻又能倒而为夏正之正月者。”[41] 司马贞只言《史记》误“以周正十一月属明年”，未语而能“为夏正之正月”也，此间绝无“夏正”之说；毛氏不察，反以“夏正”诬司马，不无其憾也。司马贞但以前月“属明年”指非，未尝标以“前月属后月”其论也；倘若毛氏以为“并无以前月属后‘年’者”，未免孤陋寡闻，《史记·历书》即有明言：“周正以十一月”[42]。虽“周正十一月第”，“倒而为夏正之正月”，未闻有能；却司马迁笔下，周正十一、十二月事，记“属明年”者多矣。兹举《史记·鲁周公世家》三例：㈠《左传春秋·昭公二年》经“冬，公如晋，至河乃复”；传“秋……晋少姜卒。公如晋，及河，晋侯使士文伯来辞，曰：'非伉俪也。请君无辱！'公还，季孙宿遂致服焉。"[43]《世家》："昭公三年，朝晋致河，晋平公谢还之，鲁耻焉。"[44]㈡《左传春秋·昭公二十五年》经"十有二月，齐侯取郓"；传"十二月庚辰，齐侯围郓。……二十六年春，王正月庚申，齐侯取郓。"[45]《世家》："二十六年春，齐伐鲁，取郓而居昭公焉。"[46]㈢《左氏春秋·定公六年》经"冬，……。季孙斯、仲孙忌帅师围郓"；传"七年春二月，……。齐人归郓、阳关，阳虎居之以为政。"[47]《世家》：定公"七年，齐伐我，取郓，以为鲁阳虎邑以从政。"[48]此类例证，《史记》多矣，可参阅昔文《〈史记〉纪年与孔子生寿》[49]。司马迁全然未解其如《春秋左传·昭公十七年》"火出，于夏为三月，于商为四月，于周为五月"[50]之寅、丑、子月建三正，误言"岁首"以谓"夏正以正月，殷正以十二月，周正以十一月"[42]。《史记·历书》载言："昔自在古，历建正作于孟春。"[51]是司马迁以为"正月"恒定"孟春"，夏正以"春正月"为岁首，殷正以"冬十二月"为岁首，周正以"冬十一月"为岁首；其后秦汉，更多以"冬十月"岁首有记"年"事。倘以《史记》年事对照秦汉载史，稍览便知"马迁之言与经典不同者非一"之实；"鲁襄公二十二年而孔子生"不过"盖以周正十一月属明年"类误经传一小例耳。其亦诚如董作宾《孔子生年考》所言："司马贞的解释是对的。……司马迁误以为《春秋》用的夏正，鲁国当然用周正，所以认为襄公的二十一年夏正十一月，就是周正的襄公二十二年正月〔金按：'正月'当言'岁首'〕，所以《史记》就写下来'鲁襄公二十二年而孔子生'。这是非常合理的解说。当然'十一月没有庚子'，'鲁襄公二十一年十月庚子'，本是周正，这都是司马迁所不曾注意到的问题。历史家不愿细心研究历法问题，古今都是一样的。"[52]

三

以为"《史记》'鲁襄公二十二年而孔子生'"出自所谓"《世本》'鲁襄公二十二年冬十月庚子孔子生'"，力主之孔广牧亦以为"气短"也；其《先圣生卒年月日考》所列自论，首言即为"先圣之生，年从《史记》，月从《穀梁》，日从《公羊》《穀梁》"[35]。果有勇气自信源于《世本》，又何必苦心出此"杂汇"！《穀梁春秋》"襄公二十有一年……冬，十月，庚辰朔……庚子"为其年之"十月二十一日"，其月其日于"襄公二十二年"惟其"冬十月，甲戌朔，甲午"；稍谙中国历法朔闰及干支序日，便当不致误以"庚辰朔庚子"与"甲戌朔庚子"，同一月日也。襄公秉政鲁国之三十一年中，可寻不同于"二十一"之"十月庚子"一十有五日；同为"二十一日"者，惟而襄十六年之"十月庚辰朔庚子"；其后昭、定、哀之《春秋》史季，更无一日"十月庚辰朔庚子"也。昔文《书峰隙窥孔子生年》[54]、《关于张培瑜〈孔子生卒的中历和公历日期〉》[55]皆有详辨，此不赘述。然却恰可借用清人崔述《洙泗考信录》之言："以为'二十二年'生者，《史记·世家》文耳；《世家》未尝言为'十月庚子'生也。以'穀梁氏'为不可信乎，则'十月庚子'之文不必采矣；以'穀梁氏'为可信乎，则固'二十一年'生也。何得又从《世家》改为

'二十二年'，以《世家》之年冠《穀梁》之月日，方底圆盖，进退皆无所据。然而世咸信之，余未知其为何说也。"[56]

如此荒唐之生年月日，竟也自宋以降，强加孔子几近千年之久；究其所致，董作宾先生概其有三："第一是权威史家所著录。司马迁是中国的权威的史家，他著录孔子生年是鲁襄二十二年于《孔子世家》，便算定论。后世史家，只有笃信，那〔按：当为'哪'字〕敢怀疑，甚至不知尚有《公》、《穀》的异说。展转抄袭，以致有六十五家之多。后代史书如《通鉴记事本末》、《通志》、《路史》、《通鉴纲目前编》等，流行最普遍之书，皆从其说，也不免使读者先入为主。第二是圣人后裔所采用。曲阜孔府采用了二十二年说，而以夏历八月二十七日为他们举行祀典纪念孔子诞辰之期，如孔传的《东家杂记》，孔元措的《孔氏祖庭广记》，孔衍植的《重纂阙里志》，孔广牧的《先圣生卒年月日考》，都是如此主张。明代彭大翼的《山堂肆考》说：'余昔游金陵，邂逅孔子六十代孙承先者，持所志孔子像授余，内称至圣先师生于鲁襄公二十二年庚戌之岁十月庚子，即今之八月二十七日也。余以为先师生年月日时，出自其子孙相传者，当得其真。'可见孔府采用后的影响之大。虽然孔子后人，也有感觉不妥而主张采用二十一年说者，如孔继汾的《阙里文献考》、孔广森的《公羊通史》、孔先璜的《重修孔氏大宗谱》等书，结果只是徒存其说，拗不过积重难返的既成事实。第三是专制皇帝所钦定。清代如《钦定历代纪事年表》，《钦定春秋传说纂汇》，对孔子诞辰，皆主二十二年说。朱子《论语集注》，被指定为官板正字的书，几乎人手一编。在积习已久的八月二十七日圣诞节之上又加一个钦定，更加根深蒂固了。所以直到清末民初，没有人能纠正过来这种以讹传讹的孔子诞辰。”[57] 孔诞之“钦定”实当补上台湾政府一节——董作宾《孔诞的抉择》：“这一次，政府明令公布，根据孔氏《家谱》订正孔子诞辰为国历九月廿八日。……记得最后一次讨论集会中，教育部主席，内政部派代表参加，主席说、〔:〕考定孔子的生年，既有两说，相当繁难，一时不易解决，这次改定孔诞的主要目的，为的是避开暑假，和推算国历。九月二十八，或十月三日，都在开学以后，都很方便。又询内政部长有何意见，代表说：‘维持传统的八月二十七日’。主席说：‘好！反正我们采用《孔氏家谱》中传统的孔诞，即使错了也不是我们的责任’。于是便仍采乙说，孔诞就如此决定了。”[58]

笔者愿为董先生致因补上“第四是圣诞吉祥所避讳。”虽《荀子·天论》有言“夫日之有蚀，风雨之不时，怪星之党见，是无世而不常有之。上明而政平，则是虽并世起无伤也；上暗而政险，则是虽无一至者无益也”[59]，然，世之人，非但不以为然，却多以“日月之蚀”不祥；既拥孔子已为“圣人”，其所降生，必当龙降凤至，岂容“日月有食”之年？是有宋人孔传《东家杂记》：“先圣生，是夕，有二龙绕室、五老降庭；五老者，五星之精也。又，颜氏之房闻奏钧天之乐，空中有声云：‘天感生圣子，故降以和乐笙镛之音。’……先圣未生时，有麟吐玉书于阙里，其文曰：‘水精之子系衰周而素王。’”[2] 明言蚀年不当孔诞者，始见宋人金履祥《通鉴纲目前编》“《公》、《穀》二传皆谓‘鲁襄公二十一年孔子生’，而《史记》独曰‘二十二年’，或谓《春秋》用夏正、《史记》为秦法，然皆不可考。按：襄公二十一年日再食，决非生圣人之年，当从《史记》"[60]，则后之附会更见清人吴凤采《春秋集义》"金履祥作《通鉴前编》谓'襄公二十一年日再食，非生圣人之年'，甚为有理"[61]。度孔子后裔累撰《孔氏族谱》、《祖庭杂记》、《东家杂记》、《孔氏祖庭广记》力附《史记》"二十二年"为说，其间诚当不乏"忌蚀"心里作祟。就是清人梁玉绳之《史记志疑》尚有"《左氏春秋》不书孔子之生，《公》《穀》俱书于襄公二十一年，然《公羊》书'十有一月庚子孔子生'于是年之末，《穀梁》书'庚子孔子生'于十月之后，微有不同；而《史》独称'二十二年'生。……'二十一年'是己酉，'二十二年'是庚戌，当从《史记》为的。其征有三：襄二十一年日食，必非生圣人之岁，一也；《公》《穀》皆口授，《公羊》著于汉景之时，《穀梁》显于汉宣之代，历世既久，宁得无讹，二也；杜注哀十六年《传》云：仲尼'至今七十三'，《五代史·冯道传》'道卒，年七十三'，时人皆谓与孔子同寿，则非'七十四'可知，三也"[62]之论，安知他人非是思哉！

有鉴梁玉绳之所论"三征"惑世非浅，特作辩言如兹。一、《荀子·天论》首即"天行有常，不为尧存，不为桀亡"[59]，何独孔子必非降生日食之岁也！清人江永《乡党图考始生至为委吏乘田考》早见其辩："金履祥《通鉴前编》谓'是年九月、十月日两食之，必非生圣人之年'，此金氏不知历法故也；合朔当交而食，必须隔五六月，无连月比食之理。春秋及汉初有比食者，皆史家之误，未可以是断圣人生年也。十月庚辰朔日食，庚子孔子生，亦何妨乎？"[63]因"襄二十一年日食"而断"必非生圣人之岁”，则必“龟背、龙形、虎掌”之“真圣人”，绝非肉体凡胎之鲁人孔丘也。其论，舍之“荒诞”二字，更有何言哉！二、《公羊传春秋》“口授”以传之说始见唐人徐彦荒诞疏文，《穀梁春秋》虽其显于汉宣之季，却是杨士勋疏文但言穀梁子作传其传，未语其所授之于“口”也。杨氏所言《春秋》邹氏、夹氏、左氏、公羊、穀梁五家之传，惟而“邹氏、夹氏口说无文，师既不传，道亦寻废”[36]以别左氏、公羊、穀梁之传，其更何以附会徐氏而臆“《公》、《穀》皆口授”焉？晋人范宁注《春秋穀梁传》序“而汉兴以来环望硕儒，各信所习是非纷错，准裁靡定；故有父子异同之论、石渠分争之说”[64]，当见先唐确无“《公》《穀》口授”其实。《史记·公孙弘传》载：“年四十余乃学《春秋》杂说。……元狩二年弘病，竟以丞相终。”[65]《汉书·公孙弘传》载：“凡为丞相御史六岁，年八十终丞相位。”[66]以元狩二年八十推之，公孙弘四十岁当汉文帝后元三年，至景帝前元一年公孙氏已四十五岁，其“乃学《春秋》杂说”，必于文帝之世也。更前引《史记》所载，董仲舒于高祖即名于《公羊春秋》，梁氏何据以谓“《公羊》著于汉景之时”？不要说“历年既久”之《公羊》、《穀梁》“宁得无讹”，就是不为梁氏视以“口授”之《左氏》，又其有能“无讹”乎？江永《群经补义·附订论语序说》有就孔子生年以言《史记》：“史迁之为人，读书疏略，其书讹舛极多，不止此一事也。”[67]如果不把《史记》视同历史小说而是比照先秦文献探讨其所记史事，大约是不会有什么人要认真反对江氏所言的。《史记》一书记年紊乱令人发指，其《孔子世家》舛误尤甚，不得已而有日人平势隆郎先生《新编史记东周年表》问世。倘若《春秋》载记“孔子生年”尚且有讹，其西汉之司马迁《史记》又何得不讹？《春秋》、《史记》载记春秋史事，何者“宁得无讹”；其自撰《史记志疑》之梁玉绳亦能倒置本末，不为“必非生圣人之岁”作怪，何也！三、晋人杜预《左氏春秋》哀十六年注语实为“鲁襄二十二年生，至今七十三也”[68]，并非“至今七十三”，更非“仲尼‘至今七十三’”；杜注是语“至今七十三也”是全因“鲁襄二十二年生”之假言判断，绝然不同梁氏断章取义之直言判断——“仲尼‘至今七十三’”。试看上文所引杜注之真正直言判断另语：注昭七年传文，“二十四年孟僖子卒”，“僖子卒时，孔丘年三十五”；注昭十七年传文，“于是仲尼年二十八”。何等干脆的注语！昭十七年二十八、昭二十四年三十五，则杜氏明注孔子鲁襄二十一年生；推之，哀公十六年卒而七十四也。杜注假言判断时龄，另有一处甚明：注襄三十一年传文，“仲尼以二十二年生，于是十岁”[69]。“以二十二年生”，“至今七十三也”，无由得见杜注，真言“七十三”也。《旧五代史·冯道传》“薨于其第，时显德元年四月十七日，享年七十有三也”[70]，《新五代史·冯道传》“道既卒，时人皆共称叹，以谓与孔子同寿，其喜为之称誉盖如此”[71]；冯道卒于后周世宗显德元年，数年而后代以宋世，所去《史记》千有余年矣，其本沿袭《史记》为说，则又何增《春秋》孔子寿龄“非‘七十四’”之其所“可知”哉？古往今来，大凡仅凭主观意愿而解历史者，多不见其实也；梁氏者，又岂能出其例焉！

四

近人钱穆先生《先秦诸子系年考辨》有论："韩非有言：'郑人有相与争年者，一人曰吾与尧同年，其一人曰，吾与黄帝之兄同年，讼此而不决，以后息者为胜耳。'若孔子生年，殆亦将以后息者为胜，余兹姑取后说，至于详考确论，不徒不可能，抑且无所用也。今谓孔子生前一年或后一年，此仅属孔子私人之年寿，于世运之升降，史迹之转化，人物之进退，学术之流变，无足轻重如毫发。而后人于此，月之，日之，考论不厌其详。……今所考论，一以确有援据而有关大体者为断。至于细节附会，则略忽致辨，以避劳而且拙之讥。"[72] 初观是语，颇疑此言何出钱穆先生之口；再见此言，方解钱穆先生不过钱穆先生其人而已。今人讨论孔子生年，真正"无足轻重如毫发"者，惟而春秋鲁国之孔丘也；而与今人"世运之升降……学术之流变"，实乃关系重大也。此间，诚如董作宾先生所言："真正孔子生日的考定，是一回事；择一个日子来纪念孔子，又是一回事。"[73] "孔子生日的考定"是科学，来不得半点含糊，既然"我们求的是真理，真就算'是'，不真就算'非'"[74]，又怎么可以轻率以为"后息者为胜"呢？至于"详考确论"后之孔子生年，其社会作用大小、使用频率多寡是一回事，"详考确论"本身有无"所用"又是一回事；憾其钱穆先生亦曾为一学者，倘若孔子生年之"详考确论"可视"无所用也"，又历史之何一"详考确论"可谓"有所用也"？史家之于史实，宁可失之其详，不得失之其真；难道，这不该是修史者之起码操守？倘若“真”且不存，更何谓善、美二辞；一个丢失了真、善、美的民族，还能找回其什么！史实之存有征、无征之分，其无征之史另当别论；然却有征之史而不清，本当已令史家汗颜，更岂当助论“详考确论……无所用也”于讹史相传！其实，汉晋经师贾逵、服虔、边韶、何休、杜预，无一不注“二十一年”生；唐人经师更是明论《史记》“二十二年”之非，即使陆德明者，亦是全然不见欲从“二十二年”之笔。“而后人于此，月之，日之，考论不厌其详”者，自宋以降断取《公》、《穀》二经部分纪孔月日文字移记次年所引发也；不是钱穆先生是书亦列《孔子生年考》、《孔子卒年考》专节，而参与其中吗！如此史著、裔传、钦定，虽千载不绝异辨，本当有引钱先生深作其思，以点世人迷津，不想却出如此讥言以绝异见，岂不盖棺一憾哉！偏取经文鲁襄二十一年十月庚辰朔庚子之“十月庚子”移系史书鲁襄二十二年，以充“十月甲戌朔庚子”，如此杂篡经史全违科学之怪胎“鲁襄公二十二年冬十月庚子孔子生”，竟能取代《春秋》明载“襄公……二十有一年……冬十月庚辰朔……庚子孔子生”，以至长达千年之久，更致孔诞之争二千余年未息，此等心态、所为，岂“与世运之升降，史迹之转换，人物之进退，学术之流变，无足轻重如毫发”乎？今再两位要职儒学泰斗，故中国孔子基金会会长匡亚明《孔子评传》“今孔子生年从司马迁《史记·孔子世家》载‘鲁襄公二十二年而孔子生’，月日从《谷梁传》载‘冬十月庚子，孔子生’”[75]，中华孔子学会会长张岱年《孔子大词典·孔子》“孔子生年一般按《史记·孔子世家》所记为鲁襄公二十二年（《公羊传》、《穀梁传》

记为鲁襄公二十一年），而生月生日《史记》未记，按《穀梁传》所记‘冬十月庚子孔子生’。换算为当今之公历应为公元前 551 年 9 月 28 日生”[76]；如此传统国人至深至久之所谓“孔子生年月日”，岂当仅为“以避劳而且拙之讥”而“略勿致辨”以待之！“今谓孔子生前一年或后一年”仅止得窥今人所为，又与其时“孔子私人之年寿”者何涉？其诚如无论后人之尊孔或反孔，皆非有能改变二千五百年前之孔子“毫发”也。是今人求其方便而择一孔子纪日可行，如台湾为避暑假而以 9 月 28 日定为教师节，并以纪念孔子，但却万万不可以为 9 月 28 日即是孔子诞日。孔子诞生于儒历公元前 552 年 10 月 9 日，公历（格历）10 月 3 日方为今之孔子诞辰纪日，此诚古今学人无一能窥其非也。

《论语·述而》有弟子言：“子以四教：文，行，忠，信。”如此讹文、失行、不忠、无信以纪念孔子诞辰，无乃与孔子思想背道驰乎？

二十一世纪在即，孔子诞辰 2550 周年在即，舛讹孔子生年而纪念孔子诞辰，本身即蕴涵了纪念者虔诚的自嘲；其实人们现行的纪念孔子诞辰，本即当指孔诞鲁襄二十一年（1994 年纪念孔子诞辰 2545 周年，1989 年纪念孔子诞辰 2540 周年……），何不就此以正孔子生年；倘若今人不忌诞年日食，则又其何乐而不为也！难道，我们还真要把这不敢坦荡的“孔子生年”，带到二十一世纪去吗？

笔者拭目以待之。

注释：

［1］［3］［30］［53］［60］［61］《清经解续编·卷千四百十四》，上海书店1988年10月五册1309页中、1304页上、1310页上中、1309页上、1305页上、1307页中。

［2］［17］［27］［28］［40］［41］［63］《影印文渊阁四库全书》，台湾商务印书馆民国七十二（1983）年446册63页卷上、383册608页卷四十三、695册3页、695册2页、446册61页、191册54页卷五、210册736页卷二。

［4］《孔子文化大全》，山东友谊书社1989年7月《孔氏祖庭广记·卷一》53页。

［5］［6］［7］［10］［11］［20］［21］［24］［25］［35］［36］［43］［45］［47］［50］［64］［68］［69］〔清〕阮元校刻《十三经注疏》，中华书局1980年9月影印版620页下《毛诗正义·卷二十》、2373页上《春秋穀梁传注疏·卷三》、1740页上《春秋左传正义·卷五》、970页中《仪礼注疏·卷六》、1715页下《春秋左传正义·卷二》、2430页上《春秋穀梁传注疏·卷十六》、2309页上《春秋公羊传注疏·卷二十》、2051页上《春秋左传正义·卷四十四》、2084页上《春秋左传正义·卷四十八》、2190页《监本附音春秋公羊注疏序》、2358页《监本附音春秋穀梁注疏序》、2029–30页《春秋左传正义·卷四十二》、2106–12页《春秋左传正义·卷五十一》、2140–1页《春秋左传正义·卷五十五》、2084页中《春秋左传正义·卷四十八》、2360–1页《监本附音春秋穀梁注疏序》、2177页中《春秋左传正义·卷六十》、2016页上《春秋左传正义·卷四十》。

［8］［9］浙江古籍出版社1988年11月一册志461页下卷二十七、志439页上卷二十五。

［12］［22］［31］［39］［42］［44］［46］［48］［51］［65］《史记》，中华书局1959年9月六册1906页卷四十七《孔子世家》、五册1551页

卷三十四、六册 1945 页卷四十七、十册 3128–9 页卷一百二十一、四册 1258 页卷二十六、五册 1539 页卷三十三、五册 1542 页卷三十三、五册 1543 页卷三十三、四册 1255 页卷二十六、九册 2949–53 页卷一百一十二。

[13] [14] [15] [16] [52] [57] [58] [73] [74] 《董作宾先生全集·乙编·平庐文存·卷二》，艺文印书馆民国六十六（1977）年十一月影印版三册 298 页、307–8 页、315 页、321 页、320 页、309 页《孔子诞辰和八月二十七日》、315–7 页、324 页《孔子诞辰纪念日评议》、318 页《孔子生年考》。

[18] [76] 张岱年主编，上海辞书出版社 1993 年 12 月 24 页、1 页。

[19] [26] [34] [66] 《汉书》，中华书局 1962 年 6 月六册 1714 页卷三十、1716–7 页、1713–4 页、九册 2623 页卷五十八。

[23] 〔宋〕洪适撰《隶释·卷三》，上海书店 1985 年 9 月重印《四部丛刊·三编》三十册第 1 页。

[29] 《百子全书》，岳麓书社 1993 年 9 月一册 87 页。

[32] 〔清〕黄宗羲《南雷文约·论孔子生卒》，引自上海书店 1988 年 10 月影印版《清经解续编·卷千四百十五》五册 1311 页下。

[33] 引自宋人赵去疾《孔子生年月日考异》，《影印文渊阁四库全书》446 册 60 页下。

[37] [38] 王宁主编《评析本白话〈公羊传·穀梁传〉》，北京广播学院出版社 1993 年 3 月第 3、176 页。

[49] 见自办“个人交流”小刊《纪年研考》（第 4 期）1994 年 1 月 21 日第 1 页。

[54] 《纪年研考》（第 1 期）1993 年 5 月 8 日第 1 页。

[55] 《纪年研考》（第 3 期）1993 年 11 月 27 日第 5 页。

[56] [62] 《丛书集成初编》，中华书局 1985 年 143 册第 5 页卷一、156 册 1042 页卷二十五。

[59] 《二十二子》，上海古籍出版社 1986 年 3 月 327–8 页中卷十一。

[67] 《清经解·卷二百六十》，上海书店 1988 年 10 月二册 275 页上。

[70] 〔宋〕薛居正等撰，中华书局 1976 年 5 月五册 1665 页卷一百二十六。

[71] 〔宋〕欧阳修撰，中华书局 1974 年 12 月第二册 615 页卷五十四。

[72] 上海书店 1992 年 1 月影印版第 2 页卷一。

[75] 南京大学出版社 1990 年 12 月第 18 页。

〔原为 1997 年 9 月香港"'孔子思想与二十一世纪'国际学术研讨会"提交论文，未得赴港而于会移陆内时补作交流；后载 2000 年第 1 期《宁波大学学报》(人文科学版)。〕

孔子生年月日与纪辰

叶小草

沈绳墨先生《孔子诞辰二千五百五十周年在何日?》(1999年6月12日《文汇报》)之结论"2000年10月4日才是孔子诞辰2550周年的纪念日"虽不为当,然却所欲"实事求是"之举,颇醒视听。愿就一抒孔诞纪辰小识。

欲明纪日,必祥诞辰。《穀梁春秋》襄二十一年"冬十月庚辰朔日有食之……庚子孔子生",《公羊春秋》襄二十一年"冬十月庚辰朔日有食之……十有一月庚子孔子生"(历代经师多以"十有一月"为衍文);借览今人历表,当知孔子生于公元前552年10月9日。其时儒历与今夕格历相差6日,减去则当每年10月3日有为孔子诞辰纪日;前551年10月9日为孔子诞辰周年首值纪日,待至1999年10月3日纪念孔子诞辰2550周年,准确无误矣。

自《史记》一书问世,其《孔子世家》之"鲁襄公二十二年而孔子生",汉晋经师贾逵、服虔、边韶、何休、杜预皆不以为信史,唐人杨士勋、司马贞则更论列所异《春秋》之非；宋朝以降，忌其“日有食之”，而断取《史记》“鲁襄公二十二年”、《春秋》“十月”“庚子”，杂糅以谓“鲁襄公二十二年冬十月庚子日孔子生”，乃至钦定。其实，“日有食之”不过《春秋》误笔，史无其食焉；然却因乌及屋而废孔子诞纪，实非中古善事。襄二十一年庚辰朔月庚子序十月二十一日，襄二十二年甲戌朔月庚子序十月二十七日；中国干支纪日受制于月朔干支，无由人而窜乱也。偏取襄二十一年“十月庚子”始移襄二十二年之举，必其不谙历法之人所为之。仅以襄二十一年庚辰朔月庚子之“十月二十一日”去对照襄二十二年之公历月日，虽其“公元前551年9月28日”不误，然却诚如沈先生文中所言：“而公元前551年9月28日却是甲午日，这怎么会是孔子的出生月日呢?”鲁襄公二十二年，“十月庚子”朔甲戌、序二十七日（前551年10月4日），“十月二十一日”朔甲戌、序甲午，“公元前551年9月28日”左右不能逢源。然却如此荒唐孔子生年月日，民国不废前朝，今又多承之；生就“至圣先师”孔子之故土，何竟千载误纪其诞年、月、日哉!

古史历代不计，近人董作宾者，考论孔诞真辰二十余载不辍，憾其台湾政府浑浊，无力一识真经矣；近年日人平势隆郎『史记东周纪年の再编について』（《新编史记东周年表》）亦其不乏张扬孔诞实年之功；去岁山东大学吴晋生《孔子的诞辰与纪日辩》更见直断《史记》之非。倘幸有正孔诞年月日于2550周年辰纪，则不失我今朝国人之盖世功耀矣。

（稿寄《文汇报》附函：1999. 6. 17.）

孔子生年月日略谳

叶小草

《穀梁传〈春秋〉》：襄公二十有一年“冬，十月，庚辰朔，日有食之。……庚子，孔子生。”

《公羊传〈春秋〉》：襄公二十有一年“冬，十月，庚辰朔，日有食之。……十有一月，庚子，孔子生。”

《左氏传〈春秋〉》：襄公二十有一年“冬，十月，庚辰朔，日有食之”〔按：无“庚子，孔子生”〕。哀公十有六年“夏，四月，己丑，孔丘卒”。

《史记》：《孔子世家》“鲁襄公二十二年而孔子生”，“孔子年七十三，以鲁哀公十六年四月己丑卒”；《鲁周公世家》、《十二诸侯年表》并记孔子生襄“二十二”年、卒哀“十六”年。

——迄今可知西汉以前涉记孔子生卒文献

三传《春秋》载记文字的微略出入不致借以否定文献本身的历史真实性（同一文献不同版本的文字差异，本为古今学界不言而喻，况其别国异代“三”传乎），虽是后世颇见附会《史记》而质疑《公》、《穀》之笔，也只存主观臆说，不见一例史证；相反，恰是采撷三传《春秋》等前世史籍编撰之《史记》，《儒林列传》自载不乏赞誉汉初明谙公羊、穀梁二传《春秋》经师名者董仲舒、瑕丘江生。则三传《春秋》笔录先秦布世，史可明鉴矣。予以否定公、穀二传《春秋》，尚待企盼或有异载文物之将“出土”也。今人倘愿否定《公》、《穀》，则无乃欲晦孔子生年月日矣（载记孔子生年月日史料惟见公、穀二传《春秋》）。

《史记》其书撰人，生卒不逾西汉，定非径知春秋孔子生卒其年；所作“鲁襄公二十二年而孔子生”，不见古者一人言之痕迹，今之人，又何得凭据以为信史？即使不以唐人杨士勋之疏《穀梁》“马迁之言与经典不同者非一，故与此传异年耳”、司马贞之《〈史记〉索隐》“盖以周正十一月属明年，故误也”（《史记》如类误例多矣）为信，亦不当凭西汉《史记》而废先秦《春秋》；战国公羊、穀梁二氏别传《春秋》同载，竟然不比西汉司马氏等一部纪传“通史”，此间孔诞千载从、弃，岂免悲怆时势一映照哉！必以《史记》载言为信，则孔子其生，无详月日矣！

唐宋尊孔奉神，“麟吐玉书”、“二龙绕室”、“五老降庭”、“钧天之乐”……不一而足；于是乎，诞年“日食”为忌，不惜违背历记常识截取《穀梁〈春秋〉》襄公二十一年“十月”、“庚子”，强系二十二年。干支历日全依月朔干支记序，自身无以示日，“庚子”可为“一～三十”之任何一日，“十月庚子”所示不过“十月某日‘庚子’”而已。之所以襄公二十一年“十月庚子”定日“二十一”，全因月朔“庚辰”有明；“十月庚子”本为其年“十月二十一日”，不过所行干支序日为纪而已。襄二十年十月丙辰朔，襄二十二年十月甲戌朔，此“庚辰朔庚子”专系襄二十一年，移年“十月庚子”之荒唐，惟而贻笑天下。“十月二十一日”之于襄公二十二年为“甲午”，“十月庚子”之于襄公二十二年为“二十七日”，所于襄公二十一年“十月庚子”左右不得逢源；是，“鲁襄公二十二年十月甲戌朔二十七日庚子”全与“鲁襄公二十一年十月庚辰朔二十一日庚子”无涉，鲁襄公二十二年“十月庚子”更与史载孔子生年“月日”无缘。

兹列孔诞三说历年月日，以资众辨：

㈠先秦。《春秋》“襄二十一年十月庚辰朔二十一日庚子”（前552年10月9日，今格历10月3日）。

㈡西汉。《史记》“襄二十二年”（前552年12月17日～前551年12月5日）。

㈢唐宋。〔杜撰〕“襄二十二年十月甲戌朔二十七日庚子”（前551年10月4日，今格历9月28日）。

孔子生年月日本无争，后世造神忌蚀，假借《春秋》“十月”、“庚子”改系《史记》“二十二年”，惑世纪辰千有余年；《史记》倘可为信，自是无需再而“杜撰”矣。杜撰“孔诞”，既悖《春秋》，又违《史记》，断非可列信史；人类步入廿一世纪，亦当不失廿一世纪文明，大可不必讳疾“传统”忌医之。是当定谳：孔子生年月日可据者，惟其“鲁襄公二十一年十月二十一日”(公元前552年10月9日)，今以公历纪辰当减置闰历差6日，为今格历（公历）“10月3日”。

〔载2002年冬之卷《中国文化研究》〕

二十世纪中国的孔诞求真

——再撼伪说的杜撰“孔诞”

叶小草

察先秦文献，载记孔子生卒者，惟而《春秋》：《穀梁传〈春秋〉》襄公二十有一年“秋……九月，庚戌朔，日有食之。冬，十月，庚辰朔，日有食之。……庚子，孔子生”[1]；《公羊传〈春秋〉》襄公二十有一年“秋……九月，庚戌朔，日有食之。冬，十月，庚辰朔，日有食之。……十有一月，庚子，孔子生”[2]；《左氏传〈春秋〉》哀公十有六年“夏，四月，己丑，孔丘卒”[3]。虽有西汉通史《史记·孔子世家》之“鲁襄公二十二年而孔子生……孔子年七十三，以鲁哀公十六年四月己丑卒”[4]，却也两汉、三国、西东晋、南北朝，未见一人采信；至唐，虽又杨炯《盈川集·遂州长江县先圣孔子庙堂碑》“夫子周灵王二十一年冬十月庚子生”[5]，却也明斥《史记》“二十二年”其非者，不止孤例。南宋则更孔传《东家杂记·先圣诞辰讳日》“周灵王二十一年已〔己〕酉〔叶按：其年‘庚戌’〕岁，即鲁襄公二十二年也；当襄公二十二年冬十月庚子日先圣生”[6]，朱熹《四书章句集注·〈论语〉序说》“以鲁襄公二十二年，庚戌之岁，十一月庚子，生孔子于鲁昌平乡陬邑”[7]，罗泌《路史·余论六·孔子生日》“《孔氏家谱》及《祖庭记》等所以俱云‘二十二年十月庚子’……今定著八月二十七日为先圣人孔子生日”[8]，不一而足；不要说鲁襄公二十二年庚戌之岁十一月朔“甲辰”，全无序日“庚子”，就是“襄公二十二年冬十月庚子日”，又其何以据说焉？赵去疾《孔子生年月日考异》“司马迁博极群书而去孔子之时为近，其书孔子生卒年月必不误也”[9]、金履祥《资治通鉴前编》周灵王二十一年“襄公二十一年日再食决非生圣人之年也，当从《史记》”[10]及明夏洪基《孔子年谱》“孔子生于襄公二十二年，至哀十六年乃为七十三岁，《史记》所记正得其实，《前编》从之是也。……愚考孔子作《春秋》，其褒贬意义不可具书，皆口授弟子以传，传者各异其说；夫历年既久，又以口授至汉乃成书以显，宁必无误？而《公羊》书月已讹，亦安在尽可据也？且孔子七十三岁，生于庚戌、卒于壬戌，见之诸书相传已久，今乃谓‘七十四岁’，似乎骇闻。以《春秋》经传推之，则庚子当是十月二十七日，其书‘十一月’及‘二十一日’者误也”[11]，颇窥忌疑《春秋》、崇信《史记》心态；却是最为读之不解者，即或疑、信果真见理，又何以生出其年“月日”者耶？至清孔广牧《先圣生卒年月日考》“先圣之生，年从《史记》，月从《穀梁》，日从《公羊》、《穀梁》”[12]，得明千年“传统”孔诞所“以”为说；然则，揭伪其说，辨明弃、从，求真孔诞，确功二十世纪。

一

一九一二年中华民国建立，九月十三日“教育部通电各省，规定公历十月七日为孔子诞辰，全国各校届时举行纪念会”[13]，又，“教育部通电各省都督……‘孔子诞日应以阴历就阳历核算，本月阴历八月二十七日，即阳历十月十七日。自民国元年为始，即永以十月十七日为举行纪念会之日’”[14]〔叶按：其年农历八月二十七日对应公历为 10 月 7 日，不详何以误为“17日”〕；一九一三年九月十七日“教育部通电各省都督、民政长暨各将军、都统，将孔子生日八月二十七日定为圣节……该电文还说明所定孔子生日，是根据孔子七十世孙孔广牧所著《孔子生卒年月日考》而定，谓其考正。‘择衷群言，演校各历，年从《史记》，月从《穀梁》，日从《公羊》、《穀梁》，断为夏正八月二十七日，确无疑义’”[15]。此处，推翻帝制的民国政府，实在不比清廷王朝进步丝毫。不要说月朔相异的序日干支移系次年是根本不可能的，就是间隔四五百年的别书异年月日强移硬系以充历史纪年的荒唐，不也令人发指吗？如此捏造的“历史”，也要“谓其考正”，而且“确无疑义”；那么，天下还有什么样的作“伪”之举，可以不谓其“实”呢？真为中国能有这样的一个民国政府遗憾。其实，清崔述《洙泗考信录》早有“‘十月庚子’之文本之《穀梁传》，在襄二十一年，非二十二年也；二十一年十月庚子，则今八月之二十一日也。以为‘二十二年’生者，《史记·世家》文耳；《世家》未尝言为‘十月庚子’生也。以‘穀梁氏’为不可信乎，则‘十月庚子’之文不必采矣；以‘穀梁氏’为可信乎，则固‘二十一年’生也。何得又从《世家》改为‘二十二年’，以《世家》之年冠《穀梁》之月日，方底圆盖，进退皆无所据。然而世咸信之，余未知其为何说也”[16]之论，民国政府“择衷群言”之时，何不择择崔述之言。一九三四年七月五日“南京国民党政府第四届中央执行委员会，第一二八次常务会议通过孔子诞辰纪念办法。该办法决定，‘一、纪念日期：八月二十七日。二、纪念日名称：先师孔子诞辰纪念。’从此孔子生日成为‘国定纪念日’”[17]。一九四九年八月二十七日“国民党逃亡政府在广州举行‘孔子二千五百年诞辰纪念典礼’，由行政院长阎锡山主持”[18]。如此“孔诞”，正如董作宾先生《孔子诞辰之考定兼论改为国历问题》一文所言：“以阴历的八月二十七日为孔子诞辰，已经是沿袭着‘传统’的缪误了，再把孔诞硬派到阳历的八月二十七日，那更是大错而特错了。”[19]尽管“四十年八月二十七日，程发轫先生发表《孔诞辨年与定日》一文，站在旧的立场，拥护乙说〔叶按：襄二十二年十月庚子〕。他主要的理论，是以‘五误’断定《公》《穀》的不可信，其实不过是重弹乙说的老调，并没有甚么新论据和新见解”[20]。却也“政府明令公布，根据孔氏《家谱》订正孔子诞辰为国历九月廿八日”[21]。中西史历的颠三倒四权且不计，就其先秦《春秋》“襄二十一年十月二十一日”、西汉《史记》“襄二十二年”、南宋《杂记》“襄二十二年十月二十七日”之择，而但取悖《春秋》、违《史记》之杜撰“襄二十二年十月庚子”孔诞，已足见时政之可叹矣。

一九三五年钱穆先生之《先秦诸子系年考辨》出版，其《孔子生年考》以为："《春秋》公羊、穀梁二传，皆谓鲁襄公二十一年孔子生；司马迁《史记》，谓襄公二十二年孔子生。依前说者，贾逵、服虔、边韶……诸人；依后说者，杜预、陆德明、苏辙……诸人。韩非有言：'郑人有相与争年者，一人曰吾与尧同年，其一人曰，吾与黄帝之兄同年，讼此而不决，以后息者为胜耳。'若孔子生年，殆亦将以后息者为胜。余兹姑取后说，至于详考确论，不徒不可能，抑且无所用。……而后人于此，月之日之，考论不厌其详。而他学者，如老、庄，如杨、墨，则人之有无、世之先后、年之夭寿，茫不加察，晦沦终古，是乌足当知人论世之实哉？今所考论，一以确有援据而有关大体者为断。至于细节附会，则略勿致辨，以避劳而且拙之讥。"[22] 虽是钱说颇框后论，却也指责其说者，不绝于笔：董作宾《孔子生年考》"在二十世纪，科学昌明的今天，我们对于一个问题的是非，是应该负起责任去解决他的。我们求的是真理，真就算'是'，不真就算'非'，过去虽然已有不少学者研求过，但我们也未尝不可以用客观的方法再去仔细检讨一下。孔子生年，也是不宜于和郑人争年相比拟的。那是空口无凭，这是有真凭实据的"[23]；张培瑜《孔子生卒的中历和公历日期》"钱穆先生就说：'孔子生前一年或后一年，此仅属孔子之生寿，与世运之升降，史迹之转换，人物之进退，学术之流变，无足轻重如毫发。'但在'孔子卒年考'一节中，他仍花了不少笔墨论证孔子当生于襄公二十二年，才能符合终年七十三的记载"[24]；金友博《〈史记〉"孔子生年"索源》"倘若孔子生年之'详考确论'可视'无所用也'，又历史之何一‘详考确论’可谓‘有所用也’？史家之于史实，宁可失之其详，不得失之其真；难道，这不该是修史者之起码操守？倘若‘真’且不存，更何谓善、美二辞。史实之存有征、无征之分，其无征之史另当别论；然却有征之史而不清，本当已令史家汗颜，更岂当助论‘详考确论……无所用也’于讹史相传”[25]。笔者更疑钱说“无所用也”是假，“排斥异说”是真；或其明知“详考确论”自持乙说，本“不可能”，故作“达者”以惑天下耳。钱著开言惑以“孔子生年，聚讼二千年矣”[22]，继引《春秋》“二十一年”、《史记》“二十二年”之异，混淆视听，诱人误为所“讼”；细检汉降史料，至唐方见附会《史记》文（如张守节《〈史记〉》正义》：“生在周灵王二十一年，鲁襄二十二年，晋平七年，吴诸樊十年。”[26]），何以得言“聚讼二千年”焉？孔诞“周灵王二十一年冬十月庚子”之笔虽自唐人杨炯始，却其南宋尊孔奉神，孔传《杂记》、朱熹《序说》“孔诞”随之钦许而显，异文“孔诞”至争，最久不过千又三四百年之史耳。钱著所讥“后人于此，月之日之，考论不厌其详”者，诚其《自序》之“曰孔子生于鲁襄公二十一年某月某日。曰非也，孔子生襄公二十二年某月某日”[27]也；“襄公二十二年某月某日”不过唐宋以降截取《史记》、《春秋》文字所作“杜撰”耳，已然远非《史记》“襄公二十二年”载记焉。此间除以钱著附庸政府采从杜撰“孔诞”，以绝世人求真，别无他解焉。否则，何以理解钱著《自序》之“谓生鲁襄公二十二年可也，谓生鲁襄公二十一年亦无不可也。孔子或寿七十二，或寿七十三，孔子则既死矣，一岁之寿，于孔子何与？与后世亦何与？

于考孔子之年者又无与也。何者？自一岁之争以外，他无可以异同也”[27]，而竟全书“先秦诸子系年考辨”，不“避劳而且拙之讥”也。钱著所于讥斥“孔诞求真”笔墨，几是不下论述孔诞自身其工矣；知其并非真以“一岁之争以外，他无可以异同也”，所恶全在“求真”耳。《史记》“襄二十二年”十月甲戌朔、二十七日庚子，《春秋》襄二十一年“十月”庚辰朔、二十一日“庚子”杂篡隔史四五百年文献数几文字之“襄二十二年十月庚子”，所于《史记》、《春秋》载文，左右不得逢源；钱著附庸者，不过纯乃杜撰一“孔诞”耳。杜撰“襄二十二年十月庚子”所去《春秋》“襄二十一年十月庚子”一年又六日，其所“聚讼”，无乃是与非之较量、真善美与假恶丑之争斗，岂有他哉！晋杜预注《左氏传〈春秋〉》哀十六年之“鲁襄二十二年生，至今七十三也”[3]，自唐孔颖达《〈春秋左传〉正义》，至清梁玉绳《〈史记〉志疑》、孔广牧《先圣生卒年月日考》，皆以杜注孔诞鲁襄二十二年；其实，此注有与襄三十一年传注“仲尼以二十二年生，于是十岁”[28]同为假言《史记》生年计之。笔者此断，同书杜注直言判断甚明：昭七年注“二十四年孟僖子卒”，“僖子卒时，孔丘年三十五”[29]；昭十七年注“于是仲尼年二十八”[30]。孔颖达疏昭七年注“当言三十‘四’，而云‘五’，盖相传误耳”[29]，疏昭十七年注“沈文何云：襄三十一年注云‘仲尼年十岁”，计至此年‘二十七’，今云‘二十八’误”[30]；盖其孔氏不察杜注假借《史记》“二十二年”所言，先入为主以假乱真矣。杜注孔诞襄公二十一年确不可疑，金友博《索源》已见考论；钱著不察，盲从前误，颇为遗憾。唐陆德明为杜注“鲁襄二十二年生，至今七十三也”音义所谓“本或作‘鲁襄二十三年生，至今七十二’，则与《史记·孔子世家》异，此本非也”[3]，已察杜注书异，只是误以杜注有对《史记》“或作”之本书异矣；其实，杜注所书“鲁襄二十二年生，至今七十三也”之异，指谓《史记》“二十二年”之异《春秋》“二十一年”也。陆氏此处虽以“或作”之《史记》异本为“非”，却也无意《史记》“二十二年”正本为“是”。陆德明为《公羊传〈春秋〉》音义，于襄二十一年十有一月“庚子，孔子生”作释“传文上有‘十月庚辰’，此亦‘十月’也；一本作‘十一月庚子’，又本无此句”[2]；虽见陆氏深憾三传《春秋》载异，却也无由得窥丝毫疑年之意。陆氏《左氏传〈春秋〉》音义，更见所于哀十六年“孔丘卒”释文：“孔子作《春秋》，终于‘获麟’之一句，《公羊》、《穀梁》经是也；弟子欲记圣师之卒，故采鲁史记以续夫子之经，而终于此。”[3]陆德明音义三传《春秋》不见一语疑孔生年，何据以为其“依后说”耶？再见钱著，忽而《自序》“甲曰孔子年七十二，乙曰孔子年七十三，其争历二千年不能决”[27]，忽而《孔子卒年考》“自鲁襄公二十二年至此，孔子年七十三也。若孔子生于鲁襄公二十一年，则至是当得七十四”[31]；不知，终是何处“确有援据”，何人“细节附会”？又，谁人“劳而且拙”焉？观之，令人生疑所谓“至于详考确论，不徒不可能，抑且无所用也”，是否胆怯心虚孔诞之“谜”，而故作伎俩也。近有路新生先生刊文《钱穆〈中国近三百年学术史〉中几个值得商榷的问题》：“崔述集四十年之精力撰成《考信录》一书，堪称我国古代疑古史学的集大成之作。以顾颉刚为首的现代‘古史辨’疑古思潮，亦因藉对崔东壁的介绍和《崔东壁遗书》的标点刊行而勃兴发达。……但钱氏在《中国近三百年学术史》中竟不列崔述，原因何在？这是否与钱氏在总体上对疑古思潮不以为然甚至反对有关？”[32] 借助路文，是否得窥钱穆先生某些治学心态，进而得知民国庸员要政择从“杜撰”孔诞之令鄙夷耶？

不管人们终将在哪年哪月才能放弃杜撰的“孔诞”，真纪孔子诞辰；我们都不该忘记，那个于世纪上半叶即苦苦求真孔诞，历时二十余载的董作宾先生。董作宾，一个生不逢时的求真使者，自一九三九年刊发《孔子诞辰之考定兼论改为国历问题》，继一九五〇年《孔子诞辰和八月二十七日》、一九五二年《孔诞的抉择》、一九五七年《孔子生年考》，至一九六〇年发表《孔子诞辰纪念日评议》，求真孔诞历经二十余载，诚为难能可贵。董文评析前人诸说，考论《春秋》载记孔诞为信，以至引据奥地利天文学家奥波尔子《日月食典》验证之《春秋》襄公二十一年九月庚戌朔日食历日（前 552 年 8 月 20 日）为坐标，推算孔子生年月日为：“民国纪元前二千四百六十三年，周灵王二十年，鲁襄公二十一年，己酉，周正十月，夏正八月，二十一日，庚子。相当于儒略历第四千一百六十二年，西元前五百五十二年，十月九日，即儒略周日第一五二〇〇八七日。也就是现行的国历十月三日。”[33] 其所功绩，世不可没。文中析论世人千年弃真从假三大致因（权威史家所著录；圣人后裔所采用；专制皇帝所钦定），颇醒后人求真。然令人稍感遗憾的是，这位敢冒天下大不韪的勇者，在其晚年发表的《孔子诞辰纪念日评议》中，无疑修改了他孔诞求真初衷的“执著”；尽管仍然以为“真正孔子生日的考定，是一回事；择一个日子来纪念孔子，又是一回事”[34]，但，“孔子诞辰纪念日”毕竟不是“孔子纪念日”，怎么可以既“相信甲说”[34]，又“对政府决定采取习用已久的乙说为纪念日，也并不反对”[34]呢？看来，真正“百折不挠”的勇者，本为世所罕见；但愿，这里没有苛求一个面对社会上下的孤独抗争者。当然，董作宾先生的不乏“失真”之笔亦是可为捕捉的，诸如误以《春秋》经文为“传”、误解陆释“三传”之别以为《公羊》异本；然，最不当恕者，还属乙说孔诞“根据辑佚书《世本》”[34]一句：㈠杜撰乙说孔诞在先，辑佚《世本》在后；㈡《世本》尚存之际，无一言及《世本》曾载孔诞文字；㈢今人可见之辑佚《世本》，并无乙说孔诞辑文；㈣孔广牧征引《祖庭广记》文句，今人明证其为孔元措者述语、本非《世本》载文。遗憾董文论证，未能尽脱前人沿袭之臼，以至真不胜假，窃以所注工力尚欠实足使然也。当然，一个不去“认假”的真正学者，总是不会失去笔者的由衷一躬。

二

“文化大革命”之后的善待孔子，使得孔子生年月日益显重要；张培瑜先生于 1989 年 10 月 7–10 日的“孔子诞辰 2540 周年纪念与学术讨论会”发表《孔子生卒的中历和公历日期》，荣铨先生亦于其后的 10 月 22 日《新民晚报》刊文介绍《孔子生日的推算》。综览张文，未见深作研究，不过承袭民国政府采用之杜撰孔诞以为宜纪而已。倘若真有理由质疑《春秋》孔诞，则张文的“今天只能相信《史记》所载的生年、年寿和卒年月日，而没有理由把司马迁弃而不信的‘十月庚子’拿来做文章，孔子的诞生月日只能存疑”[35]，不失为一客观论说；然又“岁星的恒星周期不是整十二年，而是11.857年。古人以十二年一周天去计数岁星位置，往往得出比真实要早的历史年代（约84年早一年）。《公羊》、《穀梁》给出的生年早一年会不会是这样引起的呢”[35]、“有可能襄二十一年是公羊、穀梁的撰人根据周鲁行子正，把‘十月庚子’理解为上一年的后十月，把年份向前推了一年造成的”[36]，以为“两者中任一条都会把纪年误上一年。由此看来，前贤折衷采用《史记》生年和《公》、《穀》的月日来决定孔子诞辰就不是没有理由的了”[36]，前、后“矛盾”竟能至此，真是不知张文终要说什么？不要说十二年一周天的岁星位置只能约84年滞后岁星一个星次〔叶按：《中国大百科全书·天文学》“过八十多年，岁星实际位置将超过理想计算位置一次”[37]〕，又怎么还会“早一年”呢？就是岁星纪年的天象失真，又怎么可能篡乱人间历史事件的年代记录呢？诚如不会因为中历不比西历科学，就马年的春节可能乱为羊年春节；历史纪年与天象周始各自运行，即使“把纪年误上”天象“‘十’年”，也不可能“羊年中秋”上为“马年中秋”呀！事实上，《春秋》襄公二十有一年“秋，九月，庚戌朔，日有食之”不是早已有被科学验证其实，并非“早一年”吗！《春秋》历元正月建子春始，冬终十二月建亥，何处得容“上一年的后十月”？且，如何可“把‘十月庚子’”跳跃九、八、七……三、二、正之诸月，而能“理解为上一年的后十月”？倒是《史记·历书》的“周正以十一月”[38]及唐杨士勋疏《榖梁〈春秋〉》之“马迁之言与经典不同者非一，故与此传异年耳”[1]、司马贞《〈史记〉索隐》之“盖以周正十一月属明年，故误也”[39]，更易提醒人们很可能是《史记》“给出的生年‘晚’一年”。张文几近荒唐的“任一条都会把纪年误上一年”的“两者”及其“纪年误上”与“历史年代”的混淆，有令读者为之汗颜；其所“前贤折衷采用《史记》生年和《公》、《榖》的月日来决定孔子诞辰就不是没有理由的了”之结论，是否也应该随之去掉那个“不”字，而为“就是没有理由的了”呢？既然张文以为“《史记》的史学价值是极高的，司马迁又是一位严肃的史学家”[40]，就实在“没有理由把司马迁弃而不信的‘十月庚子’拿来做文章”；但却令人遗憾的是，张文通篇都是在拿“十月庚子”做文章。既然张文认为“《史记》给出孔子生、卒、年寿三个年代数据，实际上其中任意两个都已足够了”[35]，又为什么三传《春秋》的完载孔子生、卒，就比不上后世四五百年的文学通史——《史记》“更为可靠”(荣文)了呢？更为什么，比之榖梁、公羊二传《春秋》并载孔子生年，“在出生纪年上显然《史记》有较高的可信度”[35]呢？须知，公、榖二传《春秋》载史，文止哀公十四年，孔子在世；难道，张培瑜先生非要孔子早逝二年不成？倘若二传《春秋》有续，张先生安知不载“夏，四月，己丑，孔丘卒”于哀公十六年经？张文果以“有必要再讨论一下”[24]而欲“把认识基本上统一起来”[24]，实当平心考论《春秋》“襄二十一年十月庚子生”与《史记》“襄二十二年生”，终为何者是、非；然却，“襄二十一、二十二这一年之差是怎么来的”[35]之疑问刚一脱口，既已荒唐附会“早一年”[35]，如之何觅“讨论”焉？再而“早”为“折衷采用《史记》生年和《公》、《穀》的月日来决定孔子诞辰”之“理由”，真是不知，其所何等“逻辑”推论耶？张文“讨论”，竟于司马贞传统孔诞名论“属明年”，未置一言；倘非心意排斥异见，忌讳孔诞求真，则不免令人怀疑——终于《史记》翻过几页注？其实，所谓“折衷采用《史记》生年和《公》、《穀》的月日来决定孔子诞辰”，明明白白宣以“杜撰”，本非史料所载之；可怜其时杜撰人，昏然不知其所“伪说”，根本不可为也！中历干支序日，必系其月、其年而示历日，序日干支本身不示定日序数，全依月朔干支而示序历日；循环六十干支序日，不仅异年同月的相同干支少序同日，就是同年异月的相同干支亦是难为同日。缺少朔日干支的“十月庚子”，离开具体系年则与十月甲子、十月乙丑……十月癸亥无异，全为不知十月何日。鲁襄二十一年十月庚辰朔，二十一日庚子；鲁襄二十二年十月甲戌朔，二十七日庚子；鲁襄二十三年十月己巳朔，后序庚子已出其月。既襄二十一年十月与襄二十二年十月朔日干支不同，则其相同干支序日不同；即襄二十一年“十月庚子”不与襄二十二年“十月庚子”同一月日，前、后异年“十月庚子”各有专属，不得移置通用。所谓襄二十一年“十月庚子”，实乃其年“十月二十一日庚辰朔庚子”；所与襄二十二年“十月二十七日甲戌朔庚子”，诚非相同月日。“甲戌朔庚子”不可能等同“庚辰朔庚子”，“十月二十七日”也绝不等于“十月二十一日”；不仅中国史上从未有过一个什么“鲁襄公二十二年”的“十月二十一日庚辰朔庚子”，更其“折衷”《史记》的“鲁襄公二十二年”和《春秋》襄二十一年的“十月庚辰朔……庚子”而“决定”一个“孔子诞辰”年月日，诚乃世间凡人勿能为也。“十月庚辰朔庚子”专系襄二十一年，移年“十月庚子”之荒唐，惟而贻笑天下。“十月二十一日”之于襄公二十二年为“甲午”，“十月庚子”之于襄公二十二年为“二十七日”，所于襄公二十一年“十月庚子”左右不得逢源；是，“鲁襄公二十二年十月甲戌朔二十七日庚子”全与“鲁襄公二十一年十月庚辰朔二十一日庚子”无涉，鲁襄公二十二年“十月庚子”更与史载孔子生年“月日”无缘。其襄二十二年之“十月庚子”，既作伪于“从《公》、《穀》”、又非源于“从《史记》”，则杜撰之“鲁襄公二十二年十月甲戌朔二十七日庚子”（公元前551年10月4日，逆推格历9月28日），无缘以为孔子生年月日矣。

《〈孔学知识词典〉附录一·〈孔子年表〉》释：“对孔子出生年月日，众说不一，此据《史记·孔子世家》：生于鲁襄公二十二年夏历八月二十七日。”[41]《史记》只言“鲁襄公二十二年而孔子生”，载文未涉月日，如何可得“据”出“夏历八月二十七日”？

匡亚明《孔子评传》以孔子“生于公元前551年9月28日(周灵王二十一年，鲁襄公二十二年，夏历八月二十七日)”，又注以“孔子生死的年月，两千年来经生学子一向争论不休。今孔子生年从司马迁《史记·孔子世家》载‘鲁襄公二十二年而孔子生’，月日从《谷梁传》载‘冬十月庚子，孔子生’”[43]。公元前551年9月28日为鲁襄公二十二年十月二十一日甲午，周正鲁襄公二十二年十月二十七日庚子为公元前551年10月4日；

其年儒历“10 月 4 日”有与今公历（格历）相差 6 日，减去 6 日之“9 月 28 日”方与今之公历合，然却非为“公元前 551 年 9 月 28 日”也。《穀梁传〈春秋〉》之“冬十月庚辰朔……庚子，孔子生”载系襄公二十一年，其为“月日”者，惟而“襄二十一年‘十月庚子’”即十月二十一日庚辰朔庚子；本无所谓“冬十月庚子”之《春秋》“月日”，如何“从”之耶？又，真若牛角移植羊头，如何安置耳！

《孔子大辞典·张岱年〈孔子〉》以“孔子生年一般按《史记·孔子世家》所记为鲁襄公二十二年（《公羊传》、《穀梁传》记为鲁襄公二十一年），而生月生日《史记》未记，按《穀梁传》所记‘十月庚子孔子生’。换算为当今之公历应为公元前 551 年 9 月 28 日生”[44] 为释。月朔干支随年异，干支序日依朔别；鲁襄二十二年“甲戌朔月‘庚子’”，如何“按”得二十一年“庚辰朔月‘庚子’”？更是不知，襄二十二年之“二十一日甲午”、“二十七日庚子”，终为何者得“按”襄二十一年“二十一日庚子”焉？“当今之公历”始于 1582 年 10 月 15 日，公元前 551 年 10 月 4 日之相应今行格历方为“9 月 28 日”，其当中历鲁襄二十二年十月甲戌朔二十七日庚子，无从有能以“按《穀梁传》所记”也。

《孔子大辞典·夏乃儒〈孔子诞日〉》以为“《史记》之年与《世本》所记一致”[45]，《世本》其书至迟宋代已然亡佚，今之诸书载记《世本》文字不见一言孔子生年月日，何据断说“《世本》所记一致”焉？于此，金友博有言：诚憾其所谓“《世本》：‘鲁襄公二十二年冬十月庚子孔子生’”，只闻讹传，不见真证也。[46] “《公羊》、《穀梁》两传所记之所以早一年，盖秦汉用‘寅正历法’，以十月为岁首，两传可能把‘十月庚子’理解为上一年的后十月”[45]全袭张培瑜说。所谓“后十月”者，“十月”而后之“月”也；二传《春秋》言之凿凿“十月庚辰朔……（十有一月）庚子孔子生”，何而以为“后十月”耶？《史记》“鲁襄公二十二年”与数百年前公、穀二传《春秋》襄公二十一年“十月二十一日”的“三者合之”[45]（夏先生此处似乎亦不该忘记那个“《世本》”一者），怎么就能“合”出一个“孔子生年月日为鲁襄公二十二年鲁国历法十月二十七日（夏历为八月二十七日）”[45]呢？“先以夏历化为‘儒历’，再对应今行公历（‘格历’）”[45]的应是今人纪辰“月日”，“公元前551年9月28日”[45]既非“合之”的“化为‘儒历’”，亦更非“今行公历”；惟其“公元前551年10月4日”才是所谓“合之”儒历，只是今人纪辰尚需换作格历月日“9月28日”而已。

《〈孔子大辞典〉附录·钟肇鹏〈孔子年谱〉》以为：“周正建子，以夏历的十一月为岁首，司马贞认为《公羊传》所记的‘十一月庚子，孔子生’是用的夏正，因此案〔按〕照周正十一月当属于明年，所以《史记》就往后推了一年记在襄公二十二年了。案〔按〕司马贞的说法，则《公羊传》、《穀梁传》所记都用夏正，自然应以《公》、《穀》为正。但是据研究《春秋》历法的学者考定，认为《春秋经》里成、襄、昭、定、哀都用的是周正。所以狄子奇说：‘周正建子，十一月乃今之九月，安得属明年耶？’（《孔子编年》卷一）”[47]既言“周正建子”，则当以月象建子历月为正始年，不“以夏历的十一月为岁首”；《史记》所谓

“岁首”，全违月建子、丑、寅之“三正”。《史记》之言“岁首”实为年首——“夏正以正月，殷正以十二月，周正以十一月”[38]，即周以“冬十一月”为年始，序而冬十二月、春正月、春二月……秋九月，年终“冬十月”。《史记》撰人全然不解古史月建三正，即周以建子始年“春王正月”，序而建丑春二月、建寅春三月……建戌冬十一月，年终“建亥冬十二月”；误以夏正建寅历序“冬十一月”指谓周正“岁首”，竟然不知周历月名建子为“正”，深令后世读者为之《史记》撰人汗颜。《史记》撰者自以为是，改记古史冬季十一二月史事“明年”之例，笔者昔文检举不下一十六七；至少《孔子世家》之“冬，蔡迁于州来。是岁鲁哀公三年，孔子年六十矣”[48]，显其改记《春秋》哀公二年“十有一月，蔡迁于州来”[49]、《左传》“冬，蔡迁于州来”[50]类例。迄今为止，人们尚未发现任何一记佐证《史记》孔诞“二十二年”的史籍佚文，就更无从谈起什么直接史料了；惟一可能的合理解释，就只有司马贞《〈史记〉索隐》之“《公羊传》‘襄公二十一年十有一月庚子孔子生’，今以为‘二十二年’，盖以周正十一月属明年，故误也”[39]。司马贞明明白白所言《史记》误“以周正十一月属明年”，导致改记“二十二年”之讹，不知钟文何据谓以“司马贞认为《公羊传》所记的‘十一月庚子，孔子生’是用的夏正”？更其不知，钟文何以凭说“案〔按〕司马贞的说法，则《公羊传》、《穀梁传》所记都用夏正”？笔者再三核检司马贞全句《索隐》三十八字，委实无力寻出“夏正”二字，不知钟文终是何法得之？倘果“《公羊传》所记的‘十一月庚子，孔子生’是用的夏正，因此案〔按〕照周正十一月当属于明年，所以《史记》就往后推了一年记在襄公二十二年了"，则《史记》改正《春秋》讹误之功，辉比星宿；司马贞果若如此是非不分，反判《史记》盖世之功"误也"，又其有何面目恬为《索隐》焉？事实却是《春秋》历纪周正建子，也恰是《史记》撰人不知尚有"岁首"不称"冬十一月"之"周正"历纪，误为《春秋》夏正亦"以周正十一月属明年"而异记孔诞，淆史二千余载不宁。虽是笔者无缘目睹狄子奇之《孔子编年》，然据孔广牧《先圣生卒年月日考》之"狄氏子奇《孔子编年》：'鲁襄公二十有一年冬十月庚子，孔子生于昌平乡陬邑阙里'"[51]，当其"周正建子，十一月乃今之九月，安得属明年耶"之言，斥之《史记》、赞之《索隐》，无助钟文持论。不详钟文何竟三引（另崔东壁《洙泗考信录》、孔广森《〈公羊〉通义》）"《春秋》孔诞"持论，而为依据《史记》之"前551年（周灵王二十一年，鲁襄公二十二年）一岁"[47]有作"助论"，委实不可思议。

《孔子文化大典·廖群〈野合而生〉》谓孔子生，"时为鲁襄公二十二年（前551）夏历八月二十七日"[52]，未见有言何以为释；既然先唐史料不见一载其年之"孔诞"月日，则当沿袭唐后"杜撰'孔诞'"无疑。

崔玉坤《孔子诞辰公历日期考证》，不过"现在大家较普遍承认的孔子诞辰日期为公元前551年（周灵王二十一年，鲁襄公二十二年）夏历8月27日"[53]而已；孔子诞辰日期，惟以"考证"为确，不为"承认"而定。不知"周历以十一月为岁首"[53]的话，是如何"从我国古代历法的研究可知"[53]

的？今见《春秋》历纪，不过所于“月建‘子月’”有为年首“春王正月”；即使不解“三正”历纪的《史记》所谓“岁首”，亦只“周正以十一月”误为夏历“冬十一月”始年为记。何而知见，有过一个“以十一月为岁首”的什么“周历”？

张秉楠《孔子》，谓孔子“其生辰约为：鲁襄公二十二年（公元前551年）夏历八月二十七日”[54]，自注：“今按通行的说法，生年取《世家》，月日取《谷梁》。这样折衷二说自有不尽人意者，但二说一年之差，亦无据以究其是非”[54]。一个“约”字，颇见治学有诚；虽是未察“月日取《谷梁》”之“伪”，却也深知“折衷二说”非“当”。张语之明已然难得，只是“无据以究”之语，确为轻率矣。

至于管敏义《孔子朝越质疑》“孔子生于公元前551年（一说前550元〔年〕），死于公元前479年：《春秋公羊传》云：襄公‘二十有一年（前551年）……十有一月，庚子，孔子生。’《春秋谷梁传》云，襄公二十有一年冬十月庚子（9月28日）孔子生。《史记·孔子世家》所记与以上二书所云相差一年：‘鲁襄公二十二年（前550年）而孔子生。’（1989年2月由紫金山天文台与曲阜文物管理委员会共同研究确定孔子生日为公元前551年9月28日。）”[55]之颠倒错乱，显然未明“孔诞”是非。不仅如此，除了不屑孔诞求真的“劳而且拙之讥”，某些作者的终谙几许“孔诞”史料辨正、争议缘由、中西历纪，不也很令读者叹息吗？即如钟肇鹏《孔子研究·孔子系年》之“对于两千多年前的古人的生年差一年，本来不是什么重要问题，何况计年岁上有虚岁、周岁的不同，在古代历法上又有三正的不同，相差一年其实不过相差几个月，用不着长期争论考辨”[56]，又何苦非要废弃二传《春秋》明明白白孔子生年月日，而再杜撰一个鲁襄二十二年“十月庚子”？倘非后世造神“作伪”，人间何生孔诞“争论考辨”哉！

三

其实，自结束“文化大革命”之后的伪说“杜撰‘孔诞’”通行，批驳之声不绝[57]；只是其时难见勇于认可孔诞“异说”的编辑部，才致求真篇章鲜为人知。

金友博《〈史记〉“孔子生年”索源》幸于1997年9月25-30日香港“‘孔子思想与二十一世纪’国际学术研讨会”发表。《史记》后于《春秋》四五百年，撰人无以径录孔子生年，求索其载“孔诞”本源，确为求真孔诞锁钥也。金文：一、考证《世本》载文，确无孔子生年月日。不仅今见辑佚《世本》诚无其文，追溯古史，凡涉孔诞亦是无一言及《世本》者；即使孔元措之《孔氏祖庭广记》载文，亦本“《世本》云：‘宋孔父嘉生木金父，木金父生祈父，其子奔鲁为孔防叔，生伯夏；伯夏生叔梁纥。’长子曰‘伯皮’，有疾不任继嗣，遂取颜氏；祷于尼山，得孔子。鲁襄公二十二年冬十月庚子日，孔子生；生而首上圩顶，故因名丘，字仲尼”[46]矣。二、考证《史记》孔诞，必源三传《春秋》无疑。力排《孔子家语》“先秦”说、《公羊》《穀梁》“口传”说，论证三传《春秋》诚乃惟而见载“孔子生卒”先秦史料；辨析有谓：“司马迁一误《穀梁》‘十有一月’之脱，二误

‘周正十一月属明年’，致别二经前记焉。……司马迁以为‘正月’恒定‘孟春’，夏正以‘春正月’为岁首，殷正以‘冬十二月’为岁首，周正以‘冬十一月’为岁首；其后秦汉，更多以‘冬十月’岁首有记‘年’事。倘以《史记》年事对照秦汉载史，稍览便知‘马迁之言与经典不同者非一’之实；‘鲁襄公二十二年而孔子生’，不过‘盖以周正十一月属明年’之类误经传一小例耳”[58]。三、揭示伪“从”《穀梁》，探索杂篡“孔诞”缘由。指出襄公二十二年“甲戌朔庚子”本与二十一年“庚辰朔庚子”不为相同月日，并非所谓“月日从……《穀梁》”也；分析南宋《东家杂记》先圣生“二龙绕室、五老降庭……钧天之乐……和乐笙镛……麟吐玉书”[59]，捕捉至清《〈史记〉志疑》尚“襄二十一年日食，必非生圣人之岁”[59]之圣诞“忌蚀”心态，遂知“年从《史记》，月从《穀梁》，日从《公羊》、《穀梁》”之杂糅“孔诞”由是生也。作者于所考论颇敢自信：“孔子诞生于儒历公元前552年10月9日，公历（格历）10月3日方为今之孔子诞辰纪日，此诚古今学人无一能窥其非也。”[60]金文考论，突破模糊孔诞求真之前人旧说不少，当引关注之士思考；所憾至今不见持异另言，不知终为不屑一顾，或是服膺其论？

吴薇薇、吴晋生《孔子的诞辰与忌日辨》指出“司马迁在《孔子世家》、《鲁世家》里说：鲁襄公22年孔子生，误。……而《山东省志·孔子故里志》载：孔子生于‘鲁襄公22年（周灵王21年，前551年）10月庚子日（夏历8月27日）’，亦误”[61]颇为难得，憾其另无证言矣。承说张培瑜《中国先秦史历表》以为“周历10月庚戌朔，无庚子”[61]，约当三传《春秋》之

“冬，十月，庚辰朔，日有食之”尚未翻阅也。断言日人泷川资言《〈史记〉会注考证》“夏历8月21日，误”[61]，而谓“其失误的原因，就是他不知道《公羊传》的10月是殷历,《穀梁传》的11月是周历”[61]，不免有见荒唐；不过《春秋》二传版本之异，何得“异”出一个殷、周二历？然却，《江海学刊》1998年刊发孔诞异见胆识，诚当嘉颂。

刘奉光《孔子诞辰新考》指责《史记·孔子世家》载记孔子去鲁“前后错乱，殆不成史”[62]，有“言‘鲁襄公二十二年而孔子生’不足据”[63]；以《春秋》记载“被现代科学推算证实”[62]的“公元前552年8月20日”[62]蚀日干支，推算所载孔诞干支序日，得断“公历前552年10月9日是孔子的公历生辰”[64]。“前552年10月9日”本为公元纪年之儒历，非为今行格历（公历），依今行公历当为10月3日；除其儒、格二历欠明，诚见已捉史料孔诞真记也。难怪作者感慨：“以上推算证据确凿，无懈可击，却不知为何与社会上流行的说法相差甚远”[64]？刘文之“称1984年是孔子纪元2535年。这无疑是基于《史记》观点孔子公元前551年生。……但文化节的会标却写着孔子诞辰2535周年，显然多了个‘周’字，妄加了一岁。以后则由2535每年加一个数字，‘周’字则时隐时现，这也好，周年则正好与公元前552年孔子生符合”[64]，所道“年”与“周年”甚明；事实上，1984、1989、1994、1999年之分别纪念孔子诞辰2535、2540、2545、2550周年，皆当其生公元前552年也。

误以“孔子的出生月日，据《春秋谷梁传》记载，为周历十月庚子，即夏历八月二十七日”的沈绳墨《孔子诞辰二千五百五十周年在何日?》一文发表于1999年6月12日《文汇报》，其中惟而“公元前551年9月28日却是甲午日，这怎么会是孔子的出生月日呢”一句尚可称许。其后《文汇报》编者摈弃求真他稿，于6月23日、7月10日累篇报道上海交通大学江晓原的所谓“运用现代天文学方法，推算出孔子生于公元前552年10月9日”[65]。期间，《科学时报》7月4日亦以《科学家算出孔子2550岁》为题报道江晓原“最近在研究古籍时发现，孔子出生当年有过日蚀的记载”，《中国文化报》7月9日更为全文转载；《宁波晚报》7月5日更以《日食泄露了孔子生日》为题，再作报道。认定孔诞真辰可贵，报道孔诞真辰可敬；然，即使不计其前刊文，6月12~23日之间最早指正“孔子生于公元前552年10月9日”的文稿真与“江晓原”有关吗？自孔子前552年降生，至1999年，历世2551年；即使年、岁不分，又如何算得出“2550岁”耶？是在载记孔子生辰的同年文献中，亦记录了日食天象，并非“孔子出生当年有过日蚀的记载”。我们不敢奢望文媒的报道都能如实，但总该减少主观意为的“造假”吧。沈阳日报记者关捷《揭开孔子诞辰之谜》的8月5日《沈阳日报》、9月6日《科技日报》、9月24日《宁波日报》、1999年第10期《情系中华》四刊，不为揭谜孔诞一语，但见抄袭众人前文；不过劫掠前人成果，不遗余力伪造“揭开孔子诞辰之谜‘的人’”——江晓原者而已。2000年3月16日《中国教育报》之关霄汉《揭开孔子诞辰之谜的人》几与《沈阳日报》之关捷《揭开孔子诞辰之谜》无异，当知原本题、文共关“人”；瞒天过海“一谜就是两千多年，一直到江晓原先生的研究成果出现”，尽夺前人考论功劳。撰者自得，编记负责，合作造假，窃誉天下，诚乃二十世纪“学术腐败”高成功率之一大创举矣。当然，认定、张扬孔诞真辰之功，确其世不可没。

终于得见署名“江晓原”之《孔子诞辰：公元前552年10月9日》一文刊载第四辑《辞海新知》，2000年5月6日《文汇读书周报》且见摘文。尽管诚非超越前人之论，江晓原先生这篇接受他人批评、指正并吸收他人论说予以取舍的文章，所于求真孔诞之张扬，自有其不可否认的积极意义。至少，“仅仅依靠《史记·孔子世家》，无法为今天的孔子纪念活动提供任何具体日期”[66]，“定年依据《史记》说，定月日却又依据《穀梁传》说……不先辨别哪一种史料更可信，以决定取舍，却在两种相互矛盾的记载中‘各取所需’，从逻辑上是说不通的”[67]之提醒，无疑有助孔诞求真。然却，江文在纪年、计年与论说上的问题也实在不少。虽是未明何为“天文学方法”，不知何以凭借“解决……历史年代学问题”，却也“只要引入天文学方法，就可以明确解决这一重要的历史年代学问题”[66]，读之确其不乏“危言耸听”之感；正是古人忌蚀孔诞之年，致生伪说杜撰“孔诞”千有余年，今再江文“日食”以为解决孔诞“依据”，岂不“成也萧何，败也萧何”哉！不知江文何以孔子其人必伴日食而生？如果“没有任何日食”[68]可以作为孔子不生襄二十二年的证明，那么襄二十一年十月庚辰朔“日有食之”的天文学验证其无，是否亦当借以否定孔诞鲁襄二十一年呢？“‘鲁襄公二十二年而孔子生’……与《史记·孔子世家》下文叙述孔子卒年时，说‘孔子年七十三，以鲁哀公十六年四月己丑卒’不合”[66]的说法是明显错误的，借以否定“依据《史记·孔子世家》”[66]的“比较流行的孔子生年”[66]的立论，更是极其荒谬的；“551–479=72岁”[66]的“因为”[66]令人不知所以，年七十三“只能用‘虚岁’之类的说法勉强解释过去”[66]的浅薄，确令读之者为其汗颜。稍微读读“二十四史”的任何一史，也不至于闹出如此笑话。中国历史的人龄计岁，从来都以行年为数；自蛇年除夕夜生，至马年初一晨龄，虽尚不足一日，却因历经蛇、马二年，已为两岁矣。倘非孔子卒前480年，断非可去卒前479年，减寿孔子一岁；其实孔子鲁哀一十六年存活三月又十一日，《史记》自记孔子生襄二十二年、卒哀一十六年，享年七十三，无懈可击。江文结论之“孔子于公元前552年10月9日诞生，公元前479年3月9日逝世”[68]本与前人考论无误，憾其自以为是：“请注意这个结果方才与《史记》中‘孔子年七十三’的记载确切吻合。”[68]江文不知，孔子卒年七十三与七十四，本乃历史争论孔诞鲁襄二十二年与二十一年标的；孔子鲁襄二十一年生而一岁，其后襄十年、昭三十二年、定十五年、哀十六年，合为七十四岁，“这个结果”如何得“与《史记》中‘孔子年七十三’的记载确切吻合”？倘果《春秋》孔子生、卒所与《史记》孔子享年“吻合”（大可不必“确切”），则必《史记》孔子行年“吻合”；进而可知，《史记》“二十二年”必为“二十一年”误笔，则史无孔诞之“谜”，今之江文无以“成就”矣。说“要确定‘十月庚子’这一天是公历的几月几日。这没有像确定鲁襄公二十一年是公历的哪一年那么简单”[67]，不免有点蒙人。翻开鲁襄二十一年历表即见9月19日庚辰、10月19日庚戌，庚辰加二十日、庚戌减十日皆得10月9日庚子；而鲁襄二十一年的“前553年12月27日～前552年12月16日”求得，也实在算不上什么更“简单”。需要说明的是，江文此处的所谓“公历”，实属缺少公元纪年常识的误语；公元前只有儒略历纪，人类历史的格里历纪（公历）只从公元1582年10月15日始，千万别上江文“公历”的当。至于“春秋时代……历法中的正月相当于现今夏历的几月，而这一点目前尚无定论（先前某些孔子诞辰之说有误即与此有关）。为了绕开这一尚无定论的问题，而将结论确定下来，我们就不得不求助于天文学”[67]的说法，亦是很有必要加以澄清的。《春秋》历纪鲁襄正月建子，本乃古往今来少有争议的通识[69]，且此孔诞月日求真实与“夏历的几月”无涉；《史记》误解古史历纪“三正”而杜撰商、周之十二月、十一月“岁首”，只为其书撰人自失，并非《春秋》的“正月相当于现今夏历的几月……尚无定论”也。《史记》之后的“孔子诞辰之说有误”皆与“历法”无关，此于翻检“有误”文字便知。《春秋》本非夏正建寅历纪，不由得你不“绕开”什么“夏历的几月”；本只翻检《历表》一索即得的结果，何需江文1999年才来“不得不求助于天文学”呢？虽是历纪所依天象推算而得，然却天象、人事之间本无必然联系，特殊天象记录的天文验证只能提供一个确切的公元历纪标的，无助于根本解决与之无关的人间事物是否与时发生。倘若“公元前552年10月9日”的襄二十一年十月庚子儒历推定，即可证明“孔子生”的文献记录真实性，则不待江文此番赘笔矣；因为江文全部益于孔诞求证的说法，皆在作者降世之先早有前人论证矣。不仅“儒略日与公历的对应是早已明确解决了的”[67]，儒略日与儒略历的对应更是早已解决，中历与西历的对应亦为早已解决；就是鲁襄二十一年九月庚戌朔日食的“公元前552年8月20日”[67]已早于十九世纪验证，“孔子于公元前552年10月9日诞生”更早已六十年前推定，难道江文还真“解决”过什么前人未曾解决的问题吗？须知，天文学验证历史天象的作用再大，也是永远不可能越俎代庖“文献考证”、“文物考古”的呀！本来“邮电部在1989年发行‘孔子诞辰2540周年’纪念邮票，在年份上并无差错”[67]的话，除了与邮票“孔子诞生二千五百四十周年”的文字不合，并无语义差错；然却画蛇添足“因为1989+(552–1)=2540年（没有公元0年，故减1）”[67]，就引出了不少的麻烦。上言“周年”，下改谓“年”，作者不知“周年”与“年”为两种不同计法的时间单位。相同月日的循环周期谓之“周年”，如自前552年10月9日至前551年10月9日为一周年；年始至年终的确定时段谓之“年”，如公元2002年1月1日～12月31日。自孔子公元前552年诞生第1年，至公元前1年为552年、公元1年为553年，公元1989年正为诞生第2541年（事实上只能纪其故人孔子“诞辰”）；既然已知“没有公元0年”（人间也从无任一历元“0年”的纪年），又何“故”而“减”去哪个“1”年呢？孔子自前552年10月9日至前551年10月9日方为1周年，至公历1989年10月3日确为诞辰2540周年；只是其算式当为“552–1+1989=2540（周年）”，之所以“552–1”者，人生诞辰之第一个月日周期必置其生第二年（诞生当年断无“周年”可计），是需减去诞年“前552”之年“1”。这样简单的计量常识是无需接受高等教育的呀，不可思议作为名牌大学科学史系主任的江文作者何竟不知？江文的结束语也竟然是这样令人遗憾的一句：“今年1999年就是孔子诞辰2550周年，具体纪念活动的日期，则应确定为10月9日。”[67]“年……是……周年”的语病令人遗憾地感受了作者的“语文”功底，如此，又如何区别“周年”呢？格历公元1999年10月9日逆推至儒历公元前552年，为其10月15日；其鲁襄公二十一年十月庚辰朔二十七日丙午，所与孔子诞辰又有什么样的干系呢？公元纪年的1582年10月4日以前用儒略历、1582年10月15日起始为格里历，虽非众人皆知，总为天文学史常识。惟其公历1999年的10月3日，方与公元前552年的儒历10月9日对应；是愿不量数几充兼编务小识，代修江文而为“今年（1999年）正值孔子诞辰2550周年。具体纪念日期，则为10月3日”或“今年（1999年）10月3日就是孔子诞辰2500周年的纪念日”。江文此番弘扬前人论说，认定孔诞真辰，虽是不少谬误，却亦不乏历史功绩也。

白平先生刊发《孔子生辰揭谜质疑》对“详细介绍了天文学家江晓原先生……断定，孔子的诞辰当是在公元前552年10月9日，亦即《谷梁传》所记载的鲁襄公二十一年十月庚子日”[70]的关霄汉《揭开孔子诞辰之谜的人》提出异议，“把视线转向了记日的干支‘庚子’”[71]，“认为《公羊传》的‘十有一月庚子’中，‘子’字为‘午’字之讹的可能性极大，而无端地衍出‘十有一月’四字的可能性却极小”[71]。白文作者跳开千年孔诞史争成说而另辟蹊径的大胆设想是应该提倡的，但较为充分的证据无疑是其立说的必备基础；仅以宋代司马光《资治通鉴》的数例纪日地支“子”、“午”互讹，就来“质疑”公、穀二传《春秋》的同文“庚子”，实在是远远不够的。《通鉴》一书纪年，月日错乱讹误远非“干支”一域也。《资治通鉴·汉纪三十一·淮阳王》之“更始元年春，正月，甲子朔，汉兵与下江兵共攻甄阜、梁丘赐，斩之，杀士卒二万余人……二月辛巳朔，设坛场于淯水上沙中，玄即皇帝位……六月，己卯朔……九月，戊申朔……”[72] 显以建寅为正，然其所误，只见正月朔日“壬子”天干误为“甲”而非地支“子”误“午”；况，原本《汉书》王莽地皇四年建丑正月事，抄袭《后汉》误纪建寅“更始元年春正月”，《通鉴》纪年月日错乱诚非寥寥数笔可纠也。白文依据宋代通史诸多的错乱讹误或有子、午互讹，而推论一千五百年前的《春秋》“庚子”亦为“庚午”之误，委实难脱“无端”之嫌；以为齐、鲁异国异时异人之别传所本《春秋》，二载同文“庚子”皆为“庚午”之误，未免主观臆断“太过”矣！二书同文尚不为信，岂不传世孤本后可任意涂改耶？白文“《公羊传》‘十有一月’四字不大可能是衍文”[71] 的另据理由为“人们校改古书，其出发点是纠正古书中的错误，不会是有意要给古书增加错误。……如果原书文字明明无任何挑剔，却故意给加上去一个‘十有一月’……这就有点匪夷所思了，这样的恶作剧在中国古籍的校勘史上还没有听说过”[73]。这里白文作者所对“衍文”的误解不轻，翻开《现代汉语词典》即见“因缮写、刻版、排版错误而多出来的字句”[74] 之释，校勘倘若为增衍文，那倒不如不

"校勘"。白文作者须知：考鉴书文讹误、缺漏、增添、颠倒谓之"校勘"，不作原文"改动"也；所谓（原书）脱文、衍文者，更乃多为"不意"之举，何求其有"理由"哉！《春秋》版本三种，公羊所异穀梁、左氏文字最甚，下例比其穀、左增文，或证公羊《春秋》之衍：桓十五年"公会〖齐侯〗宋公、卫侯、陈侯于侈，伐郑"[75]；庄二十八年"公会齐人、宋人〖邾娄人〗救郑"[76]；僖二年"齐侯、宋公、江人、黄人盟于贯〖泽〗"[77]；僖八年"公会王人、齐侯、宋公、卫侯、许男、曹伯、陈世子款〖郑世子华〗盟于洮"[78]；僖十年"晋里克弑其君卓〖子〗及其大夫荀息"[79]；僖十八年"宋公〖会〗曹伯、卫人、邾〖娄〗人伐齐"[80]；文元年"二月，癸亥〖朔〗，日有食之"[81]；文八年"公子遂会〖伊〗雒戎盟于暴"[82]；成十五年"晋侯执曹伯，归〖之〗于京师"[83]；襄十四年"卫侯〖衎〗出奔齐"[84]；昭二十四年"〖叔孙〗舍至自晋"[85]；定四年"蔡公孙〖归〗姓帅师灭沈"[86]；定七年"齐侯、卫侯盟于沙〖泽〗"[87]；定十三年"晋荀寅〖及〗、士吉射入于朝歌以叛"[88]；另有"邾〖娄〗"百余言。不知白文作者以为诸例增文，公羊《春秋》"衍文"耶？穀、左《春秋》"脱文"耶？"十有一月"一删，载文全畅，公、穀相合；白文全篇有曾指出哪怕一句"这四个字明显删不动"[71]的真正理由吗？三传《春秋》俱载"九月庚戌朔"、"十月庚辰朔"，且有《穀梁传〈春秋〉》"十月庚辰朔……庚子"明鉴，其《公羊传〈春秋〉》"十有一月"之为"庚子"衍文，早为历史定论矣；白文不以"襄二十二年十月庚子"证伪为任，竟以"可能"臆思"两传中的'庚午'在传抄中都先后分别讹为‘庚子’”[71]，又“没有认识到‘庚子’之‘子’是讹字，反而以为‘十有一月’是衍文”[71]，全为无据之谈列言刊文，于史何益哉！白文“陆德明当时见到了《公羊传》的不同版本，有的本子便没有‘十有一月’的句子”[73]，未察陆氏时为三传《春秋》音义，本乃概叹公、左“孔诞”异文耳；敢问作者可知，天下谁人曾见“没有‘十有一月’的”《公羊传〈春秋〉》“庚子，孔子生”耶？白文不解“《公羊传》中明摆着‘十有一月庚子’这样一个‘不可原谅的常识错误’……但在《春秋》各家的学术战斗中却未见因此而引发过争端”[73]，作者当知，所谓“《春秋》学”者，《春秋》之“义”也；其《〈春秋〉公羊传》所与《〈春秋〉穀梁传》之争，全在异“传”也，未闻中国古史引发《春秋》版本校勘之“各家的学术战斗”也。“十有一月”最多不过一个《春秋》异本，其于《公羊》传经何涉，又于《春秋》经义何涉？“十有一月”之衍，或与公羊高者本即全无毫厘之涉，其又如何入得“穀梁学”与“公羊学”之传文释经之争焉？何休之注《公羊传〈春秋〉》，意在释义；“时岁在己卯〔酉〕”[73]一句，诚如白文所言“本无须有”[73]，度其或就《史记》“二十二年”而确正纪也。仅就何注“只字未提”[73]《公羊〈春秋〉》“十一月内不应该出现庚子”[73]而作判断“当时《公羊传》记载孔子诞辰的月份和干支是并不冲突的”[71]，未免牵强；文元年“二月，癸亥朔”，不复“四月丁巳”、“十月丁未”矣，穀、左《春秋》皆无“朔”字，而何注不言者，本非校勘也。白文污言《史记》有“说”孔子“享年七十二岁”[89]而卒，即与《史记》“年七十三”悖，更于语法不通；未闻“岁”为“年”之量词不论，《史记》所记孔子生襄二十二年、卒哀十六年，必享世年“七十三”，何谓“享年七十二岁”而又“是可以自圆其说的”[89]？孔子生襄二十一、卒哀一十六，行年七十四而终；不过司马贞《〈史记〉索隐》计数，自误“每少一岁”而已。如果说“江晓原先生是一位成就卓著的科学家，他将天文学知识引入历史研究领域所做出的突出贡献，使笔者由衷敬仰”[90]还只为白文作者个人心仪，未伤他人情感，那么“江先生利用先进的科学技术，以日食为坐标，推算出了鲁襄公二十一年九月庚戌日相当于公历的公元前552年8月20日，解决了历法换算的难题，这是他为确定孔子诞辰所迈出的成功一步”[90]，就实在不能再让他人保持沉默了。即使白文作者所于1887年维也纳出版的奥地利奥波尔子《日月食典》、1928年东京出版的日本新城新藏《东洋天文学史研究》及1937年洪业《〈春秋经传引得〉序》、1939年董作宾《孔子诞辰之考定兼论改为国历问题》全然无知，至少也总该过目一眼近年发表的相关文章；否则，轻信记者虚假报道，谎论“算出”、“解决”、“确定”污染学术论坛，助纣为虐以夺前人世功，良心安否？

虽不敢说《穀梁传〈春秋〉》襄五年之“公会晋侯、宋公、卫侯、郑伯、曹伯、莒子、邾子、滕子、薛伯、齐世子光救陈”（《公羊传〈春秋〉》衍“娄”、《左氏传〈春秋〉》脱“莒子、邾子、滕子、薛伯”）必可助证《穀梁传〈春秋〉》襄二十一年之“冬，十月，庚辰朔……庚子，孔子生”（《公羊传〈春秋〉》衍“十有一月”、《左氏传〈春秋〉》脱“庚子，孔子生”），却也三传《春秋》载记，本当同文而书；虽是“邾娄子”以为“邾子”之衍好解、

“十有一月”衍于“庚子”易证，却也“莒子、邾子、滕子、薛伯”与“庚子，孔子生”有谓衍文，诚其难以为释也。善待三传《春秋》字异文殊，似当取信二传同者（《左氏传〈春秋〉》续文自非其例）为史。不管人们如何理解三传《春秋》差异，总为载记孔子生、卒年月日之惟一先秦史料。也不管人们是否愿以司马贞之《〈史记〉索隐》“盖以周正十一月属明年”（《史记》改属“明年”例误多矣）为信，总是援据《春秋》改记《史记》“鲁襄公二十二年”之析，迄今无人而能反证也。虽是至唐已见《史记》“孔诞”青睐者，却也“襄二十二年十月庚子”伪说南宋王朝方得以显，然亦传统世人误纪孔诞千有余年矣；必信《史记》鲁襄二十二年“孔诞”为史，则即无知孔子生辰月日，后世杜撰“十月甲戌朔庚子”更于《春秋》、《史记》全然不得所据，如之，何谓“孔子诞辰”耶？幸有二十世纪孔诞求真，初叶借助《春秋》诞年日食天文验证，推得孔子生辰公元历日（前552年10月9日）并及今之公历纪辰（10月3日）；末叶文史考证，㈠戳穿移年《春秋》“月日”伪说、断言“襄二十二年十月庚子”杜撰，㈡驳斥历代“孔诞”谬论、力挫《公》、《穀》“口授”之非，㈢例指《史记》录史讹误、详析改记《春秋》“明年”之篡，㈣考辨《世本》载记“孔诞”之妄、论证《史记》本源《春秋》“孔诞”，㈤探明忌蚀致生移年伪诞、评说孔诞求真要义。其实，孔子生年月日，本即史上清清楚楚：先秦《春秋》明载“襄公……二十有一年……冬，十月，庚辰朔……庚子，孔子生”，五百年后方见布世《史记》载文“鲁襄公二十二年而孔子生”，再而六百年后始见“夫子周灵王二十一年冬十月庚子生”于孔庙碑文；孔子卒后千年间，未闻信从《史记》“孔诞”人，不知另有悖谬《春秋》“孔诞”文。翻越二十世纪篇章，迈步廿一世纪历程，是否亦当始为孔子生年月日正纪真辰呢？

注释：

［1］《〈春秋〉穀梁传注疏》，阮元校刻《十三经注疏》，中华书局 1980 年，第 2430 页。

［2］《〈春秋〉公羊传注疏》，阮元校刻《十三经注疏》，第 2309 页。

［3］［28］［29］［30］［49］［50］《〈春秋〉左传正义》，阮元校刻《十三经注疏》，第 2177、2016、2051、2084、2155、2157 页。

［4］［39］［48］《孔子世家》，《史记》卷四十七，中华书局 1959 年，第 1905–45、1906、1927 页。

［5］《盈川集》卷四，《影印文渊阁四库全书》，台湾商务印书馆民国七十二（1983）年，第 1065 册 222 页。

［6］《东家杂记》卷上，《影印文渊阁四库全书》，第 446 册 63 页。

［7］《四书章句集注》，中华书局 1983 年，《论语序说》第 41 页。

［8］《路史》卷四十三，《影印文渊阁四库全书》，第 383 册 608 页。

［9］《〈东家杂记〉考异》，《影印文渊阁四库全书》，第 446 册 61 页。

［10］《资治通鉴前编》卷十五，《影印文渊阁四库全书》，第 332 册 309 页。

［11］引自《清经解续编》卷一千四百一十四，上海书店 1988 年，第 5 册 1305 页。

［12］［51］《清经解续编》卷一千四百一十四，第 5 册 1309、1308 页。

［13］［14］［15］［17］［18］韩达编《1911–1949 评孔纪年》，山东教育出版社 1988 年，第 4、9、25、208、359 页。

［16］《洙泗考信录》卷一，《丛书集成初编》，中华书局 1985 年，第 143 册 5 页。

［19］［23］［34］《平庐文存》卷二，《董作宾先生全集》乙编，艺文印书馆民国六十六（1977）年影印版，第三册 296、318、324 页。

［20］［21］董作宾《孔诞的抉择》，《董作宾先生全集》乙编，第三册 316、315 页。

［22］［31］钱穆《先秦诸子系年考辨》，上海书店 1992 年影印版，第 1、54 页。

［24］［35］［36］［40］中国孔子基金会编《孔子诞辰 2540 周年纪念与学术讨论会论文集》，三联书店上海分店 1992 年，第 827、832、833、831 页。

［25］［46］［58］［59］［60］《〈史记〉"孔子生年"索源》，《宁波大学学报》（人文科学版），2000 年第 1 期 33、29、31、32、34 页。

［26］《鲁周公世家》，《史记》卷三十三，中华书局 1959 年，第 1538 页。

［27］《自序》第 17 页，钱穆《先秦诸子系年考辨》，上海书店 1992 年影印版。

［32］《历史教学问题》，2001 年第 3 期 18 页。

［33］《孔子诞辰之考定兼论改为国历问题》，《董作宾先生全集》乙编，第三册 302 页。

［37］"岁星纪年"，中国大百科全书出版社 1980 年，第 339 页。

［38］《史记》卷二十六，中华书局 1959 年，第 1258 页。

［41］董乃强主编《孔学知识词典》，中国国际广播出版社 1990 年，第 353 页。

［43］南京大学出版社 1990 年，第 18 页。

［44］［45］［47］张岱年主编《孔子大辞典》，上海辞书出版社 1993

年，第 1、24、1055 页。

[52] 中国书店 1994 年，第 2 页。

[53] 骆承烈、李玉洁主编《孔学初探——中原孔子学会第一次学术研讨会论文集》，河南大学出版社 1995 年，第 68 页。

[54] 吉林文史出版社 1997 年，第 8 页。

[55] 《宁波大学学报》（人文科学版），1999 年第 1 期 32 页。

[56] 中国社会科学出版社 1990 年增订第 2 版，第 151 页。

[57] 金友博自编赠阅小刊：《纪年研考》，林叶蓁《书峰隙窥孔子生年》（1993 年 5 月第 1 期）、叶小草《关于张培瑜〈孔子生年的中历和公历日期〉》（1993 年 11 月第 3 期）、林叶蓁《〈史记〉纪年与孔子生寿》（1994 年 1 月第 4 期）；《余修文稿》，林叶蓁《〈史记〉、〈公〉〈穀〉孔诞异年考确——与周振鹤、平势隆郎先生商榷》（1997 年 1 月“辑一”）。

[61] 《江海学刊》，1988 年第 4 期 112 页。

[62] [64] 《天津师大学报》（社会科学版），1999 年第 2 期 33、34 页。

[63] 《摘要》，《天津师大学报》（社会科学版），1999 年第 2 期 33 页。

[65] 《文汇报》记者张咏晴《天文推算解疑案　孔子诞辰有新说——江晓原推定孔子生于公元前 552 年 10 月 9 日》、《文汇报·学林》报道《上海交通大学科学史系主任江晓原教授根据古代文献，运用现代天文学计算方法，提出——孔子诞辰：公元前 552 年 10 月 9 日》。

[66] [67] [68] 上海辞书出版社 1999 年 12 月，第 40、42、41 页。

[69] 近一法国汉学家致函亦作断言：“-551/oct/9 即 julian day 1520087、37/60 庚子日。肯定属 1520066，470 新月，即属酉月建（霜降中气）（1520074，054 UT）”。

[70] [71] [73] [89] [90] 《山西大学学报》（哲学社会科学版），2000 年第 3 期 39、41、40、43、42 页。

[72] 《资治通鉴》卷三十九，中华书局 1956 年，第 1239-49 页。

[74] 商务印书馆1996年修订第3版，第1448页。

[75] [76] [77] [78] [79] [80] [81] [82] [83] [84] [85] [86] [87] [88] 洪业等编《〈春秋〉经传引得》，上海古籍出版社1993年影印版，第43、74、89、98、102、113、144、157、237、279、412、442、449、460页。

〔载2003年5月8日自刊《余修文稿》辑外〕

程发轫“孔子诞辰考证”钩沉

金友博

昔曾数年寻觅董作宾先生《孔诞的抉择》所言之“四十年八月二十七日，程发轫先生发表《孔诞辨年与定日》一文”[1]，直至草就《二十世纪中国的孔诞求真——再撼伪说的杜撰“孔诞”》未果；今蒙国家图书馆有关工作人员相助，已得幸识程文《孔诞辨年与定日》[2]（以下简称《辨年》）并及《孔子诞辰考证的回忆与展望》[3]（以下简称《回忆》）面目。憾其《辨年》“以‘五误’断定《公》《穀》的不可信”[1]，诚如董作宾先生之言，确实“不过是重弹乙说的老调，并没有甚么新证据和新见解”[1]。不过，既然《辨年》所论有能影响台湾政府“西元前五百五十一年……夏正的八月廿七日，相当于国历的九月廿八日”[4]的荒唐“孔诞”认定，大约还是有驳程文谬论的必要，不妨一作《二十世纪中国的孔诞求真》补笔。

一

《辨年》概括其论以为“㈠经载襄公二十一年，九月十月两月频食，以食限推之，知十月日食，乃经文之误。㈡十一月本无庚子，乃公羊传载十有一月庚子孔子生，则传文之误。㈢商任会期，既在十二月举行，则会后之庚子，当在十二月，乃说传者牵强附合于十月二十一日，此又说传者之误。㈣孔子诞辰，本在襄公廿二年冬，公至自会以前，乃误散配于二十二年春，公至自会以前，此又汉初经生，散配传文之误。㈤古人本以虚岁计年龄，襄公九年，左传有据，乃司马贞妄以实岁计，此乃说史之误。积此五误，未能澈底纠正，故自宋元丰八年确定孔子诞辰后，而诐遁之词，仍嚣尘上，应予以廓清也。”读罢，似乎㈠㈡㈤之史误，至时尚待《辨年》“予以廓清”、“澈底纠正”，然后可免“诐”之“嚣”也。其实不然。

未尝探究最早指谬襄公二十一年十月庚辰朔之《春秋》载文“日有食之”者，然仅笔者孤陋寡闻，至少清人江永《乡党图考》已见“金履祥《通鉴前编》谓‘是年九月、十月日两食，必非生圣人之年’，此金氏不知历法故也。合朔当交而食，必须隔五六月，无连月比食之理；春秋及汉初有比食者，皆史家之误，未可以是断圣人生年也。十月庚辰朔日食，庚子孔子生，亦何妨乎”[5]之明辨，更不要说十九世纪奥波尔子否定其次日食的《日月食典》问世；时至《辨年》刊发，世当无人以为“日有食之”四字载记经文襄公二十一年十月庚辰朔下“不误”，而其时《辨年》伎责"信此无征之经"，岂不无的放矢哉！更是不知，《辨年》指误"日有食之"，其与"庚子，孔子生"文载记正、误，又有何涉焉？十月"日有食"之误，倘可否定"孔子生"之信，岂不九月"日有食"之不误，又可肯定"孔子生"之有信乎？"庚子，孔子生"，穀梁《春秋》"十月"、公羊《春秋》"十有一月"、左氏《春秋》全无其载，三传《春秋》同误十月"日有食之"，不知《辨年》执笔，如何一因推得三果？倘误一句而经传全否，则今无春秋史文矣。《春秋》比之《史记》所误，不过九牛一毛耳；《辨年》如此引据贬"经"誉"史"，于之所论，委实自显苍白。

其实，鲁襄公二十一年之"十有一月庚子孔子生"句，见载《公羊传〈春秋〉》经文，诸种版本绝然不见其为传文字句；唐人陆德明时作三传《春秋》音义，其注公羊《春秋》之"传文上有'十月庚辰'，此亦'十月'也；一本作'十一月庚子'，又本无此句"[6]，本已误语"传文"，不知《辨年》何竟不惜抄袭史误之笔，诬以作充"五误"之一——"传文之误"耶？既然《公羊〈春秋〉》"十有一月庚子孔子生"其句"上有'十月庚辰'"，自当有如陆德明之所断"此亦'十月'也"；况且，《穀梁〈春秋〉》已然明鉴"十月庚辰朔……庚子孔子生"，岂容无视《穀梁〈春秋〉》载文，废佐校勘《公羊〈春秋〉》焉？如此粗陋疏衍，断非当析经传原笔，只是不详后世何人误录而已；今而《辨年》自居方明，告诫天下以谓"吾人固不应变更各历步气历之法式，而信此无征之传文也"，不免自欺欺人。其实，《辨年》之外，几是不见尚存误信"十有一月庚子"之人，不过《辨年》故伎，以攻襄公二十一年“庚子孔子生”耳。“十有一月”之误，至多减损公羊传本《春秋》载记孔诞信“度”，然却无以根本动摇《公羊〈春秋〉》襄公二十一年载记“庚子孔子生”之白纸黑字言之凿凿。

古人但以行年记龄，并无“虚岁”、“实岁”之说；其本涉史常识，何需《辨年》今尚大笔考证，引据《左传》而谓“古人以虚岁算年之证据”哉？真乃煞有介事！《史记·孔子世家》“孔子年七十三，以鲁哀公十六年四月己丑卒”之唐司马贞《索隐》“若孔子以鲁襄二十一年生，至哀十六年为七十三；若襄二十二年生，则孔子年七十二”[7]，宋人赵去疾《孔子生年月日考异》早已明白有论：“《索隐》所指，鲁哀公十六年岁在壬戌，上溯襄公二十一年，岁在己酉，则孔子年七十四；今以为七十三，是少一岁。《索隐》又以襄公二十二年庚戌至哀公十六年壬戌为七十二，亦少一岁。此则《索隐》之误也。”[8] 司马贞泥于其前孔子生年《索隐》“后序孔子卒云‘七十二’岁，每少一岁”[9] 自引误笔，于此再误，自计“每少一岁”显矣；清钱大昕《三史拾遗》明断“自襄二十二年至哀十六年恰是七十有三岁，小司马何于此致疑乎？据前注‘每少一岁’之文，则《索隐》本实是‘七十二’，故于此疑而不决。然谓‘襄二十一年至哀十六年为七十三、襄二十二年至哀十六年为七十二’，则少一算”[10]，岂容《辨年》臆诬古人“妄以实岁算”？司马贞《〈史记〉索隐》“孔子寿数”差错“每少一岁”，不伤前于生年“今以为二十二年，盖以周正十一月属明年，故误也”[9] 之明断，无损《春秋》襄公二十一年“庚子孔子生”之朗朗载文；可怜《辨年》持论，欲否春秋文献，竟乞唐人误语。

上之《辨年》㈠㈡㈤之“误”虽是无助其所持论，至少总见有“误”可捉；然其㈢㈣之所言“误”，憾其仅为《辨年》臆说，全然不见《春秋》其“误”踪影也。

想不到《辨年》竟能将陆德明的“一本作‘十一月庚子’，又本无此句”解为“或以唐代公羊传抄〔金按：原文作‘钞’〕本有二种：一作‘十有一月庚子孔子生’……一作‘庚子孔子生’”，误以“十有一月”为“此句”之《公羊传〈春秋〉》异“本”。其实，陆德明“此句”首语明言“庚子孔子生”，即使误解陆德明本义所指穀梁、公羊、左氏三传版本《春秋》，以为“《公羊》有异本”[11]之清段玉裁《经韵楼集》，亦知“此句”指谓“庚子孔子生”，而今《辨年》尚能甚误“此句”至此，怎不引令读之者亦为汗颜哉！

《辨年》以“公、穀两传，所载孔子生日之序列，在‘商任’之会以后，二十二年‘春王正月公至自会’〔金按：原文单引号点于下文‘以前’后〕以前”，妄断“若会期在十月，而鲁君在外迟延三月返鲁，必见诸传……今不见传，足证会毕返鲁，而会期必在十二月”，实在无稽。《春秋》载记“公至自会”二十有七，无一不是“见传”之会；襄公二十一年“冬十月……公会晋侯……邾娄子于商任”即见左氏传文“会于商任，锢栾氏也”[12]，岂容《辨年》妄诬“商任”其会“今不见传”？倘其《辨年》自例“如定公四年三月，公会于昭陵，五月监〔金按：‘监’当‘盟’字之讹〕于皋鼬，七月公至自会，穀梁传曰：〔金按：此当删除冒号〕‘后而再会，公志于后会’是也”，意在举证传文注释鲁公“在外迟延”，未免乏力之至。《春秋》定公四年经文已言“五月公及诸侯盟于皋鼬”[13]，何需再借传文以明？且，穀梁传之“后而再会，公志于后会也。后，志疑也”[13]，何人奇思得见有释鲁公“在外迟延”行踪之义？左氏、公羊、穀梁三传之于《春秋》，志在注释经文以明其义，并非着意增记史事以补其详（《左传》虽是偏重记事，却也远非尽补经文之缺）；《春秋》载记文字，“无传”之笔多矣，何以得求经文未载之事而“必见诸传”哉？《辨年》强解“见传”与否以充鲁公“在外迟延”或“会毕返鲁”之证，又岂能圆说焉？僖公十五年“三月公会齐侯……曹伯盟于牡丘。遂次于匡。……九月公至自会”[14]，所于鲁公四至八月行踪，不仅左氏、公羊、穀梁三无其传，就是《春秋》经文亦无载记也；襄公二十四年“八月……公会晋侯……小邾娄子于陈仪。冬……公至自会”[15]，显未“会毕返鲁”，其所“鲁君在外迟延”亦无经传文字。如此引例为证，《辨年》不免自点。《辨年》“以成公五年经载：‘十二月己丑，公会晋侯齐侯……于虫牢，六月春王正月，公至自会’……由虫牢至曲阜，可能比商任近二三日程”而谓“就成公六年例比较研究，则商任会期应在十二月”，全凭会址路程言之；蒲地行程只近虫牢半日，却其《春秋》经文“九年春王正月，杞伯来逆叔姬之丧以归。公会晋侯……杞伯同盟于蒲。公至自会。二月，伯姬归于宋”[16]，载记成公会、至全程尽于正月内。会与会别，事与事异，岂当凭空析断“商任”之会亦如“虫牢”之“会毕返鲁”耶？即或真如《辨年》无端臆说之“商任之会，可能在十二月中旬举行”、继而强断之“会期必在十二月。会期既在十二月，则公穀所载孔子生日，在商任会期以后，十一月既无庚子，则庚子必在十二月。乃确然不易之数"，其亦"庚子孔子生"，总是载记《春秋》经文"襄公……二十有一年"，又于《辨年》"欲加"孔子必非生于"二十一年"何益焉？读此，几是不解《辨年》终是欲证孔子，"二十二年"生耶、"二十一年"生耶？

想不到，《辨年》所谓"公穀两传，附经以释义……均无一条在经文以外者，独此一条，离经而无义依附，故马氏对公穀所书，认为'决无是理'"，竟是篡改马端临《文献通考》一段按语"《春秋》惟国君世子生则书之，'子同生'是也。其余虽世卿擅国政如季氏之徒，其生亦未尝书之于册；夫子万世帝王之师，然其始生乃鄹邑大夫之子耳，鲁史未必书也。鲁史所不书，而谓夫子自纪其生之年于所修之经，决无是理也"[17]原义而言之；《辨年》全文征引虽见脱衍笔窜，却也所与原文"谓夫子自纪其所生之年于所修之经，决无是理"此句无异，如何得以擅言"故马氏对公穀所书，认为'决无是理'"耶？《辨年》所谓"独此一条"之"公穀所书"，无乃马氏所为作按之"《公羊》、《穀梁》于襄公二十一年皆书'孔子生'"[17]耳；马氏其按小节全文语经，此言"《公羊》、《穀梁》"诚乃《公羊传〈春秋〉》、《穀梁传〈春秋〉》，断非所指《春秋》经文之《公羊传》与《穀梁传》也。马氏之言"《春秋》古经，虽汉《艺文志》有之，然夫子所修之《春秋》，其本文世所不见；而自汉以来所编古经，则俱自三传中取出经文，名之曰'正经'耳"[17]，全因其以《春秋》正经孔子所撰，乃至出语"而谓夫子自纪其所生之年于所修之经，决无是理也"；《辨年》引据马氏言"经"之语，扭谓"传"文"离经而无义依附”，欲欺天下无人得辨经、传乎？倘若《春秋》经文果为孔子所撰，则马氏所言不失其理。然却事实上，公羊、穀梁传本《春秋》之谓“孔子”断非孔子自语，今人姚曼波《〈春秋〉考论》更以“孔子所作《春秋》，不是前人所说的《春秋经》，而是一部独立的著作，是今之《左传》的蓝本”[18]；不论《春秋》终为何人所撰，无需“夫子自纪……于所修之经”，后人修之未尝不可也。至于《辨年》根本无以为说之“马氏对公穀所书，认为‘决无是理’”，除其彰显作者自欺欺人拙劣之笔，又能他作何解哉？《辨年》之“啖助谓‘公羊穀梁，初本口传，后人据其大义，散配经文，故多乖谬。’由是言之，是‘庚子孔子生’，乃汉初经生所赘入”，读之不免由见荒诞；公羊、穀梁《春秋》经传倘可“口传”存世，其“秦时焚书”岂非徒劳之举？今人智商不逊古者，耳听会议报告、课堂教学，又谁人有能复述焉？读《史记·儒林传》之“秦时焚书，伏生壁藏之。其后兵大起，流亡；汉定，伏生求其书，亡数十篇，独得二十九篇，即以教于齐鲁之间”[19]及“《礼》固自孔子时而其经不具，及至秦焚书，书散亡益多，于今独有《士礼》，高堂生能言之”[20]载文当见：书文不具，无以言、教。再寻其卷另文“汉兴至于五世之间，唯董仲舒名为明于《春秋》，其传公羊氏也。……瑕丘江生为《穀梁〈春秋〉》。自公孙弘得用，尝集比其义，卒用董仲舒”[21]，当明公羊、穀梁二传《春秋》，入汉其先已然笔书传世焉。分析唐啖助之“谓”语，当是啖氏全然未尝读懂《汉书·艺文志》之《春秋》释语“及末世口说流行，故有公羊、穀梁、邹、夹之《传》”[22]。《汉书》所言“末世”者，前文“周室既微"[22]，后继战国争雄之东周末世也；"口说"之指，诚当前文"有所褒讳贬损，不可书见，口授弟子"之"弟子退而异言"[22]也；本已"丘明恐弟子各安〔按〕其意，以失其真，故论本事而作传，明夫子不以空言说经也"[22]，之所以尚能"口说流行"，全如下文"《春秋》所贬损，大人当世，君臣有威权势力；其事实皆形于传，是以隐其书而不宣，所以免时难也"[22]。"流行"者，流传通行也；"口说流行"并非"流行口说"，断非臆作"时兴"可解也。其实，其句下文"四家之中，《公羊》、《穀梁》立于学官，《邹氏》无师，《夹氏》未有书"[22]，无疑明白言指，东周"末世"四家笔书之《传》所于汉代兴亡，何得再而烦劳"后人据其大义，散配经文"焉？所谓"《夹氏》未有书"者，前列"《夹氏传》十一卷。有录无书"[23]是也。必有其书，方见其"录"；只是时至班固生享年世，已然无缘目睹《夹氏》矣。诚是不明，啖氏如何而能获悉"后人据其大义，散配经文"，进而知见"故多乖谬"耶？《辨年》之"'庚子孔子生'，乃汉初经生所赘入"语，终究何以为"是"之谓耶？真不知道，《辨年》有能继"赘入"而谓"本应散配于襄公二十二年冬'公至自会'以前者（即二十二年十月庚子），乃谬散配于二十二年'春王正月公至自会'以前（即二十一年十二月庚子）"，除了彰显其言的荒诞，难道还真能产生什么其他的效果吗？白纸黑字清清楚楚：襄公二十一年"十月庚辰朔……庚子"；怎么可能"即二十一年十二月庚子"，再而"即二十二年十月庚子"？《春秋》载文，襄二十一年全然不见"十有二月"四字、襄二十二年根本无寻"十月"二字，诚其不知，《辨年》何以有能为说耶？经襄二十二年季“冬”而后，并无属月文字，倘将“庚子孔子生”句强行“赘入”，又其“冬庚子”者，天下谁人有能确知所指何月何日？如此之作，岂不痴人说梦哉！

《春秋》诚乃中国幸存之第一部编年史料文献，其所系统载录春秋二百四十二年史事几为字珍句宝，虽是记事著称之《左传》亦无力替代也；倘非证据切实，后世之人断无臆思妄言、擅改篡乱权利，以假乱真作毁其记也。《辨年》所难公、穀二传《春秋》“五误”者，㈠为三传《春秋》俱误十月“日有食之”之记，无以诋毁公、穀经文“庚子孔子生”句所记；㈡为《公羊〈春秋〉》后衍“十有一月”，无以否定其载“孔子生”于二十一年；㈤为唐人征引《史记》“年七十三”而误“七十二岁”明显笔疏，无损司马贞之《史记》误“属明年”论旨；所谓㈢㈣之“误”，实乃子虚乌有，不过作者臆思推测耳，其中委实不乏荒诞。且其，㈢说早见毛奇龄《经问》[24]及李锴《尚史》[25]，㈣说承袭崔适《〈史记〉探源》[26]，确非什么“新论据和新见解”。如此“五误”之笔倘能异年“庚子孔子生”，岂不《春秋》载记二百四十二年史事，皆可今人改编哉！

二

1951年《辨年》已言“孔子诞辰应依据世本，定为襄公二十二年十月二十七日庚子，则可免前说诸误，而自宋以后，沿用不变，盖有所本也”，1973年《回忆》再见“宋元丰八年（西元一〇八五年）孔子四十六世孙孔宗翰，撰孔氏族谱。宣和六年

(西元一一二四年)孔子四十七世孙,孔传,撰孔氏祖庭记。都依据世本所载:'鲁襄公二十二年,周正十月二十七日即夏正八月二十七日庚子,孔子生'",似乎南宋以降之孔诞"襄公二十二年十月二十七日"传说,确然有据先秦《世本》;然据《民国人物小传》,《辨年》、《回忆》作者程发轫则"清光绪二十年(一八九四)二月二十九日生"[27],不解其何能而知宋人书文所据?司马贞索隐《史记·燕召公世家》有言:"今《系本》无燕代系,宋忠依《太史公书》以补其缺,寻徐广作音尚引《系本》,盖近代始散佚耳。"[28]当知古史《世本》至迟唐代已见"散佚",其后亡佚何季年代虽是今人难以定断,却也元丰八年孔宗翰《孔氏家谱》及宣和六年孔传《祖庭杂记》孔诞"都依据世本所载"之说实难得圆:一是今见孔宗翰及孔传时于二书题记均未言及《世本》[29];二是《孔氏家谱》、《祖庭杂记》俱已亡佚,无以得知"依据世本";三是今存绍兴四年孔传所撰《东家杂记》,亦只"当襄公二十二年冬十月庚子日先圣生"[30],不见语涉《世本》。《辨年》以"世本……为史记所本",《回忆》谓"世本十五篇,见于汉书艺文志,为古代史官记载黄帝以来至春秋后期,王侯卿大夫生卒年月之古史。内载:'周灵王二十一年,即鲁襄公二十二年,十月二十七日庚子孔子生。'史记孔子世家:'鲁襄公二十二年而孔子生。'盖本诸世本之所载",不说同一《回忆》二引《世本》之"载"何竟文字悬差若此,但问《史记》何以仅依"鲁襄公二十二年"而不据"十月二十七日庚子"?孔子之卒,《史记》尚且详载其年月日并及行年终寿,何独孔子之生反而拒录"依据"月日,《辨年》、《回忆》作者有能圆告天下否?《汉书·艺文志》附释"《世本》十五篇"，全句"古史官记黄帝以来讫春秋时诸侯大夫"[31]一十六字，不知《回忆》之笔何竟弄出个"生卒年月"；不要说什么"卿大夫生卒年月"，就是"王侯"者，又天下谁人有曾见载"生卒年月"于其《世本》？如此"考证"之笔，亦敢刊文作据，不免令人惊叹作者蒙人的勇气。倘果"史记孔子世家：'鲁襄公二十二年而孔子生。'盖本诸世本之所载"，则当惟而先秦《世本》与公、穀二传《春秋》载记孔子生年月日之异，无需赘笔涉汉"孔子诞辰，向有两说：……一为世本及史记所载"[2]，更没理由颠倒以言"主史记世本说者"[2]；既有勇气宣据《世本》，何必再而忐忑赘书《史记》？

《辨年》所谓"后世考订孔子诞辰，主公穀说者，有三十四人，主史记世本说者，有五十五人"，约当或据清孔广牧《先圣生卒年月日考》"龙门撰《史记》于先圣生年根据《世本》为说诚以其可信也，故……〔金按：此略《左传注》、《左氏音义》、《帝王表》等著述六十种，其中吕祖谦、阎若璩、梁玉绳、郑环著述各二种〕诸书并从《史记》是也；若……〔金按：此略著述三十六种，其中江永著述三种、钱大昕著述二种〕则皆从公穀者，殆失之矣"[32]为言；然其每种著述未必皆为一人所撰，即使不算统计数字差误，其改书谓"人"之举亦显非当也。虽是孔氏引列诸说之功世不可没，然其偏引臆断之笔显矣。孔氏片取晋杜预于《左传〈春秋〉》襄公三十一年注传"仲尼以二十二年生，于是十岁"[33]、哀公十六年注经"鲁襄二十二年生，至今七十三也"[34]之假言前题，臆断杜预于"《左传》襄公三十一年注'仲尼以二十二年生'，哀公十六年《左传》注'鲁襄二十二年生'"[35]；其实，杜预所注《左传〈春秋〉》，真言明断凿凿：昭公七年注传"二十四年孟僖子卒"、"僖子卒时，孔丘年三十五"[36]，昭公十七年注传"于是，仲尼年二十八"[37]。杜预所注，假言二十二年生，正义二十一年生，语谓孔子诞年甚明。唐陆德明本于《左传〈春秋〉》哀十六年音义"'鲁襄二十二年生，至今七十三也'，本或作'鲁襄二十三年生，至今七十二'，则与《史记·孔子世家》异，此本非也"[34]，但谓杜预注语就之《史记》"二十二年"所言，未断《史记》生年是、非也；孔氏再次片引假言前题而谓"注'鲁襄二十二年生，本或作鲁襄二十三年生，则与《史记·孔子世家》异，此本非也'"[35]，强断陆氏有"从《史记》"，确非尊史求真之笔。孔氏既引清齐召南《〈春秋公羊传注疏〉考证》襄二十一年"十有一月庚子孔子生"之析断按语"《公》、《穀》是孔门弟子所传，于孔子生日，当无不确"[38]，又引其《历代帝王年表》周灵王二十一年之"鲁襄公二十二年孔子生"[38]，却也取、舍排异立己，单列《帝王表》而断其亦"从《史记》"；惟而不知，此等作"考"，何以取信于人哉？况，孔氏列引未为观止乎！唐张守节《〈史记〉正义》之"生在周灵王二十一年，鲁襄二十二年，晋平七年，吴诸樊十年"[39]，即未见诸孔氏《先圣生卒年月日考》引列。自《史记》问世，据以鲁襄二十二年生者终为几许，无人力能统计；即使见载文字之言，亦断非《辨年》之"有五十五人"可以定量也（无须查检他书，仅勘孔氏《先圣生卒年月日考》自引已远出所列，如：元陈绎曾《尼山书院碑铭》[40]、明顾应祥《人代纪要》[41]、徐应秋《玉芝堂谈荟》[42]等）。然其堪谓"考订孔子诞辰"者，得见几人？

孔氏所引明夏洪基《孔子年谱》尚言“……且孔子七十三岁，生于庚戌、卒于壬戌，见之诸书相传已久；今乃谓‘七十四岁’，似乎骇闻”[41]，当知天下但闻《史记》孔子鲁襄二十二年生、不悉《春秋》原载鲁襄二十一年生者，大有人在；查检孔氏引列所“从《史记》”六十著述，涉文《春秋》而言孔诞不过仅约四分之一耳。列数书、人从主多寡助论是非，岂不彰显乏力耶?

《世本》一书亡佚约当不下千年，至刊《回忆》尚能征引“内载”文字，即为“骗术”，亦显太过拙劣也。自《世本》问世，虽秦汉、魏晋、隋唐、宋元明清，未闻一言其书亦载孔子生年月日，不过清末孔广牧之一文误解，始生惑世妄说而已。孔广牧在其《先圣生卒年月日考》明道“先圣之生，年从《史记》，月从《穀梁》，日从《公羊》、《穀梁》”[43]，如此异年嫁接月日之举，委实彰显荒诞。月系其年而定朔干支，日干支惟系定月方可依朔干支以明其序，本乃《春秋》干支历日常识；“襄公二十一年”不似“昭公二十一年”，“襄二十一年十月庚子”不同“襄二十二年十月庚子”，“十月庚子”不再“十一月庚子”，其理一也。孔诞之“日”，惟其“庚辰朔庚子”二十一日，仅一干支“庚子”无以得识何日；襄二十一年十月庚子全凭月朔庚辰而序二十一日，襄二十二年十月庚子因其月朔甲戌而序二十七日，倘若没人认可“二十七日”等同“二十一日”，就自然没有理由认同“十月庚子”之移年另系也。孔氏三“从”的惑世解说竟是：“‘年从《史记》’者，《世本》云：‘宋孔父嘉生木金父；木金父生祈父，其子奔鲁为孔防叔，生伯夏；伯夏生叔梁纥，长子曰伯皮，有疾不任继嗣，遂娶颜氏，祷于尼山得孔子。鲁襄公二十二年冬十月庚子孔子生，生而首上圩顶，故因名□、字仲尼。’（《祖庭广记·一》）案：《史记·孔子世家》曰孔子‘其先宋人也，曰孔防叔；防叔生伯夏，伯夏生叔梁纥；纥与颜氏女野合而生孔子，祷于尼山而得孔子。鲁襄公二十二年而孔子生，生而首上圩顶，故因名曰□，字仲尼’，全根《世本》为说，惟檃括先世不详叙而删去‘长子’一事、妄增‘野合’一言耳。”〔金按：孔氏征引《广记》“庚子”后脱一“日”字；征引《史记》“尼丘”误作“尼山”后衍一“而”字，“曰丘”误作“曰□”后脱一“云”字〕[43] 征用金正大四年十月（1227 年）问世之《孔氏祖庭广记》，臆断汉宣帝年间（前 73 年～前 49 年）宣布之《史记》何以“为说”，亦不以为乏力乎？恐怕，惟是《广记》袭用《史记》之载，方才显其顺理成章耳。自《史记》载记孔诞异年，历代经师注释孔子生年，无一称引《世本》曾有载记；自《广记》引谓“《世本》云”语，后世诸家考论孔子诞辰，无人指谓其涉生年月日。惟至光绪十五（1889）年《先圣生卒年月日考》刊印，始见孔广牧之突发异想：“《世本》：‘鲁襄公二十二年冬十月庚子孔子生。’”[35] 《辨年》、《回忆》竟然不思，《世本》倘载孔子生年月日，岂能历世二千余年无人知晓？作者如此低劣引论刊文，自题“考证”，胆真不惧春风化雪自然法则乎？事实上，孔氏所谓“《世本》云”语，不过止如昔之拙文《〈史记〉“孔子生年”索源》考断：“《祖庭广记》所引‘《世本》云’，仅止‘宋孔父嘉生木金父，木金父生祈父，其子奔鲁为孔防叔，生伯夏；伯夏生叔梁纥’；其后文‘长子曰伯皮，有疾不任继嗣，遂娶颜氏；祷于尼山，得孔子。鲁襄公二十二年冬十月庚子日，孔子生；生而首上圩顶，故因名丘，字仲尼。二岁纥卒'，皆非征引《世本》语。唐孔颖达疏《诗·商颂·那》：'《世本》云：宋湣公生弗甫何，弗甫何生宋父，宋父生正考甫，正考甫生孔父嘉，为宋司马华督杀之而绝其世，其子木金父降为士；木金父生祈父，祈父生防叔，为华氏所逼，奔鲁为防大夫，故曰防叔；防叔生伯夏，伯夏生叔梁纥，叔梁纥生仲尼。'唐杨士勋疏《〈春秋〉穀梁传·桓公二年》范注'孔子旧是宋人'：'《世本》：孔父嘉生木金父，木金父生祈父，其子奔鲁为防叔，生伯夏；伯夏生叔梁纥，叔梁纥生仲尼。'孔颖达再疏《春秋左氏传·桓公元年》杜注亦见：'《世本》云：华父督，宋戴公之孙，好父说之子。孔父嘉生木金父，木金父生祈父，其子奔鲁为防叔；防叔生伯夏，伯夏生叔梁纥，叔梁纥生仲尼。'虽孔颖达之征引《世本》多见其注释自语，却也'伯夏生叔梁纥，叔梁纥生仲尼'之句，二引并与杨氏文同，句间绝然不见'伯皮'之语。《祖庭广记》'《世本》云'之'宋孔父嘉生木金父，木金父生祈父，其子奔鲁为孔防叔，生伯夏；伯夏生叔梁纥'，几与《穀》《左》二传疏引无差，惟舍《世本》'叔梁纥生仲尼'之引，后叙'伯皮'以去《史记》'野合'，全无《世本》之载据丝毫也。……本其孔元措之述文，岂可误以《世本》之'云'？既然孔广牧之'龙门撰《史记》于先圣生年，根据《世本》为说'，非但全然不得其证，更'叔梁纥生仲尼'之六字疏引多证其非，则当另作《孔氏祖庭广记》其文句读如是：**至圣文宣王，鲁曲阜昌平乡阙里，其先宋人也。《世本》云'宋孔父嘉生木金父，木金父生祈父，其子奔鲁为孔**

防叔，生伯夏；伯夏生叔梁纥'，长子曰伯皮，有疾不任继嗣，遂娶颜氏；祷于尼山，得孔子。鲁襄公二十二年冬十月庚子日，孔子生；生而首上圩顶，故因名丘，字仲尼。二岁纥卒。"[44]

董作宾先生早于1939年《孔子诞辰之考定兼论改为国历问题》既已明言"对证阴阳历之最好标准，当推奥泊尔子氏的《蚀经》。由春秋日食近距之材料，鲁襄公二十一年九月庚戌朔之日食对照中西历，则是日为西元前五五二年八月二十日……至十月廿一日庚子……为十月九日"[45]，1950年《孔子诞辰和八月二十七日》更言"据《春秋》经，九月庚戌，十月庚辰，均有日食(前者确为日环食，后者无日食，可能是错简)，可证十月庚辰至少是定朔，因此，庚子一定是十月二十一日"[46]，且见文后有注"㈥据朱文鑫《历代日食考》"[47]；不想程发轫者，于董先生辞世十年后之1973年，竟以"朱文鑫历代日食考，根据奥泊尔子交食表，只有九月朔日食，不载十月，则十月朔日食为经传错简。董先生长于历法，乃据两月频食之错简，推定孔子诞辰，可否足资依据，请加考虑"结束其"考证"之《回忆》大作。明目张胆诬裁对方以骗取读者支持，实在不免令人联想"卑劣"二字；如此《辨年》、《回忆》之"考证"，终寻其中几许"求真"焉？可怜《回忆》作者程氏，竟然不明，十月之简错在"日有食之"，恰是"两月"定朔干支，得详"庚子"十月二十一日；倘无"频食之错简"前文"九月庚戌朔，日有食之。冬十月庚辰朔"之"足资依据"，不仅其年"十月庚子"无以得求，就连程氏"本应散配于襄公二十二年冬'公至自会'以前者（即二十二年十月庚子)"[2]之臆断，亦是无以为"即"矣。

可叹！《辨年》—《回忆》二十余载，信誓旦旦“为史记所本”之“《世本》：‘鲁襄公二十二年冬十月庚子孔子生’”，不过一场“子虚乌有”历史闹剧而已。

三

三传《春秋》并载：襄公“二十有一年……秋……九月，庚戌朔，日有食之。冬，十月，庚辰朔，日有食之。曹伯来朝。公会晋侯、齐侯、宋公、卫侯、郑伯、曹伯、莒子、邾〔金按：《公羊》经下多‘娄’字〕子于商任。”[48] 其下，《穀梁》经载“庚子，孔子生”，《公羊》经载“十有一月，庚子，孔子生”；后文，《左氏》经载：哀公“十有六年……夏，四月，己丑，孔丘卒”[49]。九月庚戌朔、十月庚辰朔，十一月必无庚子，《公羊》经“十有一月”衍文可断，且本《穀梁》经载“十月庚子”乎！公羊、穀梁《春秋》二载鲁襄二十一年十月庚子生，左氏《春秋》一载鲁哀十六年四月己丑卒，则先秦三传《春秋》完载孔子生卒年月日，白纸黑字言之凿凿矣。《春秋》无疑乃是迄今惟一可知载记孔子生卒之先秦史料，《史记》撰人后世孔子四五百年，无由径悉孔子生卒，必源《春秋》而书，孔广牧“迁《史》所本则先于《公》、《穀》”[32] 纯系无据妄说；《史记》卒录左氏《春秋》而生异公、穀《春秋》者，惟见司马贞《〈史记〉索隐》之“《公羊传》‘襄公二十一年十有一月庚子，孔子生’，今以为‘二十二年’，盖以周正十一月属明年，故误也”[9] 中的。正月，本即中国历纪系年之首月传统称谓，《史记》不解

《春秋》周正建子之"春王正月"[50]历纪，误以寅正冬十一月而为周王历纪"岁首"，妄序年首冬十一月，后继冬十二月、春正月……，胡言"周正以十一月"[51]，惑乱历史千古；诚如唐杨士勋之疏《穀梁传〈春秋〉》襄二十一年"《史记·世家》云'襄公二十二年生'者，马迁之言与经典不同者非一，故与此传异年耳"[52]，《史记》改记《春秋》经传冬季史事以"属明年"者多矣，确非孔子生年孤例也。司马父子未及草就，后人补艺方得为书，乖谬错乱自在不免；本当有就经传以正《史记》之讹，然却偏要千方百计诋毁经传以作《史记》弥缝，诚其不知所为哪般耶？

《四库全书总目·〈春秋公羊传〉注疏》提要而谓"徐彦疏引戴宏序曰：'子夏传与公羊高，高传与其子平，平传与其子地，地传与其子敢，敢传与其子寿；至汉景帝时，寿乃与齐人胡母子都著于竹帛。'何休之注亦同。……知《传》确为寿撰，而胡母子都助成之"[53]，汉何休注《〈春秋〉公羊传》隐公二年"无闻"谓"孔子畏时远害，又知秦将燔诗书，其说口授相传，至汉公羊氏及弟子胡母生等乃始记于竹帛"[54]，《〈四库全书总目提要〉补正》谓沈家本《寄簃文存》云"戴序上文言'《春秋》之说，孔子口授子夏'，下文云'著于竹帛'；何注上文云'其说口授相传'，下文'始记于竹帛'，皆无公羊寿作传之文。是其为实有已成之《传》，世相口授；《汉志》以为隐其书而不宣，所以免时难也。直至汉代景帝之时，始登竹帛，传之于世，则寿与子都之力"[55]；马勇《汉代春秋学研究》虽引崔适《〈春秋〉复始》"子夏少孔子四十四岁，孔子生于襄公二十一年，则子夏生于定公二年，下讫景帝之初三百四十余年。自子夏至公羊寿甫及五传，则公羊氏世世相去六十余年，又必父享耄年、子皆夙慧，乃能及之。其可信乎”[56]，然却仍以“无直接证据证明不是这样”[57]，作断“《公羊传》最早著录成书是在西汉景帝时期，由齐人胡毋生和公羊寿完成的”[58]。《四库全书总目·〈春秋穀梁传〉注疏》提要又谓“其传则士勋疏称，穀梁子名俶、字元始，一名赤；受经于子夏，为经作传。则当为穀梁子所自作。徐彦《公羊传》疏又称，公羊高五世相授，至胡毋生乃著竹帛，题其亲师故曰《公羊传》；《穀梁》亦是著竹帛者题其亲师，故曰《穀梁传》。则当为传其学者所作”[59]，虽杨士勋疏文只言穀梁赤传《穀梁传》于“孙卿，孙卿传鲁人申公，申公传博士江翁；其后鲁人荣广大善《穀梁》，又传蔡千秋；汉宣帝好《穀梁》，擢千秋为郎。由是，穀梁之《传》大兴于世”[60]，未语其“传”为“口传”，却也夏洪基《孔子年谱》仍“谓‘公、穀为传经之家，当有讲师相授，其言必有依据，又在司马氏以前，故信《史》不如信《传》’，是固然矣。然愚考孔子作《春秋》，其褒贬意义不可具书，皆口授弟子以传，传者各异其说；夫历年既久，又以口授，至汉乃成书以显，宁必无误？而《公羊》书月已讹，亦安在尽可据也”[41]。后世曲解前人文献的能力，不由得你不惊叹！《史记》载文，本其《十二诸侯年表》“七十子之徒口受其传指，为有所刺讥、褒讳、挹损之文辞，不可以书见”[61]者，孔子所“次《春秋》”耳；文中“传”字，传授之谓也，非谓后之左氏、公羊、穀梁注释经文之三“传”也。虽其“鲁君子左丘明惧弟子人人异端，各安其意，失其真；故因孔子史记具论其语，成《左氏春秋》"[61]，未尝语及《公》、《穀》二传，却也《儒林传》之"汉兴至于五世之间，唯董仲舒名为明于《春秋》，其传公羊氏也。……瑕丘江生为《穀梁〈春秋〉》。自公孙弘得用，尝集比其义，卒用董仲舒"，显其《左氏》、《公羊》、《穀梁》之传，皆于"汉兴"其先已然为书矣。其后，更有《汉书·艺文志》所言东周《春秋》五传甚明："周室既微，载籍残缺；仲尼思存前圣之业，……。以鲁—周公之国，礼文备物，史官有法；故与左丘明观其史记，据行事、仍人道，因兴以立功、就败以成罚，假日月以定历数、藉朝聘以正礼乐。有所褒讳贬损，不可书见；口授弟子，弟子退而异言。丘明恐弟子各安〔按〕其意，以失其真；故论本事而作《传》，明夫子不以空言说经也。《春秋》所贬损，大人当世，君臣有威权势力；其事实皆形于《传》，是以隐其书而不宣，所以免时难也。及末世口说流行，故有公羊、穀梁、邹、夹之《传》。"[22] 当见，东汉以降所传"《公》、《穀》'口授'至汉"，纯属无据之谈；至于何休之谓孔子"知秦将燔诗书"，更是人皆得辨其言无稽也。迄今未见出土先于《史记》、《汉书》异说史料，自是无以否定其所载记文字；则《公》、《穀》本乃先秦文献，史鉴无疑。

东周末世总是先秦，西汉五世亦为秦后；《史记》既非先秦史料，无由以乱先秦文献；不过所补史料空缺之笔，权且以为载信而已。倘非《史记》改记《春秋》以为"明年"，西汉司马父子，如何得悉孔诞"鲁襄二十二年"？汉魏而后，偏有迷信《史记》"孔诞"人，不惜舍本求末而待之。祖从之人亦嫌《史记》不见孔诞月日，断取公、穀《春秋》二十一年"冬十月"及"庚子”诸字，移花接木强系其载“二十二年”；如此年与月日荒谬杂篡孔诞——鲁襄公二十二年冬十月庚子，《春秋》、《史记》皆无所据，岂不自陷尴尬哉！先秦史料赫然载记“鲁襄公二十一年冬十月庚辰朔庚子二十一日”弃而不信，后世传说臆想杜撰“鲁襄公二十二年冬十月甲戌朔庚子二十七日”尊而祖从；其间是非曲直，何者不可辨，谁人不能明？不过偏私之人依其所好，臆断强为耳。董作宾先生概括以讹传讹致因有三：“权威史家所著录”，“圣人后裔所采用”，“专制皇帝所钦定”[62]；又拙文补笔致因第四：“圣诞吉祥所避讳”[63]。二十世纪，初叶呼“德”唤“赛”、中叶峡岛争辩、末叶大陆批驳[64]，竟也终其纪末延讹不止；所见传统世人，其势不得不称“固”，其力不可不谓“强”也。孔诞载记，小则一句“庚子，孔子生”，大则《史记》而今，两千余载笔山墨峦浑浑噩噩；谁堪称量，其事大哉、小耶？观其“孔诞”争辩历程，两汉以降之人文俯仰得窥、学术思想可探；传统文化，几多荣耀，几多耻辱，世人确曾认真审视否？

忆想涉足求真孔诞，已是十年又四载，原本只为核算孔子诞辰周年，不想，察出一个“公元前551年9月28日”全于史料无据。这路程的漫长确令笔者始料不及：前史白纸黑字文献，非要质疑否认；后世方底圆盖杜撰，偏能以假乱真。可见世态炎凉，当知人间冷暖。期间，不断有人发问：考证孔子生年有什么用？虽不留意道外人士的轻言之语，却不得不遗憾业内名家的否定考证。须知，功利不是人类行为的唯一动力。求证哥德巴赫猜想的艰辛、攀登珠穆朗玛峰巅的冒险，都非仅只简单功利目的所能驱动的选择。科学之于探索发现与技术之于创造发明，分别隶属两种不同的人类思想行为范畴；此间，诚如李醒民《在科学与技术之间》所论："科学以求真致知为鹄的，其意趣在于探索和认识自然；技术以应用厚生为归宿，其意图在于利用和改造自然。"[65] 认知过程的主、客观二重作用，决定了求真必然是不断伴随证伪的活动，即证伪本身就是求真。"真"者，科学之神髓也。未明而求知，疑惑而求真，真知——无疑乃是人类探索的永恒标的。于此，恰可征引蔡元培先生名言为训："学问之成立在信，而学问之进步则在疑。非善疑者，不能得真信也。读古人之书，闻师友之言，必内按诸心，求其所以然之故。或不所得，则辗转推求，必逮心知其意，毫无疑义而后已，是之谓真知识。"[66] 大学者做大学问，小人物写小文章，是与非之判断从来不以事理大小定夺；大则巨卷宏论，小则字句管窥，皆非当以"劳而且拙"讥之。惟生孔诞造假，方致孔诞求真，其间真假褒贬倘待启蒙而辨，真乃无异质疑——真善美之价值几何？其实，只要善待孔诞文献，自当人人皆可得见：前史本无疑，后世自扰之。

孔子所生，何年、何月、何日，没有先秦"二十一年"，哪来汉降"二十二年"？没有先秦"二十一年十月庚子"，哪来唐降"二十二年十月庚子"？真真假假、是是非非，二千余载何苦来着？"公元前 551 年 10 月 4 日（今之 9 月 28 日）"杜撰"孔诞"，谁人可捉史载其据？但愿，廿一世纪而后，人们不再疑问："传统文化"之谓者，"迷信与专制"耶、"科学与民主"耶？

注释：

〔凡文中征引古籍，均未严格使用后人标点〕

［1］［4］［45］［46］［47］［62］董作宾《平庐文存》卷二，《董作宾先生全集》乙编，艺文印书馆民国六十六（1977）年11月影印版，第三册316、315、301、305、314、309页。

［2］　程发轫《孔诞辨年与定日》，《中央日报》1951年（民国四十年）8月27日2版。

［3］　程发轫《孔子诞辰考证的回忆与展望》，《中央日报》1973年（民国六十二年）9月28日10版。

［5］《乡党图考·始生至为委吏乘田考》卷二，《影印文渊阁四库全书》，台湾商务印书馆民国七十二（1983）年，第210册736页。

［6］［53］［54］《〈春秋公羊传〉注疏》，〔清〕阮元校刻《十三经注疏》，中华书局1980年，第2309页上、2189页、2203页中。

［7］［9］［19］［20］［21］［28］［39］［51］［61］《史记》，中华书局1959年9月第1945、1906、3124-5、3126、3128-9、1551、1538、1258、509页。

［8］〔宋〕孔传《东家杂记》卷前《考异》，《影印文渊阁四库全书》第446册60页。

［10］［32］［35］［38］［40］［41］［42］［43］〔清〕孔广牧《先圣生卒年月日考》，《清经解续编》卷千四百十四～五，上海书店1988年第五册1312页中、1309页中、1304页上、1307页下、1304页下、1305页中、1305页下、1309页上。

［11］《经韵楼集·〈公〉〈穀〉记"孔子生"说》，《清经解》卷六百六十三，上海书店1988年第四册532页下。

［12］［13］［14］［15］［16］［48］［49］［50］洪业等编纂《春秋经传引得·春秋经传》，上海古籍出版社1983年10月第295、442、

107–8、303、227–8、292–5、492、1 页。

［17］〔元〕马端临撰《文献通考·经籍考九·春秋经一卷》卷一百八十二，浙江古籍出版社 1988 年 11 月第二册考 1564 页。

［18］姚曼波《〈春秋〉考论·绪论》，江苏古籍出版社 2002 年 12 月第 5 页。

［22］［23］［31］《汉书》，中华书局 1962 年 6 月第 1715、1713、1714 页。

［24］〔清〕毛奇龄《经问》卷五，《影印文渊阁四库全书》第 191 册 53 页。

［25］〔清〕李锴《尚史·系一·孔子》卷八十一，《影印文渊阁四库全书》第 405 册 376 页。

［26］崔适著、张烈点校《〈史记〉探源·三十世家·孔子世家》卷六，中华书局 1986 年 9 月第 148 页。

［27］刘绍唐主编《民国人物小传·程发轫》，传记文学出版社民国七十一年（1982 年）第五册 326 页。"年号纪年"与民国纪元所历月日不同，引文"清光绪二十年（一八九四）二月二十九日生"当正为：清光绪二十年二月二十九日（一八九四年）生。

［29］见中华书局 1985 年新一版《丛书集成初编》3316 册，孔元措《孔氏祖庭广记附校讹及续补校》卷前《〈家谱〉旧引》、《〈祖庭杂记〉旧引》。

［30］〔宋〕孔传《东家杂记·先圣诞辰讳日》卷上，《影印文渊阁四库全书》第 446 册 63 页。

［33］［34］［36］［37］《〈春秋左传〉正义》，〔清〕阮元校刻《十三经注疏》，中华书局 1980 年，第 2016 页上、2177 页中、2051 页上、2084 页上。

［44］［63］金友博《〈史记〉"孔子生年"索源》，《宁波大学学报》（人文科学版）2000 年第 1 期 28–9〔引文标点稍作修订〕、32 页。

［52］［59］［60］《〈春秋穀梁传〉注疏》，〔清〕阮元校刻《十三经注疏》，中华书局1980年，第2430页上、2357页、2358页。

［55］胡玉缙撰、王欣夫辑《〈四库全书总目〉提要补正·春秋类·春秋公羊传注疏》卷七，上海书店出版社1998年1月第158页。

［56］［57］［58］马勇《汉代春秋学研究》，四川人民出版社1992年9月第242、39、17页。

［64］张培瑜《孔子生卒的中历和公历日期》1992年5月收入《孔子诞辰2540周年纪念与学术讨论会论文集》出版，王一鸣先生即于1994年第4期《邢台师专学报》发表《孔子生年考辨——读〈史记·孔子世家〉札记》，例证"《史记》记事，年代讹误，前后抵牾，比比皆是"。

［65］李醒民《在科学和技术之间》，《光明日报》2003年4月29日B4版。

［66］转引自《郑州大学学报》（哲社版）2003年第1期1页，其页下注：《睿语珍言——著名社会科学家治学谈》，中国城市出版社2001年第2页。

〔载2004年5月25日自刊《余修文稿》续篇〕

〔入载香港孔教学院2006年3月《儒教、儒学、儒商对人类的贡献——第二届儒学国际学术研讨会论文集》〕

《公》、《穀》“口授至汉”考辨

叶小草

憾矣哉！读罢明夏洪基《孔子年谱》之“谓‘公、穀为传经之家，当有讲师相授，其言必有依据，又在司马氏以前，故信《史》不如信《传》’，是固然矣。然愚考孔子作《春秋》，其褒贬意义不可具书，皆口授弟子以传，传者各异其说；夫历年既久，又以口授，至汉乃成书以显，宁必无误?”[1]，竟是昏然难断：东周经传比之西汉通史，何者当为载记春秋史事之信者焉！然自清乾隆《四库全书总目》之《〈春秋公羊传〉注疏》提要“徐彦疏引戴宏序曰：‘子夏传与公羊高，高传与其子平，平传与其子地，地传与其子敢，敢传与其子寿；至汉景帝时，寿乃与齐人胡母子都著于竹帛。’何休之注亦同。……知《传》确为寿撰，而胡母子都助成之”[2]、《〈春秋穀梁传〉注疏》提要“其传则士勋疏称，穀梁子名俶、字元始，一名赤；受经于子夏，为经作传。则当为穀梁子所自作。徐彦《〈公羊传〉疏》又称，公羊高五世相授，至胡毋生乃著竹帛，题其亲师故曰《公羊传》；《穀梁》亦是著竹帛者题其亲师，故曰《穀梁传》。则当为传其学者所作”[3] 问世，几是天下众口一辞——《公》、《穀》口传至汉。于是乎，师生相承者有之——周予同《中国经学史讲义》“《公羊传》的传授，最初是口说流行的，汉初‘著于竹帛’，才有写本出来”[4]，朱维铮《中国经学史十讲》“相传孔子作《春秋》，曾将不便明言的‘微言大义’口授与子夏等。子夏传与弟子公羊高，嗣后在公羊氏子孙中辗转相传，至汉景帝时其四世孙公羊寿与弟子胡毋子都共同著录成书，为《春秋公羊传》十一卷”[5]，马勇《汉代春秋学研究》“《公羊传》最早著录成书是在西汉景帝时期，由齐人胡毋生和公羊寿完成的”[6]；诸家共论者有之——姜广辉主编《中国经学思想史》“我们认为……在秦汉之际，特别是战国时期，口述的历史是历史的主要流传途径。……如《春秋》之类，还要通过瞽矇以口语传授的方式，逐渐补充丰富起来”[7]，“大量的历史事件不见史载，而在民间流传，这是当时的一个特点”[8]，“《春秋公羊传》经过长期的口说相传，至西汉景帝时才著之竹帛”[9]。其说流行之广，经典著述有之——皮锡瑞《经学通论·春秋·论公羊穀梁二传当为传其学者所作左氏传亦当以此解之》“子夏传公羊高，至四世孙寿，乃著竹帛”[10]，通俗读本有之——文史知识编辑部《经书浅谈》之杨伯峻《〈公羊传〉和〈穀梁传〉》“《公羊》和《穀梁》，先是口耳相传，到汉代才写成定本”[11]；近世论说有之——马宗霍《中国经学史》“《公》、《穀》二传，初皆口授，至汉始著竹帛，故二传亦可谓汉儒之学”[12]，蒋伯潜、蒋祖怡《经与经学》“《谷梁传》当亦如《公羊传》口耳相传，至汉初始著于竹帛”[13]；当代著述有之——沈玉成、刘宁《春秋左传学史稿》"和《穀梁传》一样，《公羊传》最早只是口耳相传。至汉景帝时由公羊寿与胡毋子都写定，始成定本"[14]，王葆玹《今古文经学新论》"《公羊传》是由公羊寿与胡毋生先后写定的，在公羊寿以前并无书本形式的《公羊传》流传"[15]；甚而廿一世纪《春秋》学史专论，依然不脱其臼——赵伯雄《春秋学史》"盖《公》、《谷》二传在初都是在师徒父子间口耳相传，并没有固定的文本"[16]，"《谷梁传》的写定，也如《公羊传》一样，大约是在汉代"[17]。几是难以置信，就连顾颉刚讲授、刘起釪笔记之《春秋三传及国语之综合研究》，亦见"《公羊传》于汉武时已定，司马迁时《谷梁传》犹未出，直至汉宣帝时始出"[18]之语。然却最是遗憾，遍寻众辞书载，未得一言真证。

一

沈玉成《春秋左传学史稿》之谓"章学诚《文史通义》说：'《公》、《穀》之于《春秋》，后人以谓假设问答以阐其旨尔。不知古人先有口耳之授，而后著之竹帛焉。'（《言公上》）口耳之授作为成书的一个阶段，先秦古籍中多有其例。但《公》、《穀》的问答体可以标志师弟授受的记录，而并不能以此证明口耳之授。证明口耳相传的主要根据还是汉人的文字记载。汉景帝时文献资料已经相当丰富，又不象先秦古籍经秦火之厄，戴宏所记，必有所据"[14]，其言依据"汉人的文字记载"甚为明智，然却所谓"戴宏所记，必有所据"，诚其不知何以为言耳。至于杨伯峻

《〈公羊传〉和〈穀梁传〉》之“《公羊传》若说作于汉景帝时，大致可信。至于《穀梁传》肯定又晚于《公羊传》”[19]、蒋伯潜《经与经学》之“则师生世世口授，至汉时公羊寿与胡毋子都始著于竹帛的话，确为信而有征”[20]、皮锡瑞《经学通论》之“子夏传公羊高，至四世孙寿，乃著竹帛。戴宏所言当得其实”[10]，更乃不明何处可得寻其“信”、“征”、“实”耶？王葆玹《今古文经学新论》之“《公羊传》是由公羊寿和胡毋生先后写定的，在公羊寿以前并无书本形式的《公羊传》流传”，其所谓“上文已证实”[15]，不过依旧那句徐彦称引而已；又“徐彦本人作结论说：‘公羊高五世相授，至胡毋生乃著竹帛，题其亲师，故曰《公羊传》。’这一传系仅公羊寿与胡毋生两代是完全可信的，上溯到公羊平、公羊地和公羊敢，虽勉强可以信从，却不是十分可靠。而再上溯到公羊平、公羊高以至子夏，便是明显的假托了。……子夏在孔子死后一直在魏国居住，在西河教授并充当魏文侯的老师。《春秋》本是鲁史，齐人治《春秋》应当到鲁国去求师，何必到远处的西河去投师于子夏呢？这样看来，由公羊寿等人上溯到子夏是不足取的”[21]，其所“传序”，既是“公羊寿等人上溯到子夏”已然“不足取”，又何凭何据以为“公羊寿与胡毋生两代是完全可信的”？本距惊世骇俗创见仅只一步之遥，惜其终未跳出传统妄说篱笆。

之所以“‘几是’天下众口一辞”，确见世间力排众议之言——清崔适《〈春秋〉复始》卷一《序证》载论：“徐彦《〈公羊传〉疏》引戴宏序曰：‘子夏传与公羊高，……寿乃与齐人胡毋子都著于竹帛。’是则刘歆所撰《七略》，始有《公羊传》之名与公羊氏之籍；戴宏序，乃有公羊氏之世系及人名。何以前人不知，而后人知之也？且合《仲尼弟子列传》、《孔子世家》与《十二诸侯年表》、《六国表》、《秦本纪》、汉诸帝《纪》观之，子夏少孔子四十四岁。孔子生于襄公二十一年，则子夏生于定公二年；下迄景帝之初，三百四十余年。自子夏，至公羊寿，甫及五传；则公羊氏世世相去六十余年，又必父享耄年、子皆夙慧，乃能及之。其可信乎？是故，戴宏谓‘至汉景帝时，著于竹帛’，亦非也。孟、旬、韩非，且摭《春秋》之文以著书；《叔孙通传》载秦二世时博士，已引‘人臣无将’之言（见闵公元年《传》），则著于竹帛早矣。《年表》所谓‘七十子之徒，口授其传旨，为有所刺讥褒讳贬损之文辞，不可书见’者，止当谓鲁国尚存，三桓柄政时代耳。要之，《公羊传》之名，自刘歆始；子夏传《春秋》于公羊高之说，自戴宏始。《史记》，《十二诸侯年表》、《仲尼弟子列传》、《儒林传》皆无之。”[22] 虽是“人臣无将”实载庄公三十二年《公羊传》，有见崔适笔疏，且《史记·儒林列传》已见“董仲舒名为明于《春秋》，其《传》公羊氏也”[23] 载文；然却只要不乏认真，便无由否认崔适“著于竹帛早矣”明论。至于马勇《汉代春秋学研究》之“崔适的推论有一定的道理，然无直接证据证明不是这样”[24]，确当认真追问一句——真“无直接证据”吗？

检《〈春秋公羊传〉注疏》载唐徐彦疏汉何休《序》篇“传《春秋》者非一”之“戴宏序云：‘子夏传与公羊高，高传与其子平，平传与其子地，地传与其子敢，敢传与其子寿；至汉景帝时，寿乃其弟子齐人胡母子都著于竹帛”[25] 传序，不但全然不见“口传”文字，就其传人年限推算，所传之物确当载记经传文字之竹简或者帛书；所谓“著于竹帛”者，只能解为父子五代单传之书，至汉景帝时，方才广录竹简、帛书公布天下耳。否则，公羊五世非皆花甲生子、耄耋寿终，不足以成父子口耳传承矣。徐彦疏引倘无前文“解云”之“孔子至圣，却观无穷，知秦无道，将必燔书；故《春秋》之说，口授子夏，度秦至汉，乃著竹帛。故《说题辞》云：‘传我书者，公羊高也’”[25]，及何休注隐公二年传文“纪子伯者何？无闻焉尔”之“孔子畏时远害，又知秦将燔《诗》、《书》，其说口授相传至汉，公羊氏及弟子胡母生等乃始记于竹帛，故有所失也”[26]，断无后世凭多误将公羊五世父子“传与”，解为口授耳聆之“语”。徐彦称引戴宏序[27]传，清马国翰《玉函山房辑佚书》题记谓之“宏，不详何人；其书，史《志》亦不载”[28]，且其总辑三则戴宏引文皆自《〈春秋公羊传〉解诂》之徐彦疏，此等惟其一人称引、古今不见踪影之书，世间确曾存在与否诚当质疑；或其徐彦自嫌“知秦无道，将必燔书”荒诞，本即杜撰戴宏之序传承，以助惑世欺人，亦未可知。

徐彦疏何休《〈春秋公羊传〉解诂·序》“恨先师观听不决，多随二创”谓：“解云：此先师，戴宏等也。”[29] 徐彦此解，委实难以为信。《后汉书》卷六十四《吴祐传》载：“吴祐字季英，陈留长垣人也。父恢，为南海太守。祐年十二，随从到官。……及年二十，丧父，居无檐石，而不受赡遗。……后举孝廉。……以光禄四行迁胶东侯相。时济北戴宏父为县丞，宏年十六，从在丞舍。……在胶东九年，迁齐相，大将军梁冀表为长史。及冀诬奏太尉李固，祐闻而请见，与冀争之，不听。"[30]《后汉书》卷六《顺帝纪》载："永和……六年……八月丙辰，大将军梁商薨；壬戌，河南尹梁冀为大将军。"[31]《后汉书》卷六《质帝纪》载："本初元年……六月……闰月甲申，大将军梁冀潜行鸩弑，帝崩于玉堂前殿，年九岁。丁亥，太尉李固免。"[32]依《后汉书》载记，吴祐迁齐相、为长史，当在永和六年八月（141年）至本初元年六闰月（146年）间，权以梁冀任大将军初年即表吴祐，且吴祐迁胶东侯相初年即识戴宏，永和六年上溯八年，则戴宏于阳嘉二年（133年）最大不过十六岁，当知其最早生于汉安帝元初元年（118年）。《后汉书》卷七十九下《何休传》载："何休子邵公，任城樊人也。……再迁谏议大夫，年五十四，光和五年卒。"[33]光和五年（182年）上溯五十三年，则何休必生汉顺帝永建四年（129年）。何休年少戴宏大约十岁(或仅数岁而已，沈玉成更以戴宏有"与何休同时"[34])，又其终享不过五十有四年，或其早于戴宏辞世，何得"先师"而谓焉？序文有能尊谓学识、声誉远非胜己戴宏以为"先师"，恐怕其所于情于理，皆当难以置信也。其实何休其序，"本据乱而作，其中多非常异义可怪之论，说者疑惑，至有倍〔背〕经任意反传违戾者"[25]一创，"时加酿嘲辞，援引他经，失其句读，以无为有，甚可闵笑者，不可胜记也"[29]二创。而谓"至使贾逵缘隙奋笔，以为《公羊》可夺，《左氏》可兴"[29]，所怨"贾逵"等辈先师甚明；诚是不解，徐彦疏此先师"戴宏等也"，如何可得圆说焉？是其徐彦作疏，大可不必句句当真。

公羊寿者，其人有诸，尚且不得而知；除其徐彦[35]疏称而外，迄今不闻两汉、三国、西东晋有道其人名字，更不要说涉其只言片语也。胡毋子都者，不仅《史记》卷百二十一《儒林列传》只言“胡毋生，齐人也。孝景时为博士，以老归教授。齐之言《春秋》者多受胡毋生，公孙弘亦颇受焉”[23]，且其《汉书》卷八十八《儒林传》亦是仅记“胡母生，字子都，齐人也。治《公羊〈春秋〉》，为景帝博士。与董仲舒同业，仲舒著书称其德。年老，归教于齐，齐之言《春秋》者宗事之，公孙弘亦颇受焉”[36]，全然不寻曾著《〈春秋〉公羊传》之任一蜘丝马迹。《史记》本由司马父子相继草创，父谈元封元年方卒，虽是未必交识胡毋子都，却也生享景帝年世无疑；特录胡毋子都以入《儒林列传》，却是但记“教授”《公羊传〈春秋〉》之世功，而拒载“著录”《〈春秋〉公羊传》之伟业，倘非意在淆史，如何而能为之耶？既然，迄今不见或有质疑《史记·儒林列传》与《汉书·儒林传》载记之客观真实性者，亦其只能结论：徐彦疏称《〈春秋〉公羊传》之“传序”虚妄，《公羊传》及《穀梁传》之“口授至汉”乌有。其实，《史记·董仲舒传》之“以治《春秋》，孝景时为博士”[37]，及“故汉兴至于五世之间，唯董仲舒名为明于《春秋》，其《传》公羊氏也”[23]，明道其《〈春秋〉公羊传》“著于竹帛早矣”，至迟不得晚于“汉兴”其先之秦世也。大凡认真以待《史记》、《汉书》二卷《儒林传》者，不会轻信徐彦称引荒诞“传序”之疏，妄言《公羊》、《穀梁》“口授至汉”也。其载无疑“直接证据证明”，徐彦称引戴宏所序传承，根本“不是这样”。最憾赵伯雄《春秋学史》之言董仲舒：“史称他‘少治《春秋》’，则当在惠帝或高后时。……此时《公羊传》尚未形诸简册，他所学的《春秋》，一定是有〔由〕老师口授的，但他的师友渊源，今已不可考了。”[38] “少治《春秋》”语出《汉书·董仲舒传》“少治《春秋》，孝景时为博士”[39]，断其“惠帝或高后时”已然治学《公羊传〈春秋〉》，本为智者明言；倘能尊重前人“著于竹帛早矣”之论，据以平息往者妄说，当不失具史家一双慧眼矣。不想赵著竟能迷信后世注疏异说，反据强解妄释前世正史载记，黑白颠倒至此；违情背理之“口授至汉”，本即后世缺根少据荒诞妄说，何得再而据以曲解景帝前世“少治《春秋》”者，必借“老师口授”方能得以治学其时耶？“治”，《汉语大词典》释为“攻读；研究”[40]甚当；然，倘非《春秋》已为文献，则无以攻读、研究也。徐彦称引戴宏传序，公羊氏高、平、地、敢、寿五世父子家传，至景帝始乃“著于竹帛”，则董氏无由受享“老师口授”也；且自高祖兴汉，历惠帝（吕后）、文帝、景帝，至武帝“五世之间，唯董仲舒名为明于春秋”，岂非“老师口授”之时，师名尚逊“少生”焉？如之，何以教授耶？清苏舆《〈春秋繁露〉义证·董子年谱》之“《汉书》本传云‘少治《春秋》’，知仲舒治《春秋》在景帝前”[41]，即所言全在否定“口授”之意——“秦二世时，已有‘人臣无将’语（见《史记·刘敬叔孙通传》），又《公羊传》成于秦前之证。宣十二年《〈传〉疏》以公羊子为景帝时人，误矣。”[41] “治《春秋》”并非“受《春秋》”，无需“老师口授”。《春秋》本即文献，何谓“他所学的《春秋》，一定是有〔由〕老师口授的”？《史记》、《汉书》不见一言三传《春秋》“口授”，《汉志》明文《公羊》撰者“公羊子，齐人”，不详赵著何以得知“在惠帝或高后时……《公羊传》尚未形诸简册”耶？谨尊两汉文献，则左氏、公羊、穀梁三传《春秋》本无“口授”其事，不过汉末何休、晋唐徐彦谶纬之言耳。董仲舒卒于武帝之世，《汉书·匈奴传》载“仲舒亲见四世之事”[42]，则其“少治《春秋》”必于惠、文之世，董氏所治公羊传本《春秋》必先景帝问世。《史记》更溯“五世之间”，不读《汉书》另据明文亦知公羊、穀梁二传《春秋》先汉文献矣。倘若赵著臆说果真可以立世，则六经皆可以为“口授”，且其出土简帛而外全无世传古籍矣。赵著欲否《史记》、《汉书》载记，妄言董氏“少治《春秋》”乃为“尚未形诸简册”之“老师口授”话语，确需必再补笔一二史据也。如此《春秋学史》匆匆问世，岂不青史遗憾哉！

倘非其时何休注“其说口授相传至汉，公羊氏及弟子胡毋生等乃始记于竹帛”并及徐彦疏“故《春秋》之说，口授子夏，度秦至汉，乃著竹帛”的共同忐忑，则大可不必何休其注编造前句“孔子畏时远害，又知秦将燔《诗》、《书》”、徐彦其疏编造前句“孔子至圣，却观无穷，知秦无道，将必燔书”的如此相继荒诞矣；虽是汉唐之季惑世预测瞎话尚其不乏受众，却也今之科学昌明廿一世纪，如类拙劣编造必致昭然若揭耳。偏有宁愿违背《史记》、《汉书》载记，也要追随后世荒诞注、疏之人，信誓旦旦“口授至汉”——“徐彦称孔子能预知秦始皇焚书自是附会之辞，而特言孔子将《春秋》中的‘微言大义’口授子夏，显然有据”[43]，“徐彦所作疏中又引戴宏序云：‘……。’据此，《公羊传》经过六代口说流传，至汉景帝时由公羊寿、胡毋子都写定成书”[44]。孔子有能“知秦将燔《诗》、《书》”并其“知秦无道，将必燔书”之荒诞，虽非必证何注、徐疏后句虚假，却也总当不免由生注、疏之疑。仅据此等荒诞何注、徐疏，就想轻否《史记》、《汉书》载记、妄断《公》、《穀》“口授至汉”，岂不太显苍白耶？至少，总要待到反证《公》、《穀》笔书汉兴其先之战国秦汉（至少宣帝《史记》布世之前）竹简帛书发掘出土吧。

二

虽是《史记》卷十四《十二诸侯年表》之“是以孔子明王道，干七十余君，莫能用，故西观周室，论史记旧闻，兴于鲁而次《春秋》，上记隐，下至哀之获麟，约其辞文，去其繁重，以制义法，王道备，人事浃。七十子之徒口受其传指，为有所刺讥、褒讳、挹损之文辞，不可以书见也。鲁君子左丘明惧弟子人人异端，各安其意，失其真，故因孔子史记具论其语，成《左氏春秋》”[45]，所言仅及《〈春秋〉左氏传》，却也卷百二十一《儒林列传》之“汉兴至于五世之间，唯董仲舒名为明于《春秋》，其《传》公羊氏也。……瑕丘江生为《穀梁〈春秋〉》。自公孙弘得用，常集比其义，卒用董仲舒”[46]，所言《公羊》、《穀梁》二传甚明；是则，显其《〈春秋〉左氏传》、《〈春秋〉公羊传》、《〈春秋〉穀梁传》，皆为成书“汉兴”之先矣。

《汉书》卷三十《艺文志》更记东周《春秋》经义五《传》甚明；“周室既微，载籍残缺；仲尼思存前圣之业……。以鲁—周公之国，礼文备物，史官有法；故与左丘明观其史记，据行事、仍人道，因兴以立功、就败以成罚，假日月以定历数、藉朝聘以正礼乐。有所褒讳贬损，不可书见，口授弟子，弟子退而异言。丘明恐弟子各安其意，以失其真；故论本事而作《传》，明夫子不以空言说经也。《春秋》所贬损，大人当世、君臣有威权势力，其事实皆形于《传》；是以隐其书而不宣，所以免时难也。及末世口说流行，故有公羊、穀梁、邹、夹之《传》。四家之中，《公羊》、《穀梁》立于学官，《邹氏》无师，《夹氏》未有书。"[47] 不想，竟有"口授至汉"先入为主，逆溯曲解"口说流行"者——《经与经学》注以"所谓'口说'，……即指《公羊》、《谷梁》二传系由师生父子口耳相传，到汉初方著于竹帛"[48]，《中国经学思想史》释为"《汉书·艺文志》说：及末世，口说流行，故有公羊、谷梁、邹、夹之传。'末世一般指战国中晚期。此即明言在这一时期，《春秋公羊传》是靠长期的口头传授，阐发孔子《春秋》中的'微言大义'"[43]。班氏东汉初季，何氏东汉末世，且其班氏该文原录西汉刘歆《七略》[49]，何注"口授相传至汉"妄语，何得据以曲解《汉志》文耳？从"周室既微"，至"及末世"，本乃前后衔接之语，此等断章取义强行作解，如何得寻原文达义焉？"及末世口说流行"之语，紧接上文一气呵成，无由擅隔妄断，以为"及末世，口说流行"也。"口说流行"不谓"流行口说"，更非周末之人返朴归真，废笔书而行口说；如彼之类倒行逆施，史来人间尚无其例。诚如《〈春秋〉左氏传·僖公十三年》之"天灾流行，国家代有；救灾恤邻，道也"[50]，"天灾流行"不得解作"流行天灾"，"流行"不能解作"时兴"焉。《汉志》所言，口说"内容"流传通行，非谓口说"形式"时尚风行；综观全文者，自然通明。

"有所褒讳贬损"而"不可书见"，进而"口授弟子"，以致"弟子退而异言"；"丘明恐弟子各安〔按〕其意，以失其真；故论本事而作《传》"，因"免时难"，"是以隐其书而不宣"。恰是"隐其书而不宣"，方"及末世口说流行"；"口说"者，前文"弟子退而异言"也；恰是"口说流行"，"故有公羊、榖梁、邹、夹之《传》"；"故有公羊、榖梁、邹、夹之《传》"者，所以才有公羊氏、榖梁氏、邹氏、夹氏笔书作《传》，抑止口说异言也。惟其"《公羊》、《榖梁》立于学官，《邹氏》无师，《夹氏》未有书"之最后一句，涉言先秦四家书《传》入汉存亡。左氏、公羊、榖梁三传《春秋》并著先秦，《汉志》前录经、传诸书详明："《春秋古经》十二篇。《经》十一卷；公羊、榖梁二家。《左氏传》三十卷；左丘明，鲁太史。《公羊传》十一卷；公羊子，齐人。《榖梁传》十一卷；榖梁子，鲁人。《邹氏传》十一卷。《夹氏传》十一卷；有录无书。"[51]《汉志》"故论本事而作《传》"所与"故有公羊、榖梁、邹、夹之《传》"，二"故"同义、二"传"同解；前《传》"隐其书而不宣"，后《传》虽是未言"宣其书而布世"，却也未别其《传》非"书"也。诸君何竟不思，《汉书》卷三十六《楚元王传》之"信口说而背传记，是末师而非往古"[52]，明明白白——口之说、传之记，截然相反对立；卷三十之《艺文志》，又岂能已因"流行"，合二而一"口说"四《传》焉？世间何尝赋予"传注"，笔书、口说歧义耶？但凡审读《史记》、《汉书》相关文字，总当不违如此《春秋》"微言大义"口笔时序——孔子口授、弟子异言、具论作《传》、隐书不宣、缪说流传、四《传》止讹，皆乃东周故事无疑。

虽是《汉志》载文已然尽否“流行口说”之论，却又《〈四库全书总目提要〉补正》借引沈家本《寄簃文存》之“戴序上文言‘《春秋》之说，孔子口授子夏’，下文云‘著于竹帛’；何注上文云‘其说口授相传’，下文‘始记于竹帛’，皆无公羊寿作传之文。是其为实有已成之《传》，世相口授；《汉志》以为隐其书而不宣，所以免时难也。直至汉代景帝之时，始登竹帛，传之于世，则寿与子都之力。正如《论语》为孔子之言，《孟子》为孟子之言，而实则门弟子记之，遂得谓非孔、孟之言耶。《春秋说题辞》云‘传我书者公羊高’，《释文》引桓谭《新论》亦云‘齐人公羊高缘经文作传’，此汉人皆以为公羊高，魏、晋以后亦毫无异说”[53]，以作助论。然其沈文遗存，实在太多悖谬纰漏焉。既然“实有已成之《传》”，何其再而“世相口授”焉？《汉志》既言“丘明”欲“免时难”，已“隐其书而不宣”，则又如何而能“直至汉代景帝之时，始登竹帛”焉？岂非“左丘明”者，汉代景帝“而后”人欤？然又“隐其书而不宣”，所与“传之于世”，何其相悖乃尔！既有“传我书者公羊高”与“齐人公羊高缘经文作传”之引，确当只言“实有已成之《传》”，无以再悖“世相口授”之语。笔书可作目睹之传（去声），口说只为耳闻之传（平声），形同音异二字，各自表义，相去甚远。去声之“传”，《汉语大字典》释“注释或阐述经义的文字”[54]，《辞源》释“解说经义的文字”[55]；晋张华《博物志》卷六《文籍考》谓：“圣人制作曰经，贤者著述曰传”[56]。“传注”二字，《辞源》释“解释古籍的文字。传，是相承的师说；注，是本人的意见”[55]；南朝梁刘勰《文心雕龙·论说》谓：“传者转师，注者主解”[57]。传与注、释、解、说、诂、疏、笺乃至章句、正义之类，皆为文献传注体式，断非“口说”无文语音，有能盗冠笔书文题之称焉。是则，非笔书者必不称“传”，称其传者必非“口说”。《论语》、《孟子》乃其弟子记录整理而成，是其所录孔、孟之言，皆为别以“子曰”、“孟子曰”而冠之；倘其《〈春秋〉公羊传》之编撰，确为“寿与子都之力”，则其传文责任必谓非其公羊高也。倘果“《春秋》之说，孔子口授子夏”，继而公羊父子“世相口授”，“直至汉代景帝之时，始登竹帛”，“题其亲师”则当先师孔子“自传”耳；前有“子夏”、后又“子都”，何当推功“公羊”氏耶？既颇“齐人公羊高缘经文作《传》”之说，又“汉兴至于五世之间，唯董仲舒名为明于《春秋》，其《传》公羊氏也”明载《史记·儒林传》，则实当东周末世“实有已成之《传》”，并非“直至汉代景帝之时，始登竹帛”也。

深憾顾颉刚、刘起釪师生讲、录之《春秋三传及国语之综合研究》竟也载记如下表列：

“据《汉书·艺文志》：

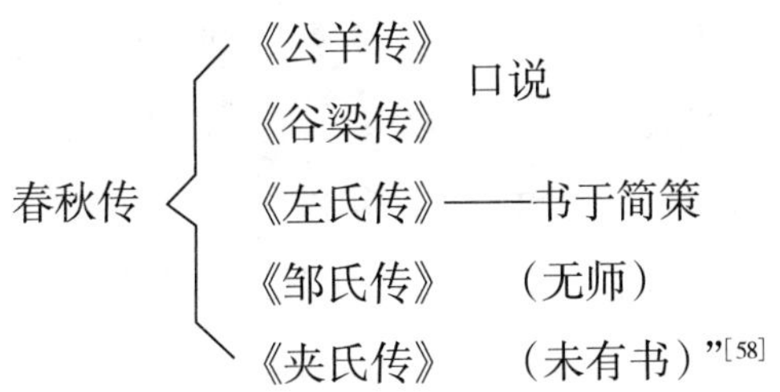

既然已为《公羊传》与《穀梁传》，何再谓其“口说”，且勿论。《汉志》所言“及末世口说流行，故有公羊、穀梁、邹、夹之

《传》”，即使以为曾有“口说”之“传”，亦当公羊、穀梁、邹、夹四家并其“口说”之“传”，何故又只公羊、穀梁“口说”焉？《汉志》所言“四家之中，《公羊》、《穀梁》立于学官，《邹氏》无师，《夹氏》未有书”，皆乃周末四家书《传》所于汉代兴废耳。倘仅公羊、穀梁二家“口说”，则其《夹氏传》之“未有书”又为“口说”否？是则，“立于学官”之《公羊传》与《穀梁传》，又其终为“有书”、或仅“口说”欤？就算“口说流行”权且解为“流行口说”，又何“故”而“有公羊、穀梁、邹、夹之《传》”焉？然却何故，“‘不’行口说”之季，“‘而无’公羊、穀梁、邹、夹之《传》”耶？显然，“公羊、穀梁、邹、夹之《传》”自行决定其所有、无，不为是否“流行口说”左右也；亦即，“流行口说”不是“公羊、穀梁、邹、夹之《传》”其因，“公羊、穀梁、邹、夹之《传》”亦非“流行口说”其果。然却“故”者，原因之“所以”也，承前“因”而接后“果”者也。是其当知，“流行口说”不为“口说流行”正解，“公羊、穀梁、邹、夹之《传》”更非“口说”语音。先曾“弟子退而异言。丘明恐弟子各安〔按〕其意，以失其真；故论本事而作《传》”，后至“口说流行，故有公羊、穀梁、邹、夹之《传》”；丘明其《传》之于“异言”，公羊、穀梁、邹、夹其《传》之于异言“流行”，皆其义在正误止讹也。“口说”者，前文所称“异言”也；正是别以“笔《传》”抑止之，方谓其所止者“口说”也。《汉志》所录“《公羊传》十一卷；公羊子，齐人。《穀梁传》十一卷；穀梁子，鲁人”，谁人得窥，其所齐鲁二《传》“口说”焉？“公羊子”与“穀梁子”之称谓，岂尊汉人语乎？“口说”之数量，何以称出“十一卷”焉？《汉志》所载，实乃周微正本“异言”一《传》、末世止讹“口说”四《传》及汉中“四家”朝野兴亡；不想，《综合研究》竟能如此曲解、篡乱、杂糅，这般表解《春秋》先秦五《传》，实令晚辈后学小生望而憾叹焉。

叙文至此，何新文《〈左传〉人物论稿》之某些奇谈怪论，不当不予理睬。“据《史记》及《汉书·艺文志》等书记载，西汉时代传《春秋》的有《左氏传》、《公羊传》、《穀梁传》及《邹氏传》、《夹氏传》五家。其中《左氏传》（即《左传》）流行最早”[59]，《史记》、《汉志》从未言及“汉兴”而后尚有“传《春秋》”者，所言左丘明之《传》事，俱行春秋之季；惟至汉末“等书”何休《解诂》问世，方始得闻汉人“著录”经《传》妄说，其言荒诞，大班幼儿未必有信，何以谎借以攻《史》、《汉》耶？作者神功，有能例举《史》、《汉》类妄一言否？《左传》“隐其书而不宣”，何而得能“流行最早”焉？《汉书·儒林传》赞“自武帝立五经博士，……。初，《书》唯有欧阳，《礼》后、《易》杨、《春秋》公羊而已。至孝宣世，复立大、小《夏侯〈尚书〉》，大、小《戴〈礼〉》，施、孟、梁丘《易》，《穀梁〈春秋〉》。至元帝世，复立《京氏〈易〉》。平帝时，又立《左氏〈春秋〉》、《毛〈诗〉》、《逸〈礼〉》、《古文〈尚书〉》”[60]，除非历史颠倒——汉之平帝先于武帝、宣帝，倘依正常时序，惟其《左氏传》之“流行”最晚，不知何法可得越至“最早”耶？“《汉书·艺文志》说《公》、《穀》二传都于战国‘末世口说流行’”[61]，《汉志》只言“及末世口说流行，故有公羊、穀梁、邹、夹之《传》”，是其先生“口说流行”诱因，后再引发笔书《传》文止讹；如此颠倒前因、后果诬陷《汉志》，真是难度作者——终是思维欠佳、还是语文不济？“公羊高是《公羊传》的初创者，至其后人公羊寿才与弟子胡毋子都写成定本，故《四库全书总目提要》就直接将《公羊传》定为‘公羊寿传’”[62]，“初创”者，首启创作未果也；“写成”者，续笔补就全帙也。不知作者是否知晓，《〈春秋〉公羊传》中几许文字东周“初创”、多少问答西汉“写成”？倘为“公羊寿撰”，则“《公》、《穀》二传”必不能“于战国‘末世口说流行’”；“撰”者，自创也，岂容前有“初创”而后再谓“撰”者，至多补笔“初创”续撰耳。倘其战国高者仅为“口授”、西汉寿者才作“写定”，期间经由平、地、敢者传说，则当寿者自“传”，不为高者“初创”也。《总目提要》“汉公羊寿撰”之谓“今观《传》中有子沈子曰、子司马子曰、子女子曰、子北宫子曰，又有高子曰、鲁子曰，盖皆传授之经师，不尽出于公羊子。定公元年《传》‘正棺于两楹之间’二句,《穀梁传》引之直称‘沈子’不称‘公羊’，是并其不著姓氏者，亦不尽出公羊子；且并有‘子公羊子曰’，尤不出于高之明证，知《传》确为寿撰”[2]，本即无以立论；诸子皆季先秦，间至汉景，定非公羊寿者一人存活于世，即使“不‘皆’出于高”笔，又何凭断以“确为寿撰”焉？征引著述，大可不必歪曲古人论说，借以弥缝己臆；不实之辞，终将不免雪化之日，水落石出也。

《汉志》倘能预料后世曲解“口说流行”，改书“口说流布”、“异言恣行”，又何妨乎！

三

其实，《史记·儒林列传》记叙《春秋》启承并及公羊、穀梁二《传》不晦："夫周室衰而《关雎》作，幽厉微而礼乐坏，诸侯恣行，政由疆国。故孔子闵王路废而邪道兴，于是论次《诗》、《书》，修起礼乐。……世以混浊莫能用，是以仲尼干七十余君无所遇，曰'苟有用我者，期月而已矣'。西狩获麟，曰'吾道穷矣'。故因史记作《春秋》，以当王法，其辞微而指博，后世学者多录焉。自孔子卒后，七十子之徒散游诸侯，大者为师傅卿相，小者友教士大夫，或隐而不见。……后陵迟以至于始皇，天下并争于战国，儒术既绌焉，然齐鲁之间，学者独不废也。于威、宣之际，孟子、荀卿之列，咸遵夫子之业而润色之，以学显于当世。及至秦之季世，焚《诗》、《书》，坑术士，六艺从此缺焉。……及高皇帝诛项籍，举兵围鲁，鲁中诸儒尚讲诵、习礼乐，弦歌之音不绝，岂非圣人之遗化，好礼乐之国哉！……故汉兴，然后诸儒始得修其经艺，讲习大射乡饮之礼。叔孙通作汉礼仪，因为太常，诸生弟子共定者，咸为选首，于是喟然叹兴于学。然尚有干戈，平定四海，亦未暇遑庠序之事也。孝惠、吕后时，公卿皆武力有功之臣。孝文时颇征用，然孝文帝本好刑名之言。及至孝景，不任儒者，而窦太后又好黄老之术，故诸博士具官待问，未有进者。及今上即位，赵绾、王臧之属明儒学，而上亦乡之，于是招方正贤良文学之士。自是之后，……言《春秋》，于齐鲁自胡毋生，于赵自董仲舒。及窦太后崩，武安侯田蚡为丞相，绌黄老、刑名百家之言，延文学儒者数百人，而公孙弘以《春秋》，白衣为天子三公，封以平津侯。天下之学士靡然乡风矣。……董仲舒，广川人也。以治《春秋》，孝景时为博士。……今上即位，为江湖相。……是时方外攘四夷，公孙弘治《春秋》不如董仲舒……弘疾之……董仲舒恐久获罪，疾免居家。至卒，终不治产业，以脩学著书为业。故汉兴至于五世之间，唯董仲舒名为明于《春秋》，其《传》公羊氏也。胡毋生，齐人也。孝景时为博士，以老归教授。齐人之言《春秋》者多受胡毋生，公孙弘亦颇受焉。瑕丘江生为《穀梁〈春秋〉》。自公孙弘得用，常集比其义，卒用董仲舒。”[63] 审读其文者，不当再为何注、徐疏所惑，继而曲解《汉志》“口说流行”，只憾天下几曾问学人？何注欲圆《公羊》“故有所失”，伎言“知秦将燔”、“口授相传”，意图得探；徐疏附会何注弥缝“公羊氏”，假托戴宏高、平、地、敢、寿之公羊传序，蓄谋可察。虽说“假托”不乏武断之嫌，却也迄今所知文献无一可寻公羊五世传序任一相关例证（更不要说“直接证据”也）；却其见证“口授至汉”其非者，不止《史记》、《汉书》耳。汉桓谭《新论》之“《左传》遭战国寝藏，后百余年，鲁人穀梁赤作《春秋》，残略多有遗文。又有齐人公羊高，缘经文作《传》，弥失本事矣”[64]，唐杨士勋疏《〈春秋穀梁传〉序》之“仲尼卒而微言绝，秦正起而书记亡。其《春秋》之书异端竞起，遂有邹氏、夹氏、左氏、公羊、穀梁五家之《传》。《邹氏》、《夹氏》口说无文，师既不传，道亦寻废。《左氏》者，左丘明与圣同耻，恐诸弟子各安其意，为经作《传》，故曰《左氏传》；其传之者，有张苍、贾谊、张禹、翟方进、贾逵、服虔之徒。汉武帝置五经博士，《左氏》不得立于学官，至平帝时王莽辅政，方始得立。公羊子名高，齐人，受经于子夏（故《孝经说》云'《春秋》属商是也'），为经作《传》，故曰《公羊传》；其传之者，有胡母子都、董仲舒、严彭祖之类。其道盛于汉武帝。穀梁子名淑，字元始，鲁人，一名赤，受经于子夏，为经作《传》，故曰《穀梁传》；【传】孙卿，孙卿传鲁人申公，申公传博士江翁，其后鲁人荣广大善《穀梁》，又传蔡千秋，汉宣帝好《穀梁》，擢千秋为郎，由是穀梁之《传》大行于世"[65]，白纸黑字载文齐人公羊高、鲁人穀梁赤"缘经文作《传》"、"为经作《传》"，言之凿凿；且其杨疏"申公传博士江翁"显与《汉书·儒林传》之"瑕丘江公受《穀梁〈春秋〉》及《诗》于鲁申公，传子至孙为博士。武帝时，江公与董仲舒并"[66]已为相互印证，岂容拙劣徐疏附庸荒诞何注"口授相传至汉"类言，真能淆史千古哉!

倘若《史记》司马谈、迁父子之言共冠"太史公曰"，只为载记"曰"字当非司马父子自书，而非佐证其书"口传至唐"；则《〈春秋〉公羊传》桓公六年[67]、宣公五年[68]"子公羊子曰"及《〈春秋〉穀梁传》隐公五年"穀梁子曰"[69]，亦当只为所载"曰"字并非"子公羊子"与"穀梁子"者自书，本乃无由助证《公》、《穀》"口授至汉"也。至于《后汉书》卷七十九下《儒林列传》之"《前书》齐胡母子都传《公羊春秋》，授东平嬴公，嬴公授东海孟卿，孟卿授鲁人眭孟，眭孟授东海严彭祖、鲁人严安乐。彭祖为《春秋》严氏学，安乐为《春秋》颜氏学，又瑕丘江公传《穀梁春秋》，三家皆立博士"[70]，《汉书》〔按：

所谓《前书》者，当为别其《后汉书》之前《汉书》也〕载记，绝然不见“胡母子都传《公羊春秋》”、“瑕丘江公传《穀梁春秋》”文句，南朝宋范晔此段撰文，倘非误解《前书》，则当《后书》沿袭何休《解诂》杜撰焉。

曹道衡《〈春秋〉与〈三传〉说略》有言：“《公羊传·庄公七年》有一段话说：‘不修《春秋》曰：雨星，不及地尺而复。君子修之曰：星贯如雨。’这段记载，我过去是不信的。因为据《隐公二年》何休解说到，公羊氏传《春秋》，起初靠口耳相传，‘至汉公羊氏及弟子胡毋生等，乃始记于竹帛’。‘汉公羊氏’当指公羊高的玄孙公羊寿，乃汉景帝时，已在秦始皇焚书之后，不可能见到‘不修《春秋》’。现在看来，公羊寿和胡毋生当时，自然看不到鲁史原文（即‘不修《春秋》’），但公羊寿的先世生活在战国时代，未必不能见到春秋时史官的原始记录，通过口授被他记成文字，也是可能的。”[71] 这倒给人一个启示：依其常理，公羊寿是根本“不可能见到‘不修《春秋》’”的；今其“不修《春秋》”之“雨星，不及地尺而复”见诸《〈春秋〉公羊传》，确当笔传《春秋》者，本乃战国公羊高，而非西汉公羊寿也。至于所谓汉末何休解说之“公羊氏传《春秋》，起初靠口耳相传，‘至汉公羊氏及弟子胡毋生等，乃始记于竹帛’”，又天下谁人可寻其所丝毫依据耶？其实，徐复观《中国经学史的基础》早有明论：“据《孔子世家》，由孔子至孔安国凡十三代，公羊寿较孔安国应当早一代，但由子夏到公羊寿只五代，这在情理上说得通吗？……《春秋经》有一万六千五百七十二字，《公羊传》二万七千五百八十二字，合计四万四千一百五十五字，而谓公羊一家仅凭记忆可口传两百余年之久，可以说是神话。……且荀子引《春秋》中有出于公羊的，〔叶按：其下徐注有谓：《荀子·大略》篇'《春秋》贤穆公，以为能变也'，杨注'《公羊传》曰：秦伯使遂来聘。遂者何？秦大夫也。秦无大夫，此何以书？贤穆公也。何贤乎穆公？以为能变也'。〕荀子及其门人不在口传之列，何由得而知之？何由得而引之？《韩非子》中遍引了三传，韩非岂在口传之列？戴宏亦知其说之无根，故据图谶以资弥补，而其说的来源，可能即出于谶纬。"[72] 憾矣哉！字斟句酌经文传注，竟也东周口授、西汉笔录，口说耳闻数百载；本当稍思即明其所荒诞，却也二千年来经史名家相沿不废，岂能无憾哉。

注释：

〔文中所引古籍字句，多不拘囿后世标点〕

[1] 转引自清孔广牧《先圣生卒年月日考》，〔清〕王先谦编《清经解续编》卷千四百十四，上海书店 1988 年 10 月，第五册 1305 页中。

[2] [3] [25] [26] [29] [50] [65] [67] [68] [69] 〔清〕阮元校刻《十三经注疏》，中华书局 1980 年 9 月，第 2189、2357、2190、2203 中、2191、1803 上、2358、2216 下、2279 上、2369 下页。

[4] 上海文艺出版社 1999 年 1 月，第 56 页。

[5] 《中国经学史十讲·附〈春秋公羊经何氏释例〉提要》，复旦大学出版社 2002 年 10 月，第 285 页。

[6] [24] 四川人民出版社 1992 年 9 月，第 17 页、39 页第一章注释〔59〕。

[7] [8] [9] [43] [44] 姜广辉主编《中国经学思想史》（第一卷），中国社会科学出版社 2003 年 9 月，第 543、544、550、551、552 页。

[10] 中华书局 1954 年 10 月，第四—十七页。

[11] [19] 中华书局 1984 年 7 月，第 86、90 页。

[12] 上海书店 1984 年 4 月，第 57 页。

[13] [20] [48] 上海书店出版社 1997 年 5 月，第 96、95、105 页。

[14] [34] 江苏古籍出版社 1992 年 6 月，第 54、53 页。

[15] [21] 中国社会科学出版社 1997 年 11 月，第 244、239 页。

[16] [17] [38] 山东教育出版社 2004 年 4 月，第 55、54、165 页。

[18] [58] 成都：巴蜀书社 1988 年 3 月，第 26、24 页。

[22] 《续修四库全书》，上海古籍出版社 2003 年 5 月，第 131 册 381 页。

[23] [37] [45] [46] [63] 中华书局 1959 年 9 月，第十册 3128、3127、二册 509–510、十册 3128、3115–3129 页。

[27] 清马国翰《玉函山房辑佚书》有据徐彦作疏何休《〈春秋公羊传〉解诂·序》之“戴宏作《解疑论》”，以谓汉戴宏《解疑论·序》载文，误矣；徐彦疏引“戴宏序云”之“序”，序公羊父子传承先后之次“序”也，不当误解以为《解疑论》之前言《序》篇也。沈玉成、刘宁《春秋左传学史稿》称以“戴宏《春秋说序》”之言、何新文《〈左传〉人物论稿》谓以“戴宏《春秋序》”之语，更其不知何以为说耶？

[28] 扬州：广陵书社 2004 年 11 月，第贰册 1282 页上。

[30] [31] [32] [33] [70] 中华书局 1965 年 5 月，第八册 2099–2102、二册 265–271、280、九册 2582、2577 页。

[35] 《〈四库全书〉总目提要》以为徐彦唐人，赵伯雄《春秋学史》依据潘重规 1940 年文《〈春秋公羊疏〉作者考》，以为徐彦北朝人。

[36] [39] [42] [47] [51] [52] [60] [66] 中华书局 1962 年 6 月，第十一册 3615–6、2495、3831 页、六册 1715、1712–3 页、七册 1970 页、十一册 3620–1、3617 页。

[40] 汉语大词典出版社 1990 年 6 月，第五卷 1122 页。

[41] 中华书局1992年12月，第476-7页。

[49] 见汉刘歆撰、清姚振宗辑《七略佚文》卷一；《续修四库全书》，上海古籍出版社2003年5月，第916册578页。

[53] 胡玉缙撰、王欣夫辑，卷七《春秋类·春秋公羊传注疏》，上海书店出版社1998年1月，上册第158页。

[54] 湖北辞书出版社、四川辞书出版社1986年10月，第一卷209页。

[55] 商务印书馆1979年7月修订版，第一册251页。

[56] 《百子全书》，浙江古籍出版社1998年8月，下册第1301页下。

[57] 周振甫《文心雕龙今译》，中华书局1986年12月，第166页。

[59] [61] [62] 中国社会科学出版社2004年10月，第10、11、11-12页。

[64] 〔清〕孙冯翼辑《桓子新论》(唐陆德明《经典释文》卷一《序录》引)，《丛书集成初编》，中华书局1985年新一版，第594册12-3页。

[71] 《经史说略·十三经说略》，北京燕山出版社2002年10月，第146页。

[72] 《徐复观论经学史二种》，上海书店出版社2005年1月，第124-5页。

〔载2006年8月29日自刊《余修文稿》辑三〕

“十月庚子”与孔子生日

叶小草

《春秋》载：襄公“二十有一年……九月庚戌朔，日有食之。冬十月庚辰朔，日有食之。曹伯来朝。公会晋侯、齐侯、宋公、卫侯、郑伯、曹伯、莒子、邾〔叶按：《公羊传〈春秋〉》其下多一“娄”字〕子于商任。”其下，《左氏传》经无文；《穀梁传》经载“庚子，孔子生”；《公羊传》经载“十有一月庚子，孔子生”（唐陆德明音义“上有‘十月庚辰’，此亦‘十月’也”）。《左氏传〈春秋〉》载：哀公“十有六年……夏四月己丑，孔丘卒。”虽是，三传《春秋》版本各异，却也载记孔子生卒年月日之先秦文献，惟而《春秋》也。历秦至汉，宣帝布世《史记·孔子世家》孔诞异文：“鲁襄公二十二年而孔子生”，“孔子年七十三，以鲁哀公十六年四月己丑卒”（唐司马贞《〈史记〉索隐》“《公羊传》‘襄公二十一年十有一月庚子孔子生’，今以为‘二十二年’，盖以‘周正十一月属明年’，故误也”）唐杨士勋疏《穀梁传〈春秋〉》“庚子孔子生”释曰：“仲尼以此年生，故传因而录之。《史记·世家》云‘襄公二十二年生’者，马迁之言与经典不同者非一，故与此传异年耳。”

不知道，钱穆《先秦诸子系年考辨》，仅止依据清孔广牧《先圣生卒年月日考》断章取义引文，还是未尝读懂《〈春秋左传〉正义》之晋杜预注及陆德明音义原文；所列杜预、陆德明者，亦依《史记》而“谓襄公二十二年孔子生”，纯属颠倒黑白之笔。愚识，之所以杜预于《左氏传〈春秋〉》哀公十六年“夏四月己丑，孔丘卒”作注“鲁襄二十二年生，至今七十三也”，全就《史记》异文“二十二年”生、“年七十三”卒而释；注文假言《史记》甚明，诚如前注《〈春秋〉左氏传》襄公三十一年“仲尼闻是语也”：“仲尼以二十二年生，于是十岁，长而后闻之。”陆德明之“‘鲁襄二十二年生，至今七十三也’，本或作‘鲁襄二十三年生，至今七十二’，则与《史记·孔子世家》异，此本非也”，亦就《史记》释杜注，所斥杜预《〈春秋〉经传集解》流传异本耳。鲁襄“二十二年生”，杜注有二言、陆释存一语，杜假《史记》文、陆借“杜注”句，假言注释甚明，不详钱穆何能辨出一个所“谓襄公二十二年孔子生”耶？杜预真注孔子行年有二：昭七年注“二十四年孟僖子卒”，“僖子卒时，孔丘年三十五”；昭十七年注“于是仲尼年二十八”。陆德明明释孔子生、卒各一：《公羊传〈春秋〉》襄二十一年释“‘庚子，孔子生’，传文上有‘十月庚辰’，此亦‘十月’也。一本作‘十一月’庚子，又本无此句”；《左氏传〈春秋〉》哀十六年释“‘孔子卒’，孔子作《春秋》，终于‘获麟’之一句，《公羊》、《穀梁》经是也。弟子欲记圣师之卒，故采《鲁史记》以续夫子之经，而终于此”。杜注孔子行年，昭十七年二十八，昭二十四年三十五。确注孔子生襄二十一年，无人可撼。陆释虽憾三传《春秋》载记“庚子，孔子生”句各异，却也不以《史记》异年为信，引据“二十二年”有作存疑；非但明文释证穀梁、公羊《春秋》襄二十一年“十月庚子”孔子生，亦更确指《公》、《穀》经文其真，远非《左氏》续经堪可比信也〔叶按：愚更疑其“无此句”之《左传〈春秋〉》传录晚于《史记》问世，亦未可知也〕。又，天下谁人而能力证，陆释有“谓襄公二十二年孔子生”耶？东汉经师贾逵、服虔、边韶、何休之“皆谓鲁襄公二十一年孔子生”，承至钱穆《考辨》尚且直言不讳；当知，周、汉、晋、唐经师者，但存认真《春秋》文，难见信实《史记》笔。

南宋以降，如孔传《东家杂记》之“襄公二十二年冬十月庚子日先圣生”说盛行，憾其至今查无所据也。不想，孔广牧之荒唐弥缝“先圣之生，年从《史记》、月从《穀梁》、日从《公羊》《穀梁》”，今人信从益笃：张培瑜《孔子生卒的中历和公历日期》即谓“生月当为十月。生日《公》、《穀》的说法一致，都是庚子日，《史记》缺书。在年月日生辰三要术中，月日基本上可以确定下来：十月庚子日。问题出在诞生的年份上。……大约在南宋前后，例如孔传的《东家杂记》、朱熹的《论语集注》等等，学者逐渐形成折衷采用《史记·世家》的生年、〔叶按：原文为‘。’号〕《公羊》〔叶按：此删一‘、’号〕《穀梁》月日的办法决定孔子诞辰，即：鲁襄公二十二年十月庚子”，且做结论“我们认为，以鲁襄公二十二年十月二十七日庚子，夏历八月二十七日，公历格历前551年9月28日作为孔子诞辰比较合宜”〔故中国孔子基金会会长匡亚明《孔子评传·生平概略》注“今孔子生年从司马迁《史记·孔子世家》载‘鲁襄公二十二年而孔子生’，月日从《谷梁传》载‘冬十月庚子，孔子生’。周时历法比夏历早两个月，故十月庚子后世推算为鲁襄公二十二年八月二十七日（即公元前551年9月28日）；故中华孔子学会会长张岱年《孔子大辞典·孔子》释“孔子生年一般按《史记·孔子世家》所记为鲁襄公二十二年（《公羊传》、《穀梁传》记为鲁襄公二十一年），而生月生日《史记》未记，按《穀梁传》所记‘十月庚子孔子生’。换算为当今之公历应为公元前551年9月28日生”〕。如此，诚窥现世尊崇（或可直言曰“迷信”）祖上之一斑耳。

应该说，鲁襄公二十一年之“冬十月庚辰朔”出自左氏、公羊、穀梁三传《春秋》，而“庚子，孔子生”出自公羊、穀梁二传《春秋》，“月日从《谷梁传》载‘冬十月庚子，孔子生’”的说法不实。显然，“折衷采用《史记·世家》的生年、《公羊》《穀梁》月日的办法决定孔子诞辰”，实乃直言不讳其举“杜撰”焉。然，不管是其“杜撰”者，还是其后“认假”者，皆当不谙中国历法也。中历干支纪日，专属其年月日，后世无由篡改，诚乃其征也；每一干支自身不作定序，必依月朔干支以序纪日，是其历成，必定朔、闰焉。诚如鲁襄公二十一年十月庚辰朔庚子序二十一日，鲁襄公二十二年十月甲戌朔庚子序二十七日，鲁襄公二十三年十月己巳朔全无庚子其序，“庚子”本无定序也。所谓“庚子日”者，无非“‘庚子’这一天”；其实说者自已，亦是根本无法道明——“庚子”何日耶？“庚辰朔庚子”为日、“甲戌朔庚子”为日，惟其“庚子日”者，脱离具体年月，断不为“日”也。之所以“鲁襄公二十一年十月庚子”亦可知其“庚子”所序“二十一”日，诚其已知月朔“庚辰”也。之所有称周代天子季冬颁发次年历书典制“告朔”，诚乃《周礼·春官·大史》载言“颁告朔于邦国”（东汉郑玄注“天子颁朔于诸侯，诸侯藏之祖庙；至朔朝于庙，告而受行之。郑司农云‘……以十二月朔，布告天下诸侯’”）也。不明月朔，无以凭序干支纪日，本乃古今中历必备常识，不详“杜撰”并其“认假”者，何竟如此轻疏也。“庚子”既不序日，则“十月庚子日”，自是有月无日也。孔子生辰月日，非“‘鲁襄公二十一年’十月庚子”、即“十月‘庚朔辰’庚子”，断非所谓“月日基本上可以确定下来：十月庚子日”也。史载孔子生辰月日惟而“十月庚朔辰……庚子”且其专系鲁襄二十一年；断取“十月”、“庚子”，杜撰“十月庚子”孔诞，张冠李戴《史记》“鲁襄公二十二年”，虽为后裔，却亦辱没祖宗之荒唐举也。穀梁、公羊本《春秋》孔子生日“庚辰朔庚子”实乃数序“二十一日”也；“十月庚子”于襄二十一年庚辰朔十月序二十一日、于襄二十二年甲戌朔十月序二十七日，二十七日“甲戌朔庚子”如何冒充得了二十一日“庚辰朔庚子”，以为同一“十月庚子”耶？襄二十一年十月“庚子”篡系襄二十二年十月，不序“二十一日”；襄二十一年十月“二十一日”移系襄二十二年十月，不序“庚子”，如何而能“折衷采用《史记·世家》的生年、《公羊》《穀梁》月日的办法决定孔子诞辰”耶？区区自欺欺人不定序日

"十月庚子",奈何史载孔子本生"十月庚辰朔庚子"定序"十月二十一日"焉?

公元纪年,1582年10月4日以前为儒略历,1582年10月15日以后用格里历(即今之所谓"公历")。"鲁襄公二十二年十月二十七日庚子"为公元前551年10月4日,与今之公历相差6日,张培瑜谓其"公历格历前551年9月28日"诚憾;公元"前551年9月28日"为"鲁襄公二十二年十月甲午二十一日",世间本无所谓"公历格历前551年9月28日"。匡亚明之"十月庚子后世推算为鲁襄公二十二年八月二十七日(即公元前551年9月28日)"、张岱年之"换算为当今之公历应为公元前551年9月28日生",所言憾上加憾,恐怕张培瑜文,不脱其咎也。"十月庚子"既其所示月无定日,自非十月二十一日,亦非十月二十七日,万勿可称孔子生辰月日也。不管是公元前551年之"9月28日"、还是今行公历之"9月28日",迄今无人力证其与孔诞真辰有涉焉。迄今人类可据之孔子生辰月日,惟其鲁襄公二十一年之十月"庚辰朔庚子"二十一日(即公元前552年之"10月9日"、今行公历之"10月3日")也。谨此奉告天下诚意祭孔诸公:孔子生于鲁襄公二十一年庚辰朔庚子二十一日、公元纪年前552年10月9日,今行公历(1582年10月15日以后)之每年"10月3日"方为孔子诞辰纪念日。杂取《史记》"鲁襄公二十二年"、三传《春秋》"十月"及穀、公二传《春秋》"庚子"之杜撰"孔诞",本即无由以假乱真焉;认假鲁襄公二十二年十月甲戌朔庚子二十七日〔即公元前551年10月4日(对应公历"9月28日")〕"孔诞",无异玷污祖国传统文化，自点世界民族之林耳。

所能求索历史本原的，惟有基于史实的认真；认假者的冰雪，总要面对融化之时，不管那是怎样权威的认假。

〔载 2006 年 8 月 29 日自刊《余修文稿》辑三〕

诘难杜撰历史的“权威”

——“9月28日”孔诞还要蒙骗民众多久

叶小草

全国政协委员李汉秋于2005年12月22日《光明日报》刊文《建议以孔诞为教师节》，其所建议当说颇合民意；然其建议的关键前题，是要弄清孔子其人的生年月日，否则无从建议也。

将“经权威部门共同研究测算，孔子诞生于公元前551年9月28日”的文字公之受众，是需要负其社会责任的；倘若日后另有报刊载文“据某些更权威机构的一致研究确定，孔子诞生于公元前550年8月29日”，百姓读之将作何从耶？隐去机构名称而道以“权威部门”，无非是要民众者，必须接受这个杜撰且更错算的孔子生日；然事实上，权威与真理之间是任何人都无权为其画上等号的。真不知道有怎样的一些权威部门敢于公开站出来承担这一杜撰且错算的孔诞是其“研究测算”的结果？说其杜撰，不仅孔子七十世孙清孔广牧之《先圣生卒年月日考》，就连已故中国孔子基金会会长匡亚明之《孔子评传》、已故中华孔子学会会长张岱年之《孔子大辞典·孔子》，亦是直言不讳（且其荒谬杜撰无疑是一违背历法基本常识的欺天瞒人举措）；言其错算，是事实上公历的“9月28日”为公元前551年的“10月4日”，而公元前551年的9月28日，确当今行公历的“9月22日”。

顾往国史，文人虽多，学者难觅；认真读书几人，求实考证几许？左氏、公羊、穀梁三传《春秋》——先秦文献，《史记》、《汉书》有鉴；襄廿二年“十月庚子”孔诞——唐宋杜撰，周、秦、汉、晋无据。东周《春秋》的襄公“二十一年……十月庚辰朔……庚子孔子生”疑而不信，西汉《史记》的“鲁襄公二十二年而孔子生”信而不疑，南宋杜撰的“襄公二十二年十月庚子日先圣生”沿而不废，究其致因，董作宾《孔子诞辰和八月二十七日》概断有三：一是权威史家所著录，二是圣人后裔所采用，三是专制皇帝所钦定。凡曾纪念孔诞之人，确当感谢《春秋》襄公二十一年“九月，庚戌朔，日有食之。冬，十月，庚辰朔……庚子，孔子生”之载记文字，舍此，确其不见另有先秦文献载记“孔诞”时日也。事实上，不管是唐宋以降的杜撰、还是西汉《史记》的改写，溯其本源，皆为《春秋》载记的孔子生年月日。既然《史记·孔子世家》的“鲁襄公二十二年而孔子生”根本无法测算出一个孔子生年月日，又为什么非要依据《史记》的“二十二年”去否定《春秋》的“二十一年”呢？既然否定了《春秋》的“二十一年”，又凭什么去肯定《春秋》的“十月”与“庚子”呢？公元前551年9月28日，中历鲁襄公二十二年十月甲戌朔甲午，不仅所与公、穀二传《春秋》载文鲁襄公二十一年“十月，庚辰朔……（一衍‘十有一月’）庚子，孔子生”历纪相别，亦与唐、宋、元、明、清乃至民国相沿杜撰之“鲁襄公二十二年十月庚子”孔子诞辰相异；如此荒谬杜撰且其错算之“孔诞”，量其无一“部门”敢于直道名称标榜也，更况所谓“权威”乎！

说“孔子诞生于公元前551年9月28日”（即鲁襄公二十二年十月甲戌朔甲午二十一日），绝然不见任何史料载记；即使断取《春秋》襄公二十一年“十月”、“庚子”而嫁接于《史记》“鲁襄公二十二年”之杜撰孔诞“9月28日”，亦当正推公元纪年公元前551年10月4日（即鲁襄公二十二年十月甲戌朔庚子二十七日）。就连公元前551年的儒略历纪尚需减去6日历差才与今之公历（格里历）相合亦不知晓的“权威部门”，其所“假冒伪劣”岂不昭然若揭也。鲁襄公二十一年十月庚辰朔之“庚子”专系襄廿一年、鲁襄公二十二年十月甲戌朔之“庚子”专系襄廿二年，如此简单的干支纪日常识尚且不知，又何以盗冠“权威”焉？庚辰朔庚子序二十一日，甲戌朔庚子序二十七日，“廿一”不与“廿七”同日，本乃童叟可明；如此荒诞谎言——鲁襄公二十二年十月甲戌朔庚子孔子生，竟也历经宋、元、明、清，沿而民国，乃至今夕。杜撰至愚如南宋朱熹者流，撰《〈论语〉序说》妄言“《史记·世家》曰：‘孔子，名丘、字仲尼，其先宋人；父叔梁纥，母颜氏，以鲁襄公二十二年庚戌之岁十一月庚子，生孔子于鲁昌平乡陬邑’”，《史记》本乃“颜氏女”，“颜氏”何得生子不论；《史记》何尝“十一月庚子”，且其庚戌之岁，“十一月”朔“甲辰”，何来“庚子”历日？岂是孔子本非生于人间乎？但愿今之“权威”，总比昔之朱氏，存留几分良知。近闻全国政协大会已有42位委员在李汉秋《以孔子圣诞作为教师节》的提案上签字（《科学时报》记者 2006 年 3 月 14 日报道），如此，该是怎样一个“权威”了得！不知道，国人还能任允“贬损《春秋》，神话《史记》，杜撰孔诞”的历史延续多久；难道，拱手将“科学、真理乃至历史”永远交给“权威”定夺，真是国人曾经“摒弃宗教束缚，选择权势崇拜”的必要代价吗？

孔诞当纪，蒙骗当休。为还历史本原——鲁襄公二十一年十月庚辰朔庚子二十一日〔公元前 552 年 10 月 9 日（今公历 10 月 3 日）〕孔子生，笔者借此挑战任一政协委员，任一“权威部门”：谁敢应对“9 月 28 日”孔诞之“杜撰”诘难？笔者洗耳恭听，拭目以待。

〔载 2006 年 8 月 29 日自刊《余修文稿》辑三〕

也谈“孔子诞辰2557年”之“错”

——以与记者周毅、专家江晓原商榷

叶小草

上海《文汇报》2006年10月4日刊载记者周毅讯文《孔子诞辰2557年？算错了——江晓原教授投书本报指出纪念日有误》：“9月28日在山东曲阜举办的‘海峡两岸同祭孔子诞辰2557年’纪念活动”，“上海交通大学科技史专家江晓原……指出这个纪年日犯了一个常识性的计算错误。他说：此‘2557’之数，是根据孔子诞辰为公元前551年9月28日计算而来的；如果依据这一日期，那么这一天应该是孔子诞辰2556周年。”倘果孔子生于“公元前551年9月28日”，则2006年9月22日纪念“孔子诞辰2556周年”准确无误〔叶按：公元1582年10月4日以前使用儒略历，公元前551年9月28日（即儒略历日）减去6日历差（置闰有别）方与今行公历（即格里历）纪日相合，延至“28”日，已逾周年纪日6天矣〕；“2557年”不与“2557周年”同量，自公元前551年至公元2006年累计“2557年”亦为准确无误。“年”以事物经历世年为计，是谓人之行年——有以2005年12月31日生者，至其次日—2006年1月1日，已为“两岁”（行“年”有二：2005年、2006年）矣。“周年”乃事物发生时刻至其周而复始之次年相同时刻，方谓其为“一周年”纪日。行年累计时间“线”之延续，周年记数时刻“点”之跨越，于“此‘2557’之数”，万万不可“年”与“周年”同量而语。“诞辰”者，本乃胎儿娩出母体独立为婴之时刻，其“‘2557’之数”，不要说是年、月、日，就是时、分、秒之量，亦是显非可能得以为计也；所谓“诞辰2557年”，显见行文语病。是其“孔子诞辰2557年”之“错”，错在行文，并非仅此‘2557’之数”算“错”也；倘以“‘2556’之数”替换行文，改作“诞辰2556年”依然病句也。未详“海峡两岸”文媒，何不同祭“孔子2557年诞辰”（孔子降生第2557年之“诞辰”纪念日）？

讯文引录书文释解“诞辰2556周年”有谓：

“道理非常简单：2006年的孔诞年份=2006+（551−1）=2556（年）；任何公元前某年发生的事件，到现今的周年数，都应该按照此法计算。因为在全世界通用的纪年规则中，从‘公元前’到‘公元’之间，并不存在一个‘公元0年’，所以公元前的年数必须减去1。”举例来说，假定某人生于公元前1年9月28日，他1周岁那天，纪年到了公元1年9月28日，试问此人这天几周岁？当然不能将它算作2周岁，因为正确的算法是：1+（1−1）=1年。”

所见，书文、讯文俱多纰缪，确当论列是非以正视听。“孔诞年份”四字为文，无非当指孔子诞生的具体年代（亦即孔子哪年出生），而“2006年的孔诞年份”表述，委实有令笔者不才语文教师如步云里雾中——如何“=2556（年）”？及见“任何公元前某年发生的事件，到现今的周年数，都应该按照此法计算”，方悟其所谓“孔诞年份”，本意“孔子诞辰的周年数”，却也终不得解——何又量之以谓其“（年）”？笔者以为，讯文其列所谓“孔子诞辰”周年算式，确当如下列算：公元前551年10月4日（襄廿二年十月庚子）的公元2006年9月28日周年数=551-1+2006=2556（周年）。然却之所以要“551-1”者，生之当年（前551年）不足周年，生之第二年方可求得周年数“1”，是从生年之数“551”中减去当年入计之年数“1”，自前550年始作入计周年之数也。此间，万勿信从一个什么“从‘公元前’到‘公元’之间，并不存在一个‘公元0年’”的所谓“因为”妄语也；“公元前”即“公元”以前，“元”继“前”续，接连无缝，天下无人而能寻出“之间”也。自有人类以来，只有纪元元年，从未耳闻有人“神力”创造纪元“0年”，更何从遑论天方夜谭之“公元0年”耶？倘若果存“公元0年”，岂不“公元0年”与之“公元前”间尚需补上“公元前0年”；否则有“元0年”而无“元前0年”，岂不“元0”、“前1”瘸腿焉？另外，到了“他1周岁那天”，还要“试问此人这天几周岁”，是否语言“逻辑”上的抵牾，亦太过了点？真不知道，前2年9月28日生者必至前1年9月28日方满一周岁、前1年9月28日生者必至元1年9月28日方满1周岁、元1年9月28日生者必至元2年9月28日方满1周岁的计量，如何而能涉足什么劳什子的“公元0年”？“举例”

所谓“正确的算法”之“1+（1-1）=1 年”实当正列算式：1（“公元前 1 年”之纪年数“1”）－1（不当计入周年之生年数“1”）+1（公元 1 年 9 月 28 日已满周年之纪年数“1”）=1（周年）。昔曾试列《年数计算公式表》，今且录以助辨：

公元纪年	年(岁)	周年(周岁)	
		止年月日早于始年月日	止年月日同、晚于始年月日
公元前	始年数－止年数+1(止年)	始年数－1(始年)－止年数	始年数－止年数
前—公元	始年数+止年数	始年数－1(始年)+止年数－1(止年)	始年数－1(始年)+止年数
公元	止年数－始年数+1(始年)	止年数－1(止年)－始年数	止年数－始年数

注：“始年数－止年数”本为“始年数－1(始年)－止年数+1(止年)”之省略。

表中“－1（始年）”者，生之年不周生日；“－1（止年）”者，卒之年未足生日；“+1（始年）”者，本不当减生之年；“+1（止年）”者，本不当减卒之年。借览《式表》，可助明断：凡所公元纪年加一、减一之算，皆不可能涉及子虚乌有之什么所谓“公元 0 年”。

另：㈠讯文“《春秋公羊传》、《春秋谷梁传》和《史记》中对孔子的生辰记载有出入，本来就没有解决，历来有‘圣人寿数不明’的浩叹”显见失实，唐人司马贞《索隐》明断汉人《史记》孔子生年乃“盖以‘周正十一月’属明年，故误也”，近人董作宾《孔子生年考》谓之“这是非常合理的解说”，今人金友博 1997 年香港学术会议更有《〈史记〉“‘孔子生’年”

索源》“《史记》之于孔子生卒，必源三传《春秋》无疑”之详考确论，何谓“本来就没有解决”？讯文而外，未闻尚有故意称言“没有解决”者；至于权势举措，那确实不在“学术”解决范畴。“圣人寿数不明”之语不知讯文援引何处，通行本《〈史记〉索隐》载“经、传生年不定，致使孔子寿数不明”〔叶按：“经、传”当为“经、史”之讹〕，然，司马贞既有前文“属明年，故误”之断，此又何言“不定”？前于“孔子生”言“后序孔子卒，云‘七十二’岁，每少一岁也”已然误记“七十二”岁，此卒《索隐》前句“若孔子以鲁襄二十一年生，至哀十六年为七十三；若襄二十二年生，则孔子年七十二”顺误自计“每少一岁”，故于经、史“廿一、廿二”、“七三、七二”发此慨叹，并非本意悖言“不定”，继而真谓“不明”也。即使（纯属假设）有为司马贞诚意感叹，亦止唐季一人言耳，何出“历来有”之冠语？其实，清人江永《乡党图考》一句“先儒考核不精，使圣师生卒年月日不明”，已然确断矣。㈡日食、孔诞二事同载公、穀本《春秋》襄廿一年，不当解作“孔子出生当年有日食发生这一记载”；虽是日食发生可经科学验证，却也无以评断孔子出生其时与否，欲明孔诞，尤需天文学外大做学问也。㈢建议“将纪念孔诞2558周年仪式放到10月9日举行”，当其说者未明公历（即格历）之每年10月9日实乃公元前552年10月15日（儒历）之周年纪念日也；期间之6日历差，实在是无论如何不可忽略也。

其实，大可不必“惊讶于有关部门和这么多媒体都没有发现这样一个错误”，大陆文化媒体所见“错误”，诸如年与周年不分，岁与周岁不别，专业职务增补“副高”级，二〇〇六年以为“二零零六”年，一九九〇年代非要“二十世纪九十”年代，以及“最……之一”、“享年……岁”……视听音像、街市告语、书报刊文，举目竖耳即是。依据奥地利天文学家奥波尔子1887年《日月食典》计算出的“公元前1208年至公元2161年间的8000次日食”中鲁襄公二十一年九月庚戌朔（一日）日食公元纪年（前552年8月20日），即可轻易算出同年十月庚辰朔庚子（二十一日）孔子诞辰公元纪年日期（8月20日加30日为十月庚辰朔9月19日，再加20日即为庚子10月9日）；仅据笔者所知，依据《春秋》载记鲁襄二十一年九月庚戌朔日食“这一重要天文现象精确回推计算，得出结论：孔子诞辰为公元前552年10月9日”者，至迟见于董作宾1939年《孔子诞辰之考定兼论改为国历问题》，其后不以“襄廿一年十月庚辰朔庚子”孔诞为史如张培瑜者，亦是不无确认其历纪乃为前552年10月9日也，何待今之“江晓原教授”，再于“1999年7月10日”（6月23日《文汇报》已刊前讯）发明“天文学方法”，“回推计算，得出结论”耶？

既然先秦文献穀梁、公羊、左氏三传《春秋》确载孔子生、卒年月日，自汉末谶言至今世难语，无一而能撼岿，自是认从孔子鲁襄公二十一年（周灵王二十年）十月庚辰朔庚子二十一日〔公元前552年10月9日（合今公历10月3日）〕诞辰，允为人间正道；如此，则2006年（孔子2558年）10月3日纪念其“诞辰2557周年”，既符以往纪典，又合原始文献矣。是愿天下有识，不再讳疾忌医，坦荡以纪孔子诞辰。

不管怎样说，江晓原与《文汇报》，如此这般累次三番张扬公元前 552 年 10 月 9 日孔诞真辰，笔者除其笔辩不实，亦愿诚意示谢。

〔载 2007 年 9 月 17 日自刊《余修文稿》辑四〕

司马迁生卒与“书序”搁笔

林叶蓁

今曰《史记》者，历世二千余载也，盛赞之声如雷贯耳，誉称之笔连篇累牍；甚而，“纪念司马迁诞辰 2140 周年”之于去岁，会议冠称“国际学术”、报章颂扬“时代精神”。司马迁“书序”之于其“时代精神”本文无意探讨，惟愿权就司马迁及其“书序”史实试作考辨，以求发聩今“时”今“代”之“学术精神”。

一、司马迁生年

《史记·太史公自序》载：“迁生龙门，耕牧河山之阳。年十岁则诵古文。二十而南游江、淮，上会稽，探禹穴，窥九疑，浮于阮湘；北涉汶、泗，讲业齐、鲁之都，观孔子之遗风，乡射邹、峄；戹困鄱、薛、彭城，过梁、楚以归。于是迁仕为郎中。〔按：中华书局标点本以为‘于是……还报命’显误，此改‘，’

为‘。’。〕奉使西征巴、蜀以南，南略邛、笮、昆明，还报命。是岁天子始建汉家之封，而太史公留滞周南，不得与从事，故发愤且卒。而子迁适使反，见父于河洛之间。”[1]“二十而南游……；北涉……；戹困……以归”本如“奉使西征……，南略……，还报命”，只为一句话；南游、北涉至“以归”皆为司马迁二十岁之游历也。以为司马迁“壮游”数载之说，诚少史据。司马氏虽“财赂不足以自赎”死罪，却亦世为“太史”，总不至缺车少马，何度其必为“徒步”之游？不过虚龄二十之青年一次私游，何致数年之久；以为此游“网罗天下放失旧闻”之“目的明确”，不过誉美之辞而已。须知，“请悉论先人所次旧闻”乃后时谈终遗嘱而迁之应誓语也；其“网罗天下放失旧闻”更是迁之《报书》言也。倘为此游数载，文当有见“二十‘始’南游……”；而今“二十而”者，止谓“二十”之游也。后言“于是迁仕为郎中”，亦当其年后事；或有推延，亦非间年，否则无以“于是”也。“奉使西征……，南略……，还报命”，裴骃《集解》：“徐广曰：‘元鼎六年，平西南夷，以为五郡。其明年，元封元年是也。’”[1]其言有信，可引《汉书·武帝纪》证之：元鼎六年“春……驰义侯遗兵未及下，上便令征西南夷，平之。遂定越地，以为南海……儋耳郡。定西南夷，以为武都……文山郡。”元封元年“夏四月癸卯，上还，登封泰山，降坐明堂。”[2]

《汉书·司马迁传》载：“迁既被刑之后，为中书令，尊崇任职。故人益州刺史任安予迁书，责以古贤臣之义。迁报之曰：‘少卿足下，曩者辱赐书，教以慎于接物，推贤进士为务，意气勤勤恳恳，若望仆不相师用，而流俗人之言。……书辞宜答，会东从上来；又迫贱事，相见日浅，卒卒无须臾之间得竭指意。今少卿抱不测之罪，涉旬月，迫季冬，仆又薄从上上雍，恐卒然不可讳。是仆终已不得舒愤懑以晓左右，则长逝者魂魄私恨无穷。请略陈固陋。阙然不报，幸勿过。……仆赖先人绪业，得待罪辇毂下，二十余年矣。”[3] 迁书所报者，益州刺史任安也。《史记·田叔传》载褚先生曰：“臣为郎时闻之曰‘田仁故与任安相善’。……武帝……使任安护北军，使田仁护边田谷于河上。此两人立名天下。其后用任安为益州刺史，以田仁为丞相长史。……其后逢太子有兵事……是时任安为北军使者护军，太子立车北军南门外，召任安，与节令发兵。安拜受节，入，闭门不出。……武帝曰：‘是老吏也，见兵起事，欲坐观成败；见胜者，欲合从之；有两心。安有当死之罪甚众，吾常活之；今怀诈，有不忠之心。’下安吏，诛死。”[4] 郦道元《水经注·江水一》：“太初四年，益州刺史任安城武阳。”[5] 则任安至迟于太初四年已任益州刺史。《汉书·武帝纪》载：征和二年秋“七月……壬午，太子与皇后谋斩充，以节发兵与丞相刘屈氂大战长安，死者数万人。……八月辛亥，太子自杀于湖。”[6] 于太子兵事“坐观成败”，确谓“不测之罪’；然“安有当死之罪甚众，吾常活之”，安知任安不为另获“不测之罪”？其“曩者辱赐书”之“曩者”，当为“前时”之意；倘为间隔有年之复，当书“上年”、“前岁”、“曩载”，此言“曩者”，恰当其年日久之语也！《史记·荆轲传》载：“荆轲尝游过榆次，与盖聂论剑，盖聂怒而目之。荆轲出，人或言复召荆卿。……使使往之主人，荆卿则已驾而去榆次矣。使者还报，盖聂曰：‘固去也，吾曩者目摄之！’”

[7] 盖聂之言“曩者”，谁解其为“隔年”？任安之死，诚因获罪“拜受节”而“闭门不出”之“有两心”也；其时任安已为“北军使者护军”（或正前此“不测之罪”所致易职也），当析“故人益州刺史任安予迁书，责以古贤臣之义。迁报之”，先于“太子有兵事”之征和二年。

《史记·太史公自序》续谈卒载：“卒三岁而迁为太史令……五年而当太初元年……于是论次其文。七年（《集解》：徐广曰：‘天汉三年。’《正义》案：从太初元年到天汉三年，乃七年也。）而太史公遭李陵之祸（《正义》：‘太史公举李陵，李陵降也。’），幽于缧绁。”[8]《汉书·李陵传》载：“天汉二年……诏陵：‘以九月发，出遮虏鄣……。’陵于是将其步卒五千人出居延，北行三十日至浚稽山止营……韩延年战死。陵曰：‘无面目报陛下！’遂降。……上欲陵战死，召陵母及妇使相者视之，无死丧色。后闻陵降，上怒甚，责问陈步乐，步乐自杀。群臣皆罪陵，上以问太史令司马迁，迁盛言：‘陵事亲孝，举士信，常奋不顾身以殉国家之急。……虽古名将不过也。身虽陷败，然其所摧败亦足暴于天下。彼之不死，宜欲得当以报汉也。’……上以迁诬罔，欲阻贰师，为陵游说，下迁腐刑。”[9] 李陵二年“九月”出征，其败降至早当在仲冬；“后闻陵降”，以迁“为陵游说”，记天汉三年“幽于缧绁”不妄。然《汉书》以为“上以迁诬罔……下迁腐刑”亦于其时，恐不为史。《汉书·司马迁传》载迁报书有言：“以为李陵素与士大夫绝甘分少，能得人之死力，虽古名将不过也。身虽陷败，彼观其意，且欲得其当而报汉。事已无可奈何，其所摧败，功亦足暴于天下。……适会召问，即以此指推言陵功，欲以广主上之意……明主不深晓，以为仆沮贰师，而为李陵游说，遂下于理。”其后方见所语“因为诬上，卒从吏议。家贫，财赂不足以自赎，交游莫救，左右亲近不为壹言。身非木石，独与法吏为伍，深幽囹圄之中，谁可告愬者！……李陵既生降，隤及家声，而仆又茸以蚕室，重为天下观笑。”[10]以迁“推言陵功”罪其“欲阻贰师，为陵游说”，“遂下于理”可行；却“以迁诬罔”，罪据“身虽陷败，彼观其意，且欲得当而报汉”即“下迁腐刑”难成其理。“诬罔”死罪，虽理狱不可轻断也；观迁自言“李陵既生降，隤及家声，而仆又茸以蚕室”，必当其言得验之时。恰见《前汉纪》有载：“上以迁欲阻贰师，为陵游说；后捕得匈奴生口，言‘陵教单于为兵法’，上怒，乃族陵家而下迁腐刑。”[11]《汉书·李陵传》载：“陵在匈奴岁余，上遣因杅将军公孙敖将兵深入匈奴迎陵。敖军无功还，曰：‘捕得生口，言李陵教单于为兵以备汉军，故臣无所得。’上闻，于是族凌家，母弟妻子皆伏诛。陇西士大夫以李氏为愧。”[12]《汉书·武帝纪》载：天汉“四年春正月，……。发天下七科谪及勇敢士，遣贰师将军李广利将六万骑、步兵七万人出朔方，因杅将军公孙敖万骑、步兵三万人出雁门……敖与左贤王战不利，皆引还。……秋九月，令死罪人（入）赎钱五十万减死一等。”[13]所见，司马迁李陵祸事行刑，诚当天汉四年事；或更其年“秋九月”赎钱减死令后之事。

“书辞宜答，会东从上来”当谓从上幸东将归，适迁得安来书；“东从上来”者，诚如今之民谣“南来的大雁，北去的风”及成语“南来北往”，所言由东归来（彼东此西）也。归来长安

“又迫贱事”（迁贬“中书”职事）而“相见日浅”，以致“卒卒无须臾之间得竭指意”。又“涉旬月，迫季东，仆又薄从上上雍”，所见自太始元年至征和元年武帝幸事，惟太始四年方如其行也——《汉书·武帝纪》载：太始“四年春三月，行幸泰山。……夏五月，还幸建章宫，大置酒，赦天下。……冬……十二月，行幸雍，祠五畤，西至安定、北地。”[14] 迁之行刑天汉四年九月后，则“迁既被刑之后，为中书令”自不早于太始元年；其后二三载“尊崇任职”，方致“故人益州刺史任安予迁书，责以古贤臣之义”。至少任职其年，无以称言“尊崇任职”，无由笔函“责以古贤”；迁亦不至凄笔辩白，再而以文获罪。

迁果太始四年报安书，逆至元鼎六年“奉使西征”，已为入仕十九年矣；报书又言“仆赖先人绪业，得待罪辇毂下，二十余年矣”，则当“于是迁仕为郎中”不出元鼎年间（“二十余年”之汉语习惯，当近“二十”而远“三十”）矣。

《史记·太史公自序》“卒三岁而迁为太史令”下司马贞《索隐》：“《博物志》：‘太史令茂陵显武里大夫司马迁，年二十八，三年六月乙卯除，六百石。”[8] 迁以郎中奉使西征，“还报命”于“天子始建汉家之封”其岁，途逢父卒；此《索隐》“三年”者，父谈卒三岁之元封三年也。迁“年二十八”于元封三年（$\overline{108}$）[15] 就任太史，则知其二十六岁失父、二十五岁奉使西南及元鼎元年（二十岁 $\overline{116}$）游涉南北始仕郎中（或为仕于次年），其生则于建元六年（$\overline{135}$）无误矣。自迁太始四年（$\overline{93}$）报书逆至元鼎元年始仕郎中，已历仕途二十四载，恰如迁书自言“仆赖先人绪业，得待罪辇毂下，二十余年矣”。亦见《史记·太史公自序》“五年而当太初元年”下张守节《正义》之“案：‘迁年四十二岁’”[8]，诚当“三十二岁”之误：太初元年（$\overline{104}$），自建元六年始，正历三十二载。倘为“四十二岁”，则其元朔三年（$\overline{126}$）为郎，即或仕于次年，至太始四年已为三十又三年矣，岂不大谬“二十余年”也！且若太初元年“四十二岁”，岂不迁之五十三岁报书言其元封元年三十六岁丧父为“早失二亲”？惟其四十三岁语指二十六岁“未立”之年已丧二亲为“早失”，方见入之情理也。

《史记正义·论注例》无言一字司马贞及其《索隐》，今谓《正义》“修订”《索隐》而“纪念司马迁诞辰2140周年”，诚欠审慎矣。

二、司马迁之死

《汉书·司马迁传》只载“迁既死后，其书稍出”[16]，未作详明迁卒。《史记·太史公自序》裴骃《集解》按：“卫宏《汉书旧仪注》曰：‘司马迁作《景帝本纪》，极言其短及武帝过，武帝怒而削去之。后坐举李陵，陵降匈奴，故下迁蚕室。有怨言，下狱死’。”[17]世人多以《汉仪注》另语有失而舍之，笔者以为不当轻舍；《史记》一书违史、抵牾颇多，然却无以概否之。至今所见文献，（晋葛洪《西京杂记·卷六》几近同语不计）其为唯一迁卒史料；无寻作否文献、不得另据史料，惟当取之为凭。迁之报书通篇鸣冤愤懑之言，更其“明主不深晓，以为仆沮贰师，而为李陵游说，遂下于理”、“固主上所戏弄，倡优畜之，流俗之所轻也”[18]直刺“主上”之语跃然纸上；“罔上”之言腐刑代死，“刺上”之书岂容再活焉！“司马迁作《景帝本纪》，极言其短及武帝过，武帝怒而削去之”虽不得证，然其“缺书”岂不实哉（《汉书·司马迁传》固言迁书“而十篇缺，有录无书。”颜师古注：“张晏曰：‘迁没之后，亡《景纪》、《武纪》、《礼书》、《乐书》、《兵书》、《汉兴以来将相年表》、《日者列传》、《三王世家》、《龟策列传》、《傅靳列传》。元、成之间褚先生补缺，作《武帝纪》,《三王世家》，《龟策》、《日者传》，言辞鄙陋，非迁本意也。”[19]《三国志·魏·王肃传》载：“汉武帝闻其述《史记》，取孝景及己《本纪》览之，于是大怒，削而投之。于今此两纪有录无书。后遭李陵事，隧下迁蚕室。”[20]）！“后坐举李陵，陵降匈奴，故下迁蚕室”更其于史，何违之有；今人谁可论证，“有怨言，下狱死”不为迁终？于《史记·太史公自序》之司马贞《索隐》述赞“报任投书，申李下狱。惜哉残缺，非才妄续”[21]，可说无佐迁其“下狱死”否？迁之报书得以转录汉史，或其正为迁之狱死“罪证”而得存焉。倘言迁非“狱死”，实当日后待出另据。

《后汉书·蔡邕传》虽载王允之言“昔武帝不杀司马迁，使作谤书，流于后世”[22]，然却裴松之所注《三国志》之语“谓孝武帝应早杀迁，此非识者之言。但迁为不隐孝武之失，直书其事耳！何谤之有乎”[23]，更不为妄。李贤“司马迁著书，成一家之言。至以身陷刑，故微文刺讥，贬损当世，非谊士也”[22]之《后汉书》引《班固集》注语，今见《文选·典引》班固实文：“昭因曰：‘司马迁著书，成一家之言，扬名后世；至以身陷刑之故，反微文刺讥，贬损当世，非谊士也。'”[24] 其言诚如《汉书·司马迁传》“以迁之博物洽闻，而不能以知自全，既陷极刑，幽而发愤，书亦信矣”之颜师古注：“言其报任安书，自陈己志，信不谬。”[25] 虽“成一家之言，扬名后世”可谓所言“书序”，却“反微文刺讥，贬损当世”，有指“报书”也。迁之“书序”于李陵祸前“草创未就”而止，何谓“武帝不杀司马迁，使作谤书”也！当知王允之言，并非据史而论；不过误解前世书文，再作讹言耳。

迁以太始四年仲冬报书再狱，其死不于当年，亦当不逾其次。

三、“发愤”殃及书“成”

荀悦《前汉纪》“司马子长既遭李陵之祸，喟然而叹，幽而发愤，遂著史记”[11]，李贽《藏书》“《史记》者，迁发愤之所为作也”[26]，范文澜《文心雕龙注》“史迁为纪传之祖，发愤著书，辞多寄托。”[27] 虽见今以迁之“发愤著书”遍传，然据《史》、《汉》载文，却是无以取证其说。《汉书·司马迁传》“既陷极刑，幽而发愤，书亦信矣”，其言报安之书，不语“书序”之著也。李贽“迁发愤之所为作也”，不过曲引迁之报安书“大氐贤圣发愤之所为作也”[28]，然却迁指“《诗》三百篇”，非谓己之“书序”也。《汉书·司马迁传》：“于是论次其文。十（七）年而遭李陵之祸，幽于缧绁。乃喟然而叹曰：‘……。’退而深惟曰：‘……。’卒述陶唐以来，至于麟止，自黄帝始”[29] 之文，显见取于《史记·太史公自序》“于是论次其文。七年而太史公遭李陵之祸，幽于缧绁。乃喟然而叹曰：‘是余之罪也夫！是余之罪也夫！身毁不用矣。’退而深惟曰：‘夫《诗》《书》隐约者，欲遂其志之思也。’昔西伯拘羑里，演《周易》；孔子戹陈、蔡，作《春秋》；屈原放逐，著《离骚》；左丘失明，厥有《国语》；孙子膑脚，而论《兵法》；不韦迁蜀，世传《吕览》；韩非囚秦，《说难》、《孤愤》；《诗》三百篇，大抵贤圣发愤之所为作也。此人皆意有所郁结，不得通其道也，故述往事，思来者。’于是卒述陶唐以来，至于麟止，自黄帝始。”[30] 然迁之报书自言乃见：“古者富贵而名摩灭，不可胜记，唯俶傥非常之人称焉。盖西伯拘而演《周易》；仲尼戹而作《春秋》；屈原放逐，乃赋《离骚》；左丘失明，厥有《国语》；孙子膑脚，《兵法》修列；不韦迁蜀，世传《吕览》；韩非囚秦，《说难》、《孤愤》；《诗》三百篇，大氐贤圣发愤之所为作也。此人皆意有所郁结，不得通其道，故述往事，思来者。及如左丘明无目，孙子断足，终不可用，退论书策以书其愤，思垂空文以自见。仆窃不逊，近自托于无能之辞，网罗天下放失旧闻，考之行事，稽其成败兴坏之理，凡百三十篇，亦欲以究天人之际，通古今之变，成一家之言。草创未就，适会此祸，惜其不成；是，以就极刑而无愠色。”[28] 《自序》撰者改“退论书策以书其愤，思垂空文以自见”为“退而深惟曰：‘夫《诗》《书》隐约者，欲遂其志之思也’”移作前句，后引“西伯……思来者”全文，另组迁语，已为妄矣；更其曲解“仆窃不逊，近自托于无能之辞……成一家之言”，妄增“于是卒述陶唐以来，至于麟止，自黄帝始”之句，误世深矣！须知，迁之所言“仆窃不逊，近自托于无能之辞……成一家之言”，下语

“草创未就，适会此祸，惜其不成”，所托“无能之辞”全于祸前事也。“于是卒述”之语，实乃千古惑世笔也！班固《汉书》自录报书不察，更其憾也！

迁之报书续曰：“仆诚已著此书，藏之名山，传之其人通邑大都，则仆偿前辱之责；虽万被戮，岂有悔哉！然此可为智者道，难为俗人言也。”[28] “诚”之语义虽多副词，却非皆为肯定、疑问之用，诚其不乏“由前义引申，于假设时用之”[31]也。《孟子·梁惠王上》“诚如是也，民归之。”[32] 《史记·张耳传》“诚听臣之计，可不攻而降城……良诚能反赵为秦，赦良罪，贵良。”[33] 《史记·秦本纪》“诚得立，请割晋之河西八城与秦。”[34] 今以“诚……则……”用之，则更“假设”无疑。《管子·幼官》“举机诚要，则敌不量”[35]。《史记·荆轲传》“诚得劫秦王，使悉反诸侯侵地……则大善矣”[36]。《史记·吴王濞传》“大王诚幸而许之一言，则吴王率楚王……距汉兵。”[37] 正是“惜其不成”，方言“是，以就极刑而无愠色”；正是“草创未就”，方语“仆诚已著此书……虽万被戮，岂有悔哉！然此可为智者道，难为俗人言也。”亦正是仅为笔志，方见“今虽欲自雕瑑，曼辞以自解，无益；于俗不信，只取辱耳。要之死日，然后是非乃定”[38]之语。虽是“肠一日而九回，居则忽忽若有所亡，出则不知所如往。每念斯耻，汗未尝不发背沾衣也”[38]，然却“所以隐忍苟活，函粪土之中而不辞者，恨私心有所不尽，鄙没世而文采不表于后也”[39]，“故且从俗浮湛，与时俯仰，以通其狂惑。”[38] 迁之“报书”，明明白白得见“未就”、“不成”，未详后世何据断其“诚已著此书”，甚憾！

报书“近自托于无能之辞……成一家之言”于“适会此祸”之前言“近”，却“今虽欲自雕琢”，“今少卿乃教以推贤进士”[38]，“今交手足，受木索……幽于圜墙之中”[18]，报书、来书、祸狱其事，“此祸”后事皆“今”；报言数千，无字及“续”，其后则更怨言狱死，当知迁于“草创”未及一字续笔。刑余就任中书令，无乃“宦官”之职；当是久居禁中之人，何得再笔“书序”哉！《史记·孝武本纪》记事，止笔天汉三年初，《史记·杜周传》未载太始二年杜氏卒（《汉书》之《武帝纪》《百官表》皆记），当已佐证天汉三年迁之祸狱搁笔。再观《史记》之侯者《表》，所载天汉三年已知卒者，概以“侯”称，天汉三年尚在世者，皆谓“今侯”；如：[40]

《史记》：《建元以来王子侯者年表》《建元以来侯者年表》	《汉书》：《王子侯表》《景武昭宣元成功臣表》
扶浸　侯刘昆吾　(1109)	挟术侯昆景　天汉元年薨(471)
轪谡　侯胜　(1056)	天汉二年薨(660)
山　侯刘国　元朔四年(1102)	山原侯　二十七年薨(天汉二年)(465)
涵清　侯朝鲜尼溪相参　(1055)	天汉二年坐匿朝鲜之虏下狱病死(659)
广望　侯刘安中　元朔二年(1082)	广望节侯忠　三十年薨(天汉三年)(445)
常乐　今侯广汉　(1043)	太始元年薨(650)
云　今侯岁发　(1103)	云夷侯　太始二年康侯遂嗣(465)
牟平　今侯奴　(1103)	牟平共侯　太始二年敬侯更生嗣(466)
平望　今侯楚人　元狩三年(1076)	平望夷侯　二十六年薨(太始三年)(439)
张梁　今侯顺　(1075)	张梁哀侯　征和三年为奴所杀(438)

虽迁时笔无意，却今卒成大证矣！例表当见：迁之“书序”搁笔，最早天汉三年、最迟太始元年，且更绝无其后续笔；既陵天汉二年北降，迁于三年下狱、四年受刑，则其“草创”之笔必当绝于天汉三年下狱之前。比照史载迁文，笔者敢信：此断，确不可易。

四、司马迁何尝《自序》

今本《汉书·司马迁传》一句“第七十，迁之自叙云尔”[19]，竟使世人不疑《史记·太史公自序》之虚；“太始公自序”其言恰非迁语，不过撰者恭谓而已。不仅“太史公自序”五字显见他人书撰，且如“于是迁仕为郎中”，“太史公执迁手而泣曰”[41]，“迁俯首流涕曰”[41]，“卒三岁而迁为太史令”，“七年而太史公遭李陵之祸”，更岂见一语迁笔？世间人云亦云若此实令天公为憾！迁于天汉三年始，下狱、宫刑、宦职，未见其言续笔一字，今显“自序”多录死前报书之文（“退而深惟曰”句外，尚见“网罗天下放失旧闻”、“天人之际”、“成一家之言”及“藏之名山”诸语），世人早当疑其“自序”之“真”。更“太史公曰：‘余闻……’”[42]、“太始公曰：‘余述……’”[17]，已明示“太史公曰”与“余闻”、“余述”非为一人之语也。倘为迁笔“自序”，诚当直语“先人有言……”，何当“太史公曰：‘先人有言……’”[43]之“太史公曰”废笔？先人名字实乃古之小子大忌，迁者何意，“喜生谈，谈为太史公”直书先人名号以文；倘为其句迁语，必当如“祖喜生父谈，父为太史公”以书。若以“太史公……有子曰迁”亦为迁语，实在不免荒唐；什么人会宁称某人之子为己名，却不称其人为己父？“自序”通篇祖不称祖、父不称父，何见可为迁笔自书？唯一“见父于河洛之间”，又为续之上语“而子迁适使反”[41]；更何人胆断，“子迁”之称亦为迁之自语？外祖谓“公”，外曾祖亦“公”，实当迁之外孙恽之称也。“子迁”者，谈之子也。倘若迁之自文，当解迁之“子迁”有见迁之“父”谈于河洛也；岂是迁亦“有子曰迁”乎？“子迁”“见父”，当是迁见父，而言“子”者，必为他人语也。此句绝非迁语，明矣！卷题倘解“太史公”之“自序”，则全文“太史公曰”也，何以文中再笔“太史公曰”数见？若今引为：太史公曰：“太史公曰：‘……’”，谁人得见其—“入情入理”也？更“太史公仍父子相续纂其职”[44]句，绝非谈迁父子其一有为言也。倘为“自序”，其文皆当“一称”述笔；而文“余”称凡见一十有三，概冠“太史公曰”转以“三称”行文，当明其文笔叙，诚非父子“太史公”所自为也。其实“太史公自序”非但不为司马迁书笔，亦非整理迁稿者假托之笔，其篇记文题冠“太史公自序”而内数“太史公曰”，则无意假托明矣；其书宏卷，整理执笔亦显才智，断不致意欲假托而又败笔若此。记文初谈“太史公”，续迁“太史公”，断非“自序”笔也；何人尊父其称，又为冠己之谓也！其职太史令前曰“迁”，诚如今之笔者此文述“迁”，“三称”之谓甚明。以笔者观之，所谓“太史公自序”，不过今之书文“后记”；迁之“书序”整理之人不假前功，欲示非“太史公曰”亦为其笔，故特作申明：其书乃为“太史公自序”也。卷末尾语“凡百三十篇，五十二万六千五百字，为太史公书序。略以拾遗补艺，成一家之言；厥协六经异传，整齐百家杂语。藏之名山，副在京师，俟后世圣人君子”[44]，佐证整理者谓之“太史公自序”，堪谓足矣。

五、杨恽恭笔“太史公”

至今以为《史记》一书撰人，当然司马迁者甚众；致以“太史公”称，亦为迁者自谓。然见今存《史记》，无论如何也难以有就其载汉语文字，得窥司马迁执笔之据；真是人人言殊。笔者略涉《史记》，参阅《汉书》，但见：司马谈筹划、司马迁草创、杨恽整理，后经褚少孙补撰而得今传。倘以“太史公曰”亦为司马迁笔，恐怕不为其实。《史记·十二诸侯年表》“太史公读《春秋历普谍》，至周厉王，未尝不废书而叹也。曰：……是以孔子明王道……兴于鲁而次《春秋》……七十子之徒口受其传指，为有所刺讥褒讳挹损之文辞不可以书见也。鲁君子左丘明惧弟子人人异端……故因孔子史记具论其语，成《左氏春秋》。铎椒为楚威王傅，为王不能尽观《春秋》，采取成败，卒四十章，为《铎氏微》。赵孝成王时，其相虞卿上采《春秋》……为《虞氏春秋》。吕不韦者……删拾《春秋》……为《吕氏春秋》。及如荀卿、孟子、公孙固、韩非之徒，各往往捃摭《春秋》之文以著书，不可胜纪。汉相张苍历谱五德，上大夫董仲舒推《春秋》义，颇著文焉。太史公曰：儒者断其义，驰说者骋其辞，不务综其终始；历人取其年月，数家隆于神运，谱谍独记世谥，其辞略，欲一观诸要难。于是谱十二诸侯”[45]，不但“太史公读”

述语有当不为迁笔，且“儒者断其义……”紧续上文“颇著文焉”而议，倘为断笔“太史公曰”，所论“其”者何谓哉！倘若迁笔“太史公读”而“曰”，更无后再“太史公曰”之理。显其“太史公曰”，恽笔整理所加也。《史记·六国年表》：“太史公读《秦记》，至犬戎败幽王，周东徙洛邑，秦襄公始封为诸侯，作西畤用事上帝，僭端见矣。……秦既得意，烧天下诗书，诸侯史记尤甚，为其有所刺讥也。诗书所以复见者，多藏人家，而史记独藏周室，以故灭。惜哉！惜哉！独有《秦记》，又不载日月，其文略不具。然战国之权变亦有可颇采者，何必上古。秦取天下多暴，然世异变，成功大。传曰：‘法后王’，何也？以其近己而俗变相类，议卑而易行也。学者牵于所闻，见秦在帝位日浅，不察其终始；因举而笑之，不敢道。此与以耳食无异。悲夫！余于是因《秦记》，踵《春秋》之后，起周元王，表六国时事，讫二世；凡二百七十年，著诸所闻兴坏之端。后有君子，以览观焉。”[46] 前“太史公读《秦记》”，后“余于是因《秦记》……表六国时事”，则“读”者“太史公”，“表”者“余”也；然，“因《秦记》”者，实当“读《秦记》”者也。既“余”即“太史公”，照仿他卷则“秦既得意”之前，必当有冠“太史公曰”；今其无，恽笔整理疏漏明鉴也。且“太史公读《秦记》，至……僭端见矣”显见语气不合，“太史公读《秦记》，至……”当接“有见僭端”，今“僭端见矣”，实当其前“余读《秦记》，至……”也。至此当知，“太史公读《秦记》”当为恽修迁稿“余读《秦记》”也。

《汉书·司马迁传》载：“迁外孙平通侯杨恽祖述其书，遂宣布焉。”[16] 《史记·孝武本纪》“有司与太史公、祠官宽舒等议”，裴骃集解“太史公”：“韦昭曰：‘……《史记》称迁为太史公者，是外孙杨恽所称。’”[47] 王国维《太史公行年考》：“秦汉间人著书，虽有以‘公’名者，如《汉书·艺文志》，易家有《蔡公》二篇，阴阳家有《南公》三十一篇，名家有《黄公》四篇、《毛公》九篇；然此或后人所加，未必其所自称。则桓谭、张守节二说，均有所不可通。惟公书传自杨恽，公于恽为外王父，父谈又其外曾祖父也，称之为‘公’于理为宜；韦昭一说最为近之矣。自易‘令’为‘公’，遂滋异说。”[48] 本之迁语《今上本纪》，改记《孝武本纪》已是显见后人述笔；《本纪》尊语“太史公”代笔“太史令迁”或迁其自谓之“余”，更显后人修笔例证。未详世者，何致不以为然也。“太史公”不为官称，《史记·太史公自序》“迁为太史令”后皆尊“太史公”可证；“褚先生”不为人名，裴骃《史记集解》张晏语及司马贞《史记索隐》“褚先生名少孙”[49] [50] 可证；褚少孙补文亦书“太史公”，当知“太史公”者，概为执笔者尊谓恭称，无可置疑。《史记》自称之语卷卷皆冠“太史公曰”（偶有疏漏），倘非杨恽执笔，司马迁自书“太史公曰”，欲意何为？非但《史记·秦楚之际月表》之首语“太史公读秦、楚之际，曰：……”[51] 不得强充迁笔，更《史记·汉兴以来诸侯王年表》“太史公曰……臣迁谨记高祖以来至太初诸侯”[52]，断不可谓“太史公曰”亦能迁之自笔也。《汉书·司马迁传》明文“杨恽祖述其书”，“其书”后记《太史公自序》详记“五十二万六千五百字，为太史公书序”，则“太史公”者，诚见韦昭、王国维之论当。

六、子虚乌有《太史公书》

世人今以司马迁自拟“书序”之名《太史公书》而行之，其实非也。其书各卷“论赞”之语多见直以“余”、“吾”言之，整理者欲别，则以“太史公曰”冠之；然，虽作后记“太史公自序”，却亦几多太史公“序”文欠明，故以“五十二万六千五百字，为太史公书序”详之。今以“书序”二字间断句读，却亦不为其语“《太史公书》”之义；“五十二万六千五百字，为太史公书”，亦只当解“……篇……字”为“太史公”所书写。仅以“为太史公书”五字，或可有涵“《太史公书》”之解，然，“凡……篇……字，为太史公书”，断无“为《太史公书》”之解。即使改“为”作“曰”，确当解文“曰《太史公书》”；然今之全书又诚非仅止“五十二万六千五百字”也。今见“中华书局标点本为五十五万五千六百六十字，多出两万九千一百六十字”[53]，诚知其语“凡百三十篇，五十二万六千五百字，为太史公书”并非所谓“为《太史公书》”也，况本原文“凡……篇……字，为太史公书序”乎！且，“以拾遗补艺，成一家之言；厥协六经异传，整齐百家杂语。藏之名山，副在京师，俟后世圣人君子”，何谓之“序略”？岂为“俟后世圣人君子”者，仅此后记《太史公自序》之卷乎！

今传《史记》，初本无名，世于其称，不过随笔漫书。《汉书·杨恽传》“恽始读外祖《太史公记》，颇为《春秋》”[54]，《前汉纪》“司马子长既遭李陵之祸，喟然而叹，幽而发愤，遂著史记……为《太史公记》”[11]，应劭《风俗通义·皇霸·六国》“谨案《战国策》、《太史公记》，秦孝公据淆函之固”[55]；《风俗通义·正失·燕太子丹……》“谨案《太史记》，燕太子丹质于秦始皇”[56]，《风俗通义·正失·王阳能铸黄金》“谨案《太史记》，秦始皇欺于徐市之属”[57]；《前汉纪》“彪子固字孟坚……据太史公司马迁《史记》……著帝纪表志传为《汉书》，凡百篇”[58]，颖容《春秋例》“《史记》不识毕公文王之子，而言与周同姓”[59]；《汉书·艺文志》“《太史公》百三十篇。十篇有录无书。……凡‘春秋’二十三家，九百四十八篇。省《太史公》四篇”[60]，《后汉书·范升传》“升又上《太史公》违戾五经”[61]；《汉书·宣元六王传》“上疏求诸子及《太史公书》”[62]，《后汉书·班彪传》“若《左氏》、《国语》……《太史公书》”[63]，《后汉书·杨终传》“后受诏删《太史公书》为十余万言”[64]。以上所作略引诸称散乱，当见古之时尚不以为《史记·太史公自序》“凡百三十篇，五十二万六千五百字，为太史公书序”可如今解“为《太史公书》”；“长江后浪推前浪”，近世歧义发明以为《史记》自题“《太史公书》”有致广布，甚为憾。

悲夫！司马迁。既蒙“诟莫大于宫刑”之辱，苟活“粪土”之中，何惧故人“责”以“而流俗人之言”，大笔辩白教谬“私旨”以“舒愤懑”，受辱亦未负重，永住遗憾于世间！

历涉史卷绝少，偶得异解，即作放言；虽醒世意切情真，却语疏言失难免，诚乞教正，以止传讹。

注解:

［1］［4］［7］［8］［17］［21］［30］［33］［34］［36］［37］［41］［42］［43］［44］［45］［46］［47］［49］［50］［51］［52］中华书局 1982 年 10 月 2 版［1］十册 3292–5 页卷一百三十、［4］九册 2779–83 页卷一百四、［7］八册 2527 页卷八十六、［8］十册 3296–300 页卷一百三十、［17］十册 3321 页卷一百三十、［21］十册 3322 页卷一百三十、［30］十册 3300 页卷一百三十、［33］八册 2575–7 页卷八十九、［34］一册 187 页卷五、［36］八册 2531 页卷八十六、［37］九册 2826 页卷一百六、［41］十册 3293–5 页卷一百三十、［42］十册 3297 页卷一百三十、［43］十册 3296 页卷一百三十、［44］十册 3319–20 页卷一百三十、［45］二册 509–11 页卷十四、［46］二册 685–7 页卷十五、［47］二册 461 页卷十二、［49］二册 451 页卷十二、［50］二册 504 页卷十三、［51］三册 759 页卷十六、［52］三册 801–3 页卷十七。

［2］［3］［6］［9］［10］［12］［13］［14］［16］［18］［19］［25］［28］［29］［38］［39］［54］［60］［62］中华书局 1962 年 6 月［2］一册 188–91 页卷六、［3］九册 2725–7 页卷六十二、［6］一册 208–9 页卷六、［9］八册 2451–6 页卷五十四、［10］九册 2730 页卷六十二、［12］八册 2457 页卷五十四、［13］一册 205 页卷六、［14］一册 207 页卷六、［16］九册 2737 页卷六十二、［18］九册 2730–2 页卷六十二、［19］九册 2724–5 页卷六十二、［25］九册 2738 页卷六十二、［28］九册 2735 页卷六十二、［29］九册 2720 页卷六十二、［38］九册 2736 页卷六十二、［39］九册 2733 页卷六十二、［54］九册 2889 页卷六十六、［60］六册 1714 页卷三十、［62］一〇册 3324 页卷八十、

［5］［11］［55］［56］［57］［57］《影印文渊阁四库全书》，台湾商务印书馆国民七十二（1983）年 573 册 499 页卷三十三、303 册 338 页卷十四、862 册 357 页卷一、862 册 361 页卷二、862 册 365 页卷二、303 册

487 页卷三十。

[15] 据出土秦简汉帛，不证其时历纪“十月岁首”，是依夏正括注公元纪年。

[20] [23] 《三国志》，中华书局 1982 年 7 月 2 版二册 418 页卷十三、一册 180 页卷六。

[22] [61] [63] [64] 《后汉书》，中华书局 1965 年 5 月七册 2006-7 页卷六十下、五册 1229 页卷三十六、五册 1326 页卷四十上、六册 1599 页卷四十八。

[24] 〔南朝梁〕肖统编，上海古籍出版社 1986 年 8 月五册 2158 页卷四十八。

[26] 中华书局 1959 年 5 月三册 692 页卷四十。

[27] 卷四，转引自北京师范大学出版社 1986 年 3 月《历代名家评史记》41 页。

[31] 杨树达《词诠·卷五》，中华书局 1979 年 10 月 2 版 215 页。

[32] 《十三经注疏》，中华书局 1980 年 9 月《孟子注疏·卷一下》2670 页。

[35] 《百子全书》，浙江人民出版社 1984 年 5 月二册 1278 页卷三。

[40] 下表参阅施丁先生文《司马迁卒年考·（二）》而作，华中师范大学出版社 1986 年 8 月《中国历史文献研究》（一）97-9 页。

[48] 《王国维遗书》，上海古籍书店 1983 年 9 月二册《观堂集林·卷十一》7 页。

[53] 张大可《史记全本新注》，三秦出版社 1990 年 6 月四册 2203 页。

[59] 《太平御览·学部八·正谬误》，中华书局 1960 年 2 月三册 2776 页卷六一八。

（1996. 6. 13. 初稿）

〔载 1996 年 6 月 29 日自刊《研考》第 8 期〕

《杜周传》与“司马迁去世的时间”

叶小草

近读穆清亮《司马迁去世的时间》（1988年第四期《寻根》）一文，所见谬误颇多，试撰短文商榷之。

穆文以为，之所以《史记·杜周传》载其“捕治桑弘羊、卫皇后昆弟子刻深，天子以为尽力无私，迁为御史大夫”，系因“在汉昭帝元凤元年，即公元前八〇年，御史大夫桑弘羊与安阳侯上官桀、桑乐侯上官安等人追随燕王刘旦与鄂邑长公主谋反”〔按：此处穆文走笔者三：其时杜周已擢职“执金吾”，不为“原廷尉杜周”也；“逐盗”诚其上句文，无由引为“逐盗捕治桑弘羊……”；载本“桑弘羊、卫皇后”二人“昆弟”之“子”，如何言得“桑弘羊和他的昆弟子”?〕。读之，颇为惊骇：其杜周之“捕治”，如何得以后延，乃至元凤元年哉？《史记·汉兴以来将相名臣年表》天汉三年（前98—前97）司马贞《索隐》“御史大夫周”注“杜周也”，在《杜周传》“迁为御史大夫”下裴骃《集解》云：“徐广曰：‘天汉三年为御史大夫，四岁，太始三年卒。’”〔按：徐广注文有误，如天汉三年，‘四岁’当太始二年(前95—前94)〕《汉书·百官公卿表》则有详载：天汉元年“大司农桑弘羊，四年贬为搜粟都尉”；二年“故廷尉杜周为执金吾，一年迁”；三年“二月，执金吾杜周为御史大夫，四年卒。”《汉书·武帝纪》太始二年秋九月后，更见明文：“御史大夫杜周卒。”汉武帝太始二年杜周已卒，何能越世一十五载，至汉昭帝天凤元年（前80—前79）再而“捕治桑弘羊”也？且，其时杜周者，位仅“执金吾”，虽亦“秩中二千石”，却也不过“执掌京师治安”而已，如何“捕治”得了位列九卿之大司农桑弘羊也？正是杜周不私桑弘羊、卫皇后之权势，捕治二人昆弟之子“刻深”，方得“迁为御史大夫”，有以奉召缉鞫官吏为其职事一也。倘若穆先生稍于《史》、《汉》“传”外浏览“表”、“纪”，便知杜周卒后八年桑弘羊方于武帝临终受命御史大夫，又“桑弘羊为御史大夫八年”而“与上官桀等谋反，遂诛灭”焉；自当不致闹此杜周阴魂“捕羊”笑话矣。

“既然在司马迁《史记》中”未“能将发生在”穆文的“汉昭帝元凤元年即公元前八〇年的杜周‘捕治’桑弘羊追随燕王刘丹谋反案”写入《杜周传》，其所据结论——“司马迁不可能去世于公元前八〇年之前，而只能是在此案之后”，还不当冰融自化而为“乌有”吗？倒是《史记·杜周传》不载杜周“太始二年卒”(“纪”、“表”缺如)，或证其时司马迁，已然不存人世焉；至少尚可佐证者——杜周卒后，司马迁未尝修笔《史记》“草创未就”之稿。

〔载1999年第3期《淮阴师范学院学报》(哲社版)〕

径引后世“通史”宜慎

——澄清《史记》篡乱先秦史料的一桩憾事

叶小草

近读陈连敏先生《孔子的殷宋情节》(《孔子研究》2001年第4期)一文，有见如下载言：

《史记·孔子世家》：“孔子年十七（当为三十四），鲁大夫孟釐子病且死，诫其嗣懿子曰：‘孔丘，圣人之后，灭于宋。……吾闻圣人之后，虽不当世，必有达者。今孔丘年少好礼，其达者欤？吾即没，若必师之。’及釐子卒，懿子与鲁人南宫敬叔往学礼焉。”……

《孔子家语·观周》写孔子欲适周问礼于老聃，他的学生南宫敬叔游说鲁君，把孟釐子去世前对儿子说的话向鲁君重复了一遍……

一

“(当为三十四)”文不见诸本《史记》，当为陈文自注按语。

然却，陈文此“按”欠察。其文载序《史记·孔子世家》“鲁昭公之二十年，而孔子盖年三十矣”之先，如何孔子可得先年“三十四”而后“年三十”耶？且其引文所于《史记·孔子世家》后次文字明明白白：“是岁，季武子卒，平子代立。”《左氏传〈春秋〉》昭公七年，经载“冬十有一月癸未，季孙宿卒”，传记“十一月，季武子卒”；依《史记·孔子世家》之“鲁襄公二十二年而孔子生”，至昭公七年，孔子行年正值一十七。况且，更言“今孔丘年少好礼”乎！孔子《论语·为政》自言“吾十有五而志于学，三十而立”，何谓其“年少”之时“当为三十四”？汉许慎《说文解字》“立，住也。从大，立一之上”，宋徐铉注：“大人也”。是其《史记》时语孔子，断非“当为三十四”也。

这里，笔者无意庇护《史记》，只是不解引者：稍览中华书局标点本《史记》注释，即见唐司马贞《〈史记〉索隐》文字：“昭公七年《左传》云‘孟僖子病不能相礼，乃讲学之；〔其本原作‘，’〕及其将死，召大夫’云云。按：谓病者，不能礼为病，非疾困之谓也。至二十四年僖子卒，贾逵云‘仲尼时年三十五矣’。是此文误也。”倘知此，作者又何苦不去径引《〈春秋〉左传》原文（宋苏辙《古史·孔子列传》叙此，即舍《史记》而取《左传》焉），闹此不伦不类“添足”之笔！其实，《左氏传〈春秋〉》昭公七年载文：经“三月，公如楚”，传“三月，公如楚，郑伯劳于师之梁；孟僖子为介，不能相仪（晋杜预注：僖子，仲孙貜）。及楚，不能答郊劳”（杜注：为下“僖子病不能相礼”张本）；经“九月，公至自楚”，传“九月，公至自楚。孟僖子病不能相礼（杜注：不能相仪答郊劳，以此为己病），乃讲学之（杜注：讲习也）；苟能礼者从之。及其将死也（杜注：二十四年孟僖子卒，传终言之），召其大夫（杜注：僖子嘱〔其本原作‘属’，以下略注原字〕大夫）曰：‘礼，人之干也；无礼，无以立。吾闻将有达者曰孔丘（杜注：僖子卒时，孔丘年三十五），圣人之后也，而灭于宋。其祖弗父何，以有宋而授厉公；及正考父，佐戴、武、宣，三命兹益恭〔共〕。故其鼎铭云：一命而偻，再命而伛，三命而俯；循墙而走，亦莫余敢侮。饘于是，鬻于是，以糊余口。其恭〔共〕也如是。臧孙纥有言曰：圣人有明德者，若不当世，其后必有达人。今其将在孔丘乎！我若获没，必嘱〔属〕说与何忌于夫子，使事之（杜注：说，南宫敬叔；何忌，孟懿子。皆僖子之子）而学礼焉，以定其位（杜注：知礼则位安）。’故孟懿子与南宫敬叔师事仲尼”。虽后世不乏指谬《史记》之笔，然如清梁玉绳《〈史记〉志疑》之“《左传》载僖子将死之言于昭七年，终言之也；而此即叙于孔子年十七时，是史公疏处。《索隐》、《古史》并纠其误”，仅以“疏”、“误”谓之，恐怕亦为失其允当。

《〈春秋〉左氏传》昭十一年载：孟僖子“反自祲祥，宿于薳氏，生懿子及南宫敬叔于泉丘人”（杜注：似双生）。《左氏传〈春秋〉》昭二十四年载：“春，王三月丙戌，仲孙貜卒”（杜注：孟僖子也）。就上引《左氏〈春秋〉》载文，《史记》而能成就“孔子年十七，鲁大夫孟釐子病且死，诫其嗣懿子曰……”文字，实在非同一般憾事。如此“病不能相礼乃讲学之苟能礼者从之及其将死也”二十字而解作“病且死”的聪明，又是怎样一个“疏”、“误”了得！至今学界不为注眼的妄增巧惑“今孔丘年少好礼”，亦可以为“疏”、“误”言之否？本为鲁国孟僖子临终“托孤”之“召其大夫”曰“必嘱”，硬给篡作“鲁大夫”面“诫其嗣懿子”曰“若必”。其时，敬叔与懿子年方一十有四；故以“我若获没，必嘱说与何忌于夫子，使事之而学礼焉，以定其位”，有托“其大夫”。《左氏传〈春秋〉》僖公元年，经“冬十月壬午，公子友帅师败莒师于郦，获莒拏”，传“公子友败诸郦，获莒子之弟拏。非卿也，嘉获之也”。杜预注经：“拏，莒子之弟；不书弟者，非卿。非卿则不应书，嘉季友之功故特书其所获。大夫生死皆曰获。”唐孔颖达《〈春秋左传〉正义》疏“孔丘卒”，不仅有引隋刘炫云“春秋之例，卿乃书卒”，更见自语“鲁臣，见为卿乃书其卒，致仕〔事〕而卒犹尚不书；仲尼书卒者，鲁之君臣宗其圣德，殊而异之，故特命史官使书其卒耳”。是以孟僖子为鲁卿，不为“鲁大夫”。于《史记》“鲁人南宫敬叔”，司马贞《索隐》正曰：“《左传》及《系本》，敬叔与懿子皆孟僖子之子，不应更言‘鲁人’，亦太史公之疏耳。”清张澍稡辑《世本》于“敬叔与懿子皆孟僖子之子”按：“仲孙貜，是为孟僖子；子仲孙何忌，谥懿子。敬叔即仲孙说，亦曰‘南宫敬叔’。《左传》亦然，而《史记》不以敬叔为僖子之子，盖误。”后世评说《史记》“孔子年十七”，颇为可称者，清崔述《洙泗考信录》文耳：“懿子、敬叔生于昭公之十二年〔叶按：当为‘十一’年〕，当七年时，非惟孔子之年未可为师，而二子固犹未生，安得有学礼之事乎！近世学者动谓汉儒近古，其言必有所本，后人驳之非是；今《史记》此言岂无所本者，而何以误也？特学者道听途说，不肯祥考，故遂以汉儒为皆可信耳。尤可笑者，《阙里志》

云（顾颉刚按：‘云’字疑衍）《孔子年谱》亦载此事于十七岁〔叶按：明吕元善《圣门志·孔子年表》亦如〕；然则，作《年谱》者但采《史记》诸子之文缀辑成书，而初非有所传也，明矣。学者乃以《年谱》为据，抑何其不思之甚也！”《礼记·丧服四制》载：“父母之丧，衰冠，绳缨，菅屦；三日而食粥，三月而沐，期十三月而练冠，三年而祥。”即使权如《论语·阳货》宰我问之“三年之丧，期已久矣。君子三年不为礼，礼必坏；三年不为乐，乐必崩。旧谷既没，新谷既升；钻燧改火，期可已矣”，懿子与南宫敬叔何以不于僖子卒年服丧，而得“往学礼焉”！这里（“圣人有明德者，若不当世”〔叶按：杜注“圣人，殷汤”、“圣人之后有明德而不当大位，谓正考父”及孔疏有失。观《左传》载文，“有明德而不当大位”诚谓“圣人”，而非“圣人之后”；是愚识圣人当指“弗父何”而及“正考父”〕不谓“其后”，《史记》乱作“圣人之后，虽不当世”，无碍全段达意，不计），“鲁大夫”、“病且死”、“诫其嗣懿子曰”、“今孔丘年少好礼”、“若必师之”，其所篡乱史料，委实不乏主观臆为之举；《史记》一书，违史、自悖之笔，亦委实不见其少，今人引据，诚当审慎待之。

二

陈文征引之三国魏王肃《孔子家语·观周》，有载南宫敬叔言于鲁君曰：“臣受先臣之命云：‘孔子，圣人之后也……臧孙纥有言：圣人之后，若不当世，则必有明君而达者焉。孔子少而好礼，其将在矣。’嘱〔属〕臣曰：‘汝必师之。’今孔子将适周……君盍以乘资之？臣请与往。”《史记·孔子世家》亦载“鲁南宫敬叔言鲁君曰：‘请与孔子适周。’鲁君与之一乘车、两马、一竖子，俱适周问礼，盖见老子云”于“孔子年十七”、“鲁昭公之二十年，而孔子盖年三十矣”之间。其事不见经传，颇为后世非议、质疑。笔者亦以为，其文之虚妄、篡乱，不亚“病且死”。《史记》再见“鲁南宫敬叔”，不论。孟氏乃鲁公宗族“三桓”之一，势可干政抗国；适周不必“请”君，车马无需“与”资。南宫敬叔生于昭公十一年，至十九年方为九岁；期间，不仅无缘面“言鲁君”、无从师事孔子，更其无以“适周”矣。《论语·述而》载子曰：“自行‘束修〔脩〕’以上，吾未尝无诲焉。”唐李贤注《后汉书·延笃传》“且吾自束修〔脩〕以来”：“束修〔脩〕为束带修饰。郑玄注《论语》曰：‘谓年十五以上也。’”清韩元吉注《大戴礼记·保傅》“古者年八岁而出就外舍，学小艺焉，履小节焉；束发而就大学，学大艺焉，履大节焉”：“束发谓成童。《白虎通》曰‘八岁入小学，十五岁入大学’是也。”《礼记·玉藻》载：“童子之节也，……锦束发，皆朱锦也。肆束及带，勤者，有事则收之，走则拥之。童子不裘不帛，……见先生，从人而入。”汉郑玄注：“童子，未冠之称也。”《论语》“束修〔脩〕”一词，后世多见误解，是愿借此引例明之：《后汉书·伏湛传》“自行束修〔脩〕，讫无毁玷”；《晋书·虞喜传》“束修〔脩〕立德，皓首不倦”；唐鲍溶《苦哉远行人》“去日始束发，今来发成霜”；《孔子家语·本姓解》“凡所教诲，束修〔脩〕以上三千余人”；孔颖达疏《诗·大雅·绵》“古公亶父”：“《书传略说》云：‘……周人束修〔脩〕奔而从之者三千乘’”；清孔广森《经学卮言·论语》“《尚书大传》云：‘国人束修〔脩〕奔走而从者三千乘’”。其时敬叔幼年，远未“成童”，断无师事孔子适周之举。《史记》此段文字当袭前文“病且死”而篡乱。孔子年长敬叔二十二岁，值其敬叔面君称“臣”之时，自非尚属“年少”；倘史果存“适周问礼”老子之事，亦当其为《庄子·天运》“孔子行年五十有一而不闻道，乃南之沛见老聃”载年。梁玉绳《〈史记〉志疑》以为：“《〈隶释〉·边韶〈老子碑〉》及《〈水经·渭水〉注》皆说孔子年十七〔叶按：边韶《老子铭》谓‘孔子以周灵王廿年生’，其‘到景王十年年十有七’之‘七’，诚当为‘八’〕，问礼老聃，俱承《史》也。……《〈史记〉考要》谓‘适周之沛，非一时事；孔子于老聃，不但周沛一，再见而已’。此语甚合，观《庄子·天道篇》称‘孔子藏书周室，因子路言往见老聃’可见。盖适周问礼，不知何时？”但《庄子·天运》其次序文有见：“老聃曰：‘子来乎！吾闻子，北方之贤者也。子亦得道乎？’”当知其时，乃为“初见”也。陈文此番引据结论“没有‘圣人之后’的家世背景，孔子的求学问礼，也很成问题”，不免苍白；谁说孔子五十余岁的求学问礼，尚需因袭“‘圣人之后’的家世背景”？

观其《孔子家语·观周》之“圣人之后，若不当世”、“孔子少而好礼”、“汝必师之”、“臣请与往”诸句文字，皆见承袭《史记》；其亦诚乃今之《孔子家语》，本非先秦典籍例证，不过三国魏人王肃假托耳。

陈文既增括注孔子其年“当为三十四”〔叶按：其实“三十五”〕，则诚不当放过其下《史记》悖文“今孔丘年少好礼”并述及“重复了一遍”的《孔子家语·观周》“孔子少而好礼”，窃以作者似未翻阅经传。崔述《洙泗考信录》按：“《春秋传》此文在昭公七年，由襄公二十二年递推之，则孔子至是当年十七，是以《史记》云然。”陈文虽是已晓孟僖子卒于昭公二十四年，然却所注孔子其年“当为三十四”，亦“是以《史记》云然”。《谷梁传〈春秋〉》载：鲁襄公“二十有一年……冬十月庚辰朔……庚子，孔子生。”唐杨士勋疏：“仲尼此年生，故传因而录之。《史记·世家》云‘襄公二十二年生’者，马迁之言与经典不同者非一，故与此传异年耳。’”《公羊传〈春秋〉》载：鲁襄公“二十有一年……冬十月庚辰朔……十有一月，庚子，孔子生。”唐陆德明音义：“‘庚子，孔子生’，传文上有‘十月庚辰’，此亦‘十月’也。”《史记·孔子世家》载：“鲁襄公二十二年而孔子生。”司马贞《〈史记〉索隐》曰：“《公羊传》‘襄公二十一年十有一月庚子，孔子生’，今以为‘二十二年’，盖以‘周正十一月属明年’，故误也。后序孔子卒，云‘七十二岁’，每少一岁也。”是司马贞于《史记·世家》后文“孔子年七十三，以鲁哀公十六年四月己丑卒”有作《索隐》：“若孔子以鲁襄‘二十一年’生，至哀十六年为‘七十三’；若襄‘二十二年’生，则孔子年‘七十二’。”司马贞此处自计，“每少一岁”，或当有沿注生笔误“七十二岁”所致。《史记》以“襄二十二年”生，所记孔子行年，除定公九年“是时孔子年五十”少计一岁，它无自计差错。孔子鲁襄二十一年生，一岁；至鲁哀一十六年，行年七十有四而终。当昭二十四年，孔子正值三十五（孔颖达疏昭七年杜注有谓“当言三十‘四’而云‘五’，盖相传误耳”，诚是不知其何以为说也），贾逵、杜预是也。此又诚一《史记》篡乱经传之例。

三

洪业、聂崇智、李书春、马锡用编纂《春秋经传引得》，亦见《〈春秋〉左传》昭公七年断句：“九月。公至自楚。孟僖子病。不能相礼。乃讲学之。苟能礼者从之。及其将死也。召其大夫曰。”倘非其时句者，先囿《史记》“鲁大夫孟釐子病且死诫其嗣懿子曰”语惑，断非有能如此“孟僖子病。不能相礼”而成作句。否则，以为句者尚且不解“不能相仪答郊劳以此为己病”之杜注，难以为信。

张岱年主编《孔子大辞典》，释“南宫敬叔”有谓：“《左传·昭公七年》载，其父临终前嘱他与其兄孟懿子同师事孔子学礼”。《〈春秋〉左传》载文，仅为孟僖子“召其大夫曰：‘……我若获没，必嘱〔属〕说与何忌于夫子，使事之而学礼焉，以定其位’”，即如杜注“僖子嘱〔属〕大夫”文字；“孟僖子临终诫子”之说全在《史记》载文，且其“诫”者，孟懿子仲孙何忌也。其《典》更收“孟僖子诫子”为辞，释谓：“孟僖子，鲁国大夫，于……孔子三十四岁时病故。临终前嘱其两子孟懿子（仲孙何忌）和南宫敬叔（仲孙阅）……并说‘吾即没，若必师之。’……《史记·孔子世家》误记此事于孔子年十七时”。释文虽已明指《史记》“误记”事年，然却依旧不惜杂糅经传、后史；其“鲁国大夫”、“于……孔子三十四岁时病故”、“嘱其两子”、“若必师之”颇袭《史记》为说，进或径引，多与《春秋》、《左传》载记不合。

李学勤主编《中国历史大辞典·先秦史》，释“孟懿子”则谓：“鲁昭公二十四年，其父孟僖子临终，命他和孪生弟南宫敬叔师事孔子，见《左传》及《史记·孔子世家》”。其父孟僖子临终“召其大夫曰：‘……必嘱〔属〕说与何忌于夫子，使事之而学礼焉”史事见记《〈春秋〉左氏传》，并无面“命”之说；“孔子年十七，鲁大夫孟釐子病且死，诫其嗣懿子曰：‘……今孔丘年少好礼，其达者欤？吾即没，若必师之’”文字见载《史记·孔子世家》“是岁，季武子卒”之昭公七年，其诫者又仅“其嗣懿子”。笔者以为，《历史辞典》释辞，尤当不失严谨；《史记》所悖《左传〈春秋〉》文字，诚其不当糅入释文。既然已“见《左传》”，不当再“及《史记·孔子世家》”；且当明指《史记》其非，以止后世传讹。

《史记》之撰，宋曾巩《元丰类藁·〈南齐书〉目录序》以为：“司马迁从五帝三王既没数千载之后、秦火之余，因散绝残脱之经，以及传记百家之说，区区掇拾，以集著其善恶之迹、兴废之端；又创己意，以为本纪、世家、八书、列传之文，斯亦可谓奇矣。然而蔽害天下之圣法，是非颠倒，而采摭谬乱者亦岂少哉！”句间，确不乏其颇为中肯的褒贬；然，其书成就，却当诚非司马迁者一人执笔。王树民《中国史学史纲要》即以“很可能全书未经司马迁最后定稿”。《汉书·司马迁传》载：“宣帝时，迁外孙平通侯杨恽祖述其书，遂宣布焉。”是以《史记·太史公自序》之“凡百三十篇，五十二万六千五百字为太史公书序；略以拾遗补艺，成一家之言。厥协六经异传，整齐百家杂语；藏之名山，副在京师，俟后世圣人君子"，当为杨恽"补艺"附笔。今点《汉书》以为"迁之'自序'云耳"，差矣！倘迁果就其撰，则世间无生其后身辱心悲"报（任安）书"矣。其《太史公自序》另载：太史公执迁手而泣曰："无忘吾所欲论著矣"；迁俯首流涕曰："小子不敏，请悉论先人所次旧闻，弗敢缺"。"先人"倘语父谈气绝前，确不为当；然其"所次旧闻"者，诚当语谓司马谈也。不仅其后"太史公曰：'先人有言……'"唐张守节《〈史记〉正义》明谓"先人，司马谈也"；更其后之"太史公曰：'……废明圣盛德不载，灭功臣世家贤大夫之业不述，堕先人所言，罪莫大焉'"，所谓"先人"，则非司马谈者莫属。今观《史记》，如《郦生陆贾列传》"太史公曰：'……至平原君子与余善'"、《张释之冯唐列传》"遂字王孙，亦奇士，与余善"，其"余"谓者，就其史事年代，亦当司马谈，而非司马迁也。司马迁《报任安书》本即自言"草创未就，适会此祸；昔其不成……"，后事则更见南朝宋裴骃《〈史记〉集解》载记"卫宏《汉书旧仪注》曰：'……下迁蚕室。有怨言，下狱死'"，未闻曾有期间续笔。是其《史记》之撰，诚不当以司马迁者，一人为之。今之《史记》，除显"诸先生曰"文，更不乏其后世笔痕；是以今人为用，读之需辨，引之当核。窃以今人引据先秦史事，倘非先秦文献缺载者，径引先秦史料为宜。

《史记》作为撰于西汉的第一部较详溯古通史，自有其不可取代的史学价值；虽是已嫌太多的文学色彩，却也毕竟载记了已然难见其他史料的诸多传闻故事。然，后世通史终归不比先时史料，除了客观不免的讹误，当亦不乏主观臆为的篡改；或其"病且死”尚可解为《史记》误讹，却“今孔丘年少好礼”只能释作欲圆“孔子年十七”的篡改。直接引据《史记》载记先秦史事而省却先秦史料的查找，确实简单方便，然却诚为涉史大忌；此间最不当为者，取《史记》之“非”，舍史料之“是”。

感时倡语“科学精神”，谨以小文助兴之。

〔载 2003 年 5 月 8 日自刊《余修文稿》辑外〕

《司马迁生于汉景帝中元五年》不立

叶小草

既然，“司马迁生于汉景帝中元五年（公元前 145 年），今年应当是他诞生 2150 年”的“断定”，还只是作者施丁的“本人以为”，其所别以《司马迁生于汉景帝中五年》、《司马迁生于汉景帝中元五年》为题的专文，就实在不该见载 2005 年第 3 期《史学史研究》及 2005 年 10 月 18 日《光明日报》，至少不当以其“中元五年”断言为题。

唐张守节《〈史记〉正义》于《太史公自序》“五年而当太初元年”作按“迁年四十二岁”，倘果太初元年迁年四十二岁，则司马迁生于汉景帝中元五年（前 14$\bar{6}$）无疑；然于上文“卒三岁而迁为太史令”下另见唐司马贞《索隐》之“《博物志》：‘太史令——茂陵显武里大夫司马迁，年二十八，三年六月乙卯除，六百石’”，似又司马迁生当汉武帝建元六年（前 13$\bar{6}$）之据。仅此两条相悖注文，无以明断何者是非；然必择一而从，似当《索隐》优于《正义》。引据西晋张华《博物志》文以作索隐，允其可信；别其前注为之正义，确嫌欠缺何以为言也。

笔者以为，施文不见新证之臆断遑论——“对于《博物志》的‘三年’，应当推定为武帝三年。并应由此推断《博物志》‘司马□’所缺之字为‘谈’”，确当驳斥其谬，还史本原。

（一）施文以为“《博物志》的‘三年’……未标明元封三年。司马贞把它定为元封三年，只是个推测。据《汉书·武帝纪》记载，‘元封’这个年号，在元封元年四月诏书上已定了下来。自此时起，凡是提到元封年号内的纪年，都是要书‘元封’的。故本人认为，《博物志》的‘三年’本来就没有年号，司马贞将它引注于《自序》‘卒三岁而迁为太史令’之下，乃主观臆断”，然检《史记·封禅书》“以今年为元封元年”之后“其来年冬，郊雍五帝”、“其明年，伐朝鲜”及《汉书·武帝纪》之“元封元年冬十月……二年冬十月……三年春”，元年而后不再冠“书‘元封’”也；足见，施文本乃主观臆断司马贞之所谓“主观臆断”耳。《博物志》或其原文本如《史》、《汉》元年而后之省略年号“元封”也。既然《博物志》之“三年”载文已为《索隐》引注“元封”史事，当以其引自有依据；则未寻否定史料之前，后世之人无权凭借主观臆断就去否定其为“元封‘三年’”焉。

（二）施文有言：“《博物志》的‘三年’……我以为是汉武帝三年（即建元三年，前138年）。汉武帝登位初期，纪年如同以往诸帝纪年一样，以一、二、三、四为序，并无年号。到了元鼎年间，确定了元鼎年号，并对以往的纪年，追加了‘建元’、‘元光’、‘元朔’等年号（参见《史记·封禅书》）。”今见《史记·封禅书》，载记“有司言：‘元’宜以天瑞命，不宜以一、二数。

一元曰‘建’，二元以长星曰‘光’，三元以郊得一角兽曰‘狩’云”于得其“宝鼎”前年；“《封禅书》云：‘其后三年，有司言：元，宜以天瑞命，不宜以一、二数。’推所谓‘其后三年’者，盖尽元狩六年至元鼎三年也。然元鼎四年方得宝鼎，又无缘先三年而称之。以此而言，自元鼎以前之元，皆有司所追命。其实年号之起在元鼎耳，故元封改元则始有诏书矣”文字，见载北宋刘攽于《汉书》“建元元年”《刊误》。杨树达《〈汉书〉窥管》有按：“王荣尚云：‘《终军传》：上幸雍，获白麟。军对：宜因昭时令日改定告元。由是改元为元狩。’是年号之起不在元鼎矣。”今见《汉书·终军传》，确载终军“宜因昭时令日改定告元”对文，并及“由是改元为‘元狩’”之书句，当知杨按不妄。李崇智修订本《中国历代年号考》有引清钱大昕《廿二史考异》卷三“元光之后尚有元朔，则元狩乃四元，非三元。班史（指《汉书·郊祀志》——引者）改‘以’为‘今’，无‘三元’字，盖得之矣。……说者谓建元、元光之名亦此时追命之，恐未然也”而谓：“钱说是也。陈直《〈汉书〉新证·武纪》‘建元元年’条：‘《日知录》及《廿二史札记》皆以武帝建元、元光两年号为追记者，其实不然。《筠清馆金石记》卷五，三十九页，有高阳右军建元二年戈。杭州邹平藏建元元年砖。西安南郊出土有建元四年长安高陶尊。又《小校经阁金文》卷十一，一百四页，有元光二年尺。其非追忆可知。’又该书下文‘起龙渊宫’条，举有《小校经阁金文》卷十一，五十七页，有龙渊宫鼎，元朔三年造；七十六页，有龙渊行壶，元朔二年正月造。又《善斋吉金录》任〔银〕器二十四页，有龙渊宫壶，元朔二年造。又陈氏《〈史记〉

新政·孝武本纪》所举尚有《藤花亭镜谱》卷一，四页，有汉元光元年五月丙午铜镜。文物款识一般是当时所记，以上诸器年款足以证明汉武年号建元、元光等并非后来追命。”

冯胜君《二十世纪古文献新证研究》虽见助言“除了上述陈氏引证的汉代器物铭文以外，带有‘建元’、‘元光’、‘元朔’、‘元狩’等年号的器物尚有‘元光元年’铜瓦脊兽、‘赤汉元光元年’铜镜、‘元朔二年’铜鼎、‘元狩元年建昭宫’铜鼎、‘建元元年’弩机等”，却是“项庄舞剑，意在沛公”——“然而正如裘锡圭所指出：‘《汉金文录》、《小校阁金文拓本》等书所录汉器中记元朔、元狩、元鼎年号诸器，皆为伪作，字体卑弱，与武帝时真器迥然有别。又所谓建元弩机，建元乃建光之误释。’赵化成、徐正考也对记有‘建元’、‘元光’、‘元朔’等年号的器物进行了考证，指出了这些器物铭文有的是伪刻，有的则是断代有误。”笔者无力亦无缘躬身考古，自然无以定夺诸器年号真伪；然以“字体卑弱”而谓“与武帝时真器迥然有别”，继断“皆为伪作”，笔者实难苟同。武帝时之真器，武帝本人亦只得见数几，今人只能有与可鉴之“武帝时真器”作辨，如何得知所“与武帝时真器迥然有别”耶？且其书写字体人人殊，倘非武帝器物汉字皆为一人手笔，岂可“字体卑弱”妄断“别代”焉？冯著援引赵化成文百余字之“可见，西汉武帝前期年号为后来追记当无疑问”，无非二例所谓“可断定为武帝前期”文物“只有纪年而无年号”耳；司马谈、迁父子相继武帝太史，草创《史记》虽经杨恽祖述，却也不见一、二、三、四纪年，但以“其后三年”、“其来年冬”、“其明年”等书序。难道，亦可借此否定所谓“元光元年历谱”

的《七年历日》汉墓出简吗？正如冯著所言："这些器物中即使有一件是真实可信的，就足以推翻上述在武帝前期年号问题上的传统观点。"然作为"研究"专著，不明何以晦言所例"年号"诸器的——否定论证焉？诸如冯著引文之"西安南郊曾出土有'建元四年长安高'陶尊（现藏西北大学历史系文物陈列室）"，如何而能证伪、证误，拜读冯著仍不得解；又岂能无憾哉！

秦汉历纪，至今诸多不明；即使果能证明武帝前期年号有为后来追记，亦是《博物志》载"三年"语境未详，如何可得推论必其指谓武帝即位三年耶？

（三）施文语谓"有关《索隐》早期的版本，如南宋庆元黄善夫刊集解索隐正义合刻本、元中统二年刊集解索隐正义合刻本、以至清乾隆四年武英殿刊本等，都是'司马□'，可见《索隐》所引《博物志》原来就是如此。……司马贞将'司马□'置于'卒三岁而迁为太史令'之下，显然又是主观臆断"，然就笔者检阅黄善夫本（浙江古籍影印版《二十五史》）、武英殿本（上海古籍复刻版《二十五史》）刊文，只为"司马"，不见"司马□"。至于所谓"元中统二年刊集解索隐正义合刻本"，笔者仅只一见施文此言，未闻另有书报刊者再及；颇疑施文误将《集解》、《索隐》二家注本，衍录而"集解索隐正义合刻本"也。中华书局《〈史记〉出版说明》载"三家注原先都别自单行，跟《史记》卷数不相合。……单刻的八十卷本《〈史记〉集解》早已失传，现在有把《集解》散列在正文下的《〈史记〉集解》一百三十卷。《正义》旧本失传，卷帙次第无可考。惟独《索隐》有明末毛氏汲古阁复刻本，卷数仍旧。据清《〈四库全书〉总目提要》说，把三家注散列在正文下，合为一编，始于北宋〔叶按：整理本《钦定四库全书总目》按：瞿镛有宋刊残本《史记集解》载：‘北宋刻《史记》,《集解》、《正义》本各单行，南渡后始合刻之。’又有元刊残本《史记·〈集解〉〈索隐〉〈正义〉》载：三书合刻者，始于宋淳熙时。而《总目》以合刻始于北宋，未详所据〕[注]，但旧本都已失传。现存最早的本子有南宋黄善夫刻本”，《〈四库全书〉总目提要·〈史记〉索隐》谓“此单行本可以为北宋秘省刊版，毛晋得而刊刻者，录而存之；犹可以见司马氏之旧，而正明人之疏舛焉”；而其《索隐》真正“早期的版本”——单刻本《索隐》，恰是完引《博物志》之“司马迁”（台湾影印版《文渊阁四库全书》），并非脱字之“司马”，更非“司马□”。足见，施文之“有关《索隐》早期的版本……都是‘司马□’，可见《索隐》所引《博物志》原来就是如此”，确为“主观臆断”。中华书局《〈史记〉点校后记》更载“张文虎校刊金陵局本的时候，依据单刻《索隐》本校正了其他刻本的不少错误。单刻《索隐》本全书三十卷，不录《史记》全文，只把需要加注的那一句史文或者一句中的几个字标出来，而它所标出来的史文往往比通行本的正确，所以为历来校读《史记》者所重视”，当知，中华书局以清末金陵书局本作底本出版标点本《史记》，还是有其充分历史依据的。

施文着意否定之《索隐》引文《博物志》“司马‘迁’”、“‘元封’三年”，尚可借助南宋王应麟《玉海》之引注，鉴证其本原：卷四十六《艺文·古史·汉史记》引谓“《〈史记〉正义》：‘《博物志》云：迁年二十八，三年六月乙卯除，六百石’”；卷一百二十三《官制·九卿·大史令》引谓“《索隐》曰：‘《博物志》：太史令司马迁，年二十八，三年六月乙卯除，六百石’”。笔者以为，上列二例《玉海》所引《博物志》文，断非“只能‘说明《索隐》引文准确无误”；其尚可说明者，《正义》“迁年四十二岁”之“案”，并非“突兀”之笔，原本载记司马迁之行年有二。既于“卒三岁而迁为太史令，绌史记金匮石室之书”正义“《博物志》云：迁年二十八，三年六月乙卯除，六百石”，就不当于“五年而当太初元年”再按“迁年四十二岁”，其时确当“迁年三十二”；然若果无“《博物志》云：迁年二十八，三年六月乙卯除，六百石”之前引，则不管后按“四十二”或“三十二”岁，都令读者无以为信也。是笔者析当：《〈史记〉正义》原本有就前引“迁年二十八”，而后按“迁年三十二岁”，合刻三家注时误笔，致今“四十二岁”也（前注则取《索隐》而舍《正义》）；或其本即单本撰、录、刻者先误，亦未可知。倘悟《正义》“迁年二十八”与“迁年四十二”，本当前后因、果序年，则“四”本“三”之刊讹甚明。当然，此说仅为笔者析而推论，不为臆断今本“迁年四十二岁”；读之者亦感入其情理，则笔者幸甚矣。

（四）想知道“汉武帝三年六月有无‘乙卯’”，翻检列有武帝建元三年的《历表》即可明了；施文“根据历史学家研究，是年六月是己卯朔（参见陈久金、陈美东：《临沂出土汉初古历初探》，《文物》1974年第3期），无‘乙卯’”，亦未尝不可。然，仅依“‘乙’与‘己’字性较似，在书写上是容易笔误的”，就硬“疑《博物志》‘乙卯’之‘乙’，乃‘己’之误”，则实在不能不为施文道上一声“遗憾”了。“容易笔误”并非必然笔误，今之诸家版本皆书“三年六月乙卯”，无一“‘己’卯”之误；不详，施文咋就有能生言疑谓“《博物志》‘乙卯’之‘乙’，乃‘己’之误”耶？检阅几种历表（方诗铭方小芬《中国史历日和中西史历日对照表》、张培瑜《三千五百年历日天象》、徐锡祺《新编中国三千年历日检索表》）皆见：武帝建元三年六月己卯朔、元封三年六月乙卯朔。司马贞《〈史记〉索隐》“《博物志》：‘太史令——茂陵显武里大夫司马迁，年二十八，三年六月乙卯除，六百石’”、张守节《〈史记〉正义》“《博物志》云：迁年二十八，三年六月乙卯除，六百石”之“三年”，指谓汉武“元封三年”无可置疑也。

其实，仅就三家注本西晋文献征引之《索隐》、不涉缘由直按之《正义》，有能舍《索隐》而取《正义》之举，已然令人不可思议；倘若参阅司马迁之《报任安书》文“得待罪辇毂下二十余年矣”、王应麟之《玉海》文“《〈史记〉正义》：‘《博物志》云：迁年二十八，三年六月乙卯除，六百石’”，再而论断《司马迁生于汉景帝中元五年》，岂不廿一世纪一大憾事哉！即使，实在不太情愿放弃“司马迁生于汉景帝中元五年”昔论，亦是总当注上一笔“(或汉武帝建元六年)”吧。是以《司马迁生于汉景帝中元五年》臆断，无以为立。

注解：

［注］：引据之中华书局1997年1月版整理本《钦定四库全书总目》原刊为：“瞿镛有宋刊残本《史记集解》载：‘北宋刻《史记集解》、《正义》

本各单行，南渡后始合刻之。’又有元刊残本《史记集解》、《索引》、《正义》载：三书合刻者，始于宋淳熙时，而《总目》以合刻始于北宋，未详所据?”笔者引时颇感字符之失，不敢以为正刊书籍，是有个别字符以窃意修订。

〔载2006年8月29日自刊《余修文稿》辑三〕

《史记·太史公自序》补解

林叶蓁

昔文《司马迁生卒与“书序”搁笔·司马迁何尝〈自序〉》以为“迁之‘书序’整理之人……特作申明：其书乃为‘太史公自序’也”[1]，不甚准确；近年拜读王育新醒人大作《“自”与“自名为罗敷”》[2]深受启示，进而解之。

自班固《汉书·司马迁传》引述《史记·太史公自序》至“第七十”而后，有言“迁之自叙云尔”——“自序”行文，学者群迷；《史记》成书，世人众惑。千古疑案，全在仰其“自序”正解耳。

一　“自”

《说文解字》释：“自，鼻也；象鼻形。”[3]《汉语大字典》以“自”明确“表示第一人称”[4]，释义欠妥。鼻者，凡指脸之鼻。己之鼻，鼻也；人之鼻，亦鼻也。虽“自”多作自身代词，却亦或见反身代词、指示代词之用；“相当于‘自己’、‘本身’”[4]之你自己、我本身、他个人等，皆是不当以为人称代词也。倘以古诗《陌上桑》“秦氏有好女，自名为罗敷”[5]之“自名”或可解为“自己命名”，却其古诗《焦仲卿妻》“东家有贤女，自名秦罗敷。……中有双飞鸟，自名为鸳鸯”[6]之“自名”无以稍作“自己命明”解；“鸟”既绝无“自己命名”事理，“女”亦当非“自己命名”作解。《陌》《焦》“自名”句类义同，均当“其名”以通解（诚如《尔雅·释地》之文：“东方有比目鱼焉，不比不行，其名谓之鲽；南方有比翼鸟焉，不比不飞，其名谓之鹣鹣”[7]）也。况且，彼时女子“根本不存在自己命名之事”[2]乎！

虽今自、其二字不混为用，却古之“自”形“其”义行文，古不乏例：

《汉书·司马迁传》“然自刘向、扬雄博极群书，皆称迁有良史之材，……。”[8]

南宋林駉《古今源流至论·前集·儒吏》“赵普，一代勋臣也，东征西讨，无不如意；求其所学，自《论语》之外无余业。”[9]

《后汉书·孝和孝殇帝纪·和帝》“而言事者专咎自下，非助我者也。”[10]〔林按：《汉语大词典》引例释其“自下”为“犹其下”[11]〕/《左传·襄公三十一年》“臣有臣之威仪，其下畏而爱之。”[12]

《三国志·蜀书·许靖传》“靖寻循渚岸五千余里，复遇疾疠，伯母陨命，并及群从；自诸妻、子，一时略尽。”[13]/《论语·学而》“夫子之求之也，其诸异乎人之求之与?”[14]

《左传·成公十六年》“唯圣人能外内无患；自非圣人，外宁必有内忧。”[15] /《礼记·内则》“其非冢子，则皆降一等。”[16]

《北史·列传·后妃上》“武成好内，并具其员；自外又置才人、采女，以为散号。”[17] /《周礼·夏官司马·马质》“马死，则旬之内更；旬之外，入马耳，以其物更；其外否。”[18]

《晋书·列传·孝友》“自余群士，咸标懿德。”[19] 北魏郦道元《水经注·阴沟水》“碑字所存惟此，自余殆不可寻。”[20] /《论语·雍也》“回也，其心三月不违仁，其余则日月至焉而已矣。”[21]

不仅“自”形“其”义可如例见，其“其”形“自”义行文亦或偶现：

《楚辞·九章·哀郢》“心婵媛而伤怀兮，眇不知其所蹠。”洪兴祖考异：“其，一作‘余’，一无其字。”[22]

《左传·襄公二十三年》“其然，将具敝车而行。”杜预注：“其然，犹必尔。”[23] /《北史·裴叔业传》“唯应送家还都以安慰之，自然无患。”[24]

“自”之行文，亦颇见自、其均可者：

战国楚宋玉《神女赋》“见一妇人，状甚奇异，寐而梦之，寤不自识，罔兮不乐，怅然失志。”[25]

《孟子·公孙丑上》“有是四端而自谓不能者，自贼者也；谓其君不能者，贼其君者也。”[26]

古今自、其，常作异词同义表述，自是无碍。若将“自给自足”写作“自给其足”、“自圆其说”书以“自圆自说”(或本“自说自圆”),诚无不可;但如“自卖自夸”之“夸卖”其类,实当而为“自夸其卖”(如源宋欧阳修《泷冈阡表》之“居穷,自力于衣食”[27],诚当有为成语“自力其食”,而非今之“自食其力”)也。

“自”本“其”义,《史记》自例颇见:

《礼书》“自子夏,门人之高弟也,犹云……而况……乎!”[28]

《封禅书》“自未作鄜畤也,而雍旁故有吴阳武畤,雍东有好畤,皆废无祠。”[29]

《律书》“自含齿戴角之兽见犯则校,而况于人怀好恶喜怒之气!”[30]

《律书》“自年六七十翁亦未尝至市井,游敖嬉戏如小儿状。”[31]

《鲁周公世家》“自文王在时,旦为子孝,笃仁,异于群子。”[32]

《绛侯周勃世家》“条侯亚夫自未侯为河内守时,许负相之,曰:‘……’。”[33]

《绛侯周勃世家》“自窦长君在时,竟不得侯,死后乃(封)其子彭祖顾得侯。”[34]

《老子韩非列传·庄子》“其言洸洋自恣以适己,故自王公大人不能器之。”[35]

《魏公子列传》“无忌自在大梁时,常闻此两人贤,至赵,恐不得见。”[36]

《伍子胥列传》“自若未立时，诸公子争立，我以死争之于先王，几不得立。”[37]

《乐毅列传》“惠王自为太子时尝不快于乐毅，及即位，齐之田单闻之，……。”[38]

《张丞相列传》“御史大夫周昌，其人坚忍质直，且自吕后、太子及大臣皆素敬惮之。”[39]

《南越列传》“太后自未为婴齐姬时，尝与霸陵人安国少季通。”[40]

综观《史记·太史公自序》，全卷家世、论要、生平、遗命、辩壶、次文、陵祸、序目、篇字、补艺、副藏，诚见所言“太史公其序”也；正如其卷“太史公学天官于唐都，受《易》于杨何，习道论于黄子”、“太史公仕于建元元封之间”、“太史公既掌天官……。有子曰迁”、“而太史公留滞周南”、“太史公执迁手而泣曰”、“而太史公遭李陵之祸”、“为太史公书序”之“学、受、习、仕、掌、有、留、执、遭、书”其前均无“自”字，行文表述“太史公序”，大可不必画蛇添足一“自”也。事实上，全书一百三十四言“太史公曰”，亦是绝无一笔“太史公‘自’曰”耳，然又何人以之不为太史公者酌句笔书也！以为“太史公自序”五字亦为司马迁者自书，实在难入情理；“自”本我自、你自、他自（如：让我自己说、给你自己看、叫他自己写），称己、称人，皆可谓以“自己”也。“自”本既非人称代词，更非“第一人称”代词；其如“自动投币”、“自选商场”、“自觉排队”之标示醒诫更及“自尊、自立、自强”之宣传口号，谁人可解其“自”，有为“第一人称”也！昔之“人人爱我，我爱人人”，倘若"人人爱自"，则又何以"自爱人人"耶？人之"自"者，自己、亲自而已，全无指代人称（你、我、他）之义；恰是"某某某自"正如"太史公曰"、"褚先生曰"，显为他称之"意"也。昔之"太史公自序"，诚如笔者今之"司马迁者自书"，无以解为西汉太史令之亲语耳。

然其《史记》执笔，何取"太史公自序"，不书"太史公其序"；笔者以为，"杨恽祖述其书"多有恭笔，或以"其序"欠恭，遂取"亲自"之义兼而涵之。此解亦非笔者突发奇想，直解《太史公自序》之"自"，不仅五字不似文题（只为一句说明释语），且其卷中文字，显然不扣其"自"主旨（如唐颜师古"其《自序》一卷总历……作书本意"[41]、清牛运震"《太史公自序》者……序所以作《史记》之本旨也"[42]之论多矣）；更，《史记》书中"自"取"亲自"之义，实非罕见述语：

《高祖本纪》"白土曼丘臣、王黄立故赵将赵利为王以反，高祖自往击之。"[43]

《吕太后本纪》"孝惠帝慈仁，知太后怒，自迎赵王霸上，与入宫，自挟与赵王起居饮食。"[44]

《封禅书》"有麃过，上自射之，因以祭云。"[45]

《河渠书》"于是天子已用事万里沙，则还自临决河，沈白马玉璧于河，令群臣从官自将军已下皆负窴决河。"[46]

《燕召公世家》"王必无自往，往无成功。"[47]

《外戚世家》"武帝乃自往迎取之。"[48]

《萧相国世家》"及何病，孝惠自临视相国病，因问曰：'……？'"[49]

《绛侯周勃世家》“上自劳军。”[50]

《三王世家》“闳且立为王时，其母病，武帝自临问之。”[51]

《伍子胥传》“今王自行，悉国中武力以伐齐，而子胥谏不用，因辍谢，详病不行。”[52]

《樗里子甘茂列传·甘罗》“文信侯曰：‘……吾自请张卿相燕而不肯行。’……文信侯叱曰：‘去！我身自请之而不肯，女焉能行之?’……甘罗曰：‘……今文信侯自请卿相燕而不肯行，臣不知卿所死处矣。’”[53]

《白起王翦列传·白起》“秦王自命，不行；乃使应侯请之，武安君终辞不肯行，遂称病。”[54]

《白起王翦列传·王翦》“始皇闻之，大怒，自驰如频阳，见谢王翦曰：‘……乎！’……于是王翦将兵六十万人，始皇自送至灞上。”[55]

《魏豹彭越列传·彭越》“陈豨反代地，高帝自往击，至邯郸，征兵梁王。……梁王恐，欲自往谢。”[56]

《黥布传》“上遂发兵自将东击布。”[57]

《傅靳蒯成列传·蒯成侯緤》“上欲自击陈豨，蒯成侯泣曰：‘始秦攻破天下，未尝自行。今上常自行，是为无人可使者乎?’”[58]

《刘敬叔孙通列传·刘敬》“汉七年，韩王信反，高帝自往击之。”[59]

《魏其武安侯列传·灌夫》“乃驾，自往迎丞相。”[60]

《匈奴列传》“单于欲自攻受降城，未至，病死。”[61]

《酷吏列传·郅都》“上欲自持兵救贾姬，都伏上前曰：‘……何！’”[62]

虽其“自”字表义，多当本字解，然又确其不乏“亲”、“其”释义之解；诚如《史记》书称“太史公”者，先后司马父子谈、迁共享之（几许谈笔，几多迁书，迄今谁而力断?），无以舍弃其“一”而“自”专也。

拙文草拟肇启数载之前，今则更知《陌》、《焦》“‘自名’皆谓‘其名’”之释早入辞书矣——徐甫仁《广释词》有“自——其”条释：“自犹‘其’，代词。《洛阳伽蓝记·法云寺》：‘自余酒器。’《太平广记》‘自’作‘其’。古诗《陌上桑》：‘秦氏有好女，自名为罗敷。’古诗《为焦仲卿妻作》：‘秦家有好女，自名秦罗敷。’又‘中有双飞鸟，自名为鸳鸯。’‘自名’皆谓‘其名’。韩愈《岐山下》：‘丹穴五色羽，其名为凤凰。’正作‘其名’，可见‘自’犹‘其’也。《周书·庾信传》：‘唯王褒颇与信相埒，自余文人，莫有逮者。’刘淇曰：自余，犹云其余。此‘自’字，亦语之助也。〔林按：语见刘淇《助字辨略》卷四[63]〕按无义者为语助，‘自’既犹‘其’，亦有语法意义，非但语助也。李白《怀仙歌》：‘尧舜之事不足惊，自余嚣嚣直可轻。’谓其余可轻也。杜甫《晦日寻崔戢李封》：‘威凤高其翔’，‘高其’一作‘自高’，按原文当作‘威凤自高翔’。自犹其，自高翔，即其高翔。”[64]今人萧旭《古今虚词旁释》征引前人辨释助证：“《风俗通义·正失》引《吕氏春秋》：‘宋丁氏无井，常一人溉汲于外，及自穿井，喜而告人：吾穿井得一人。’按《御览》卷189引《吕氏春秋》同，今本《吕氏春秋·察传》作‘及其家穿井’。陈其猷《吕氏春秋校释》引孙蜀丞说谓其为自误，失之。《论衡·书虚》作‘自凿井后’。文各不同。自犹其，代词。《淮南子·道应训》：‘夫爵赏赐予，民之所好也，君自行之；杀戮刑罚，民之所怨也，臣请当之。’按《史记·田敬仲完世家》：‘德施，人之所欲，君其行之；刑罚，人之所恶，臣请行之。’文例相同。自犹其，命令副词，故与‘请’字对举。”[65] 又余一平撰文《从〈论语〉、〈孟子〉考释“其”具有“自己的”这一义项》，例举《论语》“攻其恶，无攻人之恶”、“以其子妻之”及《孟子》“人病舍其田而芸人之田”、“贤者以其昭昭使人昭昭”等谓：“‘其’可以译为‘自己的’，从训诂的依据看，是‘其’可以通‘己’。”[66] 笔者以为：“通‘己’”者，不妨权且以为“通‘自’”。“通‘己’”与“通‘自’”，本无大异耳。

虽是《史记》卷一百三十《太史公自序》之“自”，指为《太史公‘亲’序》、《太史公‘其’序》，均无不可；只是综观其卷文字，诚以《太史公其序》解之为宜。惟以“太史公自序”五字有为司马迁者所书，实在大悖语文常识。

最憾中华书局点校本《汉书·司马迁传》作“藏之名山，副在京师，以竢后圣君子。第七十，迁之自叙云尔。而十篇缺，有录无书”[67]，自1962年6月初版，沿至2007年8月版白文普级本，竟能昏然不觉浅显句读大谬。“而”者，承上启下连词，以下“十篇缺，有录无书”显然止为半句叙文，如何可能强砍硬断，截去“而”之其上“迁之自叙云尔”半句，而以偏概全独立充句焉？点校者何其不思：“第七十，迁之自叙云尔。而十篇缺，有录无书”之“第七十”者仅为一篇耳，岂能“而”出“十篇”之“缺”来耶？况且，以为点校底本之清王先谦《〈汉书〉

补注》本即作断“以竢后圣君子第七十”[68]为句，何以有经中华书局一点校，竟而平生一句“第七十，迁之自叙云尔”耶？“第七十”乃西汉《史记》之文，“迁之自叙云尔”为东汉《汉书》之语，何得今人纂乱“点校”强充语文哉！中华书局点校之“第七十，迁之自叙云尔”，天下谁可论证：先之《史记》言耶？后之《汉书》语耶？《史记·太史公自序》叙终“第七十”句（不计“太史公曰”论语），其下绝无“迁之自叙云尔”文字；硬以《汉书·司马迁传》“第七十，迁之自叙云尔”标点作句，则其“序目”中止“《货殖列传》第六十九”，残缺终目“第七十”而诚非全篇引文，定当不为班氏本意耳。虽其点校同于底本“迁之自叙云尔”之下俱见“自此以前，皆其自叙之辞也。自此以后，乃班氏作传语耳”[67][68]之颜师古注，却其“迁之自叙云尔”诚非《史记·太史公自序》篇中“之辞”也；是以笔者敢疑颜氏此注确当置于上句“第七十”下，倘如此，则确“自‘第七十’以前，皆其《自叙》之辞也。自‘迁之自叙云尔’以后，乃班氏作传语耳”也。且其“第七十”下颜注“竢，古俟字”[67]亦当置其上句“以竢后圣君子”之下也，不仅“第七十”中全无“竢”字，且其《史记·太史公自序》之司马贞《索隐》“以俟后圣君子。此语出《公羊传》。”[69]即注于“第七十”之前句“俟后世圣人君子”[70]下。真是不可思议，既然底本正文“以竢后圣君子第七十”句下作注“竢”字，中华书局怎么还能所于“以竢后圣君子”之后、“第七十”之前，生给点出一个“。”号来呢？颜氏此处“竢”及“自此”二注皆作专指，不得妄为曲解窜句也；只是未详何时何人误解窜录焉，但愿尚有正本颜注《汉书》存留世间（民间、地下可矣）。中华书局沿袭窜注标点“第七十，迁之自叙云尔。而十篇缺，有录无书”，诚乃大谬也；今再安平秋、张传玺主编之《二十四史全译·汉书》发扬以为“列传的第七十篇，是司马迁的自叙。然而在一百三十篇中缺少了十篇，有目录而无内容”[71]，堪谓甚憾焉。一个“迁之自叙云尔”如何而能全然不顾“云尔”二字而臆译强断“是司马迁的自叙”言耳，不问；然若竟敢谎称书序“列传的第七十篇”之“熹生谈，谈为太史公”[72]、“太史公学天官于唐都，受《易》于杨何，习道于黄子。太史公仕于建元、元封之间，愍学者之不达其意而师悖，乃论六家之要指曰……”[73]、“太史公既掌天官，不治民。有子曰迁”[74]、“而太史公留滞周南，不得与从事，故发愤且卒。……太史公执迁手而泣曰……”[75] 亦“是司马迁的自叙”，是否编、译太欺天下无人能读《史记》耶？一句原本通顺畅达之“迁之自叙云尔，而十篇缺，有录无书”，偏要截断原本承上启下连词一“而”字，强拉硬拽曲译转折连词“然而”；既然紧接上句“第七十，迁之自叙云尔”，倘非无中生有一句“在一百三十篇中”，编、译谁人可知“而十篇缺，有录无书”独立之句何解焉？又，天下谁能求证，直至东汉班固撰写《汉书》之时，《史记》尚“在一百三十篇中缺少了十篇，有目录而无内容”耶？点校之人倘肯留意此卷一百三十篇序目其前之颜师古注文“迁之书序众篇各别有辞，班氏以其文多，故略而不载；但取最后一首，故此单目尽于六十九，至‘惟汉继五帝末流’之后乃言‘第七十’。”[76]，则当不致有将“第七十”轻易点出《史记》录文之外也。不管事实上的文、白对译是否皆当仁、智各异，至少仅就笔者所学，实在不敢苟同“第七十，迁之自叙云尔”为句。兹愿不揣浅陋，试作《汉书》其句标点、翻译，以乞方明教正〔倘本“自此—迁之自叙云尔”其“‘之’前”、“以后”一字讹误，则此处争论原可休矣〕：

……以竢后圣君子。〔一一〕第七十。〔一二〕迁之自叙云尔，而十篇缺，有录无书。

〔一一〕颜师古曰：“竢，古俟字。”

〔一二〕颜师古曰：“自此以前，皆其《自叙》之辞也。自此以后，乃班氏作传语耳。”

校勘记

二七二四页二行：虽是今见诸家版本颜注皆作“竢”于正文“第七十”后、“自此”于正文“迁之自叙云尔”后，然与正文内容显见抵牾，是今别移正文句前作注。

……以之期待后世圣人君子。第七十。〔然就〕司马迁的亲笔书叙而言，则十篇缺文，只存目录而无记述。

即使后人未尝改变颜师古者原注，亦当颜氏移录自误无疑。

二　“序”

《汉语大字典》释“序”：“①堂屋的东西墙。《尔雅·释宫》：‘东西墙谓之序。’邢昺疏：‘此谓室前堂上东厢、西厢之墙也。’《说文·广部》：‘序，东西墙也。’段玉裁注：‘堂上以东西墙为介，《礼》经谓阶上序端之南曰序南；谓正堂近序之处曰东序、西序'"；"②正屋两侧东西厢房，廊庑。《书·顾命》：'西序东向。'孔传：'东西厢谓之序。'"[77] 笔者以为，就其"序"字形声结构而言，孔安国传"东西厢谓之序"，诚当有道"序"字本义也。至于《辞海》"①次第。《易·艮》：'言有序。'引申为按次第区分、排列。《周礼·春官·肆师》：'以岁时序其祭祀。'郑玄注：'序，第次其先后大小'"[78]，《汉语大字典》"⑤次序；顺序。《广雅·释诂三》：'序，次也。'《仪礼·乡饮酒礼》：'众宾序升，即席。'郑玄注：'序，次也。'"、"⑥位次；序列。《左传·昭公二十九年》：'卿大夫以序守之。'杜预注：'序，位次也。'《国语·齐语》：'班序颠毛，以为民纪统。'韦昭注：'序，列也。'"、"⑦依次序排列。《诗·大雅·行苇》：'序宾以贤。'毛传：'言宾客次第皆贤。'《墨子·非攻下》：'天不序其德。'孙诒让闲诂引王念孙曰：'序，顺也'"[77]，《汉语大词典》"④同'叙'。(1) 次序。《易·文言》：'与四时合其序。'《庄子·天道》：'春夏先，秋冬后，四时之序也'"[79]，则当释其今之常用引申义也。

颜师古曰"《自序》一卷总历自道作书本意，篇别皆有引辞……。子长此意盖欲比拟《尚书序》耳，即孔安国所云'《书序》序所以为作者之意'也。"（《匡谬正俗》）

吕思勉曰"书之有序，其义有二：一曰序者绪也，所以助读者使易得其端绪也；一曰序者次也，所以明篇次先后之义也。《史记》之《自序》、《汉书》之《序

传》，既述作书之由，复逐篇为之叙列，可谓兼此二义。”（《史通评·内篇序传》）

牛运震曰“凡后人作‘序’，皆撰而冠诸书之简端；《太史公自序》则附于一部《史记》之后……正如《周易》之有‘系辞’，《毛诗》之有‘小序’，皆关一书之体要，不可轻易看过。”（《史记评注》）

李景星曰“盖《自序》非他，……。无论一部《史记》总括于此，即史迁一人本末亦备见于此。其体例则仿《易》之《序卦传》也，《诗》之《小序》也，孔安国《尚书》百篇序也，《逸周书》之七十篇序也。”〔林按：《诗》前虽每述文，却无“小序”题名，似当引文末句如下标点为宜：“其体例，则仿《易》之‘《序卦》传’也、《诗》之‘小序’也、孔安国《尚书》百篇‘序’也、《逸周书》之七十篇‘序’也。”〕（《四史评议》）

——节录韩兆琦《史记笺证》[80]

今之辞书更见释“序”义项：《大辞典》“⑪文体名。也作序。评价作品内容旨趣的文字，如‘诗序’；‘书序’；‘太史公自序’。”[81]《汉语大词典》“(4) 文体名称。亦称‘序文’、‘序言’。一般是作者陈述作品的主旨、著作的经过等，如汉司马迁《太史公自序》。他人所作的对著作的介绍评述也称序，如晋皇甫谧《〈三都赋〉序》。汉以前，序在书末，后列于书首。”[79]《汉语大字典》“⑬介绍、评述作品内容的一种文体。也作‘叙’。

《文心雕龙·诠赋》：‘序以建言，首引情本。’明茅坤《唐宋八大家文钞总序》。柳亚子《胡寄尘诗序》。”[77]《古汉语知识详解辞典》“又称‘绪’、‘叙’、‘序录’、‘序略’、‘引’。①列于作品前，用来介绍、评介作品，陈述写作宗旨的文字……可以分为两类：自作的序，如汉班固《两都赋序》、汉许慎《说文解字叙》等；别人作的序，起于晋皇甫谧为左思所作《三都赋序》，后人文集求人作序遂成风气。明吴讷《文章辨体·序说》云：‘《尔雅》云：序，绪也。序之体，始于《诗》之《大序》〔林按：《诗》无《大序》文题，吴语或当书以‘大序’耳〕，首言六义，次言《风》、《雅》之变，又次言《二南》王化之自。其言次第有序，故谓之序也。’作为一种文体，当始于汉代，司马迁有《太史公自序》，刘向有《战国策序》，班固《汉书》有《叙传》，王充《论衡》有《自纪篇》等。初期的序文有两个特点：一是序文置于全书之后；二是除该书写作缘由与经过外，还包括全书的目录和提要。南北朝萧统《文选》等书才将序移到书前，而称列于书后者为‘跋’、‘后序’。”[82]

笔者疑惑，表义次序、顺序、序列之“次第、排列”，怎么可能成为“评介作品内容旨趣的文字”之冠名，而大兴今之序言、序文、序歌、序曲、序幕……哉？今之人著书作《序》，或许不当非议，然却，以为《史记·太史公自序》之“序”，亦如今图书正文前《序》篇章，笔者实在难以苟同。须知，《史记》一书汉宣布世之际，人间尚无文体《序》名之命。《史记》之《太史公自序》、《汉书》之《叙传》、《论衡》之《自纪篇》皆其全书正文末卷，非比后世图书正文而外之另笔文篇（即如《古今汉语词典》之释“序文”：“写在著作正文之前的文章”[83]）也。尽管今日中国文化之“发展”，已然得见《中华读书报·书评周刊》“编者按”语“首推两本，序册为……；其二则为……”[84]然若非要逆推溯解《太史公自序》之“序”，亦以为今之图书正文前言篇章之《序》，必须今之“以为”者，为之例举“推理”证据也。后世增减前人字义另起新用，无以套解前世文字，强加古人耳。既然《序》之文体篇名，迄今不见证其早于《史记》问世者，则今之人，只当循其“序”之另义以求其解也。

“序”之释，《古代汉语词典》“叙说，叙述。王逸《离骚经序》：‘故上述唐、虞三后之别；下序桀、纣、羿、浇之败’”[85]〔林按：《汉语大字典》已然先有“⑪叙说；叙述。汉王逸《离骚经序》：‘故上述唐、虞三后之别，下序桀、纣、羿、浇之败’”[77]其释〕；《汉语大字典》“⑮草拟。《老残游记》第十五回：‘县里正在序搞’”[77]；《汉语大词典》“(3) 表达；叙述。南朝梁萧统《〈文选〉序》：‘论则析理精微，铭则序事清润’”[79]；《大辞典》“⑥依次整理。《国语·鲁语下》‘昼讲其庶政，夕序其业。’⑦依次叙述。《诗·卫风·氓序》‘序其事以风焉’”[81]。笔者以为，“编次叙述”确当《序》作文体篇名其前之“序”字通用要义（或当今之书《序》之命，本即缘起其义也）；笔者敢信，此乃诚非突发奇想臆解，《史记》自书序文可鉴：

《三代世表》“至于序《尚书》，则略无年月；或颇有，然多阙不可录。”[86]

《孔子世家》“追迹三代之礼，序《〈书〉传》，上纪唐虞之际，下至秦缪，编次其事。”[87]

《伯夷列传》“孔子序列古之仁圣贤人，如吴太伯、伯夷之伦祥矣。”[88]

《孟子荀卿列传》“退而与万章之徒序《诗》、《书》，述仲尼之意，作《孟子》七篇。”[89]

《孟子荀卿列传》“先序今以上至黄帝，……。”[90]

《孟子荀卿列传》“皆学黄老道德之术，因发明序其指意。故慎到著十二论，环渊著上下篇，而田骈、接子皆有所论焉。”[91]

《孟子荀卿列传》“……，如庄周等又滑稽乱俗，于是推儒、墨道德之行事兴坏，序列著数万言而卒。”[92]

尽管《汉书·艺文志》之“《易》曰：‘河出图，雒出书，圣人则之。’故《书》之所起远矣。至孔子纂焉，上断于尧、下讫于秦，凡百篇而为之序，言其作意”[93]，《二十四史全译》翻作“……所以《尚书》的起源很久远了，到孔子时就加以撰修，上断于尧、下讫于秦，共一百篇，并为它作序，说明他写作的意图”[94]，然却笔者以其《汉·志》只寻“序六艺为九种”[95]、“刘向所序六十七篇”[96]、“扬雄所序三十八篇”[96]之“序”，全然不同今人为书“作序”之义，是愿只作《汉》文如下解：**“所以说，《尚书》之撰，起始于远古也；到孔子修撰之时，上断取于上古唐尧、下终讫于春秋盛秦，总选一百篇而予以编次叙述，逐篇论说其作文旨意。”**其实，译者倘肯参阅《史记》之《三代世表》“孔子因史文次《春秋》，纪元年、正时、月日，盖其详哉。至于序《尚书》，则略无年月；或颇有，然多阙不可录”[86]、《孔子世家》“孔子之时，周室微而礼、乐废，诗、书缺。

追迹三代之礼，序《〈书〉传》，上纪唐虞之际，下至秦缪，编次其事”[87]，确当不致翻出“为它作序”之语。张大可《史记全本新注》“序《书传》：为《尚书》作序”[97]确当引以为憾，不仅《史记》其语末言“故《〈书〉传》、《礼记》自孔氏”[87]，且其数语而后更见“孔子晚而喜《易》，序《彖》、《系》、《象》、《说卦》、《文言》”[98]；倘注“序《书传》”得为“为《尚书》作序”，岂不“序《彖》、《系》……”亦为“为《彖》、《系》……作序”哉？此间疏谬，确非简单“牵强”得以饰过也。借此援引韩兆琦主译《史记（文白对照本）》白文“……孔子就一方面考查夏、商、周三代的礼乐制度，一方面整理《尚书》的遗文，他把上起唐尧、虞舜，下至秦缪公的所有的《尚书》篇章，都编排了起来”[99]，以与参照商榷“作序”也。求解《史记》“序书传”而翻阅陈梦家《尚书通论》，不意竟得助说笔者浅识之弘论——“《世家》‘序书传’的‘序’应是动词，即下所谓‘编次’。……《汉书·刘向传》曰‘故采取《诗》、《书》所载……序次为《列女传》凡八篇，以戒天子。及采传记行事，著《新序》、《说苑》，奏之’。……扬雄所序三十八篇中，如《太玄》、《法言》和《酒箴》等皆雄所作。由此可见‘所序’既包括序次或种类相从的编作，也包括个人撰著之作。孔子的‘序《尚书》’‘序《书传》’之‘序’，则似应解为‘编次’较妥。”[100]幸继拜读蒋善国《尚书综述》，进而知其亦就《史记》“序《尚书》”、“序《〈书〉传》”及《汉·志》“凡百篇而为之序”刊论，又可资助拙文浅识矣——“‘序’就是‘编次’，所以与‘次’对文。清崔适说‘序’是‘次序’，不是序跋。……到了《汉书·艺文志》，……误会《史记》的‘序’字，认作孔子序《书》，把今传的《百篇书序》，竟认作孔子作的。……从这以后，学术界都承认《书序》是孔子作的了。”[101] 若说《史记》“追迹三代之礼，序《〈书〉传》”或与《汉书》“故《书》之所起远矣”所于《尚书》源流有见龃龉之嫌，笔者无以否认；然谓《汉·志》“误会《史记》的‘序’字，”笔者确嫌缺少断言依据。观上引蒋撰《综述》文中“到了《汉书·艺文志》，……误会《史记》的‘序’字”之笔者省文——“遂说：‘《书》之所起远矣，至孔子纂焉。……凡百篇而为之序，言其作意。’”[101]，当见《综述》委实不乏所对《汉·志》原文“故《书》之所起远矣。至孔子纂焉，……凡百篇而为之序，言其作意。”之误解也。序，《史记》“序《尚书》”、“序《〈书〉传》”动词，又《汉·志》“所序”动词，其所“为之序”何以非动词耶；《汉·志》“序六艺为九种”之动词显矣，《汉·志》“凡百篇而为之序”之动词虽欠彰显，然又岂可混同今之名家为书“作序”相与言耶？即或《汉·志》“为之序”果得解如今之图书《序》言，亦乃止为东汉时语，何当所与曲解《史记》书文关涉焉？至少笔者迄今仍于“作序”他人著述之“是为序”、“为之序”、“是为之序”等亵渎汉语（尽管势趋“约定俗成”）之笔，耿耿于怀；不详“作序”之人，如何阅览刘梦溪《一身狷气隐儒宗——我所认识的萧蓮父先生》之“……萧蓮父先生序往事，感世变，有不忍笔之于言者”[102] 也。以笔者观览史文，今之图书正文之前作《序》，或当恰是后人误解《史记·太史公自序》之“序”字（以“动”为“名”）导致也。

笔者之读《史记·太史公自序》，但见**“凡百三十篇，五十二**

万六千五百字为太史公书序；略以拾遗补蓺，成一家之言。厥协六经异传，整齐百家杂语；藏之名山，副在京师，俟后世圣人君子”[103]，委实不敢以为中华书局点校之“凡百三十篇，五十二万六千五百字，为《太史公书》。序略，以拾遗补艺，成一家之言，阙协《六经》异传，整齐百家杂语，藏之名山，副在京师，俟后世圣人君子”[104]，有为汉撰《史记》载文也。

㈠虽说仅就字句，点作“凡百三十篇，五十二万六千五百字，为……”不为过，然据张大可《史记全本新注》统计，“今本中华书局标点本为五十五万五千六百六十字，多出两万九千一百六十字”，“总计续、补、窜……三项合计为45，365字，非司马迁之作”[105]；无论如何都无法正常理解为系“《太史公自序》总括原书五十二万六千五百字”[105]，且其更有可能“五十二万六千五百字”者，仅为“凡百三十篇”之一部分（尽管确当其为绝大多数的“部分”）。

㈡“为”，《汉语大字典》释“⑰是。《论语·微子》：‘长沮曰：'夫执舆者为谁？'子路曰：'为孔丘。'’”[106]《汉语大词典》解“㉕归于；属于。《战国策·秦策一》：‘代、上党不战而已为秦矣。’”[107]清吴昌莹《经词衍释》例举《易》“唯君子为能通天下之志”、《孟子》“惟仁者为能以大事小”、《左传·隐四年》“王觐为可”、《礼记》“唯有德之君为能行此”而谓“‘为’义并同‘乃’”[108]。此间其“为”，确当与其卷中“失其守而为司马氏”[109]、“谈为太史公”〔林按：不以“太史公”为官职。〕[72]之“为”类同，而与卷中“又曰无不为”[110]、“为秦开地益众”[111]之“为”相异。

㈢最不可解，四字浅白述语“太史公书”何竟点成“《太史公书》”耶？《古今汉语词典》释“书”：“记载，写。例书之竹帛。(《墨子·尚贤下》)”又：“字，文字。例伯之不识书。(《南史·陈伯之传》)”[112] 是其琴、棋、书、画四艺，无一关乎载体图书也。“太史公书”显然其“书”动词，倘其“太史公写”无以标点《太史公写》，则便“太史公书”无由想出《太史公书》者也。果能“为太史公书”成句，亦无非解作“乃由太史公所书写”；倘依当代传统标点，有“为太史公撰”者，岂非又要“太史公撰《太史公撰》”也！文白对照本《史记》译之“取名为《太史公书》”[113]，《二十四史全译》本《史记·太史公自序》作“叫做《太史公书》”[114]、《汉书·司马迁传》作“这就是《太史公书》”[71]，非要四字述文“太史公书”成“名”，总要有人动笔解释其之所以——“因为”也。张大可专著《司马迁评传》、安平秋等著《史记通论》，俱引陈直《太史公书名考》之论断——“司马迁自定原名为《太史公书》”[115] 而共谓“陈文(氏)举证确凿，立(议)论精严，可为定论”[115]；笔者读之，诚乃不知二著之言何从说起耶？张著自断之“迁书原题为《太史公书》，见于《太史公自序》，其言曰：‘凡百三十篇，五十二万六千五百字，为《太史公书》。’确凿有据，无须曲说和申证”[116]，笔者最为遗憾；既知“在两汉刘向、刘歆之《七略》和班固《汉书·艺文志》皆著录为‘《太史公》百三十篇’。……在西汉之时，《太史公书》因随人引用，共有五种微别之称”[116]，又何而不思，亦可能其“今传《史记》，初本无名，世于其称，不过随笔漫书”[117] 耳？笔者所见两汉文献，今人解谓《太史公书》、《太史公记》、《太史公传》、《太史公》、《太史记》者，多为行文述语，极少以为“书名”也。《汉·志》著录尚以《太史公》，确当本无专名也；世人略语或可有之，然于国史标著书录，不可随意为之也。“欲以究天人之际，通古今之变，成一家之言”[118]之司马迁“凡百三十篇”，竟会亲以白文“太史公书”命名，愚至笔者亦是无以置信也。倘若“太史公书”不止《史记》一书，数种《太史公书》何以区别哉？难解张大可者，何以不悟“意谓此书为太史公所书所记”[119]有与上句“名其书曰‘太史公书’”相悖焉？“为太史公书”本即意谓“为太史公所书”，又如何“名为《太史公书》”焉？“‘凡百三十篇，五十二万六千五百字，为《太史公书》。’”文句，始见公元纪年第一千九百五十九年九月问世之中华书局《史记》，显与两千年间流传文献大背；何以充为自以为是“迁书原题为《太史公书》”之“确凿有据”，而霸道放言“无须曲说和申证”焉？恰是以讹传讹《史记》原名初称“《太史公书》”者，已然天下众口一辞，方显其所正本清源之尤为重要也。颇令笔者欣慰的是“王国维不认为‘太史公书’为司马迁自题，反而根据两汉人称《史记》为《太史公》作出了如下推断，说：‘窃意史公原书本有小题而无大题。’张舜徽先生信其说，认为‘这话是正确的’(《中国历史要籍介绍》)。”[120]虽见张大可《太史公释名考辨》文中接谓“我们认为这个推断是值得商榷的”[120]，然却始终未能从其所谓“三证”中寻出一言责难力证。

㈣“序略”作句，笔者至今无力解为表义汉语。今之《二十四史全译》，《史记·太史公自序》以为“序述大略，来拾遗补充六艺，成为一家之言，……”[114]、《汉书·司马迁传》以为“本篇《自序》概括地阐明述作宗旨，就是拾取遗佚的史事以补充六艺之缺，成为一家之言”[71]。笔者愚钝，怎么也没法能从《太史公自序》一卷而看出《史记》全书“凡百三十篇”的“以拾遗补艺，成一家之言”来；不知道《史》、《汉》二书的译者们，终—是—怎—样—感—悟—出—来—的。倘以“厥协六经异传，整齐百家杂语”之功全在所谓“序略”之篇《太史公自序》耳，则其司马谈、迁父子虽殉“凡百三十篇”之草创，亦当只为沉舟、病树，早将腐蚀糜散沉寂无痕矣。“序略”为句，只当动宾结构偏正词组；不知所序之“略”者，有为人间何物焉？“序述大略”其语，上不触天、下不着地，突兀一句毫无来头，与谁事物焉？正如略语、简称、概算，不得随臆“语略”、“称简”、“算概”也；试问先后“序略，以……”之点校者，可能自圆其说否？清王叔岷《史记校正》有按：“此当读‘为《〈太史公书〉序略》’为句。即序《太史公书》之要略也。《淮南子》书末有《要略篇》，亦序其全书之要略也。”[121] 日人泷川资言《〈史记〉会注考证》，虽引“张文虎曰：‘《索隐》本引'为太史公书'五字，不连'序'字，疑当属下句。’董份曰：‘'序略'，句。’”，却证：“‘序’字，通行本皆属上读，《汉书》同。’”[122] 读“为《〈太史公书〉序略》”，不仅所与前言、后语皆不成续，更其“要略”联合词组、“序略”不成语词，全然不可类比也。今检上海古籍武英殿本《史记》[103]、王氏虚受堂本《汉书》[68]，俱作“……为太史公书序。略以……”断句；当知张、董二注句读有疏，得见泷川会注考证详实。韩兆琦《史记选注汇评》、

《史记选注集评》同注：“序略——编列史实之大略。按：此二字略不顺，疑有误。《汉书》‘序’字上读，作‘为太史公书序’；‘略’字下读，作‘略以拾遗补阙’，如此则下句甚合，上句于事理欠通。”[123] 其后，韩兆琦《史记笺证》修作：“序略——二字上下不连，疑有脱误。其大意或谓‘编排古往今来之史实大略’，以与下文‘以拾遗补艺，成一家之言’相连贯。张大可以为‘指《太史公自序》对全书内容作了概括’，似与上下文不合。”[124] 早年非常欣赏韩注之“按”，只是不解其何至以为“上句于事理欠通”耶？字得写，书得序，所言“书序”者，无非书写编撰耳；倘以“太史公书序”欠通事理，则首当“太史公自序”有“于事理欠通”也。前引颜师古注文“迁之书序众篇各别有辞”，已见唐人“书序”用词，并非有“于事理欠通”也。倘其点校之初，不使世代讹传“发愤著书”轻易先入，不致上下盲从“司马迁撰”顺利为主，审慎以待“‘序’字，通行本皆属上读，《汉书》同’”，正确捕捉“……为太史公书序。略以拾遗补艺……”，断不至于《史记（文白对照本）》全然不顾“序略”二字存在——之作省笔白文也。

㈤杨燕起《史记全译》之译“……，写成《太史公书》。序述大略，以拾遗补充六艺，……”[125]，笔者所见今之译本，皆如“艺”作“六艺”（或更“《六艺》”），概莫能外。虽是《史记》其“艺”，有见南朝宋裴骃《集解》“李奇曰：‘六艺也。’”、唐司马贞《索隐》“案：《汉书》作‘补缺’，此云‘艺’，谓补六艺之阙也”[69]，今之读者却当不必以为“六艺”也。“艺”者，《汉语大词典》释：“①种植。《书·禹贡》：‘淮沂其乂，蒙羽其艺。’孔传：‘二水已治，二山已可种艺。’《诗·唐风·鸨羽》：‘王事靡盬，不能蓺稷黍。’”，“②技艺；才能。《书·金縢》：‘予仁若考，能多材多艺，能事鬼神。’《论语·子罕》：‘吾不试，故艺。’”[126]。是当种植、栽培为其“艺”字本义，再而以其技术、能力引申为义也；后世有称六种经典《诗》、《书》……以谓“六艺”，诚当不乏有涵“规范、完美”之义。《辞源》释“艺祖”谓：“有文德材艺之祖，古帝王对祖先的美称。《书·舜典》：‘归，格于艺祖，用特。’传：‘艺，文也。’疏：‘才艺文德，其义相通，故艺为文也。文祖、艺祖，史变文耳。”[127]《汉语大词典》释“艺文”谓：“②辞章；文艺。晋葛洪《抱朴子·审举》：‘心悦艺文，学不为禄。’唐白居易《赋赋》：‘四始尽在，六艺无遗，是谓艺文之儆策，述作之元龟。”[126]浏览正史《艺文志》、唐撰《艺文类聚》，理解“艺文”之“艺”，至少笔者以为诚当不乏“辞典文艳”[128]之感；但愿天下使用汉字之人，亦如笔者感受一个“艺”字“完善、美好”之义。笔者疑惑，六经之艺，岂是后人得以“补充”耶？倘果汉人有能补充，则魏晋隋唐、宋元明清，皆当得以作补焉；试问，今之所谓“大师”者，谁敢胆言“补充”六艺焉？今人大可不必见“艺”即谓名词“六艺”，此处确当解如清人王叔岷《〈史记〉校正》之“蓺当是树蓺字，不必释为六蓺。有所种树为蓺，引伸有所撰述亦可谓之蓺，‘补蓺’犹言‘补述’耳。”[121]是愿跳开古今歧解异译，只将“略以拾遗”之“补艺”，视作“缺之未艺，补而成艺”也。

异说注解已作考辨，则当顺利译释全句焉：**“总计一百三十**

篇，五十二万六千五百字为太史公所书写编撰；略微搜集遗漏以之补充完善，使其成就诸家论说之一言。取舍协和‘六经’不同传述，归拢齐正诸子百家杂乱纷说；深藏名山峻岭之中，副本存放京都传览，以待后世圣人君子评说。”

三 “太史公”

自《史记》其书布世，两千余年众说纷纭“太史公”，迄今未尝止息；然就笔者推敲《太史公自序》卷中一十四言“太史公”，确当指“为司马氏父子职守共称之尊名”[129]，不敢苟同世代诸家纷说也。

《太史公自序》载:“喜生谈，谈为太史公。”[72] 裴骃《集解》:“如淳曰:‘《汉仪注》:'太史公，武帝置，位在丞相上。'’”[130] 泷川资言《考证》：“宋祁曰：‘迁《与任安书》，自言'仆之先人，文史星历，近乎卜祝之间；故上所戏弄，倡优畜之，流俗之所轻也'，若其位在丞相上，安有此言耶？'”[131] 宋祁《笔记》更载泷川未引续文：“《百官表》不著其官，信其非也。”[132]〔林按：朱东润《史记考索》完引而谓“《自序考证》引宋祁《笔记》”[133] 见疏。〕尽管《集解》之“瓒曰：‘《百官表》无太史公。《茂陵中书》'司马谈以太史丞为太史令'’”[73] 引证，可谓客观实证，然却依然固执臆见者，古今不乏持论。清梁玉绳《〈史记〉志疑》即以“盖太史公是官名，卫宏汉人，其言可信；《西京杂记》、《隋书·经籍志》、《史通·史官建置篇》、宋三刘（敞、攽、奉世）《两汉刊误》并同卫宏也”[134] 执说，憾其所论未寻一言真证也。至于袁传璋《太史公生平著作考论》之“结论只能是：‘太史公’是武帝所置史官的官号，司马迁父子相续担任太史公，书中‘太史公’皆司马迁自题”[135]，连其“结论”主证“《史记·孝武本纪》‘有司与太史公、祠官宽舒等议’句下《正义》云：……”[136]之大段“引言”，尚且根本不见《史记》“句下《正义》”载文，读之者，又如何敢以为信焉？

《史记·自序》明文“卒三岁而迁为太史令”，句下《索隐》注：“《博物志》：太史令茂陵显武里大夫司马迁，年二十八，三年六月乙卯除，六百石。”[110] 唐张守节《〈史记〉正义》亦注：“《博物志》云：‘迁年二十八，三年六月乙卯除，六百石。”[137] 其后，《自序》述文概称司马迁曰“太史公”，然则，司马迁职官“太史令”而非“太史公”，无人得证其非也。非但如此，《汉书·律历志》“大中大夫公孙卿、壶遂、太史令司马迁等言……”[138]、《汉书·公孙弘卜式儿宽传·儿宽》“后太史令司马迁等言……”[139]，恰得证其迁官非“公”而“令”之真也。再后之“太史公仍父子相续纂其职”[104]，安知司马谈之“太史公”，非如司马迁之官职太史令而称谓“太史公”耶？既言“谈为太史公”，又谓“太史公仕于建元、元封之间”[73]，则“太史公”不为职官显矣；诚如官名“太史令”无以“仕于建元、元封之间”，指代主语司马谈者，必其“太史公”也——不为官名。《史记》中《封禅书》、《孝武本纪》之“有司与太史公、祠官宽舒（等）议”[140][141]，《汉书·郊祀志》作“有司与太史令谈、祠官宽舒议”[142]，且见句下注文：“师古曰：‘谈即司马谈也。’”[143] 《汉书》类文并非独例，《封禅书》、《孝武本纪》之“太史公、祠官宽舒等曰”[144][145]，《郊祀志》亦见实官称谈述文“太史令谈、祠官宽舒等曰”[146]。观其《汉书》两书“太史令谈”行文并及颜注“司马谈也”释语，当知司马谈之“太史公”，亦确“如司马迁之职官太史令而称谓‘太史公’”也。再览《汉书·窦田灌韩传》述文“壶遂与太史迁等定汉律历”[147]及《汉书·司马迁传》“五年而当太初元年”注“李奇曰：‘迁为太史后五年……’”[148]，并其《史记·自序》司马谈四言职掌“太史”[75]之语，当说——**司马父子先后职仕武帝“太史”，官名“太史令”，《自序》笔“公”书文指代谈、迁父子，史本无疑耳**。

《〈史记〉正义》注释“谈为太史公”谓：“乃书谈及迁为‘太史公’者，皆迁自书之。”[73]《〈史记〉索隐》“案《茂陵书》‘谈以太史丞为太史令’，则‘公’者，迁所著书尊其父云‘公’也。然称‘太史公’皆迁称述其父所作，其实亦迁之词；而如淳引卫宏《仪注》称‘位在丞相上’，谬矣。”[73]《汉书·司马迁传》“谈为太史公”下颜师古注：“晋灼曰：‘《百官表》无太史公在丞相上。又卫宏所说多不实，未可以为证。’师古曰：‘谈为太史令耳，迁尊其父故谓之为'公'。如说非也。’”[149]清顾炎武《日知录》“太史公者，司马迁称其父谈，故尊而‘公’之也。”清黄汝成《集释》“钱氏曰〔林按：《叙》：‘钱氏大昕，字晓徵’。〕‘太史公，官名；迁父子相继为之，非专为尊其父也。《史记》惟《自叙》前半及《封禅》篇中有称其父为'太史公'者，其余皆迁自称’”[150]《〈史记〉志疑》难“迁尊其父”谓：“唐颜师古《〈迁〉注》谓‘迁尊其父，以'公'为'家公'之公。’宋吴仁杰《两汉刊误补遗》谓‘迁父子官'令'而云'公'者，邑'令'称'公'之比。’……《史记》中‘太史公’，大半迁自称之，不皆指其父，何尊之有？《后汉书·郑康成传》载孔融告高密县立‘郑公乡’云：‘太史公者，仁德之正号，不必三事大夫。’此尊之说也……梁昭明太子萧统《文选》载《报任少卿书》‘大史公牛马走司马迁’亦是自称其官。县公僭称，他人呼之可，自号则不可。”[134] 梁氏“自号则不可”一语，堪嘉“甚当”耳；只是憾其“至宋苏洵《嘉佑集史论》议‘迁与父无异称’为失，更不然”[134] 语，后文未见何以“不然”也。尊父之称、冠己之号，同一而谓“……公”者，天无其理，地无其人；诸公以为语者，笔者无以作思也。有读《史记·太史公自序》与《汉书·司马迁传》而不辨—如钱穆《中国古代大史学家——司马迁》“他书中尊称其父曰太史公，他亦自称为太史公”[151] 之显为无根妄说者，笔者诚乃匪夷所思也。《史记·汉兴以来诸侯王年表》太史公曰“臣迁谨记高祖以来至太初诸侯”[152] 之“臣迁”、《汉书·司马迁传》报任安书“若望仆不相师用，而流俗人之言。仆非敢如是也”[153] 之谦“仆”，都只能成为——司马迁者“自书”太史公之反证。贵人贱己，诚乃国人语文不约法则，舞文弄墨者何当不思之甚耶？

《史记·自序》“五十二万六千五百字为太史公书序”下《索隐》再“案：桓谭云：‘迁所著书成，以示东方朔，朔皆署曰'太史公'。’则谓‘太史公’是朔称也，亦恐其说未尽。盖迁自尊其父著述，称之曰‘公’；或云迁外孙杨恽所称，事或当尔也。”[103] 《〈史记〉志疑》于首卷“太史公曰”附案：“太史公之称，《补〈今上纪〉》及《〈自序〉传》注引桓谭《新论》云‘东方朔所署’。……考《史记》迁死后稍出，至宣帝时始宣布，东方朔安得见之?”[134]《史记·孝武本纪》“有司与太史公、词官宽舒等议”下《索隐》注：“韦昭云：‘谈，司马迁之父也；说者以太史公，失之矣。《史记》多称'太史公'，迁外孙杨恽称之也。’姚察按：‘《迁传》亦以谈为'太史公'，非恽所加。’”[140]《〈史记〉志疑》助论：“《迁传》有杨恽祖述其书之语，韦昭所本，《索隐》亦从之。但一部《史记》均称‘太史公’，惟《自序》中‘迁为太史令’一句称‘令’，然《正义》引《史》作‘公’，疑今本传讹；或依《汉书》改，岂尽恽增之耶?”[134]《史记·五帝本纪》“太史公曰”，泷川资言《考证》：“姚鼐曰：‘'太史公'系后人尊称之辞。’《汉官仪》乃云‘其官本名太史公’，此谬说也。《汉书》臣瓒注引《茂陵书》‘司马谈以太史丞为令’，又孔北海告高密县曰：‘昔太史公、廷卫吴公、谒者仆射邓公，皆汉之名臣。世嘉其高，皆悉称'公'。然则'公'者，仁德之正号，不必三事大夫也。’据此，则凡《史记》内以‘太史公’称谈者，即子长所加；以称子长者，皆后人所益。又何疑焉?若《文选》载《报任安书》首云‘太史公牛马走’，‘公’字乃‘令’字之误耳。”[154]

“有司与太史公、祠官宽舒等议”载记武帝元狩年事，则其时父谈在世，远非子迁仕令时年也；《汉书·郊祀志》作“有司与太史令淡、祠官宽舒议”甚当，韦昭“说者以谈为太史公，失之矣”语，显误。《汉书·司马迁传》“第七十”止前文，皆为引录《史记·自序》语（篇目述文颇见删节）；诚如《汉书·扬雄传》

"及太史公记六国，历楚汉，讫麟止，不与圣人同，是非颇谬于经。……《法言》文多不著，独著其目：……"[155]之"赞曰：雄之自序云尔"下颜师古注："师古曰：'自《法言》目之前，皆是雄本自序之文也'"[156]，全为引录它书之文也，并非《汉书》撰者主动述语。《汉书·郊祀志》两书"太史令谈"以别《史记》"太史公"，恰证《汉书》并非"亦以谈为'太史公'"也。然"《正义》引《史》作'公'"者，正如今之中华书局点校本《〈史记〉志疑》"大史公牛马走司马迁"之"太"误为"大"，亦为"'公'字乃'令'字之误耳"。《汉书·迁传》引录仍依作"令"，当证《史记》之"令"不讹，梁氏"或依《汉书》改"之思路，未免太过牵强也。其实，司马迁之《报任安书》，作于腐刑愈后"尊崇任职"之中书令职任上，何来再笔"太史公牛马走"之"司马迁"耶？《汉书·迁传》全无其文，何不多思——其乃后人杜撰无疑也！至于赵生群《〈史记〉文献学丛稿》"《史记》全书皆称'太史公'，《报任安书》也称'太史公牛马走司马迁'，可谓天衣无缝。吴敬之云：'《文选》载史公《报任安书》，首云'太史公牛马走'，太史公为实官，故以之冠于书首，犹今人公牍笺启首言具官某某，苟太史公非当时实官，史公决不能以时人所推之名，施之于友朋之前。'钱钟书先生亦云：''太史公'为马迁官衔，'先马走'为马迁谦称，俞正燮《癸巳类稿》卷一一谓以官衔置谦称前，如泰山刻石之'丞相臣斯'，殊为得间'"[157]之自言、引语，只能犹令读人平添遗憾耳。不要说漏洞百出、疑窦叠现之"太史公牛马走司马迁"，就是"太史公"之何所称谓尚于云里雾中，又如何"可谓天衣无缝"耶？私交信函抬头岂与“公牍笺启首言”堪比，迁者何又能以仕途所封官号“施之于友朋之前”耶？先不说其“牛马走”者，何以得改“先马走”也；秦立刻石，昭告天下，“皇帝临位……臣下修饬”[158]，所署“丞相臣斯”恰如其分；所与钱断“'先马走'为马迁谦称”语，何谓“殊为得间”耶？《汉书·司马迁传》明明白白：“迁既被刑之后，为中书令，尊崇任职。”[153] 再观所谓“实官”、“官衔”——太史公也，怎生一个“天衣无缝”了得？

《〈史记〉集解》已见“韦昭曰：‘《史记》称迁为'太史公'者，是外孙杨恽所称’”[140]，王国维《观堂集林》更显理性缜言：“公官太史令，《自序》具有明文。……惟公书传自杨恽，公于恽为外王父，父谈又其外曾祖父也，称之为公，于理为宜。韦昭一说，最为近之矣。”[159] 赵生群《〈史记〉文献学丛稿》不以为然：“韦昭认为‘太史公’是杨恽对司马迁的称呼，此说也是矛盾迭出：《太史公书》原本为杨恽所宣布，他对此书加以改署，不能说完全没有可能。但出了杨恽藏本之外，京师秘府有副本，而后副本又录副本，这是杨恽无权、也无法一一改署的。”[160] 然却笔者只见赵文自笔“矛盾迭出”耳：《自序》只言“副在京师”，未必一定“秘府有副本”也；即使“而后副本又录副本”亦当不为异本，即使“而后”果真出现“杨恽无权、也无法一一改署”之《史记》异本，又其“《太史公书》原本为杨恽所宣布”、“是外孙杨恽所称”——如何体现“矛盾”耶？哪怕后世改尊司马迁为“秦始皇”，又如何而能动摇“韦昭认为‘太史公’是杨恽对司马迁的称呼”一说一丝毫哉！憾之又憾，赵文另难之语简直奇谈怪论焉：“司马迁出狱后是以太史公兼任中书令。……司马迁受刑复出后报任安书，自称‘太史公’而不称‘中书令’，大概是指称自己的主要职务吧。司马迁出狱之时，《史记》草创未就，而最后写成，全书各篇议论都称‘太史公曰’，说明他仍在履行太史公职责，《自序》自名其书为‘太史公书’，则表明他是以太史公身份完成全书的。”[161]想说“司马迁出狱后是以太史公兼任中书令”，总是要以推翻《汉书·迁传》“迁既被刑之后，为中书令”之载文为其前题，总要举出足以立说之相关依据；何以迁为中书令之“尊崇任职”不为“主要职务”，也还总是需要交代清楚的吧。最憾“说明”、“表明”两句，其所前后表述，根本背离逻辑推理。《史记》之“最后写成”，为什么一定要与“他仍在履行太史公职责”存在必然联系呢？既“为‘太史公书’”，就不应该再是所谓“自名其书”；既是“自名其书”，就根本没有理由还要交代什么“为‘太史公书’”。就算“《自序》自名其书为‘太史公书’”有能成立，怎么就能“表明他是……完成全书的”呢（就更不要说什么“以太史公身份”了）？况且，“自名”之说《史记》不载、《汉书》不记，言者何以知之哉？然而，司马迁者“完成全书”了吗？倘若所为“太史公”者，本就未尝“写”、“完”《史记》之书，则其所谓“仍在履行太史公职”、“以太史公身份完成”，不是都将只能化为子虚乌有了吗？“太史公”其指代司马谈、迁父子，汉语行文“第三人称”无疑；笔者恰恰以为，《史记》“太史公曰”、《自序》“太史公书”，则“写成”、“完成”《史记》者，并非“太史公”也。笔者以为之所赵文如此违背逻辑行文，恐怕都缘中华书局出版点校《史记》署谓"司马迁撰"有施影响所致；然确，诚当跳开中华书局点校樊篱，探明执笔书成《史记》者，终究何许人也。

欣慰昔文《司马迁生卒与"书序"搁笔》交流次年，即见王树民《中国史学史纲要》载有"很可能全书未经司马迁最后定稿"[162]之文，且与其后之2003年新版《史部要籍解题》所载类文"很可能全书并未经司马迁最后定稿"[163]几无字差。迁报安《书》尚述"草创未就，适会此祸，惜其不成"[118]，其后则唯一见载迁之行踪，乃即卫宏《汉仪注》之"有怨言，下狱死"[69]耳。今之人，多言《史记》司马迁其"写成"、"完成"者，当如贺次君《〈史记〉志疑·点校说明》"司马迁自言，他'厥协六经异传，整齐百家杂说'，以成《史记》"[164]之先入"司马迁撰"则也。其误之深，有如千古传言之所谓司马迁"发愤著书"——尽人皆知（安平秋、张大可、俞樟华主编"由27所高校30位从事《史记》教学与研究的教师协作编写完成，是学术界推出的《史记》选修课第一部通用教材"[165]《史记教程》，即见《遭李陵祸而发愤著书·发愤著书》[166]专篇章节）。其实，《汉书·迁传》赞曰"既陷极刑，幽而发愤，书亦信矣"，下有颜注："师古曰：'言其报任安'书'，自陈己志，信不谬。'"[8]其也诚如赵勇磊《关于〈史记〉"贬天子"问题的解读》正文所言"劳干先生指出《史记》被认为'谤书'与《汉书·司马迁传》中的《报任安书》有着很大关系⑥，其因恐怕源于其文中有诸多怨愤当世的言辞，或如清李晚芳所言：'尝观其《报任少卿》一书，怼君者十之六七，忿朝臣朋友者十之二三，全无一言反己内疚'⑦"，及其注释之语"⑥……按劳先生在《古代中国的历史与文化·序言》中指出：‘其《史记》被称为谤书的，不是关于《史记》的本身，而是这一篇《报任安书》。’（第3页）可以说是对其观点的进一步阐释”[167]。最憾“史家之绝唱，无韵之《离骚》”[168]，但求文辞佳句华众扬尘，岂虑几失偏颇、几多违仁？《报任安书》中载迁自言“仆之先人非有剖符丹书之功，文史星历近乎卜祝之间，固主上所戏弄，倡优畜之，流俗之所轻也”[169]，当明“太史”职事并无著书之责，编撰《史记》不过司马父子私下自履天职耳。不知一部《史记》何处可寻“发愤”之文？其汉武王朝倘肯宽容大度，特立“发愤著书”职岗责任，又《传》后赞语何出“夫唯《大雅》‘既明且哲，能保其身’，难矣哉！”[8]

至憾，“诚”字之妄解——袁传璋《太史公生平著作考论》“‘诚’者，‘信也’，真实无妄之谓；‘以’通‘已’，系卒事之辞。‘仆诚以著此书’，紧接上文‘为……百三十篇’，意谓我确实已经著述了这部史书”[170]〔林按：“为……百三十篇”之语，不见《汉书》载迁“报书”文字，不详袁著何得引来耶?〕、张新科《关于〈史记〉的缺补问题》“司马迁在《史记·太史公自序》最后说自己发愤著书……‘诚以著此书，藏之名山，传之其人，通邑大都。’可见司马迁生前已经完成了《史记》一书”[171]，迁报安《书》完句“仆诚已著此书，藏之名山，传之其人、通邑、大都，则仆偿前辱之责，虽万被戮，岂有悔哉”[118]，紧接上句“草创未就，适会此祸，惜其不成；是，以就极刑而无愠色”，不知如何“意谓我确实已经著述了这部史书”、如何“可见司马迁生前已经完成了《史记》”耶？“诚”本假设连词，实乃中学语文早该“学而时习之”。清吴昌莹《经词衍释》：“诚，‘如’也，‘若’也。……《史记·高祖纪》：‘诚如父言，不敢忘德。’注：‘诚，苟也。’（苟训为‘诚’，故诚得训为‘苟’。）……太史公《报任安书》：‘仆诚已著此书。’言若已著成也”[172]。吴庆峰《〈史记〉虚词通释》谓“诚”：“用于复句的前一分句，表示假设。可译为‘如果’、‘如果确实’等。……诚得劫秦王，使悉反诸侯侵地，若曹沫之与齐桓公，则大善矣。（《刺客列传》）”[173]〔林按：吴著原引《史记》例句有六，此仅取其半句耳。〕解惠全、崔永琳、郑天一编著《古书虚词通解》释“诚”：“（二）连词《词诠》副词；由前义引申，于假设时用之。《集释》犹若也。作若或解。字或作‘成’。例：①夷吾曰：‘诚得立，请割晋之河西八城与秦。’（《史·秦本纪》诠）②上曰：‘文成食马肝死耳。子诚能修其方，我何爱乎？’（《史·武帝纪》诠）……按：此项用法应为连词，由副词真义虚化而来。”[174]未引《史记》例句释解“诚”义假设之虚字、虚词著述多矣，如裴学海《古书虚字集释》“‘诚’犹‘若’也。（作‘若或’解。）《淮南子·泛论篇》：‘诚其大略是也，虽有小过，不足以为累；若其大略非也，虽有闾里之行，未足大举’（‘诚’与‘若’为互文。）”[175]。昔文《司马迁生卒与“书序”搁笔》另例《管子》、《孟子》及《史记》假设“诚”句颇见焉，“诚”字假设连词义显，尤以“诚……则……”连用彰著也。师大中文教导、《史记》研究名家，想说不解虚“诚”假设，几人敢信焉？如此不惜截文曲义，歪解惑乱“诚”义虚实，真弄不懂何苦来着！须知，确然已成史事，岂是人力可得回天哉！迁之《报书》“近自托于无能之辞……草创未就，适会此祸，惜其不成”[118]、“今已亏形为埽除之隶”[176]，“近”者先远、“此”者后近，“今”则后近至也；正其“仆诚已著此书……”诚如《二十四史全译·汉书》“我果真完成了这部书的写作……”[177]，不为真有其事（至今“惜其不成”），方可得接后语“然此可为智者道，难为俗人言也”[118]。“是以肠一日而九回，居则忽忽若有所亡，出则不知所如往。每念斯耻，汗未尝不发背沾衣也。”[178] 倘非《报书》“惜其不成”，何出凭多难言悱恻之语哉？何至“要之死日，然后是非乃定”[178] 耶？迁所《报书》恸笔陈白，无外“今少卿乃教以推贤进士，无乃与仆之私指谬乎！”[178] 言者何以不思，倘果“私指”论著“已经”，尚其何再忧谬“私指”，而违“意气勤勤恳恳”[153] 故人予书焉？难道，幻想否定《报任安书》恰是司马迁“惜其”著述“不成”的产物，也是人力可以“证明”的吗？至少迄今尚还未尝有人可得领教也。读过张大可《司马迁评传》“《史记》完稿……他在《报任安书》中说：‘仆诚已著此书……岂有悔哉！’计点篇目字数，表明自己十分美满地在有生之年完成了雪耻的心愿，发愤之作大功告成，这是多么惬意的事啊”[179] 与“司马迁在《报任安书》中说，天汉三年他受祸之时‘草创未就’，即《史记》一书尚未完成”[180] 之前言、后语悖文，真不知道所当怀疑者，终是作者学识耶、还是作者诚意耶？所幸，世间毕竟不乏正解古史者——陈正宏《史记精读·导论》即见“司马迁之所以宁可屈辱地生，也不从容地死，据他后来在《报任安书》里的自述，完全是为了完成他未竟的事业——撰述《史记》”[181] 智语。近读谢保成《中国史学史》，有见奇文“书已著成，死而无悔，在

《报任少卿书》中表示：‘仆诚已著此书，藏之名山，传之其人通邑大都，则仆偿前辱之责，虽万被戮，岂有悔哉！’”[182]〔季镇淮《司马迁》则特引《报书》此言（“仆诚已著此书……岂有悔哉”）作注：“似尚未最后完成。”[183]〕迁之《报书》诚乃“草创未就”悲愤之作，凡读《报书》者，皆当有知；如此先果后因之“中国社会科学院研究生重点教材”，岂不真也——误人子弟哉！

近读顾颉刚口述、何启军整理《中国史学入门》之“可惜的是，司马迁只写了十年。他为了李陵的事，坐过狱，受过阉刑；再以后，又做汉武帝的中书令，在宫中管文书，忙起来了，也就不能著书了。所以，《史记》也可以说是未完稿，没有经过细修细改，有些还嫌潦草。司马迁在四十多岁时，武帝还在世，他就亡去了”[184]，不免颇多感慨——同一部《史记》，同一篇《报书》，同宗同源汉语国人，何竟得出如此强烈反差之读后感受结论焉？事实上，《史记》一书的直接责任者——《汉书·司马迁传》早载明文也：“迁既死后，其书稍出；宣帝时，迁外孙平通侯杨恽祖述其书，遂宣布焉。”[185]不解何以使然，今之论说多取“遂宣布”而舍之主为“述其书”也：钱穆《中国古代大史学家——司马迁》“他死后，他的书，渐由他外甥〔孙〕杨恽所宣布”[151]，袁传璋《太史公生平著作考论》引程金造《司马迁卒年之商榷》“直到司马迁死后，汉宣帝的时候，才由杨恽宣布出来”[186]，赵生群《〈史记〉文献学丛稿》“司马迁死后，其书稍出，至宣帝时始宣布”[187]，《史记·出版说明》“在他死后若干年，他的外孙杨恽将这部52万多字的巨著公之于世”[188]，北京师范大学新世纪历史学教材—白寿彝主编《中国史学史》更见了文："司马迁卒后，他的外孙杨恽对《史记》有宣布之功。《汉书·司马迁传》载：'迁既死后……遂宣布焉'"[189]。读张玉春《〈史记〉早期版本源流研究》文中"《汉书·司马迁传》：'迁死之后，其书稍出。宣帝时，迁外孙平通侯杨恽祖述其书，遂宣布焉。'以此可以推定在杨恽宣布之前，《史记》已有部分传出，但只能是少数单篇"[190]一语，似乎作者已然辨别"草创未就"而"稍出"之"其书"与"祖述其书"而"宣布"之《史记》也；然却所见前文"司马迁在征和二年完成了《史记》的撰著"[191]及"司马迁撰成《史记》后，'藏之名山，副在京师'，以'俟后世圣人君子'。至汉宣帝时，其外孙杨恽始对外宣布"[192]，不过依然"祖述其书"视若罔闻，而盲从《史记》一书"司马迁撰"者也。其实，《汉书》之语"书"者，动词书写撰述耳，不似今之名词著作载体也；杨恽"祖述"之举，功高盖世，不得仅以"宣布"微劳抹杀终成《史记》撰述大德也。"祖述"二字，世颇闪烁其词，如《二十四史全译》之《汉书·司马迁传》竟然译作："司马迁死后，他的书渐渐流传开来。宣帝时，司马迁的外孙平通侯杨恽最先开始陈述司马迁的著作，於是得以公布开来。"[177]然却"祖述"其词正解，今之辞书颇见焉——《辞源》"师法前人，加以陈说。《礼·中庸》：'仲尼祖述尧舜，宪章文武。'宋龚颐正《芥隐笔记·作诗祖述有自》：'(阴)铿有'花逐下山风'，杜(甫)有'云逐度溪风'，祖述有自，青出于蓝也'"[193]；《大辞典》"宗奉前人的言行学说，并加以传述"[194]；《汉语大词典》"②阐述；发扬。《汉书·司马迁传》：‘迁既死后，其书稍出。宣帝时，迁外孙平通侯杨恽祖述其书，遂宣布焉。’……许嘉璐《〈说文解字通论〉序》：‘陆宗达先生早年追随季刚先生，升堂入室，得其真谛。《说文解字通论》一书，就集中体现了先生祖述章、黄学说的部分重要成果’”[195]。“祖”者，祖从；“述”者，撰述。所为经史者，虽今人亦当“祖述”行文无迷也。近读陈代湘《廖平的〈古学考〉和〈知圣篇〉》一文，颇见明明白白“祖述”行文之笔——“廖平宣称康有为的《新学伪经考》祖述《辟刘篇》，《孔子改制考》祖述《知圣篇》，学界有激烈者甚至认为康有为‘剽窃’廖平的学术成果，从而引发近代学术史上一桩大公案。对于这桩公案，康有为弟子梁启超供认其师受廖平影响‘不可诬’。……康氏‘深自讳避’受廖平的影响，遭来众多讥议，因为廖平对康有为的影响是客观存在的。”[196]倘果有欲理解“祖述”而迄今欠明者，不妨一睹报章其文；文中“当然，康有为在《教学通议》中所述为后来‘二考’所祖的观点只是初发其端，尚不具体明晰”一语，析用“祖述”字、词最为精当矣。至此当明前引梁玉绳《〈史记〉志疑》中“考《史记》迁死后稍出，至宣帝时始宣布”一语之谬，“迁死后稍出”者诚乃“草创未就”之稿也，并非“宣帝时始宣布”且经杨恽“祖述”之《史记》其书也。是，笔者以为《汉书·迁传》其语，当作如下释译较妥：**“司马迁去世以后，其所书写草叙渐有浮出；至宣帝时，司马迁外孙平通侯杨恽谨承祖创修补撰述，遂以宣告、传布，公诸于世也。”**

是当《史记》行文“太史公曰”等凡见“太史公”者，皆作第三人称，即执笔者杨恽转述之语也。诚如时下报章“总书记说”等凡见“总书记”者，皆作第三人称，即其记者报道叙述之语也。“太史公曰”四字之非太史公书，“总书记说”四字之非总书记语，倘非故意愧对汉语之人，诚当显见其理一也。

赵生群《〈史记〉文献学丛稿·司马谈作史考述》有论：“《刺客列传》太史公曰：‘始公孙季功、董生与夏无且游，具知某事，为余道之如是也。’《樊郦滕灌列传》称：‘余与他广通，为言高祖功臣之兴时若此云。’《郦生陆贾列传》称：‘至平原君子与余善，是以得具论之。’十分清楚，作者写《刺客列传》等三篇文章，直接得益于亲身的交游，与公孙季功等交往的人，就是三传的作者。故顾颉刚云：‘王国维《太史公行年考》论之曰：‘此三传所记，史公或追记父谈语也。’按：此非或然，乃必然也。谈于赞中自称‘余’，《荆轲传》曰‘为余道之如是’，《朱建传》曰‘平原君子与余善’，《樊哙传》曰‘余与他广通’，著传文之来源，作一篇之总结，则此三传成于谈手无疑。’”[197] 笔者虽是无力认证“俞正燮云：‘《史记》之事，大半谈著。’”[198] 之断，却也总能感知史来诸多“司马谈作史”考论之确，颇愿接受张大可《司马迁评传》引论：“正如顾颉刚所说：‘而《史记》之作，迁遂不得专美，凡言吾国之大史学家与大文学家者，必更增一人焉—曰'司马谈'。’这个结论应予肯定。”[199] 笔者亦以《史记·樊郦滕灌列传》“孝景中六年，他广夺侯为庶人，国除”[200]，先于司马迁之出生九年，其“余与他广通”之“曰”者太史公，诚当迁父司马谈也。是以司马贞《〈史记〉索隐·序》所作“《史记》者，汉太史司马迁父子之所述也”[201] 之谈、迁先后共述结论，后世无由臆生歧义。

“五十二万六千五百字”，几许谈笔，几多迁书，今人尚且不明，汉宣杨恽何以甄辨哉！祖述之笔，直录“余”、“吾”一称之语，共冠“太史公曰”转谓，诚令笔者感佩“高明”也。

四　结束语

《史记》一书，原本无“名”，即无命题之名，又无作者署名；后世约定俗成《史记》未尝不可，然却署以“司马迁撰”实在缺少依据也。《汉书·迁传》明文“杨恽祖述其书，遂宣布焉”，则执笔撰成《史记》者，“迁外孙平通侯杨恽”无疑；署“司马迁撰”，载“太史公曰”，全于汉语不通，就更不要奢言什么《太史公自序》了。正如两种《蒋经国自述》，一种有见《出版说明》介绍“本书收集了蒋经国的六部日记，录自蒋经国著作大陆解放前的版本和台湾版本，取名为《蒋经国自述》”[202]，另种更见《编辑前言》申明“现将蒋经国一九四九年前在大陆出版和一九四九年后在台湾出版的部分日记、回忆录及散文共十余篇，汇编成书，题名为《蒋经国自述》”[203]，皆非蒋经国者自题；然又今之人者，何以凭断汉宣《太史公自序》，有为司马迁者亲书（权且不究“公”指谈、迁二人）耶？当年没人以为《毛主席语录》曾经毛泽东本人自题书名，今更无人认为《周恩来自述》可能周总理自己亲命书名。近读陈长林《开卷破迷》有见“老诗人牛汉，2008 年 7 月出版了口述自传《我仍在苦苦跋涉》”[204]一语，恰可引来比附作解如《史记·游侠列传》“太史公曰：吾视郭解，状貌不及中人，言语不足采者”[205]类句：“吾视郭解……”为“太史公”语，有如“我仍在苦苦跋涉”为“诗人牛汉”语；然却“太史公曰”不为“太史公”所书、“老诗人牛汉，2008年出版了口述自传”不为“诗人牛汉”所写，诚其至明事理一也。奉劝不谙其理而欲研究《史记》者，不妨先去屈尊请教语言学者如何？

《史记》其书，不管有经领受多少学高、位显者之赐教，无奈，愚顽笔者至今还是只能借览史料，感受一个——**初由司马谈、迁草创，后经杨恽祖述而成其撰，并非所谓“司马迁撰”也；终篇《太史公自序》，不过杨恽执笔概述编撰后记而述“太史公其序”耳。**

白文普及本《史记·出版说明》公告“中华书局1959年由著名史学家顾颉刚先生主持点校的《史记》”[206]，而非编辑部初版《说明》之“这个本子由顾颉刚先生等分段标点，并经我们整理加工”[207]；不管怎样说，似当顾颉刚者，总是负有《史记》点校之重要责任。提到已故学者群中王国维、顾颉刚之名字，敢不肃敬者，有也只当寥寥耳；然却，如王国维《太史公行年考》、顾颉刚《春秋三转及国语之综合研究》，从来不乏有人驳难也。敬重与批评不仅从不相悖，且其更为相辅相承也。笔者虽是曾予张大可、赵生群之某些持论有所驳难，却也从都首肯安平秋《史记通论》“张大可《太史公释名考辨》综合前人论说，以《史记》本证为据”指出“《史记·封禅书》有两处称司马谈为‘太史公’，《汉书·郊祀志》均书为‘太史令谈’”[208]及徐复《序》赵生群《〈史记〉文献学丛稿》“司马迁生于何年，学者见仁见智，纷纭不已，前后发表论文数十篇，而证据不足，终难定论。作者钩沉索隐，找出《玉海》所载《史记正义》佚文，以为确证，使此一重大问题迎刃而解，宁非快事”[209]赞语，至今心怀感佩承论焉。

近年之检出《玉海》所载《〈史记〉正义》援引《博物志》“迁年二十八”任职太史令，则《太史公行年考》及中华书局《〈史记〉出版说明》司马迁“生于汉景帝中五年（公元前一四五）”[210]，全然无以立说矣。不解何必要“为尊者讳”焉？不能检讨错误之所谓“尊”者，本即不当称谓“学者”也。谁说“四十多岁……就亡去了”之后语，不是对其“生于汉景帝中五年”前文之修正？拜读刘季高《读西汉四家文随感》“司马长卿才高、气盛、学富，识见高远，人为一代英物，文为一代雄文。……子长非其匹也。《报任安书》重友朋私情，忘华夷大义，为败军降敌之丑徒哓哓辩护，自取其咎，不自羞惭，反而怨天尤人……”[211]之卓识檄文，吾辈何德何能，敢不由生钦敬哉！

学术本无权威，社会势力使然耳。在整个科学行为中，权威在它产生的那刻开始，即已成为历史，当下没有权威。笔者猜想，这也许就是所谓科学精神的真谛吧。倘遇兴者驳难，乃至彻底推翻拙文立论，必当其乃笔者最为感激之人；一为天下敬谢考证历史真实之举，二为自身叩谢中止谬误讹传之行。

注释：

〔林按：凡引今人点校文献，有违点校之笔，当为笔者自以为是之举。〕

［1］［117］见自办赠阅小刊《研考》（原《纪年研考》）第8期12、13页，1996年6月29日刊印。〔林按：原题“自序”引号欠当，今引改用内

书名号〈自序〉。]

[2] 《文史知识》，1997年第11期100–2页。

[3] 〔汉〕许慎撰《说文解字》，中华书局1963年12月影印版第74页上。

[4] [77] [106] 《汉语大字典》，湖北辞书出版社·四川辞书出版社1988年12月第五卷3046、第二卷875–6、第三卷2034页。

[5] [6] 朱东润主编《中国历代文学作品选》上编第一册，上海古籍出版社1979年7月第365–6、377–80页。

[7] [12] [15] [16] [18] [23] 〔清〕阮元校刻《十三经注疏》，中华书局1980年9月《尔雅注疏》卷七2615页下、《春秋左传正义》卷四十2016页中、《春秋左传正义》卷二十八1918页上、《礼记正义》卷二十八1469页中、《周礼注疏》卷三十842页上、《春秋左传正义》卷三十五1977页中。

[8] [67] [76] [93] [95] [96] [118] [138] [139] [142] [143] [146] [147] [148] [149] [153] [155] [156] [169] [176] [178] [184] 〔汉〕班固撰〔唐〕颜师古注《汉书》，中华书局1962年6月[8]卷六十二第2738、[67]第2724、[76]第2722–3、[93]卷三十第1706、[95]第1723、[96]第1727、[118]卷六十二第2735、[138]卷二十一上第974、[139]卷五十八第2633、[142]卷二十五上第1221、[143]第1222、[146]第1231、[147]卷五十二第2406、[148]卷六十二第2716、[149]第2708–9、[153]第2725、[155]卷八十七下第3580、[156]第3583、[169]卷六十二第2732、[176]第2728、[178]第2736、[184]第2737页。

[9] [20] [22] [132] [137] 《影印文渊阁四库全书》，台湾商务印书馆民国七十二（1983）年第942册113页上卷八、573册356页上卷二十三、1062册187页下《楚辞补注》卷四、862册539页下《宋景文笔记》

卷中、944 册 246 页下《玉海》卷四十六。

［10］〔南朝宋〕范晔撰〔唐〕李贤注《后汉书》，〔上海〕中华书局 1965 年 5 月第一册 182 页卷四。

［11］［79］［107］［126］［194］《汉语大词典》，汉语大词典出版社，1991 年 12 月第八卷 1307、1989 年 3 月第三卷 1210、1990 年 12 月第六卷 1106、1992 年 6 月第九卷 600、1991 年 6 月第七卷 848 页。

［13］〔晋〕陈寿撰《三国志》，中华书局 1982 年 7 月第 2 版四册 964 页卷三十八。

［17］［24］〔唐〕李延寿撰《北史》，中华书局 1974 年 10 月第二册 387 页卷十三、六册 1646 页卷四十五。

［19］〔唐〕房玄龄等撰《晋书》，中华书局 1974 年 11 月第七册 2274 页。

［25］〔南朝梁〕萧统编〔唐〕李善注《文选》，上海古籍出版社 1986 年 8 月第二册 887 页。

［26］杨伯峻译注《孟子译注》，中华书局 1960 年 1 月第 80 页。

［27］《全宋文》，巴蜀书社 1991 年 5 月第十八册 266 页卷七四九。

［28］［29］［30］［31］［32］［33］［34］［35］［36］［37］［38］［39］［40］［43］［44］［45］［46］［47］［48］［49］［50］［51］［52］［53］［54］［55］［56］［57］［58］［59］［60］［61］［62］［69］［70］［72］［73］［74］［75］［86］［87］［88］［89］［90］［91］［92］［98］［104］［109］［110］［111］［130］［140］［141］［144］［145］［152］［158］［199］［200］［204］［206］［209］〔汉〕司马迁撰〔林按：实乃司马谈、迁草创，杨恽祖述。〕《史记》，中华书局 1959 年 9 月，［28］卷二十三第 1159、［29］卷二十八第 1359、［30］卷二十五第 1240、［31］第 1243、［32］卷三十三第 1515、［33］卷五十七第 2073–4、［34］第 2077、［35］卷六十三第 2144、［36］卷七十七第 2383、［37］卷六十六第 2180、［38］卷八十第 2429、［39］

卷九十六第 2678、［40］卷一百一十三第 2972、［43］卷八第 384−5、［44］卷九第 397、［45］卷二十八第 1392、［46］卷二十九第 1412−3、［47］卷四十三第 1559、［48］卷四十九第 1981、［49］卷五十三第 2019、［50］卷五十七第 2074、［51］卷六十第 2115、［52］卷六十六第 2179、［53］卷七十一第 2319、［54］卷七十三第 2337、［55］第 2340、［56］卷九十第 2594、［57］卷九十一第 2605、［58］卷九十八第 2712、［59］卷九十九第 2718、［60］卷一百七第 2848、［61］卷一百十第 2915、［62］卷一百二十二第 3132、［69］卷一百三十第 3321、［70］第 3320、［72］第 3286、［73］第 3288−92、［74］第 3293、［75］第 3295、［86］卷十三第 487、［87］卷四十七第 1935−6、［88］卷六十一第 2121、［89］卷七十四第 2343、［90］第 2344、［91］第 2347、［92］第 2348、［98］卷四十七第 1937、［104］卷一百三十第 3319−20、［109］第 3285、［110］第 3292、［111］第 3315、［130］第 3287、［140］卷二十八第 1389、［141］卷十二第 461、［144］卷二十八第 1395、［145］卷十二第 470、［152］卷十七第 803、［158］卷六第 243、［199］卷九十五第 2659−60、［200］第十册《〈索隐〉序》第 7、［204］卷一百二十四第 3189、［206］第一册《出版说明》第 6、［209］《出版说明》第 1 页。

［41］〔唐〕颜师古撰《匡谬正俗》卷五，转引自 1986 年 3 月北京师范大学出版社《历代名家评〈史记〉》第 744 页。

［42］〔清〕牛运震撰《史记评注》卷十二，转引自 1986 年 3 月北京师范大学出版社《历代名家评〈史记〉》第 747 页。

［63］〔清〕刘淇著、章锡琛校注《助字辨略》卷四释“自”：“又《周书·庾信传》：‘唯王褒颇与信相埒，自余文人，莫有逮者。’自余，犹云其余。此自字，亦语之助也。”中华书局 2004 年 7 月第 2 版 189 页。

［64］徐甫仁编著《广释词》，四川人民出版社 1981 年 5 月第 356 页。

［65］萧旭著《古书虚词旁释》，〔扬州〕广陵书社 2007 年 2 月第

305-6 页。

[66] 余一平《从〈论语〉、〈孟子〉考释“其”具有“自己的”这一义项》，《四川师范大学学报》（社会科学版）2007 年第 5 期 41 页。

[68] 〔清〕王先谦撰《汉书补注》卷六二，上海古籍出版社 2008 年 1 月第二册 583 页。

[71] [94] [177] 许嘉璐主编、安平秋副主编《二十四史全译》之安平秋、张传玺主编《汉书·司马迁传》，世纪出版集团·汉语大词典出版社 2004 年 1 月第二册 1293、773、1299 页。

[78] 《辞海》（缩印本），上海辞书出版社 1980 年 6 月第 851 页。

[80] [124] 韩兆琦编著《史记笺证》，江西人民出版社 2004 年 12 月，传玖第 6431-3 页《太史公自序·集评》、6429 页《太史公自序》。

[81] [193] 《大辞典》，〔台北〕三民书局民国七十四（1985）年八月上册第 1455、中册第 3390 页。

[82] 马文熙、张归璧主持编著《古汉语知识详解辞典》，中华书局 1996 年 10 月第 961 页。

[83] [112] 商务印书馆辞书研究中心编《古今汉语词典》，商务印书馆 2000 年 1 月第 1640、1329 页。

[84] [102] 《中华读书报》，2008 年 9 月 24 日第 13 版、2008 年 10 月 22 日第 13 版。

[85] 《古代汉语词典》编写组编，商务印书馆 1998 年 12 月第 1770 页。

[97] [105] 张大可编著《史记全本新注》，三秦出版社 1990 年 6 月第二册 1183 页注⑧卷四十七、第四册 2203 页《附录二·史记断限与残缺补窜考辨》。

[99] [113] 韩兆琦主译《史记》（文白对照本），中华书局 2008 年 1 月第二册 1099、第四册 2595 页。

[100] 陈梦家著《尚书通论》，中华书局 2005 年 6 月第 257 页《第四部

尚书补述·书序形成的时代·史记所涉及的书序》。

［101］蒋善国撰《尚书综述》，上海古籍出版社 1988 年 3 月第 7 页《第二编 尚书的整理》。

［103］上海古籍出版社、上海书店编《二十五史·史记》，1986 年 12 月第 1 册 361 页二。前十余载之拙笔《司马迁生卒与“书序”搁笔·司马迁何尝“自序”》〔林按：“自序”当作〈自序〉为恰。〕“凡百三十篇，五十二万六千五百字，为太史公书序。略以拾遗补艺，成一家之言；厥协六经异传，整齐百家杂语。藏之名山，副在京师，俟后世圣人君子”标点，亦嫌颇欠审慎矣。

［108］［172］〔清〕吴昌莹著《经词衍释》，中华书局 1956 年 10 月第 40 页卷二、203 页补遗。

［114］许嘉璐主编、安平秋副主编《二十四史全译》之安平秋主编《史记·太史公自序》，世纪出版集团·汉语大词典出版社 2004 年 1 月第二册 1570 页。

［115］张大可、安平秋、俞樟华主编《史记研究集成》，〔北京〕华文出版社 2005 年 1 月第一卷 337 页、第二卷 446 页。〔按：陈文根本未言“司马迁自定原名为《太史公书》”何以为说。〕见陈直《太史公书名考》，《文史哲》1956 年第 6 期 60 页。

［116］［119］［129］［179］［180］［198］张大可著《司马迁评传》，《史记研究集成》第一卷 336、339、338、301、304、101 页。

［120］张大可《太史公释名考辨——兼论〈史记〉书名之演变》，《人文杂志》1983 年第 2 期 99 页。

［121］〔清〕王树岷撰《史记校证》，中华书局 2007 年 7 月第五册 3498-9 页卷一百三十。

［122］［131］［154］〔日〕泷川资言撰《〈史记〉会注考证》，〔太原〕北岳文艺出版社 1999 年 1 月第 5244（卷一百三十第六十四页）〔按：影印本

“……、汉书同张文虎曰.”当误，今取《史记校证》本“……，《汉书》同。张文虎曰：……”]、5186（卷一百三十第六页）、139（卷一第六十五页）页。

[123] 韩兆琦编著《史记选注汇评》，中州古籍出版社 1990 年 10 月第 635 页；韩兆琦著《史记选注集评》，广西师范大学出版社 1995 年 8 月第 594 页。

[125] 杨燕起注译《史记全译》，贵州人民出版社 2001 年 7 月第九册 4557 页。

[127] [192] 广东、广西、湖南、河南辞源修订组·商务印书馆编辑部编《辞源》(修订本)，1983 年 12 月第四册 2731、1981 年 12 月第三册 2268 页。

[128] 〔南朝梁〕萧统撰《答玄莆园讲颂启令》，转引自商务印书馆 1979 年 9 月版《古汉语常用字字典》第 54 页释文“典雅”例句。

[133] 朱东润著《史记考索》(外二种)，华东师范大学出版社 1996 年 12 月第 255 页。

[134] [164] 〔清〕梁玉绳撰、贺次君点校《〈史记〉志疑》，中华书局 1981 年 4 月第一册 26 页卷一、《点校说明》第 1 页。

[135] [136] [170] [185] 袁传璋著《太史公生平著作考论》，安徽人民出版社 2005 年 12 月第 170、169、130、161 页。

[150] 〔清〕顾炎武著〔清〕黄汝成集释《〈日知录〉集释》，岳麓书社 1994 年 5 月第 700–1 页卷二十。

[151] 钱穆著《中国学术思想史论丛》(卷三)，安徽教育出版社 2004 年 7 月第 13 页。

[157] [160] [161] [186] [196] [197] [208] 赵生群著《〈史记〉文献学丛稿》，江苏古籍出版社 2000 年 1 月第 127–8、第 122–3、第 130、第 122、第 78–9、第 69、《序》第 2 页。

[159] 王国维著《观堂集林》(外二种)，河北教育出版社 2001 年 11 月上册第 312 页卷十一《史林三》。

［162］王树民著《中国史学史纲要》，中华书局1997年9月第54页。

［163］王树民著《史部要籍解题》，中华书局2003年4月新1版第27页。

［165］［166］安平秋、张大可、俞樟华主编《史记教程》，华文出版社2002年3月《内容提要》、第50-4页。

［167］赵勇磊《关于〈史记〉“贬天子”问题的解读》，《史学史研究》2008年第3期21页。注释⑥省文为：“劳干：《对于〈巫蛊之祸的政治意见〉的看法》，《古代中国的历史与文化》（上），中华书局2006年版，第159页。原载《历史语言研究所集刊》第五十七本第三分。”注释⑦全文为：“《读史管见·读史摘微》，第2页。”

［168］《鲁迅学术论著·汉文学史纲要》，浙江人民出版社1998年6月第295页。

［171］张新科《关于〈史记〉的缺补问题》，《古籍整理研究学刊》2008年第5期9页。

［173］吴庆峰主编《〈史记〉虚词通释》，齐鲁书社2006年1月第26-7页。

［174］解惠全、崔永琳、郑天一编著《古书虚词通解》，中华书局2008年5月第57页。

［175］裴学海著《古书虚字集释》，中华书局2004年11月第2版830-1页卷九。

［181］陈正宏著《史记精读》，复旦大学出版社2005年10月《导论》第2页。

［182］谢保成著《中国史学史》第二编第一章《司马迁时代与〈史记〉成书》，中国社会科学出版社2008年10月版第53页。

［183］季镇淮著《司马迁》，北京出版社2002年1月第80页。

［184］顾颉刚口述、何启君整理《中国史学入门》，中国青年出版社2007年9月第4版56页。

［185］［206］《史记》白文普及本，中华书局2006年6月《出版说

明》第 1、2 页。

[189] 白寿彝主编《中国史学史》第二章第二节《司马迁和〈史记〉》，北京师范大学出版社 2004 年 11 月第 2 版 53 页。

[190] [191] [192] 张玉春《〈史记〉早期版本源流研究》，《史学史研究》2002 年第 1 期 52、51、49 页。

[196] 陈代湘《廖平的〈古书考〉和〈知圣篇〉》，《光明日报·国学》2008 年 1 月 14 日第 12 版。

[202] 曾景忠、蒋玉璞等选编《蒋经国自述》，湖南人民出版社 1988 年 9 月（内部发行）。

[203] 曾景忠、梁之彦选编《蒋经国自述》，〔北京〕团结出版社 2005 年 1 月。

[204] 陈长林《开卷破谜》，《文汇报》2008 年 12 月 2 日第 11 版。

[208] 安平秋等著《史记通论》，华文出版社 2005 年 1 月《史记研究集成》第二卷 445 页。

[211] 转引自高克勤《蔼然长者——记刘季高先生》，《文汇读书周报》2008 年 11 月 7 日 8 版。

(2008. 12. 27. 初稿)

〔载 2009 年 8 月 9 日自刊《余修文稿》辑五〕

更始复寅正年月日考辨

林叶蓁

汉武帝刘彻太初元年五月改历寅正，至王莽代汉称帝，改元始建国历丑正，此后何时始复寅正，史书未记文字。今人凭借古籍汉史纪年，已断复寅正于淮阳王（光武帝封）刘玄先政之更始年。然，断说者不一，复二年者有之，复元年十月者亦有之；笔者见异诸说，是有考辨。

更始复寅正，谁人何时初断，笔者未识。但见：

陈垣《二十史朔闰表》丑正表列王莽纪年至地皇四年十二月，其后即复寅正之第十二月正名（其标示丑正纪年之横粗线亦冠终四年。其表以寅正列位，丑正四年正月排于三年末位，即寅正十二月位；而以粗线横其上，以示是年寅正位之十二月为次年丑正之正月，亦示所冠之年为丑正），下注："莽三月辛巳，淮阳王改元更始，十月莽亡。"（未言有复寅正月，更见全年沿丑正）更始二年寅正表列全年月日，且下注："本年以后仍用寅正。"[1]

李崇智《中国历代年号考》有按："更始二年复寅正。"[2]

张培瑜《三千五百年历日天象》表列丑正更始元年十二月，后复列寅正十二月，亦以二年始复寅正[3]。

有见史载：

《汉书·卷九十九·下·王莽传》继更始元年载："二年二月，更始到长安……都长安，居长乐宫。……明年夏……六月，世祖即位"[4]。

《后汉纪·后汉光武皇帝纪·卷二》更始二年载："春……二月，更始西致长安……居于东宫"[5]。其纪《卷三》建武元年载："夏……六月己未，即皇帝位于鄗。"[6]

《后汉书·卷一·上·光武帝纪》继更始二年后续："建武元年……夏……六月己未，即皇帝位。"[7]

《后汉书·卷十一·刘玄刘盆子列传》继更始元年载："二年二月，更始自洛阳而西。……更始即至，居长乐宫"[8]。

所见《汉书·王莽传》更始二年、三年载事纪月，均与《后汉纪》、《后汉书》寅正同，知汉史更始二年后纪年已复寅正。然，又见：鞠德源《万年历谱》有注"淮阳王复寅正，以地皇4年11月为更始元年之10月"[9]，正如其表"更始1年"所列。

再见史载：

《后汉纪·光武皇帝》更始元年载："冬十月，刘望自立为天子，严尤为大司马，陈茂为丞相。更始使刘信击之，望兄子回杀望降，严尤、陈茂走朗陵，为故吏所杀。……十二月壬辰，郎自立为天子。"[10]

《后汉书·光武帝纪》更始元年载："十二月，立郎为天子”[11]。

《后汉书·刘玄传》继更始建元载：“十月，使奋威大将军刘信击杀望于汝南，亦诛严尤、陈茂。”[8]

《后汉书·卷二十·王刘张李彭卢列传》载：“王昌一名郎，赵国邯郸人也。……更始元年十二月，林等遂率车骑数百，晨入邯郸城，止于王宫，立郎为天子。”[12]

所见古史后汉纪年，于更始元年十月后，均已复寅正；而《汉书·王莽传》地皇四年丑正纪事断至“杜吴杀莽”之十月，其后“闻故汉钟武侯刘圣聚众汝南称尊号，尤、茂降之。以尤为大司马，茂为丞相。十余日败，尤、茂并死。郡县皆举城降，天下悉归汉”[4]之古史后汉寅正十月事，又未见冠月，亦可视已非丑正纪年。复寅正非始二年可断，似立鞠说有据。然，再逆两汉纪年，但见：

《汉书·王莽传》地皇四年：“十月戊申朔……三日庚戌……商人杜吴杀莽，取其绶。校尉东海公宾就……斩莽首”[13]；“四月，世祖与王常等别攻颍川，下昆阳、郾、定陵……邑至洛阳，州郡各选精兵，牧守自将，定会者四十二万人……六月，邑与司徒寻发洛阳，欲至宛，道出颍川……严尤、陈茂与二公会，二公纵兵围昆阳”[14]；“三月辛巳朔，平林、新市、下江兵将王常、朱鲔等共立圣公为帝，改年为更始元年”[15]。

《后汉纪·光武皇帝》更始元年：“秋……九月丙子，东海公孙宾就斩莽首”[10]；“三月，世祖与诸将略地颍川”[16]，“夏五月，王莽遣大司徒王寻、大司空王邑将四十万兵，号百万众，至颍川。严尤、陈茂复与二公遇”[17]；“二月辛巳，朱鲔等于济水上设坛场，立圣公为天子……改元为更始元年。”[18]

《后汉书·光武帝纪》更始元年：“九月庚戌，三辅豪杰共诛王莽，传首诣宛”[19]；“三月，光武别与诸将徇昆阳、定陵、郾，皆下之……莽闻阜、赐死，汉帝立，大惧，遣大司徒王寻、大司空王邑将兵百万，其甲士四十二万人，五月，到颍川，复与严尤、陈茂合”[20]；“二月辛巳，立刘圣公为天子”[21]。

《后汉书·刘玄传》更始元年：“九月，东海人公宾就斩王莽于渐台，收玺绶，传首诣宛”[8]；“二月辛巳，设坛场于淯水上沙中，陈兵大会。更始即帝位……建元曰更始元年。”[22]

就上引，知见史书后汉载事纪年，至元年二月辛巳，已别《汉书·王莽传》而复历寅正。继断：更始复寅正，亦非始元年十月。

又见，司马光《资治通鉴》寅正纪《汉书·王莽传》地皇四年正月事于正月，纪三月辛巳事于“二月”辛巳；析司马光此纪，是以《汉书》“正月”为寅正、“三月”为误。其后，于“二月辛巳”，诸家多生异注：

惠栋《后汉书补注》：“《前书》曰：‘三月辛巳朔’。案：刘玄亦作‘二’月，《前书》误也。”[23]

周寿昌《后汉书注补正》：“考《前书·王莽传》，作‘三月辛巳朔’。惠栋《补注》转谓‘三月为误’，盖未审也。”[24]

周天游《后汉纪校注》：“范《书》与袁《纪》同，而《汉书·王莽传》作‘三月辛巳朔’，惠栋以为《汉书》误。杨树达曰：‘莽改历，以建丑为正月，则莽之三月正汉之二月，《前书》据莽历言之，不为误也。’杨说是。”[18]

《汉书·王莽传》自王莽代汉位，以戊辰十二月朔癸酉为始建国元年正月之朔，至其地皇四年为商人杜吴所杀之十月，皆以丑正纪年，何致独以后汉史《纪》、《书》之更始元年“二月辛巳”诸家多见异注？且见继逆之汉史诸书纪年：

《汉书·王莽传》载：“地皇……三年……十一月，有星孛于张，东南行，五日不见……四年正月，汉兵得下江王常等以为助兵，击前队大夫甄阜、属正梁丘赐，皆斩之，杀其众数万人。”[25]

《后汉纪·光武皇帝》载：“十一月，有星孛于张，东南行五日不见。孛星者……除秽布新之象。更始元年正月，斩阜、赐，死者数万人。”[26]

《后汉书·光武帝纪》载：“地皇三年……十一月，有星孛于张……更始元年正月甲子朔，汉军复与甄阜、梁丘赐战于沘水西，大破之，斩阜、赐。”[21]

《后汉书·刘玄传》载：“地皇……四年正月，破王莽前队大夫甄阜、属正梁丘赐，斩之”[22]。

上观前、后汉史，虽用号称年有别，却载事纪月，顿然无异；且再逆之年、月、事无异，可至始建国元年；而《汉书·王莽传》纪年，其为丑正；可知：汉史纪年，自此逆至王莽始位，皆依丑正无疑。至是，诸家所生疑窦全解。借此，更始纪年可明，诸书正误可辨。后汉史《纪》、《书》无误，《汉书》亦非误；误者何书，《通鉴》也。

《资治通鉴·卷第三十九·汉纪三十一·淮阳王》载：“更始元年（校点者括注：癸未）春，正月，甲子朔，汉兵与下江兵共攻甄阜、梁丘赐，斩之，杀士卒二万余人。……二月辛巳朔，设坛场于淯水上沙中，玄即皇帝位……。”[27] 司马光此纪——春正月，与汉史诸书皆差“一月”也。诸书所纪，地皇四年（更始元年）正月，皆用丑正，当为寅正壬午年十二月（《通鉴》载史，王莽始建国正月至地皇四年十月，纪事皆非其月）；且，“正月甲子朔”，又“二月辛巳朔”，有悖历法常识。倘若正月甲子朔，辛巳当为其月十八日，次之二月又何以再日辛巳，岂能日历十七而为“月”？诸书丑正未纪二月、寅正未纪正月，是汉史无纪其月、事。《通鉴》纪丑正正月事于寅正正月，显误。《后汉书·光武帝纪》更始元年正月纪“甲子朔”，见《后汉书注补正》周公有注：“正月为‘甲子朔’，即‘三月辛巳’亦不得为朔，疑‘甲子朔’三字为误入。或因‘建武二年正月甲子朔’，先误衍于此也。”[24] 既后之丙戌年有月“甲子朔”，前之“甲子朔”，当历庚辰年，其间无月朔甲子；既是光武帝建武二年丙戌正月甲子朔，其上推正月甲子朔，当在宣帝地节二年癸丑，其间更无“正月甲子朔”。疑“甲子”为“壬子”之误。《汉书·王莽传》纪“三月辛巳朔”、《后汉书·光武帝纪》纪“正月甲子朔”，皆用丑正；既有“三月辛巳朔”，其正月当为“壬子”朔。析，以建武二年“甲子朔”，录者此处一字误。

历以更始二年复寅正者，析依《汉书·王莽传》纪年，是年始复寅正；以更始元年十月复寅正者，析据《汉书·王莽传》丑正纪年，断止地皇四年十月（即寅正十月之上序月——九月）。所审欠详者，未究《汉书·王莽传》，其为王莽书传，纪年王莽代汉至为杀史事，自当以王莽丑正纪；而王莽政权亦自当不以刘玄更始二月立位而废，确当以王莽为杀、天下归汉而告终。然，更始复寅正其时，何以汉史撰者不书？笔者愚析，刘玄本汉室宗后，绿林义军拥立为帝，自是不以王莽所篡为汉政，又岂认莽历丑正？是不言有“复”。汉史撰者更是非但不以王莽为汉政，就是刘玄、刘盆子所立，亦不为汉史正统；是居延汉简有“元始二十六年”纪。史家既不以王莽代汉为失汉历寅正，自当不书其“复”，而《后汉纪》、《后汉书·光武帝纪》，所纪更始元年正月事，与《汉书》及《后汉书·刘玄传》地皇四年正月同，是汉史撰者冠以丑正岁首以纪新号始年；史无更始元年正月，亦事非更始其年（更始纪年寅正，其丑正正月当为寅正上年之十二月，此处正是其撰者编书体例之欠）。虽《后汉书·刘玄传》地皇四年正月后，继书二月辛巳建元更始元年，然，自此后纪之年、月，皆为更始年月，已非地皇四年之纪；其后起年继书“二年”，是继更始元年而纪，而非地皇四年后，又纪“地皇”二年。而《汉书·王莽传》丑正纪刘玄“改年为更始元年”于地皇四年三月，其后仍沿丑正纪至被杀，皆因其书“王莽”传。其传后，概述后事起“二年二月，更始到长安”至世祖即位、“天下艾安”，亦是所续前纪“改更始元年”而未冠年号。传终后纪，自当年别历异。

虽诸书汉史纪年无“复”寅正文字，然，所纪始建国元年至地皇四年正月用丑正、更始元年二月辛巳用寅正，甚明。所查月朔，亦与诸家历表合。是断：刘玄更始复寅正，始元年癸未二月辛巳朔（立位其日），即公元 23 年 3 月 11 日（儒略历）。

注释：

［1］中华书局 1962 年 24 页。

[2] 中华书局1981年6页。

[3] 河南教育出版社1990年99页。

[4] [13] [14] [15] [25] 〔汉〕班固撰、〔唐〕颜师古注，中华书局1962年4193、4190-1、4182-273、4180、4179页。

[5] [6] [10] [16] [17] [18] [26] 〔晋〕袁宏撰、周天游校注，天津古籍出版社1987年38、61、20-30、15、17、13-4、12-3页。

[7] [8] [11] [12] [19] [20] [21] [22] 〔南朝宋〕范晔撰、〔唐〕李贤等注，中华书局1965年22、470、11、491-2、9、5、2-4、469页。

[9] 山西人民出版社1989年106页。

[23] [24] 《丛书集成初编》，中华书局1985年3770册4、3783册2页。

[27] 〔宋〕司马光编著、〔元〕胡省三音注、“标点资治通鉴小组”校点，中华书局1956年1239-40页。

(初投邮寄：1992. 11. 21.)

〔载1993年11月27日自刊《纪年研考》第3期〕

史历“岁首”质疑

林叶蓁

两汉以降，“岁首”之词见行，至今已为遍用之。近阅刊文，有载“秦的颛顼历以建亥之月即夏历十月为岁首”[1]之句，“历”者，有闻建正之异，诚无“岁首”之别，岂能有谓“以十月为岁首”之“颛顼历”？若“岁首”其用仅谓“年首”之义，或可勉从其用；然却更见多指古历概念，随使笔者愚而不解。今愿不揣浅陋，就教方家。

一 “岁首”解惑

“岁首”为词，以笔者寡闻，当初见汉司马迁《史记》；其，《孝武本纪》“汉改历，以正月为岁首”[2]，《天官书》“正月旦，王者岁首”[3]，《封禅书》“秦以冬十月为岁首”[4]，《张丞相传》“因故秦时本以十月为岁首”[5]。后世正史更多有沿之，汉班固《汉书》，《郊祀志》“秦以十月为岁首”[6]、“汉改历，以正月为岁首”[7]，《周昌传》“故因秦时本十月为岁首”[8]；南朝唐房玄龄《晋书·律历志下》“乃复以孟冬为岁首”、“以大吕之月为岁首”[9]；南朝梁沈约《宋书·律历志中》“乃复以孟冬为岁首”、“以大吕之月为岁首”[10]。代“岁首”以“年首”言之者，更见，《史记·封禅书》“以冬十月为年首”[11]、“因以十月为年首”[12]，《汉书·郊祀志上》“以冬十月为年首”[13]、“因以十月为年首”[14]。前《史记》之典籍未见有词“岁首”，是以《史记》为“初见”。

《汉语大词典》释“岁首”例句，首举《逸周书·周月》“周正岁首，数起于一，而成于十，次一为首，其义则然”[15]。所见清卢文弨总集历代诸家注校本《逸周书·周月》实有载文“周正岁首数起于时一而成于十次一为首其义则然”，然却见卢氏“岁首”字下校注：“旧作‘道’，沈改。”[16]此改，校者未能详察；其句下文有言：“万物春生、夏长、秋收、冬藏，天地之正，四时之极，不易之道”。“不易之道”者，“周正岁道”也，不当有改。“岁道”者，自成其词，校者未解而误改之：北魏贾思勰《齐民要术·种谷》“岁道宜晚者，五月六月初亦得”[17]，宋司马光《资治通鉴·后周纪三·世宗显德二年》“上临其丧，近臣奏称岁道非便”[18]。虽见用辞其义并非皆同，然却诚见古有“岁道”其词。《词典》以文中“时”字作衍文处理甚当，然却当见引文有上句：“日月俱起于牵牛之初右回而行月周天进一次而与日合宿日行月一次而周天历舍于十有二辰终则复始是谓日月权舆”，文中“合宿”下又见卢氏校注：“进，旧作‘起’，从沈改。”修复全句当为：“日、月俱起于牵牛之初，右回而行。月，周天，起一次而与日合宿；日，行月，一次而周天；历舍于十有二辰，终则复始。是谓：‘日、月权舆周正岁道。’数起于一而成于十，次一为道，其义则然。”既如是，首谓“岁首”者，仍推《史记》。

《史记》“汉改历，以正月为岁首”、其言改“岁首”谓之改“历”。“历”者，历之“法”也。汉许慎《说文解字》，《月部》“历，厤象也”[19]，《鹿部》“灋，刑也。平之如水。……法，今文省”[20]。是《尚书·尧典》：“乃命羲、和钦若昊天，历象日月星辰，敬授人时。”[21]丁緜孙《中国古代天文历法基础知识》释：“观察日、月、星、辰的一切动态，以测定其规律，制成法度，用它来度量时间。这个法度，就是历法。”[22]岁，《说文解字·止部》：“岁，木星也。越历二十八宿，宣遍阴阳，十二月一次。”[23]晋杜预注《春秋左氏传·襄公二十八年》“岁在星纪”：“岁，岁星也。”[24]晋杨泉《物理论》：“岁行一次谓之岁星，则十二岁而星一周天也。”[25]《春秋左氏传·昭公七年》伯暇对解“六物”：“岁、时、日、月、星、辰是谓也。”[26]《尚书·尧典》：“期，三百有六旬有六日，以闰月定四时，成岁。”[21]星象征天，物时侯地，历法以纪年、月、日也。历之“岁道”，诚如《逸周书》之“不易之道”。是汉董仲舒有言：“道之大原出于天，天不变，道亦不变”[27]。“不易”之岁道，岂容岁首、岁终有变？即使后之借“岁”以纪“年”，出“历”入“法”，亦如《春秋左氏传》之“闰三月，非礼也。先王之正时也，履端于始，举正于中，归余于终。履端于始，序则不愆；举正于中，民则不惑；归余于终，事则不悖。”[28]“举正于中”者，非如钱宝琮先生之“以正月为一岁之中也”[29]。《左传》此言“举正于中”，正，“zhèng”也，非谓“正月”也；年之前六月、后六月以有“中”也。“闰三月”而其年一至六月已为“七”数之月也，是以其失“中”而言“非礼也”。若以为“举正于中”有言“六月为正月”[29]，则其月数前“五”月、后“六”月，无以“举正于中”矣。是“归余于终”以为“闰”，方可所求一年为十二月之“举正于中”也。若“以六月为正月”，其所始月者何，又何谓履“端”于始哉？《尔雅·释天》：“夏曰岁，商曰祀，周曰年，唐虞曰载，岁名。”[30]即使言“岁首”之辞谓之年首，却也自古历法履端于月数之“一”；后取端月名“正”，却也未见悖序始年正月之法。所谓夏、商、周之“三正”者，虽以月建始年有异，却也皆履端月谓“正”；是古历纵有建正异法，亦无所谓“岁首”之别。《史记》所言之“改历”以“岁首”易月，诚见语文欠通，历法失明。

昔时，笔者《〈史记〉纪年与孔子生寿》文中《〈史记〉杜撰“岁首”》题节有驳清人王元启《史记证讹》征引全祖望之作论“巴言‘历初’非‘岁首’也”，曾有长者函教指非[31]，今就文题试解之。清全祖望《经史问答·〈论语〉答范鹏问》：“《索隐》曰：‘古历’者，谓黄帝调历以前有上元《太初》等，皆以建寅为正，谓之孟春；及颛顼、夏禹亦以建寅为正，惟黄帝、殷、周、鲁并建子为正，而秦人建亥，汉初因之。至元封七年始，仍用周正。《索隐》此言本之《晋书》董巴‘历议’，巴曰：‘汤作殷历，弗复以正月朔旦立春为节，更用十一月朔旦冬至为元首，下至周、鲁及汉皆从其节。’按：巴所言，乃‘历初’非‘岁首’也；而《索隐》则误解巴语，以为殷亦建子。盖古人于‘岁首’则有建子、建丑、建寅之别，谓之‘三统’；而‘历初’则非子即寅。故，或即用‘岁首’为‘历初’，如黄帝及周之用子、颛顼及夏之用寅是也；或‘历初’不同于‘岁首’，如殷是也。《唐书》一行‘日度议’曰：‘颛顼历上元正月辰初合朔皆直艮维之首，殷历更以十一月冬至为上元’；此治历也。三统并用，此明时也。是则，历初、岁首分而言之。了然可晓者，曹魏明帝时欲改地正，杨伟议曰：‘汉太初历以寅月为岁首，以子月为历初；今改正朔宜以丑月为岁首、子月为历初。’是又董巴之言所自出也。盖三统之中可用丑者，以其分辰之所纽，所谓斗振天而进，则律始于黄钟；日违天而退，则度始于星纪；斯丑之所以成统也。若定历则必以奇数为始，以一阳则用子，以四时之首则用寅，而丑则无所凭以为部也。是亦义之易晓者也。《索隐》乃以‘历初’即为‘岁首’，则失矣。汉初承秦用颛顼历，则用寅；或曰用殷历，则是用子。今《索隐》曰‘秦建亥而汉因之’，则又谬矣；秦以亥为‘岁首’，不能以亥为‘历初’也。”[32]全氏所引董巴之句，“汤作殷历”为施事主语，其“节”、“元首”再而“节”，同为受事宾语，指义为一；其易“节”而书“元首”，实为董氏文彩之同义异辞。“弗复以”者，不再以也；“不再以”者，“正月朔旦立春”也。“更以”〔按：“用”字，今本《晋书》为“以”〕者，“十一月朔旦冬至”也；以十一月朔旦冬至“替换”是谓也。若依全氏之意，实诚无寻其解：以“节”与“元首”别义，又“正月朔旦立春为节”更为“十一月朔旦冬至为元首"，后之"下至周、鲁及汉皆从其节"，所"以"者何节？"节"已更除，何以有从？"元首"不为"其节"，周、鲁及汉岂从"正月朔旦历春为节"乎？岂非无"更"乎？"节"与"元首"同义，本为其语达意如此。《晋书·律历志中》董巴议曰："昔伏羲始造八卦，作三画，以象二十四气。黄帝因之，初作调历。历代十一，更年五千，凡有七历。颛顼以今之孟春正月为元，其时正月朔旦立春，五星会于天庙，营室也，冰冻始泮，蛰虫始发，鸡始三号，天曰作时，地曰作昌，人曰作乐，鸟兽万物莫不应和，故颛顼圣人为历宗也。汤作殷历，弗复以正月朔旦立春为节也，更以十一月朔旦冬至为元首，下至周、鲁及汉，皆从其节，据正四时。夏为得天，以承尧舜，从颛顼故也。《礼记》'大戴'曰：'虞夏之历，建正于孟春'，此之谓也。"[33] 董氏全文有见"颛顼以今之孟春正月为元，其时正月朔旦立春"之语，何容全氏误断："巴言乃'历初'非'岁首'也"？无论殷历是否建子为正，唐司马贞之"索隐"《史记·历书》，何为巴语之"误解"？"节"与"元首"本指同义，司马氏何"失"之有？全氏生远秦时，何凭以度秦之历法？全氏之言"秦以亥为'岁首'，不能以亥为'历初'也"，谁人凭解其语？历之首月无他，惟"一"（正、端）是谓也。"历初"者，天历之谓；《史记》"岁首"者，人为以纪年，无涉历岁。司马迁之"岁首"异月所谓"改历"，实渎历法。《史记》之言"岁首"，不过纪年之法，人为始年之月而已，然则当以"年首"称之。

宋欧阳修、宋祁《新唐书·历志三上》："《夏历》十二次，立春，日在东壁三度，于太初星距壁一度太也。《颛顼历》上元甲寅岁正月甲寅晨初合朔立春，七曜皆直艮维之首。盖重黎受职于颛顼，九黎乱德，二官咸废，帝尧复其子孙，命掌天地四时，以及虞、夏。故本其所由生，命曰《颛顼》，其实《夏历》也。汤作《殷历》，更以十一月甲子合朔冬至为上元。周人因之，距羲、和千祀，昏明中星率差半次。夏时直月节者，皆当十有二中，故因循夏令。其后吕不韦得之，以为秦法，更考中星，断取近距，以乙卯岁正月己巳合朔立春为上元。《洪范传》曰：'历记始于颛顼上元太始阏蒙摄提格之岁，毕陬之月，朔日己巳立春，七曜俱在营室五度'是也。秦《颛顼历》元起乙卯，汉《太初历》元起丁丑，推而上之，皆不值甲寅，犹以日月五纬复得上元本星度，故命曰'阏蒙摄提格'之岁，而实非甲寅。"[34] 观全文，唐一行"日度议"未言"三统"，皆语"历元"，何见"历初、岁首分而"之言？《史记·历书》有文："至今上即位，招致方士唐都，分其天部；而巴落下闳运算转历，然后日辰之度与夏正同。乃改元，更官号，封泰山。因诏御史曰：'……今日顺夏至，黄钟为宫，林钟为徵，太簇为商，南吕为羽，姑洗为角。自是以后，气复正，羽声复清，名复正变，以至子日当冬至，则阴阳离合之道行焉。十一月甲子朔旦冬至已詹，其更以七年为太初元年。年名'焉逢摄提格'，月名'毕聚'，日得甲子，夜半朔旦冬至。'"[35]《汉书·律历志上》又言："乃以前历上元泰初四千六百一十七岁，至于元封七年，复得阏逢摄提格之岁，中冬十一月甲子朔旦冬至，日月在建星，太岁在子，已得太初本星度新正。"[36] 上元太初所行夏正，是"行夏正"方于元封七年仲冬十一月甲子朔旦冬至有得太初星度新正，何见太初建子为

“正”？汉之“太初”纪年寅正，何人曾有另见？晋司马彪《续汉书·律历志下》：“日周于天，一寒一暑，四时备成，万物毕改，摄提迁次，青龙移辰，谓之岁。岁首至也，月首朔也。至朔同日谓之章，同在日首谓之蔀，蔀终六旬谓之纪，岁朔又复谓之元。是故日以实之，月以闰之，时以分之，岁以周之，章以明之，蔀以部之，纪以记之，元以原之。然后虽有变化万殊，赢朒无方，莫不结系于此而禀正焉。”[37]《续汉书》所言“岁首”，何寻全氏“历初非岁首”之“义之易晓者”？《史记》“岁首”何言也？《晋书》“历初”何说也？全氏所“了然可晓者”不过杨氏“以大吕之月为岁首，以建子之月为历初”之曹魏景初纪年，其何以佐证《史记》，更进溯殷历？《晋书·律历志下》：“魏尚书郎杨伟表曰：‘……仲尼之拨乱于《春秋》，托褒贬纠正，司历失闰，则讥而书之，登台颁朔，则谓之有礼。自此以降，暨于秦汉，乃复以孟冬为岁首，闰为后九月，中节乖错，时月纰缪，加时后天，蚀不在朔，累载相袭，久而不革也。至武帝元封七年，始乃悟其缪焉，于是改正朔，更历数，使大才通人，更造《太初历》，校中朔所差，以正闰分，课中星得度，以考疏密。以建寅之月为正朔，以黄钟之月为历初。……欲使当今国之典礼，凡百制度，皆韬合往古，郁然备足，乃改正朔，更历数，以大吕之月为岁首，以建子之月为历初。”[9]“孟冬为岁首”之说当为出自《史记》“冬十月为岁首”，全氏征引司马贞、董巴、一行之文全未语及，其杨氏之文已自见讥刺。“以孟冬为岁首”者，《史记》是以“孟冬十月”序首纪年，月建舍寅取丑为“正”；而“以大吕之月为岁首”者，《晋书》却以“孟春正月”序首纪年，月建舍亥取寅为“正”。杨氏所言“岁首”之义，谁人可寻其解？其实，全氏征引司马贞《索隐》之言，《史记》尚有续文：“建子为十一月朔旦冬至，改元太初焉。”[38] 司马贞此言致明者，可见其《索隐》另言：“以建子为正，故以夜半为朔；其至与朔同日，故云夜半朔旦冬至。若建寅为正，则以平旦为朔也。”[39] 其所依者，班固《白虎通·三正》：“《尚书大传》曰：‘夏以孟春月为正，殷以季冬月为正，周以仲冬月为正，夏以十三月为正，色尚黑，以平旦为朔；殷以十二月为正，色尚白，以鸡鸣为朔；周以十一月为正，色尚赤，以夜半为朔。’”[40] 此言夏、商、周之“三朔”，诚如所谓之“三正”，未见足证据之，不当有信。然却所见其意正与董巴之“殷及汉初皆历建子”为同。另见司马氏《索隐》有言：“汉始以建亥为年首，今改以建寅，故以七年为元年。”[41] 司马贞以汉行《太初历》“建子为正”，改秦建亥“以建寅”为“年首”；则杨伟之言“以建寅之月为正朔，以黄钟之月为历初”，全祖望又以杨氏之言为“以寅月为岁首，以子月为历初”。“建正”、“岁首”、“历初”概念混淆尚此，更何言“历初非岁首”之“了然可晓”？依笔者观之，司马贞以汉行《太初历》建子为正而又另以正月建寅为“年首”别行纪年之法，本与杨伟之“以建寅之月为正朔，以黄钟之月为历初”之意合，实为全氏“历初非岁首”之例证，却为全氏大冤之，岂不惜哉！全氏以司马氏“秦建亥而汉因之”为言“历初”之语，是又未察司马氏之“建亥”并非建亥为“正”之指；司马氏之意，诚谓汉初因秦“年首”之“建亥”也。《史记》之言“秦以冬十月为岁首”，所见是以秦行建寅为正之历而另行“十月岁首”以纪年，未曾有见“历初”之词；所载汉行《太初历》纪年，实以建寅为正。董巴、司马贞之“建子为正”皆是未及详查《史记》元封七年复得上元太初阏逢摄提格之岁仲冬十一月甲子朔旦冬至星度“顺夏至”之载所误言，杨氏则更惑《史记》“岁首”而创行“历初”之词。“建”、“岁”、“历”字本义天象之谓，月建、星岁、辰历是也。后人“法”之纪年而出“建正”异月之历法，先秦史历建月三正之说，无论其确否有为史实，然其概念已然行世；所谓“建正”、“岁首”、“历初”，当为言指历法始年序月之同一概念。司马迁误解古历“三正”，皆以正月建寅而别行“岁首”之历纪，虽见违情悖理，然却分而“岁首”之说由是生矣；杨伟奢崇《史记》而惑“岁首”，随于“建正”、“岁首”再生“历初”歧意；虽至全祖望尽所网罗证之，却终因《史记》“岁首”、《晋书》“历初”本与科学定义忤悖，自是无以圆说也。

所见王氏之引、全氏之依、杨氏之言“历初”、“岁首”，不过附会司马迁《史记》纪年耳；然《史记》所谓“岁首”之指，实逾“历”法范畴，而前史无证，何不当誉《史记》“杜撰”也?

二　秦、汉纪年

“岁首”之见，始于《史记》秦史纪年。《秦始皇本纪》二十六年：“始皇推终始五德之传，以为周得火德，秦代周德，从所不胜。方今水德之始，改年始，朝贺皆自十月朔。”[42]《历书》：“因秦灭六国，兵戎极烦，又升至尊之日浅，未暇遑也。而亦颇推五胜，而自以为获水德之瑞，更名河曰‘德水’，而正以十月，色上黑。然历度闰余，未能睹其真也。”[43]《封禅书》：“秦始皇既并天下而帝，或曰：‘黄帝得土德，黄龙地螾见。夏得木德，青龙止于郊，草木畅茂。殷得金德，银自山溢。周得火德，有赤鸟之符。今秦变周，水德之时。昔秦，文公出猎，获黑龙，此其水德之瑞。’于是秦更命河曰‘德水’，以冬十月为年首，色上黑，度以六为名，音上大吕，事统上法。”[11]《封禅书》另言：“秦以冬十月为岁首，故常以十月上宿郊见，通权火，拜于咸阳之旁，而衣上白，其用如经祠云。”[4]所见四言：“改年始，朝贺皆自十月朔”，“而正以十月”，“以冬十月为年首”，“秦以冬十月为岁首”；足令扑朔迷离。细览《史记》纪年，方知始皇二十六年至元封七年几皆以“冬十月”首月序年，或为“年始……十月朔”、“正以十月”、“冬十月为年首”、“冬十月为岁首”之意；《秦楚之际月表》更见：“秦二世元年……九月，二年十月、十一月、十二月、端月、二月……九月、后九月，三年十月……。”[44]偶见例外者，如《孝景本纪》：“四年夏，立太子。……六月甲戌，赦天下。后九月，更以弋阳为阳陵。复置津关，用传出入。冬，以赵国为邯郸郡。”[45]未知何出特例。另见《秦本纪》始皇降世前后昭襄王之年中月序亦似“水德之瑞”：“四十二年，安国君为太子。十月，宣太后薨，葬芷阳郦山。九月，穰侯出之陶。……四十八年十月，韩献垣雍。秦军分为三军。……司马梗北定太原，尽有韩上党。正月，兵罢，复守上党。……五十年十月，武安君白起有罪，为士伍，迁阴密。……十二月，益发卒军汾城旁。……龁攻邯郸，不拔，去，还奔汾军二月余。攻晋军，斩首六千，晋楚流死河二万人。……初作河桥。五十一年，……。”[46] 何以此纪，《史记》未言，读者更无所知。于汉初纪年，《史记》亦见如之。《封禅书》：“高祖初起……遂以十月至灞上，与诸侯平咸阳，立为汉王。因以十月为年首，而色上赤。”[12] 《孝武本纪》：“夏，汉改历，以正月为岁首，而色上黄，官名更印章以五字，因为太初元年。”[2] 其《汉书》纪年亦多见因之《史记》。《律历志上》：“战国扰攘，秦兼天下，未皇暇也，亦颇推五胜，而自以为获水德，乃以十月为正，色上黑。”[47] 更见《郊祀志》秦“十月为年首”、“十月为岁首”及汉“十月为年首”、“汉改历，以正月为岁首”之论多袭《史记》原文。其至汉之“改历”，亦皆序年之首为“冬十月”。

《史记》、《汉书》及《晋书》、《宋书》所言秦至汉初纪年皆以冬十月“岁首”（或言“年首”）为水德之瑞，以笔者之愚，却多疑之。黄帝土德建子、夏木德建寅、殷金德建丑、周火德复又建子，是不见五行之序于正朔，秦则何言“正以十月”为瑞？《史记·历书》“王者异姓受命，必慎始初，改正朔，易服色，推本天元，顺承厥意”，秦又何以“岁首”冬十月，仍以建寅之月为“正”？其不易《吕览》建寅之“正”[48]，惟移月序以纪年，似自毁其政，非“本天元”也；且“冬、春、夏、秋”以序年，岂非明悖天时，又何瑞之有？

秦至汉初，文献多佚，后世史家、历师多未作否《史记》秦汉“十月岁首”纪年。近人陈垣《二十史朔闰表》：“汉承秦制，仍以十月为岁首；用殷历，闰在岁末，谓之后九月。”[49] 今人张培瑜《三千五百年历日天象》：“颛顼历以十月为岁首，闰月置于年终九月后，称后九月。”[50] 然，秦始何时“岁首”十月，后人有疑《史记》之言。清人汪曰桢《长术辑要》周显王四十五年·秦惠文王元年按：“秦以十月建亥为岁首，闰在岁末，谓之后九月，不知始于何年？《史记·秦本纪》昭襄王四十八年十月在正月前，则未并天下时已如此矣。今因惠文王上年称王，此年改元，姑从此年推起。”[51] 今人徐锡祺《新编中国三千年历日检索表》“自秦昭襄王五十二年起用秦历。秦以十月为岁首，‘后九月’为闰月”[52]，随舍正月以十月序年历表。秦时纪年果如“十月岁首”乎？今之秦汉简帛出土当助厘正纪年，然却诸家多以“后九月”之文，有证《史记》“十月岁首”之说；笔者借览书刊简帛文字，终以少见“十月岁首”之纪，是此特作考辨讨论。

罗福颐《临沂汉简概述》：“1972 年……在山东临沂银雀山发掘了两座汉墓……有许多竹简。……历谱共三十二简……一简上有十月至后九月的字样，方知这是汉代改用三统历以前的历谱。……又于诸简中得‘七年视日’一简……考《汉书·武帝纪》建元六年次年改元光元年，此简写七年，可能是抄此历时改元尚未公布，故写七年。”[53] 今察《山东临沂出土汉元光元年历谱（部分）》图版及罗福颐摹本《山东临沂出土汉元光元年历谱》，确见一简“十月、十一月、十二月、正月、二月……八月、九月、后九月”[54] 之序文，不得不信：历史确存年首十月之纪。既为“元光元年历谱”，自是早于司马迁《史记》成书；《史记》之言“岁首”，虽见概念紊乱，却也实非当谓“全然”杜撰。然其另简“七年视日”未作改元纪年，更见罗先生《概述》“推知墓主人可能是将军幕府中谋士”，《历谱》

是否有为汉时朝政所取的纪年之法，尚待史料的显见明证。董仲舒《雨雹对》："元光元年七月，京师雨雹。鲍敞问董仲舒曰：'雹何物也，何气而生之?'仲舒曰：'阴气协阳气。天地之气，阴阳相半，和气周回，朝夕不息。阳德用事则和气皆阳，建巳之月是也，故谓之正阳之月；阴德用事则和气皆阴，建亥之月是也，故谓正阴之月。'……敞曰：'四月无阴，十月无阳，何以明阴不孤立、阳不独存也?'……敞曰：'雨既阴阳相蒸，四月纯阳、十月纯阴，斯则无二气相薄，则不雨乎?'曰：'然，纯阳、纯阴虽在四月、十月，但月中之一日耳！……朔旦夏至、冬至，其正气也。'"[55] 虽言气象，然，鲍、董对言皆序四月、十月而论，岂非明讥汉政水德之"瑞"? 其四月、十月序之，所言异年之月否? 此又小疑。马王堆汉墓帛书整理小组《五星占》释文："1973 年年底在长沙马王堆三号汉墓出土的帛书中，有关天文学方面的文字约八千字。原件没有标题，现在根据内容定名为《五星占》。并区分为九章……写作年代在公元前 170 年左右"。其第一章《木星》："东方木，其帝大昊，其丞句芒，其神上为岁星。岁处一国，是司岁。岁星以正月与营室晨【出东方，其名为摄提格。其明岁以二月与东壁晨出东方，其名】为单阏。其明岁以三月与胃晨出东方，其名为执徐。其明岁以四月与毕晨【出】东方，其名为大荒【落。其明岁以五月与东井晨出东方，其名为敦牂。其明岁以六月与柳】晨出东方，其名为协洽。其明岁以七月与张晨出东方，其名为涒滩。其明岁【以】八月与轸晨出东方，其【名为作鄂】。【其明岁以九月与亢晨出东方，其名为阉茂】。其明岁以十月与心晨出【东方】，其名为大渊献。其明岁以十一月与斗晨出东方，其名为困敦。其明岁以十二月与虚【晨出东方，其名为赤奋若。其明岁以正月与营室晨出东方】，复为摄提【格，十二岁】而周。”[56]如果说上引十二月序只为占文，不为纪年，那么，“根据实际观测记录了秦始皇元年到汉文帝三年七十年间，岁星、填星和太白在天空中运行的位置”[57]的木、土、金三星行度，却正是记天象于秦汉行年。其时纪年如违夏正月序，附表释文秦始皇元年“正月与营室晨出东方二百廿四日，以八月与角晨入东方；浸行百廿日，以十二月与虚夕出西方，取廿一于天下”[58]之“十二月与虚夕出西方”星象，则定不在始皇元年而入二年，更所测秦汉七十年天象，皆有三月不合。如果出土帛书《五星占》载文可信，则证《史记》“秦以冬十月为岁首”之记，不为史实。白光琦《〈颛顼历〉商榷》言“四川青川出土的秦更修田律木牍，有‘二年十一月乙酉朔’，证明秦武王二年曾以正月为岁首”，然其结论“从秦汉的大量史籍及文物看来，颛顼历以十月为岁首，是占统治地位的”[59]一语却实少科学依据。

1975年12月，湖北省云梦县“睡虎地秦墓竹简”出土。自秦昭王元年至始皇三十年逐年排序的《编年记》中明纪年月日者有六：昭王四十五年十二月甲午、始皇七年正月甲寅、十二年四月癸丑、十六年七月丁巳、二十年七月甲寅、二十七年八月己亥；年、月历朔皆与清汪曰桢《长术辑要》所推相合。昭王五十六年“后九月”，整理小组注：“秦以十月为岁首，闰月置于岁末，称后九月，见《汉书·高帝纪》注。”[60]笔者所见，可证“秦以十月为岁首”者，“昭王四十五年十二月甲午”之简当推史来力据之最；其“甲午”日之十二月，依汪氏《长术》只在正月先，不在正月后。只是历来作证者，未见有以例举。是简及元光“历谱”几见平息笔者疑虑之功，然却终因所证力微，未及全释笔者之疑。《史记》,《秦本纪》、《秦始皇本纪》中明纪其间年月日者见五：孝文王元年十月己亥、辛丑、庄襄王三年五月丙午、始皇四年十月庚寅、九年四月己酉；《秦始皇本纪》四年“十月庚寅，蝗虫从东方来，蔽天”[61]，《六国年表》始皇四年“七月，蝗蔽天下”[62]，冬十月已无蝗虫，《本纪》“十月”当为“七月”之误。《本纪》四年“十月庚寅”上文有“三月，军罢”，三年“蒙骜攻韩，取十三城。王齮死”而后续“十月，将军蒙骜攻魏氏暘、有诡”[61]，是见其时《史记》之纪不为“十月岁首”。《史记》上纪秦之月日惟孝文王元年“十月己亥、辛丑”不合汪氏《长术》之“秦以十月为岁首”，《长术》因“不知始于何年”而参阅《秦本纪》自度推之于秦惠文王之“初更元年”，故与《史记》不合。倘若不以秦时十月年首计，则《史记》此纪正与《长术》合，《长术》庄襄王元年十月丙申朔，四日己亥、六日辛丑。此证秦时不行“十月”年首者又一。秦简《编年纪》“五十六年，后九月，昭死”,“孝文王元年，立，即死。庄王元年”[63]，《秦本纪》“五十六年秋，昭襄王卒，子孝文王立。尊唐八子为唐太后，而合其葬于先王。韩王衰绖入吊祠，诸侯皆使其将相来吊祠，视丧事。孝文王元年，赦罪人，修先王功臣，褒厚亲戚，弛苑囿。孝文王除丧，十月己亥即位，三日辛丑卒，子庄襄王立。”[64]

《秦始皇本纪》："孝文王享国一年。"[65]《吕不韦列传》："秦王立一年，薨，谥为孝文王。"[66] 所见《史》《简》相合，倘若其时秦行"十月"年首，非但孝文王元年之政事无以得施，且昭王五十六年与孝文王元年之间定为缺纪一年；昭王已死，其缺之年更上何王尊号？是清梁玉绳《史记志疑》："余考古者天子崩，太子即位，其别有四。始死，则正嗣子之位；《尚书·顾命》'逆子钊于南门之外，延入翼室'是也。既殡，则正继体之位；《顾命》'王麻冕黼裳……入即位'是也。逾年，正改元之位；《春秋》书'公即位'是也。三年，正践祚之位；舜格于文祖及成王免丧，将即政，朝于庙是也。则此所谓'子孝文王立'者，正嗣子之位也。昭襄卒于庚戌秋，丧葬之事，皆毕斯数月中；纪不言'既殡，正继体'之礼，秦省之而不行也。所谓'孝文王元年'者，正改元之位也；所谓'孝文王除丧，十月己亥即位'者，正践祚之位也。是年岁在辛亥，三年之丧废，故孝文期年便除；而因以知昭王之卒，必在秋九月。窃意史公缘孝文即位三日便卒，恐后世疑莫能明，特备载当日行事，至今秩然可见。……尔时秦尚未以十月为岁首也。"[67] 今见出土秦简，诚知梁氏所言甚当，令人堪钦。昭王四十五年"十二月甲午"之秦简明证年首异月，孝文王元年"十月己亥、辛丑"之《史记》更是力证秦时年首"十月"之非，此间是非者何？是"秦以十月为岁首"之论，笔者多疑。

《日书》(甲种)“岁”题四简下部(六四—六七)有文:

十月楚冬夕,日六夕七〈十〉。二月楚夏层,日八夕八。 六月楚九月,日十夕六。(六四)
十一月楚屈夕,日五夕十一。三月楚纺月,日九夕七。 七月楚十月,日九夕七。(六五)
十二月楚援夕,日六夕十。 四月楚七月,日十夕六。 八月楚爨月,日八夕八。(六六)
正月楚刑夷,日七夕九。 五月楚八月,日十一夕五。九月楚献马,日七夕九。(六七)

整理小组注释:“以上数简秦楚月名对照,为研究楚国历法的重要资料。可知楚的八月为秦的五月,楚的七月为秦的四月,则楚的冬夕是楚的一月,与秦的十月相当;楚的屈夕是楚的二月,与秦的十一月相当;楚的援夕是楚的三月,与秦的十二月相当;楚的刑夷是楚的四月,与秦的正月相当。所云‘日六夕七’等指各月白昼与夜晚长短的比例。将一昼夜分为十六等分,随着季节的推移,各月昼夜长短比例各不相同,但昼夜的总合都是十六。”[68] 诸家研讨之文更以《秦楚月名对照表》称之,以为秦时以“十月”为年首,附楚行月对照之。然据笔者端详“岁”简图版,始终未见有言秦月之征。“岁”简上部皆记岁星所行楚月东南西北方位及占吉凶,如“六四”简“刑夷、八月、献马,岁在东方,以北大羊(祥),冬旦亡,南遇英(殃),西数反其乡”,余南、西、北方各异。而四简下部之文不过楚月之注释耳,如“六四”简之“十月楚冬夕,日六夕七〈十〉”,当谓:十月为楚时“冬夕”之月,其月日六而夕十;日六夕十之“十月”自是夏正十月,而秦人言之则亦当秦时之寅正十月。此间皆以楚月言之,当易“楚的八月为秦的五月”释文为“秦的五月为楚的八月”;所对照者,亦不只为简单的“月名”,而为“行月”,秦人言之当谓:“楚月对照”;所见只为秦照楚,并非楚照秦,是故,今人言之“秦释楚国行月表”方为有当。“岁”简载文本无“十月岁首”之证，诸家多见其论，不过先入以《史记》“十月岁首”而后释简文，更反臆简文据之：“这份对照表左边从十月起到九月止所依次排列的月份属于秦颛顼历，当是没有问题的。”[69] 其实，“岁”简秦之“十月”序首，全因楚正建亥之月序而作对照注释（楚正月建多有论者，王胜利先生即有三文论之建亥[70]，笔者亦以简文“七月、八月、九月、十月”之纪而认同）；“六〇—六八”简非作注释之背文“正月，日七夕九。二月，日八夕八。三月，日九夕七。四月，日十夕六。五月，日十一夕五。六月，日十夕六。七月，日九夕七。八月，日八夕八。九月，日七夕九。十月，日六夕十。十一月，日五夕十一。十二月，日六夕十”[71] 足为证之，《日书》（乙种）更有正月序首之“一八—二九”简同文迭证之；[72] 更为证之者，“毁弃”简（一一一—一一三）：“八月、九月、十月毁弃南方，爨月、献马、中夕毁弃西方，屈夕，援夕，刑杘毁弃北方，夏尸、纺月毁弃东方，皆吉。援夕、刑尸作事南方，纺月、夏尸、八月作事西方，九月、十月、爨月作事北方，献马、中夕、屈夕作事东方，皆吉。正月、五月、九月之丑，二月、六月、十月之戌，三月、七月、十一月之未，四月、八月、十二月之辰，勿以作事。”[73] 故，“岁”简不证秦时“十月”年首。

“门”简“一四三——四四”背文虽有“入月七日及冬未、春戌、夏丑、秋辰，是谓四敫”之句，然，“一四五——四六”简背文即有“天李正月居子，二月居子，三月居午……九月居子，十月居卯，十一月居午，十二月居辰”[74] 证之并非是以“冬、春、夏、秋”序年；“土忌”简“一〇七”文“凡入月七日及夏丑、秋辰、冬未、春戌，不可坏垣、起之，必有死者”[75]足见所证。

“玄戈”(四七—五八）十二简文有“十月心、危、营室大凶，十一月斗、娄、虚大凶，十二月须女、斗、牵牛大凶，正月营室、心大凶，二月奎、氐、房大凶，三月胃、角、亢大凶，四月毕、张、翼大凶，五月东井、七星大凶，六月柳、东井、舆鬼大凶，七月张、毕、觜巂大凶，八月角、胃、参大凶，九月氐、奎、娄大凶”[76]之序，张闻玉《云梦秦简〈日书〉初探》以为：“显然与秦历以十月为岁首合。”[77]“玄戈”、“招摇”别为杓端二星，是简皆指诸月方位以论吉凶；《日书》之论星象吉凶并非皆循纪年月序，无言有合“岁首”之意。如若，“一三六——三九”简之“四月甲臽，五月乙臽，七月丙臽，八月丁臽，九月己臽，十月庚臽，十一月辛臽，十二月己臽，正月壬臽，二月癸臽，三月戊臽，六月戊臽。夏三月丑敫，春三月戌敫，秋三月辰敫，冬三月未敫”[78]又当何月为“岁首”？“一”简“凡不可用者，秋三月辰，冬三月未，春三月戌，夏三月亥”[79]更当“岁首”何月？“除”简（一）之“十一月斗，十二月须，正月营，二月奎，三月胃，四月毕，五月东，六月柳，七月张，八月角，九月氐，十月心”[80]，张先生更为断之“(楚）除”[81]，且无圆说之据。《日书》竹简、释文皆无“楚”字见存，不知张先生竟何以指令为“楚”，甚不得解。所言“简776—简787‘玄戈’篇，一年十二个月，每月首宿，都合简730所记，应是楚国的一套。但整个月序，简776篇题‘玄戈’记在‘十月心’之上，又符秦历的纪月法”[81]，更不知其缘何而论；《日书》“岁”简明载楚正纪年建亥，秦历“纪月”之法又不多见之史料显据，如此轻言臆断，深令笔者生憾。纵观秦简《日书》（甲、乙种）载文，绝无异月“岁首”之证，恰是建寅为正之书笔，俯拾即是。

甲种“秦除”十二简（一四—二五）序之：“正月建寅，二月建卯，三月建辰，四月建巳，五月建午，六月建未，七月建申，八月建酉，九月建戌，十月建亥，十一月建子，十二月建丑”；其“一四”简文：“正月，建寅，除卯，盈辰，平巳，定午，执未，破申，危酉，成戌，收亥，开子，闭丑。建日，良日也。可以为啬夫，可以祠。利早不利暮。可以入人、始冠、乘车。有为也，吉。”“秦除”注释：“除，即《史记·日者列传》的建除。此处称为秦除，可见是起源于秦。”[82] 本谓“建除”，此为“秦除”，以为“起源于秦”，不妥；果起源于秦，正当只言“建除”，无需有别他“除”也；此言“秦除”，正为有别他除而言之。虽“除”字未见明释者，然以今之年终“除夕”思之，诚当与之“年岁”有涉。此以“秦除”冠之十二月日吉凶，诚涉秦政之言也；所涉秦政者何，有依秦政纪年也。是笔者以为，既以“秦除”冠之，当与秦正纪年序月为同。

乙种“除”简（二六—三七）之序：“正月建寅，二月建卯，三月建辰，四月建巳，五月建午，六月建未，七月建申，八月建酉，九月建戌，十月建亥，十一月建子，十二月建丑”[83]；“秦”简（四七—六三）之月序：“正月、二月子穗，三月、四月寅穗，五月、六月辰穗，七月、八月午穗，九月、十月申穗，十一月、十二月戌穗”[84]。

略作小计，《日书》（甲种）以正月建寅行文25纪，正、背65简；《日书》（乙种）以正月建寅行文16纪，89简。其异序首月行文者，亦当视为作者笔误或为随意排序，全因其无违行文意旨。甲种“一三六——三九”简“四月甲臽，五月乙臽，七月丙臽，八月丁臽，九月己臽，十月庚臽，十一月辛臽，十二月己臽，正月壬臽，二月癸臽，三月戊臽，六月戊臽。”乙种“八八—九九”简则：“正月壬臽，二月癸臽，三月戊臽，四月甲臽，五月乙臽，六月戊臽。七月丙臽，八月丁臽，九月己臽，十月庚臽，十一月辛臽，十二月己臽。”[85] 甲种“除”简“十一月斗，十二月须，正月营……九月氐，十月心。”“玄戈”简“十月心，十一月斗，十二月须女，正月营室……九月氐”；其续简“五九—六二”则序“正月五月九月，二月六月十月，三月七月十一月，四月八月十二月”[86] 而言事。甲种“啻”简（九五—九九）：

“北向门，七月、八月、九月，其日丙午、丁酉、丙申垣之，其牲赤。（九五）
春三月，帝为室申，剽卯，杀辰，四废庚辛。春三月，毋起东向室。南向门，正月、二月、三月，其日癸酉、壬辰、壬午垣之，其牲黑。（九六）
夏三月，帝为室寅，剽午，杀未，四废壬癸。夏三月，毋起南向室。东向门，十月、十一月、十二月，其日辛酉、庚午、庚辰垣之，其牲白。（九七）
秋三月，帝为室巳，剽酉，杀戌，四废甲乙。秋三月，毋起西向室。西向门，四月、五月、十月，其日乙未、甲午、甲辰垣之，其牲青。（九八）
冬三月，帝为室辰，剽子，杀丑，四废丙丁。冬三月，毋起北向室。有以者大凶，必有死者。（九九）”[87]

参阅图版，见“九六”、“九七”、“九八”三简皆为二隔三段；“九九”简一隔二段，全因“九九”简之“有以者大凶，必有死者”

之占，无以有容第三段之文字，方移“北向门”之句于“九五”简下部之空处。此移文虽见不整，却可省用一简。其“九六”简行文时、月相对而“九七”、“九八”简不相对者，足见笔者随意之为。其“九八”简之“十月”显为“六月”之误；今之行文尚可多见脱、衍、误、窜，更古人何全？非但不当以为异序为有改年首之说，恰是证明其时尚无“岁首”概念，方可不刻月序行文。诚如《编年纪》昭王“五十六年，后九月，昭死。正月，速产”[63]，“正月”序后“后九月”之行文，不当解为纪年月序；否则，有当何月“岁首”？

所幸，竹简《秦律十八种》之条律有涉年月行文，试就讨论之。

《仓律》“四一——四二”简：“有米委赐，禀禾稼公，尽九月，其人弗取之，勿予。”注释：“秦以九月为岁末。”[88]而“三五—三六”简之“稻后禾熟，计稻后年。已获上数，别粲、糯黏稻。别粲、糯之酿，岁异积之，勿增积，以给客，到十月牒书数，上内史”，整理者又注释“计稻后年”以：“因为秦以十月为岁首，晚稻的收获可能已到岁末。”[89]“稻后禾熟”者，当言特例；惟“先禾熟”之稻，方能“已获上数”。此后之文，“岁异积之”、“到十月”皆谓“当年”言之；若以“后年”，则无“到”十月可言，“岁异积之”更非“特例”之指。此言“到十月”，何证上文“尽九月”为“秦以九月为岁末”？简文所见“九月”者多矣：“隶臣田者，以二月月禀二石半石，到九月尽而止其半石”（《仓律》“五一”简）[90]；“日食城旦，尽月而以其余益为后九月禀所”（《仓律》“五七”简）[91]；“八月、九月中其有输，计其输所远近，不能逮其输所之计，□□□□□□□移计其后年，计毋相缪”（《金布律》“七〇—七一”简）[92]；“官作居赀赎债而远其计所官者，尽八月各以其作日及衣数告其计所官，毋过九月而毕到其官；官相近者，尽九月而告其计所官，计之其作年”（《司空》“一三九——四〇”简）[93]；“都官岁上出器求补者数，上会九月内史。”（《内史杂》“一八七”简）[94] 所见，不过秦时多以九月结计年事；而《仓律》“五三”简之“小隶臣妾以八月傅为大隶臣妾，以十月益食”[95]，不言“来年”十月，有证并非“秦以九月为岁末”纪年。上引整理者二句注文，当是源于《编年纪》中昭王五十六年之“注”，而其所以注释昭王五十六年“后九月”之“秦以十月为岁首，闰月置于岁末，称后九月”，全据《汉书·高帝纪》注。查《汉书》，当为《高帝纪》秦二世三年“后九月，怀王并吕臣、项羽军自将之”之注：“文颖曰：‘即闰九月也。时律历废，不知闰，谓之后九月。’如淳曰：‘时因秦以十月为岁首，至九月则岁终。后九月即闰月。’师古曰：‘文说非也。若以律历废不知闰者，则当径谓之十月，不应有后九月。盖秦之历法，应置闰者总致之于岁末。观其此意，当取《左传》所谓‘归余于终’耳。何以明之？据《汉书·表》及《史记》，汉未改历之前，迄至高后、文帝，屡书后九月，是知故然，非历废也。”[96] 笔者以为，文氏之言或当有信。颜师古注汉高帝元年“春正月”曰：“凡此诸月号，皆太初正历之后，记事者追改之，非当时本称也。以十月为岁首，即谓十月为正月。今此真正月，当时谓之四月耳，他皆类此。”[97]《汉书·高帝纪》：“元年冬十月，五星聚于东井。沛公至霸上。”

[98] 席泽宗《中国天文学史的一个重要发现——马王堆汉墓帛书中的〈五星占〉》考论："从《-2500—+2000年太阳和行星的经度表》得知，汉高帝元年七月（儒略历8月5日到9月4日）有五星连珠发生。……计算结果表明，从头一年十月到该年九月只有七月有这一现象发生。"[99] 似有所证颜氏之说，然观汉墓《五星占》及秦墓竹简，又不为其所言中。如淳之注"时因秦以十月为岁首，至九月则岁终"，而《史记·秦始皇本纪》二十六年方"改年始，朝贺皆自十月朔"，其《封禅书》更载"秦始皇既并天下而帝"则"以十月为岁首"；今见秦简《编年纪》昭王五十六年既有历纪"后九月"，则证不取《左传》之"归余于终"也。而今则秦简释文反以之作注"未"改年始之"后九月"："秦以十月为岁首，闰月置于岁末，称后九月"；是故，难谓"善注"。《史记》、《汉书》所言"岁首"，不及"后九月"，至《晋书》有载杨伟之言，方见"暨于秦汉，乃复以孟冬为岁首，闰为后九月"；今见《史记》秦始皇"改年始"之前、后纪年，竹简皆见"后九月"之字样，是秦简之言"尽九月"不涉"秦以九月为岁末"。

虽《秦律十八种》之简并非有旨纪年，然其简文尚可有见历月端倪。

《金布律》"九〇"简释文："授衣者，夏衣以四月尽六月禀之，冬衣以九月尽十一月禀之，过时者勿禀。后记冬衣来年。"[100] "计冬衣来年"者，"九月尽十一月"之"来年"也；则明言"九月尽十一月"皆谓"当年"。"以四月尽六月"，译文谓："从四月到六月底"，此处"以"为"从"、"尽"为

"到"，"六月"自含其月之"底"；倘若"尽"指为"底"，则"以"当指"初"，当译：从四月初到六月底。然，其"尽六月"非书"六月尽"，且为"以……尽……"连之，则明指"始四月终六月"也。此简之"尽六月"并非全同《仓律》"四二"简之"尽九月"，是当为译：从四月到六月。"以九月尽十一月"之译亦当类同。"后计冬衣来年"者，指谓皆计冬衣来年，是秦时无计当年冬衣；笔者以为此译欠妥。"后"者，十一月后；"后"字后当增一标点"，"谓：后，计冬衣来年。冬衣非似夏衣，人必以之御寒；十一月方为仲冬，因故而逾十一月者，仍需求禀："一之日觱发，二之日栗烈，无衣无褐，何以卒岁"（《诗·豳风·七月》）[101]。所言"过时者勿禀"，不禀当年冬衣也；"十一月后"所禀冬衣，移计"来年"之禀，来年"以九月尽十一月"不再禀之也。是以释文标点有失，译文"冬衣应记在下一年账上"为误。此简明见年中月序：四月、五月、六月……九月、十月、十一月。

《厩苑律》"一三"简："以四月、七月、十月、正月肤田牛。卒岁，以正月大课之"[102]。"九〇"简九、十、十一月不为"来年"，此简四、七、十月当"卒岁"于正月前，则惟"十二月"或可有为异月"岁首"；如是，《编年纪》之"昭王四十五年十二月甲午"亦可得解，然却不能纪合汉帛《五星占》及秦简《日书》、《律》文。所见肤田牛四、七、十、正四月，别为夏、秋、冬、春孟月，则季冬十二月亦当入属"卒岁"之月也。既言"卒岁，以正月大课之"，则"正月"诚为年首之月也；至少尚可足证者：秦政不以"十月"为年首。

惟令笔者难以言说者，《置吏律》“一五八”简：“县、都官、十二郡免除吏及佐、群官属，以十二月朔日免除，尽三月而止之。其有死亡及故有缺者，为补之，毋须时。”[103] “以十二月”、“尽三月”免除，其期已逾年，若非序首“十二月”纪年，律文不得解；然见图版简文实如上记。年有四月免除期，尚加之亡、缺之“毋须时”，其义几同“无律”，是故笔者疑之。“一五九”简：“除吏、尉，已除之，乃令视事及遣之，所不当除而敢先见事，及相听以遣之，以律论之。”[103] 译文以“已除之”谓“在正式任命以后”，似有“非正式任命”之说；而简文“以律论之”之“不当除先见事”、“相听以遣”，正是所指“非正式任命”者，即“除”而“视事及遣”。“译文”之言“正式”，当为有受“一五八”简“以十二月尽三月”之影响，似有“试用”之期。笔者分析简文，疑“尽三月”或为简文执笔者当书“尽三日”之误；其他简文始某月终某月之期如“以四月尽六月禀之”从未言及“朔日”，十二月之“朔日”、“晦日”皆在十二月中，实不当有画蛇添足之笔，如若易简文“以十二月朔日免除，尽三月而止之”为“以十二月尽三月免除”岂不更为言简意赅，律文理当如此。《仓律》“五三”简之“小隶臣妾以八月傅为大隶臣妾，以十月益食”，其“益食”定为十月朔日算起，然亦不言之“朔日”；《仓律》“四六”简“及告归尽月不来者，止其后朔食，而以其来日致其食”[104]，此言“朔”者，后以“来日”计之。是笔者以为“一五八”简以“日”对“月”不合，疑“月”有为“日”之误；若律文果为“以十二月朔日免除，尽三日而止之”，则文通义达，自是无证“岁首”歧义。

总览史料所鉴，汉简“七年觇日”无以为证汉政之纪，秦简“十二月甲午”之昭王四十五年历日又违《史记》孝文所纪，汉墓帛书《五星占》、秦墓竹简《日书》更及律文，多见其如夏正建寅行历，是笔者以为，既无“十月岁首”力证，则当有信秦及汉初之夏正纪年。

三 《史》《汉》之“正”

“正”者，政也，因征而事。《尚书·甘誓》“启与有扈战于甘之野，作甘誓”：“有扈氏威侮五行，怠弃三正；天用剿绝其命，今予惟恭行天之罚。”汉孔安国传：“五行之德王者相承所取法，有扈与夏同姓，恃亲而不恭；是则威虐侮慢五行，怠惰弃废天、地、人之正道。言乱常。”唐陆德明释文：“马云：‘建子、建丑、建寅，三正也。’”[105] 虽西汉孔氏传“三正”比之东汉马融之注“建子、建丑、建寅”，已卓见“三正”本义，然却后世学者多从马氏以解之。《史记·周本纪》“武王乃作《泰誓》，告于众庶：‘今殷王纣乃用其妇人之言，自绝于天，毁坏其三正，离逖其王父母弟，乃断弃其先祖之乐，乃为淫声，用变乱正声，怡说妇人。故今予发维共行天罚。”张守节正义：“三正，三统也。周以建子为天统，殷以建丑为地统，夏以建寅为人统也。”[106] 清赵翼《陔馀丛考·三正》：“夏正建寅，商正建丑，周正建子，此三正也。然《夏书·甘誓》云：‘有扈氏怠弃三正’，则夏之前已有三正矣。孔安国因商、周在夏之后，故不敢以子、丑、寅释之，而但谓‘天、地、人之正道’。王肃亦云‘惟殷、周改正，自夏以上，皆以建寅为正’，然《尚书大传》云‘王者存二代之后以备三正’。马融注《甘誓》，亦云‘子、丑、寅’也。”[107]汉伏胜《尚书大传》所传《甘誓》“三正”，乃：“三统者所以序生也；三正者所以统天〈下〉也。是故，三统，三正也。”[108]“不敢以子、丑、寅释之，而但谓天、地、人之正道”者，不惟汉之孔安国也，南朝宋裴姻集解《史记·夏本纪》“有扈氏威侮五行，怠弃三正”：“郑玄曰：‘五行，四时盛德所行之政也。威侮，暴逆之。三正，天、地、人之道。”[109]所谓“马融注《甘誓》”者，今见只为陆氏所引；然尚可另见者，裴氏《史记·周本纪》集解“自绝于天，毁坏其三正”：“马融曰：‘动逆天、地、人也。”[106]二语义殊，是观裴氏所征，不敢有信陆氏之引。最释“三正”卓然至明者，明清之际王夫之《尚书·甘誓》引义：“何言乎怠弃三正？三正者，天所示人以气至而主其感者也。是故，以天统事天而迎其阳，以地统事地而敦其质，以人统治人而兴其用。占星以修祀，知神以格，以精之至也；候气以吹律，知和之至，以风之应也。序辰以课耕、敛，知生成，以时而协也；顺节以诘兵、刑，知明威，以度而行也。弗谨其候，而任情之动以作以辍也，则怠弃者多矣。”[110]《尚书·无逸》“文王不敢盘于游田，以庶邦惟正之供”，孔安国传：“文王不敢乐于游逸田猎，以众国所取法，则当以正道共待之故。”[111]清王引之《经义述闻》言之：“正，当读为政，共奉也。言耽乐是从，则怠于政事，文王不敢盘于游田，惟与庶邦奉行政事。”[112]

所言行历纪年为“正”者，朝政诸事之属也；《春秋左氏传》鲁文公六年：“闰以正时，时以作事，事以厚生；生民之道，于是乎在矣。不告闰朔，弃时政也；何以为民”[113]，是故有言年首之月为“正”。正（zhēng），征、政、正之合谓也，征象候、政律令、正纪时也。别星月建以纪“正”，诚为“十二正”也，非止“三正”也。笔者以为“天、地、人”之“三正”，当为“夏、商、周时共奉，并非各政其“一”也。所谓“建子、建丑、建寅，三正”者，当是《左传》昭公十七年“火出，于夏为三月，于商为四月，于周为五月”之后事；其年经文“夏六月，甲戌朔，日有食之”，《左传》引太史曰：“在此月也，日过分而未至，三辰有灾；于是乎百官降物，君不举辟移时，乐奏鼓，祝用币，史用辞。故《夏书》曰：‘辰不集于房，瞽奏鼓，啬夫驰，庶人走。’此月朔之谓也，当夏四月，是谓孟夏。”《左传》又见：“昔者，黄帝氏以云纪，故为云师而云名；炎帝氏以火纪，故为火师而火名；共工氏以水纪，故为水师而水名；大皞氏以龙纪，故为龙师而龙名。我高祖少皞，挚之立也，凤鸟适至；故纪于鸟，为鸟师而鸟名。”[114]所言，尚为夏前图腾之征，故昔夏时之历绝非可如今行农历之精；以夏、商、周时之力，尚不可能左右历法于子、丑、寅“三正”，其《尚书》已言“三正”，则定不谓夏寅、商丑、周子“三正”。纪年“三正”说，近世历家、学者多有论疑；今更见郑慧生《“殷正建未”说》[115]及王晖《殷历岁首新论》[116]“建午”说，二文皆依甲骨考论，于《左传》“建丑”相差甚远。是《左传》所言夏、商、周之纪年历月，并非有证“信史”。

《汉书》，《律历志》“乃以十月为正”，《郊祀志》“秦以十月为岁首”，“以冬十月为年首”及“时丞相张苍好律历，以为汉乃水德之时，河决金堤，其符也。年始冬十月，色外黑内赤，与德相应”[117]；皆依《史记》冠“十月”之概念为用，且亦多言所应者“水德”。《尚书》之言“威侮五行，怠弃三正”，五行、三正并用。《礼记·乡饮酒义》：“贵贱明，隆杀辨，和乐而不流，弟长而无遗，安燕而不乱，此五行者，足以正身安国矣。”[118]《诗·秦风·小戎》：“言念君子，温如其玉”；郑玄笺：“玉有五德”；孔颖达疏：“《聘义》云：‘君子比德于玉焉。温润而泽，仁也；缜密以栗，知也；廉而不刿，义也；垂之如坠，礼也；孚尹旁达，信也。’”[119]孔颖达另以“土、木、金、火、水”有疏“五行”[120]，非也；有扈之“威侮”，依“五行终始”说，亦当止为“一行”之德，岂当有一君而侮“五行”乎？“王者共所取法”者，“五德”之行也。《史记·历书》“夏正以正月，殷正以十二月，周正以十一月。盖三王之正若循环，穷则反本。天下有道，则不失纪序；无道，则正朔不行于诸侯。”[121]《史记》所言“三王之正”，多以王者意为，非谓天象之依。《史记·天官书》：“凡候岁美恶，谨候岁始。岁始或冬至日，产气始萌。腊明日，人众卒岁，一会饮食，发阳气，故曰初岁。正月旦，王者岁首。立春日，四时之始也；四始者，候之日。”司马贞索隐：“谓立春日是去年四时之终卒，今年之始也。”张守节正义：“谓正月旦岁之始，时之始，月之始，日之始，故云‘四始’。言以四时之日候岁吉凶也。”[122]二氏所注未“中”，“岁始”者，岁始冬至星之日，腊明初岁气之日，年始正旦王之日，时始立春候之日。《史记·历书》“王者异姓受命，必慎始初，改正朔，易服色”，却是不敢必信其有；而“三王之正若循环，穷则反本”

则明“非”天元，更何见有承天意？《春秋》经之“春王正月”当为有别诸侯之“春正月”也，其时历法不统，所见甚明；《礼记·礼运》：“孔子曰：‘我欲观夏道，是故之杞而不足征也，吾得夏时焉。我欲观殷道，是故之宋而不足征也，吾得坤乾焉。坤乾之义，夏时之等，吾以是观之。”[123]《论语·卫灵公》：“颜渊问为邦。子曰：‘行夏之时，乘秦之辂，服周之冕，乐则韶舞”[124]。孔子欲察夏道，方幸得见夏时之书，随知夏时尚焉；周人未识夏之历法，故以周历行之，则夏、商、周之“三王之正”何立焉？“三正循环”不过《史记》附会“五德终始”而发之。观《史记》之言亦只为“三正”循环，使以秦应“水胜火”之瑞，亦不当有“瑞”一个“第四”正。“更名河曰‘德水’”或应“水德之瑞”；而正以“十月”，乃“‘弃’三正”也，更何“瑞”之有？《史记·周本纪》五十九年“周君、王赧卒，周民随东亡。”张守节正义：“王赧卒后，天下无主三十五年，七雄并争。”[125]《六国年表》秦始皇二十二年“王贲击魏，得其王假，尽取其地”；二十四年“秦虏王负刍。秦灭楚。”[126]今考，则魏行寅正、楚行亥正，又“水”胜者，土、木、金、火？故言，“水德之瑞”而“正以十月”之《史》《汉》秦纪，当非循五行之推也。

《史记·历书》开首即言“昔自在古，历建正作于孟春。”[38]司马迁本为历家，然却此言一出即乱了历法；笔者所见，《史记》之先，未闻建正不作孟春之历；即使墓葬汉简《七年觋日》年纪首序十月，其历仍以孟春建正。权且夏、商、周历建寅、建丑、建子，亦是尚为建正孟春，方有火出之时夏、商、周之三月、四月、五月；后世王莽始建国、魏明帝景初虽更建丑为正，然却依作建正孟春。钱宝琮先生“建寅、建丑、建子是春秋战国时期不同地域的历日制度，不应看作是三个王朝改变正朔的故事”[127]颇具慧眼，然“《史记·历书》谓‘自在古历，建正作于孟春……抚十二月节，卒于丑’，又谓‘夏正以正月，殷正以十二月，周正以十一月’等语，似有语病”[128]，却未逼《史记》弊本。司马氏未详《左传》夏、商、周三朝别月建而正孟春之文，自以恒定正月孟春建寅为律而述《史记》于异月序年为“正”，是有所言“夏正以正月，殷正以十二月，周正以十一月”及秦“正以十月”。司马迁所谓“建正”者，恒定建寅正月孟春纪年之异月序首；是有《史记》“正”及“年始”、“岁首”、“年首”同义用辞，后为《汉书》因之，并及后世“历初”、“岁首”分而论之。所谓“历初”者，实当有谓“历元”；古历建正，岁首历元也；皆非推历准点之指。至《史记》始见误离建正、岁首于历元，别于历元异月序首纪年而言之；倘若果有正月历元、异月序首之纪年（如《七年舰日》若为政纪），亦只当以“年首”而别之，有还“建正”、“岁首”于历元。若秦时确曾有行年首“十月”政纪，司马氏当有不误“岁首”、“建正”概念；今《史记》既误之，当思秦之“十月岁首”不过作者误解其前历纪而杜撰“岁首”于《史记》焉。

秦虽雄并天下，然其国史实非辉煌。《史记·秦本记》西周之时：“非子居犬丘，好马及畜……孝王召使主马于汧渭之间，马大蕃息。……孝王曰：‘昔伯翳为舜主畜，畜多息，故有土，赐姓嬴。今其后世亦为朕息马，朕其分土为附庸。’邑之秦，使复续嬴氏祀，号曰‘秦嬴’。”[129]《秦始皇本纪》：“宣公享国十二年。居阳宫。葬阳。初志闰月。”[130]秦于周惠王之时方知置闰于历，当知秦于历法不善。《睡虎地秦墓竹简》多见“后九月”文字，更见《编年记》昭王五十六年之明纪“后九月”，而《史记·秦始皇本纪》更见明言始皇二十六年并天下后方有“十月岁首”之纪，则秦未主天下之时，未“改年始”亦闰“后九月”。今仅以秦简“后九月”之文而否始皇有改年始之说，更注秦本“十月岁首”置闰岁末“后九月”，实缺力据。其所证者，只为“后九月”之闰，非依《史记》“十月岁首”而置历纪。秦简律文多以九月计事（偶有例外：到十月牒书数上内史），闰称后九月，当是以：其时秦人尚以甘、陕秋收禾稻结计年事，历纪行闰秋后；然其政纪之遵，所循夏时历序。司马迁以“朝贺皆自十月朔”谓“改年始”，“常以十月上宿郊见”谓“以冬十月为岁首”，其实不然。《汉书·王莽传》居摄三年十一月“以戊辰直定，御王冠，即真天子位，定有天下之号曰：新。其改正朔，易服色，变牺牲，殊徽帜，异器制。以十二月朔癸酉为建国元年正月之朔，以鸡鸣为时”[131]，而“天凤元年正月，赦天下。莽曰：‘予以二月建寅之节行巡狩之礼’”[132]；《晋书·律历志中》“至明帝景初元年，尚书郎杨伟造《景初历》。表上，帝遂改正朔，施行伟历，以建丑之月为正，改其年三月为孟夏，其孟、仲、季月虽与夏正不同，至于郊祀搜狩、班宣时令，皆以建寅为正。”[33]《史记》“秦以十月为岁首”与秦简、汉帛不合，若以秦正建亥考之，仍与简帛不合；是则以为秦纪建寅、多以亥时行事，亦如王莽、景初之丑正纪年，政事依寅。《史》《汉》建寅历元而行“十月岁首”之纪年，悖天理，忤人情，尤违考据。然，《史记》何谬焉？度司马氏有惑秦闰“后九月”，多以秦时行事误视朝政纪年而使然。

初民之时，无文字，亦定无历法；当以日之出、落为日，月之圆、缺为月，气候寒暑所致禾之生、成为年。后应预知四时寒暑之需，当有粗陋之法见行，然其律必以人们身感景观而求之，诚如所谓之古历“建正孟春”也。至人们力察天象之征，始知日月星辰岁道“冬至”为终始，随则“观象授时”正月建子之历法行焉。既“冰冻三尺非一日之寒”，则冰封解冻亦非数夕之暖；是则子月“日短至”后日已渐长，寅月“立春节”后气方转阳。别依“天象”、“地征”以治历，方存建子、建寅之异正纪年。所谓“殷正建丑”者，应视其时治历未精，子正“不当闰而闰”或寅正“当闰而不闰”所致，不当有以人为“三正”也。司马迁《史记》言历，“建正”者，上悖先秦《左传》、《吕览》载史；“岁首”者，下忤秦汉竹简、帛书纪年；其纪恒定正月建寅，则又言之异月“岁首”为“正”，已自见概念紊乱矣。是以斗胆质疑：《史记》“岁首”，不为史历。笔者不才，学不曾涉历法，识更非知天文，略展所疑，诚乞史、历诸家明示。

注释：

[1] 赵萧《论五德始终说在秦的作用和影响》，《齐鲁学刊》1994年2期57页。

[2] [3] [4] [5] [11] [12] [35] [38] [39] [41] [42] [43] [44] [45] [46] [61] [62] [64] [65] [66] [106] [109] [121] [122] [125] [126] [129] [130] 中华书局1959年9月483页卷

十二、1340 页卷十七、1377 页卷二十八、2681 页卷九十六、1366 页卷二十八、1378 页卷二十八、1260 页卷二十六、1255 页卷二十六、1262 页卷二十六、1261 页卷二十六、237 页卷六、1259 页卷二十六、761–9 页卷十六、442 页卷十一、213–8 页卷五、224 页卷六、751 页卷十五、218–9 页卷五、289 页卷六、2509 页卷八十五、121–2 页卷四、84 页卷二、1258 页卷二十六、1340 卷二十七、169–70 页卷四、756 页卷十五、177 页卷五、286 页卷六。

[6] [7] [8] [13] [14] [27] [36] [47] [96] [97] [98] [117] [131] [132] 中华书局 1962 年 6 月 1209 页卷二十五上、1245 页卷二十五下、2098 页卷四十二、1201 页卷二十五上、1210 页卷二十五上、2518–9 页卷五十六、975 页卷二十一上、973 页卷二十一上、15–6 页卷一上、27–8 页卷一上、22 页卷一上、1212 页卷二十五上、4095 页卷九十九上、4133 页卷九十九中。

[9] [33] 中华书局 1947 年 11 月 535–6 页卷十八、502–3 页卷十七。

[10] 中华书局 1974 年 10 月 232–3 页卷十二。

[15] 汉语大词典编辑委员会·汉语大词典编纂处编纂，汉语大词典出版社 1990 年 6 月第五卷 357 页。

[16] [51] [112] 《四部备要》，中华书局 1988 年影印版 44 册《逸周书》45 页卷六、66 册《长术辑要》32 页卷三，11 册《经义述闻》61 页第四。

[17] [108] 《影印文渊阁四库全书》，台湾商务印书馆民国七十二（1983）年 730 册 12 页《齐民要术·卷一》、68 册 396 页《尚书大传·卷一》。

[18] 中华书局 1956 年 6 月 20 册 9533 页卷二百九十二。

[19] [20] [23] 中华书局 1963 年 12 月影印版 140 页七上、202 页十上、38 页二上。

[21] [24] [26] [28] [30] [101] [105] [111] [113] [114] [118] [119] [120] [123] [124] 〔清〕阮元校刻《十三经注疏》，中华书局 1980 年 9 月影印版 119 页《尚书正义·卷二》、1998 页《春秋左传正义·卷三十八》、2051 页《春秋左传正义·卷四十四》、1836 页《春秋左传正

义·卷十八》、2608页《尔雅注疏·卷六》、389页《毛诗正义·卷八一一》、155页《尚书正义·卷七》、222页《尚书正义·卷十六》、1845页《春秋左传正义·卷十九上》、2082-4页《春秋左传正义·卷四十八》、1684页《礼记正义·卷六十一》、370页《毛诗正义·卷六一三》、156页《尚书正义·卷七》、1415页《礼记正义·卷二十一》、2517页《论语注疏·卷十五》。

[22] 天津古籍出版社1989年7月242页。

[25] [40] [67] 《丛书集成初编》，中华书局1985年新1版五九四册《物理论》2页卷一、二三九册195-6页卷三下、一四九册163-4页卷四。

[29] [127] [128] 中国科学院自然科学史研究所编《钱宝琮科学史论文选集》，科学出版社1983年10月108页《中国东汉以前时月日纪法之研究》、436页《从春秋到明末的历法沿革》、105页《中》文。

[31] 文载自刊《纪年研考》4期。长者王树民先生数函赐教，有以本文所引全祖望《经史问答》为据；虽与先生教诲未见共识，然却深益先生至诚醒诫，恭谨叩谢！

[32] 〔清〕阮元、王先谦编《清经解·清经解续编》，上海书店1988年10月影印版《清经解·卷三〇七》二册517页。

[34] 中华书局1975年2月602-3页卷二十七上。

[37] 〔南朝宋〕范晔等撰、〔唐〕李贤等注《后汉书》，中华书局1965年5月3056页志三（南朝梁刘昭注补《后汉书志》）。

[48] 见《吕氏春秋·十二纪》。

[49] 中华书局1962年7月影印版11页。

[50] 河南教育出版社1990年7月凡例1页。

[52] 人民教育出版社1992年7月77页。

[53] [54] 《文物》，1947年2期32-4页、3期图版及插图。

[55] 〔清〕严可均校辑《全上古三代秦汉三国六朝文》，中华书局1958年12月1册256-7页《全汉文》卷二十四。

[56] [99] 《中国天文学史文集》，科学出版社1978年4月1–2、23页。

[57] [58] 马王堆汉墓帛书整理小组《〈五星占〉附表释文》，《文物》1974年11期37、38页；引文中“营室晨”原刊文为“营室星”，此据《中国天文学史文集》正之。

[59] 《中国天文学史文集》（第三集），科学出版社1984年12月31页。

[60] [63] [68] [71] [72] [73] [74] [75] [76] [78] [79] [80] [82] [83] [84] [85] [86] [87] [88] [89] [90] [91] [92] [93] [94] [95] [100] [102] [103] [104] 《睡虎地秦墓竹简》（精装本）〔本文采用整理后正字，原文参见该书〕，文物出版社1990年9月5–9、6、190–1、219、232、197、226、196、187–8、202、181、180、182–3、232–3、233–4、239、189、195、29–30、28、32、34、37、51、62、33、41、22、56、31页。

[69] 王胜利《〈云梦秦简“日书”初探〉商榷》，《江汉论坛》1987年11期76页。

[70] 《〈云梦秦简“日书”初探〉商榷》；《关于楚国历法的建正问题》，《中国史研究》1988年2期；《再谈楚国历法的建正问题》，《文物》1990年3期。

[77] [81] 《江汉论坛》1987年4期71、69页。

[107] 转引自《汉语大词典》（第一卷），上海辞书出版社1986年11月187页。

[110] 转引自李民《尚书与古史研究》，中州书画社1983年2版（增订本）256页。

[115] 《史学月刊》1984年1期13页。

[116] 《陕西师大学报》（哲社版）1994年2期48页。

（1994. 12. 16. 初稿）

〔载1995年2月21日自刊《纪年研考》第5期〕

《日书》“岁”简秦、楚历月商兑

林叶蓁

去冬毕业校生代购《楚地出土文献三种研究》为赠，受之甚喜。饶宗颐、曾宪通二先生合刊经世大作，若以晚生浅薄，岂得言领一二深学；然于具处，亦诚不免稍见异感。特作质疑，以乞教正。

饶先生《秦简日书中夕（栾）字含义初探》以为：“秦历建亥，以十月为岁首。兹揭示如次：

十月	楚冬夕	日六夕十	四月	楚七月	日十夕六
十一月	楚屈夕	日五夕十一	五月	楚八月	日十一夕五
十二月	楚援夕	日六夕十	六月	楚九月	日十夕六
正月	楚刑夷	日七夕九	七月	楚十月	日九夕七
二月	楚夏尿	日八夕八	八月	楚爨月	日八夕八
三月	楚纺月	日九夕七	九月	楚献马	日七夕九”[1]。

其列“秦历”序月当取“岁”简之文，然四简“岁”文绝然不见“秦历”揭示文字，未详饶先生何以断之。查饶先生书中另文，亦未寻得“断”据；惟见《云梦秦简日书研究·跋尾》有赞“曾

君宪通……又论日书中的楚历月名，并据秦楚月名对照表以追溯未经秦人改造过的楚历原貌。"[2]

曾先生确于《秦简日书岁篇疏证·秦楚月名及其相关问题》作了清晰论述："按照这样的序列，楚历是以亥月为岁首，与夏历、殷历、周历都不一样。但是很明显，这样的月序是同楚月名之初谊不相符的。……我们可以根据楚月名之初谊以恢复楚历原来之序列： 一月刑夷 二月夏杘 三月纺月 四月 五月 六月 七月 八月爨月 九月献马 十月冬夕 十一月屈夕 十二月援夕 这样的月序，虽然与秦楚月名对照表不同，却是楚历月次的本来面目，与战国时楚用夏正的材料亦相吻合。……按照楚月名原先的序列，纺月至爨月之间本是四月、五月、六月、七月，到秦楚月名对照表便变为七月、八月、九月、十月了。这种改变，可能发生在楚地入秦之后，当是秦人用秦历统一了楚历的结果。由于秦以十月为岁首，九月为岁终，统一时，就得将楚历十月的冬夕改为岁首的一月，楚历九月的献马改为岁终的十二月，使二历的首尾一致，以归一律。……而楚历的岁首和月次，便和战国时完全不同。……至于秦何时改岁首为十月，有人据《史记》的记载，以为秦始皇二十六年以前未见以十月为岁首，二十六年以后始见之。我们姑且不论秦改岁首是否始于文公，仅就秦简所见，《编年纪》中就有'(昭王)五十六年，后九月，昭死'的记载，'后九月'是年终置闰，说明秦至迟在昭王时已以十月为岁首了。"[3] 然，"'后九月'是年终置闰"的论断是难以由"'(昭王)五十六年，后九月，昭死'"而得出的，《史记·历书》"周襄王二十六年闰三月，而《春秋》非之"[4] 当见一统“春秋”尚少“年终置闰”其律，更况争雄“战国”乎！至于汉宣帝问世之《史记》“始皇推终始五德之传……改年始，朝贺皆自十月朔”[5]是否有当推翻其时秦汉简帛，甚见其明。既然曾先生有言“从以上日书几乎都用始正月终十二月的月序看来，秦简日书的用历，正是正月建寅的夏历。这是我们对日书用历的基本估计”[6]，不知饶、曾二先生何独“岁”简“对照表”同语秦“以十月为岁首”？

昔时拙文《史历“岁首”质疑》已有引证汉帛《五星占》、秦简《日书》更及《律》文，作论秦汉简帛不证秦“以十月为岁首”[7]，所谓“秦楚月名对照表”不过一“秦照楚历月表”耳！倘若“秦以十月为岁首，而又保留夏正月份与四季搭配”[8]，则其《表》诸月“日夕”自明，何待赘书“日夕”以明之？正是楚历亥正月序有违秦纪夏正习惯，方需标注“日夕”以彰比照。今见“月份采用楚地代月名”的“包山2号”战国楚墓竹简“所记月名有冬栾、屈栾、远栾、罶层、夏层、亯月、七月、八月、九月、十月、奂月。远栾即援栾、亯月即纺月。……月名与睡虎地秦墓竹简《日书》所记秦楚月名对照表中的楚月名吻合。”[9]墓简整理小组以为卓滑救郙之岁“墓主患心疾日益严重，于此年亯月丁亥之日病死”，且析“卓滑救郙之岁当在公元前323年以后，可能就在公元前292年秦人取宛之前。”[10]既然战国楚简已然历序“七、八、九、十”之月，就自然不能“本是四月、五月、六月、七月，到秦楚月名对照表便变为七月、八月、九月、十月了”，亦更非“与战国时楚用夏正的”推论“相吻合”了。那么，以为是“在楚地入秦以后”有“经秦人改造过的楚历”之

"秦楚月名对照表"，亦是否应当正名为"秦照楚历月表"呢?

《包山2号墓竹简概述》公布于1988年，王胜利《再谈楚国历法的建正问题》发表于1990年[11]，而今1993年出版的《楚地出土文献三种研究》依然故我，是以小文再笔。

注释:

[1]　[2]　[3]　[6]　[8] 饶宗颐、曾宪通著《楚地出土文献三种研究·云梦睡虎地秦简日书研究》，中华书局1993年8月477-8、440、485-90、485、490页。

[4]　[5] 中华书局1959年9月四册1259页卷二十六、一册237页《秦始皇本纪》卷六。

[7] 文载自刊《纪年研考》1995年2月21日第5期。

[9]　[10] 包山墓地竹简整理小组《包山2号墓竹简概述》，《文物》1988年5期25、26页。

[11] 《文物》，1990年3期66-9页。

(1996. 6. 22. 初稿)

〔载1996年6月29日自刊《研考》第8期〕

枝丫集

（下）

《论语》"束脩"辨义

林叶蓁

> 字之声同声近者，经传往往假借，学者以声求义，破其假借之字，而读其本字，则涣然冰释；如其假借之字，而强为之解，则诘䊵为病矣。
>
> ——〔清〕王念孙《经义述闻·序》

近读江苏肖飞散文《荧光》，其文有句"亲戚帮她组织了二十来个学生，办了个文化补习班，她即靠这微薄的'束脩'糊口度日"[1]；读之不解，"束脩"何"物"，勉为"糊口"？此言"束脩"者，何书求"典"？

《论语·述而》："子曰：'自行束脩以上，吾未尝无诲焉。"杨伯峻《论语译注》译文："孔子说：'只要是主动地给我一点见面薄礼，我从没有不教诲的。'"[2]（洛承烈、郭良文、李天长、张家森英汉对照读本《孔子名言》译文："孔子说：'只要给我十把干肉那样的报偿，我没有不教育的。'The Master said，I never refuse to instruct those who are willing to bring me a bundle of dried meat as payment." [3] 孔令河、李民《论语句解》译文："孔子说：'只要主动地给我一点见面薄礼，我从来没有不教诲的。'" [4] 洛承烈、楷木《孔子论学》译文："孔子说：'只要主动给我一点见面礼，我就不会不教他的。'"其书"评述"释文：这句话只是他招收学生提出的经济条件。" [5]）杨先生注释"束脩"："脩是干肉，又叫脯。每条脯叫一脡（挺），十脡为一束。束脩就是十条干肉，古代用来作初次拜见的礼物。但这一礼物是菲薄的。" [2] 虽见肖文"束脩"是打了引号的，不为专指"干肉"，然以近二十小生之薄"礼"（就算每生皆送其"礼"）而"糊口度日"之语仍不得解。后经求索杨先生上书附之《论语词典》，略领其旨："束脩：一捆（十条）肉干，后来用以为给老师的财礼的名称：自行束脩以上，吾未尝无诲焉" [6]。解释肖文之义致明者见《辞源·束脩》："十条干肉。脩，即脯。古代上下亲友之间相互赠献的一种礼物。……后多指致送教师的酬金。" [7] 指为"致送教师酬金"者，更见《汉语大字典》、《汉语大词典》及台湾《大辞典》、《中文大辞典》等重要辞书。如若"束脩"之解止为"干肉"，后人引申其义之用自当无须厚非；然，孔子《论语》之"束脩"诚谓"干肉"否？

汉许慎《说文解字·肉部》："脩，脯也"；"脯，干肉也" [8]。唐陆德明《经典释文·春秋公羊传音义》庄公二十四年："脯加薑桂曰脩" [9]。明张自烈《正字通·肉部》："脩，肉条割而干之也。" [10] 唐孔颖达疏《礼记·少仪》："束脩，十脡脯也" [11]。有见《礼记·檀弓》"古之大夫，束脩之问不出境" [12]、《春秋穀梁传·隐公元年》“束脩之肉不行境中”，[13]，可知古之外交曾行“束脩”之馈；然，《论语》之“束脩”有为馈物乎？

唐李贤注《后汉书·列传五十四·延笃》“且吾自束脩以来，为人臣不陷于不忠，为人子不陷于不孝”：“束脩为束带修饰。郑玄注《论语》曰：‘谓年十五以上也。’”[14]《大戴礼记·保傅》：“古者年八岁而出就外舍，学小艺焉，履小节焉。束发而就大学，学大艺焉，履大节焉。”清韩元吉注：“束发谓成童。《白虎通》曰‘八岁入小学，十五岁入太学’是也。”[15]《礼记·曲礼上》：“人生十年曰‘幼学’，二十曰‘弱冠’”[16]。唐贾公彦疏《仪礼·士冠礼第一》：“郑《目录》云：‘童子任职居士位，年二十而冠。’”[17]汉刘向《古列女传·鲁秋洁妇》：“既纳之，五日，去而官于陈……妇曰：‘子，束发辞亲往仕，五年乃还。’”[18]《后汉书·列传十六·伏湛》：“自行束脩，讫无毁玷。”[19]《晋书·列传六十一·虞喜》：“束脩立德，皓首不倦。”[20]唐鲍溶《苦哉远行人》：“去日始束发，今来发成霜。”[21]综观上引，笔者以为郑玄之注《论语》，李贤之注《后汉书》，所释“束脩”不妄；古或有十五束发、二十而冠之礼。若《论语》“自行束脩以上”之“束脩”有指“十脡脯”，则弟子求学必行“贽礼”；然，拒教无“贽礼”者，何以《论语·卫灵公》孔子有言“有教无类”？既有孔颖达疏《礼记·曲礼下》“童子之贽悉用束脩也”[22]，又何言束脩之“以上”？岂非所指孔子于弟子“贽礼”有多多益善之求？倘真如此，岂非弟子特录此语以损先师？若此，则全句主旨“吾未尝无悔焉”与前句之意何通？此解是语，何见褒义？“未尝无诲”是不曾拒以施教，至少是孔子于主动行为上“没有拒教的”，只有当前题条件不在“教”的范围时，孔子才能理直而言“未尝无诲”；倘若拒教非行“贽礼”者，是孔子在主动行为上即有拒教者，又何颜理直其语“未尝无诲”？如若“束脩”为“贽礼”，其句只能是其名言“君子喻于义，小人喻于利”（《理仁》）篇）的苍白解嘲；若果为孔子辩白之语，岂当舍用“吾何尝无悔焉”？且孔子有言“饭疏食饮水，曲肱而枕之，乐亦在其中矣。不义而富且贵，于我如浮云”（《述而》篇），又何竟告白自违其言于“贽礼”之“束脩以上”？更，倘若天下童子多愿有学，是否孔子只能量力而收“贽礼”束脩以“上”之徒？如是，岂非弟子之言“子罕言利与命、与仁”（《子罕》篇）等皆为欺世盗名之语？读《论语·雍也》之孔子盛赞弟子：“贤哉，回也！一箪食，一瓢饮，在陋巷；人不堪其忧，回也，不改其乐。贤哉，回也！”何见颜回“束脩”有力，岂知孔子“贽礼”有行？是清包慎言《温故录》有“《鲁论》，则束脩不谓脯脡”[23]之按，唐韩愈《论语笔解》有“说者谓……人能奉束脩于吾，则皆教诲之；此义失也。……行吾而教之，非也”[24]之释。《孔子家语》，《简明中国古籍辞典》释：“早佚。今本为三国魏王肃伪撰……取《论语》、《左传》……诸书中有关古代婚姻、丧祭……等制度与郑玄不同处，借孔子之名，攻击郑学。”[25]然见《孔子家语·本姓解》“凡所教诲，束脩以上，三千余人”[26]之句，不曾有拒《论语》“束脩”以攻郑注“谓年十五以上”，是知郑注不妄。此言“束脩以上”正与《论语》“自行束脩以上”用语字同义合，何见有谓束脩“贽礼”之解？岂言“招收学生的经济条件”？

孔颖达疏《诗·大雅·绵》"古公亶父"："《书传略说》云：'……遂杖策而去，过梁山，邑岐山，周人束脩奔而从之者三千乘"[27]；诸家辞书多为引作"别解"例句。清孔广森《经学卮言·论语》："《尚书大传》云：'国人束脩奔走而从者，三千乘。'是以束脩为'束载干肉'，犹裹粮之意也。又'束脩'之别一解"[28]；众辞书则更多为袭用，甚有释以收拾整理"行装、家私"者。孔氏此解，实为未察句中"束脩"其词而望文生义之举。孔氏既有言"自当以十脡脯为正解"，又何出束脩"载"肉、裹"粮"之解？周、秦之际，尚未得见引而申之"束脩"为"约束修养"之文，更岂知行装、家私之"收整"？"杖策"者，谓催马也；"奔而从之者三千乘"之"乘"，亦为骑者，非车也。何载"裹粮、家私？""周人"者，周之民也；车之所用，其时定无民之通享也。所谓"奔而从之者"，主语"束脩"也；"奔而从"者，主语"束脩"之连续动作也；若以"束脩"为动词谓语，则当有言"束脩而从之者"或"束脩而奔从者"。"束脩"者，名词也；当为周人"之"束脩；本当有指已行"束脩"（成童以上）之人，此当借谓青、壮之成人也。《孔丛子·居卫》之文："杖策而去，过梁山，止乎岐下，豳民之束脩奔而从之者三千乘。"[29] 若"豳民之束脩"不为名词主语，何解"豳民之……之者"？"三千乘"者，实当"豳民之束脩"也，有与《家语》"束脩以上三千余人"同意之旨；"束脩"之用，诚无"别一解"也。

三国魏何晏注《论语》"束脩"之句："孔曰：言人能奉礼，自行束脩以上则皆教诲之"；宋邢昺疏："此章言己诲人不倦也。束脩礼之薄者，言人能奉礼自行束脩以上而来学者，则吾未曾不诲焉，皆教诲之也”[30]。宋朱熹《论语集注》更见释文：“脩，脯也。十脡为束。古者相见，必执贽以为礼，束脩其至薄者。盖人之有生，同具此理，故圣人之于人，无不欲其入于善。但不知来学，则无往教之礼，故苟以礼来，则无不有以教之也。”[31] 然，元胡炳文《论语通》语：“语录在‘礼’，无以束脩为贽。”[32] 《礼记·檀公上》“古之大夫束脩之问不出境”；《春秋穀梁传·隐公元年》“聘弓鍭矢不出境场，束脩之肉不行境中”，唐杨士勋疏：“臣无境外之交，故弓矢不出境场；在礼，家施不及国，故束脩之肉不行境中。……董仲舒曰：‘大夫无束脩之馈。’”[13] 所见，束脩之用皆古之外交馈赠也。胡氏《论语通》后句另言“齐士曰：汉诸王致礼于其傅，犹曰‘束脩’”，其何为“至薄者”？《礼记·少仪》之“以乘壶酒、束脩、一犬赐人”[11]，只言其礼之仪，未表所行境中。既，时“束脩之肉不行境中”、大夫尚“无束脩之馈”，孔子何以得受弟子此“贽”？“相见必执贽以为礼”，元张存根《论语集注通证》引文《礼记·曲礼下》证之：“凡挚，天子鬯、诸侯圭、卿羔、大夫雁、士雉；庶人之挚匹，童子委挚而退；野外军中无挚，以缨拾矢可也；妇人之挚，椇、榛、脯、脩、枣、栗。”[33] 《礼记》之“挚”实非所谓时人相见“贽礼”也，其文“凡挚”上冠“大飨不问卜，不饶富”八字，汉郑玄注：“祭五帝于明堂莫适卜也，《郊特牲》曰：‘郊血大飨腥’”；“富之言备也，备而已，勿多于礼”；“天子无客礼，以鬯为挚者，所以唯用告神为至也”[22]。《汉书·郊祀志上》有载：“有神民之官，各司其序，不相乱也。

……民以物序，灾祸不至，所求不匮。及少昊之衰，九黎乱德，民神杂扰，不可放物。家为巫史，享祀无度，黩齐明而神弗蠲。”[34]“不饶富”者，礼有度也；“挚”有异者，“民以物序”也。“凡挚”者，郊祀之挚也。“庶人之挚匹，童子委挚而退”，当谓庶民之挚，由其童子置放其匹而自行退避。郑氏注：“说者以匹为鹜”，孔颖达疏：“奠，委执于地而自退避之。”却孔氏疏文“然童子之挚悉用束脩也。故《论语》云孔子‘自行束脩以上’，则‘吾未尝无诲焉’，是谓童子也”，实有妄释虚论之嫌。何氏援引汉孔安国之言“人能奉礼”，礼，谓“行脩言道”，无涉“挚”义；孔、何所指“自行束脩以上”，亦实依《论语》原意，是以童子“束脩”表年。邢氏以“贽”疏言“奉礼自行束脩以上”，诚见其未明《论语》并孔、何注文。邢氏之疏注文“言人能奉礼，自行束脩以上”又按：“《书》、《传》言‘束脩’者多矣，皆谓‘十脡脯’也。……是知，古者持束脩以为礼，然此是礼之薄者，其厚则有玉帛之属，故云‘以上’以包之也。”[30]唐贾公彦疏《仪礼·士相见礼》：“诸侯使臣出聘天子及自相聘之礼，并执玉帛而行”[35]。又《周礼·大宗伯》：“禽作六挚，以等诸臣。孤挚皮帛，卿挚羔，大夫挚雁，士挚雉，庶人挚鹜，工商挚鸡。”[36]所见，执“玉帛”者，礼皆王侯，孔子何能以童子“贽礼”，“包”而求之？即或“古者相见，必执挚以为礼”，更或“童子之挚悉用束脩”；以“等”异“挚”之礼，又岂容孔子僭越之束脩“以上”？《战国策·秦策二》：“不如重其贽、厚其禄以迎之。”[37]挚、禄皆有等，此以“重”、“厚”诱之，是见已“礼坏”也。孔子曾以“复礼”为念：“克己复礼为仁，一日克己复礼，天下归仁焉"（《颜渊》篇），岂肯以己行僭礼之“以上”哉？果行又岂肯白之于人哉？其邢氏之言又何见有是？今之婚、生、病、丧“情礼”已为民众叫苦不迭，倘相见尚须“束脩—玉帛”之“礼”，想那古之庶民更何堪重负？古若必礼见以“贽”，定当民不聊生，或必老死不相往来；孔子岂欲力复其“礼”乎？礼者，与人相交之节仪也。《礼记·曲礼上》：“夫礼者，所以定亲、疏，决嫌、疑，别同、异，明是、非也。”[38]《孟子·公孙丑上》：“辞让之心，礼之端也”[39]。礼，见于德之行，髓于仁之神；是孔子有言“人而不仁，于礼何?”（《八佾》篇）其“贽”者，与礼何缘？郑玄注《周礼·大宗伯》“禽作六挚”：“皮，虎、豹皮；帛，如今之璧色缯也；羔，小羊，取其群而不失其类；雁，取其候时而行；雉，取其守介而死，不失其节；鹜，取其不飞迁；鸡，取其守时而动。”贾公彦疏：“云‘皮，虎、豹皮’知者，见《礼记·郊特牲》云：‘虎豹之皮，示服猛。’……凡羊与羔，皆随群而不独，故卿亦象焉而不失其类也。……其雁以北方为居，但随阳南北，木落南翔，冰泮北徂，其大夫亦当随君无背。……雉性耿介，不可生服，其士执之亦当如雉耿介，为君致死不失节操也。……鹜既不飞迁，执之者象庶人安土重迁也。……工或为君兴其巧作，商或为君兴贩来去，故执鸡象其守时而动云。”[36] 贾氏更疏《仪礼·士相见礼》郑玄注“君子见于所尊敬，必执挚以将其厚意也。士挚用雉者，取其耿介”：“对大夫以上所执羔、雁不同也”[35]。《尚书·尧典》：“修五礼，五玉、三帛、二死、一生，贽。”孔安国注；“贽，音至，本又作挚。”[40]《四库全书总目·尚书正义》：“旧本题，汉孔安国传其书，至晋预章内使梅赜始奏于朝，唐贞观十六年孔颖达等为之疏，永徽四年长孙无忌等又加刊定。孔传之依托，自朱子以来递有论辩。”[41] 清阮元校刻有按：“《仪礼·士昏》记疏引《尚书》云：‘三帛、二生、一死，挚。’”[42] 禽作六挚，“等诸臣”也，励寓志也，是为“挚”礼。后之“礼坏乐崩”，诸侯争霸，战火峰起，大夫束脩逾境，更无礼循六挚，是出物财之“贽”。谁人知见历史有馈物财厚、薄之“礼”？《春秋左氏传·庄公二十四年》经文：“八月丁丑，夫人姜氏入；戊寅，大夫宗妇觌，用币。”传文：“非礼也。御孙曰：‘男贽，大者玉帛，小者禽鸟，以章物也；女贽，不过榛、栗、枣、脩，以告虔也。今男女同贽，是无别也；男女之别，国之大节也；而由夫人乱之，无乃不可乎？’”[43] 汉董仲舒《春秋繁露·执贽》：“凡执贽，天子用畅（清卢文弨校注：与鬯同），公侯用玉，卿用羔，大夫用雁。……贽而各以事其上也，观贽之意可以见其事。”[44] 虽其用字为“贽”，所见其义，亦为“挚”也。且，“贽”者，“以见其事”也，“国之大节”也。岂见有行“贽”之厚、薄之“礼”？董氏《贤良策一》：“夫仁、义、礼、智、信，五常之道，王者所当修饬也。”[45] 唐柳宗元《时令论下》：“圣人之为教，立中道以示于后，曰仁、曰义、曰礼、曰智、曰信，谓之五常，言可以常行者也。”[46] 五常之行，史之大伦，岂可容以“物财”释之？虽见《礼记·曲礼上》有文“礼闻来学，不闻往教”[38]，但若来者未行“贽礼”，则必“不知来学”，岂非周时之人尚无“语言”之用？邢氏、朱氏博学，然却此注《论语》多谬。

清刘宝楠《论语正义》：“‘修’与‘脩’同，谓以脩为挚，见其师也。……《曲礼》云：‘以脯脩置者，左朐右末。’郑注：‘居中曰朐。’此弟子行束脩于其师，亦当如置脯脩之法，左朐右末执之。”[23] 此解实为刘氏臆思。“修”与“脩”同，非也！脩，古之文从未有见以“修”代之，修或借脩，然却脩无借修也。故脩、修不互通假，则修、脩非“同”。若“‘修’与‘脩’同”，谓“以‘修’为挚见其师也”何？《礼记·曲礼上》：“凡进食之礼……以脯脩置者，左朐右末”，郑玄注：“亦便食也。”[47] 《礼记》此载，指为执脯脩者自进其食之节也；刘氏不察，竟以弟子“左朐右末执之”以“行束脩于其师”，“左朐右末”之执，岂欲弟子“自食”焉？诚若果有弟子执脯脩于其师，惟“右朐左末”执之方为便师之礼。刘氏有言：“人年十六为成人，十五以上可以行挚见师，故举其所行之挚以表其年。若然，则十五以下未能行挚，故《曲礼》云：‘童子委挚而退’。‘委挚’者，委于地也。”[23] 举挚以表年，恐怕不妥；人之强弱各异，岂可有凭举力表年？且十五岁之上、下，以日计可别；何知十五岁之人力举之物，未尝十五岁者定当无力上举也？《礼记·曲礼下》之“委挚而退”，郑玄有注：“不与成人为礼也。”[22] 何知其指“未能”行挚焉？“委挚”者，放挚于地也，并非无力上举而掷之于地也。刘氏例举《后汉书》“束修良吏”、“故能束修”、“束修安贫”、“束修其心”、“束修至行”、“束修守善”、“束修励节”言：“皆以约束修饰为义，而其字与‘脩’通用。后之儒者，移以解《论语》此文，且举李贤‘束带修饰’之语，以为郑义亦然，是诬郑矣。”[23] 既《后汉书》束修之“修”

字与《论语》束脩之“脩”“通用”，何以不可移《后汉书》之“约束修饰”之义“以解《论语》此文”？李贤“束带修饰”之解，正近《论语》本义，郑玄之注“束脩谓年十五以上”是明释“束修”之年，李解、郑注合而近善，其引何“诬”之有？刘氏再言：“至‘阙党童子，则使将命’、‘互乡童子，与其洁己’，并是夫子教思之广，虽未行束脩，亦诲之矣。”[23] 孔子有愿天下为善，是言“诲人不倦”，其所教思遍及列国，阙党、互乡童子岂有不闻？孔子所言“诲”者，收徒以授学也。且，孔子只言“行束脩”者“未尝无诲焉”，不曾有言未行“束脩”者，全然不诲也。况，阙党童子，“居于位也”，“与先生并行也”，孔子以其“非求益者也”(《宪问》篇)；互乡童子，“难与言”也，孔子谓之“不保其往也”(《述而》篇)；岂可容诬：孔子“诲之”？更况，既为“童子”，何谓“未”行束修？实憾刘氏未识，“行束修”者，乃童子“专利”也。刘氏所谓之《论语》“正义”，有为中、外辞书征引作解；故，之所以《论语》束脩“广异议”者，或可堪谓：刘氏之《论语正义》也。

《论语》之“束脩”，“脩”则“修”也。其“脩”字，实为“修”字以之假借；诚如前引之“周民束脩”，其实为“周民束修”也。《说文解字》：“脩，脯也”[8]；“修，饰也”[48]。二字义远。今之释“修”义项有“长”，疑为误移之以“脩”。始何时假脩为修或以上古无修而借脩，笔者未识；然溯至汉魏前之古籍，却见多有借之。《论语》,《述而》“德之不脩”，《颜渊》“敢问崇德、脩慝、辨惑”；《墨子·脩身》“先王之治天下也，必察迩来远君子，察迩而迩脩者也。见不脩，行；见毁，而反之身者也；此以怨省而行脩矣”[49]；《春秋左氏传》，襄公二十九年“非禹其谁能脩之”[50]，襄公三十一年“脩垣而行”[51]；秦李斯《泰山刻石》“皇帝临立，作制明法，臣下脩饬”[52]；《礼记》,《曲礼上》“脩身践言”[38]，《檀弓上》“古不脩墓”[53]；《周礼·天官》“宫人掌王之六寝之脩”[54]；《史记》,《天官书》“日变脩德，月变省刑，星变结合。……太上脩德，其次脩政，其次脩救，其次脩禳，正下无之”[55]，《封禅书》“四月中，至奉高脩封焉。……五年一脩封”[56]；《后汉书》，《列传十八上·桓谭》“此脩己、正家、避祸之道也”[57]，《纪十上·和熹邓皇后》“兼以文德教化子孙，故能束脩，不触罗网”[58]，《列传二十九·刘般》“般虽尚少，而笃志脩行，讲诵不怠。……般即将家属东至洛阳，脩经学于师门。……太守荐言般束脩至行，为诸侯师”[59]。上举例句，其“脩”字皆谓“修”。汉《西岳华山庙碑》“脩废起顿”，清邢澍《金石文字辨异》按：“此与易脩辞立，诚可证脩、修通用也”[60]；清李富孙《说文辨字正俗》：“今修饰、修治等字并通作‘脩’，非是。段氏曰：‘经传多假脩为修治字’”[61]；《史记·孝武本纪》“子诚能脩其方，我何爱乎”[62]，清乾隆四年武英殿本《前汉书·郊祀志上》与《史记》载文同[63]，今之中华书局标点本《汉书》“脩”已改作“修”[64]。是,《论语》之“束脩”亦实为“束修”，二词殊别。

“束修”者，束发修饰也。汉桓宽《盐铁论·贫富》：“余结发束修年十三，幸得宿卫，给事辇毂之下，以至卿大夫之位，获禄受赐六十有余年矣。”[65] 笔者以为，时通例当年十五束修，年十三者，早成童之特例也。《礼记·玉藻》：“童子之节也，缁布衣，锦缘，锦绅并纽，锦束发，皆朱锦也。肆束及带，勤者，有事则收之，走则拥之。"郑玄注："童子，未冠之称也。"孔颖达疏："以锦为总而束发也。"[66] 此《礼记·玉藻》"童子之节也，……锦束发"，正与李贤注《后汉书·延笃传》"束脩谓束带修饰"、郑玄注《论语·述而》"束脩谓年十五以上"其义相合，是则当以"童子十五岁束带修饰"正解《论语》之"行束脩"也，"束脩"表年。

本之"束脩"，只为束发修饰以行童子之节，有誉称"束修"者，亦有直语"束发"者；因之"束脩"有年，故，用者主以表年。如前引《后汉书·延笃传》"我自束脩以来"、《晋书·虞喜传》"束脩立德，皓首不倦"及魏桓范《荐管宁表》"窃见东莞管宁，束脩著行，少有令称"[67]，汉韩婴《诗外传》"及其束发也，授明师以成其技"[68]，《汉书·序传下》"束发修学，皆列名臣"[69]。亦有直取"束发"而舍"节"义之用者，如《晋书·列传六十六·王凝之妻谢氏》"柳束脩整带，造于别埸"[70]。后有引申"束修"为束发饰物者，如晋葛洪《抱朴子·安贫》："今先生入无儋石之储，出无束脩之调。"[71] 辞书有引此例以释"干肉"者，实为误解。储、调对仗，储，存也；调，换也；句中皆取无"积蓄"之意。后之多因"束脩受业"、"束脩立德"、"束发修学"、"束发修身"及"束发而就大学"，引而申之以"束行修身"为束修也。如上引《后汉书》，《邓皇后记》"故能束脩"，《刘般传》"束脩至行"；及三国魏曹操《谢袭费亭侯表》"臣束脩无称，统御无绩"[72]，《后汉书·列传十八上·冯衍》"岂得圭璧其行，束修其心而已哉"[73]，《后汉书·列传三十四·

胡广》“使束脩守善，有所劝仰”[74]，《晋书·列传二十五·夏侯湛》“惟我兄弟姊妹，束脩慎行，用不辱于冠带”[75]。更有直以“束修”表年而借谓成年之人者，如上引《孔子家语》“束脩以上”，《孔丛子》“幽民之束脩”，孔颖达疏引《书传略说》“周人束脩”。“束脩”有二辞，“束修”含多解，相沿已久，本无可非义也。然，《北史·列传六十九·冯伟》“门徒束脩，一毫不受”[76]，《隋书·列传四十·刘焯》“然怀抱不旷，又啬于财，不行束脩者，未尝有所教诲”[77]，明宋濂《宁海林贞妇方氏墓志铭》“训饬诸子从师问学，束脩不足，脱簪珥继之”[78]；及后世文艺之作，明凌濛初《二刻拍案惊奇》“今日这边所得束脩之仪多少”[79]，清李宝嘉《官场现形记》“一个月只消花上一两块洋钱的束脩”[80]，清李汝珍《镜花缘》“每岁脩金约须若干”[81]，皆是误解《论语》“束脩”或据前人谬释妄作歧义之引申。再后之清魏秀仁《花月痕》、清夏燮《中西纪事》直代薪俸以“束脩”行文，诚不得其解也。甚憾！

《后汉书》“自行束脩”、《孔子家语》“束脩以上”与《论语》“自行束脩以上”皆谓“束脩”束发修饰，有行童子之节也；其“行”者，行束发也，诚与今之“行贿”之“行”绝殊。再见今之孔府猿壁[82]其诫，更何胆臆损其先祖有“贪”？是不敢有以《论语·述而》“子曰：‘自行束脩以上，吾未尝无诲焉’”之诸家译文为然。

依笔者愚译其句则当：

直译：自作束发修饰以上，我不曾拒绝施教啊。

译文：自从施以束发饰带的童子往上，我从来没有拒绝给予教诲的啊。

然则，以"'束脩'糊口"之语，实无汉籍据典。

虽尚无预言者，人类社会的推进，"以讹传讹"之举，定当多哉，少也；然，荀子以"约定俗成"《正名》，憾事哉，益事也；世人有当深思否？时值"传统"弘扬之大流，试正《论语》小辞，以滴助浪。幸屈方明惠目，针砭止妄，乐甚！

注释：

[1] 《杂文报》1994年10月4日副刊。

[2] [6] 中华书局1980年2版67-8〈引文中括号注字"(挺)"为该书原文〉、244页。

[3] 齐鲁书社1988年7月103页。

[4] 山东友谊书社1988年10月40页。

[5] 新华出版社1992年6月1页。

[7] 广东、广西、湖南、河南辞书修订组·商务印书馆编辑部编，1980年修订版二册1512页。

[8] [48] 中华书局1963年12月影印版89页四下、185页九上。

[9] 黄焯断句，中华书局1983年9月311页。

[10] 转引自《汉语大字典》，湖北辞书出版社·四川辞书出版社1986年10月一卷176页。

[11] [12] [13] [16] [17] [22] [27] [30] [35] [36] [38] [39] [40] [41] [42] [43] [47] [50] [51] [53] [54] [66] 〔清〕阮元校刻《十三经注疏》，中华书局1990年9月影印版1514页《礼记正义·卷三十五》、1290页《礼记正义·卷八》、2366页《春秋穀梁传注疏·卷一》、1232页《礼记正义·卷一》、945页《仪礼注疏·卷一》、1270页

《礼记正义·卷五》、509 页《毛诗正义·卷十六一二》、2482 页《论语注疏·卷七》、975 页《仪礼注疏·卷七》、762 页《周礼注疏·卷十八》、1231 页《礼记正义·卷一》、2691 页《孟子注疏·卷三下》、127 页《尚书正义·卷三》、109 页《钦定四库全书总目·尚书正义二十卷》、133 页《尚书正义·卷三》、1779 页《春秋左传正义·卷十》、1241-2 页《礼记正义·卷二》、2008 页《春秋左传正义·卷三十九》、2015 页《春秋左传正义·卷四十》、1275 页《礼记正义·卷六》、675 页《周礼注疏·卷六》、1483 页《礼记正义·卷三十》。

[14] [19] [57] [58] [59] [73] [74] 〔南朝宋〕范晔撰、〔唐〕李贤等注，中华书局 1965 年 5 月 2106-7 页卷六十四、896 页卷二十六、956 页卷二十八上、428 页卷十上、1304 页卷三十九、966 页卷二十八上、1509 页卷四十四。

[15] [29] [65] [68] 《四部丛刊初编》，上海商务印书馆缩印版一二册 16 页卷三、七三册 23 页卷二、七四册 28 页卷四、一一册 66 页卷八。

[18] [24] [32] [33] 《钦定文渊阁四库全书》，台湾商务印书馆民国七十二（1983）年影印版 448 册 48 页卷五、196 册 9 页卷上、203 册 196 页卷四、203 册 665 页卷上。

[20] [70] [75] 〔唐〕房玄龄等撰，中华书局 1974 年 11 月 2349 页卷九十一、2516-7 页卷九十六、1497 页卷五十五。

[21] 《全唐诗·卷四百八十五》，中华书局 1960 年 4 月十五册 5513 页。

[23] 引自高流水校点清刘宝楠《论语正义·卷八》，中华书局 1990 年 3 月 258 页。

[25] 吴枫主编，吉林文史出版社 1987 年 5 月 163 页。

[26] 〔清〕陈士珂辑《孔子家语疏证·卷九》，上海书店 1987 年 1 月影印版 236 页。

[28] 〔清〕阮元编，上海书店 1988 年影印版《清经解》四册 836 页卷七一四。

［31］《四书章句集注·论语·卷四》，中华书局1983年10月94–5页。

［34］［64］［69］〔汉〕班固撰，〔唐〕颜师古注，中华书局1962年6月1189–90页卷二十五上、1223页卷二十五上、4255页卷一百下。

［37］何建章《战国策注释·卷四·甘茂亡秦且之齐章》，中华书局1990年2月139页。

［44］［49］《二十二子》，上海古籍出版社1986年3月影印版803页卷十六、225页卷一。

［45］《丛书集成初编·董子文集》，中华书局1985年新1版五二三册6页。

［46］〔清〕董浩等编《全唐文·卷五八二》，中华书局1983年11月六册5879页。

［52］［72］〔清〕严可均校辑《全上古三代秦汉三国六朝文》，中华书局1958年12月影印版122页《全秦文·卷一》、1055页《全三国文·卷一》。

［55］［56］［62］〔汉〕司马迁撰，中华书局1959年9月1351页卷二十七、1401–3页卷二十八、462页卷十二。

［60］转引自陈新雄等主纂、联贯字形汇典编委会编纂《字形汇典·第9·人部》，台北联贯出版社民国七十二（1983）年2册607页。

［61］丁福保编纂《说文解字诂林·肉部·四下》，中华书局1988年4月影印版五册4557页。

［63］上海古籍出版社·上海书店1986年12月影印版《二十五史》第1册485（一二一）页。

［67］［唐］欧阳询撰《艺文类聚·卷三十七》，上海古籍出版社1982年1月新1版665页。

［71］［78］中华书局辑刊《四部备要》，中华书局1989年3月第55册138页《抱扑子·外三十六》、82册306页《宋文宪公全集·卷二十五》。

［76］〔唐〕李延寿撰，中华书局1974年1月2728页卷八十一。

［77］〔唐〕魏延、令狐德芬撰，中华书局1973年8月1719页卷七十五。

[79] 上海古籍出版社1985年7月影印版1088页卷二十二。

[80] 人民文学出版社1957年6月541页三十二回。

[81] 人民文学出版社1955年4月87页十三回。

[82] 汉语本无“猋”字，始见于《光明日报》(1994年11月16日2版)刊文——郭庆晨《孔府的猋壁》。

(1994. 11. 3. 初稿)

〔载1995年5月24日自刊《纪年研考》第6期（并非纪年)〕

“民……不可使知之”句读辨义

林叶蓁

《论语·泰伯》“子曰民可使由之不可使知之”自汉魏已见歧解，然其断句却未之有异（清末虽出另断，世人至今不取），皆作句读：“民可使由之，不可使知之。”致有文艺之作巧引：“‘民可使由，不可使知’的道理，只能欺下愚，不敢蒙上智。”[1] 然，不可“知”而可“由”之“之”者何解？又，只可使其“‘由’然”，而不可使其“‘知’所以”之人，世间未必绝无，然谓凡“民”皆不可使其知，诚与教育家之孔子，更其定语“伟大的”背道相驰，笔者是疑。细思之，诚当另解；遂奉浅陋，权充试辨以乞师教。

一、民“不‘当’使知之”辨

唐写本《论语》记汉郑玄（康成）注：“由，从也。民者，冥也。以正道教之，必从；如知其本末，则暴者或轻而不行。”[2]

唐孔颖达疏《诗·卫风·氓》："《论语》及《灵台》注皆云：'民者，冥也。'"[3] 唐贾公彦疏《仪礼·丧服》："《论语》云'民可使由之，不可使知之'，注云：'民者，冥也；其见人道远。'"[4] 唐李贤注《后汉书·方术列传》："郑玄注云：'由，从也。言王者设教，务使人从之，若皆知其本末，则愚者或轻而不行。'"[5] 诸书征引郑注虽见稍异，却是有释"不'当'使知之"义同。《论语》载文，多为孔子只言片语，难明语言环境，故仅就字句释之，不免误生歧解；倘依其思想体系而析孔子散语，或可别开语录生面。

"王者设教，务使人从之"，未必不是事实，今之更无任一教诲公民"叛逆"之国家执政者；然以孔子此"言"为担忧"皆知其本末，则愚者或轻而不行"之愚民政策，实无其据也。孔子言"四恶"之首"不教而杀谓之虐"(《尧曰》)，主"举善而教不能，则劝"(《为政》)，岂能悖而再语"不'当'使知之"？且孔子之言"行"、"从"："其身正，不令而行；其身不正，虽令不从。"(《子路》) 何以断解孔子其言"民可使由之"？汉刘向《说苑·杂言》载孔子语："鞭朴之子，不从父之教；刑戮之民，不从君之政；言疾之难行。故君子不急断，不意使，以为乱源。"[6] 孔子明言"疾之难行"、"不意使"，又何忧"知其本末，则愚者或轻而不行"而悖语"民可使由之，不可使知之"？正是"愚者或轻而不行"，方"举善而教"之其"不能"，此诚孔子一生重教之本意也。《大戴礼·四代》载孔子答鲁哀公"论政之大体以教民辨……兴民之阳德以教民事……大节无废，小眇其后乎"之问："否，不可后也。"言敬、爱、义、礼"昔先王之所先施于民也。"[7] 君王尚且有知"教民辨"、"教民事"，其孔子岂言"不'当'使知之"？正是孔子以教民为国之大本，是有清王聘珍解诂："为国不失本，则民知务其本矣。"[7]

郑注"不'当'使知之"虽见后世异解，却亦遵其释者不乏继人。清臧茂才《经义杂记·人可使由之》言"《尧典正义》引《六艺论》云"："若尧知命在舜，舜知命在禹，犹求于群臣，举于侧陋，上下交让，务在服人。孔子曰'人可使由之，不可使知之'，此之谓也；与《论语》注义同，皆言愚者不可使尽知本末也。"[8] "上下交让，务在服人"正是有重民意，不以为"使由之"也；惟"不"求于群臣，"不"举于侧陋，方为"使由之"之谓也。此引郑康成《六艺论》之语，何谓"深得圣人'不可'二字之旨"，岂证孔子意言"愚者不可使尽知本末也"？"服人"、"使由"意背，郑氏不当例比，臧氏不应再讹。清陆陇其《四书讲义困勉录》引庄忠甫语："权者，立之以伪而行之以诚，使民以为固然而由之可也；若明言其权以示人，则人以为伪，而不肯由矣。"[9] 清康有为《论语注》亦以"如以神道设教，则民以畏服，若明言鬼神无灵，大破迷信，则民无所忌惮，惟有纵欲作恶而已。故可使民重祭祀，而鬼神之有无生死，不必使人人知之。"[10] 《论语·为政》有载孔子之言："道之以政，齐之以刑，民免而无耻；道之以德，齐之以礼，有耻且格。"其答季康子之问"使民敬、忠以劝"更言："临之以庄则敬，孝慈则忠，举善而教不能则劝。"《论语·子张》又见子夏之语："君子信而后劳其民，未信，则以为厉己也。"岂可附会郑注而谓孔子以"权"教民也？孔子以为"人而无信，不知其可也"(《为政》)，告诫弟子："谨而信，泛爱众而亲仁"(《学而》)；劝谏君主"上好信，则民莫敢不用情"(《子路》)，"故君民者，子以爱之，则民亲之；信以结之，则民不倍〔背〕"[11]。谁人得见，历史曾有"权"以待民之孔子？孔子之"不语怪力乱神"(《述而》)，并非人之生死、鬼神之有无皆"不必使人人知之"也；孔子"不语"，实其不信"视之而弗见，听之而弗闻，体物而不可遗"[12]之鬼神其有也。孔子生于"山林川谷丘陵，能出云，为风雨，见怪物，皆曰'神'"[13]之时代，尚无力"明言鬼神无灵"，止诲弟子"务民之义，敬鬼神而远之"(《雍也》)，诚非虑民"无所忌惮"而讳言也。清刘宝楠《论语正义》则又以为"本末犹终始轻重，若皆使民知之，则愚者以己为知道而轻视之，将恐不能致思，妄有解说，或更为訾议，致侮圣言也。"[14]孔子力主"有教无类"(《卫灵公》)，"自行束脩以上……未尝无诲"(《述而》)，盛致弟子三千；诚如子贡之答南郭惠子有问孔门之"杂"："君子正身以俟，欲来者不距〔拒〕，欲去者不止；且夫良医之门多病人，檃、栝之侧多枉木，是以杂也。"[15]虽止贤者七十二，余未至贤之众生，皆得孔子收授，岂得孔子惧"侮圣言"而以"不'当'使知之"之断语？

孔子适卫，曾答冉有之问"既富之，又何加焉"："教之。"(《子路》)孔子所言"教之"者，诚谓卫国泛民也。泛民者，贤、暴、智、愚，皆于其中也；孔子俱言"教之"，当是反证"民……不'当'使知之"之解也。正解孔子是语当见《论语·子张》弟子异乎"可者与之，其不可者拒之"所闻："君子尊贤而容众，嘉善而矜不能。我之大贤与，于人何所不容？我之不贤与，人将拒我，如之何其拒人也?”子张“所闻”当闻于孔子之教：“己有善勿专，教不能勿怠”[16]，“嘉善而矜不能”[17]。

二、民“不‘能’使知之”辨

《论语》三国魏何晏注：“由，用也。可使用而不可使知者，百姓能日用而不能知。”宋邢昺疏：“言圣人之道深远，人不易知也。由，用也；民可使用之而不可使知之者，以百姓能日用而不能知故也。”[18]宋朱熹《论语集注》有引：“程子曰：‘圣人设教，非不欲人家喻而户晓也；然，不能使之知，但能使之由之尔。若曰圣人不使民知，则是后世朝四暮三之术也，岂圣人之心乎?’”[19]此“不‘能’使知之”注解《论语》，虽其后世影响更甚郑注，憾其亦非正解。

孔子以为人之“性相近也，习相远也”，虽“上知〔智〕与下愚不移”(《阳货》)，却是“或生而知之，或学而知之，或困而知之，及其‘知之’一也。”[20]孔子之言“不能”者，只为“欠能”之人，非谓人之“不可能”也：“人一能之，己百之；人十能之，己千之。果能此道矣，虽愚必明，虽柔必强。”[21]何谓“不‘能’使知之”?不能“知”而能“用”，岂非悖论?倘若全然不知“电脑”之百姓，亦可“日用”之，又何必高等学府尚开“上机”之课?倘若不必使人“知法”，即可使之“遵法”，则世间设法何为?非但孔子“不‘能’使知之”类语全无遗留文字，且其反证之语显存于世。《孔子家语·执辔》：“无德法而用刑，民必流，国必亡。治国而无德法，则民无修；民无修，则迷惑失道。”[22]《孔子家语·入官》：“德者，政之始也。政不和，则民不从其教矣；不从教，则民不习；不习，则不可得而使也。”[23]《韩诗外传》：“上陈之教而先服之，则百姓从风矣；邪行不从，然后俟之以刑，则民知罪矣。……《诗》曰‘示我显德行’，故道义不易，民不由也；礼乐不明，民不见也。《诗》曰‘周道如砥，其直如矢’，言其易也；‘君子所履，小人所视’，言其明也。”[24]既有上引孔子三语，诚当得见《孝经·三才》之下文：“先王见教之可以化民也，是故先之以博爱，而民莫遗其亲；陈之于德义，而民兴行；先之以敬让，而民不争；导之以礼乐，而民和睦；示之以好恶，而民知禁。《诗》云：‘赫赫师尹，民具而瞻。’”[25]是当见孔子所忧者，非民之“不‘能’使知之”也，而惟“乱其教，繁其刑，其民迷惑而堕焉”[26]。

自朱熹《论语集注》“民可使之由于是理之当然，而不能使之知其所以然也”[19]之注语出，后人多有沿释之文。至饶双峰更以“尧舜帅天下以仁而民从之，桀纣帅天下以暴而民从之，以其无知故也；若知得仁为是、暴为非，则帅之以暴而不从矣。以此观之，民不特不晓其所以然，于所当然者，亦未易使之晓。”[27]其实孔子是语不过十字，诚其“由之、知之两‘之’字，共指一事而言”；而“《集注》云：‘由’是由其所当然，‘知’是知其所以然”[27]，当是朱氏不苟郑注，而又囿其句读之臆解。元史伯璿《四书管窥》以为“若知得仁是、暴非，则‘帅之以暴不从’者，此则‘知’在未使以前之说也；《集注》何尝谓民能知是非于未使之前哉？”[27]《大戴礼·礼察》亦载：“凡人之知，能见已然，不能见将然。”[28] 未识“帅暴”或有，然致不知“暴非”，岂不轻民太过？《史记·夏本记》载：“桀不务德而武伤百姓，百姓弗堪。……汤修德，诸侯皆归汤”[29]，《史记·殷本纪》载：“诸侯多叛纣而往归西伯。……商容贤者，百姓爱之，纣废之。……至盟津，诸侯叛殷会周者八百。……微子数谏不听，乃与大师、少师谋，遂去。”[30] 就上引《史记》，似当不见饶氏“桀纣帅天下以暴而民从之”之说。孔子“由之”、“知之”，惟见“由”与“知”别，“之”诚同一也；朱氏以“由……之当然”、“知其所以然”释之，有为曲解二“之”强以作注。《大戴礼》“已然”、“将然”，其“然”者一也。《集注》“当然”、“所以然”，“当然”之要在“然”，“果”之谓也；“所以然”之要义“所以”，“因”之谓也。朱氏“二”解其“之”，实背孔子之语远矣。

三、“使（民）知之”解

赵纪彬《论语新探·释人民》言“孔丘已明言‘民可使由之，不可使知之’；对于‘不可使知之’的‘民’而仍进行教育，岂非首尾乖错，自相矛盾?”[31] 尽管赵先生的一些认识实在难以令人苟同（世人多有评论），但其毕竟指出了一个人们理解上的悖论：“不可使知”而教之。假如没有什么人会赞同赵先生“说孔丘以‘民’为‘教育对象’，显系出于误解”[31] 的结论，那人们以往对孔子语录的注释，确实是一种误解。孔子教民，则民必“可使知”；民“不可使知”，则孔子必不教民；二者不可同日而语。凡束修以上之人皆无拒教之孔子，实不当有悖言语民“不可使知之”；是至晚清、民国，学人异断其语于“不可使，知之”、“不可，使知之”。虽是尚见欠明孔语，然却后世之断总比“不‘当’使知之”、“不‘能’使知之”有近语录本义也。

孔子谓“民以君为心，君以民为体”[32]，更以“政有使民富且寿”[33]，言“既富，乃教之也”[34]，进语“夫政以教百姓，百姓齐以嘉善”[35]。孔子以为教民乃国之大本，“入其国，其教可知也。其为人也，温柔敦厚，《诗》教也；疏通知远，《书》教也；广博易良，《乐》教也；洁静精微，《易》教也；恭俭庄敬，《礼》教也；属辞比事，《春秋》教也。”[36]孔子一生，力主教民、力行教民，《史记·孔子世家》载：“孔子以《诗》《书》《礼》《乐》教，弟子盖三千焉！身通六艺者七十有二人。”[37]刘宝楠《论语正义》以为“自七十二人之外，凡未能通六艺者……所谓‘可使由之，不可使知之’之民也。”[14]刘氏差矣！“‘不可’之民”非谓“‘民’不可”，诚如“‘不清’之官”非谓“‘官’不清”；贤民、暴民皆谓“民”，却非言“贤之民”皆谓“民贤”也、“暴之民”皆谓“民暴”也。汉王充《论衡·问孔》言“今谓之英杰，古以为圣神，故谓七十子历世希有。”[38]清梁章钜《归田琐记·陈实百问策》载“永乐四年……成祖命解缙发策，以‘七十二贤，贤贤何德……’为问。”[39]实为“身通六艺”者，乃古之圣贤人也；未通六艺即为“不可使知”之人，不详刘氏自置“圣贤”也、“不可使知”也？其实孔子乃言：“《诗》曰‘俾民不迷’。昔之君子，道其百姓不使迷，是以威厉而刑措不用也。故形其仁义，谨其教道，使民目晰焉，而见之；使民耳晰焉，而闻之；使民心晰焉，而知之；则道不迷，而民志不惑矣。”[24]

刘氏《正义》另言“凌氏鸣喈《论语解义》以此章承上章‘诗、礼、乐’言，……其说是也”甚当。笔者以为，上句“子曰：‘兴于诗，立于礼，成于乐’”，本与此句“子曰：‘民可使由之不可使知之’”原为一句，其间衍一“子曰”；然此衍与唐写本《论语·太伯》“子曰‘……直而无礼则绞。’子曰：‘君子笃于亲’”[40]之“子曰”衍于“则绞”、“君子”之间不同，而与《论语·阳货》“子曰：‘性相近也，习相远也。’子曰：‘唯上知〔智〕与下愚不移’”之“远也”、“唯上”之间所衍“子曰”类同。其时孔子口语，弟子笔录，未必有误；似当析其衍于后世辑撰《论语》之笔，误以孔子二语书之。明高拱《问辨录》：“诗可以兴，学者当兴于‘诗’；礼可以立，学者当立于‘礼’；乐可以成德，学者当成于‘乐’；犹曰‘志于道，据于德，依于仁，游于艺’云尔也。”[41]《大戴礼·卫将军文子》：“吾闻夫子之施教也，先以诗，世道者孝悌，说之以义而观诸体，成之以文德。”[42]是“人皆可以为尧舜”[43]，惟“困而不学”，方“民斯为下矣”（《季氏》）；“不‘当’使知之”、“不‘能’使知之”皆非孔子语意也。孔子历主“为仁由己，而由人乎哉”（《论语·颜渊》），更见另语：“由，知德者鲜矣。”（《论语·卫灵公》）是笔者愚识孔子《泰伯》之语当为：**“子曰：‘兴于诗，立于礼，成于乐，〖子曰〗民可；使由之不可，使知之。’”**“由之”者、“知之”者，二“之”皆谓“诗、礼、乐”也。

寡闻愚识之断、解，或有不免“牵强”之嫌；虽浅陋而不揣，欲在幸窥明者美玉耳。

注释：

[1] 转引自《汉语大词典》"上智"例"《孽海花》第二回"，上海辞书出版社1986年11月1册289页。

[2] [40] 王素编著《唐写本论语郑氏注及其研究》，文物出版社1991年11月95页《太伯篇第八》、93页。

[3] [4] [11] [12] [13] [18] [21] [25] [32] [36] [43]〔清〕阮元校刻《十三经注疏》，中华书局1980年9月影印版《毛诗正义·卷三十三》324页中、《仪礼注疏·卷三十一》1110页下、《礼记正义·卷五十五·缁衣三十三》1647页下、《礼记正义·卷五十二·中庸三十一》1628页上、《礼记正义·卷四十六·祭法二十三》1588页上、《论语正义·卷八·泰伯》2487页上、《礼记正义·卷五十三·中庸》1632页中、《孝经注疏·卷三》2550页上中、《礼记正义·卷五十五·缁衣三十三》1650页上、《礼记正义·卷五十·经解二十六》1609页下、《孟子注疏·卷十二上·告子下》2755页下。

[5] 〔南朝宋〕范晔撰，中华书局1965年5月第一〇册2705页卷八十二上。

[6] [33] [34] 《百子全书》，浙江人民出版社1984年5月影印版第1册《说苑·卷十七》第五页、《说苑·卷七·政理》第二页、《说苑·卷三·建本》第四页。

[7] [28] [35] [42] 王文锦校点〔清〕王聘珍撰《大戴礼记解诂》，中华书局1983年3月《解诂卷九·四代六十九》165-7页、《解诂卷二·礼察四十六》22页、《解诂卷九·千乘六十八》155页、《解诂卷六·卫将军文子六十》107页。

[8] 〔清〕阮元、王先谦编《清经解·清经解续编》，上海书店1988年

10月影印版《清经解·卷二〇一》第一册826页上。

[9] [24] [27] [41] 《影印文渊阁四库全书》，台湾商务印书馆民国七十二（1983）年209册309页《四书讲义困勉录·卷十一》、89册798页《诗外传·卷三》、204册762页《四书管窥·卷三》、207册45页《问辨录·卷五》。

[10] 楼宇烈整理，中华书局1984年1月114页卷八。

[14] 高流水校点，中华书局1990年3月299−300页卷九。

[15] [26] 《二十二子》，上海古籍出版社1986年3月影印版《荀子·卷二十》360页上《法行篇·第三十》、358页上《宥坐篇·第二十八》。

[16] [17] [20] [22] [23] 〔三国魏〕王肃注《孔子家语》，中州古籍出版社1991年10月影印版上册102页《入官》、上册86页《哀公问政》、上册85页、下册4页、上册105页。

[19] 《四书章句集注》，中华书局1983年10月105页《论语集注·卷四》。

[29] [30] [37] 〔汉〕司马迁撰，中华书局1982年11月第2版一册88页卷二、一册107−8页卷三、六册1938页卷四十七。

[31] 人民出版社1976年2月上部5页。

[38] 黄晖撰《论衡校释》，中华书局1990年2月第2册395−6页卷九。

[39] 《笔记小说大观·九》，江苏广陵古籍刻印社1984年4月重刊第十九册十八页卷三。

(1995. 12. 5. 初稿)

〔载1996年2月27日自刊《研考》（原《纪年研考》）第7期〕

“唯上知与下愚不移”厘解

林叶蓁

《论语·阳货》载：“子曰：‘性相近也，习相远也。’子曰：‘唯上知〔智〕与下愚不移。’”后世解之，颇偏本意；今时《典》之，尤人汗颜。自汉以降，即见注释孔子其语纷纭；兹愿权以疏陋试作清理，仰望明者教正之。

一

东汉王充《论衡·本性》释论：“无分于善、恶，可推移者，谓中人也；不善不恶，须教成者也。故孔子曰：‘中人以上，可以语上也；中人以下，不可以语上也。’告子之以决水喻者，徒谓中人，不指极善极恶也。孔子曰：‘性相近也，习相远也。’夫中人之性在所习焉！习善而为善，习恶而为恶也。至于极善、极恶，非复在习；故孔子曰：‘唯上智与下愚不移。’性有善、不善，圣化贤教不能复移易也。’”[1] 孔子所言者，人之“性”

也：生相近而习相远是也。王氏损以"中人"之性释之，诚为无中生有之笔（孔子实无其言，亦无其意）。指谓"善恶"者，人之言行也，只为"性"之外在表现；虽善、恶有源内在基因，但却无以直指内在基因也。告子喻水载《孟子》："性犹湍水也，决诸东方则东流，决诸西方则西流；人性之无分于善、不善也，犹水之无分于东、西也。"[2] 语以"人性"言之，何寻"中人"之旨？释文"善、恶"言"人"，语录"近、远"论"性"，全为不同范畴也。孔子另语"中人"以别上、下，诚非有涉人性生近、习远之谓；如此移解糅释，无异缠绕葛藤愈加紊乱也。助解此语，当见孟子之言："仁、义、礼、智，非由外铄我也，我固有之也，弗思耳矣！故曰：求则得之，舍则失之。或相倍蓰而无筭者，不能尽其才者也。《诗》曰：'天生蒸民，有物有则；民之秉彝，好是懿德。'孔子曰：'为此诗者，其知道乎！故有物必有则；民之秉彝也，故好是懿德。'"[3] 汉之赵岐作注："孔子谓之知'道'，故曰人皆有是善者也。"疏者更谓："'有物必有则'是谓性之善也"。注疏以为"物则"即谓"性善"，全违孔孟语义；秉彝物则，不过善"质"而已；思而求之，方得见之其"善"也。

班固《汉书》憾之"唐虞以上，帝王有号谥；辅佐不可得而称矣"，有愿"归乎显善昭恶，劝戒后人"，"因兹以列九等之序，究极经传，继世相次"，以作《古今人表》[4]。本当经世之举，憾其妄解孔子诸语，引论作序："孔子曰：'若圣与仁，则吾岂敢？'又曰：'何事于仁，必也圣乎！''未知，焉得仁？''生而知之者，上也；学而知之者，次也；困而学之，又其次也；

困而不学，民斯为下矣。’又曰：‘中人以上，可以语上也’，‘唯上智与下愚不移。’传曰：譬如尧舜，禹、稷、卨与之为善则行，鲧、讙兜欲与为恶则诛；可与为善，不可与为恶，是谓上智。桀纣，龙逄、比干欲与之为善则诛，于莘、崇侯与之为恶则行；可与为恶，不可与为善，是谓下愚。齐桓公，管仲相之则霸，竖貂辅之则乱；可与为善，可与为恶，是谓中人。”[4]孔子“民斯为下”未言其“愚”，“中人以上”不语其“智”，班氏何以透视以谓其义所指“下愚、上智”也？班氏强“据”孔子散语，拼作上人者三：上上圣人、上中仁人、上下智人。孔子自言“我非生而知之者”（《论语·述而》），岂非孔子止为班氏“九等”之“中人”耳！班氏《表》中“智人上下”序三、“愚人下下”序九，岂非孔子“唯上智与下愚不移”，专指其“三、九”二等之人“不移”也？不免可笑乎！《表》中全以“善、恶”有分人之“九等”，何必强以孔子论“性”之言“智、愚”作“据”？孔子倘若果为“上‘善’、下‘恶’”以论“不移”之“性”，何不“善、恶”以代“智、愚”，明而书笔？岂有孔子不识“善恶”“智愚”字别之理！“可与为善，不可与为恶，是谓‘上智’”，则以智为善；“可与为恶，不可与为善，是谓‘下愚’”，又以愚为恶。如此，美善、丑恶否？高善、矮恶否？胖善、瘦恶否？班氏大著传世，乃不可轻言之人，未详何竟致此：智、善不分，愚、恶不辨！后世注释孔子此语谬义甚远，《汉书·古今人表》当是无以逃脱其责者。

三国魏人何晏注引孔安国语：“上知〔智〕不可使为恶，下愚不可使强贤。”[5]孔子所言“不移”者，惟而“上智、下愚”；孔氏发挥以为“贤、恶”，全然不涉孔子语义，不过扭曲以作释文耳。南朝梁人皇侃疏：“上智以下、下愚以上二者中间，颜闵以下、一善以上，其中亦多清少浊、或多浊少清、或半清半浊，澄之则清，搅之则浊。如此之徒以随世变改，若遇善则清升、逢恶则滓沦，所以别云‘性相近、习相远’也。”[6]《慎思录·二》“非上智，即是下愚”[7]是也，孔子此言禀性以别智、愚，诚如高、矮，大、小，美、丑，清、浊……，皆谓相对而言，岂可析出而言“第三性”哉？孔子“性善、习远”本为通用泛指，何见丝毫“别云”之据？近者“习远”、殊者“不移”，皆就“性”而言之；“不移”之性，不过“习远”通性之特例，岂可倒置臆释“别云”以谓“习远”者？

宋人邢昺疏曰：“性，谓人所禀受以生而静者也。未为外物所感，则人皆相似，是近也；既为外物所感，则习以性成，若习于善则为君子，若习于恶则为小人，是相远也。故君子慎所习。”本其疏语颇见孔子本意，憾其继作疏文大谬：“然，此乃是中人耳；其性可上、可下，故遇善则升，逢恶则坠也。孔子又尝曰：‘唯上知圣人不可移之使为恶，下愚之人不可移之使强贤。’此则非如中人性，习相近、远也。”[5]前文“人皆相似”以言“性”，“故”以“君子慎所习”，后又何仅“中人”之“性”，“习相远也”？“使为恶、使强贤”之语，不见孔子语录，是疑邢氏误以孔安国语为“孔子”言，张冠李戴强为作疏，而致大背孔子语义也。

宋程氏（颢、颐）曰：“此言气质之性，非言性之本也。若言其本，则性即是理，理无不善，孟子之言‘性善’是也；何

‘相近’之有哉!”又言:“人性本善,有不可移者,何也?语其性则皆善也,语其才则有‘下愚’之不移。所谓‘下愚’有二焉:自暴、自弃也。人苟以善自治,则无不可移;虽昏愚之至,皆可渐磨而进也。惟自暴者拒之以不信,自弃者绝之以不为,虽圣人与居不能化而入也,仲尼之所谓‘下愚’也。然其质,非必昏且愚也;往往强戾而才力有过人者,商辛是也。圣人以其自绝于善,谓之‘下愚’;然考其归,则诚愚也。”[8] 程氏倘悉二句“当合为一,‘子曰’二字盖衍文耳”[8],何致析谓“气质之性,非言性之本也”?孟子未言“性善”,岂得据之以谓“人性本善”?世间本无绝对相同事物,孔子“相近”至少比之程氏“皆善”有近情理也。孔子所言,生近习远是通性,惟其不移智、愚,别一质也。未解孔子之语权可作罢,何以竟致不识“智、愚”字义?实愧后人盛誉。“自暴、自弃”以为天赋禀性之“下愚”,岂非天下不思进取之人,皆当推过于苍天不作美乎?古义注愚,多以痴、钝、戆释义[9];其“才力过人者”,诚谓之“智”[10] 也。倘若商辛为“愚”,程氏可谓“愚”否?程氏之“无不可移”者,不过“自绝于善,谓之下愚”也;然,善之反义“恶”也,愚之反义“智”也,全为两对不同范畴之概念也。《韩非子·五蠹》有言:“上古竞于道德,中世逐于智谋”[11],倘依程氏善恶以释智愚,岂非上古、中世之竞逐全然无别,止为韩非“朝四、暮三”之语耳。孔子以“不违如愚”(《论语·为政》)言,程氏则“拒之以不信”、“绝之以不为”释,全然义反;更有甚者,竟谓之“圣人以”而强加孔子。未明“程氏”者,意欲何为?更憾程氏释文多为自悖之语,“气质非必昏且愚”,已言

“昏愚”本生而性质，何再“自”暴、“自”弃，“不”信、“不”为，以谓“下愚”？既“虽昏愚之至”，又“然其质，非必昏且愚也”，再“然考其归，则诚愚也”，谁人得明程氏之谓“愚”也，何解？汉之王充《论衡·定贤》已见“夫贤者，才能未必高也，而心明；智力未必多【也】，而举是”[12]，何当再出程氏悖义、忤理之释文？程颐另答“上智、下愚不移，是性否”之问：“此是才，须理会得性与才所以分处。”[13]“性与才”分，则才非为性也；智商倘不为性，而又何可为性也？智愚为性本为古今常识，孔孟之言全无其违；谁人奇异，可一“理会”性与才之“所以分处”？程氏之论何见诚意释经也！后世多有奉为圣贤以致秉承其论者，不免一憾哉！

南宋朱熹《集注》：“此所谓性，兼气质而言者也。气质之性，固有美、恶之不同矣！然以其初而言，则皆不甚相远也。但习于善则善，习于恶则恶，于是始‘相远’耳。……人之气质‘相近’之中，又有美、恶一定，而非习之所能移者。”[8]“气质之性”，本既性也；何谓“兼”而言之？孔子上句只言“性”以习远，未见曾有类分以出“气质”；况，“不同”者，何止所谓“气质美、恶”？刚、柔同否，急、缓同否，哀、乐同否，动、静同否……？“性相近”者，天赋之谓生理范畴；“习相远”者，行为而言社会范畴；美、丑、善、恶，皆属社会概念，何以谓之“气质之性”？且上句已言“固有美、恶之不同”，习于善、恶“于是始相远耳”；又知孔子后句，有“承上章而言”，何竟再而悖言“又有美、恶一定，而非习之所能移者”？习于善、恶“始相远”与“非习之所能移”岂可共谓“美恶”？何异“矛”与

“盾”乎！朱氏《论语精义》以为“孟子所以独出诸儒者，以能明性也。性无不善，而有不善者，才也。性即理，理则自尧舜至于途人一也。才禀于气，气有清、浊；禀其清者为贤，禀其浊者为愚”[14]。孟子只言：“乃若其情，则可以为善矣；乃所谓善也。若夫为不善，非才之罪也。……富岁子弟多赖，凶岁子弟多暴，非天之降才而殊也；其所以，陷溺其心者然也。”汉赵岐注：“情，从性也。”[3] 是孟子以为可以为善者，情也；非天降才性使之然耳。朱氏禀气清、浊以谓“才”者，何释其义也？又朱氏之谓“是言气质之性，如俗言性缓、性急之类，性安有缓、急？此言性者，生之为性也”[14]，既作结问“性安有缓、急”，何又谓之“如俗言性缓、性急之类”气质之“性”？倘若气质之性不谓“性”，未详朱氏之“性”，实乃何物也？倘无才禀，无气质，……无智、愚，无缓、急，……乃朱氏性之“有”者，何也？岂本无“的”之矢矣！朱氏者，自能“理会”性理、才气之“所以分处”否？此为《论语精义》也，朱氏“精义”也？所论，概念混淆、逻辑紊乱若此，倘存朱氏亡灵，未详敢领世尊一“子”乎？

清人刘宝楠《论语正义》非议《论衡》《汉书》“以‘上智、下愚’为‘善、恶’之分”当赞，然以《古今人表》“略本贾谊《新书·连语篇》，以上智为善、下愚为恶”[15]，不为尽然。《新书》但以上、中、下三“主”与言善、恶，未曾有与“上智、下愚”为涉也；强引孔子“唯上智与下愚不移”，以为“智愚”即指“善恶”者，实诚班固《汉书》之“功”，非属贾谊《新书》之“劳”也。刘氏以为“孟子已辞而辟之，……则知‘三品’之言非矣”，然其“非”者，不止非于孟子，更其非于孔子是语；孔子泛论人之异同以谓“性相近也，习相远也”，何得稍寻狭指“中人”之义？又言“不移”者，实乃“性”中别类“智愚”也，亦为泛而言之；“性”之生近习远、智愚不移，孔子通论“人性”也。班固、王充之性分“三品”，因“人”而异，全然未解孔语也。所憾，刘氏继言“夫子言‘生而知之’为上，即此‘上智’；‘困而学之’为又次，困即是愚，而为‘又次’，无不可移也。至‘困而不学’，乃云‘民斯为下’，‘下’即此所云‘下愚’”；更引戴震《〈孟子〉字义疏证》“生而下愚，其人难与言礼义；由自绝于学，是以不移。然苟畏威怀惠，一旦触于所畏所怀之人，启其心而憬然觉悟，往往有之。苟悔而从善，则非下愚矣；加之以学，则日进于智矣。以‘不移’定为‘下愚’，又往往在知善而不为、知不善而为之者，故曰‘不移’，不曰‘不可移’。虽古今不乏‘下愚’，而其精爽几与物等者，亦究异于物，无不可移也”以为“发明夫子言外之意”[15]。《论语·季氏》孔子所言“生而知之”、“困而学之”、“困而不学”，有论知、学，不语智、愚，刘氏未识其别，移而注此“上智”、“下愚”实大谬也。且以“无不可移”释解，明背孔子语义远矣。戴氏以为“自绝于学，是以不移”，“悔而从善，则非下愚”，“加之以学，日进于智”，更为全然不明孔子语义之曲解，岂谓“‘发明’夫子言外之意”哉？孔子“不移”者，性之“智愚”也；刘氏“智愚”者，移之“知学”也，戴氏“学进”者，德之“善恶”也；如此，羞诩“正义”乎？

二

一句孔子语录，竟致岐解“千年”为二；其实，近义正解之文，不乏古论。既作厘解，不妨择引助辨。

南朝梁皇侃义疏：“性者，人所禀以生也；习者，谓生后有百仪，常所行习之事也。人俱禀天地之气以生，虽复厚薄有殊，而同是禀气，故曰‘相近也’；及至习，若值善友则相效为善，若逢恶友则相效为恶；恶、善既殊，故云‘相远也’。故范宁曰：‘人生而静，天之性也；感于物而动，性之欲也；斯相近也。习洙泗之教为君子，习申商之术为小人，斯相远也。’然情、性之义，说者不同。且依一家旧释云：‘性者生也，情者成也。性是生而有之，故曰生也；情是起欲动彰事，故曰成也。’然，性无善、恶而有浓、薄，情是有欲之心而有邪、正。性既是全生，而有未涉乎用，非唯不可名为恶，亦不可目为善，故性无善、恶也。所以知然者，夫善、恶之名恒就事而显。……孔子曰：‘性相近也’。若全同也，‘相近’之辞不生；若全异也，‘相近’之辞亦不得立。今云‘近’者，有同有异；取其共是无善无恶则‘同’也，有浓有薄则‘异’也。虽异而未相远，故曰‘近’也。”[6] 所见皇氏之论，已然善、恶非为“性”属甚明。

宋真德秀《四书集编》论解：“天地之所以生物者，理也；其生物者，气与质也；人、物得是气质以成形，而其理之在是者，则谓之性。然所谓气质者，有偏正、纯驳、昏明、厚薄之不齐，故性之在是者，其为品亦不一。所谓气质之性者，告子所谓

‘生之谓性’、程子所谓‘生质之性’，所谓‘才’者，皆谓是也。”[16] 真氏论解，颇见其明。

元陈天祥《四书辨疑》驳论程、朱甚详：“论性不言性之本，而却专言气质之性，则性之本理昧矣！圣人言论恐不如此疏谬之甚也。性与气禀本不可相离，经中实皆兼有其义……苟非上圣之资，气质未有不偏者，但偏多偏少各有分数之不齐耳。……总而论之，则天性气质与其习以相远，又有非习可移，自本至末竭尽无余；此可见圣人之言理无不备，未尝不言性之本也。……质乃人之形质也，气聚而后成形，有是气则有是质；气既如此不同，质亦不能不异质，之所以不齐者，此也。一身之中不能遍举，只如人之面貌，视其大概则皆相类，仔细详观俱各不同；人心不同亦如人面，内则五脏六腑、外则四肢百节，内外形质与心相连，通是一气；故其心之邪、正皆形诸外相者，相其外而识其内也。性之所居者心，心之所依者身，心与身之形质气脉若四方上下皆无一毫之偏，则性在其中无有阻碍，乃能全有本然之善；若性为气质之偏邪所拘，则其本体不圆，不能全有其善矣。……既有天性，又有气质之性，则是性有两种；一身两性，断无此理。性本一也，其不同者气质之偏使之然也。气质何尝自有性哉！性在禀气形质中与水在器中相似，水在本体无不周圆，器有偏曲窊凸，则水亦不能圆正；不圆不正者亦只是此水，岂可别为器之水哉！性无气质之性亦尤是也。……气质相近之中，岂有美恶一定、非习可移之理？程子又一向只说‘下愚不移’，于‘上智不移’略无干涉，亦不可通；如云：‘语其性则皆善也，语其才则有下愚之不移。’才字义昏，性与气质皆是实有之物，今于性与气质之外又别说才，不知指何者为‘才’也？说者皆宗《孟子集注》以‘才’为人之能，果如此说，语其‘能’则有下愚之不移，则程子之言愈不可晓。此‘才’字本自《孟子》中来，孟子答公都子问性，上言乃若‘其情则可以为善矣’，下言若‘夫为不善，非才之罪也’。程子解之，意谓孟子既言性善，情亦善，才又善，遂以才与性、情并列，一同论其善恶；以为才禀于气，气有清、浊，禀其清者为贤，禀其浊者为愚；似说‘才’为‘材质’也。《注》文乃云：‘才犹材质，人之能也。’此比程子之说，于才字虽有所指之实，然‘材质’与‘能’义实不同；材质是言其本体，能是言其所为，不可混而为一也。语录中或说才为材料，或说资质、或说才能，又言‘才之初亦无不善，缘他气禀有善、恶，故其才亦有善、恶’，又曰‘能为善，而本善者是才’；如此之类，纷纷纭纭不能遍举，终无明白可晓之理，竟不知‘才’果何物也！大概只是说‘才本是善，不能为不善’。及解‘赦小过’、‘举贤才’却说‘贤有德者，才有能者’，又解‘骥不称其力，称其德也’亦说‘人有才而无德，则亦奚足尚哉！’才与善却有如此分别，与其‘能为善，而本善者是才’之说，岂不自相矛盾耶！才字本有两义，一为才能，一为材质；惟所用处各有不同。今此才字，若以为才能之‘才’，‘语其才能则有下愚之不移’（辨已在前）既不可通；若以为材质之‘才’，材质专归‘下愚’而无关于‘上智’，亦不可通。《孟子》中‘才’字，予既有其辨矣，上智、下愚不移亦有前说，程子以下诸‘才’字之说自不须用。程子又言‘人苟以善自治，则无可不移；虽昏愚之至皆可渐摩而进，惟自暴自弃者不可化理’，亦未当；既已昏愚之至，如何却能有以善自治之美？此论正是反孔子之言为说也。孔子以‘下愚’为‘不可移’，程子以‘至愚’为‘必可移’，若程子之言果是，则孔子之言非也。然，世间自有无慧而不辨菽、麦者，问鸣蛙属官属私者；此则为昏愚之至，虽圣人与居亦不可渐磨而进。孔子之所谓‘下愚’者，此类是也。彼自暴自弃之人，多是‘非不能’，而‘自不为’者……犹有可移之理也。太甲初亦自暴自弃矣，及为伊尹，所放三年，而后改过迁善，卒为贤君；岂非可移之验欤？虽然，若无伊尹道德、功业兼重之势以制之，亦不能移；此又不可不知也。”[17] 陈解孔语虽是未及尽善，更嫌臃繁，然却批驳程、朱曲解详明。

明人蔡清《四书蒙引》辩曰：“由今观之，谓性为‘相近’，则验之身、稽之人，参之往古、考之当今，上探之圣贤、下察之众庶，无一不合信乎其为‘相近’也。谓性为皆善，则自己而人，自古而今，自圣贤而众庶，皆不能不少殊；虽禹汤、文武之圣，亦未见其尽与尧舜为一。……天下之生，凡同类者无有不同，而纤悉则不能尽同，此其所以为造化之妙。如桐梓之生一也，而枝条、花叶之横斜、疏密，则无一同然；要其所以为桐梓者，终相若也。此‘相近’之说也，而可以知人矣。人之形体一也，而耳目口鼻之位置美、恶，则无一同然；其所以为人者，终相若也。此‘相近’之说也，而可以知其无形者矣。人之能言一也，而其声音之清浊、高下，则无一同然；要其所以为人声者，终相若也。此‘相近’之说也，而可以推人之性矣。……夫子言‘性相近’惟指其‘实’然者，故他日言‘中人以下’‘中人以上’、‘生而知’‘学而知’，人品节节不同，皆与‘相近’之言无戾。”[18] 蔡氏者，阐释“性相近”语，甚是清明。

清人阮元《揅经室集·性命古训》释按：“性中虽有秉彝，而才性必有智、愚之别。然，愚也〔者〕非恶也；智者善，愚者亦善也。古人每言‘才’性，即孟子所谓‘非才之罪也’。韩文公《原性》因此孔子之言，为‘三品’之说，虽不似李习之之悖于诸经，然以‘下愚’为‘恶’，误矣！或者更欲以性为至静、至明，几疑孔子‘下愚’之言为有碍，则更误矣！《尚书·召诰》曰：‘今天其命哲。’此言甚显：哲与愚相对，哲即智也。有吉必有凶，有智必有愚。周公曰‘既命哲’者，言所命非愚；然则愚亦命之所有，‘下愚’亦命之所有。但今若生子，在厥初生，自贻哲命耳！孔子之言与《召诰》之言无少差谬，学者曷〔何〕不引以证之？”又按：“韩文公《原性篇》谓‘孟子性善之说，得上而遗下’，盖文公以子鱼、杨食我等为性恶也；然此正是孔子所谓不移之‘下愚’也，非恶也。如以‘性善’为非，则《蒸民》之诗‘物则、秉彝’之古训，不足式矣。况《召诰》所谓‘若生子，罔不在厥初生……今天其命哲’，正是孔子‘上智、下愚’之分；有哲即有愚，哲者，愚之对。子鱼、杨食我等天命‘下愚’，而更习恶也。”[19] 笔者所见诸解者，惟而阮元释论“上智、下愚”最当，几可直取以为代言也。

清孙星衍《问字堂集·原性篇》之“‘上智’谓‘生而知之’，‘下愚’谓‘困而不学’”[20] 犹见今之“译注”援文，宋人邢昺、程颐之语更见时下《典》释征赞，比之上引诸家解语，岂无憾哉！更为至憾者，尚有巨《典》所释“上智”，远之往古偏颇可谓甚矣；虽是委实无力稍诩“智者”，却也亦愿取道于“不失言”之古训，一略“不当与言而与之言”。惟不解者，今之释文，何竟“舍”是而“取”非也。

三

孔子之言“性相近也”，至今笔者难能认同，然却实非兹篇探讨范畴，故略。然孔子所言之“性”，本即天赋之谓；后世释文不以天赋论者，自非所言其“性”也。“性相近也，习相远也”之义明见他书引语：《孔子家语·七十二弟子》“子曰：‘少成则若性也，习惯若自然也’”[21]；《新书·保傅》“孔子曰：‘少成若天性，习惯如自然’”[22]（《汉书·贾谊传》亦载孔子同语[23]）；《大戴礼记·保傅》“孔子曰：‘少成若天性，习惯为之常’”[24]。孔子以为，人之生性本相近，习而行相远。这里，不管是否人之天性本为相近，至少是稚幼之人异行不显，长成则见悬殊也。不详今之心理学者如何析论儿童言行，至少前两千余年之孔子确曾论性“生本相近，习而相远”。“习相远”当谓“习使之相远”，其“之”者“行”也，非谓“性”也；语中“习”者，实为兼语：既谓使之相远之“习”，又指相远之“习之行”。后世察而欠详，多以言“性”释之，致生无通岐解种种；倘能正解孔子其语——“性生近也，行习远也”，当不致如此注释纷纭两千余年矣。

“上智、下愚”者，实词只为智、愚，上、下副词也。“上智”不谓“智”中“上”者、“下愚”非言“愚”之“下”者，二词皆为偏正词组：上、下为偏，智、愚为正。其如大街、小巷，高峰、低谷，……只为相对而言，未留“第三者”插足之间隙也；倘若强寻第三者，岂不世间全无天地、南北、高低、长短、远近、快慢……之相对概念？虽大伯小叔、前仰后合有见非伯非叔、不仰不合之界，然如智愚之善恶、美丑、轻重、冷热……，何人可指其界？以为智之上者当对“下愚”而言，愚之下者当与“上智”为语；然将“上智下愚”作译智愚之“至”，可为汉语表义之解乎？倘若别出“上智、下愚”以言他，则语中“上、下”必非相对之辞，而谓绝对之语；然则孔子上言“性相近也，习相远也”，得见其为“言他”乎？又谁人可断“上智下愚”之“上、下”不为相对之语也？其实不过孔子以智为上、以愚为下而言之，旨论“智、愚”也；岂可释谓“大街小巷”之“街之大者”、“巷之小者”？

孔子语旨不过补言“智愚”，周延论“性”；不想释者多竟不识本义，强作“贤、愚”以解之。《论语·子路》载：“子曰：‘刚、毅、木、讷，近仁。’”《学而》《阳货》二篇皆载：“子曰：‘巧言令色，鲜矣仁。’”木讷近仁、巧言远仁，孔子语“仁”几与智愚之“上、下”义反，岂得上智不恶、下愚不贤之解？前引《论衡·定贤》之语，已显智愚、善恶之分，更见《韩非子·杨权》“圣人之道去智与巧，智巧不去，难以为常”[25]之激语，几以“善”不容“智”作论。《论语·为政》有载：“子曰：‘吾与回言终日，不违如愚；退而省其私，亦足以发。回也，不愚。’”以“如愚”“不愚”有言迭赞“贤哉”（《论语·雍也》）之颜回，何见孔子曾以“贤恶”有论“智愚”？

陈天祥《四书辨疑》所断《阳货》论性二语甚当：“此段与上章本是一章，三句相连，有本有末……分之为二，义皆不全。‘或曰’之说诚是，‘子曰’字为衍文。无复可疑。”[17]孔子所言“相近”“不移”者，皆谓人之天赋本性。“相近”者，诚如“世无两片相同树叶”，然其终以“树叶”类似也；其适湿热、干冷生别南北，分以棕竹、松榆殊成异地，又似“习相远”也。孔子以为人性生而质近，但更习而行远：“与善人居，如入兰芷之室，久而不闻其香，则与之化矣；与恶人居，如入鲍鱼之肆，久而不闻其臭，亦与之化矣。”[26]孔子以生近习远有论人之通性，未略不移智、愚之“智商”特质，然却诸家释文正解“上智、下愚”者鲜矣。《论语·阳货》录孔子语：“好仁不好学，其蔽也—愚；好知〔智〕不好学，其蔽也—荡”；《韩诗外传》载孔子言：“聪明睿智而守之以愚者善〔哲〕，博闻强记而守之以浅者智”[27]；《说苑·政理》记孔子诫：“弟子记之，桓公霸君也、管仲贤佐也，犹有以智为愚者也，况不及桓公、管仲者也!”[28]再及《荀子·荣辱》之文“使有贵贱之等，长幼之差，智愚、能不能之分”[29]，当知孔子“上智下愚不移”诚谓天性智商之言。是以《论语·阳货》之语应如此理：“**子曰：‘性相近也，习相远也；〖子曰〗唯上知〔智〕与下愚不移。’**”

《论语·季氏》之语“生而知之者上也，学而知之者次也，困而学之，又其次也；困而不学，民斯为下矣”，不过所言人与“知、学”四态：生而聪慧、悟性强者，并非皆由“学、习”而认识事理（世人多以其无，笔者身历、耳闻、目睹实感其有）；求学进取而得详事理；身心困钝，不得已而求之于学，终明事理；任其身心困累，不思学进而少通事理。“生而知之者”，

"次递"为上，非谓"上智"也；虽非智之上者不为"生而知之"，然却其句只谓"知"之路径为上也。生而知之者上也，学而知之者之"次"不谓"下"也，困而学之者"又其次"亦不为"下"也；只有困而不学之人"才是真正的下乘啊!"是见孔子为言："或生而知之，或学而知之，或困而知之，及其'知之'一也。"[30]知、智非同，学能得知，不可生智；诚如勤能补拙，然却不易其拙质为巧也。颜回早逝，孔子伤感以谓"天丧予!"然却孔子语中只见赞其"学"，不见嘉其"智"。孟子以为"出于其类，拔乎其萃。自生民以来未有盛于孔子也"[31]，孔子自谓"我非生而知之者，好古，敏以求之者也"(《论语·述而》)，"圣则吾不能，我学不厌而教不倦也。"[31]《论语·子罕》载："太宰问于子贡曰：'夫子圣者与？何其多能也!'子贡曰：'固天纵之将圣，又多能也。'子闻之曰：'太宰知我乎？吾少也，贱；故，多能鄙事。'"颜回之贤、孔子之圣，孔子皆不以智论之；《论语·述而》所载孔子自白最明："盖有不知而作之者，我无是也——多闻，择其善者而从之，多见而识之；'知〔智〕之次也。'"学而为知，生而为智；诚如《礼记·中庸》之"诚者，天之道也；诚之者，人之道也。诚者，不勉而中，不思而得，从容中道；圣人也。诚之者，择善而固执之者也。博学之，审问之，慎思之，明辨之，笃行之。有弗学，学之弗能，弗措也；有弗问，问之弗知，弗措也；有弗思，思之弗得，弗措也；有弗辨，辨之弗明，弗措也；有弗行，行之弗笃，弗措也。人一能之，己百之；人十能之，己千之；果能此道矣，虽愚必明、虽柔必强。"[32]其"愚"者天禀，"明"则学思；"柔"者生材，"强"则习行；

“生”、“习”二义分明。

孔子虽肯定人之天赋才智，然所重者，却为人之修身后学也。虽以“好学近乎知〔智〕”[33] 有言之，却更多以“好知〔智〕不好学，其蔽也—荡”、“知〔智〕者利仁”(《论语·里仁》)、“知之者不如好之者，好之者不如乐之者”(《论语·雍也》) 而语之。孔子语中难见有以智、愚论人之言，且“上智、下愚”之语，本如《慎思录》之“非上智，即是下愚也”，岂可窜入非智非愚之“中人”为之作释欤！“上智、下愚”已为周延智商概念，岂可再而析出“中人”以解之?《论语·雍也》之“中人以下”者，人之下者也。《论语·季氏》之“民斯为下矣”，民者人也；亦谓人之下者也。二语当见参照之义，然却绝与“智愚”论性无涉也。

历释孔子语录纷纷纭纭二千余载，其实，倘稍细思《阳货》“上智、下愚”论“性”、《季氏》“生而知之者上”“民斯为下”并《雍也》“中人以上”“中人以下”言“人”，全似误语“风”与“马牛”之绝殊范畴概念，则孔子“智愚不移”之论不致蒙冤至久矣。

注释：

[1] [11] [12] [21] [22] [25] [26] [28] [29] [30] 《百子全书》，岳麓书社 1993 年 9 月四册 3237 页卷三、二册 1789 页卷十九、四册 3487 页卷二十七、一册 91 页卷十、一册 353 页卷五、二册 1646 页卷二、一册 673 页《说苑·卷十七·杂言》(同书 35 页《孔子家语·卷四·六本》载语略同)、一册 588 页卷七、一册 140 页第四、一册 38 页《孔子家语·卷四·哀

公问政》(《礼记·中庸》亦载同语)。

[2] [3] [5] [31] [32] [33] 〔清〕阮元校刻《十三经注疏》,中华书局1980年9月影印版2748页上《孟子注疏·卷十一上》、2749页上中《孟子注疏·卷十一上》、2524页中《论语注疏·卷十七》、2686页《孟子注疏·卷三上》、1632页上中《礼记正义·卷五十三·中庸》、1629页下《礼记正义·卷五十二·中庸》。

[4] [23] 中华书局1962年6月三册861页卷二十、八册2248页卷四十八。

[6] [14] [16] [17] [18] [27] 《影印文渊阁四库全书》,台湾商务印书馆民国七十二(1983)年195册497-8页《论语集解义疏·卷九》、198册368页《〈论〉〈孟〉精义·卷九上》、200册221页《论语集编·卷九》、202册437-40页《四书辨疑·卷八》、206册366-7页《四书蒙引·卷八》、89册801页《诗外传·卷三》。

[7] 转引自中国文化学院出版部《中文大辞典》“下愚”,1册298页。

[8] 《四书章句集注》,中华书局1983年10月175-6页《论语集注·卷九》。

[9] 《诗·大雅·抑》“靡哲不愚”,疏:“愚者,痴也。”《周礼·秋官·司刺》“三赦曰蠢愚”,郑玄注:“蠢愚,生而痴騃童昏者。”《文选·宋玉·登徒子好色赋序》“愚乱之邪臣”,李贤注:“愚,钝也。”《说文解字·心部》:“愚,戆也。”

[10] 《淮南子·主术训》“任人之才”,高诱注:“才,智也。”上海古籍出版社1986年版《二十二子》1242页下。

[13] 《四部备要·子部》,中华书局·中国书店1989年3月影印版56册96页上《二程全书·河南程氏遗书第十八·伊川先生语四》。

[15] 中华书局1990年3月678-9页。

[19]　《四部丛刊初编·集部》，上海商务印书馆缩印版三九〇册 122-3 页《揅经室集一·卷十》。

[20]　《丛书集成初编》，中华书局 1985 年新一版二五二七册 14 页卷一。

[24]　〔清〕王聘珍撰《大戴礼记解诂》，中华书局 1983 年 3 月 51 页卷三。

(1996. 1. 17. 初稿)

〔载 1996 年 2 月 27 日自刊《研考》(原《纪年研考》) 第 7 期〕

《论语》异释三则

任穷达

借览《论语》诸家释语注文，偶得异思浅解，愿以小文讨教。

“可以语上也”释“语”

《论语·雍也》记：“子曰：‘中人以上，可以语上也；中人以下，不可以语上也。’”宋人邢昺疏以“可以告语”（《十三经注疏卷六》），朱熹更又注以“语，告也。”（《四书章句集注·论语集注卷三》）今之杨伯峻《论语译注》仍以“可以告诉”译之。教师讲授、父母教诲，并非皆以学生、子女之领会而决定“告语”取舍，此解“中人以下，不可以‘告诉’”不通。“告诉”也，无须对答；何谓“不可以”也？《论语·述而》见载：“子曰：‘我非生而知之者，好古，敏以求之者也’”；又见另载：“子曰：‘盖有不知而作之者，我无是也——多闻，择其善者而从之，多见而识之；知〔智〕之次也。'" 《论语·季氏》更见孔子之语："生而知之者上也，学而知之者次也，困而学之，又其次也；困而不学，民斯为下矣！"上引当见"生而知之者"自在"中人以上"，倘若"语"谓"告诉"，岂非自谓"我非生而知之者"、"知〔智〕之次也"之孔子，有言"生而知之者"可以"告诉"哉？高深的道理，需由"次也者"告诉"上也者"，得见此等"逻辑"否？虽《论语·阳货》"居，吾语汝"之"语"可谓"告诉"，然《论语·乡党》"食不语，寝不言"之"语"诚非"告诉"也。《说文解字·言部》："语，论也。"《诗·大雅·公刘》"于时言言，于是语语"，毛传："直言曰言，论难曰语。"《论语·述而》"子不语怪力乱神"之"语"，则更当以"论"释之。纵观其句，实不当以"告"义解之。《论语·卫灵公》"可与言而不与之言，失人；不可与言而与之言，失言。知〔智〕者不失人，亦不失言'"之孔子语，或可参照助释。然"可以语"者，又诚非"可与言"之义；"可以以（之）论"不谓"可以对（其）说"。是笔者以为，译作"中乘以上的人，是可以谈论高深道理的；中等以下的人，是不可能讨论高深道理的啊"，虽是通解，亦非甚当。

《论语·庸也》其言上句有记孔子之言："知之者不如好之者，好之者不如乐之者。"《论语·季氏》已见上引之语："生而知之者上也，学而知之者次也，困而学之，又其次也；困而不学，民斯为下矣！"《孔子家语·哀公问政》更详孔子之论："或生而知之，或学而知之，或困而知之，及其'知之'一也。"生知、学知、困知，其知一也，则次也、又次"以上"之属也，"乐之"、"好之"更其"知之"之"上"也；是则乐之、好之、知之（生知、学知、困知）者，孔子所谓“中人以上，可以语上也”，惟“困而不学，民斯为‘下’矣”。困而不学，“弃知”者也；民者人也，所谓“中人以下，不可以语上也”，清人朱骏声《说文通训定声·豫部》释：“假借为‘悟’。”《庄子·渔父》“甚矣！子之难语也”，唐人孔颖达释：“语，……本或作‘悟’”；清人郭庆藩《庄子集释》引卢文弨校语：“今书作‘难悟’。”孔子上句以言“乐”、“好”、“知”，下为言“悟”，极见其合；且以“语”为“悟”字假借，句中“可以”、“不可以”之“以”字尤见着落，全句语气亦更通顺畅达。是作《雍也》孔子“可以语”句译文：**“中乘以上的人，是可以懂得高深道理的啊；中等以下的人，是不可能领悟高深道理的呀！”**

“由知德者鲜矣”析“由”

《论语·卫灵公》记：“子曰：‘由，知德者鲜矣！’”三国魏人何晏引王肃解曰：“君子固穷，而子路愠见，故谓之少于知德。”邢昺亦疏：“由，子路名；言君子固穷，而子路愠见，故谓之少于知德也。”（《十三经注疏·论语注疏卷十五》）解以子路“少于知德”，恐怕难以副实。虽见孔子有言“由也，喭”（《先进》），然却《公羊》传文：“颜渊死，子曰：‘噫，天丧予！’子路死，子曰：‘噫，天祝予！’”何晏注：“祝，断也。天生颜渊、子路为夫子辅佐；皆死者，天将亡夫子之证〔征〕。”（《十三经注疏·春秋公羊传注疏·哀公十四年》）孔子语“由也，千乘之国可使治其赋也，不知其仁也”（《公冶长》），“不知其仁”，仁不著也，不谓其“不知仁”也。有言“负重道远，不择地而休；家贫亲老者，不择禄而仕。昔者由事二亲之时，常食藜藿之实而为亲负米百里之外；亲没之后南游于楚，从车百乘、积粟万钟，累茵而坐、列鼎而食，愿食藜藿为亲负米之时，不可复得也！枯鱼衔索，几何不蠹？二亲之寿，忽如过隙。草木欲长，霜露不使；贤者欲养，二亲不待”（《说苑·建本》）之贤孝，子路何谓“少于知德”也？曾言“自吾得由，恶言不闻于耳”（《史记·仲尼弟子列传》）之孔子，岂是“谓之”幸得一“少于知德”者？“善哉”以赞子路治邑“入其境，田畴草莱甚辟，此恭敬以信，故民尽力；入其邑，墉屋甚尊、树木甚茂，此忠信以宽，故民不偷；入其庭，甚闲，此明察以断，故民不扰”（《韩诗外传·卷六》）之孔子，又当“谓之少于知德”否？且称“由”、言“者”，语法不通；“谓之少于知德”，当语“由知德鲜矣”，今言“由知德‘者’鲜矣”，则“知德鲜”者不谓“子路”也。

宋至朱熹已见古释之非，注谓：“由，呼子路之名而告之也。”（《四书章句集注·论语集注卷八》）今者杨伯峻据之以译：孔子对子路道：“由！懂得‘德’的人可少啦。”（《论语译注》）以“知德者鲜矣”为“告之”子路之语，当谓“天下”之“知德者鲜矣”。孔子曾言“德不孤，必有邻”（《里仁》），非谓“知德者鲜”也。《季氏》载：“齐景公有马四千匹，死之日，民无德而称焉；伯夷叔齐饿于首阳之下，民到于今称之。”民人既辨德否以待之，又岂谓天下“知德者鲜矣”？孔子只言“德之不修、学之不讲，闻义不能徙、不善不能改，是吾忧也”（《述而》），以为“为之难”（《颜渊》）、“力行近乎仁”（《礼记·中庸》），有论：“知之者不如好之者，好之者不如乐之者。”（《雍也》）倘若孔子本有“知德者鲜矣”之论，何而再出憾于卫灵公“招摇市过之”之感叹：“已矣乎！吾未见好德如好色者也!”（《卫灵公》及《史记·孔子世家》）且，子路未以“德”称，“呼子路之名而告之”全然无涉之没头没脑事，实违口、笔通例；当析，杨先生译文已感其敝，不得已而增“对子路”三字，强以作译权为通之耳。

其实，朱氏《集注》后语已为近捉孔子本义：“德，谓义理之得于己者；非己有之，不能知其意味之实也。”惜其终未逾越前人篱笆，误识“此章盖为愠见发也。”“子路愠见”之言已为子贡对语隔结，何又“越”而“再”发也？孔子此句上文见载：“子曰：‘赐也，女〔汝〕以予为多学而识之者与？’对曰：‘然。非与？’曰：‘非也！予一以贯之。’”愚识孔子之言“由，知德者鲜矣”当为助答子贡之语，紧接上句而言（其前“子曰”诚属《论语》衍文)。孔子以“多学而识”问非、以“一以贯之”告是，继以“由，知德者鲜矣”补明。《里仁》孔子“吾道一以贯之”之教，曾参误解：“夫子之道，忠恕而已矣。”弟子未明夫子“道”义也！其“道”者，“法”也；非者“多学而识”之法，是者“以一贯通”之道。“多学而识”之法，不过所由学知得以见识也；唯而“一以贯之”之道，方可窥求“义理”，有致触类旁通也。孔子此言“由”者，非谓“称、呼”子路也；“由”者，“从”也。“德”之义理，非如花草、虫鸟之知；从之所学，难谙其“实”，固谓“知德者鲜矣”。此语“由，知德者鲜矣”诚当有如《泰伯》另载孔子之言：“子曰：‘兴于《诗》，立于《礼》，成于《乐》，〖子曰〗民可；使由之不可，使知之。'"（其句"民可"前之"子曰"亦诚《论语》衍文。）

愚识见是，则当整理《卫灵公》句：**"子曰：'赐也，女〔汝〕以予为多学而识之者与？'对曰：'然。非与？'曰：'非也！予一以贯之。〖子曰〗由，知德者鲜矣！'"**

"无所取材"辨褒、贬

《论语·公冶长》记："子曰：'道不行，乘桴浮于海，从我者其由与？'子路闻之喜。子曰：'由也！好勇过我，无所取材！'"古释二说，《论语注疏》何晏解、邢昺疏并引之，后世则分有附会。

汉郑玄注："子路信夫子欲行，故言'好勇过我'；'无所取材'者，无所取于桴材；以子路不解微言，故戏之耳。"（《十三经注疏》）朱熹注："程子曰：'……子路勇于义，故谓其能从己，皆假设之言耳；子路以为实然，而喜夫子之与己；故夫子美其勇，而讥其不能裁度事理，以适于义也。"（《四书章句集注·论语集注卷三》）清人刘宝楠正义："夫子浮海，是不得已之思，其势亦不能行，子路信以为实然，则以不解夫子微言故也。……子路伉直，不解微言，故夫子但以'无所取材为桴'以戏之，所以深悟之也。"（《论语正义·卷六》）孔子其言"浮海"，"假设"之义甚明，何见有隐"微言"也？"千乘之国，可以治其赋"（《公冶长》）之子路，何以竟于夫子是语愚而不明？孔子铭者："言忠信，行笃敬，虽蛮貊之邦，行矣！"（《卫灵公》）更语："人而无信，不知其可也。"（《为政》）此又何出"戏"、"讥"之语？孔子语录确其少见另言之“戏”，何断此语“戏之”？孔子曾言“我未见‘好仁’者，恶‘不仁者’”（《里仁》），更何而“讥其”子路也？难怪杨伯峻注语：“说是孔子以为子路真要到海外去，便说，‘没地方去取木材’。这种解释一定不符合孔子原意。”（《论语译注》）“由也！好勇过我，无所取材！”其语表义，虽洞察秋毫可觅“戏”、“讥”微丝乎？且，其言多为孔子自语，至少不面子路对言，又其“所以深悟”者，谁欤？

“一曰”：“子路闻孔子欲浮海便喜，不复顾望；故孔子叹其勇曰‘过我’。‘无所取哉’，言唯取于己。古字‘材’、‘哉’同。”（《十三经注疏》）杨伯峻译：“仲由这个人太好勇敢了，好勇的精神大大超过了我，这就没有什么可取的呀！”（《论语译注》）“子路闻孔子欲浮海便喜”，则子路“喜”者，孔子“道不行，乘桴浮于海”也。若非“视仁如仇”者，何竟致生如此心态也！倘若高门弟子尚为“切齿”如是，则孔子又何面目存立于天地之间哉！子路之从孔子，后世有封“卫侯”，岂容“一曰”妄释也？“好勇过我”更为孔子憾叹子路“不复顾望”之语乎？孔子曾誉“知、仁、勇三者，天下之达德也”（《礼记·中庸》），却自量“我有知乎哉？无知也”（《子罕》），“若圣与仁，则吾岂敢？”（《述而》）《论语·庸也》更载：“子贡曰：‘如有博施于民而能济众，何如？可谓仁乎？’子曰：‘何事于仁？必也，圣乎！尧舜其犹病诸！’”知无终学，仁非至圣，岂唯勇有盈达乎？孔子律己：“三人行，必有我师焉！择其善者而从之，其不善者而改之。”（《述而》）唐人韩愈《师说》言之：“是故，弟子不必不如师，师不必贤于弟子。闻道有先后，术业有专攻，如此而已。”孔子倡言

“当仁，不让于师”(《卫灵公》)，又何尝有以弟子才德“过我”而“叹”哉？以为“材”是“哉”字通用，把孔子之语“释”作“仲由……好勇的精神大大超过了我，这就没有什么可取的呀”，几涉诋孔之嫌。权“无所取”义诚谓“没有什么可取”，亦当由他人语之“由也，好勇过子，无所取也！”岂有孔子自言“过我”而“无所取哉”之理哉？且若“好勇过我”为“无所取哉”，岂非《列子·仲尼》所载孔子“回之仁贤于丘也”、“赐之辩贤于丘也”、“由之勇贤于丘也”、“师之庄贤于丘也”，皆谓之“无所取哉”？倘若回仁、赐辩、由勇、师庄尚不为孔子视之可取，则天下谁人可为“有所取者”？上语“从我者其由与”，下言“无所取哉”，悖义彰著！如此注释，岂得语录正解哉！

愚识孔子是语：“子路闻之喜”，“闻”者“传闻”也，非面聆也；子路闻之“喜”者，喜闻孔子“从我者其由与”之知誉也；孔子得悉子路之“喜”，感其不惧之壮，是出赞语：“由也！好勇过我，无所取材！”其“材”者，本即材也；然非“木”之材，实谓“人”之材也。《管子·五辅》：“士修身功材”；注：“材，谓艺能。”《荀子·王制》：“案谨募选阅材伎之士”；杨倞注：“材伎，武艺过人者；犹汉之‘材官’也。”《左传·文十六年》：“国之材人，无不事也”；杜预注“材人”：“有贤材者。”“无所取材”者，无处可寻之才也。孔子所赞尚勇胜己者，唯而子路一人，是为难得之人才也。孔子此言子路二语，皆为首肯赞誉，非“讥”、非“戏”、不为“叹”，更无半点否定之“没有什么可取”。

孔子有言：“白刃交于前，视死若生者，烈士之勇也；知穷之有命，知通之有时，临大难而不惧者，圣人之勇也。”（《庄子·

秋水》）“圣人”之“勇”勇也，“烈士”之“勇”亦为勇也；只是“烈士之勇”可嘉，“圣人之勇”更善，遂见孔子有答子路问“行三军”：“暴虎冯河，死而无悔者，吾不与也；必也临事而惧，好谋而成者也。”（《述而》）诚如《列子·仲尼》之前言“回仁、赐辩、由勇、师庄”扬长，后语“夫回能贤而不能反，赐能辨而不能讷，由能勇而不能怯，师能庄而不能同”道短；长则长也，短则短也，瑕不掩玉。

行外不学之言，难避纰缪，顾盼批评以期明正。

（1996. 1. 23. 初稿）

〔载 1996 年 6 月 29 日自刊《研考》第 8 期〕

读《郭店楚简》再解“民……不可使知之”

金友博

自《郭店楚墓竹简》[1]出版问世，讨论之文颇见报刊，甚是喜人。其中助解《论语》“民可使由之”处，尤引笔者兴趣，然却未曾有感“信服”；遂试拙笔，权充“讨论”之列，实乃求师解惑耳。

一

庞朴先生《初读郭店楚简》以为：“‘民可使由之，不可使知之’，这一句老话，曾使许多人头疼过，因为它和孔子‘有教无类’的思想不合，和‘庶、富、教’的纲领也矛盾。……现在郭店楚简一出，这个难题倒解决了。简中有好几处文字与此有关。最清楚的一处这样说：‘民可使道之，而不可使智之。民可道也，而不可强也。’（第 174 页）‘道之’就是‘导之’，也就是教之，这是没有问题的。‘不可使智之’同位于‘不可强也’，也就是‘不可勉强也’，这在文句中也清清楚楚，应毋庸议。……不可使智之，说白了，就是不可强加于人；再好的主张，也只能在人民的理解中慢慢推行，强加过去，好事也会变成坏事的。”[2]

笔者认为，庞先生的解释并非“是没有问题的”，“民可导也”可“导民”也，但若“‘道之’就是‘导之’，也就是教之”，则可“使”民导、“使”民教也；将“民导、民教”与“导民、教民”同义而语，又怎么会“没有问题”呢？因有“民可使道之”，又有“民可道也”，就推断“‘不可使智之’同位于‘不可强也’，也就是‘不可勉强也’”，又怎么会令读者亦同样感受一个“毋庸议”呢？将“可使道之”与“可道也”、“不可使智之”与“不可强也”释作同义之语，仅就笔者所略涉之汉语常识，实难苟同；且以前、后句之所谓“同位”而凿以“智”、“强”同解，委实彰显牵强。语中“使智”者，惟而“使民智”也，施者所使受者“智”也”；其“强”者，“强民”也，施者施“强”于受者也。倘以“智”为“强加”，则“民”者，尚得强加于“何”人也？仅截一句简文，或道或导、或智或知，颇难为辨；其实，整理《郭店楚简·尊德义》（释文注释）其文乃见：“夫生而有职事者也，非教所及也。教其政，不教其人，政弗行矣。故终是勿也而又深安者，可学也而不可矣也，可教也而不可迪其民；而民不可止也。尊仁、亲忠、敬庄[3]、归礼，行矣而无违[4]，养心与子俍，忠信日益而不自智也。民可使道之，而不可使智之；民可导也，而不可强也。”“行矣而无违”言“道”，“生而有职事”语“智”，行修而德、质生而智，是有“忠信日益而不自智也”。其“道”者，“践行”也；“智”者，“天性”也。行道而至在人、质智而达在天，是有“民可使道之，而不可使智之”。笔者以为，简文前后“可使人民循道以至，却不能使迪智而达”之谈“民可使”，全与后句“人民是可引导的，却是不可强行的”之论“民可”，有谓不同范畴事理也。释作同义比附，不免太过牵强；倘为前后同义，岂不重复赘笔，当非其时作者本意。

再将“不可使智之”释为“不可强加于人”，就未免有点难着边际了；沿其此解，不是“谁人强加谁人”亦为颠倒了吗？庞先生之引《孟子·离娄下》“所恶于智者，为其凿也。如智之若禹之行水也，则无恶于智矣”、《简》文《成之闻之》“智而比次，则民欲其智之遂也”，皆非有以“智”质为恶也；诚如《大戴礼记·虞戴德》孔子之言“质智而好仁”，何贬之有？“智”者，《简》文《六德》即载“何为六德？圣、智也，仁、义也，忠、信也。”《论语·卫灵公》：“子曰：‘可与言而不与之言，失人；不可与言而与之言，失言。智[5]者不失人，亦不失言。’”《论语·子罕》：“子曰：‘智者不惑，仁者不忧，勇者不惧。’”《史记·公孙弘传》：“智、仁、勇，此三者天下之通德。”“智”、“信”二义本不相夺，倘凭《简》文《忠信之道》一句“不欺弗智，信之至也”有释“智”义通为“贬”，又《简》文《六德》“知[6]可为者，知不可为者；知行者，知不行者；谓之夫以智率人多。智也者，夫德也”，可释“智”义通为“褒”否？虽孔子曾言“仁者安仁，智[7]者利仁，畏罪者强仁”（《礼记·表记》），却亦未于其“智”有“贬”。“凿者穿凿附会”，“比次”循序事理；简文

“欺”、“智”为伍，当语智之“凿”，非谓智之“质”也。此智之凿，更当引申之义“强词夺理”即俗语“拿不是当理说”(《正字通·金部》:“恣意不求合义理谓之凿。”)谓之；非智勿凿，是有简文以“智”代凿而语“不欺弗智”也。况《孟子·尽心上》有载：“孟子曰：‘人之所不学而能者，其良能也；所不虑而知者，其良知也。’”诚见孟子“所恶于智者，为其凿也”，绝非有愿否定智之“质”也。

二

廖明春先生《郭店楚简儒家著作考》以为：“简文的‘民可使道之，而不可使知之’，即《论语·泰伯》所载‘子曰：民可使由之，不可使知之’。裘锡圭说：‘道，由也。’这是正确的，杨伯峻就将‘民可使由之’句训为‘老百姓，可以使他们照着我们的道路走去’。但‘不可使知之’句一般人们都持批评态度，以为是愚民思想。……这里，‘民可使道之，而不可使知之’与‘民可导也，而不可强也’语意非常接近。‘民可导也’，从‘民可使道之’出；‘不可强也’，从‘不可使知之’出。‘不可使知之’之‘之’就是上句之‘导’，而下句之‘强’则是对‘知之’的进一步发挥。这就是说，要让老百姓沿着‘尊仁、亲忠、敬庄、归礼’之道走下去，但是不能让他们以为他们是被人引导的；老百姓可以引导，但这种引导不能强迫。……因此，这是在重视老百姓人格，强调内因的重要性的前提下来谈教民、导民，难以说是‘愚民’。”[8]

裘锡圭先生于"民可使道之，而不可使智之"下作按："道，由也。《论语·泰伯》：'子曰：民可使由之，不可使知之。'"廖文虽是确肯裘先生"道"注，却又引据杨语以曲裘意，其实误解裘注也。简文此"道"当为道字本义动用，"道"者"循行"，应为"践履"之义，是有裘先生参据《论语·泰伯》之"由"注"道"。然裘先生有以由、知相对作断援引孔子"由"句，其"由"自是不乏贬义；不知探明事理，只是一味遵从，多当解作"跟随"。而简文道、智以对，似当不见"道"字有贬；且"尊仁、亲忠、敬庄、归礼，行矣而无违，养心与子俍，忠信日益而不自智也"之言"民可使道之"，总有"知而择道、循道而至"之义。这里，有以"民可使由之，不可使知之"注释简文"道，由也"，恐怕亦是难合"道"义。廖文本已正解"之"代"尊仁、亲忠、敬庄、归礼"，惜其误以简文之"智"为"知"，进而仆从了杨伯峻《译注》之言。杨伯峻《论语译注》"老百姓，可以使他们照着我们的道路走去，不可以使他们知道那是为什么"之见愚民、欺民显矣，其所类言，深为古今学人斥责；如之，何得助证裘锡圭先生所注"由也"？杨语之见荒谬，今欲驳者所不屑，不详，廖文又何竟进而引以为"证"也！

非但廖文的二"从"二"出"，已是足令读者不解，就是"'不可使知之'之'之'就是上句之'导'"也还是让人难以明了何谓"上句之'导'"哇！就算理出了其"可使知之"之"之"就是"可导"之"导"、"不可强"之"强"是对"知之"的发挥，所谓"不可使知导"，又怎么能脱得掉"欺诈、蒙骗"之干系呢？其"强"又对所谓"知'导'"，终是"发挥"了什么呢？作为一个读者，非常遗憾的就是，还没能从廖文看到什么关于简文“民可使道之，而不可使智之；民可导也，而不可强也”（更不要说什么《论语》“由”文）的尊科学、循逻辑的真正解释。至少，廖文总要对其异解简文有所根据，诸如裘先生之注“由”，据以《论语·泰伯》；而廖文“‘不可使知之’之‘之’就是上句之‘导’”，却诚是不知其何以为说也！既要“让老百姓沿着……走下去”，又要“不能让他们以为……是被人引导的”，不说是典型的“愚民”举措，又还能说成什么呢？不知道廖先生是如何对“引导”一词产生误解的，不要说远古战国，就是当今中华，又有谁人可能拒绝“引导”？即使没有机会交臂导游、导演、导师；也一生无缘领受指导、教导、训导，只要不是遁世索居，至少总还少不了个社会“督导”吧；其所“被人引导”，又将何惧、何厌之有？用以“不可使知‘导’”说明“是在重视老百姓人格，强调内因的重要性的前提下来谈教民、导民”，又之如何有能解得其通也！恰是“不可告人”的引导，常见恶比“愚民”尤甚；其当，远非儒、道古简载文本义也。

三

以为《郭店楚简·尊德义》“民可使道之，而不可使智之”与所断《论语·泰伯》“民可使由之，不可使知之”同义近语者，不止庞朴先生与廖明春先生，荆门市博物馆的《释文》及裘锡圭先生的“按语”均如之。《释文》“而不可使智（知）之”，“智”作“知”字假借，恐非简文本义。“尊仁、亲忠、敬庄、归礼，行矣而无违，养心与子俍”以至“忠信日益”，岂是不知其道者，而有能为之？孔子有言“或生而知之，或学而知之，或困而知之，及其‘知之’一也”（《孔子家语·哀公问政》），惟“困而不学，民斯为下矣”（《论语·季氏》）。《荀子·哀公》载：“孔子曰：‘人有五仪：有庸人，有士，有君子，有贤人，有大圣。’……‘所谓庸人者，口不能道善言、心不知色色，不知选贤人善士托其身焉，以为己忧；动[9]行不知所务、止立不知所定，日选择于物不知所贵，从物如流不知所归，五凿为正，心从而坏，如此则可谓庸人矣。’……‘所谓士者，虽不能尽道术，必有率也；虽不能遍美善，必有处也。是故，知不务多，务审其所知；言不务多，务审其所谓；行不务多，务审其所由。’”诚当“不可使知”者，惟其“困而不学”之“庸人”也。且“忠信日益而不自智（知）也”，无乃大悖人生常理乎？倘非病为“植物人”，又谁人“忠信日益而不自知也”？且尊、亲、敬、归，行无违，养于心，全在主动意为，又岂能“不自知”其“忠信日益”哉！《礼记·经解》：“故礼之教化也，微其止邪也——于未形；使人日徙善远罪，而不自知也。是以先王隆之也。《易》曰：‘君子慎始，差若毫厘，缪以千里。’此之谓也。”其亦无非：轻言微导，以止邪于“未形”之前；使人日渐“徙善远罪”于不甚意为之中。意在诫之，于人后纠彰著邪形也。孔颖达误以“故礼之教化也——微”，蛇足作疏：“使人至之也，又使人日日徙善远于罪恶，而不自觉知；是教化依微不甚指斥。”孔梳其所欠审，“先王隆之”者，“微其止邪也——于未形”，非为“礼之教化也——微”也。微导止人于邪初，被导之人不甚意为，或可于其不甚觉察之中逐渐“徙善远罪”矣；然，尽心求之而力行无违，却于“忠信日益”之正果全然不为知觉，约当世间无此事理也。即或以为“忠信日益而不自知也”，亦非得推，人而“不可使知”也。《郭店楚简·六德》载：“有率人者，有从人者；有使人者，有事人□；□□者，有□者；此六职也。”是当以“夫生而有职事者也，非教所及也”，推及“忠信日益而不自智也”，非“自知”也；进而可知，“而不可使智之”之“智”，诚如“质智而好仁”之“智”，不为“知”字假借也。

裘锡圭先生之按“道，由也”，亦据“民可使由之，不可使知之”断句，所当不异“而不可使智（知）之”解。“民可使道之”之“道”，即可释为“道德、道义”，如：《春秋左氏传·桓公六年》“所谓道，忠于民而信于神也”，《墨子·尚贤下》“有道者劝以教人”，《论语·学而》“就有道而正焉”；又可释以“遵行、循行”，如：《管子·任法》“法不一则有国者不祥，民不道法则不祥”，《荀子·王霸》“不可不善为择道然后道之”，《韩非子·五蠹》“舍必不亡之术而道必灭之事，治国者之过也”。无论简文之“道”，义“德”还是义“行”，其“民可使道之，而不可使智之”之“之”，总可作为助词解；因为“民可使其道，不可使其智”，已然完善达意，不待“之”充代词也。而“民可使由之，不可使知之”之二“之”字，倘不以为代词解，则“民可使其由，不可使其知”，读之难明其句语义也。道、智于句中，即可为动词谓语，又能作名词宾语；而由、知所置其句，只能充当动词谓语，以待“之”之代词宾语明达句意也。突兀一句“民可使由之，不可使知之”，谁人能解其义？总不能说，连起码的生存本能，民亦仅“可使由”而“不可使知”吧；然又何以得见，句中或有“排除”之义？是当无由以为，简文“民可使道之，而不可使智之”有与所谓《论语》“民可使由之，不可使知之”同义近语也。

四

自战国，历秦汉、唐宋、元明，至清末，无不以为《论语·泰伯》所载：“子曰：‘民可使由之，不可使知之。’”虽其后世注解纷纭，却也未曾跳越传统断句篱笆；清末民初，有人尝试“民可，使由之；不可，使知之”及“民可使，由之；不可使，知之”作断，只是依然难以令人信服，鲜为后世取也。不管如何作解，其“民可使由之，不可使知之”，总与史载孔子言行见悖也。是笔者遂以孤陋试笔《“民……不可使知之”句读辨义》：“《泰伯》之语当为：子曰：‘兴于诗，立于礼，成于乐，〖子曰〗民可；使由之不可，使知之。’”[11] 世人多有以为《孟子·尽心上》之“孟子曰：‘行之而不著焉，习矣而不察焉，终身由之而不知其道者，众也’”，确诂“民可使由之，不可使知之”者；笔者以为，不然。孟子只言“终身由之而不”求“知其道者众也”，未见有语“不可使知”之义也；恰是“终身由之而不知其道”，佐证孔子“使由之”不得“兴于诗，立于礼，成于乐”，务“使知之”也。《孟子·尽心上》首句见载：“孟子曰：‘尽其心者，知其性也；知其性，则知天矣。存其心，养其性，所以事天也。夭寿不贰，修身以俟之，所以立命也。”当知孟子所言“众”者，非“尽其心者”也。生非良能，习不尽心，自是“不知其道”，不知其道者，虽“行之而不著焉”也；然，行不著者，未必“不可”知其道也。《孟子·告子下》载：“曹交问曰：‘人皆可以为尧舜，有诸？’孟子曰：‘然。’‘交闻……？’曰：‘……徐行后长者谓之弟，疾行先长者谓之不弟。夫徐行者，岂人所不能哉？所不为也。尧舜之道，孝弟而已矣。子服尧之服，诵尧之言，行尧之行，是尧而已矣；子服桀之服，诵桀之言，行桀之行，是桀而已矣。’……曰：‘夫道若大路然，岂难知哉？人病不求耳。’”孟子之言立命之道，知易行难也；其所“不知”者，“不求”者也。诚与孔子“兴于诗，立于礼，成于乐，民可；使由之不可，使知之”，并无悖义也。虽是，仍有或疑古无如类句法者；其实，《论语》载记类句多矣：《乡党》“入公门，鞠躬如也，如不容。”《子路》“曰：‘焉知贤才而举之？’子曰：‘举尔所知；尔所不知，人其舍诸？’”《子路》“子贡问曰：‘乡皆好之，何如？’子曰：‘未可也。’‘乡皆恶之，何如？’子曰：‘未可也；不如乡人之善者好之，其不善者恶之。’”虽其“使……不可，使……之”之绝对句式《论语》不见，却先秦文献总有可寻近例“使……可”、“使……不可”之句：《春秋左氏传·定公八年》“王孙贾曰：‘苟卫国有难，工商未尝不为患，使皆行而后可。’”《春秋穀梁传·宣公九年》“泄冶闻之入谏曰：‘使国人闻之则犹可，使仁人闻之则不可。’”《春秋穀梁传·宣公十一年》“辅人之不能民而讨犹可；入人之国，制人之上下，使不得其君臣之道不可。”

今既《郭店楚墓竹简》问世，又其《尊德义》有文“民可使道之，而不可使智之；民可导也，而不可强也”，诚当借助参考以解《论语·泰伯》"民可使由之不可使知之"语句。倘依简文句式，亦作"民可使由之，不可使知之"，则句中由、知相对，于其语义，大悖《论语》精神矣。《孟子·万章上》载："天之生此民也，使先知觉后知、使先觉觉后觉也；予天民之先觉者也，予将以斯道觉斯民也。"孔子则更是以其"无类"言传身教闻名于世，《论语》载言"举善而教不能"(《为政》)、"导[12]之以政，齐之以刑，民免而无耻；导之以德，齐之以礼，有耻且格"(《为政》)、"生而知之者，上也；学而知之者，次也；困而学之，又其次也；困而不学，民斯为下矣"之孔子，何当再道"民可使由之，不可使知之"也！《大戴礼记·虞戴德》："子曰：'……是故圣人之教于民也，以其近而见者、稽远而明者。天事曰明、地事曰昌、人事曰比，两以庆；违此三者，谓之愚民。愚民曰奸，奸必诛。"《韩诗外传·卷二》："孔子云：'美哉，颜无父之御！……马亲其政[13]而爱其事，如使马能言，彼将必曰：乐哉，今日之驺也！至于颜沦稍[14]衰矣。……马亲其政而敬其事，如使马能言，彼将必曰：驺来，其人之使我也！"《韩诗外传·卷三》："《诗》曰：俾民不迷。昔之君子，导[15]其百姓不使迷，是以威厉而刑措不用也。故形其仁义，谨其教道，使民目晰焉而见之，使民耳晰焉而闻之，使民心晰焉而知之；则道不谜，而民志不惑矣。"如之，"民可使由之，不可使知之"，孔子何尝如是说！郑玄之注《泰伯》"民者，冥也"，颇框后世；然，《论语》所就"君"者论政之语，其谓"民"者，多"臣民"也（《易·系辞下》："阳，一君而二民，君子之道也；阴，二君而一民，小人之道也。"孔颖达疏："《经》云

‘民’而注云‘臣’者，臣则民也。《经》中对‘君’，故称‘民’”)。且，《春秋穀梁传·成公元年》载：“古者有四民：有士民，有商民，有农民，有工民。”何谓“民者，冥也”？《论语》之“民”，如《阳货》“子曰：‘古者，民有三疾；今也，或是之亡也。古之狂也肆，今之狂也荡……’”，《卫灵公》“子曰：‘吾之于人也，谁毁谁誉？……斯民者，三代之所以直道而行也”,《季氏》“生而知之者，上也；……困而不学，民斯为下矣”，皆指“人”也。简文之“不可使‘智’”，倒是给人以启示：《楚简》知、智通作“智”，《论语》智、知统为“知”，其“不可使知之”或本“不可使智之”乎？倘以《论语》由、智相对，则“人是能够让其从行而至的，（却是）无法令其自智以达的”(民可使由之，不可使智之)，非但所于兴诗、立礼、成乐，无背通达，更与《论语·阳货》“子曰：‘性相近也，习相远也；〖子曰〗唯上智与下愚不移”有为相互论证矣。只是，《论语·为政》“视其所以，观其所由，察其所安”之“从学”，《吕氏春秋·务本》“诈诬之道，君子不由”之“从行”,《礼记·经解》“是故隆礼由礼谓之有方之士，不隆礼不由礼谓之无方之民”之孔颖达疏“由，行也”、孙希旦解“由，谓践履之”，总不乏其“由”字要义“从行”；又其《论语·卫灵公》”子曰：‘赐也，汝[16]以予为多学而识之者与？’对曰：‘然。非与？’曰：‘非也！予一以贯之；〖子曰〗由，知德者鲜矣！’”是，不敢以为孔子有言“民可‘使由’之”。况，《楚简》“尊仁、亲忠、敬庄、归礼”之“道”，显涵“践德”之义，绝非一个简单“从行”有能义尽也。《郭店楚墓竹简·尊德义》“民可使道之，而不可使智之”确已昭雪《论语·泰伯》之“子曰：‘民可使由之，不可使智之’”千年曲解，然以《楚简》“民可使道之，而不可使智之”必当《论语》“子曰：‘民可使由之，不可使智之’”，似又缺乏充足理由；倘载《论语》“民可使德之，不可使知之”，则确可以为《论语·泰伯》“子曰：‘民可使德之，不可使智之’”，且与《郭店楚墓竹简·尊德义》“民可使道之，而不可使智之”载文近语同义也。是，笔者仍以《泰伯》“子曰：‘兴于诗，立于礼，成于乐，〖子曰〗民可；使由之不可，使知之’”比之“子曰：‘民可使由之，不可使智之’”更合《论语》精神。其中是非曲直，愿蒙深学师者赐教之。

注释：

[1] 荆门市博物馆编《郭店楚墓竹简》，文物出版社1998年5月。笔者引用时，有据其“释文注释”稍作整理。

[2]《历史研究》1998年第4期6-7页。

[3] 庄，《释文》原“壮”，据《论语·为政》“临之以庄则敬”修之。

[4] 违，《释文》原“嗟”，今或无其字；廖名春《郭店楚简儒家著作考》引作“违”，此因之。

[5]《论语》之“智”通作“知”，据文义复其本字。下不另注。

[6]《简文》之“知”通作“智”，据文义复其本字。下不另注。

[7]《礼记》原文作“知”，郑玄注“‘知’者音‘智’”。此复本字。

[8]《孔子研究》1998年第3期77-8页。

[9] 动，《荀子》原作“勤”，裴传永《论语外编》注释：“勤，‘动之误。’”据以修。

[10] 立，《荀子》原作“交”，唐杨倞注：“止交，《大戴礼》、《韩

诗外传·四》皆作‘止立’。”据修之。

[11] 详见个人赠阅小刊《研考》第7期（1996年2月27日）。

[12] 清阮元校勘：“‘皇’本、‘高丽’本‘道’作‘导’”。取而修之。

[13] 《韩诗外传》原作“正”，当为“政”字通假，此复本字。下同。

[14] 《韩诗外传》原作“少”，当为“稍”字通假，此复本字。

[15] 《韩诗外传》原作“道”，当为“导”字通假，此复本字。下同。

[16] 《论语》“汝”字通作“女”，此据文义复之。

(1997. 1. 初稿)

作者附笔：

近有尹振环先生撰文《别误解民“不可使智之”》(《光明日报》2000年7月18日)，以为“‘辩说’、‘言’、‘权谋’……都属于‘智’之范围”，即而作断“可见《尊德义》并不主张民‘智’”。“不主张民‘智’”者，无非“主张民‘愚’”也，不知《尊德义》文中，尹先生何以指证其据？尹文据以道家之语断解儒家之言，委实不乏“新义”；倘以“辩、诈、伪、巧、利，可以说都是‘智’的产物”、《庄子·胠箧》“天下〔按：尹引此脱‘每每’二字〕大乱，罪在于好智”而“所以，记录孔子之言的《尊德义》，有民‘不可使智之’的思想也就自然而然不足为奇了”，岂不老子、孔子，道家、儒家，一也?! 倘非尹文断章取义，当见《尊德义》“道、智”其语首言“夫生而有职事者也，非教所及也”；“自然而然”当知“民可使道之，而不可使智之”，二“可”正义“可能”也。之所“能使道而不能使智”，“生而有之非教所及”也，全句语义甚明；不想，道家的几语偏讥，竟能引令尹文背离“智”字本义若此，甚憾哉！“智”义之辨，文中颇及，此不赘笔；惟以今行之“德、智、体全面发展”教育方针，醒劝尹君不视“智育”当“绝”为好。补笔诚愿——“我们”都别误解“民‘不可使智之’”。

〔2000年9月香港“‘孔子思想与中国统一大业’国际学术研讨会”交流论文〕

《孟子》“空乏其身行拂乱其所为”断解

金友博

清阮元校刻《十三经注疏》所断《孟子·告子下》“孟子曰。舜发于畎亩之中。傅说举于版筑之间。胶鬲举于鱼盐之中。管夷吾举于士。孙叔敖举于海。百里奚举于市。故天将降大任于是人也。必先苦其心志。劳其筋骨。饿其体肤。空乏其身。行拂乱其所为。所以动心忍性。曾益其所不能”，度其“空乏其身。行拂乱其所为”，当囿汉赵岐“使其身乏资缺粮，所行不从，拂戾而乱之者”之注、宋孙奭“又使其身空乏无资财，所行不遂而拂戾其所为”之疏；沈文倬点校清焦循《孟子正义》及杨伯峻所撰《孟子译注》，均以“空乏其身，行拂乱其所为”作断，更当不免先入焦循正义“所行拂戾，于是乱其所为矣”困扰。所憾，迄今不越篱笆；然其“空乏其身，行拂乱其所为”断、解，诚待商榷也。

“空乏其身，行拂乱其所为”作断，语法、语义皆难通解。倘如赵注“使其身乏资缺粮”、焦循正义“空乏是无资，故以绝粮解之"，则"空乏其身"有与"饿其体肤"同意重复矣。杨译"苦恼他的心意，劳动他的筋骨，饥饿他的肠胃，穷困他的身子"四列，诚违原文；"空乏其身"四字，其所语文结构，截然不同"苦其心志、劳其筋骨、饿其体肤"排比句式也。所谓"行拂乱其所为"者，无非所"行"乱其所"为"也。诚如焦循正义"所为即所行"，行、为皆其"是人"自做已施；行、为之"一"者，有如身、体之"一"也，何得自悖"拂乱"焉？赵注之"所行不从"、孙疏之"所行不遂"及焦循正义之"所行拂戾"，绝非可于"行拂乱其所为"求语；即使再而断句"行拂，乱其所为"，却也"行拂"、"拂行"，终非可为同义而语也。倘非完全失去行动自由或丧失控制行为能力之人，是不当出现所行"不从、不遂、拂戾"之行为结果的（当然，尚需排除意外之自身失误和外界干扰）。"苦、劳、饿"及"空乏、拂乱"，皆为天之施诸"是人"，何寻受者自"行"拂乱之语？古之圣者，"知其不可而为之"；如此自"行拂乱其所为"（权以其语可通）之人，定非"天将降大任"之"是人"也。"空乏其身"断者，但以"乏"义近"空"，俱就人身体肤而言；未察尚可语如"游乏资"（《汉书·刘泽传》）之以谓身"行"，进而拆散空身、乏行，误语"行拂乱其所为"。是以其句传统断、解，当非《孟子》原意。

汉高诱注《吕氏春秋·季春纪》"振乏绝"："行而无资曰乏，居而无食曰绝"。唐贾公彦疏《周礼·地官·遗人》汉郑玄注"'艰厄'犹困乏也"作按："《书传》云：'行而无资谓之乏，居而无食谓之困'"。憾其焦氏《正义》亦曾二引其例，只是"行而无资"语，迭释"居而无食"义矣；此间所谓"正义"，无乃"差之毫厘，缪之千里”耳。即知天所欲“乏”者，身之“行”也，而非“其身”也，则当断解“乏行”为句。其实，身、行二字连用，以其“身行”为辞之例，古语可鉴也：《荀子·富国篇》“仁人之用国，将修志意，正身行”；贾谊《新书·辅佐》“正身行，广教化，修礼乐，以美风俗。……戎事之诫，身行之疆，则职以谂”。《荀子·哀公》更载孔子语谓庸人“动〔按：《荀子》本作“勤”，据裴传永《论语外编》注释“动之误”以修〕行不知所务，止立不知所定”。是愚识《孟子》其语，似当“空乏其身行，拂乱其所为”作断、“使缺资少财以限制其行动，从而阻碍并扰乱其所当作为”作释；全句又似如下标点为宜：“舜发于畎亩之中，傅说举于版筑之间，胶鬲举于鱼盐之中；管夷吾举于士，孙叔敖举于海，百里奚举于市。故天将降大任于是人也，必先苦其心志、劳其筋骨、饿其体肤，空乏其身行，拂乱其所为；所以动心忍性，增〔按：原文通假作‘曾’〕益其所不能。”愿此断解，或诚扑捉《孟子》语通义明原文也。

〔原为“‘中国古典文献学与研究生教育’国际学术研讨会”（2003年10月天津）论文，收载天津师大古典文献所《中国古典文献学》丛刊第三卷（香港国际炎黄文化出版社2004年6月）。〕

《论语》载“色”无涉“性爱”辩解

任穷达

“一九九〇年期”报章，吴丕《试说“戒之在色”》以为“‘色’字在《论语》中出现20多处，意思明确为‘女色’的只有一两处，即‘好德如好色’，在《子罕》与《卫灵公》篇重出。至于‘贤贤易色’（《学而》）之‘色’也有人认为是‘女色’，可以算半个”[1]；党圣元《文章之价在德不在色》批评某些文学作品“是在展示人的兽性和情欲”，“字里行间充斥着赤裸裸的性意思、性描写”，劝诫“作家在临文之顷，真正能做到孔子所期望之‘好德如好色’”[2]。诸家《论语》释译，亦是几无“性爱”例外者。然却，笔者推敲《论语》之《子罕》、《卫灵公》、《季氏》及其书中诸言“色”字，未见语指“性爱”者，是存多年为之一辩夙愿。

“吾未见好德如好色者也”

《子罕》有“子曰：‘吾未见好德如好色者也’”，《卫灵公》篇再见“子曰：‘已矣乎！吾未见好德如好色者也’”。《论语》仅录“子曰”文字，未详语言环境；参见《史记·孔子世家》得见：“居卫月余，灵公与夫人同车，宦者雍渠参乘，出，使孔子为次乘，招摇市过之。孔子曰：‘吾未见好德如好色者也。’于是丑之，去卫，过曹。是岁，鲁定公卒。”[3] 虽是，然则何谓之“色”，又孔子所“丑之”者何？恐怕史来未尝得闻正释也。三国魏人何晏注“疾时人薄于德而厚于色，故发此言”；宋人邢昺亦疏“此章孔子疾时人薄于德而厚于色也”[4]。东汉郑玄注《礼记·坊记》“子云：‘好德如好色……’”谓：“此句似不足，《论语》曰‘未见好德如好色’，疾时人厚于色之甚，而薄于德也。”[5] 清人刘宝楠《论语正义》以为郑语“即此注文〔任按：指何注〕所本”[6]。“好德如好色”与“未见好德如好色”全然义背，不仅止于“句似不足”也。不仅《坊记》引文“子云”之“好德如好色”断然不为孔子语（《论语》、《史记》载记可鉴），笔者更以今人点校之“子云”全句“好德如好色，诸侯不下渔色，故君子远色，以为民纪。故男女授受不亲，御妇人则进左手，姑姊妹女子子已嫁而反，男子不与同席而坐。寡妇不夜哭。妇人疾，问之，不问其疾。以此坊民，民犹淫泆而乱于族”[5]，全与先秦孔孟儒家尊重人之自然本性思想背道驰也。“窈窕淑女，君子好逑”尚且得见《八佾》载记“子曰：‘《关雎》，乐而不淫，哀而不伤。’”何又“君子远色，以为民纪”耶？“君子好逑”与“君子远色”之二位“君子”，可得同日而语哉！倘必“远色”方为“君子”，则天下定无君子矣。《孟子·离娄上》虽载孟子“男女授受不亲，礼也；嫂溺援之以手者，权也”，却也上文更见“嫂溺不援，是豺狼也”[7]；即或孔子真有“男女授受不亲”之语，笔者亦是不敢以为“授受不亲〔任按：接触〕”可与赵注“不相亲〔任按：亲自〕授”[7]同义而语也。其所“夫礼，坊民所淫，章民之别，使民无嫌，以为民纪者也”[8]之语，有与《孟子·公孙丑上》“无辞让之心，非人也”，“辞让之心，礼之端也”之礼行原始发端本旨殊异；《八佾》曾载孔子坦言管仲“管氏而知礼，孰不知礼？”然又《宪问》载“子曰：‘桓公九合诸侯，不以兵车，管仲之力也。如其仁，如其仁”，当知《礼记》“子云”与《论语》“子曰”，诚非同一“子”也。至少，没人敢信，有言“未见好德如好色”之孔子，又语“好德如好色”也。

《诗·女曰鸡鸣》前文序谓：“《女曰鸡鸣》，刺不说〔任按：悦〕德也。陈古义以刺今，不说德而好色也。”[9]清人方玉润《诗经原始》以为“此诗人述贤夫妇相警戒之辞，人皆知之矣，而《序》以为‘陈古’‘以刺今’，不知何所见而云然”[10]。笔者诚钦方论卓识，只是不解，既以“女”、“士”对称，何得以为“夫妇”相辞哉?！观其序文毛注，有见“德，谓士大夫宾客有德者”[9]之说，然，德于“有德者”、色于“有色者”，皆非可作同义而译也。“德”者，仁也；“有德者”，人也。倘果“德”谓“有德者”，则相对之“色”者，亦当指为“有色者”之人也，而非原本“色”义矣。是，笔者以为，后世释解“好色”以为“贪恋女色”，更当渊源《毛诗正义》序、传焉。刘宝楠以为何晏本于郑玄之注，恐怕郑注亦非真本也。

“传统文化”之深惑国人释解，子曰“吾未见”语确可鉴其至烈也——今之韩兆琦《史记笺证》尚解“南子是卫灵公宠幸的女人，雍渠是卫灵公的男宠，都是‘以色待人’者，故孔子有这样的慨叹”[11]。《笺证》之“崔述以为《论语》此条所记可疑”[11]，不详所依何据，笔者今见清人崔述《洙泗考信录》，但见崔氏所抒《史记·孔子世家》载记疑论：“孔子之圣，必不为夫人次乘；灵公虽无道，尚知致敬孔子，必不以夫人之‘次乘’辱之。君子见几而作，礼貌衰则去之；为夫人‘次乘’不仅衰而已，孔子岂待如此然后去乎！此事之必无者。”[12] 笔者素敬崔氏治学，然于此按，确其不敢与之苟同也。“夫人”南子，国君夫人“寡小君”也，且与灵公同乘，如此礼待孔子上宾次乘专车，其间何“辱”之有？有誉“年少好礼”之孔子，一生言传身教隆礼践礼，曾以“君君，臣臣，父父，子子”（《颜渊》）以对齐景公之问政，即使适卫受宠，亦是万万不能陡生僭越君臣大礼—争坐首乘之欲也。夫人同车，宦者参乘，“出”之隆也；其所“招摇”者，恰恰意在表现“尊孔”也。今之外交礼遇尚且不出其右，其间确乎并无半点“礼貌衰”且“不仅”也。不能因为孔子“丑之”，就去联想“夫人”、“宦者”；其实《史记》载文全无夫人、宦者“次乘”之说，无论卫灵公之“同车”、“参乘”者何，总是国君前车之“次乘”也，孔子何“丑”之有？窃以《史记》文载孔子“丑”之者，卫灵公其“招摇市过之”也；然所

“招摇”者何，确当详读审思以求正解也。“性爱”本于生理欲求，“好德”关乎心志修行，根本无以比较好、恶而相提并论也；权以卫灵公者之“同车”、“次乘”果得体现贪恋女色之举、辱漫贤德之行，断不至于还要“招摇市过之”满街昭示吧！想其市井无赖亦当并非全无羞耻之心，况其“尚知致敬孔子”之举国至尊卫灵公乎？《管子·小匡》“寡人有污行，不幸而好色，而姑姊有不嫁者”[13]不过齐景公之一句戏言，尚且以为“污行”；此间人皆隐私而唯恐不及，卫灵公者，何以利令智昏以致“招摇”哉？如此大背人间常理之解，确其早当作休矣。

想不到，孔子一句“吾未见好德如好色者也”，竟使古今译注颇生疑窦，众说纷纭焉。朱熹《〈论语〉集注》所集“谢氏曰：‘好好色，恶恶臭，诚也。好德如好色，斯诚好德矣；然，民鲜能之’”[14]语，确然已现破疑云端焉。至钱穆《论语新解》虽亦承论“本章叹时人之薄于德而厚于色”且作白话试译“先生说：‘我没有见过好德能像好色般的人呀’”，却又不乏引述朱氏《集注》“或说：好色出于诚，人之好德，每不如好色之诚。又说：《史记》：‘孔子居卫，灵公与夫人同车，使孔子为次乘，招摇市过之’，故有此言”而作“今按：孔子此章所叹，古固如此，今亦同然，何必专于卫灵公而发。读《论语》，贵亲从人生实事上体会，不贵多于其他书籍牵说”[15]之智语。李泽厚《论语今读》译作“孔子说，‘我没有看见喜爱道德能像喜爱女色那样的人啊’”，却又一句“钱解甚好”颇令笔者不知从何说起；然其最令笔者惊喜者，莫过李语后句“好色之色亦可作宽泛解，不必止于女色，一切过度之华美文饰均是”[16]。然却最是不解，何又全然不顾后文如此注解字句，出其前所无端译文耶？看来，孔子语中“好色”之“色”，确当认真求解本原之义也。

南怀瑾《论语别裁》认为“这句话里面说的色，包括了女色、物欲、嗜好三重意义。但根据历代的看法，只是偏重在女色这一面，认为这是孔子对卫灵公的感叹……事实上不止卫灵公，从人情世故上看，人都是好德不如好色。如果一定要以最高的道德要求，世界上很少有合乎标准的人”，“如果依据性心理学的看法，有过分的精力，就有杰出的事业。因此英雄、豪杰、才子，几乎各个行为不检，都是孔子所讲的‘未见好德如好色者也’”；以为其语乃是“孔子所要求的真正圣人的境界”[17]。甚者刘烈撰《还原孔子·孔子与女人》诬蔑“孔子本身是个禁欲主义者，所以他又说：‘吾未见好德如好色者也。’德和色是对立的。但女人不只是色！只是色吗？对女人的何等侮辱与轻视！”[18]少年时代即知鲁迅是个诋毁孔子的能人，不想廿一世纪今胜昔者大有人在。不知这位法国巴黎大学和加拿大蒙特利尔大学的双料博士为什么非要跟自己的远祖师长过不去，人家什么时候有曾施教于你——女人“只是色”呀？文化人之著书立说总要凭点良心，何等心仇疾怨，非要信口雌黄以陷人哉！有如杨润根《发现论语》“我还没有发现那种像热爱追求美好的外表那样热爱追求美好的道德品质的人”[19]之释解，著书另释之先，总该顾上一眼吧。

同性排斥、异性吸引（或许果有同性恋者例外），诚乃自然法则。修身以立德，成长生性欲，全无相提并论缘由。沉溺性欲之“好色”之举，既然断非卫灵公者所能“招摇市过之”，则于

《论语》载言“好色”作解，诚当另循字词本义也。“色”字，《说文解字》释作“颜气也”[20]。马叙伦《〈说文解字〉“六书”疏证》以为“今训‘颜气’也是后义”颇佳，却其前句“‘色’当以‘女色’为本义”甚憾；至“然伦谓古文‘色’作‘𤇽’者，盖颜色之色；本字‘色’当为男女交媾之义，《孟子》‘食、色，性也’”[21]，确其颇见疑问焉。商承祚《〈说文〉中之古文考》按“此字《玉篇》未收，疑是后人增入”[22]可嘉。《孟子》“食、色，性也”之文，无以佐证“色”之“交媾”曾乃其字“本义”也；否则，《书·益稷》之“以五彩彰施于五色”[23]、《论语·乡党》之“色恶不食”，全然无从作解矣。笔者以为，‘色’字本义，确当指其色彩（《汉语大词典》“物体表面所呈现的颜色”[24]）、光泽（《现代汉语词典》“物体表面上反射出来的亮光”[25]），亦即今之所谓“颜色”（《汉语大字典》“物体发射或反射出的不同波长的可见光通过视觉而产生的不同印象”[26]）。《汉语大字典》释“色”义项“③外表，表面。《论语·颜渊》：‘夫闻也者，色取仁而行违，居之不疑。’汉荀悦《汉纪·武帝纪一》：‘色取仁以合时好，连党类，立虚荣以为权利者，谓之游行’”[26]，当说释解《论语·子罕》此“色”恰如其分也。最憾迄今未尝耳闻目睹所断《论语》“好色”指言“女色”者，哪怕或可有信之一言举证也。然以“好的美貌”为“色”者，诚当后世以其字义引申而致也。即或外表、美女并时为“色”义项，亦是或指外表、或为女色，不得臆思专断也。如《论语·阳货》之“色厉而内荏”、《淮南子·俶真训》之“夫有病于内者，必有色于外矣”[27]，皆显“色”义之外表、表面；是见清段玉裁《〈说文解字〉注》谓以“引申之为凡有形可见之称”[28]也。《论语》载言，《颜渊》之“色取仁而行违”、《学而》《阳货》之“巧言令色鲜矣仁”，所指“好色”而非“好仁”显矣，《子罕》之斥“好色”而非“好德”又如何得以解出“女、性”哉！卫灵公之所能“招摇”者，必其以为光荣之举，断非“污”、“疾”（《孟子·梁惠王下》“王曰：‘寡人有疾，寡人好色。’”[29]）之行而满街炫耀（艺伎尚且“千呼万唤始出来，犹抱琵琶半遮面”[30]）也。灵公之所炫耀者，盛待孔子之显“好德”也；孔子之所讥斥者，昭显“好德”实乃德“色”耳。笔者之见孔子此言“色”者，诚乃“德之‘色’”也，亦即“德”之表面光环而已，远非堪比德之真“好”者也；且其灵公假借孔子形象招摇“好德”，是有孔子“于是丑之，去卫”之举，足见孔子以之为“丑”者——自身言行影响，有为灵公借以张扬“好德”也。

《论语》载“色”二十七言，谁人得证一“色”关乎“女性”，乃至“交媾”哉！不详往昔释者，何从窥之耶？是将《论语·子罕》“子曰：‘吾未见好德如好色者也”作译以为：**“孔子说：‘我没有见过心爱仁德有如喜好（德之表面）虚荣那样的人哪！’”**

“贤贤易色”

《论语·学而》之载“子夏曰：贤贤易色。事父母能竭其力，事君能致其身，与朋友交言而有信；虽曰‘未学’，吾必谓之‘学’矣”，笔者以为浅显通俗几近白话，至今未解历代文人学士何而勘出一个“女”字来耶？何晏注“孔曰‘……言以好色之心好贤则善’”[31]，邢昺疏以“上贤，谓‘好尚之’也；下贤，谓‘有德之人’。易，‘改’也”见明，只是后语“色，女人也。女有姿色，男子悦之，故经传之文通谓女人为色。人多好色不好贤者，能改易好色之心以好贤，则善矣，故曰‘贤贤易色’也”[31]，却令笔者比照原文始终莫名其妙，不知邢昺疏文究是何以为说耶？宋朱熹《〈论语〉集注》以为“贤人之贤而易其好色之心，好善有诚也”[32]，亦未脱其舛臼；是有今人黄怀信《论语汇校集释》作按“其一说释‘易’虽不误，但释‘色’为‘好色之心’则明为增字而解经，故不可从。邢疏、朱解皆从‘一说’，未可信也”[33]。黄按后语“见‘色’之不应释为女色也。《论语》‘色’字共十八见，指女色者仅二，且上有‘好’字，则此‘色’字不必指女色可知”[33]，结论甚当，瑕疵颇见：《论语》载“色”二十七言（除去三、四重文亦非仅其“十八见”），笔者未尝一见“女色”也；“贤贤易色”诚无“好”字，然“此‘色’字不必指女色”，并非因其上无“好”字而为“可知”也。《论语》二见之“好色”，与此一见之“易色”，二“色”皆当求其语文字义，方可得其正解也。

憾清刘宝楠《〈论语〉正义》援引“《周官·太宰》郑注云：‘贤，有善行也。'贤贤'，谓于'人之贤者'贤之，犹言'亲亲'、'长长'也’”而作“今案：夫妇为人伦之始，故此文叙于事父母、事君之前”[34]，有入朱氏《集注》“四者皆人伦之大者，而行之必尽其诚。学求如是而已。故子夏言有能如是之人，苟非生质之美，必其务学之至；虽或以为未尝为学，我必谓之已学也”[32]之穴矣。综观子夏此言，践行之学不亚读书求学也；列指事父母、事君、交友三者尽之，何处偷得第“四者”耶？一句“尊崇追随贤人，能够改变自身形象”，概括全章宗旨也；后续祥语：敬贤修行，虽似未学，实已学矣。前贤动词、后贤名词，改变颜色引申改变形象；“贤贤易色”不过，“亲近贤人，改变（自身）形象”而已，何苦强行涉足劳什子之“女色”——混淆视听焉！果当有易“好色之心”，“好食”、“好寝”之心岂不皆当有“易”乎？所谓“不食人间烟火”，不要说其先秦儒学，即使后世程朱理学，亦是不能臆断真有所主也。但愿天下贤达，皆非“易其好色之心”者也。

“色”之通指外表，大可不必首先想到“女性”也。

“戒之在色”

《论语·季氏》载：“孔子曰：‘君子有三戒：少之时，血气未定，戒之在色；及其壮也，血气方刚，戒之在斗；及其老也，血气既衰，戒之在得。”史上解“色”无出性欲者，南朝梁皇侃《〈论语〉义疏》之“少，谓三十以前也。尔时血气犹自薄少，不可过欲，过欲则为自损，故戒之也”[35]，邢昺承之而疏“少，谓人年二十九以下血气犹弱，筋骨未定，贪色则自损，故戒之”[36]；今之沿释者益众，犹以南怀瑾《论语别裁》之言最为明确：“少年戒之在色，就是性的问题，男女之间如果过分的贪欲，很多人只活到三四十岁，身体就毁坏了。”[37]检《周礼·地官·媒氏》确有“令男三十而娶，女二十而嫁”[38]之载，

《礼记》之《曲礼上》有“二十曰‘弱’，冠；三十曰‘壮’，有室”[39]、《内则》有“三十而有室，始理男事”[40]之载，《〈春秋〉穀梁传》文公十二年亦有“男子二十而冠，冠而列丈夫，三十而娶；女子十五而许嫁，二十而嫁”[41]之载；倘若唐贾公彦疏《周礼》之引“卢氏云：‘三十盛壮，可以娶女’”[42]果为周代时尚准则，《论语》“戒之在色”确其或有禁戒青少男女欲求之嫌也。然却，所谓“过欲”、“贪色”乃至“过分的贪欲”，又其诚乃不乏增字解经之语也。

所谓“三十而娶”者，恐怕不仅大背人生情理，更其乖违历史事实也。贾疏征引之文，既有前引“《尚书大传》曰：‘孔子曰：男三十而娶，女二十而嫁，通于织纴纺绩之事，黼黻文章之美，不若是，则上无以孝于舅姑，而下无以事夫养子”之说，更见前征“《家语》鲁哀公问于孔子：‘男子十六精通，女子十四而化，是则可以生民矣。闻礼男三十而有室，女二十而有夫，岂不晚哉?’孔子曰：‘夫礼言其极，亦不是过。男子二十而冠，有为人之父端；女子十五许嫁，有适人之道。于此以往，则自婚矣’”[42]之论，岂不孔子自言大相径庭焉?谁知——前征有实耶、后引有信耶?“十六精通”，“‘三十’‘有室’”，人而可乎?“三十曰壮”，“‘二十’‘父端’”，少有戒乎?

《墨子·节用》载“昔者圣王为法曰：‘丈夫年二十，毋敢不处家；女子年十五，毋敢不事人。’”[43]《韩非子·外储说》载齐桓公“下令于民曰：‘丈夫二十而室，妇人十五而嫁。’”[44]邓伟志《唐前婚姻》例举《左传》载记鲁十二君婚龄而谓“春秋时期鲁国的国君，都不是三十而娶。而那个三十七岁才成婚的鲁庄公，从《左传》的记载看，有其迟婚的隐衷”[45]；董家遵《中国古代婚姻史研究》更列秦后“历代早婚帝王的结婚年龄表”而断“未‘弱冠’而结婚者，实是皇家里司空见惯的事……而15岁以下便成婚的竟占表上人数的三成”[46]；就流传至今的文字资料而言，“男三十而娶，女二十而嫁的传统说法，与所谓产生这种说法的春秋时期的婚年实际，是不相符的”[47]。于今晚婚晚育时代尚且亦只“男二十二、女二十”之法定结婚年龄，按理，撰文著书者诚是不该讹传《论语》涉戒男子“三十”以前之“女色”欲求也。

《论语》“戒之在色”之“色”，亦当其如“斗”、“得”二字，皆为人之自身性情之戒，并非有如史上所言“三不惑”之身外名物“酒、色、财”也；更非雅俗共识之所谓“四害”——酒、色、财、气之“色”，堪与比附《论语》其“色”也。《论语》另文二十六“色”，未见一语言及男女性欲，此又如何大偏“色”字本旨，臆思而作望文生义焉？笔者以为，此章孔子所言君子者人生三段，显要适时性情修养；三戒色、斗、得者，皆当有就人生诸段显现病诟，循其三戒本义而求释解也。读《论语》，《公冶长》之“无喜色”、“无愠色”，《泰伯》之“正颜色”，《乡党》之“有容色”，《颜渊》之“察言而观色”、“色取仁而行违”，《阳货》之“色厉而内荏”、“巧言令色鲜矣仁”，诸“色”言指表面、外表，岂当不与《季氏》孔子告诫青少不慕虚荣之“色”相类比焉？至少，笔者现有人生体验，青少年之虚荣心强，诚乃不争事实；倘不适时修正，而任其生长成性，无乃宁远君子者也。是以笔者涉读《论语》，所于《季氏》少戒虚荣、壮戒争斗、老戒贪得，从来不敢亵释儿女性欲以解其“色”也。非如此（色、斗、得之各指虚荣、争斗、贪得性情），则清翟灏《〈四书〉考异》之“《淮南·诠言训》‘凡人之性，少则猖狂，壮则强暴，老则好利’，本于此章”[48]，根本无从作“按”也。少时所读杨振声《玉君》有见“‘孔子可曾有过绝人欲存天理的话？’玉君笑问我。‘我敢以割头担保，那是没有的。’我答说，‘不惟孔子没说过，就是他的门弟子也没说过。孔子是绝对承认人的本性，不过要以礼乐去节和它，所以喜怒哀乐是大本，发而中节是达道。绝人欲存天理的话，是直到宋儒以佛家静坐参禅的方法去治'孔席不暇暖'，〔、〕'实事求是'的人生哲学方才参出来的。就是孔子听了，也要吓一跳的'”[49]，一个被学生视作“五四运动当闯将”的人，竟也留给后人如此贞言，确当有令笔者至今感念不忘。后之著书立说者，大可不必非要以为——史上所谓“好色之徒”、“酒色之徒”，惟乃“少之时”者“专利”吧！

不管笔者自以为是之解，终距《论语》本义远近，总愿见闻释解纷纷者，多于《论语》自载章句求是焉。

注释：

[1]　吴丕《试说“戒之在色”》，《光明日报》1994年10月2日第3版。

[2]　党圣元《文章之价在德不在色》，《中国教育报》1998年2月24日第7版。

[3]〔汉〕司马迁撰〔任按：实乃司马谈、迁草创，杨恽祖述〕《史记·孔子世家》，中华书局1959年9月版第六册1920-1页。

［4］［31］［36］《论语注疏》，北京大学出版社 2000 年 12 月版整理本《十三经注疏》第 133、8–9、259 页。

［5］［8］［39］［40］《礼记正义》，北京大学出版社 2000 年 12 月版第 1658–9、1656、22、1013 页。

［6］［34］〔清〕刘宝楠撰《论语正义》，中华书局 1990 年 3 月版第 350、20 页。

［7］［29］《孟子注疏》，北京大学出版社 2000 年 12 月版第 241、56 页。

［9］《毛诗正义》，北京大学出版社 2000 年 12 月版第 344 页。

［10］〔清〕方玉润撰《诗经原始》，中华书局 1986 年 12 月版第 211 页。

［11］韩兆琦编著《史记笺证》，江西人民出版社 2004 年 12 月版第陆册 3230 页。

［12］〔清〕崔述撰《洙泗考信录》卷二，中华书局 1985 年版《丛书集成初编》第 143 册 46–7 页。

［13］《管子》卷八，浙江古籍出版社 1998 年 8 月版《百子全书》第 391 页下。

［14］［32］〔宋〕朱熹撰《论语章句集注》，中华书局 1983 年 10 月版第 114、50 页。

［15］钱穆著《论语新解》，三联书店 2002 年 9 月版第 238 页。

［16］李泽厚著《论语今读》，安徽文艺出版社 1998 年 10 月版第 229 页。

［17］［37］南怀瑾著《论语别裁》，复旦大学出版社 1996 年 6 月第 2 版 461–2、778 页。

［18］刘烈著《还原孔子》，〔太原〕书海出版社 2008 年 1 月版第 215 页。

［19］杨润根著《发现论语》，〔北京〕华夏出版社 2003 年 1 月版第 234 页。

[20]〔汉〕许慎撰《说文解字·色部》九上，中华书局1963年12月版187页下。

[21] 马叙伦《〈说文解字〉“六书”疏证》，卷十七；转引自上海教育出版社2003年12月版《古文字诂林·八》第119页。

[22] 商承祚《〈说文〉中之古文考》，《金陵大学学报》1936年2期；转引自上海教育出版社2003年12月《古文字诂林·八》第118页。

[23]《尚书正义》，北京大学出版社2000年12月版第139页。

[24]《汉语大词典》第九卷，〔上海〕汉语大词典出版社1992年6月版第15页。

[25]《现代汉语词典》，商务印书馆1996年7月修订第3版470页。

[26]《汉语大词典》第五卷，湖北辞书出版社、四川辞书出版社1998年12月版第3071页。

[27] [43] [44]《诸子集成》，浙江古籍出版社1999年1月版第1041页下、629页上、994页下。

[28]〔汉〕许慎撰〔清〕段玉裁注《说文解字注·色部》九篇上，上海古籍出版社1981年10月版第432页。

[30]〔唐〕白居易《琵琶行》，中华书局1963年9月版朱东润主编《中国历代文学作品选》中编第一册第279页。

[33] 黄怀信主撰《论语汇校集释》卷一，上海古籍出版社2008年8月版第56页。

[35]〔三国魏〕何晏集解〔南朝梁〕皇侃义疏《〈论语〉集解义疏》，《影印文渊阁四库全书》第195册492-3页。

[38] [42]《周礼注疏》，北京大学出版社2000年12月版第425、427页。

[41]《春秋穀梁传注疏》，北京大学出版社2000年12月版第203页。

[45] [47] 邓伟志著《唐前婚姻》，上海文艺出版社1988年8月版第

85、88页。

[46] 董家遵、卞恩才整理《中国古代婚姻史研究》，广东人民出版社1995年9月版第242页。

[48] 〔清〕翟灏撰《四书考异》下编卷一八，上海古籍出版社2003年5月版《续修四库全书》第167册273页。

[49] 《杨振声选集》，人民文学出版社1987年6月版第61页。

〔载2009年8月9日自刊《余修文稿》辑五〕

一个人间志者的晚年无奈

——我所理解的孔子政治抱负生历感悟

叶小草

《论语·为政》载记孔子自述之言谓："吾十有五而志于学，三十而立；四十而不惑，五十而知天命；六十而耳顺，七十而从心所欲不逾矩。"久闻孔子曾作自道"我非生而知之者"[1]，不想今竟颇见以为孔子自恃超凡入圣者，其乃何其悖谬焉？典者，可见：㈠钱穆《论语新解》以"知天命，乃'立'与'不惑'之更进一步，更高一境，是为孔子进学之第三阶段"，"更进而有'耳顺'之境界。耳顺者，一切听入于耳，不复感其于我有不顺，于道有不顺"，"一任己心所欲，可以纵己心之所至，不复检点管束，而自无不合乎规矩法度。此乃圣人内心自由之极致，与外界所当然之一切法度规矩自然相洽"，"圣人之学，到此境界，斯其人格之崇高伟大拟于天，而其学亦无可再进矣"[2]〔叶按：倘果如此，则"学无止境"之成语确当仅为孔子而外之肉体凡胎者用也〕；㈡匡亚明《孔子评传》亦以为孔子归鲁的最后几年中，"跨越了自己所说的'六十而耳顺，七十而从心所欲，不逾矩’的两种思想境界，亦即在‘三十而立’的基础上，达到了他自己认为是最后也是最高的发展阶段。所谓‘耳顺’，所谓‘从心所欲，不逾矩’，实际上是一个意思，就是思想上、学问上、品德修养上达到了十分成熟的程度，即凡是各种事情，听到后就能辨别真伪是非（‘顺’）；凡是心里想做的事情，做起来就符合真理准则（‘矩’）”[3]；㈢《蒙培元讲孔子》又“所谓‘从心所欲不逾矩’，就是领会了人生的真谛，贯通了天人之道，获得了精神自由，做到了‘求仁而得仁’，随心之所至不逾越宇宙法则。只有心与天道合一，才能‘从心所欲不逾矩’。这是人生的最高境界。孔子勤奋一生，只是到了晚年，才认为自己达到了这个境界”[4]。

孔子，名丘，字仲尼，姓孔氏；公元前552年10月9日生，七十四岁于前479年3月9日卒〔叶按：生、卒俱见《春秋》载文〕。一个血肉之躯的春秋鲁国大夫耳。倘若我们不能把耳聋眼花视作老者的“境界”表征，似乎也没有理由硬把孔子晚年“无可奈何花落去”之感受视为超人者之圣化“境界”也。笔者尽管努力寻找，无论是从《论语》载记的文字中，还是有从后世的注解诠释中，终是没能窥见一个圣者的超凡脱俗“境界”。是愿不揣浅陋，试解孔子自道一生逐段政治抱负感悟耳。

“吾十有五而志于学”

言“吾”者，孔子自道也。《大戴礼记·保傅》载：“古者年八岁而出就外舍，学小艺焉，履小节焉。束发而就大学，学大艺焉，履大节焉。”清乾元吉作注曰：“束发谓‘成童’。《白虎通》曰‘八岁入小学，十五岁入大学’是也。”[5]“志”当怀志求学，非谓十五始有学也；笔者以为此如当年周恩来之“为了中华之崛起”而读书，少年孔子胸怀“修齐治平”大志而奋起读书求学也。

“三十而立”

笔者以为孔子所言“立”者，有如今之著书立说之“立”，当为孔子学成确立儒家“仁爱”学说也。笔者无论如何都还没能有从《尧曰》之“不知礼，无以立”中，感觉一个所如林义正《孔子晚年心志蠡测》之“立是‘立于礼’”[6]也；自是不敢苟同杨树达《论语疏证》之所谓“立谓立于礼也。盖二十始学礼，至三十而学礼之大业成，故能立也”[7]一段释语。汉语“立于礼”可解，如谓“而立‘礼’”则其诚不通也。其实，程树德《〈论语〉集释》按语“《白虎通》引‘三十而立’连上句，则立谓学也。《〈三国〉吴志·孙皓传》亦云：‘孔子言'三十而立'，非但谓'五经'也。’是以立为学立，本汉人旧说，其义最长。观‘立’上用一‘而’字，其指学立毫无疑义”[8]已见明智，今再何必黄怀信者排异按语“诸说似皆不可从”[7]耶？李启谦《“学而时习之”章另解》之“这里的‘学’不是动词，而是名词，指的是孔子的‘学说’。‘时’不应解作‘时常’或‘按时’，而应解作‘时代’（可引申为社会）。‘习’不应作‘温习’讲，而应作演习、采用讲”，“如果我的学说被时代（或社会）

所采用，那不就太值得高兴了吗”[9]，委实令人感佩。

“四十而不惑”

北宋邢昺有疏曰：“‘四十而不惑’者，志强学广，不疑惑也。”[10] 笔者以为，不尽然也。《颜渊》载有孔子回答子张所问“辨惑”之言：“爱之欲其生，恶之欲其死；既欲其生，又欲其死，是惑也。”三国魏何晏《集解》“包曰：‘爱恶当有常。一欲生之，一欲死之，是心惑也’”[11]，南朝梁皇侃《义疏》亦谓“犹是一人，而爱憎生死，起于我心，我心不定，故为惑也”[12]，清刘宝楠《正义》更谓“今此忽爱忽恶，是好、恶未著，故贤、不孝亦不能辨，非惑而何”[13]？是则，不辨而惑，辨而不惑也。笔者以为孔子此言，更当“治国、平天下”之大策不惑也。此当孔子“立说”而后之言“治国”耳。正如《子路》载文：“子曰：‘苟有用我者，期月而已可也，三年有成。”

“五十而知天命”

邢昺疏曰：“‘五十而知天命’者，命，天之所秉受者也。孔子四十七学《易》，至五十穷理尽性，知天命之始终也。”[10] 刘宝楠《正义》谓：“《说文》云：‘命，使也。’言天使己如此也。……命者，立之于己，而受之于天，圣人所不敢辞也。”[14] 自然禀赋，后天造就，合而成为社会之人；其所能力、作为，并非皆由个人意志使然也。正如张新民释读《论语》之《生命成长与境界自由》所言"'命'或'天命'即人力之外的客观力量，或不由人本身决定的结果或〔叶按：'或'作'、'号为宜〕限度。"[15]是见《论语》载言，《宪问》有"子曰：'道之将行也与，命也；道之将废也与，命也'"，《微子》有子路曰"君子之仕也，行其义也；道之不行，已知之矣"，《宪问》有门人之谓孔子"是知其不可而为之者与"，《颜渊》更见子夏之闻："死生有命，富贵在天。"近览报载，耄耋老者连年高考不中，悯以旁听，用功最勤；无奈，成绩忒差，无以为继也。乃公诚其"不知命，无以为君子也"(《尧曰》）欤？天命如此，非人力可与抗争也。《公冶长》之"道不行，乘桴浮于海"，诚乃孔子晚年无奈之语，如何得窥"乃'立'与'不惑'"之"更高一境"耶？"道不行"者，天命如此也；大白话不过——你的能耐也就这么大了（《子罕》"子曰：'后生可畏，焉知来者之不如今也？四十、五十而无闻焉，斯亦不足畏也已'"）。真不知道，一个志者得知他的未竟抱负已被"天命"无情划上休止符，却被世人恭维"境界"升华时的感受，终是志得意满耶？还是痛苦不堪耶？其实，皇侃《义疏》之"人年未五十，则犹有横企无涯；及至五十始衰，则自审已分之可否也。故王弼云：'天命废兴有期，知道终不行也'"[16]，已然明道"天命"之知也；大可不必后之者，再而费解孔子人间语也。

"六十而耳顺"

何晏注引"郑曰：'耳闻其言而知其微旨'"，邢昺亦疏谓

“耳闻其言，则知其微旨而不逆也”[11]；闻言不逆有为“耳顺”，仅就汉语二字表义，不解何凭析出“微旨”之义耶？至清焦循《补疏》方见明言“学者自是其学，闻他人之言多违于耳”[17]，正疏作按“‘耳顺’即舜之察迩言，所为善与人同，乐取于人以为善也。‘顺’者，不违也，舍己从人；故言入于耳，隐其恶，扬其善，无所违也”[17]；又佳语“谓‘知微旨’，此在‘不惑’、‘知天命’时已然，不待‘六十’矣”[17]，诚乃心智笃正之言也。幸闻今人尚有不乏笃实真言：“由于历代统治者对孔子的有意神话”，“使后儒丧失了对其思想体系中异质成分探讨的勇气”，“孔子晚年思想所发生的一个根本变化就是他萌生了出世的念头，而这恰是被历代学者所忽视的”[18]。事实（就文献载记而言）上，“积极进取的人生观和以道自任的用世之志在孔子生命的晚年逐渐发生了动摇”，“认识到其孜孜以求的政治理想在现实世界已无实现的可能”；就连《论语》载记的孔子语录也着实“充满了悲天怜人的无奈感”，乃至令他“晚年的心态充满了悲观厌世色彩”[18]（《子罕》“凤鸟不至，河图不出，吾已矣夫！”《宪问》“莫我知也夫！”“知我者，其天乎？”）。俗语“少不看《水浒》”者，“耳顺”老者不违人意，无欲造反，是不劝诫老者涉阅《水浒》也。笔者以为，孔子五十已知天命如此，道将不行；此句谓六十衰弱，无力回天，不再“自是其学”以逆世事也。

“七十而从心所欲不逾矩”

拜读诸家释解孔子此句自语，甚憾黄怀信《论语汇校集释》“皇说‘年至七十习与性成，犹蓬生麻中不扶自直’不误。朱说尤为得之，程说非”[19]之按文。唐李翱《笔解》一句“上圣既顺天命，岂待七十不逾矩法哉”[20]，斥言皇侃类说最当。朱熹《〈论语〉集注》之“随其心之所欲，而自不过于法度，安而行之，不勉而中也”，祖述二程“从心所欲，不逾矩，则不勉而中矣”[21]，何见其所“朱说尤为得之，程说非”耶？朱氏“愚谓圣人生知安行”[22]，有与程氏“孔子生而知之也”[21]，大谬《论语·述而》“子曰：‘我非生而知之者，好古敏以求之者也”；诚如程树德《论语集解》“《集注》因用其师说，所言几毫无是处，不止如李氏所云已也〔叶按：李威《岭云轩琐记》‘《论语》'吾十有五'章《集注》，程、朱二说皆极可异。……似此影响之谈，皆由视'生知'之圣为不待学，而不知圣之自有其学’[23]〕。而世多称为直接孔孟不传之秘，岂其然乎”[23]之按。黄按“从，遂也，随也”祖从朱氏《集注》之“从，随也”，更乃憾中之憾；从之训“随”，何以知之哉？无论古人“言虽从心所欲而不逾越法度也”[10]之讹疏，还是今人“七十而从心所欲，不逾矩”之枉断，笔者虚怀一亦是不敢以为然也。“七十而从心所欲不逾矩”者，“从心”一词，当如《汉语大词典》之注释——“③由衷；发自内心”[24]（无由以为“随心”也）；“欲”者，意愿，《玉篇·欠部》释欲“愿也”[25]当焉（《故训汇纂》“⑬欲作愿。

《尸子》卷下‘吾欲生得之’汪继培辑注：‘御览七百四十五，又九百五十，欲作愿’”[26]）；“矩”者，时政法度也。笔者以为，孔子所言——从心所愿不逾矩，非惧法度（外力规矩）而不逾也（亦即心无逾矩之欲—愿望也）。此间正如任继逾晚年闲章“不敢从心所欲”，“从心所欲”亦惜未脱史传讹臼，所为“不敢”者，不敢“‘随’心所欲”也；如此德高望重学者尚且“不敢”为者，确当春秋孔子亦非所言“‘随’心所欲”，而谓“从心所‘愿’”也。

孔子是人，纵然后世崇以“至圣先师”，依然生存人间凡界；即非“超人”，何苦于其老朽费解以谓“境界”耶？孔子自述“志于学”至“从心所欲不逾矩”一生政治抱负，不过明明白白三十八字而已；历代叠床架屋注释者，倘无自身“境界”亲历，何以知之孔子身受哉！其实孔子不过如同身边耳闻目睹群中之一耳，工、农、商、学、兵者如何？教授、院士如何？诺奖得主又如何？不过各有短长一人耳。孔子自言“三人行〔叶按：行，名词；音‘háng’〕必有我师焉”（《述而》），则你、我、他者，倘生春秋其时，或可言行有为孔子师也。

注释：

［1］《论语·述而》。

［2］钱穆著《论语新解》，生活·读书·新知三联书店 2002 年 9 月版第 27-9 页。

［3］匡亚明著《孔子评传》，南京大学出版社 1990 年 12 月版第 75-6 页。

［4］蒙培元著《蒙培元讲孔子》，北京大学出版社 2005 年 9 月版第

27-8 页。

[5] 《大戴礼记》卷三，上海商务印书馆缩印版《四部丛刊初编·经部》第一二册 16 页。

[6] 林义正《孔子晚年心志蠡测——并为〈莫春篇〉作一新解》，《周易研究》2003 年第 1 期 10 页。

[7] 转引自黄怀信主撰《论语汇校集释》，上海古籍出版社 2008 年 8 月版第 113 页。

[8] [23] 程树德撰《论语集释》，中华书局 1990 年 8 月版第 72、78 页。

[9] 李启谦《关于“学而时习之”章的解释及其所反映的孔子精神》第二节，《孔子研究》1996 年第 4 期 35 页。

[10] [11] 《论语注疏》，北京大学出版社 2000 年 12 月版整理本《十三经注疏》第 16-7、183 页。

[12] [16] 〔三国魏〕何晏集解〔南朝梁〕黄侃义疏《〈论语〉集解义疏》，《影印文渊阁四库全书》第 195 册 450、349 页。

[13] [14] 〔清〕刘宝楠撰《论语正义》，中华书局 1990 年 3 月版第 499、44-5 页。

[15] 张新民《生命成长与境界自由——〈论语〉释读之一》，《孔子研究》1998 年第 4 期 11 页。

[17] 〔清〕焦循《〈论语〉补疏》，上海书店 1988 年 10 月版《清经解》第六册 682 页。

[18] 吴有祥、赵钦泉《居夷浮海欲何往——试论孔子晚年的出世思想》，《烟台师范学院学报》（哲社版）2000 年第 4 期 70-1 页。

[19] 黄怀信主撰《论语汇校集释》，上海古籍出版社 2008 年 8 月版第 121 页。

[20] 〔唐〕韩愈、李翱撰《〈论语〉笔解》卷上，《影印文渊阁四库全书》第 196 册 4 页。

［21］［22］〔宋〕朱熹撰《四书章句集注》，中华书局 1983 年 10 月版第 54、55 页。

［24］《汉语大词典》第三卷，〔上海〕汉语大词典出版社 1989 年 3 月版第 1004 页。

［25］《宋本玉篇》卷九，〔北京〕中国书店 1983 年 9 月版 179 页。

［26］宗福邦、陈世铙、肖海波主编《故训汇纂》，商务印书馆 2003 年 7 月版第 1171 页。

〔载 2009 年 8 月 9 日自刊《余修文稿》辑五〕

南宋二相陈俊卿、陈文龙亲缘考

林叶蓁

陈俊卿 生政和三年（1113）[1]，卒淳熙十三年十一月二十二日（1187.1.3）。字应求，兴化军莆田人。绍兴进士，乾道丞相，致仕卒。

陈文龙 生绍定四年（1231），卒景炎元年十二月（1277）。初名子龙，咸淳廷对，度宗御改；字君贲，兴化军莆田人。景炎宰相，守兴化被执，械送燕京，绝食至杭州卒。

《昭忠录·陈文龙》记："祖俊卿"[2]。《宋史·陈文龙传》记："丞相俊卿之后也"[3]，又称"文龙之侄瓒"[4]。《宋史·瀛国公纪》至元十四年三月（1277）载："陈文龙从子瓒举兵杀守将林华，据兴化军。"[5]《续资治通鉴·元世祖纪》至元十四年三月亦载："宋陈瓒举兵杀林华，复兴化军。瓒，文龙从子也。"[6]《宋人传记资料索引》释陈赞为"宓孙"[7]，释陈文龙为"俊卿孙"[8]，与《昭忠录》、《宋史》、《续资治通鉴》所载相合。

笔者见陈俊卿生推政和三年（1113.1.20—1114.2.7）、陈文龙生推绍定四年（1231.2.4—1232.1.23），祖孙生间118年而生其疑；又见《中国人名大辞典》虽称陈赞为“文龙从子”，却附按文：“《福建通志》以瓒为文龙从叔，此从《宋史》。”[9] 遂作考。

《宋史·陈俊卿传》记俊卿“子五人”[10]。《宋人传记资料索引》记，其长子陈寔卒“嘉定五年”（1212）[11]、次子陈守卒“嘉定四年”（1211）[12]、三子陈定卒“淳熙元年”（1174）、四子陈宓卒“绍定三年”（1230）[13]、五子陈宿卒“淳祐二年”（1242）[14]。

陈文龙生绍定四年，而陈俊卿之前四子皆于绍定三年前谢世，故文龙不为俊卿前四子之子。惟五子陈宿卒淳祐二年，或可有为文龙之父。考《后村先生大全集·卷一百五十·知常州寺丞陈公》，载：“公讳宿，字师道……淳祐二年三月己酉，晨起盥栉，骤感疾卒，年七十；积阶至朝议大夫。娶恭人聂氏，二子：增，奉议郎，前福州怀安丞；壁，从事郎，潮州海阳薄。”[15] 知文龙不为俊卿五子之子；既而可断：陈文龙不为陈俊卿之孙。既文龙不为俊卿孙，则陈赞（宓孙）必不为陈文龙之“侄”。再考《后村先生大全集·一百五十四·聂令人》所载：“令人，讳柔中……淳祐辛亥闰十月辛巳卒……年七十九。二子：增，……；壁，……。二女……皆前卒。有二孙：琰，迪功郎……；岩，拟将士郎。”[16] 见陈俊卿后世至曾孙皆名单字，则陈文龙为“俊卿之后”亦当后于曾孙。是当析《宋史》《续通鉴》“从子”为非、《通志》“以瓒为文龙从叔”或可有信。考《宋季忠义录·卷八·陈瓒》载："陈瓒，字瑟玉，莆田人。视文龙为从侄。……瓒语文龙……文龙怃然曰：'叔父策甚善……。'德祐丙子……十二月……文龙被执北去。瓒曰：'侄不负国，吾不负侄。'即阴部署宾客，募壮丁。景炎二年二月晦，以兵攻林华等，诛之。"[17] 既"视"文龙为从侄，则文龙非为真"从侄"。虽是未明宗族支系，却是叔侄辈份载合《通志》。又见上书继载："十月……瓒被执……车裂于五门……谥忠武。子若水，张世杰辟为督府驾阁。"[18] 见瓒子若水已名复字，则当析《通志》之载似当有信。再考《闽中理学渊源考·卷二十九·忠肃陈君贲先生文龙》，载："陈文龙，字君贲，高祖宋卿与丞相俊卿为初从兄弟……公从叔瓒，寺丞宓之孙也。"[19] 至此，二相亲缘彰明；亦证，《宋史》等书载记有误，辞书不从《通志》有失。

《闽中理学渊源考》取材《莆阳文献集》、《莆阳志》及《闽书》而撰，《福建通志》亦为闽人有据《闽书》撰修，其《闽书》之撰更是《八闽通志》、《闽大记》等郡邑各志之荟萃；诸书撰修者，或为莆田人、或位闽中官，其载文龙身世，允为有信。所见诸书俊卿、文龙亲缘，更与宋人刘克庄之《后村》集文无悖。故万斯同《宋季忠义录》有注："《宋史》瓒传附文龙传末，称为从子，今从何乔远《闽书》。"[18]

是断：景炎宰相陈文龙，乾道丞相陈俊卿之从父玄孙也。

注释：

[1] "111$\bar{3}$"中符号"–"为农历年换成对应公历年之跨年标示，如政和三年（1113.1.20－1114.2.7）略月日而纪"1113－1114"之意。详见交流

小刊《纪年研考》2 期拙文《中国史公元纪年发微》。下文公历注纪皆如。

[2] 〔元〕撰人不祥，中华书局 1985 年新一版《丛书集成初编》3355 册《昭忠录》30 页。

[3] [4] [5] [10] 〔元〕脱脱等撰，中华书局 1977 年 11 月 13278、13280、942、11790 页。

[6] 〔清〕毕沅编著，中华书局 1957 年 8 月 5001 页。

[7] [8] [11] [12] [13] [14] 昌彼得、王德毅、程元敏、侯俊德编，王德毅增订；中华书局 1988 年 3 月影印台湾鼎文书局 1977 年增订版第 2534、2545、2482、2434、2441、2474 页。

[9] 臧励和等编，上海书店 1980 年 11 月复印版 1107 页。

[15] [16] 〔宋〕刘克庄撰，上海商务印书馆缩印版《四部丛刊初编》第二七九册赐砚堂抄本《后村先生大全集》七册一三一九、一三五八页。

[17] [18] 〔清〕万斯同撰，四明张氏约园刊本《四明丛书》二集六十册十五、十六页。

[19] 〔清〕李清馥撰，台湾商务印书馆民国第七十二（1983）年《影印文渊阁四库全书》第 460 册 366–8 页。

（1993. 11. 初稿）

〔载 1995 年 5 月 24 日自刊《纪年研考》第 6 期（并非纪年）〕

秦简“田律”辩释一则

林叶蓁

湖北云梦《睡虎地秦墓竹简》中“秦律十八种”共二○一简，其“四、五”简文载律：“春二月，毋敢伐木山林及雍堤水。不夏月，毋敢夜草为灰，取生荔、麛卵鷇。毋□□□□□□毒鱼鳖，置阱网，到七月而纵之。”整理小组注释：“纵，开禁。《逸周书·大聚》：‘春三月，山林不登斧，以成草木之长；夏三月，川泽不入网罟，以成鱼鳖之长。’与简文‘到七月而纵之’相合。”[1] 虽见“春三月、夏三月”之禁恰与简文“到七月而纵之”字义有合，然却简文实为“春二月”禁伐、“夏月”入网，不与《逸周书》合。所以，参照《逸周书》之“田律”译文“春天二月，不准到山林中砍伐木材，不准堵塞水道，不到夏季，不准烧草作肥料，不准采取刚发芽的植物，或提取幼兽、鸟卵和幼鸟，不准……毒杀鱼鳖，不准设置捕捉鸟兽的陷阱和网罟，到七月解除禁令”[1]，不得通解。春二月之“毋敢”，当为逾二月则“有敢”；“不夏月”毋敢，是“夏月”开禁而敢；所译到七月“再”除禁令，实与简律前文见悖。

日人工藤元男先生《云梦秦简〈日书〉与秦史研究》之文有见异释：“在‘夏月’期间是可以作狩猎及采集植物，另一方面又有‘七月’就可狩猎采集植物的记载。这样，即是说‘七月’属于‘夏月’。然而，据旧历‘夏月’是四、五、六月，七月就是‘秋月’之始；田律所记是以季为单位，即以三个月来算。……《日书》中有标题‘岁’的占辞，其中有秦楚月对照一表。观察此表可知，秦楚月名之间相差三个月，这种差距是与前面言及的田律一致的。因此，我们知道田律起头之‘二月’当为‘三月’，即‘春三个月’之意；就是说春这三个月以内原则上是禁止狩猎及采集植物，到‘夏月’就可以。这样，我们就得知田律是基于秦所占领之下的楚地历法而制定之律令。”[2] 工藤先生研究《日书》成果甚丰，然却此处有见其疏。“‘七月’属于‘夏月’”之说，并非律文本义。“相差三个月”之秦楚月名止为“七、八、九、十”四月，余则月名各异，无以而言三个月之“相差”。《日书》“岁”简（六四）“二月楚夏尿”，天象“日八夕八”[3]；所见，楚历“夏尿”之月正为寅正“春二月”，虽见月名之异，却是同指其月。楚以建亥为正，故其“七月，日十夕六”已入楚历之秋；倘若“田律”果为“基于楚历而制定”，则其“七月”定非其历“夏”季之月。楚无“二月”之称，“田律”有以“春二月”行文，恰证其用秦历、非基“楚地历法而制”律令也；所见“秦律十八种”二〇一简，无一楚历月名之记，何言“基于楚历而制定律令”？工藤先生此文“‘七月’属于‘夏月’”、“‘二月’当为‘三月’”等语，实见牵强之笔。

然，整理小组悖义释文、工藤先生牵强解语何所致焉？笔者愚意，“田律”简文“纵”字通假误解也。清人王引之《经义述闻·通说·经文假借》：“经典古字，声近而通……改本字读之，则怡然理顺；依借字解之，则以文害辞。”[4]

“纵”。《中文大辞典》义项“戉”释：“足勇切。怂涌，劝也。与怂通。”[5]《集韵·上声上·肿二》：“怂，从、纵；《方言》：‘怂涌，劝也。’或作从、纵。”[6]《楚辞·九歌·大司命》“竦长剑兮拥幼艾”，宋人洪兴祖《楚辞补注·考异》：“《释文》竦作怂。”[7]《淮南子·道应训》“若士举臂而竦身”[8]，汉人王充《论衡·道虚篇》作“举臂而纵身”[9]。宋人蔡沈注《尚书·太甲上》“克终允德”：“凡人之不善，必有从臾以导其为非者。”[10]《汉书·传十四·衡山王》“日夜纵臾王谋反事”，注：“如淳曰：‘臾读曰勇。……。’师古曰：‘……。纵臾谓奖劝也。’”[11]《史记·列传五十八》又作“日夜从容”[12]，《列传六十·汲黯》更有“宁令从谀承意”[13]；清人王念孙疏证《广雅》“食阎、怂恿，励劝也”：“并与怂恿同。案：怂恿，叠韵也，单言之则谓之筭。《方言》云：‘自关而西秦晋之间，相劝曰筭，或曰将；中心不欲而由旁人之劝，语亦曰筭。’昭六年《左传》‘诲之以忠，筭之以行’……《汉书·刑法志》筭作㒋，颜师古注云：‘㒋，谓奖也。’案：颜说是也。筭之以行，谓举善行以奖劝之。”[14]王念孙《广雅疏证·补正》：“‘奖’与‘将’古字通，故《方言》作‘将’。”[15]更见《国语·楚语上·申叔时论傅太子之道》“教之春秋，而为之筭善而抑恶焉，以戒劝其心”，三国吴韦昭有注：“筭，奖也；抑，贬也。”[16]清人钱绛笺疏

《輶轩使者绝代语释别国方言》："是怂为劝，而抑为戒也。韦曜〔昭〕注以为奖，奖与劝同意。《汉书·杨子云传》'整舆竦戎'，颜师古注：'竦，劝也。'怂、耸、慫、竦并字异而义同。"[17]《汉书·礼乐志二·郊祀歌·后皇十四》"骑沓沓，般纵纵"，注："晋灼曰：'音人相從勇作恶。'师古曰：'……從音才公反。'"[18]《新唐书·列传九十三·柳宗元》更有载文"胁驱纵踊"[19]。诸引当见，古之纵、怂、耸、從、竦、慫字，实有通假之用。

非但古之行文"纵"、"怂"通假，笔者更疑"怂"字之义本从"纵"字分离而立；若除今之贬义，则"怂"字其义已见"纵"自含之。《论语·子罕》："固天纵之将圣，又多能也。"三国魏何晏注："孔曰：'言天固纵大圣之德，又使多能也。'"[20]《春秋左氏传·哀公二十六年》："司城欲去大尹，左师曰：'纵之，使盈其罪。'"[21]《史记·武帝本纪》："瞽叟从下纵火焚廪。"[22]《史记·世家二十六·陈丞相》："伯常耕田，纵平使游学。"[23]《史记·列传二十一·赵奢》："赵奢纵兵击之，大破秦军。"[24]《后汉书·列传五十二·荀悦》："赏不劝谓之止善，罚不惩谓之纵恶。"[25]《后汉书·列传六十一·皇甫嵩》："若因夜纵烧，必大惊乱"[26]。《后汉书·列传六十二·董卓》："卓纵放兵士，突其庐舍，淫略妇女，剽掳资物，谓之'搜牢'。"[27]隋人王通《中说·问易篇》："适足推波助澜，纵风止燎尔！"[28]《新唐书·志四十·兵》："纵矢三百步，四发而二中"[29]。南朝宋人裴松之注《三国志·魏书·武帝纪》"二十一年……夏五月，天子进公爵为魏王"："《献帝传》载诏曰：'……遭率土分崩，群凶纵毒'"[30]。

明人李东阳《东祀录·通达下情题本》："织造内官纵使群小采打闸河。"[31] 近人郁达夫《青岛杂事诗》："是谁纵敌叫南侵?"[32] 就是今日刊文报导亦书"正是这个……的狠狠两脚，不啻于一个无声的动员令，于是由……引发并纵容的一场……惨剧旋即拉开了序幕"[33]，当见"怂"义实存"纵"字中。是辞书释"纵"，不当有略其辞"促动、励勉"义项。虽见今之"怂"又多已离"纵"另词，且又贬义行之，然，古之"纵"字，实常"促动、励勉"之用也。

睡虎秦简律文"春二月，毋敢伐材木山林……。不夏月，毋敢夜草为灰……到七月而纵之"，"春二月毋敢"为禁，"不夏月毋敢"是"夏月"为解禁，其"到七月而纵之"之"而"诚为"转折"连词，其上句已言解禁，则下句之"纵"不复有谓"解除禁令"也，况已"七月"入"秋"乎！秋月之季，草不为芽，木不为青，兽不为幼，鱼不为苗；采伐捕捞，实乃秦时重要生产方式。励勉收获之劳作自在情理之中。律义并鉴者，《礼记·月令·仲秋纪》[34]、《吕氏春秋·仲秋纪》[35]"趣民收敛"是也。是故愚识此简"纵"字释文当取"怂"义：促动、励勉。若作"田律"译文以"春天二月，不能到山林砍伐木材……。不到夏季，不能烧草作灰肥……到七月则鼓励采伐捕捞"，非但律文诚可通解，且工藤先生之疑窦，亦为顿然冰释矣。

周正建子、秦正建寅，秦之"春二月"实为周之夏四月，秦之夏季四、五、六月周已六、七、八月矣，所见秦律比之周禁仅为早解一月捕捞耳；秦之孟秋七月已值周之季秋也，是有励勉采捕之文。愚意，秦律、周禁别依异建之历而言之，释文不当糅合字义而解之。字、义诚合律文者，非谓《逸周书·大聚》而为《礼记·月令》也：仲春月“毋竭川泽，毋漉陂池，毋焚山林”；季春月“田猎罝罘、罗罔、毕翳，餧兽之药，毋出九门”；孟秋月“农乃登谷，天子尝〔尝〕新，先荐寝庙（郑玄注：‘黍稷之属于是始孰〔熟〕。’），命百官始收敛”[34]。

简文异识略考，仅供玉释小参。

注释：

［1］［3］《睡虎地秦墓竹简》(精装本)，本文悉用整理释文正字，原文见该书释文及图版；文物出版社 1990 年 9 月《释文注释》20−1、190−1 页。

［2］中国秦汉史研究会编《秦汉史论丛》(第五辑)，法律出版社 1992 年 8 月 310−1 页。

［4］江苏古籍出版社 1985 年 7 月 756 页卷三十二。

［5］中国文化学院出版部民国五十七（1968）年第二十六册 127（总 11281）页。

［6］〔宋〕丁度撰，北京中国书店 1983 年 7 月影印版中册 635 页卷五。

［7］《丛书集成初编》，中华书局 1985 年影印新 1 版 1812 册 57−8 页卷二。

［8］［28］［35］《二十二子》，上海古籍出版社 1986 年 3 月影印版第 1262 页中《淮南子·卷十二》、1318 页下《文中子·卷五》、651 页《吕氏春秋·卷八》。

［9］黄晖撰《论衡校释·卷七》，中华书局 1990 年 2 月 323 页。

［10］《经书集传·卷三·商书》，上海古籍出版社 1987 年 3 月影印版 49 页。

［11］［18］〔汉〕班固撰、〔唐〕颜师古注，中华书局 1962 年 6 月第七册 2154 页卷四十四、第四册 1066 页卷二十二。

［12］［13］［22］［23］［24］〔汉〕司马迁撰，中华书局 1959 年 9 月第十册 3096 页卷一百一十八、第十册 3106 页卷一百二十、第一册 34 页

卷一、第六册 2051 页卷五十六、第八册 2445 页卷八十一。

［14］［15］《广雅疏证》，上海古籍出版社 1983 年 6 月影印版 84–5 页卷一下、1564 页。

［16］上海师范大学古籍整理研究所校定，上海古籍出版社 1983 年 3 月影印版 528 页卷十七。

［17］《尔雅 广雅 方言 释名——清疏四种合刊》，上海古籍出版社 1989 年 8 月影印版 927 页下。

［19］［29］〔宋〕欧阳修、宋祁撰，中华书局 1975 年 2 月第一六册 5138 页卷一百六十八、五册 1327 页卷五十。

［20］［21］［34］〔清〕阮元校刻《十三经注疏》，中华书局 1980 年 9 月影印版 2490 页上《论语注疏·卷九》、2182 页下《春秋左传正义·卷六十》、1362–73 页《礼记正义·卷十四－十六》。

［25］［26］［27］〔南朝宋〕范晔撰、〔唐〕李贤等注，中华书局 1965 年 5 月第七册 2061 页卷六十二、第八册 2031 页卷七十一、第八册 2325 页卷七十二。

［30］〔晋〕陈寿撰、〔南朝宋〕裴松之注，中华书局 1982 年 7 月第二版一册 47–8 页卷一。

［31］《影印文渊阁四库全书》，台湾商务印书馆民国七十二（1983）年第 1250 册第 1034 页《怀麓堂集·卷九十六·文续稿六》。

［32］《郁达夫文集·第十卷》，花城出版社·三联书店香港分店 1985 年 4 月 309 页。

［33］《是人大代表，还是屯村恶棍》，1995 年 4 月 20 日《报刊文摘》第四版严小琳摘自 4 月 7 日《辽宁日报》冯世杰、孟繁印文。

（1995．4．9．初稿）

〔载 1995 年 5 月 24 日自刊《纪年研考》第 6 期（并非纪年）〕

“从祖父”考解

林叶蓁

“从祖父”之称谓，《辞源》释：“父亲的堂伯叔。也省称从祖”[1]，《大辞典》：“祖父的兄弟或堂兄弟”[2]，《中国古今称谓全书》：“父亲的堂伯叔”[3]，指为“祖”辈；《汉语大词典》解：“父亲的堂兄弟”[4]，《大汉和辞典》：“父の从父兄弟。……堂伯叔”[5]，又指为“父”辈。《中文大辞典》虽见未收其词，却释“从祖母”：“即伯堂叔母”[6]；亦以“从祖父”为“父”辈。何一称谓，诸辞书“祖”、“父”异解？溯源经史，有见“异”追秦汉，甚及先秦。

《尔雅·释亲》：“父之从父晜弟为从祖父。……父之从父晜弟之妻为从祖母。”[7] 当见古之辞书已明释“从祖父”之辈份为“父”；所憾，《国语·鲁语下》亦载：“公父文伯之母，季康子之从祖叔母也。”三国吴韦昭更注：“祖父昆弟之妻也。”[8]《礼记·檀公下》：“季康子之母死，陈亵衣。敬姜曰：‘妇人不饰，不敢见舅姑。……命彻〔撤〕之。”汉郑玄注：“敬姜者，康子从祖母。”唐孔颖达疏：“《世本》悼子纪〔纥〕生平子意如，意如生桓子斯，斯生康子肥。《世本》又云：悼子纥生穆伯靖。靖与意如是亲兄弟，意如是康子祖，穆伯是康子祖之兄弟，敬姜是穆伯之妻，故云‘康子从祖母’也。”[9]虽是《世本》其书亡佚，然见《礼记》“穆伯之丧，敬姜昼哭……文伯之丧，敬姜据其床而不哭，曰：‘昔者，吾有斯子也，吾以将为贤人也’”，郑玄注：“丧夫不夜哭，嫌思性情也”[9]；再见《左传·哀三年》“秋，季孙有疾，命正常曰：‘无死，南孺子之子，男也，则以告而立之；女也，则肥也可’。季孙卒，康子即位”[10]并晋杜预注：昭十二年“悼子，季武子之子、平子父也”[11]、昭二十五年“意如，季平子名”[12]、定五年“桓子，意如子季孙斯”“文伯，季桓子从父昆弟也”[13]、哀三年“肥，康子也”[10]；更见韦昭之《国语》注：“悼子，穆伯之父、敬姜先舅也”[8]、“平子，季武子之孙、悼子之子意如也”[14]、“桓子，鲁政卿，季平子之子斯也”[15]、“康子，鲁政卿，季悼子曾孙、桓子之子季孙肥也。文伯，鲁大夫，季悼子之孙、公父穆伯之子公父歜也；母，穆伯之妻敬姜也”[16]亦如；当知，孔颖达所言敬姜、康子亲系不妄。然，《国语》“从祖叔母”及韦昭注“祖母昆弟之妻”，《礼记》郑玄注、孔颖达疏“从祖母”，诸指称谓皆见其谬。《尔雅》释“从祖母”为“父之从父昆弟之妻”，而敬姜者，实乃康子“父之叔父之妻”；祖父兄弟之妻，不能移用祖父兄弟“子之妻”之称谓，代而称之也。“叔母”及“母”之称，皆谓康子“母”辈也。“父之从父昆弟”所指“父”之昆弟也，而韦氏之言“祖父昆弟”，当谓康子“祖父”之“从父、从祖……”昆弟也，其与康子之亲并非“敬姜”宗系也。《尔雅》有释：“父之世母、叔母为从祖祖母”[7]，叔父之妻自为“叔母”，是敬姜诚为康子从祖祖母也。

《释名·释亲属》：“父之世、叔父母曰‘从祖父母’。言从己亲祖别而下也，亦言随从己祖以为名也。”[17] 释“从祖父母”谓“从己亲祖别而下”，其言甚当。然，“父之世、叔父”为“己亲祖”之兄弟，只为“从己亲祖别”，不为“而下”也；其“而下”者，当言“从己亲曾祖”，然又“父之世、叔父”与“己亲祖”同父“己亲曾祖”，不能有“别”也。更“随从己祖以为名”当谓“从祖”而“祖父母”，非为“父母”也。再见《释名》“母之秭妹曰‘姨’……礼谓之‘从母’”[18]，或言“随从己”母，却未语“以为名”者“何”，又岂能寻其“礼谓”之“称”？更甚“从母”实非“从己亲”母而“下”也。《释名》其书释亲悖忤，诚如前引诸辞书之误解“从祖父”，未解“从父”、“从祖”其“从”也。诸辞书又皆以“从父”为词，释以“父亲的兄弟”（或“伯父、叔父”），更见俱引（《汉语大词典》例外）《仪礼·丧服》“从父昆弟”[19] 为例句；实诚令人生悲。《集韵·去声上·用三》“从，同宗也”[20]，孔颖达疏《仪礼》“谓之‘从父昆弟’，世、叔父与祖为一体，又与己父为一体，缘亲以致服，故云‘从’也”[19]，清梁章钜《称谓录·卷三》“《诗》‘既有肥羜，以速诸父。’诸，众也，亦称曰‘从父’；从，从也，言与父同类也”[21]，皆误。《朱子语类·小戴礼·檀公上》：“兄弟相呼其子为‘从子’。《礼》云‘丧服，兄弟之子犹子也’，以为己之子与为兄之子其丧服一也。……今人呼兄弟之子为‘犹子’，非是。……汉人谓之

‘从子’，却得其正，盖叔、伯皆‘从父’也。”[22] “犹子”尚为“非是”，其“从子”又何“得其正”焉？“从父”之谓又于伯、叔何解焉？

《礼仪·丧服》“从父昆弟”，“昆弟”名词也。《诗·王风·葛藟》“终远兄弟，谓他人昆”，汉毛亨传：“昆，兄也。”[23] 《尔雅》亦释：“昆，兄也。”[7] 《左传·僖二十四年》：“我请昆弟仕焉。”[24] 《礼记·檀弓上》：“请问居昆弟之仇，如之何？”[25] 既“昆弟”为名词，则“从父”必不为名词；倘若再“从父”为名词，则“从父昆弟”不为原义，已为“‘从父’之昆弟”，非谓伯、叔之“子”也（《尔雅》“兄之子、弟之子相谓为‘从父昆弟’”[7]）。依之，则“从祖祖父”谓“‘从祖’之祖父”，岂不大谬哉（《尔雅》“父之世父、叔父为‘从祖祖父’”[7]）？汉贾谊《新书·六术》：“六亲始曰父，父有二子，二子为昆〔兄〕弟；昆〔兄〕弟又有子，子从父而昆弟，故为‘从父昆弟’；从父昆弟又有子，子从祖而昆弟，故为‘从祖昆弟’；从祖昆弟又有子，子从曾祖而昆弟，故为‘从曾祖昆弟’；〔从〕曾祖昆弟又有子，子为族兄弟。”[26] 观贾氏“六亲”之语，显见，“从父”不为名词；为名词者，“从父昆弟”也。清郝懿行疏义《尔雅》“父之从父昆弟为从祖父”：“云‘父之从父昆弟’者，是即父之世父、叔父之子也，当为‘从父’；而言‘从祖父’者，言从祖而别也，亦犹‘父之世父、叔父为从祖祖父’之例也。”[27] 郝氏后句疏言甚当，然却前句以“父之世父、叔父之子”谓“从父”大谬。《尔雅·释诂上》：“从，自也。”晋郭璞注：“自，犹从也。”[28] 当见《仪礼》“从父昆弟”，“从”者，介词也；“从父”为介词结构，作定语以限定名词“昆弟”也。“从父昆弟”言“自父”而昆弟，其义，实别“自祖、自曾祖……”昆弟也；诚如今之火车票“自武汉”至北京别于“自广州”至北京，却无以凭称“自武汉”、“自广州”为地名（“从武汉”、“从广州”亦如）也。是见《礼记·丧服小记》“生不及祖父母诸父昆弟”[29]、《仪礼·丧服》“报从祖父从祖昆弟之长殇”[30]。

“从父”之“父”，谓己父；“从父”者，“从自”己父也；“从父昆弟”者，“从自”己父而昆弟也。是故，从父昆弟、从祖昆弟、从曾祖昆弟……皆为偏正结构之固定词组，词性为“名”。“从祖昆弟”、“从祖父”、“从祖祖父”，皆类“从父昆弟”而谓“‘从祖’昆弟”、“‘从祖’父”、“‘从祖’祖父”也。其词组之偏正结构，前部“偏”之“从”字介词结构有指宗系，后部“正”之长、幼名词全谓亲称；是无论“偏”之所从亲系远近，“正”之亲属称谓总为辈份之呼。如：从祖“父、母”与从高祖“伯父、叔母”总为己之“父母”辈份，从父“兄弟”与从曾祖“姊妹”全谓己之“同”辈“兄弟姊妹”；虽从“高祖”昆弟亦为“兄弟”称呼，却从父之“伯、叔”仍谓伯“父”、叔“父”也。

《尔雅·释亲》“母之舅弟为舅，母之从父舅弟为从舅。母之姊妹为从母，从母之男子为从母昆弟，其女子子为从母姊妹”[31]之释文，亦多见病误。“母之舅弟为舅”，当母之“从父、从祖、从曾祖……舅弟”皆为“舅”，后之“母之从父舅弟为从舅”只为画蛇添足之误笔；或“母之舅弟为舅”之“舅”当为“兄”字之误，则“母之从父舅弟”谓“从外祖舅”（《尔雅》“母之考为外王父”[31]）。“从舅”无以为“称”。释句“母之姊妹为从母”

更难通解，若其“从母”为名词亲称，则“从母之男子”又何谓“从母舅弟”也？若然，则“从母舅弟”当谓“母之姊妹”之“从父、从祖、从曾祖……舅弟”，更岂为“从母”之“子”哉？笔者愚释此句“从母”，当谓“从之于母”，不为名词。愚解句意则谓：母之姊妹为从之于母，从之于母者之子，其男谓己“从母昆弟”、其女谓己“从母姊妹”。不然，则“为‘从母’”必为误语。《尔雅》以“妻之姊妹同出为姨”[31]，则于“母之姊妹”无以为称矣；或以误解先秦介词结构之“从母”，强移而释亲《尔雅》。汉许慎《说文解字·女部》“妻之女弟同出为姨”[32]与《尔雅》释同，或清翟灏《通俗篇》“姨本姊妹俱事一夫之称”[33]原本“姨”义之始，至汉毛亨传“妻之姊妹曰‘姨’”于《诗·卫风·硕人》[34]已不囿于“同出”之义；然，“母之姊妹曰‘姨’”[18]不止《释名》之谓，《左传·襄二十三年》已见“继室以其侄，穆姜之姨子也”传文，后之更见晋杜预“侄，穆姜姨母之子”注文并唐孔颖达疏文：“然则据父言之谓之‘姨’，据子言之当谓之‘从母’；但子效父语，亦呼为‘姨’。”[35]或杜注“姨母”诚为源于孔疏“子效父语”之“姨”，然却先秦典籍实无“从母”称谓例句；若“据子言之当谓之‘从母’”，则“从母姊妹”又为何亲之“女子子”？是又“为‘从母’”、“‘从母’之”之“从母”必为“姨母”之误。《仪礼·丧服》“从母丈夫、妇人报”，汉郑玄注：“从母，母之姊妹”；唐贾公彦疏：“母之姊妹与母一体，从于己母而有此名，故曰‘从母’”[36]；郑注、贾疏并误，“从母”不为“母之姊妹”代称也。其谓当如后之句“君母之父母从母”之“从母”，随从于母也；若然前之章“未嫁从父、既嫁从夫、夫死从子”[37]岂非“从父、从夫、从子”皆谓亲称焉！纵使“从母”为称，亦止为有“夫”，不能有“妇”；“丈夫、妇人”者，当谓母之姊妹夫、母之兄弟妇，绝非“姨母”之“丈夫、妇人”也。《称谓录》谓引据《礼记》以称“从母之夫”[38]，诚见曲《礼》；实《礼记·檀弓上》为：“从母之夫、舅之妻，二夫人相为服。”[39]语言“夫、舅之妻”者，“夫之妻、舅之妻”也，何见有语“从母之夫”？清阮元校刻亦未察，点至“从母之夫”为句，更以“节”名有记校勘[40]，惜其严中之疏。“‘从母’之夫”不为“妇”，何谓“二夫人”？是孔颖达疏：“以言‘从母’及‘舅’，皆是外甥称谓之辞，故知‘甥’也；若他人之言，应云‘妻之兄弟妇、夫之姊妹夫’相为服，不得云‘从母之夫，舅之妻’也。”[39]孔氏“不得云”之疑，佐证“从‘母’”不为称谓也。憾其恰却误以“从母”为呼，以为“甥”之言，其实句中有见“二夫人”语，正为“他人之言”；从“母”而言“夫、舅”，则“母”之称者，惟其“子”也。若是孔氏明察句中“从母”不为称谓、而指宗系，则此句正为：从母而谓姨（母之姊妹）之“夫”，从母而谓“舅”（母之兄弟）之妻。是《尔雅》“从母”当以《仪礼·丧服》“从母昆弟”[41]之“从‘母’”，不谓“姨母”别称言之。“从母”误解，相沿致久，徐朝华先生今注《尔雅》仍以“‘从母’，姨母”[42]言之，诸家辞书今更皆以称谓释解“母亲的姊妹”（姨母），不免为憾。

《尔雅》释亲，实无“从父、从祖、从曾祖……”之“称谓”也；后世之“从”字称谓紊乱，当是文者未晓从“父、祖、曾祖……”之“从”字“自”义，臆解致用使然耳。称谓“从‘父’”亲者，己与“父之兄弟”之亲，同祖异父之亲也；《礼记》“生不及祖父母诸父昆弟”即己父与祖父母所生诸父为兄弟、己与祖父母诸父昆弟为同祖异父之亲。其“诸父”者，当谓世父、叔父之“诸”，不得臆称“从父”也。称谓“从‘祖’”亲者，己与“祖之兄弟”之亲，曾祖下而别之亲也；《仪礼》“报从祖父从祖昆弟之长殇”即己祖与从祖昆弟之祖为兄弟、己与从祖昆弟为同曾祖异祖之亲。其“从祖父”者，当为从祖昆弟之父、父之从父昆弟，非谓祖父兄弟也。

求今追昔，当见“从祖父”，古称“‘从祖’父”（父辈）、不谓“从‘祖父’”（祖辈）也。

小订呼亲“从祖父”，愿与读者诸君共鉴。

注释：

[1] 商务印书馆1980年8月修订版第二册311（总1083）页。

[2] 三民书局民国七十四（1985）年八月上册1564页。

[3] 吴海林编著，黑龙江教育出版社1991年6月139页。

[4] 汉语大词典出版社1989年3月第3册1009页。

[5] 〔日〕诸桥辙次著，大修馆书店昭和六十一年七月（1986）修订版四卷884（总4286）页。

[6] 中国文化学院出版部民国五十七（1968）年八月十二册351（总5125）页。

[7] [9] [10] [11] [12] [13] [19] [23] [24] [25] [28] [29] [30] [31] [34] [35] [36] [37] [39] [40] [41] 〔清〕阮元校刻《十三经注疏》，中华书局1980年9月《尔雅注疏·卷四》2592页

中下、《礼记正义·卷九》1304页中、《春秋左传正义·卷五十七》2158页上、《春秋左传正义·卷四十五》2062页下、《春秋左传正义·卷五十五》2110页上、《春秋左传正义·卷三十一》2139页中下、《仪礼注疏·卷三十一》1112页中、《毛诗正义·卷四－一》333页上、《春秋左传正义·卷十五》1818页下、《礼记正义·卷七》1284页下、《尔雅注疏·卷一》2569页上、《礼记正义·卷三十二》1497页中、《仪礼注疏·卷三十三》1119页下、《尔雅注疏·卷四》2593页上、《毛诗正义·卷三－二》322页上、《春秋左传正义·卷三十五》1978页上、《仪礼注疏·卷三十三》1118页中下、《仪礼注疏·卷三十》1106页下、《礼记正义·卷八》1289页上中、《礼记正义·卷八》1294页下、《仪礼注疏·卷三十三》1120页上。

[8] [14] [15] [16] 上海古籍出版社1988年3月上册209–10、199、201、202页卷五。

[17] [18] 〔汉〕刘熙撰，上海商务印书馆缩印版《四部丛刊初编·经部》第一五册《释名·卷三》13、14页。

[20] 北京市中国书店1983年7月影印版中册953页。

[21] [38] 岳麓书社1991年7月27、35页。

[22] 〔宋〕黎靖德编，中华书局1986年3月2234页卷八十七。

[26] [33] 《丛书集成初编》，中华书局1985年影印新1版519册84页《贾子新书·卷八》、1223册200页《通俗篇·卷十七》。

[27] 《尔雅义疏》，上海书店1988年10月影印版《清经解·卷一二六一》七册291页。

[32] 中华书局1963年12月影印版259页下。

[42] 南开大学出版社1987年7月158页。

(1995. 5. 4. 初稿)

〔载1995年5月24日自刊《纪年研考》第6期（并非纪年)〕

“风马牛”别解

任穷达

鲁僖公四年齐伐楚，《左氏春秋》载楚使语：“君处北海寡人处南海唯是风马牛不相及也不虞君涉吾地也何故”。自汉唐注疏“唯是风马牛不相及也”为句，至今“风马牛不相及”已为辞书收词作解。笔者思之，似作另解更恰。

晋杜预注《左氏》是语：“牛马风逸，盖末〔未〕界之微事，故以取喻。”唐孔颖达疏杜注：“服虔云：‘风，放也。牝牡相诱谓之风。’《尚书》称‘马牛其风’，此言‘风马牛’，谓马牛风逸，牝牡相诱，盖是未界之微事；言此事不相及，故以取喻‘不相干’也。”今则遣词更直以“风马牛”谓“不相干”也。其不相干者，“风”与“马、牛”；全与“马牛其‘风’”无涉矣。何至于此？“风”与“马、牛”实不相干，人们不以“马牛其风”，当谓“风马牛”也。即使杜注、孔疏，亦以“风马牛”之“马牛风逸”，释为“未界之微事”，“故以取喻”也。是孔疏“《尚书》‘称’‘马牛其风’”而“此‘言’‘风马牛’”，已见其察二文有异。服虔注文达意欠明，致《汉语大词典》舍“风，放也”而引之。倘以“风马牛”为“放马牛”也，则不当赘释“牝牡相诱谓之风”；若以“牝牡相诱”之“风”谓其“放”，似当注文：“牝牡相诱谓之风；风，放也。”

《尚书·费誓》之文“马牛其风，臣妾逋逃，勿敢越逐”，汉孔安国注：“马牛其有风逸，臣妾逋亡，勿敢弃越垒伍而求逐之。”孔颖达再疏孔注：“僖四年《左传》云：‘唯是风马牛不相及也。’贾逵云：‘风，放也。牝牡相诱谓之风。’然则马牛风逸，因牝牡相逐而遂至放逸远去也；逋亦逃也。”汉注、唐疏皆以马牛风逸，不得追逐而言之；亦是无以助解《左氏》“风马牛”即谓《尚书》“马牛其风”也。虽杨伯峻《春秋左氏注》“风马牛不相及者，谓齐、楚两国相隔遥远，纵使牛马牝牡相逐，奔逸虽速而远，亦不致相互侵入边界”似可通，然却并非有能定断，其合“唯是风马牛不相及也”之本意。“纵使牛马牝牡相逐，奔逸虽速而远”，却也“勿敢越逐”并非“不‘能’越逐”也；当见其“速”非疾速，“远”非至远。即使“勿敢越逐”而致远，亦非远甚也。《尚书》下文有言：“祗复之，我商赉尔。乃越逐、不复，汝则有常刑。”孔安国注：“众人其有得佚马牛、逃臣妾，皆敬还复之，我则商度汝功，赐与汝”，“越逐为失伍，不还为攘盗，汝则有此常刑。”孔颖达疏：“马牛其有放逸，臣妾其有逋逃，汝无敢弃越垒伍而远求逐之；其有得逸马牛、逃臣妾，皆敬还复之，归于本主，我则商度汝功，赏赐汝。汝若弃越垒伍，远求逐马牛、臣妾，及有得马牛、臣妾不肯敬还一复归本主者，汝则有常刑。”倘若“马牛风逸”有致远“甚”，军士岂得“远求逐之”、得者何寻“复归本主”？“逐之”不着，“本主”无寻，更“常刑”何以有设？何以求施？既“牝牡相逐”放逸非远，“边界”本既不致“相及”，何“喻”齐、楚有间鲁、宋之“遥”也？笔者以为此句凡指马牛（齐、楚）走不到一起，非特指“马牛其风”之“风马牛”也；“马牛不相及”本含“其风”之“不相及”，此句实因服虔（或贾逵）之注而沿歧解。

“唯是”之“唯”，此当副词，非谓连词也；诚如《广雅·释诂三》：“唯，独也。”其实《左氏》载文有见“楚子使与师言曰”，齐之伐师必置“风餐露宿”，其楚使之言当以“唯有这风（能吹到），马牛走不到一起呀”释之更恰。是笔者以为《左氏》之文断句当如：**“君处北海，寡人处南海；唯是风，马牛不相及也！不虞君之涉吾地也，何故？”**

（1996. 1. 3.《文史》收稿复函）

〔原载1996年6月29日自刊《研考》第8期，北师大杨钊以《“风马牛”新解》窃刊于1996年第4期《史学集刊》，该刊于1997第4期更正复原。〕

“犯罪嫌疑人”质疑

叶小草

近来新闻媒介报道，“犯罪嫌疑人”之称谓充塞耳目：“追捕犯罪嫌疑人”[1]、“犯罪嫌疑人被当场抓获”[2]、“犯罪嫌疑人一次杀死4人后潜逃”[3]。说尚被追捕或已被抓获的竟是“犯罪嫌疑人”，本既叫人犯疑；再明言“一次杀死4人”的亦然只是“犯罪嫌疑人”，就更加令人难以理解了。

“犯罪嫌疑人”，《新编法学词典》释为“有迹象被怀疑为犯罪的人。侦查过程中的审查对象。但是否确系犯罪的人，必须依法收集足够证据，才能结论”[4]；《中华实用法学大辞典》释为“在侦查过程中，有某种迹象被怀疑为犯罪的人”[5]；《法学词典》(第三版) 释为“有某种迹象被侦查机关怀疑为犯罪，但尚未得到证实的人”[6]；《刑事法学大辞书》释为“有证据说明其可能实施了某种犯罪行为，但根据现有证据还不足以确定其实施了该犯罪行为的人”[7]；《法学大辞典》释为“因某种迹象而被司法机关怀疑为犯罪但尚未得到证实的人”[8]；《行政法与行政诉讼法词典》释为“没有足够证据证明其犯罪，但有迹象表明其有犯罪嫌疑的人”[9]。显然，对其“追捕”并将其“抓获”的“犯罪嫌疑人”，与“有某种迹象被怀疑”其“可能实施”的“犯罪嫌疑人”，并非同一概念。陈卫东、严军兴主编《新刑事诉讼法通论》之“‘犯罪嫌疑人’是指在刑事诉讼活动中，被指控犯有罪行，尚未交付人民法院宣判的人”[10]，显然是据1996年3月八届人大四次会议修订后的《刑事诉讼法》第十二条“未经人民法院依法判决，对任何人都不得确定有罪”的新解。这样，“犯罪嫌疑人”的概念外延，就由“有某种迹象被怀疑为犯罪”扩大到了“被指控犯有罪行”；就是说，“‘被猜嫌’实施违法行为”者与“‘被证实’实施违法行为”者同谓“犯罪嫌疑人”。不要说“‘被证实’实施违法行为”者中，即有“不能构成犯罪”与“将被宣判有罪”之别；“‘被猜嫌’实施违法行为”者与“‘被证实’实施违法行为”者，因其同谓“犯罪嫌疑人”其所混淆，尤为令人堪忧。《中国教育报》1997年12月6日报道《贵州破获骗考大案》的副题即为“诈骗嫌疑人被依法逮捕”；《报刊文摘》据《中国消费者报》12月4日报道载文，《顾客被活活打死》，只因“怀疑”其“有诈骗嫌疑”。既然“一次杀死4人”者为“犯罪嫌疑人”，又“诈骗嫌疑人被‘依法’逮捕”，则将“有诈骗嫌疑”者“关押审问”所致“死亡”，不过操职“过当”而已，岂有“它”哉！如此，当见“犯罪嫌疑人”概念紊乱之一斑。

“犯罪嫌疑人”本是“‘被猜嫌’实施违法行为”人的概念，今因增加“未经人民法院依法判决，对任何人都不得确定有罪”

的条款，而为“与这一原则相适应，……对被追究者的称谓，也做了重要的调整。即：凡向人民法院提起公诉前，一律称为‘犯罪嫌疑人’”[11]，即把“‘被证实’实施违法行为”者也扩进了“犯罪嫌疑人”概念。这一“犯罪嫌疑人”概念的外延扩大，无疑破坏了“犯罪嫌疑人”概念的明确性——即概念所指终为“实施违法行为”之“嫌疑”，或是“法院判决有罪”之“嫌疑”，令人扑朔迷离；诚如苏力先生《罪犯、犯罪嫌疑人和政治正确》文中所疑：“既然是当场，为什么不去抓获罪犯而去抓一些嫌疑人呢？”[12]证据确凿、事实清楚的“实施违法行为”人，只因“未经人民法院依法判决”而于“不得确定有罪”之时（起诉前）称为“犯罪嫌疑人”，实在不是明智的选择；该人其时既不当称之“犯罪”，又不是事实上的“犯罪‘嫌疑’”人，称之“犯罪嫌疑人”，着实无以“顾名思义”。用“犯罪嫌疑”去对应“不得确定有罪”，实在不能不说是令人遗憾的；“犯罪嫌疑”是“无据断定有罪”之义，而“不得确定有罪”却是可以包含“有据认定犯罪”，只是未被获准“确定”而已。修改“刑事诉讼法”增加“未经人民法院依法判决，对任何人都不得确定有罪”的原则性条款，确于中国的法制建设有它非同小可的重要意义，但却某些语词的选用确待商榷；在“不得确定有罪”之前仍然大量地选用“犯罪”及“现行犯”、“有罪”字样列入条款，足见仅仅增加一条“未经人民法院依法判决，对任何人都不得确定有罪”的原则，是远远没有完成“修改”任务的。

其实“嫌疑”一词，虽《现代汉语词典》释为“被怀疑有某种行为的可能性”[13]，然却其汉语本义，“嫌”为趋于肯定意向的不确定，“疑”是趋于否定意向的不确定，二辞相对义反；如：《管子·君臣下》“明男女之别，昭嫌疑之节，所以防其奸也”；《墨子·小取》“夫辩者，将以明是非之分，审治乱之纪，明同异之处，察名实之理；处利害，决嫌疑”；《楚辞·九章·惜往日》“奉先功以照下兮，明法度之嫌疑”；《史记·太史公自序》“夫《春秋》，上明三王之道，下辨人事之纪，别嫌疑、明是非、定犹豫”；《论衡·案书》“卿决疑讼，狱定嫌罪；是非不决，曲直不定，世人必谓：‘卿狱之吏，才不任职’”；《乐府诗集·相和歌辞七·君子行一》“君子防未然，不处嫌疑间”。所见，“嫌疑”者，诚如是非、曲直、犹豫之组词，本其不表“趋于肯定”之义也。汉英辞书更把“suspect”对译“嫌疑犯”，把“suspected offender”译成“犯罪嫌疑人”[14]；事实上，“suspect”的本义是“猜嫌”，“offender”则更指为“触犯法律的人”，“suspected offender”自当译为“涉嫌（或‘被猜嫌’）作案的人”。严格说，“suspect”与“offend”的本义并不含有“罪”的概念。从现代人“涉嫌……”、“……之嫌”与“用人不疑，疑人不用”的嫌、疑明显反义使用上，我们还是无法否定“嫌疑”一词的中性表达的。是笔者以为，“suspect”译为“涉嫌人”、“suspected offender”译为“案嫌人”，更见其当。之所以“嫌疑犯”更及“犯罪嫌疑人”的概念得以通行，除“违法”与“犯罪”二概念没能严格区分外，又跟“怀疑”一词的现代歧解直接有关。《现代汉语词典》释“怀疑”：“①疑惑；不很相信：他的话叫人怀疑｜对于这个结论谁都没有怀疑。②猜测：我怀疑他今天不来了。”[15] 怀疑本为否定意向词，表示“疑惑；不很相信”，今生歧解“猜测：

我怀疑他今天不来了”，注入“肯定意向”词义，多致概念紊乱。“我怀疑他今天不来了”本是对“他今天不来”表示“疑惑”，“不很相信”的是“他今天不来”；本是对“他今天不来”表示“否定意向”的语句，反倒用来表达“认为他今天不来”的“肯定意向”的语义，且已“俗成”，委实令人遗憾。笔者以为，“怀疑”一词不当作为表达“肯定意向”的语词使用；辞书例句倘若修作“我估计（或‘猜想’）他今天不来了”，岂不更加语顺义达？倘若不将“怀疑”解为“猜测”，仍依古义诸如三国曹植《王仲宣诔》“子犹怀疑，求之明据”及宋王明清《挥麈后录·卷九》“闻之天下，孰不怀疑”之“不很相信”，今当不致误以“嫌疑”代“涉嫌”矣。

鉴于“‘被猜嫌’实施违法行为”者与“‘被证实’实施违法行为”者统称“犯罪嫌疑人”所导致的概念的不确定性，以及“犯罪嫌疑人”概念自身的违谬科学（“不得确定有罪”之前不当使用“犯罪”概念，补以既“嫌”又“疑”之中性词，更使概念指义模糊），谨以拙识建议：不妨以“作案人”、“案嫌人”二词取代“犯罪嫌疑人”。“作案人”取代‘被证实’实施违法行为”者、“案嫌人”取代“‘被猜嫌’实施违法行为”者，恰可周延“犯罪嫌疑人”之概念外延，更与“不得确定有罪”全无相悖之处。如此，则“实施违法行为”之“作案人”，无论其法院将判有罪无罪，之前全然不涉“罪”字；涉嫌作案而证据不足定断之“案嫌人”，更可借以显别“作案人”矣。倘果“二词取代”，则引例修为“‘作案人’一次杀死 4 人后潜逃”及“‘作案人’被当场抓获”，均除费解语病；“案嫌人”亦更避免轻易“关押审问”，以杜嫌案致人“死亡”也。

倘若“作案人”、“案嫌人”之用词取代可行，不仅“犯罪嫌疑人”其不当用语得纠，且其《刑事诉讼法》之多数“犯罪”类词亦得其恰。试举数例修之，以供参阅：

第四十三条：审判人员、检察人员、侦查人员必须依照法定程序，收集能够证实犯罪嫌疑人、被告人有罪或者无罪、犯罪情节轻重的各种证据。……

修作：审判人员、检察人员、侦查人员必须依照法定程序，收集能够证实作案人、案嫌人、被告人作案或者否定作案、作案情节轻重的各种证据。……

第六十一条：公安机关对于现行犯或者重大嫌疑分子，如果有下列情形之一的，可以先行拘留：

（一）正在预备犯罪、实行犯罪或者在犯罪后即时被发觉的；

（二）被害人或者在场亲眼看见的人指认他犯罪的；

（三）在身边或者住处发现有犯罪证据的；

（四）犯罪后企图自杀、逃跑或者在逃的；

……

修作：公安机关对于作案人或者重大案嫌人，如果有下列情形之一的，可以先行拘留：

（一）正在预备作案、进行作案或者在作

案后即时被发觉的；

（二）被害人或者在场亲眼看见的人指认他作案的；

（三）在身边或者住处发现有作案证据的；

（四）作案后企图自杀、逃跑或者在逃的；

……

第九十三条：　侦查人员在讯问犯罪嫌疑人的时候，应当首先讯问犯罪嫌疑人是否有犯罪行为，让他陈述有罪的情节或者无罪的辩解，然后向他提出问题。……

修作：　侦查人员在讯问或询问作案人、案嫌人的时候，应当首先讯问或询问作案人、案嫌人是否有作案行为，让他陈述作案的情节或者否定作案的辩解，然后向他提出问题。……

第一百零九条：　为了收集犯罪证据、查获犯罪人，侦查人员可以对犯罪嫌疑人以及可能隐藏罪犯或者犯罪证据的人的身体、物品、住处和其他有关的地方进行搜查。

修作：　为了收集作案证据、查获作案人，侦查人员可以对作案人、案嫌人以及可能隐藏作案人或者作案证据的人的身体、物品、住处和其他有关的地方进行搜查。

第二百二十一条：　罪犯在服刑期间又犯罪的，或者发现了判决的时候所没有发现的罪行，由执行机关移送人民检察院处理。

修作：　罪犯在服刑期间又作案的，或者发现了判决的时候所没有发现的案行，由执行机关移送人民检察院处理。

修订第三版《现代汉语词典》仍将"作案"释为"进行犯罪活动"[16]，当见陈旧的"犯罪"概念影响社会文化之深；借此进言辞书编者，再版之时，是否可以考虑改释"进行犯法活动"呢?

修学、就业全置法界之外，谨此小识以乞谙法者教正。

注释：

［1］《永嘉惨案强行坑害致人死亡》，《人民日报》1997年11月4日。

［2］《警界纵横·余姚农田电动机被盗案》，宁波电视台1997年11月13日。

［3］《奉化"九·二六"特大凶杀案》，《宁波日报》1997年11月29日。

［4］乔伟主编，山东人民出版社1985年1月。

［5］栗劲 李放主编，吉林大学出版社1988年9月。

［6］上海辞书出版社1989年11月。

［7］杨春洗等主编，南京大学出版社1990年12月。

［8］邹瑜 顾明总主编，中国政法大学出版社1991年12月。

［9］应松年主编，中国政法大学出版社1992年8月。

［10］法律出版社1996年4月63页。

［11］崔敏主编《中华人民共和国刑事诉讼法条文释义及修改研讨概述》，警官教育出版社1996年4月17页。

［12］《读书》1997年2期44页。

［13］［15］［16］中国社会科学院语言研究所词典编辑室编，商务印书馆1996年7月修订第3版。

［14］薛波主编《汉英法律词典》，外文出版社1995年。

（《法学研究》拒刊复函：1998. 2. 24. ）

“二”非读“èr”小议

叶小草

《新华字典》今已修至第9版，却是依然“二”音读“èr”；笔者曾就报载“日”字方音读“二”请教方人，遂将“二”字读音琢磨有时，敢疑“二”之读“èr”。

自行《汉语拼音方案》，即以“二”为“耳”之去声，注音作“èr”；然却普通话中从未“二”音读“èr”——口令“一二一”、计数“一二三”，其“二”皆非读“èr”，所读尽作音“àr”。虽其汉语注音中，迄今尚无“ar”之拼，却是“二”音委实读“àr”；倘若不依语音确定拼音，反用拼音去规定语音，岂不是普通话语、文的本末大倒置吗？人们事实上的依旧将“二”读“àr”，不读“èr”，不正是“拼音只能忠实语音”的极佳客观证明吗！与其将“‘花儿’拼作huar”的“r”视为韵母“er”用于韵尾的略写，实在是不如“ar”为韵母来的真实、简捷、明白；北方习将一种无鳞棘鳍的河鱼叫“黄āⅰr”、亦将蟋蟀背上的两片振翅称“ār”，更为实乃不争的客观事实；既然“耳”的拼音不作“ěnr”而为“ěr”，农民的种植量词“埯儿”(ǎnr)，亦当据实为“埯” (ǎr)。是笔者以为，《汉语拼音方案》诚当增添一韵母“ar”。

倘以增“ar”韵母可行，则“(ār)”、“埯 (ǎr)”另音可注，“二、贰 (àr)”、“佴 (èr)”异音可别；未详行家以为然否，谨以小文建议之。

(《当代语言学》收稿回执：1999. 5. 10.)

〔载 2007 年 9 月 17 日自刊《余修文稿》辑四〕

“人人殊”与“言人人殊”

任穷达

昔曾自误“人人言殊”，遂而敏感于汪政、晓华先生《“代”里“代”外》文中“在不同的言说者那里，首先对历史发展时段的划分就是交叉、重叠、人言人殊的”（《中华读书报》1998年4月22日3版）之“人言人殊”。“人人言殊”、“人言人殊”，皆当成语“言人人殊”之误；然却，之所以字词异位笔误，实其“言人人殊”本违“成语”组构，曲义拗口所致也。

今之“言人人殊”，多以语出《史记·曹相国世家》者，然却笔者查检《史记》涉文，似无其语出源。中华书局点校《史记·曹相国世家》有为“参尽召长老诸生，问所以安集百姓，如齐故（俗）诸儒以百数。言人人殊，参未知所定”，约当所囿《汉书·曹参传》“参尽召长老诸先生，问所以安集百姓。而齐故诸儒以百数，言人人殊，参未知所定”其文；班固不解《史记》序文，误以“齐故诸儒以百数，言人人殊”转抄，以致今之校勘《史记·曹相国》，尚误“故俗”之“俗”以为衍文。世代相讹，至如《明史·志·历一》

“是时言历者四家，大统、回回外，别立西洋为西局，文奎为东局。言人人殊，纷若聚讼焉”，“言人人殊”之语已然为常矣。然，笔者所见《史记》其文，“诸儒”者，“长老”并及“诸生”也，非谓“长老”诸位先生也；曹参所问者，“安集百姓如齐故俗”之良策也；参非齐人，何致偏爱“齐故诸儒”而排他焉？“诸”与“百数”同谓其“儒”，诚不得解；“诸儒以百数”显非全句，既有前问，则诸儒当“以百数”者，其后续字“言”也。倘若以为“儒以百数”，则其后句必当“人人言殊”；既为“言人人殊”，则“以百数”者，“言”也，非“儒”也。且，断“言人人殊”为句，虽西汉，亦是未见句式先例焉。参阅《史记·曹相国》其句后文“闻郊西有盖公……。既见盖公，盖公为言治道‘贵清静而民自定’，推此类具言之。参于是……。其治要用黄老术，故相齐九年，齐国安集，大称贤相。……参去，属〔嘱〕其后相曰：‘以齐狱、市为寄，慎勿扰也’”，当知“俗”于“如齐故俗”不为衍，不过曹参召问所言齐人故国“风俗”耳。是以《史记·曹相国世家》其句，当做如下点校：**“参尽召长老、诸生，问所以安集百姓如齐故俗；诸儒以百数言，人人殊，参未知所定”**。

后如明王祎《文训》“虽其文人人殊，而其于道未始不有明焉”，清钱泳《谭诗·总论》“诗言志也，志人人殊，诗亦人人殊”，当知“人人殊”者，诗、文、言、志……均可为语。虽如是，笔者无意复正古今流传“言人人殊”，只是欲道：所谓“言人人殊”，其可谓“成语”者，不过止为“人人殊”耳。倘若必以“……言，人人殊”之四字组构成语，亦当“人人言殊”为宜。

〔载1999年第4期《淮北煤师院学报》(哲社版)〕

《论语正义》例误一则

叶小草

《论语·述而》之“子曰：‘自行束脩以上，吾未尝无诲焉’”，清人刘宝楠正义曰：“‘修’与‘脩’同，谓以脩为挚，见其师也……《隋书·刘炫传》：‘后进质疑受业，不远千里，然啬于财，不行束脩者，未尝有所教诲。’”（《论语正义》卷八）其所“正义”之谬，早有另文正义之，今欲纠误者，刘氏引例《隋书》之失耳。

今查《隋书》卷七十五《儒林列传·刘炫》，根本不见上引例文；料想刘氏断非杜撰之笔，然又其书所由何处误引？览其同书同卷之《刘焯》传下，方得如类载文：“天下名儒后进，质疑受业，不远千里而至者，不可胜数。论者以为数百年已来，博学通儒，无能出其右者。然怀抱不旷，又啬于财，不行束脩者，未尝有所教诲，时人以此少之。”《隋书》载记，刘焯字士元，信都昌亭（河北衡水地区）人；刘炫字光伯，河间景城（河北献县东北）人。虽二人为友，却终为两人（《刘焯传》载“刘炫聪明博学，名亚于焯，故时人称‘二刘’焉”）。如此窜乱，焯之才德，强加于炫，真是不知谁为“二刘”也。知此，中华书局点校当书：《隋书·刘焯〔原书作“炫”〕传》：“……后进，质疑受业，不远千里……然……啬于财，不行束脩者，未尝有所教诲”；或作“《隋书·刘焯〔原书作“炫”〕传》：‘后进质疑受业，不远千里，然啬于财，不行束脩者，未尝有所教诲。’”

《大汉和辞典》、《中文大辞典》“束脩”释文并例：“［刘宝楠正义］……《隋书·刘炫传》：后进质疑受业，不远千里，然啬于财，不行束脩者，未尝有所教诲……”渊《正义》原误，引例不察，传讹“焯”冠“炫”戴，其责不可脱。

〔载2001年第2期《江海学刊》〕

唐代"以胖为美"质疑

任穷达

陕西历史博物馆王彬副馆长于2007年1月15日《解放日报》刊文《唐朝为什么以胖为美》[1]（《报刊文摘》1月21日同题摘载），似乎"以胖为美"确然唐代史实；然却，虽经笔者力览文献，终憾寻其依据无着。询问校园师生，竟然唐朝"以胖为美"之说，无人不知、无人不晓；问及实据，竟有连年数载矢志"考博"之美术教师，信誓旦旦断指唐人《历代名画记》，然待笔者遍检张彦远其撰，不得一言相关"以胖为美"[2]文字（真不敢断，那位指津师者终是有读其书几许）。正如杜道明《盛世风韵》（即《华夏审美风尚史》之第五卷）所言："这个问题，不仅在唐代绘画史论中找不到答案，就是其他文献中也难找到记载。"[3]

王文虽是设问作题"为什么"，却也仅仅回答了一个唐高祖"李渊的外祖父是鲜卑大贵族"；真不知道，鲜卑"剽悍、健硕的体魄"如何而能成为唐代国君"宠爱丰肥的女性"之理由？至于"丰衣足食"、"开放兼容"，即使强拉硬拽，亦是根本无以为曲；

谁人能说，时下之“减肥”、“骨感”有为“缺衣少食”、“封闭自守”之致因？尽管绝然不见文献“记载”，依然没能阻止王文笔书唐季崇尚“胖美人”。更有甚者，如杜书《盛世风韵》，仅一小节即见直语盛唐“以丰腴肥胖为美”文字，不下十余言（第四节《厩马多肉尻脽圆，肉中画骨夸尤难——丰腴肥胖之美》[4]）。既然不见文献，唐朝是否“以胖为美”，后世何以知之哉？读王文可知，不过“观赏唐代绘画、雕塑、陶俑及各类艺术品所表现的女性形象”耳。宋董逌《广川画跋·书伯时藏周昉画》之“龙眠居士知……尝得周昉画《按筝图》……持以问曰：人物丰浓，肌胜于骨，盖画者自有所好哉？余曰：此固唐世所尚。尝见诸说‘太真妃丰肌秀骨’，今见于画，亦肥胜于骨；昔韩公言‘曲眉丰颊’，便知唐人所尚以丰肥为美。昉于此时，知所好而图之矣”[5]，多被后世引为唐代以“肥为美”口实。然，俞剑华《中国古代画论类编》校雠而注“肥（肌）”[6]；笔者以为，“丰肥”为语，恐非宋人本意也。问语“肌胜于骨”，答句只当“亦肌胜于骨”；引例“丰肌秀骨”，惟作结论“以丰肌为美”，方见对应恰当。倘依俞校“丰肥”，岂得对应“丰肌”焉？且其“肌”以作“肥”，古也有例：汉高诱注《吕氏春秋·士荣论·审时》“使人肌泽且有力”谓：“肌，或作肥。”[7]是，笔者以为，不仅校堪当作“亦肌胜于骨”，亦当“以丰肌为美”正校也。虽有周昉“人物风浓”之笔、韩干“曲眉丰颊”之言，却也无以归纳总论一代“唐世所尚”也。王文例举唐代壁画之“捧杯侍女”(图一)[8]，笔者征询师生众人，无一以其为“胖”；倘依笔者拙眼，非但绝然不见“圆浑”、“丰肥”腰身，就是所谓“丰颊”，亦只不过长颈其上“略显”而已。倘若某些艺术作品的创作风格，真能凭断其作者置身朝代之审美标准，岂不马王堆汉墓出土彩绘帛画“非衣（图二）[9]之主、从女性形态，有证早于汉代即已“以胖为美”耶？杜书援引后周王仁裕《开元天宝遗事》之“香肌暖手”、“含玉咽津”、“妓围”、“肉阵”等传闻逸事[10]，以为佐证盛唐有“以丰腴肥胖为美”；读之，委实苍白无力。不要说“含玉”本为古之丧礼，生者“含玉”以为“咽津”已然彰显荒诞矣；就其暖手、妓围、肉阵之荒淫，又之所与“肥胖之美”何涉焉？至于，如何欣赏中国古代史上某些视觉艺术作品的人、畜“丰肥”之态（尤显女性“丰颊”），确当有识美术史家为之审思弘论也。

图一 唐墓壁画（局部）
陕西乾县 永泰公主李仙蕙墓

杨贵妃者，《旧唐书》道其“姿质丰艳”[11]，《新唐书》称其“资质天挺”[12]，《通鉴纪事本末》谓其“肌态丰艳”[13]，《杨太真外传》又闻明皇戏语“微有肌也”[14]，杜甫《丽人行》诗更赞贵妃姊妹“态浓意远淑且真，肌理细腻骨肉匀”[15]〔任按：明刘廷銮论其诗句有谓“‘态浓意远淑且真’，状其丰神之丽也；‘肌理细腻骨肉匀’，状其体貌之丽也”[16]〕，不知王文

图二　汉墓帛画（局部）
长沙马王堆　轪侯利苍及家属

何据论断“杨玉环，更是家喻户晓、流传千古的胖美人典范”？“丰”，《新华字典》解“容貌、姿态美好”[17]，《现代汉语词典》释“美好的容貌和姿态”[18]；“丰肌”，《汉语大词典》谓“肌肤丰润”，例汉司马相如《美人赋》“皓体呈露，弱骨丰肌”[19]。《后汉书·南匈奴列传》曾载：“昭君丰容靓饰，光明汉宫”[20]，倘可“丰肌”解作“肥胖”，“丰容”亦当不失“肥胖”；岂不“以胖为美”至迟始于汉代，不为“唐朝”专利耶？汉伶玄《赵飞燕外传》载“帝拥飞燕三夕不能接略，无遗意。宫中所素幸者从容问帝，帝曰：‘丰若有余柔弱无骨，迁延瑾畏若远若近，礼义人也。宁与汝曹婢胁肩者比耶？’”[21]当说：“燕瘦”燕非瘦，“环肥”环不肥。所谓“燕瘦环肥”者，“比喻体态不同而各擅其美，风格不同而各有所长”（《汉语大词典》）[22]，非如王文妄断“概括了汉、唐两代不同的审美标准”也。轻燕、丰环各自宜，何凭肥、瘦时尚以？笔者愚识，杨玉环者，不过一个当今时髦语词“性感女郎”而已，何必注水“肥胖”大做文章？

虽是“以胖为美”无寻文字，却也另类唐代审美诗文跃然纸上：“轻动玉纤歌遍慢”[23]，“腰细偏能舞柘枝”[24]；“小腰丽女夺人奇”[25]，“十指纤纤玉笋红”[26]；“身轻足捷胜男子”、“纤腰女儿不动容”[27]；“殿前宫女总纤腰”、“玉鞍初跨柳腰柔”[28]；“掖庭美女，和欢丽人，身轻体弱，绝代殊伦”[29]。更有唐李德裕《次柳氏旧闻》，载记肃宗为太子时“为李林甫所构，势几危者数矣；无何，鬓发斑白。……及上至，顾见宫中庭宇不洒扫，而乐器久屏—尘埃积其间，左右使令无有妓女，上为之动色。……即诏力士下京兆尹，亟选人间女子细长洁白者五人，将以赐太子”[30]；近人陈东原《中国妇女生活史》据异本“民间”、“颀长”而谓：“这里可见美人标准是颀、长、清、白。”[31]虽不敢说这“颀、长、洁、白”有为盛唐时代美女标准共识，却也总不至于得出一个“以丰腴肥胖为美”来吧。

“传统”文化，委实不乏千载讹传者；即使天下“众口一辞”，亦是不可皆当放胆轻信也。

注释：

[1] 未见原报，仅据下载网文。

[2] 〔唐〕张彦远撰《历代名画记》；《历代名画记·图画见闻志》，辽宁教育出版社 2001 年 2 月版第 1-97 页。

[3] [4] 杜道明著《盛世风韵》，河南人民出版社 2000 年 11 月版第

190、182–203 页。

[5] 〔宋〕董逌撰《广川画跋》卷六；《丛书集成初编》，中华书局1985 年版第 1637 册 71 页。

[6] 俞建华编著《中国古代画论类编》(修订本)，人民美术出版社 2004年 10 月第二版 463 页。

[7] 《吕氏春秋》卷二十六；《诸子集成》，浙江古籍出版社 1999 年 1月版第 1389 页下。

[8] 见王伯敏著《中国绘画通史》，北京三联书店 2000 年 12 月版第322 页（图 5–91)。

[9] 见何介钧、张维明编写《马王堆汉墓》，文物出版社 1982 年 1 月版附《图版》第五。

[10] 〔后周〕王仁裕撰《开元天宝遗事》；《丛书集成初编》中华书局1985 年版第 3833 册。

[11] 〔后晋〕刘昫等撰《旧唐书》卷五十一《后妃》上，中华书局1975 年 5 月版第 7 册 2178 页。

[12] 〔宋〕欧阳修、宋祁撰《新唐书》卷七十六《后妃》上，中华书局 1975 年 2 月版第 11 册 3493 页。

[13] 〔宋〕袁枢撰《通鉴纪事本末》卷三十一；《四部丛刊初编·史部》，上海商务印书馆缩印宋刊本第 684 页下。

[14] 〔唐〕乐史撰《杨太真外传》卷上；《丛书集成初编》，中华书局1991 年版 2685 册 6 页。

[15] 〔唐〕杜甫《丽人行》；《全唐诗》卷二百十六，中华书局 1960年 4 月版第 7 册 2260 页。

[16] 转引自徐有富《唐代妇女生活与诗》，中华书局 2005 年 9 月版第34 页；页下注：《唐诗汇评》上，浙江教育出版社 1995 年，932 页。

[17] 《新华字典》(1998 年修订本)，商务印书馆 1998 年 5 月第 9 版

132 页。

［18］《现代汉语词典》（修订本），商务印书馆 1996 年 7 月第 3 版 373 页。

［19］《汉语大词典》第九卷，上海：汉语大词典出版社 1992 年 6 月版第 1351 页。

［20］〔南朝宋〕范晔撰《后汉书》卷八十九《南匈奴列传》；中华书局 1965 年 5 月版第 10 册 2941 页。

［21］〔汉〕伶玄撰《赵飞燕外传》；〔明〕陶宗仪等编《说郛三种》卷三十二，上海古籍出版社 1988 年 10 月版第 560 页上。

［22］《汉语大词典》第七卷，上海：汉语大词典出版社 1991 年 6 月版第 296 页。

［23］〔唐〕和凝《宫词百首》之八十九；《全唐诗》卷七百三十五，第二十一册 8398 页。

［24］〔唐〕徐宁《宫中曲二首》之二；《全唐诗》卷四百七十四，第十四册 5379 页。

［25］〔唐〕吴少微《怨歌行》；《全唐诗》卷九十四，第三册 1014 页。

［26］〔唐〕张祜《听筝》；《全唐诗》卷五百十一，第十五册 5844 页。

［27］〔唐〕王建《寻橦歌》；《全唐诗》卷二百九十八，第九册 3387 页。

［28］〔唐〕花蕊夫人《宫词》之二十一、二十二；《全唐诗》卷七百九十八，第二十三册 8972 页。

［29］〔唐〕张楚金《楼下观绳伎赋》；〔清〕董浩等编《全唐文》卷二百三十四，中华书局 1983 年 11 月版第三册 2362 页下。

［30］〔唐〕李德裕撰《次柳氏旧闻》；《丛书集成初编》，中华书局 1985 年版第 3833 册《次柳氏旧闻》第 5 页。

［31］陈东原著《中国妇女生活史》，上海书店 1984 年 3 月版（据商务印书馆 1937 年版复印）第 93 页。

〔载 2007 年 9 月 17 日《余修文稿》辑四〕

中国史公元纪年发微

林叶蓁

君王、年号纪年曾为中国古代文明的重要构件，而干支纪年更是中华民族的历史骄傲；总因其“玉”中之“瑕”，已不得不让位于西历之公元纪年，其称“公历”，实自公认使然。虽有中历并行于世，然，不是几个民间节日尚行世间，年少者谁知中历几何？史至今日，不仅现史纪年已鲜见干支，就是回溯历史亦多为公元。然，君王、干支纪年多建正有别，中、西史历纪年又月日有差；而所见之中国史公元纪年，则多有病误。鉴此，笔者愿微书管见，以奉世公。

一、纪年失真

近世史表、历表，中、西史历纪年多无差对列（至迟，清人王韬《春秋历学三种·朔闰表》[1] 已见如此），而今人行文、释词又多以表中对列西历年作据（除中历月、日史料有载者，笔者几乎未见例外)，致使诸多中国史事之公元纪年显现其谬。

(一) 纪年“生卒”

宋臣章惇生卒，《宋人传记资料索引》[2]、《辞海》(1989年版)[3]、《中国历史大辞典·宋史》[4]等均纪：“(1035—1105)”。何据此纪？史载章惇卒于“徽宗崇宁四年”，诸表多列其公元纪年为：1105年。但，须知，中、西史历纪年，月日有差，中历“徽宗崇宁四年”其西历应为：1105年1月18日至1106年2月5日。安知章惇不是卒于中历十一月二十四日至十二月三十日(即1106年1月1日至2月5日)？恰是《宋史·本纪第二十》徽宗崇宁四年十一月载：“己未，章惇卒”[5]；《名臣碑传琬琰集·章丞相传》载：“崇宁四年十一月己未舒州团练副使章惇卒”[6]。而“崇宁四年十一月己未”正为：西历1106年1月2日(即中历崇宁四年十一月二十五日)。所以宋臣章惇卒年只能纪为“1106”年，断不可误纪“1105”年。诸书所纪章惇生年为“1035”年，更属无据之笔；其生年未见史料所载，惟见《名臣碑传琬琰集》载有：“崇宁元年改舒州团练副使睦州居住，二年徙越州，改湖州卒，年七十一”[7]，其明载卒年尚为误纪，又安知推其生年为“1035”无误？按章惇“崇宁四年”卒，“年七十一”，推其生年为仁宗景祐二年，并非有误；但，中历“宋仁宗景祐二年”，为西历“1035年2月11日至1036年1月30日”，何凭断其非1036年1月1日至30日(即景祐二年十一月三十日至十二月二十九日)生？无由无据何以限定古人不得1036年生？若尊重历史，笔者以为，表述纪年章惇生卒，应为：

(1035至1036—1106)；即公元纪年章惇生年，应于“1035”至“1036”二年间。

冯其庸撰《蒋鹿潭年谱考略》载：“同治七年戊辰·一八六八·五十一岁”，“是年冬，鹿潭偕姬人黄婉君赴衢州，道经吴江，卒于吴江垂虹桥。”[8]“同治七年戊辰”，“是年冬”，当为十月甲辰至十二月乙酉（即1868年11月14日至1869年2月10日），何以见得蒋春霖（鹿潭）非卒一八六九年，而卒“一八六八”年？另见是书“清仁宗嘉庆二十三年戊寅·一八一八”载：“鹿潭生，一岁。本传云：‘同治戊辰冬……卒，年五十一。’自同治戊辰（一八六八）上推五十一年，当生于是年。”[9]大凡中国史书，多缺载人物生年，今人纪古人生年，多以史载人物卒年及在世年数推算而得；上书载蒋鹿潭同治戊辰卒，年五十一，推其嘉庆二十三年戊寅生本无可非议，但纪“一八一八”年生，却正有“懈”可击。中历清仁宗嘉庆二十三年戊寅，其西历当为：1818年2月5日至1819年1月25日，又安断蒋鹿潭非1819年生？为尊重历史，表纪蒋氏生卒应为：（1818至1819—1868至1869）。

（二）纪年“述事”

《辞海》（1989年版）附录《中国历史纪年表·秦纪年表》列：

公元(前)	干支	秦
209	壬辰	二世(嬴胡亥)1
208	癸巳	2
207	甲午	3(嬴子婴㈧)
206	乙未	嬴子婴　＊＊1㈩

＊＊子婴八月即位,十月即降于刘邦,秦以十月为岁首,故列在前206年栏内。[10]

表中末行为误，注中其“故”亦更无因。虽秦正十月，但其月名未变，其十月仍为夏正十月，仅是秦已为次年而已。表中之干支甲午是以夏正纪年，当含嬴子婴降刘之十月及后之十一、十二两月；其十月虽为秦子婴元年，亦当于前207年11月13日至12月12日之内，岂可列表“(前）206”年？《史记·秦始皇本纪第六》二世皇帝三年载：“子婴为秦王四十六日，楚将沛公破秦军入武关，遂至霸上，使人约降子婴。子婴即系颈以组，白马素车，奉天子玺符，降轵道旁。……居月余，诸侯兵至，项籍为从长，杀子婴及秦诸公子宗族。”[11]《史记·六国年表第三》秦二世三年又载：“诸侯入秦，婴降，为项羽所杀。”[12] 权以子婴甲午八月晦日即位，亦当十月十六日降刘，其后“月余”为杀，又何能于乙未年建元？《中国历代帝王录》释解子婴：“于公元前206年10月……投降刘邦”，“同年12月……于项羽率大军进入咸阳后被杀”[13]。如果说《录》书之误源于《辞海》(1979年版）同上表，大概难以诉“冤”。就是世人深敬之已故史学家翦伯赞先生亦于其主编之《中外历史年表》误载：“前206·乙未·汉刘邦元年”，“十月，刘邦至霸上，秦王子婴降，秦亡”；“十二月，项籍率诸侯之军至新丰鸿门，继入咸阳，杀子婴”[14]。足见，此误非浅。笔者以为，上表末行应如是列：

		嬴子婴	**1⊕

**子婴八月即位,十月即降于刘邦,秦以十月为岁首,故列元年。

《中国大百科全书·军事·伯颜取临安之战》载：“咸淳九年（元至元十年，1273），元军在襄阳、樊城之战中获胜……。次年，元世祖忽必烈命伯颜率军20万，沿长江而下取临安。十二月，攻取鄂州”[15]。咸淳九年（元至元十年）之次年，当为咸淳十年，是年西历为：1274年2月9日至1275年1月28日。《宋史·本纪第四十七》瀛国公咸淳十年十二月载：“吕文焕以北兵攻鄂州。庚申，程鹏飞及权守张晏然以城降。”[16]依《中国大百科全书》伯颜取鄂州当在1273年之次年1274年，而咸淳十年十二月庚申却历公元1275年1月16日，应为1273年次年之次年。《中国大百科全书》如是表述方得无误：咸淳九年（元至元十年，1273至1274）。

（三）纪年“年号”

《辞海》（1989年版）释“元寿”为：“汉哀帝年号（前2—前1）”[17]，而《汉书·哀帝纪第十一》载“元寿元年春正月辛丑朔”[18]、《汉书·平帝纪第十二》载“元始元年春正月越裳氏……”[19]，知平帝于元寿二年即位沿用哀帝年号“元寿”于岁末。又，平帝元寿二年十一月十八日已入公元元年，其岁末已为公元1年2月11日。所以，正释“元寿”当为：汉哀帝年号，平帝于二年九月即位沿用至岁终（前2—1）。

《辞海》（1989年版）释“开元”为：“唐玄宗年号（713—741）”[20]，而《旧唐书·本纪第九·玄宗下》载“天宝元年春丁未朔，大赦天下，改元”[21]、《新唐书·本纪第五·玄宗》载“天宝元年正月丁未，大赦，改元”[22]，知辛巳整年为开元二十九年，是年西历当为：741年1月22日至742年2月9日。足见，741年“开元”未终。公元纪年唐玄宗年号“开元”应为：（713—742）。

《辞海》（1989年版）释：“太平兴国”为：“宋太宗年号（976—984）”[23]，而《宋史·本纪第四》太宗开宝九年十二月载：“甲寅，……改是岁为太平兴国元年”[24]，其西历当为977年1月14日；足见，976年太宗年号“太平兴国”尚未问世。公元纪年宋太宗年号“太平兴国”应为：（977—984）。

二、表述不善

囿于公元纪年的“公元”时间断裂，更惑于史料的明载、确载欠缺，人们多附数字以文字表述纪年，却常使纪年不明、达意受阻。

（一）公元前、“后”

西汉大夫贡禹生卒，《中国历史人物辞典》纪：“（前124—44）”[25]；此纪是以“前”冠之“124—44”，或是“公元前124”至“公元44”，易生歧解。而见《辞海》（1989年版）[26]、《中国历史大辞典·秦汉史》[27]、《中国人名大词典·历史人物卷》[28]诸书，皆纪“（前124—前44）”；“人生七十古来稀”，贡禹何能存世168年?

新朝皇帝王莽生卒，《中国历代名人辞典》纪：“(前45—23)”[29]，用加汉字“前”来表述公元前纪年，正如汉年号“元寿”纪年（前2—1），遇公元前纪年数大于公元纪年数时，易有误视皆为公元前之嫌；越是两数值接近，则易误可能性越大。所以，《辞海》(1989年版)[30]、《中国历史大辞典·秦汉史》[31]、《中国人名大词典·历史人物卷》[32]均纪王莽生卒为：“(前45—后23)”。虽加用汉字亦非为宜，然“公元前”之表述总可成立，而“公元后”之表述却令人费解。“公元”者，西文“A.D.”意为“主的生年”，若以“主的生年”之后纪“后”，则当减去公元元年；中文则指“公元纪年”，而公元纪年正是现行纪年法，“公元后”则何年，尚不为知。加“后”确使“23”有别于“前”，然其表述却无以为立。

（二）不明之“约”

西汉学者刘向生卒，《辞海》(1989年版)[33]、《中国历史大辞典·秦汉史》[34]、《中国人名大词典·历史人物卷》[35]均纪：“(约前77—前6)”。见《汉书·楚元王传第六·刘向》载：“年七十二卒。卒后十三岁而王氏代汉。”[36]王莽初始元年始建新朝历史有定，刘向卒年“七十二”史料确载，而何以纪其生卒又附字以“约”？“卒后十三岁”计年有异耳。初始元年为刘向卒后之“十三岁”，若以其“卒年”计岁，当卒公元前5年；今纪“前6”卒，是为刘向卒年不入其卒后岁。即刘向终年七十二，其卒年不定，生年亦不可定，反之皆定。纪“(约前77—前

6)”只能视为“约”字纵冠刘向生“前77”、卒“前6”，而其卒“前6”缺冠“约”字，则又与定载之表述相同。此“约”表纪实有不明。

东汉哲学家王充生卒，《简明不列颠百科全书》纪：“(27—约97)”[37]，*The New Encyclopaedia Britannica*（新不列颠百科全书》）纪：“（b. AD27，k' uei-chi China—d.100?，K'uei-chi)”[38]。中、西百科全书所纪王充卒年，虽非为定指，却也纪差三年；然，确可见：纪年以“约”，其概指区间之宽。

(三) “载异”纪年

孔子生年，《史记》载鲁襄公二十二年，《谷梁》经文载鲁襄公二十一年十月庚子。而今笔者所见之中、外文工具书却皆纪“前551”为孔子生年，然依笔者析定，孔子当为鲁襄公二十一年十月二十一日、儒略历公元前552年10月9日生，今人之格里历纪念日当为10月3日（详据见《纪年研考》1期拙文《书峰隙窥孔子生年》）。既见史有异载，而一载之据又无以根本否定另载之说，当视孔子生年存二说。即使一说已作析定，亦不当视另说为否。实鲁襄公二十二年始于西历前552年，然今书所纪“前551”，严然似孔子生年史有确载无疑。此等武断表纪实为不妥。

南宋嗣濮王赵不凌，《宋人传记资料索引》记：“嘉定十七年薨”[39]，语出《宋史·列传第四·濮王允让》所载：“十七年薨”[40]。而《宋史·本纪第四十》宁宗嘉定十六年十二月载：

“癸未，嗣濮王不凌薨。”[41]“本纪”纪年而有月、日，应视可信胜于“列传”；又见宁宗嘉定十七年十二月无日癸未，是当析定赵不凌卒于嘉定十六年。虽如是，“十六年”之说亦不可视为确纪，况“十七年”乎！

三、纪年符号

中、西史历纪年，月日有差，年而生异；今于公元纪年，语谬书误者屡见不鲜。西历以耶稣诞生纪元，是有分段之公元纪年；史料欠明或明而不确，年则当以虚纪；今之附加汉字公元纪年中国史，更使表意欠达。笔者常于文字中多见现行中国史公元纪年之弊，遂设想附符号于数字来完善中国历史的公元纪年。

（一）符号设计

1. 逾年符号（亦作公元前符号）：“–”，小横。

(1) 指西历年与中历年相对则跨年，标示是年部分历日接序次年部分历日方能分别与中历年历日相对应而足年。标于跨首末两年的首年末位数字上方，以示是年为始，次年为终；用于史料缺载月或日，无凭断是年。

(2) 指公元前之西历年。标于公元前年数之首位数字上方，遇公元前1—9年数字上方另有符号，可与之并列，“公元前”符号在左，它号在右。

2. 析定符号：“·”，小点。

指与析定中历年相对之西历年。

(1) 标示史载有异而析定。标于是年末位数字上方，以示其中历年并非史载确定，而为述者析定。用于史料有载月或日，可凭析断是年。

(2) 标示史载不明而析定。亦标于是年末位数字上方，以示其中历年史无明载，而为述者析定。用于史料缺载纪年，而可凭有关史载分析概定是年。

3. 析定并逾年符号：“ ˗ ”，小点右连半小横。

指西历年与析定中历年相对而跨年，标示是年部分历日接序次年部分历日方能分别与史载有异（或欠详）之析定中历年历日相对应而足年。标于跨首末两年之首年个位数字上方，以示是年为始，次年为终；其中历年非史载确定，而为述者析定。用于史料缺载月或日，无凭断是年。

4. 载异符号：“、”，顿点。

指数个西历年所对中历年均为史料所载，标示数个西历年所对诸中历年均可能是为史事纪年。分别标于数个西历年之间，以示史料无凭作析何者为然。所列纪年，可为析定，可是确载，其纪年排列不拘年序，以视较可信者列前。

（二）符号应用

应用上述符号，可说书简语便、纪年实史、表意明微，显别于此前纪年。

用于前文“一”：

章惇生卒“(1035 至 1036—1106)”，用符号“1”可表述为：(103$\bar{5}$—1106)；意为章惇生 1035 年至其次年 1036 年间，卒

1106 年。

蒋春霖生卒“(1818 至 1819—1868 至 1869)”，用符号“1”可表述为：（181$\bar{8}$—186$\bar{8}$）；意为蒋氏生 1818 年至其次年 1819 年间，卒 1868 年至其次年 1869 年间。

《伯颜取临安之战》“咸淳九年（元至元十年，1273 至 1274)”，用符号“1”可表述为：咸淳九年（元至元十年，127$\bar{3}$）；意为咸淳九年（元至元十年）为公元 1273 年至 1274 年。

汉哀帝年号“元寿（前 2—1)”，用符号“1”可表述为：元寿（$\bar{2}$—1)；意为是年号始于公元前 2 年，终于公元 1 年。

用于前文“二”：

贡禹生卒“(前 124—前 44)”，用符号“1”可表述为：($\bar{1}$24—$\bar{4}$4)；意为贡禹生公元前 124 年，卒公元前 44 年。

王莽生卒“(前 45—23)”，用符号“1”可表述为：（$\bar{4}$5—23）意为王莽生公元前 45 年，卒公元 23 年。

刘向生卒“(约前 77—约前 6)”，用符号“2”、“1”可表述为：（$\bar{7}\dot{7}$—$\dot{\bar{6}}$）；意为刘向生析定公元前 77 年，卒析定公元前 6 年。

王充生卒“(27—约 97)”，用符号“2”可表述为：（27—9$\dot{7}$)；意为王充生公元 27 年，卒析定公元 97 年。

(此上文“二”之纪年均未细究中、西史历差)

孔子生年史载二说。若析定《史记》生卒，用符号“1”、“3”可表述为 $\bar{5}5\dot{\bar{2}}$；意为孔子生析定公元前 552 年至公元前 551 年间。而析定《公》《谷》经文生年，用符号“1”、“2”可表述为：$\bar{5}5\dot{2}$；意为孔子生析定公元前 552 年。但若于孔子生年析而不定，又较以《公》《谷》为可信，用符号“1”、“4”可表述为：$\bar{5}52$、$\bar{5}5\bar{2}$；意为孔子生年存二说，即公元前552年生或公元前552年至公元前551年生。

赵不凌卒年史载二说。若析定嘉定十七年薨，用符号“3”可表述为：$122\dot{\bar{4}}$；意为赵不凌卒析定1224年至1225年间。而析定嘉定十六年十二月癸未薨，用符号“2”可表述为：$122\dot{4}$；意为赵不凌卒年析定1224年。但若于赵不凌卒年析而不定，又较以“十六年”为可信，用符号“1”、“4”可表述为：1224、$122\bar{4}$；意为赵不凌卒年存二说，1224年卒或1224年至1225年卒。

另，唐臣徐有功生卒，《中国人名大词典·历史人物卷》纪：“（635或641—702）”[42]，用符号“4”可表述为：（635、641—702）。

（三）符号当立

依笔者帚珍之见，采用符号公元纪年增益概八：

1. 中、西史历对列纪年始见表述无误。

2. 表述数字与现行书文无一增加，且可省却“前”、“后”、“约”、“或”诸汉字；即使用于西文行文，亦可省却“A. D.”、“B. C.”。

3. 除却汉字纪年，用字体例规范、划一。

4. 无涉数字音变，其语读依旧；且原用汉字必读之音，今视场合可读、可略。

5. 表述科学，“次年”无误。

6. 表意明微，“析定”、“史载”有别，跨年有示。

7. 史据有征，无符确载，有符（除却公元前符号）无定据，显见所纪。

8. 公元前纪年与天文年历符号显别，可免滥用天文记年符号所致一年差。

是笔者认为，“纪年符号”当立。

笔者才疏学浅，确为管见；昧文拙愚于世间，欲惹明者批判意显。若真能幸引行家宏论，举毫勘校再正视听，惟晚生不才如愿。

注释：

[1] 曾次亮校，中华书局1959年。

[2] [39] 昌彼得、王德毅、程元敏、侯俊德编，中华书局1988年第2076、3404页。

[3] [10] [17] [20] [23] [26] [30] [33] 辞海编辑委员会编，上海辞书出版社第5326、5439、1717、1629、1687、1348、3123、4037页。

[4] 中国历史大辞典·宋史卷编纂委员会编，上海辞书出版社1984年第441页。

[5] [16] [24] [40] [41] 〔元〕脱脱等撰，中华书局1985年第375、924、54、8717、780页。

[6] [7] 《影印文渊阁四库全书》，台湾商务印书馆民国七十二(1983)年第450册800、801页。

[8] [9] 冯其庸著并辑校《蒋鹿潭年谱考略·水云楼诗词辑校》，齐鲁书社1986年第90、14页。

[11] [12] 〔汉〕司马迁撰，中华书局1982年2版第275、758页。

[13] 杨剑宇编著，上海文化出版社1989年第148页。

［14］中华书局1961年第100页。

［15］中国大百科全书总编辑委员会《军事》编辑委员会、中国大百科全书编辑部编，中国大百科全书出版社1989年第54–5页。

［18］［19］［36］〔汉〕班固撰、〔唐〕颜师古注，中华书局1962年第343、348、1966页。

［21］〔后晋〕刘昫等撰，中华书局1975年第214页。

［22］〔宋〕欧阳修、宋祁撰，中华书局1975年第142页。

［25］吴海林、李延沛编，黑龙江人民出版社1983年第57页。

［27］［31］［34］林甘泉主编，上海辞书出版社1990年第210、62、191页。

［28］［32］［35］［42］廖盖隆、罗竹凤、范源主编，上海辞书出版社1990年第201、36、168、506页。

［29］南京大学历史系《中国历代名人辞典》编写组编，江西教育出版社1982年第66页。

［37］中国大百科全书出版社《简明不列颠百科全书》编译部译编，中国大百科全书出版社1985年第8卷116页。

［38］Philip W. Goetz， ed. –in–Chief. Chicago： Encyclopaedia Britannica Educational Corp.， 1986：V. 12 P. 485

参考文献：

方诗铭、方小芬编著《中国史历日和中西历日对照表》，上海辞书出版社1987年。

张培瑜编《中国先秦史历表》，齐鲁书社1987年。

（初稿邮寄：1991. 12. 17.）

〔载1993年8月4日自刊《纪年研考》第2期〕

与《中国史公元纪年发微》审稿意见辩言

林叶蓁

自《中》文交流[1]，未见函评，遂疑世人或与“审稿意见”尚有类识，故而辩言。然却所愿：止为笔者“疑”，并非有真。

现将“审稿意见”依转抄件（其抄件昔时曾按笔者要求，由抄人再三校对，可保与原审者手迹无误）全文照录，以助读者诸君辨识。

附：审稿意见

1．标题与文章内容关系不甚贴切，看了标题后，不知内容是讲些什么。

2．君王、年号纪年是一回事，并且一般通标年号纪年，行文中不用君王纪年字样。

3．文中所举“纪年失真”之事例，都是某文作者所误，不能将此责任推到年号纪上，即使用公元纪年，粗心作者照样会将某人生卒年记错，文中所举那些记载错误均为事实，但不能用此来说明年号纪年或干支纪年的不和。台湾至今还用中华民国多少年，只要记载确切，与公历推算不会有错。

4. 文中所讲公元纪年与年号纪年推算有误，那是历法问题，阳历与农历是有误差，不能将此误差出现问题说成年号纪年不和。

5. 文章中心思想想要说明什么不明确。[2]

因编辑部依规定不与作者言及审者何人，今权以百姓之首“赵”先生称之。

审者“1”、“5”两条意见无涉《中》文学术，纯属评价作文(其中几分中肯、几许见地，阅者自有识)，无意兹篇赘笔（若赵先生有兴，原与私函探讨)。虽经数敲赵先生两条意见，仍感无愧就读中文之时诸师有教，是有安。

不知赵先生治史，是否有涉年代学，却所余三条意见，实令笔者生憾。

一

君王、年号纪年为“一回事”之说，笔者鲜闻。唐人颜师古注《汉书·武帝纪》建元元年：“自古帝王未有年号，始起于此。”[3]《中国历史大辞典·史学史》(下简：《史学》)“纪元”释：“汉武帝即位后，创立年号”[4]。李崇智《中国历代年号考》言：“年号是用以纪年的名号。中国历史上用年号纪年，开始于公元前二世纪汉武帝时代……西周共和到汉武帝之前，一般是以王公即位的年次纪年，有年数无年号。”[5]丁緜孙《中国古代天文历法基础知识》叙：“史文记载，按王公即位之年次纪年，可能是最早的纪年法，约从西周开始直至汉景帝止”[6]；且列中国古代纪年法四种：1. 按帝王即位之年次纪年；2. 年号纪年；3. 岁星纪年；4. 干支纪年。上引何见“一回事”之说？更何能可作“年号纪年”之“通标”？虽见世人有用“帝王年号纪年”字样，却是所指“帝王的年号纪年”，并非有如笔者的“君王、年号纪年”。历史的以君主尊号纪年与帝王的建年号纪元绝非同义；虽秦政以秦王尊号纪年，但，何人胆称“秦始皇”为年号？虽古史纪元以君王尊号，但决不因纪年之用而改尊号之义，又其尊号纪年皆行至驾崩年而终；所以鲁宣公即位，不可能有如唐哀帝沿用昭宗年号“天祐”之沿以文公历纪续年。

“君王纪年”作词，大约确为笔者首用；但人类语汇从都是伴随历史而发展的，前人行文未用“字样”，后人未必不可用。这正如后人将传说中的耶稣诞生纪元称为“公元”，将行于1582年的格雷果里历称作“公历”(现已多把先于格历的儒历并入“公历”行文，未必不可行)。王立兴先生曾序《万年年谱》：“共和以前帝王纪年文献不足。”[7]笔者多从诸类文字表述中受启，以“帝王即位年次”与“年号使用年次”类同，而思：既有“年号纪年”字样，何不用以“帝王纪年”？遂以上古诸侯（公、侯、伯等）非为帝王、只为君主，而改用“君王纪年”。诚谢赵先生率先使用笔者“君王纪年”其词！赵先生虽见有言“行文中不用君王纪年字样”(此处“君王纪年”指为笔者所用)，然其“君王、年号纪年是一回事”之自述语言中却正是使用了“君王纪年”行文，有见“君王纪年”可立。否则，赵先生当另选字样陈述。

二

笔者《中》文举例“纪年失真”从未言及“将此责任推到年号纪〔按：疑审者此处漏一‘年’字〕上”之意，全篇皆就中国史事的公元纪年、公元注纪而议，何见责难“年号纪年”之笔？

《史学》释《历代甲子考》“共列七十三个甲子……第七十三甲子为明天启四年（1624）。”[8] 文以书终1624年释，但明天启四年甲子，岁终1625年2月6日，岂非岁末之三十七日不为甲子年？见黄宗羲书原载：“第七十三甲子，天启四年。”[9] 全无“注纪”之意。

《史学》释《历代纪元韵览》：“纪元上起秦始皇十年（前237）”[10]。秦王政九年四月亲政，其十年岁始前238年10月28日，释文何据为削岁日六十有五？

《史学》记释《资治通鉴后编》载史：“讫元顺帝至正二十七年（1367）。”[11] 查徐乾清《后编》见书终记止“至正二十七年……十二月……辛未”[12] 事。至正二十七年十二月辛未为1368年1月19日，释文何以有污《后编》所记仅至至正二十七年十二月壬子（1367.12.31）？

《史学》记“王鸣盛”生卒：“（1722—1797）”[13]。《碑传集·卷四十二·王鸣盛传》载：“嘉庆二年十二月没于苏州”[14]。《国朝先正事略·卷三十四·王西庄先生事略》载：“嘉庆二年十二月卒于苏州”[15]。嘉庆二年十二月为公历：1798 年 1 月 17 日至 2 月 15 日。知 1797 年王鸣盛在世，其卒当记：1798 年。

《史学》记“孙奇逢”生卒：“(1584—1675)”[16]。《清代人物传稿·上编·第一卷》载：“孙奇逢，生于明万历十二年十二月十四日（1585 年 1 月 14 日）”[17]（谢巍考孙奇逢八十七岁自撰《岁寒居年谱》即录如是生年月日）。所见，1584 年孙奇逢尚未降世。

《史学》记“章学诚”生卒：“(1738—1801)”[18]。仓修良《章学诚和〈文史通义〉》载“嘉庆五年（1800）……六年……十一月，章学诚与世长辞。”[19]《中国历代人物年谱考录》据日人内藤虎次郎《章实斋年谱》、国人胡适《章实斋先生年谱》等，记：“章学诚……嘉庆六年辛酉十一月二十八日（公元 1802 年）卒”[20]。嘉庆六年十一月二十八日为公历：1802 年 1 月 2 日。1801 年章学诚未与世辞，其卒当记：1802 年。

未作历史考实，或许可算作者“粗心”，但赵先生以为，上举纪年失误确属粗心吗？又，《史学》诸多明误之释［庚子日记·光绪二十六年（1900）……十二月三十日[21] 实为：1901.2.18；庚子记事·光绪二十六年（1900）……次年十一月二十八日[21] 实为：1902.1.7，当“次年”之次年；庚子赴行在日记·光绪二十六年（1900）……起……十二月二十一日……讫二十七年一月二十八日[22] 实为：1901.2.9—3.18；春秋·自鲁隐公元年（周平王四十九年，前 722）至鲁哀公十四年（周敬王三十九年，前 481）共二百四十二年[23] 实为：前 723.12.17—前 481，西历 243 年；清世宗实录·乾隆六年（1741）十二月[24] 实为：1742.1.7—2.5；……〕（如此注纪，不如其无）及全书二千三百二十六（或有疏漏）处中、西注纪皆见有失，亦可视为“粗心”吗？须知：中、西历纪绝无月日皆合之年。上述数字“2326”尚不含其《史学》直接公元纪年之误（人物卒年缺载月日，或以存世推生年，历多致误），如此数字仍不能用来说明与“年号纪年或干支纪年的不”合吗？既然赵先生有认《中》文“所举那些记载错误均为事实”，何以竟言“都是某文作者所误”？《史学》所误类例均在“纪年失真”有举，赵先生竟何以视而不见？其实，《中》文所举正如是篇《史学》之例，若得尽举文献类误，估其不少今之《百科全书》之量。《中》文所例无非是证“近世史表、历表，中西史历纪年多无差对列，而今人行文、释词又多以表中西历年作据，致使诸多中国史事之公元纪年显现其谬”之言，文中注有：“除中历月、日史料有载者，笔者几乎未见例外”。笔者除见方诗铭等《中国史历日和中西历日对照表》（下编）及徐锡祺《新编中国三千年历日检索表》[25]中、西对年有合，至今尚不多见它书；不知赵先生可知几人不误，可见几书有合？

中华民国使用公历纪年，本是历史常识，自然“与公历推算不会有错”；非常遗憾，这竟是“意见”否定《中》文的惟一事实“根据”。

三

不知“公元纪年与年号纪年推算有误，那是历法问题”，赵先生意为何指，历法有“问题”，笔者未闻，想必赵先生深谙历法，诚望赐教。既言“推算”有误，何以罪纠历法？《史学》“历代甲子考”有纪：“鲁隐公元年己未（前722）”；然，鲁隐公元年：前723.12.17—前722.12.6，己未：前722.2.14—前771.2.3，前722：1.1—12.31；君王、干支、公元纪年各依历法，本有其差，岂可无差对列？《中国历史大辞典·清史·下》释“秋瑾·光绪……三十二年……是年冬（1907.1）又在上海创刊《中国女报》”[26]、“自治学社杂志·清光绪三十三年（1907）冬在贵阳创刊”[27]，已入“二难”；《女报》一期封底有记：“光绪三十二年十二月初一发行”，实刊公历：1907.1.14，则《杂志》注记必有误；其“是年冬”（1906.11.16—1907.2.12），“三十三年”（1907.2.13—1908.2.1），如是，释文不误。上书“南北议和”又文：“清宣统三年（1911）……十二月二十五日（1912.2.12）”[28]。《清史编年》康熙八年·己酉·公元1669年：有纪“十二月……十五日甲戌（1670年1月6日）”[29]。《万斯同年谱》1657年（清顺治十四年丁酉）·二十岁：更载“十二月，季野与诸兄共往湖口迎柩”[30]；其丁酉十二月为：1658.1.4—2.1（公历纪年、农历纪月，强合作谱更非明为）。上举公历注、纪自悖行文，谁人可嫁“历法问题”？笔者纠误所推公元纪年，赵先生亦见“历法问题”？

何谓“误差”？事物本当无差，人之错为所致其差也。赵先生何而臆断农历、阳历“是有误差”？农历、公历（即阳历）本为两种历法，其“间”岂见“误差”之有？只有人定历法之误，与自然天象之差，全在其法而言；赵先生何见，农历、公历之间尚有不可对应之历日？正是历法有差，才为“不同”历法；但，有差并非有误，倒是无视其差，所纪必以致误。正如：父大子20岁，子小父20岁，只是有差不误；若言其父、子同岁，则恰无差而误。何以不可有指：公元注、纪与“年号纪年不”合？

本《中》文所指，并非意责谁人何书之错，旨为例醒国人中、西史历无差纪年之弊，全欲探讨解决出路。社会有发展，文明有进步，纪年依如。从中、西史历无涉到以西历纪年无差对列，总是历史年代学的一大进步。汤国梨附注《章太炎先生家书》其生“一八六九”：“据《太炎先生自定年谱》，先生生于清同治七年（一八六八）十一月三十日，合阳历为一八六九年一月十二日。”[31] 汤先生1961年此注虽见其中有疏（既注全年“1868”，何而又见年中“1869”月日），但又不能无视其于“无差”之进步；然其“此书用公元纪年，故作一八六九年”，正可有窥规范纪年的怯步历程。后之理直气壮纠误，比之汤先生小心附注，更见纪年有进。方诗铭《对照表》的问世，不能不是年代学的可喜之步；如表：清仁宗嘉庆六年辛酉（1801—1802）[32]。至此，方先生解决了公历的对应跨年表纪。笔者有见方《表》之表纪不便，遂设计了逾年符号“-”。应用符号，嘉庆六年可纪为$180\bar{1}$，如换纪《史学》章学诚卒年“1801”，可无虑后人考证其卒确载1802年；生纪“$173\bar{8}$”，亦可免忧纪年之误；若再以“$188\bar{0}$”括注嘉庆五年，则更纪年、表述无误。一旦“纪年符号”幸为世人认可，则所指中国史公元纪年之弊有除；但愿符号之问世，亦能小迈纪年之一步。

所见赵先生行文之遣词造句，笔者实难有敢恭维。所不解者，先生何竟出此无以中“的”之矢？甚憾！

注释：

［1］文载交流小刊 1993 年 8 月 4 日《纪年研考》2 期。

［2］抄件中无以辨似顿、逗、句符者，此录已依文意改作逗、句，若有背审者原意，责纠笔者。

［3］〔汉〕班固撰，中华书局 1962 年 156 页。

［4］［8］［10］［11］［13］［16］［18］［21］［22］［23］［24］中国历史大辞典·史学史卷编纂委员会编，上海辞书出版社 1983 年 190、39、42、393、59、193、429、305、307、323、438 页。

［5］中华书局 1981 年前言 1 页。

［6］天津古籍出版社 1989 年 327 页。

［7］鞠德源编著《万年历谱》，山西人民出版社 1989 年序 1 页。

［9］《丛书集成初编》，中华书局 1985 年 3454 册八页。

［12］《影印文渊阁四库全书》。台湾商务印书馆民国七十二（1983）年 345 册 620 页。

［14］《清碑传合集》，上海书店 1988 年影印版 1 册 550 页王昶文。

［15］《四部备要》，中华书局 1988 年影印版 46 册 427 页王鸣韶等文。

［17］清史委员会编（王思治主编），中华书局 1984 年 173 页。

［19］中华书局 1984 年 55 页。

［20］谢巍编撰，中华书局 1992 年 457 页。

［25］上海辞书出版社 1987 年、人民教育出版社 1992 年。

［26］［27］［28］中国历史大辞典·清史卷编纂委员会编，上海辞书出版社 1992 年 538、253、517 页。

［29］林铁钧、史松主编第二卷（康熙朝）上，中国人民大学出版社 1988 年 119 页。

[30 陈训慈、方祖猷著，香港中文大学出版社 1991 年 57 页。

[31] 上海古籍出版社 1985 年序言。

[32] 方诗铭、方小芬编著《中国史历日和中西历日对照表》，上海辞书出版社 1987 年 689 页。

(1993. 10. 30. 稿)

〔载 1993 年 11 月 27 日自刊《纪年研考》第 3 期。数年后奉阅杭州大学《学报》编辑部致宁波大学《学报》编辑部函，确悉拙稿审者乃杭州大学历史系教授仓修良先生；多年“赵”姓世人代过受责，谨此致歉。〕

《国标》出版物数字“示例”商榷三则

叶小草

1996年6月1日起实施之《中华人民共和国国家标准 出版物上数字用法的规定》(GB/T15835—1995)条文，笔者借助1997年第3期《咬文嚼字》得览，甚幸；有感所见“示例”或有欠妥之处，是愿属文商榷。

一、《规定》5.1.1公历世纪、年代、年、月、日示例：“20世纪80年代”。

〔题外话：“年代”诚非量词，不当与时间量词“世纪、年、月、日”等同类并列。近世英语习惯上将其基数词中含有相同后缀“teen”的“thirteen，fourteen，…nineteen”(十三、十四……十九)、“twenty，thirty，…ninety”(二十、三十、……九十)及其含有相同词首“twenty，thirty，…ninety”的连续后继数合成词“twenty-one，twenty-two，…twenty-nine；thirty-one，thirty-two，…thirty-nine；…ninety-one，ninety-two，…ninety-nine”(二十

一、二十二、……二十九；三十一、三十二、……三十九；……；九十一、九十二、……九十九）略以后缀“teen”及词首“twenty，thirty，…ninety”的复数形式表示：teens；twenties，…nineties。商务印书馆修订版《汉英词典》仍旧以“a decade of a century / 八十年代 the einghties / 二十世纪九十年代 the 1990′s”解释“年代”，颇为遗憾；倘遵其解，“teens”为几何“年代”？“one，two，three，four，five，six，seven，eight，nine”、“ten，eleven，twelve，thirteen，fourteen，fifteen，sixteen，seventeen，eighteen，nineteen”及“hundred”，又别为几何“年代”？〕

“20 世纪”当是“第 20 世纪”的略称，指为公元纪年的第 20 个佰年，即第 19 个世纪年（公元 1900 年）之后递接的一个百年；以“20 世纪”指谓第 20 个世纪，与汉语“二十”表义见同。而以“80 年代”汉译“the 1980′s”之“eighty，eighty-one，…eighty-nine”而读作“八十年代”却显尴尬，汉语的“八十”表义或为八个十、或为第八个十，亦或为第八十个，却绝不可能包括任何“八十”的后继数；今以“1980 年—1989 年”为“20 世纪 80 年代”，却“20”指为第二十个佰年、“80”不标第 8 个十年，不仅其佰、拾属种关系不能相应，更其“20”之读写可为“二十”、“80”之读写不能“八十”（“二十世纪”是由数词“二十”与量词“世纪”合成之数量词，“八十年代”只为英语“the eighties”〈即世纪中第 80—89 年期〉的蹩脚汉译；且用“八十”计称年期只当所示某一世纪的第 71—80 年，而“80”即非指称第 80—89 年期、又非标示第 71—80 年期）矣。按理，既为《国家标准》示例，则“20 世纪 80 年代”其“20”之“0”确应与“80”之“0”同音、同义；然确“20”只为“二十”不为“二〇”、“80”只当“八〇”不能“八十”。既然“20”之“0”与“80”之“0”无以同音、同义，则如示例“20世纪80年代”之“要求以阿拉伯数字”不妥。笔者以为，示例“20世纪80年代”之阿拉伯数字改用中文数字、符号“二十世纪八〇年期”（当然，作“二十世纪八〇年代”亦无不可，小数点可以书“点”，空位圈何以不能写“圈”）为宜；“20”改“二十”自不待言，其“80”改“八〇”不仅别于“八十”、“80”，更为恰示“十位数为‘八’”也。倘若愚意可行，不仅数字表义世纪纪年、数码表形年期始终判然有致，更或可止“世纪、年代配合”之妄矣。如若仍写“20世纪80年代”亦当读作“二十世纪八〇年代”；只是同为数字书写形式，一为数字、一作数码，颇显紊乱。

二、《规定》5.2.2中国清代和清代以前的历史纪年、各民族的非公历纪年示例：“秦文公四十四年（公元前722年）……日本庆应三年（1867年）”。

秦文公四十四年对应公历当为“公元前723年12月17日～公元前722年12月6日”（据今人历表）、日本庆应三年对应公历当为“1867年2月5日～1868年1月24日”，历史纪年用历不与公历纪年同月同日对应；月日不能对应，其所纪年自非全然相对，皆当有见年与年之前、后偏差也。倘如示例“太平天国庚申十年九月二十四日（清咸丰十年九月二十日，公元1860年11月2日）”之确详月日，自是对换无误；然若欠详或略纪历史纪年月日而又仅以某年“括注公历〔元〕”，以为无差对应，则必为失实之纪（如本文所举示例，秦文公四十四年，少注公元前 723 年末之 14 日；日本庆应三年，缺注公元 1868 年初之 24 日）。倘依示例，查阅历表，南宋名将岳飞于高宗绍兴十一年被害身亡，当以公元 1141 年"括注"其难年；然却今之文献皆记其卒于"1142"者何，实其高宗绍兴十一年十二月二十九日罹难，已为公元 1142 年 1 月 27 日矣。是笔者以为非公元纪年"括注公历〔元〕"，当如方诗名《中国史历日和中西历日对照表》"宋高宗绍兴十一年金熙宗皇统元年辛酉（1141—1142）"；则示例"括注公历〔元〕"当为：秦文公四十四年（公元前 723 年—公元前 722 年）、日本庆应三年（1867 年—1868 年）。为简其繁，笔者曾于 1991 年撰文《中国史公元纪年发微》；应用拙文之法，示例可作如下括注：秦文公四十四年（$\bar{7}2\bar{3}$ 年）、日本庆应三年（$186\bar{7}$ 年）〈$\bar{7}2\bar{3}$ 年之 7 上"-"符为"公元前"标示、3 上"-"符为至其次年"—722"标示，$186\bar{7}$ 年之 7 上"-"符亦为至其次年"—1868"标示〉。倘若宋高宗绍兴十一年括注"$114\bar{1}$ 年"，则岳飞 1142 年 1 月 27 日罹难，虽略月日以称"1142 年卒"亦与括注无悖焉。

笔者拙设"-"符，无欲强夺人意，不过抛砖引玉而已，确定国家标准，示例括注公元仅以某年为纪，确见有失。诚愿天下明君完善之。

三、《规定》13 竖排文章中的数字

示例一："……市场售价两千零五十元，返修率仅为百分之

零点一五”。

“两千零五十”之“零”，“不整”之义，用于不足次位数之零数；如零数“五十”不足千之次位数“百”，故作读写“两千零五十”（“两千零五”亦如，“零”非“没有”之义，亦非示位之用；“两千”则无“零”）。基于外文数符之汉语译文“百分之零点一五”，其汉语表义当为“万分之十五”；“0.15”依符当译“〇·一五”，倘若“〇·”必须书写汉字，亦当“圈点”，而非“零点”也。“〇·”本谓“圈点”，不仅“圈点”本身即为汉词，更有圈圈点点、可圈可点；不整之“零”非但不含“〇”符“没有”之义，却其恰与“没有”义反，只是其“有”，不多而已。不详初译印-阿“0”符之人，何致舍“圈”取“零”而为之。“〇”示没有，“零”义不整，“〇”不等于“零”，今而“等于零”者，实当“等于〇”（汉字“等于圈”）；人于纸币大、小面值，常以“整票、零票”呼之，是于《零票的思考》文题，笔者未曾有以“〇票”之思；找人钱时，说“不要整圆的，给我零角的”，当是有需零钱之人；“〇度”之谓“角”，既无度“数”，自无角“度”，全不同于“零度角”（或可指不足整数角度）；“从零开始”的是零存整取储蓄，“从〇开始”的是白手起家立业，“零”、“〇”不能通用。今既“〇”符另起炉灶入典汉语字、词（笔者仍以“〇”如 #、—、·、□、△为符，不为字），其原所误译“零”字代义之“没有”，实当剥离“零”字完归“〇”符。倘如此，则“零”义“不整”、“〇”符“没有”，不再混淆矣：**“……市场售价两千零五十元，返修率仅为百分之〇·一五。”**

示例二：“……于一九九〇年八月六日零时三十分返回基

地。”

日行二十四时，复而一为始；未足一时之分秒，总属“一”时之分秒，并非一时之先，尚序一称“零”之“时”也。所谓“零时”者，本即“没有”时“数”之意；“几”于“几时几分”句式，皆为“数字”，绝非尚有“不整”之“时”特例也。“零时三十分”中“时”前所示“没有”数字之“零”，实与“一九九〇年”中“个”位所示“没有”数字之“〇”同义，诚不当见〇、零异书之例。《标准》示例确当划一以示标准：“**……于一九九〇年八月六日〇时三十分返回基地。**”

虽所放言或其无一见当，然却总以引“当”为望；诚乞四方语文贤达，不藏笔墨，以足塞者小愿。

〔载 1999 年 6 月《西北师大学报》（社会科学版）专辑〕

吴宽生年《辨正》、《补遗》置喙

金友博

左鹏《吴宽生年辨正》一文刊于2011年第4辑《书品》，论正明代吴宽“生辰的公元纪年”即“宣德十年十二月戊戌朔，为公元1435年12月20日；十二月二十九日丙寅，则已是公元1436年1月17日”矣。例指“由于……不知其出生时已为公元次年，于是大量的文献都将吴宽生年的公元标错”而为“1435年”，其中一书即乃笔者当年打工编校而终见署责“编委”之傅璇琮等主编《中国藏书通史》。笔者愧疚昔之职不尽责，至诚感谢左鹏先生撰文止讹。

谭庄《〈吴宽生年辨正〉补遗》（《书品》2011年第6辑）纠正左文所谓“由于不明吴宽的具体生日，便不知其出生时已为公元次年”（即“吴宽生日不显”而“将吴宽生年的公元标错”）之误诊病因，明断“吴宽生日并非不显，盖以学术界著录古人生卒年并不及月日”而故“作1435年”。虽是，谭文指正左文“吴宽生日不显”误诊甚佳，却也袒护诸书“吴宽生年皆作1435年，并无疏漏之嫌”，实在荒谬也。

谭文所谓“考证吴宽生年早一年或晚一年，及其详细生日，对于学术界的知人论世，实无多大关系”(此论诚乃早遭人斥牙慧耳) 并且“颇易引起混乱”，读之不止令人费解，简直是在强加读者必也承受其所混淆是非、颠倒黑白妄语。史实考证纯属人类“求真”活动范畴，关乎真假、是非、正误，无涉世功多寡、大小。此间诚如董作宾《孔子生年考》所言：“我们求的是真理，真就算‘是’，不真就算‘非’。”论者需知，凡属科学探索之列，只问求真，不计功利也。事实上，这样多的重量著述都在强逼吴宽提早降世一年，还真所“于学术界的知人论世，实无多大关系”吗？不知道左文“考证吴宽生于宣德十年十二月二十九日，并将之折合西历为 1436 年 1 月 17 日，于是确定吴宽生年宜为 1436 年，即纠正了……所作 1435 年之讹”到底有什么错？难道谁还真能证明吴宽不是生于 1436 年吗？倘若果真诸多文献之“吴宽生年皆作 1435 年，并无疏漏之嫌”，而“纠正了……所作 1435 年之讹”的“文献考证”反遭“引起混乱”之责，则天下尚有“公理”二字生存余地否？诚憾谭文“复检谢巍《中国历代人物年谱考录》……著录吴谱一卷，并云”之后引原文竟然故意删去“(公元 1436 年) 生”中括号注纪西历年，难道非要西历错纪“1435 年”，谭文才肯善罢甘休吗？

谭文所称“据左文所论……而从西历转换中历，必然得出吴宽生于宣德十一年的伪说”，实乃误依“西历某年虽不与中历(某年号) 某年完整的〔按：当为‘地’字〕同在一年内……然大部分终究是相对应的，故可在此基础上编订历史年表，以资检索计算古代年数”使然；笔者依与左文所论共识考证文献二十余载，尚无一例致生谭文类称“伪说”也。中、西历差本乃客观史实，正如谭文所言之“学术界一般按中西历大体可对应的通例来处理”，而致生颇多中、西历无差对列之误人子弟“历史年表”；惰者后学急功近利无视文责，辗转沿袭竟成气候，乃至重量文献屡误不鲜，几近积非成是矣。

虽是董作宾《孔子生年考》有言“历史家不愿细心研究历法问题，古今都是一样的”，然却但凡认真的学者，当是不会轻易放弃“早一年或晚一年”的求实考证而毫不负责地袭用“一般按中西历大体可对应的通例来处理”的。《辞海》（1979年版）附录《中国历史纪年表·说明》即见“为检查公历纪年和中国历史纪年对照的绝对年份，从公元1年开始，在第三栏内左方加注同公历12月31日相当的中国历史纪年的月日。如公历1141年所注㊂㊁，即表明公元1141年的12月31日相当于宋高宗绍兴十一年十二月初二日。（如岳飞死于此年十二月二十九日，则据此可推知已是1142年，不是1141年。）”〔按：公历始于1582年10月15日，其前之公元纪年使用儒略历；《说明》释文中之“公历”当改用“西历”或“公元”为当。〕其正表公元“1851”年栏更注：“太平天国金田起义在道光三十年十二月初十日，相当于1851年1月11日，以一般习知金田起义在1851年，故列辛开元年在1851年栏内。”按说，一般无差对列中、西历史年表只是提供了大致年数，不可误以标准纪年“对照”而抄袭沿用也；多数认真的学者总是会去翻检标注确切月、日之《历表》、《年表》，以求历史纪年之准确无误的。后之方诗铭、方小芬《中国史历日和中西历日对照表》已然严格标列对照中历之西历跨年括注矣，如：“明宣德十年乙卯（1435—1436）。”更有林叶蓁《中国史公元纪年发微》受启设计符号，述如宋臣“章惇生卒……（103$\bar{5}$—1106）；意为章惇生1035年至其次年1036年间，卒1106年”（无论后世考证其生1035、1036年，均不与纪“103$\bar{5}$”年违），自印交流二十余年矣。“鉴于目前的实际情况”（已有如上“两全的解决方法”），还是不要所谓的“维持旧例为宜”，以免讹注公元纪年“而导致了混乱”也。面对史上认真纪年的著述文字，不知“一般按中西历大体可对应的通例来处理”的行文、祖护者，是否都能感受几丝羞愧呢？因为所谓“大体可对应的通例”、“旧例”是根本不存在的，不过只是学行懒惰者的遮羞护短遁辞罢了。

借引谭文“郑樵所云‘大著述者必深于博雅，而尽见天下之书，然后无恨’”，愿与天下纪年行文者，共为座右铭。

〔载2012年第6辑《书品》〕

规范表述纪年散议

——兼与张培瑜先生商榷

叶小草

文献表述纪年所欠规范，几为世患。张培瑜先生刊文《关于历史年代计数的规范化问题》[1]，所提恰中时弊，笔者愿为躬身。虽敬先生之举，然终有言犹未尽之感，兼欲与先生请教文中细处，随缀文就笔。

历史纪年计数

历史纪年计数及中、西史历对换之表述历来多误，先生文中所指，确当为世人所诫。但先生举例笔者见异，试述探讨。

定“孔子生于前551年”无据。《史记》所载，虽明“鲁襄公二十二年而孔子生”[2]，却无月、日见记。而《穀梁传》之春秋经文年、月、日均有确载“襄公二十有一年冬十月庚辰朔庚子孔子生”[3]，《公羊传》经文虽有一月之差，却是载年及日序干支同；查古今历表，鲁襄二十一年均有“庚辰朔”之“庚子”，但鲁襄二十二年却全年皆无“庚辰朔”。析定孔子生辰应为前 552 年 10 月 9 日。所以，例中 1989 年纪念孔子诞辰 2540 周年无误。

春秋吴王阖闾元年，依周正建子当始于公元前 515 年，如无确载可证苏州始建前 514 年，1986 年庆祝建城 2500 周年或不为误。

“北京建都 3035 年”应指为：历 3035 年；亦可含指“第”3035 年，“3035”非指周年。北京前 1045 年建城，其建都 3035 年正当推为 1990 年。

孺子婴初始元年戊辰十一月戊辰（9.1.10）“莽至高庙拜受金匮神嬗”[4]而西汉终。始惠帝元年（195）至西汉末年，言“达 203 年之久”有疏，而先生纠以“202”年则更误。

元至元十九年十二月初九文天祥就义，1983 年为纪念其逝世 700 周年召开学术会议，计年无误；其表述“元至元十九年（1282）十二月初九”虽不能成立，然先生文中依如是述，如：“惠帝元年（公元前 194 年）至西汉末年（公元 8 年）”。此处表述无所谓“注明”问题，“1283”年就是 1283 年，记为 1282 年，加、否注明均为误。

生卒年、岁计数

关于人物年岁，文中使用了实足年龄、实龄、虚龄，就其指义，“实足年龄”与“实龄”实难见别。实为“充”，足为“满”，均含“充实”之意，又皆与“虚”字义反，现代汉语已多有二字合成词“实足”入典，且多例“实足年龄”；辞书中又多以“实足年龄”为“足年”作解，岁不足年何以为“实”？虚、实二字义反，用为作形容词修饰名、动词之合成词亦为反义，诸如：虚报、实报，虚象、实象，虚数、实数，虚词、实词，虚字、实字，虚岁、实岁。虚龄、实龄，虽未见行汉语词句，如用得当，为汉语词汇再加二词，未尝不是好事。“虚岁”反义词多指为“足岁”、“周岁”，但，相较，确不如“实岁”更恰；“实岁”无非应为“实龄”之岁，若使用“虚龄”一词，无疑“实龄”当为其反义词。“实足年龄”非为词，当为句，多称短语或曰词组，“实龄”实为词组“实足年龄”之浓缩词，其词义只能与其原词组指义为同，这里，可资用为汉语之词惟有“虚龄”、“实龄”。

就先生文中所指，生年为岁与生年不计岁同为“实岁”，多有概念混淆之嫌；且笔者身历、耳闻、目睹，相对虚岁，民间只有“去一岁、去两岁”之周岁概念，并无一个介于虚（虚岁）、实（周岁、足岁）之间的“实岁”。于人物纪年，史以习惯虚岁计，今以法定周岁计；正如只能有尊重、保护民俗的法律，而不能有制约法律的民俗，现议年代计数规范，只能取计虚岁之虚龄、计周岁之实龄，民俗自当不在“规范”之列。虚龄计数即为：生年（史事发生年）加卒年（史事终止年），再加生、卒间整年数之和；实龄计数即为：生满周年为年，至卒年累计之足年数。

人终岁卒，多称终年、卒年，这里，“年”、“岁”词义有别。作为量词，年为时间单位、岁为年龄单位。纵观先生文中举

“误”，生卒计数之滥，令人蹙额；依笔者拙见规范，下述有三：

(一) 终年、卒年、时年、年之后只附数词无量词“岁”，如宋人欧阳澈“死时年三十七”[5]，可释为死时虚龄37岁（亦可指为生之第37年卒）；中国历代史书多以虚龄计，今可沿计虚龄。

(二) 年后数词紧附量词“岁”，如先生文中瞿秋白就义“时年36岁”，只当释为就义实龄36周岁，今多以实龄计岁，可计实龄。

(三) 享年后附数词，如先生文中朱复戡“享年90”，可释为存历世间90年（亦可含指生之第90年辞世）；其享年之“年”专指以年为计时单位，绝无“年龄”之意，不可于数词后再附量词“岁”。先生文中钱穆“享年96岁”表述显误。

如上所述，可成规范：纪人物生卒年、岁，“年”后数字不附量词“岁”字之计数为虚算，可表纪虚年、虚岁；“年”后数字附量词“岁”字之计数为实龄，可确纪足岁。公发讣告或为故人作传，如先生文中许德珩（1890.10—1990.2.8），明而确之表述可为：享年101，卒年99周岁。

用历，笔者以为既然古人以虚龄计数，今应沿用中历纪虚龄；今人公以实龄计数，当用西历纪实龄。

诞生与诞辰

诞生指出生，诞辰为生日；词义有别，用亦有异。用于“周年”，如先生文中孔子“诞辰2540周年”、“诞生2540周年”，指年同；但“诞辰”指为孔子诞生日之2540周年，“诞生”只当自孔子诞生已达2540年。用于“年”，则“诞辰”无法表述，若以“诞辰2540年”表述则不能成立，“诞辰”指为诞生日，不能有“2540年”之时间段，诞生日后“诞辰”即为历史，只能使用“周年”表述其纪念日，绝不可依如“北京建都3035年”之表述纪年；“诞生”则可表述为自诞生日起至某年之时间段，孔子“诞生2540年”可指为自孔子前552年诞生至1988年之虚年时间段，同时，1988年即为始于孔子诞生之第2540年。

诞辰指出生之时、日，人之生辰只有一个，岂能数次降生？诞辰是不可如诞生而随历史推进任加其年数的，孔子也只有其诞辰之2540周年而当无其“2540”周年，更无后附之“诞辰”；虽口语中多见“过生日”、“送生日礼物”及“祝你生日快乐”之说，但此处之“日”已绝非降生其时，只为诞辰周年之“纪念日”。至于先生文中引用之“2540诞辰”、“80诞辰”、“90诞辰”，细究直解，就只有几近荒唐了。

“百岁生日”、“百岁诞辰”，指为某人百岁其年之生日、诞辰纪念日，依古人计数当为虚龄。“九秩大寿”为九十岁寿之意，亦指虚龄。“寿辰”词义应为周岁足日，公开报导、祝贺谢冰心、臧克家1989年为“90、85寿辰”及1990年张学良“九十寿辰”，不能不说其表述、举措失当，“九十寿辰”不作“90岁之寿辰”解也。

缓行“公元0年”

先生述文，意欲“采用天文纪年法代替历史纪年”增设“公元0年”，笔者疾呼：请君缓行！

先生文中主设公元0年的理由之一是“计数公元前历史纪年距今的年数，只要将公元前历史事件的天文纪年与现今公元年数相加即得”，无需“将公元前纪年与公元纪年数相加后减1”了。但是先生忽略了如果不是计算“距年”，而要计算经年，增设公元0年后则须“相加后加1”；若不增设公元0年，则亦“相加即得”。如：自孔子前552年生，到1989年已为历世2541（552+1989）年；而天文年历记前552年为–551年，需551+1+1989方得2541（年）。依先生言，公元前纪年均须换成天文记年后计算，岂非益繁？又何简而有？

先生理由之二是“世纪从00年开始，年代、世纪与公元纪年的十位、百位数对应，比较方便、直观。”问题亦非如此简单，顾此难免失彼。先生于文中言：“如果20世纪末年是2000年，那么90年代从1990到2000年，成了11年，而21世纪的第一个年代则从2001到2009只有9年了。这样，年代既不是10年，世纪与年代又不配合，显然不妥。”这里确需要我们来澄清一下“年代”概念了。关于先生文中指用的“年代”概念，《汉语大词典》[6]、《语言大典》[7]同解为“每一世纪中从‘……十’到‘……九’的十年”；《大辞典》解“十年为一个年代”[8]；《辞海》（1989年版）“世纪”释“每世纪中又以十年为一‘年代'。如 20 世纪 80 年代，通常指 1980—1989 年，即以出现'80'为 80 年代之始；亦有主张 1981—1990 年者"[9]。虽上引辞书注释均见程度不同瑕疵，但却皆以"十"年为定数限定"年代"概念，所以先生文中"11 年"与"9 年"之所谓"年代"是根本不可能出现的。问题是先生多接受的是《辞海》、《大辞典》等辞书显见失误的"年代"注释，混淆了世纪中"第几个十年"与"几十年代"的概念。须知，每一世纪中虽有十个十年，却只有"九个"(英语仅有"八个")"几十年代"可作称谓；设想一个世纪出现十个"几十年代"，是无论如何也不可能的。"年代"概念在古汉语中绝无本文所涉之词义，无非是数字中从"……十"到"……十九"的"十"位数都有一个共同的读音，而翻译家们沿依英语中便利读音的习惯用法引为现代汉语特指概念，总因汉语为表义文字而常生异解。既然世纪中"'……十'……'……十九'的十年"之"年代"概念已入汉语词义，还是让我们认从一个并非如汉语表义的谐音译词吧。关于英文原词"decade"，*Webster's Third New International Dictionary* 的注释最为精当："b：a period of any 10 years 〈to last for a decade〉；esp：a 10—year period beginning with a year ending in 0 (as 1900—1909) 〈the decade of the twenties runs from Jan .1，1920 to Dec. 31，1929〉c：one of the periods of a year ending in 1 (as 1901—10) 〈the third decade of the century runs from Jan . 1，1921 to Dec. 31，1930〉"[10]。这里，世纪中"几十年代的十年"与"第几个十年"明显有别，用于"年代"的"几十"谐音，作为"序数"的"第几个十"表义。"几十"之"几"指为十位数，只可换作"2……9"的八个数字；“第几个十”的“几”表示“个位数”或其“后继数”，即可使用“1……10”的十个自然数。例如：“1920—1929”为“20世纪20年代”、“1921—1930年”为“20世纪的第3个十年”。如此说来，只要我们能够规范使用“年代”概念，就根本不会影响世纪的“百年”纪年了。

历史纪年无疑离不开数的计算，十进位制的数字计算，使任何一个“十”都只与其前九个数共为“十个数”的一组；又正是这个“十进位制”，使九组“十个数”中的“十”与次序下一组“十个数”的前九个数十位数字的读音、书写相同（英语“一十”有例外），才有了现今含义上的“年代”概念。数字“十”，即使为“一十”，于阿拉伯数字仍不可略去十位数字“1”，但其个位数之“0”仅为占位，非属自然数；所以自然数“十”仅属其“十个数”之组的末数，绝无入其次组之义。真若如先生文中言，设公元0年，以99年为世纪终年，而后每以百年为世纪始年，岂不是要人们以世纪中4年为其第5年、以其99年为第100年！又怎么让孩子们去理解“2×5=10”、99+1=100？还是不要因为一个天文年历中“公元前0年”而去扭曲人类的数学概念吧。

若如先生之意而增设“公元0年”，人类史以来的每一公元前纪年则均需减“1”，而每一公元之百年又皆得窜至下一世纪，面对公元纪年以来的大量历史文献将如何处理纪年？又怎么可能使本来就欠规范使用的历史纪年不去更远离规范？

先生以为“世纪”始年和终年之说法“有分歧”，一说“‘世纪’从00年开始，即是公元纪年百位数相同的一百年”，例举“‘二十世纪’就是公元1900到1999年”。关于先生上举与规范之“世纪”概念分歧之说，笔者闻所未闻，就是中文的几部大型辞书亦不见其说，不知先生所据何来？先生担忧“年代从1年开始计数，如……80年代，公元纪年十位数中有8有9，称呼起来总觉得有点不顺口”，实无此忧必要，本无“从1年开始计数”之“年代”，而恰是起缘称呼之便，人们才使用了“‘……十年’……‘……十九年’”为世纪的“几十年代”概念。纵观先生文中第“四”小节举“弊”，竟无一见误，只是先生自身误解了年代概念。

既然年代概念根本无涉世纪之百年纪年，即弊不在“年代”，亦更弊非“世纪”，所以笔者疾呼：“公元0年”，缓行！弊纠何处——“年代”使用之所欠规范。

公元与公历

“几千年中历和公历的对应关系，现在出版有各种历表可资查检对照。”“现行公历（格历）是1582年3月罗马教皇格里高里十三世颁行的，它是由罗马原行的儒历修改而成的。”“对于16世纪以前的历日，换算者要注明这个公历日期是格历还是儒历。”以上三句均载先生文中同节，依前句公历当指为纵贯人类史纪年，依中句则应为行于1582年3月之后，依后句又兼用16世纪前、后而有其别；按后句公历于16世纪前既可为格历又可为儒历。观上引先生文中三句，实难定夺“公历”者何以为然。公历，《辞海》（1989年版）释文载：“亦称‘格里历’……世界多数国家通用的历法”[11]。格里历是1582年开始实行的对儒略历的一种修订，由于自公元325年积累的儒略历与回归年长度的误差已使春分日由当年所定的3月21日提早到了3月11日，既而罗马教皇格雷果里十三世定10月4日之次日为10月15日，削去其间10日；为避免再现误差，同时修改了置闰法则。1752年为英国及其在美州的殖民地采用，后渐为世界通用，有名“公历”。公历即为现行历法，“现行公历”与公历指义为同。纵观上引先生文中关于“公历”、“格历”、“儒历”的使用，实难圆说明世；且“1582年3月……颁行”格历之说，寻立足之据益难。

虽中文辞书《现代汉语词典》、《汉语大词典》、《语言大典》及《中国大百科全书·天文学》均如《辞海》（1989年版）专指“公历”为格里历，而西文辞书绝不把格里历释称“公历”。这就难怪汉语书文也常不听任中文辞书的制约，而依情理去扩大“公历”外延了。事实上局限的中文“公历”概念已使书文表述者陷入了较难的困境，致使多数文人不得不使用“西历”一词而绕过那蹩脚的“公历”。其实，“Gregorian calendar”（格雷果里历），*The New Eneyclopaedia Britannica*（新不列颠百科全书》）释为：“also called NEW STYLE CALENDAR, solar dating system now in gencral use.”[12] 该书释“Julian calendar”（儒略历）为：“also called OLD STYLE CALENDAR, dating system established by Julian Caesar as a reform of the Roman republican calendar (q. v.).”[13] 这里格历称为“新历”，儒历称为“旧历”；儒历为格历的前身，格历为儒历的修订。“The Gregorian calendar differs from the Julian only in that no century year is a leap year unless it is exactly divisible by 400 (e. g., 1600, 2000).”[12]（格雷果里历和儒略历只有一

点不同，即除了能被 400 整除的世纪年〈如，1600，2000〉外，其他的世纪年均不置闰。）就是中文的《汉语大词典》[14]、《现代汉语词典》[15] 也均注释“格历”：“纪元是从传说的耶酥生年算起”。虽“公历”称谓只始于格历，然格历终非完全独立于儒历的历法，只能视其为儒历的发展、完善。儒历、格历共为构成公元纪年的前、后两部分历法，承认格历就必得承认其前身的儒历，历史上的公元纪年法也正是先儒历、后格历而共同构建的一个完整的立法体系；我们割断了儒历与格历的历史衔接，也就从而否定了公元纪年法，所以才有先生文中“目前世界上通行的公历纪日方法”：“历史上的日期凡 1582 年 10 月以后的采用格历，以前的化为儒历”。所以笔者以为，汉语词“公历”的概念只有融进“儒历”词义方可称为周延。

笔者拙见，注释“公历”当为：公元纪年的历法。其 1582 年 10 月 4 日之次日为 10 月 15 日，其间削去 10 日；1582 年 10 月 4 日之前采用儒略历纪日，1582 年 10 月 15 日以后使用格雷果里历纪日。使用格历时代纪念采用儒历时代的历史，须将其历史儒略历纪日换算成对应的格里历纪日作纪念日。如以孔子公元前 552 年 10 月 9 日生，今纪念孔子诞辰，当以其生日的对应格里历纪日 10 月 3 日为纪念日。

历史的公元纪年，1582 年 10 月 4 日之前惟有儒历，1582 年 10 月 15 日以后只有格历，无需附赘之“注明”。

“约定俗成”

成语“约定俗成”出典《庄子·正名》，总因汉语的“表义”，笔者实不敢苟同庄子的“名无固宜”，“约定俗成谓之宜”；但这里既非索源成语出典，更非探讨庄子“名实”，只是借题小议，聊作拙文结语。

“约定俗成”者，总有“无可奈何花落去”之意，正与“科学命名”义悖，如“几十年代”本当所指世纪中的“第几个十年”，无奈，其义已谐音另含，也只好任其约定俗成了。虽无可否认的是古往今来历史的诸多“约定”而“俗成”，但那无论如何也称不上是增添了人类社会的荣光。倘若真认纵了约定而俗成，古之何有“车同轨、书同文”的秦朝一统，今之何存标准普通话的现代汉语？屡见不鲜的影视书刊“男士”及后缀“而归”的“凯旋”，竟令一位语言专业的“即将学士”瞠目于“士”者为“男”、“旋”则意“归”。一串自行车的左驶者数迫右行车犯难避险而驶之自然，何以不见旁之侧目者？只因该地正有交通规则“右行”之外的一个“约定”已俗成。多因“窃书不算偷”的约定几于国民俗成，才更有馆界惊人数字的图书失窃。于“女性‘单身汉’”、“职称‘付高级’”，不知读者诸君常生何感，反正笔者这里最不敢恭维的正是这个“约定俗成”。恕笔者激言：容忍约定俗成以致泛滥，正是一个民族懦弱的表现。

文末“多余”而又确非多余的赘笔，只为疾呼：一个纪年的“规范”！

注释：

［1］《历史研究》1991年4期150–5页。

［2］〔汉〕司马迁撰，中华书局1982年2版1905页。

［3］〔清〕阮元校刻《十三经注疏（附校勘记）》，中华书局1980年2430页。

［4］〔汉〕班固撰《汉书·卷九十九上》，中华书局1962年4095页。

［5］〔元〕脱脱等撰《宋史·列传第二百一十四》，中华书局1985年13363页。

［6］汉语大词典编辑委员会、汉语大词典编纂处编纂（罗竹风主编），上海辞书出版1986年1卷649页。

［7］王同亿主编，三环出版社1990年2502页。

［8］三民书局大辞典编纂委员会编，三民书局民国七十四（1985）年1443页。

［9］［11］辞海编辑委员会编，上海辞书出版社1989年94、730页。

［10］Webster's Third New International Dictionary of the English Language Unabridged.Springfield，Mass.：Merriam，1981：v.1 P.583

［12］［13］Philip W.Goetz，ed.–in–Chief.Chicago：Encyclopaedia Britannica Educational Corp.，1986：V.5 P.476＆V.6 P.647

［14］汉语大词典编辑委员会、汉语大词典编纂处编纂（罗竹风主编），汉语大词典出版社1988年2卷78页。

［15］中国社会科学院语言研究所词典编辑室编，商务印书馆1983年384页。

（初投邮寄：1992. 1. 22.）

〔载1993年8月4日自刊《纪年研考》第2期〕

缠绕世纪概念的误译“年代”

叶小草

拜读瞿林东先生《弘扬中华民族优秀传统文化》一文[1]，醒人励志，无由不折夭；然于篇首之句“本世纪还剩下5个多年头”，却又不能有免一叹。无需屈指，起算1995，计终2000，尚存6年整。6年之加，何劳“神算子”，本为童叟不误。“世纪”者，百年之计。公元1年至公元100年为公元1世纪，1901年至2000年正为20世纪；先生致误，自非算差，只为差算。君不见，宣传口号有书“奔向2000年”？“世纪”概念，辞书无异，何致差算？中文误译“年代”使然。

张培瑜先生曾于1991年刊文《关于历史年代计数的规范化问题》，有陈时弊，有正纪年；然却惑于“‘世纪’从00年开始”之说，误言：“如果20世纪末年是2000年，那么90年代从1990到2000年成了11年，而21世纪的第一个年代则从2001到2009只有9年了。这样，年代既不是10年，世纪与年代又不配合，显然不妥。”[2] 这里，出现了一个不可思议的汉译“年代”概念。

张先生文中的担忧并非全无理由，杜撰之汉译“年代”概念，由来已久，至今已为汉语辞书普遍接受：《汉语大词典》[3]、《语言大典》[4]均释为“每一世纪中从‘……十’到‘……九’的十年”；《大辞典》解“十年为一个年代”[5]；《辞海》(1989 年版)“世纪”释“每世纪中又以十年为一‘年代’。如 20 世纪 80 年代，通常指 1980—1989 年，即以出现‘80’为 80 年代之始；亦有主张 1981—1990 年者”[6]；《汉英词典》解释“年代”为“(2) a decade of a century：八十年代 the eighties/ 二十世纪七十年代 the 1970s”[7]；《汉英科技词天》解释“decade”为“(2) 十年，年代”[8]。更有唐汉良先生《历书百问百答》书释：“‘年代’是在每个世纪中，以十年为一阶段的称呼，如‘五十年代’、‘八十年代’等等。”[9]

其实，英语原句中并无一个有如汉译的“年代”概念。*Webster's Third New In ternational Dictionary* 释“decade”为“la : a group or set of 10 〈his prisoners were divided into decades–William Godwin〉〈a decade of days〉〈a decade of proposals〉〈the fourth decade in a history〉”[10]，即使用于纪年的汉译，亦是无法译出一个计量的“年代”概念的。然则中文辞书何以生造一个汉译“年代”，且释以“十年”定数？不妨试就近时唐凌先生《历史年代学》一书溯析词源，以窥误译端倪。

《历史年代学》小结“年代”，首言“在每一个世纪中，又以十年为一阶段，称为‘年代’。如‘30 年代’，‘90 年代’等。”[11]另附图表：

表3 世纪、年代中英文对照

公元年份(20世纪)		英文	中文译名
(一)	(1)1900-1909	1900' s:the nineteen hundreds	一千九百年代
	(2)1901-1910	The first decade (of the twentieth century)	20世纪的最初十年,或20世纪的第一个十年
(二)	(1)1910-1919	1910' s:The nineteen tens	20世纪十年代
	(2)1911-1920	The second decade(of the twentieth century)	20世纪的第二个十年
(三)	(1)1920-1929	(19)20' s:the twenties (of the twentieth century)	20世纪的20年代
	(2)1921-1930	The third decade (of the twentieth century)	20世纪的第三个十年

"每一世纪以十年为一年代"的释文即把千纪、世纪、"年代",误为有如币值元、角、分的属种单位概念;但依英文原词实无"……十年代"的量词单位之用,更无一个与千纪、世纪的属种关系。只不过每一"……十年代"恰含十个年数,且其指用,总为某世纪中的连续十年,则主观译者妄释而成"世纪中之十年为一年代"。释译者未详英语直译中并无一个对应所谓"年代"概念的单词,"……十年代"不过只为汉译,英文原句中是无论如何也分离不出一个计量的年代概念的。唐凌先生误译"年代"为"世纪"属下之以十年为单位的种概念,生造了一个原本不存在、亦根本无法成立的英文及汉译"一千九百年代"、"20世纪十年代",实在是有背其书"年代学"之科学精神的。

既然"20世纪,是公元的第二十个一百年,即1901-2000年"[12],则不当再于"公元年份(20世纪)"的表中计入

“1900–1909”、“1900′s”的“1900”年；且“1900′s：The nineteen hundreds”或为意指“1900–1999”的百年，而“一千九百年代”亦只能是远远突破“年代”十年定数的“百年”，又何以“对照”一个“1900—1909”？非常遗憾，*Webster′s Third New International Dictionary* 中，于“decade”的注释亦称：“b：a period of any 10 years 〈to last for a decade〉；esp：a10–year period beginning with a year ending in 0（as1900–1909）〈the decade of the twenties runs from Jan.1，1920 to Dec.31，1929〉”[10]。注释中“esp”以结尾数字为“0”的一年开始的十年，不为事实。除非特例的偶需，通常，英语中是绝少使用“1900—1909”、“1910—1919”十年期的；虽英语中“……十年代”都是以结尾数字为“0”的一年开始的十年，然却并非因为“以结尾数字为‘0’的一年开始”而与“decade”有涉，仅是因为每个“……十年代”皆为连续的十年期。“The decade runs from Jan.1，1920 to Dec. 31，1929”与“The twenties of the twentieth century”是基于两种不同因素行文表达的同一个时间段，前者适用表述“任何”一个连续十年期，且以“十年”为必要条件；而后者系全因词中的“twenty”结构而组合，并无“十年”的必要条件，更非因“十年”而组合，只是恰与“decade”的“十年”巧合，绝非“decade”的“esp”。“1900—1909”的英文数字表达，正如唐凌先生所言：“不仅英语而且其它欧洲语言都是很困难的”[13]。所以唐汉良先生介绍：“某个世纪的最初十年，也不用年代来称呼，而称为‘最初十年’。”[14] 事实上，“1900—1909”已是跨世纪纪年，英文中根本无法套用“……十年代”的概念去标示其间纪年，适当的表述只能是“The decade runs from Jan.1，1900 to Dec. 31，1909”。

于表中“1910—1919”一行，唐凌先生的解释是：“由于英语中无‘the tens’的说法，所以必须把世纪词连在一起，用阿拉伯数字来表示亦必须四个数字齐列，称‘一千九百一十年代’。”[13] 唐凌先生在这里出了问题，既然“the tens”不曾立说，何以“the nineteen tens”的表述能而有立？1900年的英文表述是“The nineteen hundred”，“The nineteen ten”指为1910年，而“1910—1919”年的表述无论如何也是使用不来“the nineteen tens”的；就是说，英语中本无“10′s”、“1910′s”之表述。所以，唐汉良先生有言：“一般称某世纪的10—19的十年的时候，不称‘一十年代’，而称为某世纪的第二个十年”[13]；然却混淆了“10—19年”与“第二个十年”(11—20)，两个根本不同的概念。

虽然阿拉伯数字纪年“1900—1909”、“1910—1919”、“1920—1929”的计量均为十年，然却可作英文“……十年代”表述的只有“the ninteen twenties”；则，使用阿拉伯数字的替代表述“1920′s”，不能推而述之“1910′s”。“decade”的本义当为十个“一”的合成；用于纪年，则指为一个连续的“十年”期，或表示以某十年为期的一个单位量。所以每世纪中有“first，second…tenth”的十个“decade”；千纪、世纪的属下概念也只有“decade”，而非“……十年代”；更非所谓之“年代”。至此，我们只能遗憾地说，*Webster′s Third New International Dictionary*的“decade”之“1b”注释“esp”是根本违背词义的。

之所以“1900—1909”，“1910—1919”不能有作“……十年代”之表述，而“……十年代”概念又无以注释“decade”一词，正是因为“……十年代”之表述根本无涉“decade”概念；不过“……十年代”的时期恰为十年而已，其意所指“‘……十’年代”，诚非有谓“‘……’十年代”。英文“twenties，thirties，…nineties”的每一组十个数都是以形、音、义相同的十位数作为基本词，如“表3”中twenties的十个数是：“twenty，twenty-one，…twenty-nine”，而“one，two，three…ten，eleven，twelve”中都不含有一个形、音、义相同的十位数基本词。所以，twenties的本义注释，当是：以twenty作词首（基本词）的数。正是依形谐音，方有汉译“二十年代”；三十年代，……九十年代皆然。适如《国际英汉大辞典》中“teens”的注释：“(1) 字尾以-teen结尾的数目字（如thirteen，nineteen）”[15]；规范其注释当为：以teen作词尾的两位数。正因如此，英文中只有“twenties，thirties，…nineties”的八个“……十年代”可作表述，且无缘有涉“decade”概念。唐凌先生欠究英文“……十年代”缘由，臆思作表“世纪、年代中英文对照”，是见其谬。

Millenium（千纪）、century（世纪）、decade（拾年）才分别可为千年、百年、十年的纪年单位（量词），均指为始于一年的仟年、佰年、十年，绝非任意的千年、百年、十年期，三个量词皆为表义概念，所以，将“1921-1930”表述为“The third decade of the twentieth century”汉译可为：二十世纪三拾年（即二十世纪的第三个十年）。“……十年代”的年数专指与“ty”作词尾的十位数构成的“twenty，twenty-one，…ninety-nine”八十个两位数。八组相同十位数的十个数，则依形、音略而述之“-ties”，用于纪年，则称“……十年代”（如表中（三）(1) 1920-1929，英文“twenty，twenty-one，…twenty-nine”略述为twenties，汉译：20世纪20年代）不为表义；其中“十”个数，有如teens（thirteen，fourteen，…nineteen）只缘表形而略用纪年的“七”个数，绝非有涉“decade”概念。文中汉词“年代”不似英文的age（时代），亦非英语的years（多年），更非“……十年代”尚有一个计量的“年代”可作分离，是有日、台辞书断斩汉译葛藤，释还“年代”清白于《大汉和辞典》[16]、《中文大辞典》[17]。

至此，“拾年”与“……十年代”已见泾渭分明，汉译不当出现一个世纪属下的“年代”量词，英释无以注解一个decade的“esp”而致“画蛇添足”。人类在致力于待解之谜探源的同时，又在随意地臆造误解之“谜”，是否人类真的无力缩短与“文明”的距离？其实，只要再多一点认真，唐汉良先生的“年代”称呼，张培瑜先生的“世纪”、“年代”配合，唐凌先生的“百、十年代”造句，即可得免传讹之劳。且若我们稍作思考于“A.D.”纪元的“Century”百年，就更不会轻易送给二十一世纪一个“2000”年了。

注释：

[1] 《光明日报》1994年5月17日1版。

[2] 《历史研究》1991年4期153页。

[3] 汉语大词典编辑委员会、汉语大词典编纂处编纂（罗竹风主编），

上海辞书出版社 1986 年 1 卷 649 页。

［4］　王同亿主编，三环出版社 1990 年 2502 页。

［5］　三民书局大辞典编纂委员会编，三民书局民国七十四（1985）年 1443 页。

［6］　辞海编辑委员会编，上海辞书出版社 1989 年 94 页。

［7］　北京外国语学院英语系《汉英词典》编写组编，商务印书馆 1985 年 496 页。

［8］　王亿同主编，中国环境科学出版社 1987 年 945 页。

［9］［14］江苏科学技术出版社 1986 年 28、29 页。

［10］Webster's Third New International Dictionary of the English Language Unabridged .Springfield，Mass.：Merriam.1981：V.1P.583

［11］［12］［13］广西师范大学出版社 1992 年 18、19、20 页。

［15］　张方杰主编，华文图书公司民国七十八（1989）年 2743 页。

［16］〔日〕诸桥辙次著，东京大修馆书店昭和六十一年六月（1986）修订版四卷 517 页。

［17］中文大辞典编纂委员会编纂（林尹、高明主编），中国文化学院出版部民国五十七（1968）年十一册 336 页。

(1994. 6. 23. 初稿)

〔载 1995 年 2 月 21 日自刊《纪年研考》第 5 期〕

令人遗憾的建议——“21世纪从2000年算起”

叶小草

1996年4月12日《光明日报》报道了通讯员黄秋斌、记者赵爱武的通讯《我国科学工作者建议 21世纪从2000年算起》；读之，羞为国人。

“全国自然科学名词审定委员会和中国天文学会的专家建议，‘世纪’应从‘0’开始，2000年应是21世纪的第一年。”人类计量皆自“0”点起，作为计年单位量的“世纪”自无例外，何劳“建议”之？但无论如何，“2000年”也不“应是21世纪的第一年”；因为“‘世纪’一词源于西方，在英语中作‘百年’讲”。假如本世纪曾修订其“百年”单位量，或可“应是”，只可惜事实上不过仅仅是个“假如”。

“对如何划分世纪，国际上一直存在着争论，争论的交点是‘世纪’与‘年代’的关系。”说“世纪”的“如何划分”尚“存在着争论”，大概是缺少根据的吧；不妨指一指“国际”的地域，道一道“一直”的时间，相信“说”者亦是无以执据吧。“世纪”作为“年代学”的“百年”量词，难道至今还有人怀疑，以致成为“争论的交点”吗？百年的“世纪”与“年代”的关系，不过如同24小时的“一天”与“时间”的关系，何谈“争论”，更岂言“交点”？

“我国天文学界专家学者则认为，既然‘世纪’和‘年代’相提并论，那就必须承认‘世纪’和‘年代’纪元法的起始应该相互一致，如果主张2000年是21世纪的第一年，那么2000—2009年则可称为21世纪的初十年代；如果21世纪从2001年开始，则世纪交界的2000年将无法归入任何一个‘年代’。”“世纪”量词、“年代”名词，“和”不起来；更不知何将“相提并论”？前题不立，又何而推理“‘必须’承认”哉！“年代”倘有“纪元法的起始”，“时间”更有“‘计首’法的起始”否？面包、白云“应该相互一致”否？假如第“2000年”也是可以“主张”为第“21个百年”的第一年，那么天下还有什么事“不是”可以“主张”的呢？如果“2000—2009年”可称为21世纪的“初十年代”，是否始于1日的“24—4时”亦可称为2日的“首五时间”呢？“2000年”本身即指“年代”，何谓“无法归入任何一个‘年代’”？“21—24时”又能“有法”归入哪“‘一个’时间”吗！倘若“年代”可有“多‘个’”，是否当有“两个美术”、“三个人民”、“四个科学”……？

“鉴于公元无0年，可以认定公元1世纪仅含99年，以后就从‘0’开始，每一个世纪均为100年，这样既解决了21世纪起始年问题，消除没有公元0年的困惑，而且符合计量的一般规律，适合国际公众的观念和当前趋势以及计算机广泛使用的现代信息技术潮流。”真不知道第一个百年“仅含99年”有属哪一个国度的“科学”，且幻想以“‘0—99’的100个年”去取代早已成为史实的世纪“百年”单位计量，就没感觉出有点荒唐吗！什么人能够把昨天吃过的米饭换成馒头？倘要改变，也只能改变将来，怎么可能去臆想更改历史！早在源自拉丁文“Centuria”的“Century”（世纪）概念出现，“21世纪的起始年”即已确定，何待今日“添足”？自六世纪的儒略历、继十六世纪的格里历，何人“困惑”过“没有公元0年”？假如不是有人硬要“世纪”去配合什么“年代”，则何来“困惑”之有？“0”之首义即为“在任何计量中【都只】表示‘没有’”，不要说“一般规律”，以“0”作单位量纪年，“符合计量的”何一“规律”？天下谁可例举?！“建议”者掌握“国际公众观念”的“数据”吗？且科学、真理，亦是可以依据“公众观念”去评判的吗？倘如此，岂不陈景润未解的“哥德巴赫猜想”亦可“公众表决”而轻取王冠吗？“当前趋势”可曾要求“增加‘0圆’值币，及改一圆币值为‘99分’、10圆的币值为‘99角’、100圆的币值为‘99圆’”？倘若“建议”者真要“适应……计算机广泛使用的现代信息技术潮流”，就非得撤销“建议”不可了；因为计算机应用中全无以“0”计量的概念。真如“科学”有当随“潮”而“流”，岂不“科”学院早该改成“钱”学院了吗！

以为“‘世纪’和‘年代’的纪年法是个国际性的人为规定”，建议“国际权威机构（如联合国）未作出正式规定之前……”之语，更其令人遗憾之至。称1年加1年……至“100”年之和为“百年”而不是“千年”可说是一种“人为规定”（但亦只是人们的“约定俗成”而已，绝非一朝一夕的决策规定)，或以“100”年为单位量之“世纪”确为“人为规定”，那亦不过“十进”计数的惯例而已。本之儒历、格历尚为“自行其是”(不过众而承用，致成“公纪”而已)，又何而甚言“世纪”亦为“‘国际性’的人为规定”？且，“联合国”乃何类机构，可为“正式规定”之？此等“建议”，真的不以为——收作“保留”为佳?！“‘年代’的纪年法”之于笔者耳闻目睹，未悉曾现其有；止为“子虚乌有”之说，奉劝还是勿入“建议”为好。敢乞有言“‘年代’的纪年法是个国际性的人为规定”的“建议”者，“年代”是否“量词”，还是老老实实弄清为要；否则，坑人误世，罪过大矣。

〔载 1996 年 5 月 8 日自刊《研考》(原《纪年研考》) 特刊〕

再谈"缠绕世纪概念的误译'年代'"

——兼与卞毓麟、李竞先生等辩言

叶小草

《缠》文交流逾年[1]，幸值英国皇家格林尼治天文台重而申之历无"0年"，遂使"0年"风波稍弱；不想，一波未平，一波又起——协调"年代"、"世纪"呼声至烈。不忍《缠》文凄惨若此，续笔以"再"。

"没有公元0年"

李竞先生用"问题的根源在于公历纪年中没有公元'0'年"来回答"世纪之交的概念如此混乱，问题出在哪里"的记者问[2]，实在没法只用一个"荒唐"二字了结。卞毓麟先生亦以为"公历纪年法中不存在公元零年是一项常识……但是，人们在实际生活中却常常疏忽〔按：当为'忽略'〕这一点，于是造成了不少本可避免的错误。"[3]然，事实果真如此吗？李先生于《世纪之交话"世纪"——二十一世纪应从哪一年开始?》[4]

一文，与卞先生例举了相同的“依据”——孔子诞生及北京、苏州建城之纪念年数计算，其实，如此三例 1991 年早已见举张培瑜先生刊文[5]；且，更有拙文与之商榷[6]。今见重提，是有再析必要。

“孔子生于公元前 551 年”之说，史据不足；据更为可信文献，孔子生于公元前 552 年 10 月 9 日，今之格里历为 3 日。“1989 年，我国隆重纪念孔子诞辰 2540 周年”准确无误，并非是“将华诞多数了一年”，李先生的“只应是 2539 周年”显见其误。卞先生的“1994 年乃是孔子诞辰 2544 周年，而并非 2545 周年”，所误并著；更憾“远而言之”迭误“纪念孔子诞辰 2550 周年”、“2560 周年”计数。

北京、苏州二城初建始年不要说古今、中外历法之别（吴王阖闾元年即为公元前 515 年 11 月 28 日—514 年 12 月 16 日），就以确证分为公元前 1045 年、公元前 514 年起算，亦不当称今之“周年”；一座城市的建立本为从无到有，即使仅以“建都”谓之，亦无月、日确考，何以严格“周年”量之？惟其始建至今年世，或可计算以显城市历史。倘依“公元前 1045 年、公元前 514 年”起计，1995 年庆祝北京建城 3040 年、1986 年庆祝苏州建城 2500 年恰当无误；却是李先生的“从公元前 1045 年到公元 1995 年，只能是 3039 年，绝非 3040 年”大谬。卞先生的“苏州建城 2500 周年应为 1987 年”纠误亦见遗憾，“1986 年 10 月，苏州举行了建城 2500 周年纪念活动”误在量词“周年”，不当错咎“计年”之责。

卞、李二先生取之张文三例，一为史据失实、二为量词误用，皆非“没有公元‘0’年”而致“混乱”之证。然，卞文另言三例，析之，诚可明了“混乱”之“根源”。

“莎士比亚生于 1564 年 4 月 23 日，卒于 1616 年 4 月 23 日，将其生卒年相减，便知莎翁在世整整 52 载。”“载”者，“年”也，历法单位时间段。不仅 1565 年至 1615 年之 51 载莎士比亚在世，且其 1564 年已然出生、1616 年尚存历月有四，皆为“在世”之“载”；是当谓其历世“53 载”，只是不为“整整”而已。

拉斐尔“生于 1483 年 4 月 6 日，卒于 1520 年 4 月 6 日，仅活了短短 37 岁”。语中之“岁”其当谓“年”，自 1483 年至 1520 年之时间段为 38 年，虽其生、卒之“年”皆非足年，但其生历年数确为“38 年”。拉斐尔生之第 38 年卒，时年 37 周岁。

“古希腊雄辩家拉里因吉提斯生于公元前 30 年 7 月 4 日，死于公元 30 年 7 月 4 日。请问：他在世多少年？许多人都信口答到：‘整整 60 年。’但是，错了！正确的答案是：‘拉里因吉提斯在世整整 59 年。这是因为并不存在公元零年。”“信口”与“答案”都是令人遗憾的，“在世多少年”的计数，并非“期年”的迭加，而是“历年”的和数。拉里因吉提斯既非生于公元前 30 年 1 月 1 日，又非死于公元 30 年 12 月 31 日，岂可信口“整整”60 年？既不能说其公元前 30 年尚未出生，更不能谓其公元 30 年已不在世；自公元前 30 年至公元 30 年又明明 60 年，何当“答案”在世“59 年”？卞引“答案”以为 60、59 异数，“因为并不存在公元零年”之故，“算数大家”竟出如此“诬妄”之语，即令凡人亦是羞为言之。此涉上引诸例，下作详辨。

世无“0 年”、温无“0 度”(或有不以为“然”者，容作另题论之)，皆如数轴正、负绝对值不以“0”为“数段”，情理一也；计温未因没有“0度”致误，算术不为没有“0数”算差，何以独见纪年“没有0年”之“混乱”，而妄言“因为”?！说拉里因吉提斯卒于59周年生辰纪日，是因为“周年”非“年”，月日周年期之称“年”量“期”与历法单位年之定段纪年迥然有异；“周岁”以月日复现为“量”，是无“生年”计量之周岁，诚为其“故”也。倘若拉里因吉提斯公元前30年1月1日生、公元30年12月31日卒，谁说不是在世“整整60年”！正因生、卒7月4日，皆非足年，方谓其60年之历世不为“整整”；自公元前30年7月4日至公元30年7月4日只有58个整年，岂含“整整59年”? 事物“周年”、人龄“周岁”，非以“年”计，故与人物、事件生息月日攸关：如拉里因吉提斯例，生早或卒晚7月4日，则其终年大于59周岁；生晚或卒早7月4日，则其终年小于59周岁；惟其生、卒如实，方为终年“整整”59周岁。再如卞、李上之同引三例，倘不以史据一失、不为量词二误，则皆当生、立之年误计“周年”之弊；不过“自公元前551年至1989年共2540年、自公元前1045年至1995年共3040年、自公元前514年至1986年共2500年”之“周年”计量未舍公元前551年、公元前1045年、公元前514年未足“周年”之“年”而已，不知卞、李先生何断其时算者“假设”一个“公元0年”? 不仅“元年”前、后连续计量“周年”必减事物发生年，即使元前、公元分别计量“周年”，亦是概莫能外。莎士比亚生1564年、卒1616年，历世53年，终年52周岁；拉斐尔生1483年、卒1520年，历世38年，终年37周岁。二例远离“公元元年”千年又半，不得计1564年至1616年之53年为“53周岁”、1483年至1520年之38年为“38周岁”，亦是因为“没有公元‘0’年”吗？

事物“周年”、人龄“周岁”，皆非始发、降生当年可求计量；但却事物历年、人龄虚岁，必计发、生其年为量（“388年回家乡隐修了3年，提倡禁欲主义，391年受神父职。”[7]“从一九二八年至一九三七年，这十年，是我身陷囹圄的十年。”[8]“1235年……西征。……1241年……攻占马茶。拔都西征七载，……。”[9]）。卞先生所谓“关于‘周年’纪念”之“计算”三公式（公元前“a–b”，公元“b–a”，公元前续至公元“a+b–1”），不过只为“运算”公式而已，憾其未能自明。公元前之“a–b”已减事物止息年，公元之“b–a”更减事物发生年，惟而元年前后接续“a+b”之事物发生、止息年皆在量中，必再“–1”方与“周年”计数相合；卞先生“运算”三式，不过正、负数“求差”常识（两个负数的间隔绝对值与两个正数的间隔绝对值相等时，正、负数分别相减后的绝对值相等；却永远比间隔绝对值相同的正、负两数绝对值的相加小一个数），何来一个误算“替罪”之“公元0年”？既然世间本无“0圆”“0斤”“0尺”……之生活计量，又何以幻想人们会“疏忽”一个“公元0年”的根本“不存在”呢？！“表示没有数量”[10]的“0”，“在任何计量单位中”都只“表示‘没有’”[11]；即使“疏忽”这样一个“‘0’年”（即“没有”的“年”），又岂能改变计年的数量？！

不知卞、李二先生可能举出他人之任何一例计量“公元0年”之“周年”否？

“世纪和年代”及“一定得协调”

“‘年代’一词的定义是十年”，中、英文中均无一个“年代”量词，只能是不成功的翻译家自钉耻辱柱的一块“昭示”板；身为《天文学名词》审定委员会成员的李先生自知“年代”二字未经“审定”，何以妄释其“词”？倘如李解“年代”，“日期”、“时间”的定义又各是“几日”、“几时”？“今日世界多将1个世纪划分为10个年代。”迄今的人类史，还未曾引申“年代”以充量词，如何可“将1个世纪划分为10个年代”？“今日世界”几“多”如此“划分”，先生能举任一区域否？“年代的纪年法则也有两种：从0起到9止的10年和从1起到10止的10年。”“年代的纪年法则”本已是“天方夜谭”，更何处去寻其“两种”？渊博“科学”名士，竟亦忽略事实若此，深令百姓不解：天下几多“科学”？况，“如今我国已经约定俗成地采用前者”，又谁人知见“过去”、“他国”并非“约定俗成”地采用过“后者”？世纪与“年代”从无“不协调”，何源出语“一定得协调”？“20世纪90年代”本为“1990—1999”，21世纪的起“算”本为“2001年”，今之何以“‘定’为”言之？今又何人可为代“定”之?！纵观李先生“世纪和年代二者一定得协调。……否则，就会出现世纪之交的年份的归属疑难”，“若将……那么，2000年将成为无法纳入任何年代的一年。它既不是20世纪的末年，也不是21世纪的首年”等语，纪年紊乱致此，全在“臆造”了“年代”歧义概念，滥用以为量词。

李先生定义“十年”的“年代”概念，既不源于汉语的量词，又非译自英语的“decade”，不过只是汉译句式“‘…十’年代”不当分离而强作分离的错误译词。虽汉译句式有为“…十”与“年代”合成，但英文原句式中是无论如何也分离不出一个“年代”译词的；根本不能表达同义的“‘…十’年代”与“年代”，无疑证明了汉译量词“年代”的显然失误。汉译“二十年代、三十年代……九十年代”明显译自“the 20′s，the 30′s…the 90′s”或“the twenties，the thirties，…the nineties”，而引入阿拉伯数字的表达必然渊于原式“the twenties，the thirties，…the nineties”；也正是基于“twenty，twenty-one，twenty-two…twenty-nine；thirty，thirty-one，thirty-two…thirty-nine；…；ninety，ninety-one，ninety-two…ninety-nine”八十个数中每组十个数的共同十位数基数词“twenty，thirty，…ninety”，才有了“the twenties，the thirties，…the nineties”的表达式。很明显，“ten，eleven，twelve…nineteen”的十个数没有一个“共同的十位数基数词”，自无可如上式的表达。虽然汉语数字“十、十一、十二……十九”、阿拉伯数字“10、11、12……19”与英文数字“the twenties，the thirties，…the nineties”的结构类同，但却无以类推表述“一十年代”及“the 10′s”，“二十年代、三十年代、……九十年代”是“the twenties，the thirties，…the nineties”的英文汉译，“the 20′s，the 30′s，…the 90′s”为基于“the twenties，the thirties，…the nineties”的引入阿拉伯数字表达，而“一十年代”及“the 10′s”皆为无本之木、无源之水矣！试问，谁人可将阿拉伯数字尾数“00、01、02……09”的十年、“10、11、12

……19”的十年“回复”如“the twenties，the thirties，…the nineties”的英文表达式？倘无神功回天之力，还是老老实实去承认科学吧——“‘…十’年代”表达的纪年范畴，永远只是世纪中的“20年……99年”之间。大约没有读过“初小”的人也不会把“1……100”永远包含“20……99”的“计算”搞错，以为“会出现世纪之交的年份的归属疑难”的担忧，不过“杞人忧天”而已。倘若不是“将1个世纪划分为10个年代”幻想的驱使，怎么会臆想一个“世纪的划分与年代的划分产生不协调”?!

“建议的理由”

李先生“21世纪始于2000年”的建议理由，据说是“全国天文学名词审定委员会经过几年的研究”结果，不能不重视。

一、**“这是国际上多数人的主张，符合新的趋势”**。

英文“the twenties，the thirties，…the nineties”的表达式是否始于20世纪，不敢断言；但，20世纪中叶的“十年”概念尚未改变“第…个十年”表义的主导地位，只是尚难把握时髦译式“‘…十’年代”的确指年期（常与“第…个十年”混淆）而已。至少中国的第二个五年计划（1961年—1965年）始，即取“第…个十年”的表义计年。毛泽东《纪念孙中山先生》中的一段话很能反映当时的纪年：“再过四十五年，就是二千零一年，也就是进到二十一世纪的时候，中国的面目更要大变。”[12] 从李先生例举的几种文件、《词典》来看，最早把“世纪”纪年解释为阿拉伯数字尾数“0”年到“9”年的止在“1988年”(很想请教李先生关于“出现天文纪年法之后，便有了世纪是从1年开始还是从0年开始的分歧和争议”根据，真的“争议”了几个世纪而至今未决吗)，更多是在“九〇年期”；很有可能就在引入阿拉伯数字的“the 1920′s，the 1930′s，…the 1990′s”取代“the nineteen twenties，the nineteen thirties，…the nineteen nineties”英文表达式后，错误扩大了“‘…十’年代”句式外延“the 1900′s，the 1910′s”(原英文句式是无论如何也没法扩大外延而致误的)。其实，“the 1900′s”已是表达了一个“百年期”，“the 1910′s”又根本无以表达英语意念；此等“新的趋势”，即使是“多数人的主张”，也是不该去随声“附和”的吧！更岂能削足适履而改“1”为“0”焉！

二、**“世纪和年代的纪年法一致，二者关系协调”**。

以为“年代”为世纪的属下量词，实在是不免荒唐之举；李先生可上哪里寻得一据?！须知，“‘…十’年代”的全部纪年容量亦只在尾数20—99的年期中间。“20年到99年”的八十年永远都是“1年到100年”的一百年的一部分，何谓整体、部分“二者关系的‘不’协调”? 虽然“‘…十’年代”句式表达的每一组十年皆属“世纪”，却“‘…十’年代”的个位“0—9”表形、“世纪”的“1—100”表义，何以求其纪年方法“一致”? 尽管纪年方法迥异，总因其为“部分、整体”，不需“一致”、无“不”协调。不过必须牢记“‘…十年代’句式仅为‘八组’”而已。

三、“一般量的起始原点为‘0’（长度、重量等），‘世纪’从‘0’开始符合计量的一般规律”。

所有的计量皆为：“起始‘点’”标“0”、“起算‘量’”计“1”。“‘世纪’从‘0’开始”其始至今未易，自是不违“1年”起算计量之律。“‘0’点”计“量”，世间绝无；“0”即“量”之“没有”，“0”之迭加永恒为“0”，何谓计“量”？“量”者，“1”也；量加量谓之“2”量，再加量为之“3”，……推之以为“计量”也。倘有“0点”为“量”，则量之至大“0点”、量之至小“0点”也，又何谓“量”哉？所谓“‘世纪’从‘0’开始”，“起始原点为‘0’”也、“其年尾数为‘0’”也？“点”止“钟声之响”一瞬，“年”则“三六五天”一岁，此间“点”、“段”之异，岂可轻而“一”语之！“0”于计算机，或为代码、或不计量，更与“计量的一般规律”无谬焉！

四、“回避公元无0年的困惑”。

纪无“0年”，亘古至今皆如之，岂唯“公元”！是否人类“困惑”有年数千，今而忽感之？卞、李先生有能列指古例一二否?！“天文年历”止应“运算”之需，绝无“纪年”之义；所谓“0年”者，早非“‘0’年”其义——实为“不计之年”也。这里，“0”非数字，不过“符号”而已。所谓“公元无0年的困惑”，恐怕只是“无的放矢”之语，因为实在无法想象人们会对一个根本不存在的“公元0年”凭空设想其“有”（1996年其前，到底几人曾悉“天文年历”呢）；恐怕“‘年代’的困惑”、

“‘将1个世纪划分为10个年代’的困惑”而衍生了一个“‘公元无0年’的困惑”吧，因为人们根本不会为一个什么不存在的东西“困惑”。诚愿不知“天文有0年”的人们，不曾为汉译“年代”的寻找辞源困惑，不曾为如何“将1个世纪划分为10个年代”困惑，亦不将为“公元1世纪只有99年”而困惑。

假如没有“理由”，是否应当尊重科学而“不为”呢！有愿于此。

“…〇年期”

是什么人最初将“the twenties，the thirties，…the nineties”译成“二十年代、三十代年、……九十年代”的，未得其详。虽其沿用至今，自有可取之处；然其表义不当，误世亦谓深矣。汉译“‘…十’年代”句式，似依英形汉音而译；虽依形音，却汉字表义，歧意由是生矣。如译式中“…十”，英义“基数为‘…十’的数段”(即如20—29)，汉义“构成第……个‘十’的数”(即如11—20)；此译“年代”，英义“十位数相同的若干年”，汉义“无确指时段的年世”。“‘…十’年代”句式并非是一个恰当的汉译，常因汉语“…十”表义而与“第…个十年”混淆。《中国科学报》记者李存福的报道“若21世纪始年定为2001年，则2000年既不能归入20世纪90年代，也不能归入21世纪初十年代”[13]，即把世纪“最初的十年”(1—10)混称“初十年代”。是笔者斗胆以为易“…十”为“…〇”更当，“…〇”既表达了英义，又别于“…十”的表义，且与今式“the 1920′s， the 1930′s，…the 1990′s”形音相同；“年代”易为“年期”亦更合本为“年段”之意。是以“世纪中年数十位数为‘…’的连续年段”作“…〇年期”。上段行文已见“九〇年期”，倘无较多“蹩脚”之感，或可试用之。

本来是源于“twenty，twenty-one，twenty-two…twenty-nine；thirty，thirty-one，thirty-two…thirty-nine；…；ninety，ninety-one，ninety-two…ninety-nine”的“twenty，thirty，…ninety”而生句式“the twenties，the thirties，…the nineties”，不想用于二十世纪的引入阿拉伯数字纪年竟使人们逐渐淡忘了“the 1920′s，the 1930′s，…the 1990′s”之语源，只注意了每个句式所表达的一组事实上的“十年”；以致今日已不得不到“decade”词条中去寻找关于“the 1920′s，the 1930′s，…the 1990′s”的描述（近十余年的释文更误衍了“1900—1909”的举例）。其实，“decade”不过“a group of ten”，即使用于表述“a period of ten years”亦是：“a）officially，aten-year period beginning with the year 1，as 1921—1930，1931—1940，etc. b）in common usage，a ten-year period beginning with a year 0，as 1920—1929，1930—1939，etc.”[14]。这里，“a ten-year period beginning with a year 0”的描述之所以成文，全在引入了阿拉伯数字“0”，倘若易“0”为“zero”，它又能表达什么呢?！本来是英语中十位数相同的恰好“十年”，其易阿拉伯数字方为尾数“0，1，2……9”；不想阿拉伯数字作客，竟于英语“喧宾夺主”：“esp：a 10-year period beginning with a year ending in 0（as 1900—1909）”[15]。虽然英语习惯用法“the 1920′s，the 1930′s，…the 1990′s”确可体

现尾数为“0”的规律，但却不是所有始于阿拉伯数字尾数为“0”的十年都适于引人英语的这种习惯表达式：“1910，1911，……1919”不得表述为“the 1910′s”，因为英语“ten，eleven，twelve … nineteen”根本无法使用如此的习惯用法来表述；“1900，1901，……1909”更是因为没有十位数而根本不涉英语如上“习惯”，不要说英语，就是依“法”表述为“the 1900′s”的式中阿拉伯数字“1900”亦只能释为其百位数相同的一百个数。由于英文数词与阿拉伯数字构成上的差异，当引入阿拉伯数字去描述英语词义时，误以阿拉伯数字结构的宽泛规律去突破英语数词的结构局限所造成的紊乱就难免不是严重的；正因为阿拉伯数字应用的普遍性，已很难提醒人们去注意它与英语数词的差异所在了，当然最遗憾的还是它所带给人们的那些失误，更其不觉。只要留意一下就不难发现，很难说不是时下所有的英文辞书，都是在用阿拉伯数字去描述阿拉伯数字本身才具有的规律来取代英语自生词义的上类表述。如今，已是英文“decade”尤指始于尾数为“0”的“十年”，汉语“年代”更是世纪中“‘…十’……‘…九’”的“十年”，且“年代”之对译者“decade”；近日，更分“世纪”为“十个年代”，且欲“世纪”始年尾数“00”以合“年代”；倘此，“‘19’96”之年当改“19”世纪否？“‘20’96”其年非属“21”百年否？有助《缠》文清本溯源，是作续笔。其实，英、汉、阿拉伯同此计数始1，进制为“10”，“10”之累“10”为“100”，纪年以称“世纪”；其“1—19”在前，“20—99”居中（英人习惯作八分表述），余之“100”断后，本自相安无事，不想“好事”者误之，轻信者从之，讹讹相传，所致以假乱真矣！今愿，“真”其归来兮！

卞文首语：“不知是先人的疏忽，还是历史的误区，公元无零年，多么费解的决断！”其实，再稍微加上一点真诚，就会发现：绝非是“上帝要检验人的智慧”，更不是“它在跟我们开个玩笑”，不过一个——“自寻烦恼”而已。

注释：

[1] 见自刊《纪年研考》5 期 1995 年 2 月 21 日 1 页《缠绕世纪概念的误译“年代”》。

[2] 见温红彦《新世纪从哪年开始?》,《人民日报》1996 年 4 月 10 日第十四版。

[3] 《公元零年与天文纪年》,《百科知识》1995 年 2 期 26-7 页。

[4] 《瞭望》新闻周刊，1996 年 3 期 39-40 页；《光明日报》1996 年 2 月 25 日第三版。

[5] 《关于历史年代计数的规范化问题》，《历史研究》1991 年 4 期 150-5 页。

[6] 《规范表述纪年散议——兼与张培瑜先生商榷》，载自刊《研考》即原《纪年研考》2 期 1993 年 8 月 4 日 7-12 页。

[7] 《中国大百科全书·宗教》“奥古斯丁”，中国大百科全书出版社 1988 年 1 月 13 页。

[8] 《李逸民回忆录·狱中十年》，湖南人民出版社 1986 年 11 月 55 页。

[9] 《中国大百科全书·军事》“拔都”，中国大百科全书出版社 1989 年 6 月 I-25 页。

[10] 《汉语大词典》“零”，汉语大词典出版社 1993 年 6 月 11 册 684 页。

[11] 《辞海》“零”，上海辞书出版社 1979 年 9 月下册 4575 页。

[12] 《毛泽东著作选读》，人民出版社 1986 年 8 月下册 754–5 页（原载《人民日报》1956 年 11 月 12 日）。

[13] 《世界之争 莫衷一是 21 世纪从哪年开始？ 中国学术界认为 2000 年开始更具科学性》，1996 年 4 月 12 日第一版。

[14] *THIRD COLLEGE·EDITION Webster's New World Dictionary OF AMEICAN ENGLISH* Webster's New World，New York. 1988：P. 356

[15] *Webster's Third New International World Dictionary of the English Language Unabridged* Merriam–Webster INC. 1981：V1P. 583

(1996. 4. 29. 初稿)

〔载 1996 年 5 月 8 日自刊《研考》（原《纪年研考》）特刊〕

没有理由想到“公元0年”

——与谢保成先生商榷

叶小草

近读谢保成先生《由没有“公元0年”所想到的》(《光明日报》1996年8月6日)一文，颇生感慨。“公元0年”之说，继张培瑜先生《关于历史年代计数的规范化问题》(《历史研究》1991年4期)，近年更见卞毓麟先生《公元零年与天文纪年》(《百科知识》1995年2期)及李竞先生《21世纪从哪一年开始》(《语文建设》1995年7期)、《世纪之交话“世纪”——二十一世纪应从哪一年开始?》(《瞭望》1996年3期，《光明日报》1996年2月25日摘载)，且皆以“北京建城”计年为例，以为“这一跨越公元前后的年代计算却忽略了一个问题，即事实上并不存在‘公元0年’的问题，因而多算了一年”〔叶按：“公元前后”其称有误，当谓“元年前后”〕。此等解释《光明日报》已见前载(李竞文)，今日再见谢文，是有借刊澄清之必要。

从来未见，深高测量有“并不存在‘0米’”之“忽略”者、市场交易有“并不存在‘0斤’”之“忽略”者、钱币收支有

"并不存在'0圆'"之"忽略"者……；既然生活中本不存在以"0"计量之实例，何如谢文之言，人们独于"跨越公元前后的年代计算却忽略了一个问题，即事实上并不存在'公元0年'的问题，因而多算了一年"？此处不妨仍以"北京建城"计年为例，试看究竟何以"多算了一年"？谁人"多算了一年"？谢文所言"燕都始建于公元前1045年，1995-（-1045）=1995+1045=3040，即以1995年为北京建城3040周年"，以为"3040"为"周年"，显见其误；其实，自公元前1045年至公元1995年，正为北京建城3040年。"年"与"周年"实为不同量词，二辞不可通用；"年"以固定月日为其时间量段，"周年"则以任意月日周始计之期年；"年"者可于史事发生、止息其年计量，"周年"则必以史事发生、止息次年为量。既然"燕都始建于公元前1045年"，则必至其次年（前1044年）同月同日方得始计其"周年"之数为"1"，而建都其年之"公元前1045年"是无论如何也计不来"1周年"的。今谢文例举"1995+1045=3040，即以1995年为北京建城3040周年"，以为"这一跨越公元前后的年代计算却忽略了一个问题，即事实上并不存在'公元0年'的问题，因而多算了一年"，显见自身运算失误，无以赖账"公元0年"；"1995+1045=3040"之运算结果只为燕都"历世"之"年"数，倘若计算"周年"，则当以"1995+（1045-1）=3039"为其运算正果；而所以算式"1045-1"者，建都当年（前1045年）不可误计"周年"，必得减去之。李竞文曾以"从公元前1045年到公元1995年，只能是3039年，绝非3040年"混淆"年"与"周年"量词致误，谢文之"1995+1045=3040，即以1995年为北京建城3040周年”是否亦如李竞先生“混淆‘年’与‘周年’量词致误”而强加于人，不得而知（或许果真另存其举“误算”，不敢妄论）；然见1995年4期《北京社会科学》所载朱学文先生《从北京建城论断看中国古史纪年》一文，有言北京“建城3040年”八见，却无一处有如谢文“北京建城3040周年”之误语。古人纪年，少以“期年”（即今之“周年”）为量，多以“历年”为数，今人行文不废其用；如，朱学文先生文中即有“北京建城3040年来的变迁史”，邹元初《中国皇帝要录》（海潮出版社1991年11月增订版）释汉平帝刘衎“元延四年（公元前9年）生……元寿二年（公元前1年）九月，即皇帝位……元始……五年（公元5年）十二月，被王莽毒死。时年十四岁，在位六年”〔叶按：其文未计中、西历差，实刘衎元始五年十二月卒时已为“公元6年”〕，其言“时年十四岁，在位六年”，皆以“历年”计，非谓“周年”。今人纪年多以“周年”为量，诚如谢文举例“司马光于公元1084年修成《资治通鉴》，1984-1084=900，我们即以1984年为《资治通鉴》成书900周年”，而粗心者误推其算，以为元年前后连续计量之“周年”，只需公元前年数与公元年数相加即得，亦诚如谢文之“1995+1045=3040，即以1995年为北京建城3040周年”；但，此处须知，公元元年及其后“周年”计数，如“1084年修成《资治通鉴》，1984-1084=900”，其算式中“修成《资治通鉴》”之“1084年”已被减去，所以其得数“900”即为“周年”，但，“燕都始建于公元前1045年，1995-(-1045）=1995+1045=3040”，其算式中“燕都始建”之“公元前1045年”未被减去，所以其得数“3040”只为“历年”、不为

“周年”，惟“1995+（1045-1）=1995+1044=3039”之算式结果“3039”方为“周年”。然却此间减去之“年”，绝非根本不存在的什么“公元0年”，只为不可计入“周年”的“燕都始建”之“年”（前1045年）。如果说人们可能“忽略”一个“存在的”东西，当在情理之中；但若以为人们会“忽略”一个根本“不存在的”东西的“不存在”，实在是一个无法令人理解的“思维过程”。一些人在年代计算方法上出现失误，本来是可以理解的，惟有以为年代计数之失误是“忽略”了“公元0年”的“不存在”才是不可令人理解的，因为实在不可能有人在计算年数之时无中生有地加上一个“公元0年”。倘若史事发生年计入“周年”的失误皆可罪究“并不存在的‘公元0年’”，是否谢文算式“1995-(-1045)”中把天文记年标示之“-1045”(公元前1046年)误作“公元前1045年”，亦当赖账于“并不存在的‘公元0年’”呢？

欲要澄清元年前后连续“周年”计数之失误有无关涉“并不存在的‘公元0年’”，谢文的二例计算实在不能略而不论。㈠“假定有‘公元0年’，则自公元前1年某月至‘公元0年’某月即为1周年，再至公元1年某月便为2周年了。在这种情况下，用前后两个绝对值相加的计算方法是正确的。但是，事实上并不存在‘公元0年’，自公元前1年某月至公元1年某月只有1整年的时间〔叶按：某年某月某日至次年其月其日当谓‘1周年’或一个‘期年’，惟某年1月1日至12月31日方为“1整年”〕，而不是2整年。所以，在进行此类历史年代的计算时，用前后两个年代数绝对值相加后，务必不要忘记减去1年，亦即减去那个实际并不存在的‘公元0年’。”⑴“假定有‘公元0年’”，公元前1年+“公元0年”之“1年”+公元1年=3年，其“自公元前1年某月……至公元1年某月便为2周年”之计算，当由“‘公元0年’之‘1周年’+‘公元1年’之‘1周年’”而得，虽“用前后两个绝对值相加的计算方法”即“公元前1年+公元1年=2年”之运算数值相等，却其运算全然违反科学，何以言之“正确”？其正确运算实当：公元1年+“公元0年”之“1年”+公元前（1—1）年=2（周年）。其实年代计数之运算方法多种，但不管采取哪种方法，其运算程序皆当入理、运算结果皆当正确。⑵“事实上并不存在‘公元0年’”，公元前1年+公元1年=2年，其所谓“自公元前1年某月至公元1年某月只有1整年的时间”，当由“‘公元1年’之‘1周年’”得之，却谢文所谓“用前后两个年代数绝对值相加后，务必不要忘记减去1年，亦即减去那个实际并不存在的‘公元0年’”（公元前1年+公元1年—“公元0年”之“1年”）的算法是完全不讲道理的：“公元前1年+公元1年”根本不涉什么“公元0年”，何由减去“公元0年”之“1年”？所必减者，不为“周年”之“公元前1年”也。其正确运算实当：公元1年+公元前（1—1）年=1（周年）。㈢“关于屈原的卒年，是按郭沫若的推考，为公元前278年。1953+278=2231，2231-1=2230。所以当时是以1953年为屈原逝世2230周年，而没有误作2231周年。”例中屈原卒于公元前278年，至1953年已辞世2231年，算式“1953+278=2231”准确无误。公元之1953年加其前之278年和为2231年，全然不见“忽略了没有‘公元0年’”、而“多算了1年”；倘若

“忽略了没有‘公元 0 年’这一事实”，必当“公元之 1953 年加公元前之 278 年再加‘公元 0 年’之 1 年共为 2232 年”，实计“2231 年”，其未曾“忽略没有‘公元 0 年’”而“多算 1 年”明鉴。至于“以 1953 年为屈原逝世 2230 周年，而没有误作 2231 周年”，全在屈原卒于公元前 278 年，其逝世之第一个“周年”只能出现于其卒年之次年——前 277 年；其算式“1953+278=2231”已将“前 278 年”之“1 年”计入数中，是必得减去之方得屈原逝世“周年”数。所以计算屈原逝世周年的正确算式，实当：1953+（278–1）=2230。

谢文“没有‘公元 0 年’，还引出‘世纪开端’的争执”的说法，更是完全不顾事实根据的。当今“世纪”始终的紊乱，全由近年英语的“污染”所引起。近一二十年由于阿拉伯数字的引入，一些英文辞书出现了类如“a 10–year period beginning with a year ending in 0 （as 1900–1909)”的错误释文，进而错上加错以致酿成了“the 20th century, fou examp began in 1900”的“世纪”悲剧；事实上是，把“1900–1909”、“1910–1919”作为两个“特殊”的十年期，在未引入阿拉伯数字的英语中是根本无法表述的。鉴于时下人们于“世纪”纪年始终的紊乱，英国皇家科学院格林尼治天文台近时重新申明了“二十一世纪始于公元 2001 年”。其实，所谓“公元 0 年”，就其四个字符之达意，是充满了自身矛盾的。“元”者，《尔雅·释诂》“元，首也。”《说文·一部》“元，始也。”《汉语大字典》则更做“元”义明释：“始；第一。古人习惯称始年及每年的一月、每月的一日为元，以‘元’代‘一’。”所谓之“公元”者，公之“纪元”也;《公羊传》

"隐公元年"："元年者何？君之始年也。"古今中外从来历法设元、朝政改元，谢先生有见非以"元年"为始、而以"〇年"为始之先例否？真不知道公元纪年"没有'公元0年'"，究为何罪之有？今之"公元0年"者，既以"元年"（"一年"之代称）称始、又以"0年"为始，何人有能自圆其说？倘遵谢文"公元0年"蹩脚之意，则"公元0年"为"公元之第1年"、"公元元年"为"公元之第2年"、"公元2年"为"公元之第3年"……"公元9年"为"公元之第10年"、"公元10年"为"公元之第11年"……"公元99年"为"公元之第100年"、"公元100年"为"公元之第101年"……，其又如何解释今之"公元一千九百九十六年"？倘依谢先生"公元0年"之意，是否"百米"、"千斤"、"万里"皆当指为"101米"、"1001斤"及"10001里"？人民币之"1圆"、"10圆""100圆"是否亦当改成"0圆"、"9圆"、"99圆"？《逸周书·周月》有言"数起于一而成于十，次一为道"；当"0"不改变它作为"没有数量的标示"时、当数的"十进制"法则尚不可能被人类所废弃时，任何以"0"计量的幻想都只能是徒劳的。

谢文介绍之言"我国有关方面从未来计算机及广泛应用考虑，提出以0为始更宜，即建议以00年为每个世纪的开端，并打算建议国际间协商一致，作出权威性的统一规定。这样，公元1世纪，起公元1年，止公元99年，仅99年，是由于没有'公元0年'引出的特殊情况"已为屡见报刊，然所不解者，计算机之计算从无"以0为始"之"应用"，抬出"计算机"来蒙人，为什么就不事先掂量掂量自己，终通"计算机"者几何？何谓

"以0为始"，谁人曾见，"计算机"中，指0为"数1"、指1为"数2"、指2又为"数3"？未知谢先生"计算机"之"0+0=1"、"0+1=2"，又"1+1=3"否？若谢先生之"计算机"亦以为"否"，则其"以0为始"，又何以作解？其所谓"00年"者，不过"个"位、"十"位为0之"百年"；而"以0为始"之0，亦谓"个"位为0之"几十"否？谢先生所谓"以00年为每个世纪的开端"，不过如其"公元2世纪，起公元100年"，而所谓"计算机"之"以0为始"，谢先生亦是解为"以'10'为始"吗？难道尾数为0之正整数与非自然数0的划界，谢先生尚需翻阅小学算术课本才能搞懂吗？虽其"00年"尚可理解为标指"第几个百年"，却是诚不得知，谢先生又能为人们捧出什么样的"第0个"物件？且若"以00年为每个世纪的开端"，则又"以00分为每个圆的开端"否？"以00厘米为每个米的开端"否？"以00亩为每个顷的开端"否？倘若"公元2000年"不属于"20世纪"（世纪〈Century〉之"100年"源于拉丁语之"100"〈Centuria〉），是否"第2000吨"亦不当属"第20个100吨"、"第2000圆"亦不当属"第20个100圆"、"第2000米"亦不当属"第20个100米"呢？谢先生当知，自然数中10、100、1000、10000是永远不会排除它的第10、第100、第1000、第10000而标量的。公元10年、公元100年、公元1000年、公元10000年本身即标示公元纪年之第10年、第100年、第1000年、第10000年，倘依谢先生"公元0年"之意，用"公元9年"、"公元99年"、"公元999年"、"公元9999年"去标示公元纪年之第10年、第100年、第1000年、第10000年，所将造成的紊乱已不仅波及的是汉语的表义概念和年代计数的规范，其更将引起的是整个人类“计数”的紊乱。况且“公元1世纪起于公元1年，止于公元100年；公元2世纪起于公元101年，止于公元200年。依此类推，每个世纪均以1年为起始，则21世纪自当由2001年开始”的纪年及其概念已然成为历史事实，又怎么可能凭由今人之“规定”去改变（诚如“二次世界大战”的残酷、“文化大革命”的浩劫都不可能凭由今人之“规定”而改变其丝毫）？今人所能“改变”（不论其“改变”遵否科学、入否情理）者，惟其未行之纪年、此后之概念。

谢文结论以为“没有‘公元0年’的确给人们增添了不少麻烦”，然却笔者修学纪年数载，年代计数运算从未加减一个所谓“并不存在的‘公元0年’”，方致计算结果迄今不误，且从未感其有何不便；恰是“假定有‘公元0年’”，则北京建城1040年之算式“1995+1045=3040”就只能由“公元之‘1994’＋‘公元0年’之‘1’＋公元前之‘1045’＝3040”来取代了；而汉平帝刘衎“年十四岁，在位六年”之计数，就更当由“5+9”改式“4+1+9”、“5+1”改式“4+1+1”而求得了，此间谁为麻烦也？

综观谢文，“周年”计数之失，在于误加史事“当年”之量；“世纪”始终之乱，在于英语“decade”释文“污染”之弊；全然没有理由想到什么“公元0年”。即使天文记年之改公元前1年为“0年”、改公元前2年为“–1年”，亦是未曾触动“公元元年”；其实，世间本不该有而没有的东西实在太多太多，未详“由没有0圆、没有0米、没有0吨”谢先生“所想到的”又将是什么？

谢文“提醒大家”之诚令人感动，然却“千万不要忘记当中有个实际并不存在的‘公元0年’”实在令人费解，既是“实际并不存在的‘公元0年’”又岂能“有个”？又何当“千万不要忘记”？奉劝谢先生还是先去学学有关年代学的基本常识，再来“提醒大家”更好些；如此“以其昏昏”，又何能“使人昭昭”？倘若不是“热情”有如谢先生之辈的几个“行”家絮絮叨叨地“提醒”众生，又有哪个凡人会想到什么劳什子的“公元0年”？

(1996.8.19. 初稿)

〔载1997年1月14日自刊《余修文稿》辑一〕

三谈“缠绕世纪概念的误译‘年代’”

——“21世纪始于2000年”的历史清算

叶小草

Century: 1533. (-L. centuria, assembly of 100 things, etc., f.centum hundred; ….) 4. A period of 100 years; orig. ‘a c. of years’ 1626.5.Each of the successive periods of 100 years, reckoning from a received chronological epoch, esp. from the birth of Christ. 5. the rebellion in the last c. 1771. The first c. (A. D. 1-100 inclusive) The nineteench c . (A.D. 1801-1900) .

——*The shorter Oxford English Dictionary on Historial principle, 1973.*

时间，在逼迫我们每一个二十世纪末叶的尚属“文化”之人，必须对其“21世纪始于2000年1月1日”作一历史清算了；否则，我们都将去做无颜面对廿一世纪子孙的罪人。

一　无谓的史误

虽笔《缠绕》、《再谈》，然其谬说不绝；笔者思之再三，得明误因不止“年代”，却愿续旧文题并理之。

㈠ 天文记法

不知道，人类第一次曲解“世纪”定义，起于何因、始于何年；但见 *The Oxford English Dictionary*（《牛津英语词典》，1933）有引 1846 年确认“十九世纪始年”书文：“If there are some contents concerning this topic preceding this section, please duplicate them together . And Send them all to me.”（“经过大量普遍的争论，专家们决定，世纪自 1801 年 1 月 1 日开始，不是 1800 年 1 月 1 日”[1]）关于“争论”的起因，虽曾得助于伦敦英国国家图书馆（British Library），仍遗憾其原书无载也。权依许邦信先生“到 18 世纪有了天文纪年法后，开始引起了‘世纪’从 0 年起始或从 1 年起始的分歧”[1]之说，分析一下其所谓“分歧”。“世纪”者，不过公元纪年的每个“佰年”之代名词也，根本不会与什么“天文纪年法”产生“分歧”，世间也从未出现过什么“天文纪年法”。公元纪年之天文记法，不过是为了保持逢“4”的倍数年置闰之规律于公元前计年（格里历〈公历〉为 4 年一闰，即公元 4 年、公元 8 年……每逢“4”之倍数年置闰；逆溯，公元前 1 年、公元前 5 年、公元前 9 年……当闰，是有“天文记法”殊以 0、–4、–8……以求元年前后“数字”同为“4”之倍数之年置闰），根本无涉始于元年之公元纪年；是笔者至今十分怀疑所谓因“有了天文纪年法”而“引起了‘世纪’从0年起始或从1年起始的分歧”之说。

公元纪年	公元前3年	公元前2年	公元前1年	公元1年	公元2年	公元3年
天文记法	−2	−1	0	+1	+2	+3

若说天文记法较易引起推溯公元前纪年之“‘世纪’从0年起始或从1年起始”的模糊，尚可稍见于情理之中；但以为公元纪年之佰年量段亦能为之动摇，笔者非但无以相信所说可为“事实”，亦是不可理解其说本身“思路”也。一般说，平民百姓不知尚有一个“天文记法”，不至模糊公元纪年之佰年量段；而天文学家者，当知“天文记法”所殊，全在逆溯公元前纪年，亦是“不至模糊公元纪年之佰年量段”。是笔者以为，似乎“天文记法”不应导致“19世纪起始”异议。但若果如其因，就不得不为“1740年法国天文学家J.卡西尼（Jacques Cassini）在他所发表的《太阳与月球表》中，把公元1年记为+1年，把公元前1年记为0年，公元前2年记为−1年”[1]，更为天文学界沿袭而为“天文记法”二百六十年，道上一句“遗憾”了。

㈡ **“年代”**

许邦信先生有据英文辞书而言：“大约在1850年前后，英语中又开始用20，30，…90等数词的复数形式分别表示某个世纪中特定的10年。例如英语中用1990s表示1990～1999年，相应的汉语译为20世纪90年代或1990年代。”[1] 笔者猜嫌，动摇"世纪"纪年时段定义的真正始因当在印阿数字取代英文数词的复数形式表述，而非"天文记法"。其实，英文之略以"teens"表示"thirteen，fourteen，fifteen，sixteen，seventeen，eighteen，nineteen"、"twenties，thirties，…nineties"表示"twenty，twenty-one，…twenty-nine；thirty，thirty-one，…thirty-nine；…；ninety，ninety-one，…ninety-nine"，不过是基于共同词尾"teen"、共同词首"twenty，thirty，…ninety"的英人习惯缩略用法；其表达方式只能用于十三～十九、二十～二十九、三十～三十九、四十～四十九、五十～五十九、六十～六十九、七十～七十九、八十～八十九、九十～九十九——九组数字，英文数词one、two、three、four、five、six、seven、eight、nine、ten、eleven、twelve、hundred却非但皆无上述九组数字之词首、词尾，更其全无相同词素结构可寻规律也。是当每个世纪的佰年中，惟其teens及twenties、thirties、…nineties可示年期缩略，绝无所谓"tens"之缩略年期也。引入印阿数字取代twenties、thirties、…nineties表示某世纪中特定年期，亦只当如1920s、1930s、……1990s，无以类推"1910s"。子虚乌有之"1910s"，不过"无源之水"（英语中或见非指具体年期的many tens，却是无以读写"the tens"）而已；1900s更当所示：数字词首为one thousand nine hundred的年期（跨世纪之百年时段）。难怪修订版《汉英词典》仍将"年代"释以"②a decade of a century：八十～the eighties/二十世纪九十～the 1990′s"[2]，《中华人民共和国国家标准·出版物上数字用法的规定（GB/T15835—1995）》更将"世纪、年代、年、月、日"标作"表示时间……量值"的单位量词，示例

“20世纪80年代”。“年代”一词，不过只如《唐河中府始置年代辨正》[3]、“在‘基因组项目’、‘DNA诊断’等名词依然超出人们想象力的年代里”[4]，或指具体历史时年、或指宽泛历史年段，从无所谓“量词”之用也；谁人有知，战争年代、和平年代，各为几何哉！the eighties / the 1990′s，实当汉译八〇年期 / 一九九〇年期；所谓“八十年代 / 二十世纪九十年代”之汉译文字达义，亦不过实当所指“71～80年期 / 二十世纪81～90年期”而已。一个英文数词复数表示的误译“年代”，致如《辞海》（1989年版）之谬释“世纪”：“每世纪中又以十年为一‘年代’。如20世纪80年代，通常指1980—1989年，即以出现‘80’为80年代之始；亦有主张1981—1990年者”。若说误以“20世纪80年代”指为1971～1980年者，或而有之；然以“1981～1990”之年期有谓“20世纪80年代”者，确其闻所未闻也。即使英文“the hundred runs from jan . 1，1900 to dec . 31，1999”允许表述为“the 1900′s”，亦当所指跨越相邻世纪之百年时段，何来世纪中之“年代”也！是有笔者昔文《缠绕世纪概念的误译“年代”》[5]、《再谈“缠绕世纪概念的误译‘年代’”》[6]，以求正本清源。事实，英文“teens”与“twenties，thirties，…nineties”（13～99），永远不逾世纪佰年（1～100）；不过庸人自扰之。倘止“1920s，1930s，…1990s”取代“nineteen twenties，nineteen thirties，…nineteen nineties”，无人自作聪明“1900～1909（初十年代）”、“1910～1919（一十年代）”，则于“世纪”纪年，“天下太平”矣。

世纪中源于英文数词相同首、尾词素复数略式的八个连续十年期“twenties，thirties，…nineties”（20～29，30～39，……90～99），其汉译“…十年代”或当““…十’年代”（年数始于“…十”的那些年）；笔者以为，更当译作“…〇年期”（十位数为“…”之年期，二〇年期、三〇年期、……九〇年期），“…〇”与印阿数字读、写皆见其宜。汉译“…十年代”颇见其短，所与“第…个十年”混淆尤为大弊，致以“年代”喧宾夺主，误充纪年单位量词，委实坑人不浅。

㈢同首数

虽是约当印阿位置记数源于中国筭算，然却中国演以附记位词十、百、千、万、十万、百万、千万、亿……兆……京……以别数位，印阿只以左上右下直接数字置位；无筭空位辅以横竖置筭之法终被数位词间一个“零”字连词所取代，印阿却另辟蹊径设符补位以全数位。印人唐臣天文学家瞿昙悉达《开元占经》有载：“筭字法 样 一字二字三字四字五字六字七字八字九字 1 2 3 4 5 6 7 8 9 点 右天竺算法，用上件九个字乘除其字，皆一举札而成。凡数至十，进入前位；每空位处恒安一点有间，咸记无由辄错”[7]。当知唐代天竺筭法（今之印阿位置记数）中空位符号尚为一“·”，“〇”符易“·”自然不于唐先；且知“0”本“〇”符，“〇”非筭字，“0”亦自非数字。虽是诚如《逸周书·周月》之“数起于一而成于十，次一为道”[8]，却十进记数法则从来成十（10）、成百（100）、成千（1000）……，总比前趋数九（9）、九十九（99）、九百九十九（999）……有增一位数也。所谓“十进”者，逢十进位也；上位之“一”（1）、下位之“十”（10），十进记数恒定数字九种

“一二三四五六七八九”（1 2 3 4 5 6 7 8 9），概无它焉。人类“十进”记数，总有数以千载历史；惟至计算机出，方显“紊乱”焉。计算机内存的强调“数位”，使相同首数某十、某百、某千……的十个数、百个数、千个数……格外引人注目；然却相同首数的十个数、百个数、千个数……（如 100～199）与自然数序之第某十、第某百、第某千……（如 101～200），全如南、北海之马牛——根本不相及也。数位百数 100～199 其前只存二位数内之数 1～99，不足百数矣；而数序佰数 101～200 其前，共有三位数内之数 1～100。十进制法则之“逢十进一”，已然限定同位之数无以自成其十、其百、其千……；其十、百、千……别与下位之九个数、九十九个数、九百九十九个数……，合而成数什、佰、仟……。数位之十、百、千……个数，总是其下位之九个数、九十九个数、九百九十九个数……所与上位什、上位佰、上位仟……的末数第十、第百、第千……合而计成。相同百位数之百数（100～199），不过只为一百个数，无以混同自然数序某佰（101～200）之所序第几个百。99、199……999……1999……的数集与 100、200……1000……2000……的数集，除了后继同增百数而外别无共性；而 100、200……1000……2000……，不仅表示“第几”个佰，更见有指“多少”个佰也。相同十位数的十个数（如 10～19）、相同百位数的百个数（如 100～199）、相同千位数的千个数（如 1000～1999）……本与“十进”记数的什（如 11～20）、佰（如 101～200）、仟（1001～2000）……井水不犯河水，不想今竟喧宾夺主，大有取代自然基数、序数之势。

本只一个明了的计算机"2000年"问题，却被误以"千年虫"而别名取代；其实，1000～1999千位数相同的"一千个年"与1001～2000自然数计量的"千年"，从来不指同一历史时段。"十进"是数位法则，位置记数不过只是一种书写方式，其与自然计量之整什、整佰、整仟……，本即形式、内容不相统一；计算机硬件设计，全在限制"数位"，未曾虑及"数值"也。"莫把相同上位之记数'字、符'种数，误作计数'序、值'"；诚当电脑受益者，万勿疏此"诚"！电脑硬件既以两位记数为控，其所限定，自当不止千位之"1"，更不放过百位之"9"；下不可降"1899"、上不能升"2000"，仅止限定1900～1999"一百个年"。着眼数序纪年千位之"1"与"2"别，竟也误出一个所谓"千年虫"（即使1900～1999真的可以称作"佰年"，亦只一个"百年虫"，还不当敲"计算机"者，一警钟吗？

㈣进位制

人类祖先的"累十为量"计数诚令后世子孙敬佩不已，然却二十世纪的竟然不谙"数位进制"，实在有点愧对祖宗。

〔德〕W.盖勒特等《简明数学全书》以为："在位置制中，十个个位数（单位U）组成一组新的数，叫十位数，用T表示，而还是这十个数字又组成百位数，用H表示，等等"，"由于每一位数都有十个数，所以人们称之为十进制（dec system，拉丁文decem表示10），或叫十进位置制（decadic positional system，希腊文deka表示10）。"[9] 比起火药、造纸、印刷术、指南针，中国人于科技史的贡献，实当首推"进位记数"法；此间诚如其

〔英〕李约瑟《中国科学技术史》惊赞之语："奇怪的是，忠实于表意原则而不使用字母的文化，反而发展了现代人类普遍使用的十进位制的最早形式，如果没有这种十进位制，就几乎不可能出现我们现在这个统一化的世界了。"[10]〔唐〕刘良注《楚辞·离骚》"虽九死犹未悔"："九，数之极也"[11]；《黄帝内经·素问·三部九候论》则更谓"九"为"天地之至数，始于一终于九焉"[12]。《汉书·律历志上》之"数者，一、十、百、千、万也"，当指"计数"单位（亦即累十为"量"）而言；"凡数至十，进入前位"，则一之至数九一（略之以"九"）、十之至数九十、百之至数九百……，一不十"一"、十不十十、百不十百……，其当十进位置"记数"之语。累十为量计数，逢十进一记数；"计数"内容也，"记数"形式也，万万混淆不得。汉字文化本身不会引致"进制"概念的紊乱，二十世纪的西学大进却也不乏有如蒋术亮《中国在数学上的贡献》之"在殷代已确定十进位制，并且已经采用'十进位置制'的先进记数法，当时已有一、二、三、四、五、六、七、八、九、十以及十进百、千、万的数字记录"[13]，其言后句实当修作"当时已有一、二、三、四、五、六、七、八、九以及进十、百、千、万的数字记录"。二十世纪的西方社会何竟容忍了道出"在位置制中，十个个位数组成一组新的数，叫十位数，而还是这十个数字又组成百位数"及"由于每一位数都有十个数，所以人们称之为十进制"的"数学家"，为之感受不可思议的，绝不应该仅仅只是东方人；因为，传入西方的"逢十进一"位置制记数法中，还从未有人"发现"其第十个数字。正是"凡数至十，进入前位"（"逢十"即"进一"，则其同位记数永无

"第十"也)的记数法则，方而得冠"十进"之制。倘如天方夜谭之"每一位数都有十个数"，则为"十'不'进位"；其当所称，惟而"十一进制"矣。应该说印度记数的"逢十进一"，有当源于中国记数的"累十为量"，然却传入西方而被世界广泛采用的印阿位置记数，已于今日中国喧宾夺主；这里，除了西方经济文化强势之影响，不能否认位置记数本身的"便利"之长。只可惜，虽曾拒绝"0"为"数码"的西方思维，亦是难谙"0"本位置记数"有间空位处"之"恒安一'点'"；终致荒唐有如〔美〕舍曼. K.斯坦《数学世界》之"十进制基于10的幂和数字0，1，2，3，4，5，6，7，8，9，也叫基十制"[14]，衍为举世之数学悲剧。荒唐到能将古人标示没有数字的符号"圈"误作数字"0"，真不知道，人类是怎么走到这一步的；倘有空位圈的"数字0"，是否亦当有个小数点的"数字'.'"呢！大约不会有人否认印阿记数"10"为"一十"，"12"之"1"示"十"、"2"为"二"；然则"12"之"1"为"十"，"10"之"1"就不能"十"吗？"11、12、13、14、15、16、17、18、19"诸"1"皆为"十"，"10"之"1"自不例外；则"10"之"0"者，必不为数，否则，"10"不为"十"而为"十〇"，数序一……九、一十、十〇、十一矣。倘果"十进制"之"数字0，1，2，3，4，5，6，7，8，9"，则当"9"之后继数"'10'之'1'"，"'10'之'1'"之后继数"10"，"10"之后继数"11"；其所数序有为：0，1，2，3，4，5，6，7，8，9，"'10'之'1'"，10，11……矣。如此记数，则"11"之序数一十有"三"，而"'10'之'1'"其记数，又之如何书写也！"11、12

……19”之“1”，别凭“1、2、……9”为“十”；惟而“10”之“1”，无以凭“十”，特借数外“0”符显示之。其本位置记数之法，最起码之常识也；不过印人取义“空（sunya）”之“0”符以代汉筭实空而已。诚如“10000”之“1”，借助“0000”而示其“万”；绝非“一万”，再而有数“〇千〇百〇十〇个”也。既“0”不数，又何而奢谈“10 的 0 指数幂”之“基于 10 的幂”？“数起于一而成于十”。其所记录则又“凡数至十，进入前位”；“至十”之数进入前位，后位空无，是有印阿记数设“〇”以示之。“〇”之设，始于进位；数一之先，何故冒出一“〇”来？从来十进记数“九个数字一个‘〇’”（汉筭则更空无其“〇”），个位九个个数、十位九个十数、百位九个百数……，一位数只九个数、二位数内九十九个数、三位数内九百九十九个数……；“每一位数都有十个数”而谓“十进制”，难道还要个位容纳“十个一”、十位容纳“十个十”、百位容纳“十个百”……吗？其谓，终当“十进”乎、“十不进”乎？记数“进制”法则，实乃涉“数”入门初步之举足；真不知道，二十世纪西方世界。何竟倍出如类“数学家”！

张绥《数学与哲学》认为：“从考古的资料和历史记载的资料来看，在不同民族的原始阶段，数的进位概念并不完全相同，有 2 进位制、5 进位制、7 进位制、10 进位制、12 进位制、16 进位制、20 进位制和 60 进位制，等等。……从古到今究竟采取过多少‘几进位制’，那是一个使人瞠目结舌的难题。”[15] 笔者却以为，如果没人否认手、脚的指数纯属自然造化，亦应该相信人们的“累十为量”，不过所于自然法则的实践必然。历史真有“几进位制”吗？从人类至今所能掌握的史料来看，大约还无法证明其他任何真正意义上进位记数的客观存在吧。常有人将成双成对计量误与二进记数同义，果如之，岂不以“2”为币值系数之国家，皆为“二进制”之采用者?！说“法国〔按：‘德国’之误〕数学家莱布尼兹（laibniz，1646—1716）于1671年创立了二进制记数法”[16]，不管其是否真正的“二进制记数法”，至少其前尚无“二进制”概念的记录。其实，“《易经》的图形表示从零开始的前64个数，所记录的是二进位制”[17]的蹩脚解释，完全是莱布尼兹的误臆；诸如“惟初太始，道立于一，造分天地，化为万物”[18]的世界观，绝非华夏民族所独尊。“一者，数之始也”[19]，而硬将“坤、艮、坎、巽、震、离、兑、乾”八卦创意发挥有谓“二进制”之“000、001、010、011、100、101、110、111”，进而篡改十进记数以作“0、1、2、3、4、5、6、7”，以致道出“64卦相当于二进制记数法0到63这64个数”[16]之语，荒不荒唐也?！“到63这64个数”，究竟六十几也？倘果“仅用数字0和1的数制叫二进制或基二制”[14]，则“111”不为“1”、“000”亦不为“0”，‘而“000”为“0”，正因其“0”不为“数”也。历史果存二进记数之法，亦只一字一符，倘“用数字0和1”，则必逢“第三个数”而才进位也；所谓“逢二进一”者，其所记数惟见“二”之前驱数“一”也，否则“A、B、C、D、1”五个数后，再而“逢‘2’进一”，亦为二进记数吗？所见《易经》卦图，不过“——”、“— —”二符叠放之排列组合而已，能从八卦或六十四卦图中透视出其“64”更或“63”个数的思维，实在不是所如笔者流这种简单头脑敢于企及理解的。“始作《易》八卦”[20]者，乃于远古；而“印度人发明‘0’这个符号，用来代表算盘上的空档”[21]，却只见“在4～5世纪的文物上用圆点‘·’表示零〔按：‘零’当修做‘空’〕，9世纪才将圆点·改为圆圈○”[22]，如何得释其“坤”卦有为数“0”焉？不管其生于十七世纪德意志的G.W.莱布尼兹先生曾经有过怎样的辉煌，就其所言“记数”，笔者实在恭维不起来——就算可以不去究其“卦图”的误解，但却永远无法原谅的是其全然不懂位置记数更其“进制”的可悲。十天干与十二地支合就之干支纪年，亦不过六十循环一“甲子”；其义不过排序而已，又如何入得位置记数其列也！就因一箱啤酒24瓶，是否亦要增加一例“24进位制”呢？科学是从来不会迁就荒谬的。所谓“进位制”者，累进位也；谁人有能指举，“十进”而外，尚以何数累进有作记数焉?!

计数之“累十为量”，“十”与其前“九、八、七、六、五、四、三、二、一”，共计一“量”；记数“逢十进一”，“十”与其前“九、八、七、六、五、四、三、二、一”，别记异“位”；此间殊、同，诚愿天下涉“数”之人共诫之。

㈤“0”与自然数

不知历经几世数学大师的大“恻”大“悟”，终于“误”出了一个“既不是正又不是负的唯一真正的中性数”[23]——“0”；自此，原本印阿位置记数的空位符号——由“·”而“○”，再与数字（1、2、3、4、5、6、7、8、9）同体而“0”。值得庆幸的是，当时，人们尚能知道“0”——“不是自然数”[24]。

"0"本附着数字而存在于印阿位置记数，误而独立为数——"表示没有的数"[24]、"'没有数的数'"[25]、"表示'没有'这个特殊量的数"[26]；"数，计之也；计之有多少曰数。"[27]"多少"的前题是"有"，就是说，"有"是"数"所赖以产生的充分必要条件。所以，"表示没有"的，一定不是"数"。既然"没有数"，还哪来"……的数"呢；"没有数的数"，倒是有数还是没数？"量的规定性只有在同一种质的界限中才能存在"[28]，再"特殊"的"量"，也只能是计之于"有"的范畴；又怎么可能到"没有"那里，去寻找"更特殊"的计量之数呢?！就是在人们并非客观地设计了负数的数轴上，也是根本无法找到"O"符可以充"数"的立足之"地"的；其原点"O"，不过交接正、负数段一界点，根本无法取"段"。就是其"点"，亦为正、负数段公用端点，根本无法独立而为"第三者"；数轴示数，非正即负，正一、负一之间，别无它数焉。倘以正一、负一之交为"数"，又正一、正二之交或负一、负二之交……，各为一数否？或许正是"0"本非数，人们才于数轴以"0"代"O"吧。然今数轴原点标"0"者，无非取义其点所与原点距离为"0"——没有距离；数轴总以轴上之点所与原点距离为数，"没有距离"之"点"，自非数轴所示其"数"也。诚如《庄子·天下》之"一尺之棰，日取其半，万世不竭"；棰之不竭，数之不"0"，其理一也。尽管人们以"0"为数日久，但若真要证明其"0"为"数"，恐怕还只是数学史上的无解难题吧。

最可悲的是，正如一位科学院的数学所长所言"'0'是不是自然数，只是一种人为规定。规定它是自然数，它就是自然数；规定它不是自然数，它就不是自然数”[29]，国家技术监督局1993年12月27日发布，1994年7月1日起实施之《中华人民共和国国家标准·物理科学和技术中使用的数学符号 GB 3102.11—93代替GB 3102.11—86》竟见下表[30]：

2.2 集合论符号

项号	符号	应用	意义或读法	备注及示例
11—2.9	**N**,N		非负整数集；自然数集	N={0,1,2,3,…}

继而，笔者见到了一份相关《通知》：“《……标准》已于1994年7月1日起全面实施；……并规定科研、教学、生产、经营以及新闻出版等部门均应遵照使用。为此，在我省编写的义务教育初中教学第二版教材，除1997年5月出版的第一册课本尚需对‘自然数’等个别名词在1998年重版时作必要修正外，其余都已按标准执行。……从本通知传达到各学校之日起，在初中数学教学中一律按《国家标准》……进行教学。”[31]毋庸置疑，“因为这是国家法定标准，所以我国所有数学出版物，包括大中小学教材，都要或将要以此为准。〔按：原文作‘.’不当，此修为‘。’；下同〕这就是说，今后要把数‘0’作为自然数；第一个自然数是0，而不是1。”[32]“不是自然数”的“0”如何“作为自然数”，笔者只见《GB 3102.11—93》首页“引言”介绍：“本标准参照国际标准ISO 31—11：1992《量和单位　第十一部分：物理科学和技术中使用的数量标志与符号》。”[33]“ISO”之规定如何、“GB”在多大程度上遵照了“ISO”，虽是笔者致函国家技术监督局而仍旧未睹“ISO”之面目，然借1981年5月

上海科学技术出版社之〔德〕W.盖勒特等《简明数学全书》译文“｜自然数 N｜0，1，2，3｜”的“图 1.1–4 四个猎人的集合”及“基数和序数的发展是密切相关的，它们构成了自然数的两个方面，通常习惯上，零（或无）既可算作基数，也可算作序数”更“数字 0 不是一个后继数；每一个非零的自然数必有一个紧挨着的前趋数；这就是说自然数列有起点，其第一个数是零”[9]，当析“ISO”之“自然数集｜N= {0，1，2，3，…}”或在“GB”先（笔者归纳推理，“GB”不致创意“ISO”之前，倘为臆断，先此致歉）；中国文化之于“〇”符，其前拒入汉字也。

“0”者，在位置记数中表示数位没有数字的符号；今则“为什么把‘0’作为自然数”[32]，未见有人做过认真地解释（包括文中以其专节为题的胡炳生先生）。如此荒唐之举，远非时下数学一界之悲哀，实乃人类史上的二十世纪悲哀。“数”本“起于一而成于十，次一为道”，如之，岂不“数起于〇而终于九，次〇为道”，永无十、百、千、万……哉？“自然数”者，顾名思义，“自然”之“数”也；本源“物体的个数”而成“自然数”，岂容“人为规定”而谬自然法则焉?！谁人而能展示“〇”个“物件”于世人哉！记数单筭而一，双筭而二、再筭而三、……今其“〇”者几筭焉？胡炳生先生“这就不仅仅是一个数学符号的改变”[32]一语中“的”，然却“数是数（shǔ）出来的。所要数（shǔ）的东西从无到有，由少到多，因多而数（shǔ），……所以无论从序数（先后顺序）的观点，还是从基数（多少）的观点来看，把‘0’放在‘1’之前，都是很自然的事情”[32]，就实在不像一个涉猎“数”人之出语了。既然是“很自然的事情”，人类至少有逾千年的辅“〇”记数史，为什么就不“0”也“自然”入计其“数”呢？倘能如彼，又何须今之“GB”（或更“ISO”）之硬性规定呢！果如“数的东西从无到有”，不知胡先生自己数数之时，所于“有”前，“无论从序数……还是从基数”是否都要从“无”计之“0”（诸如：文章“0”篇何凭始算、家中“0”人从谁起计）呢！不知产品广告之“〇风险”，是否胡先生亦以为说其当有“〇”次“风险”吗？胡先生忽略了“德国的数学书籍”曾“主张把‘0’作为第一个自然数”[32]的区别，如其猎人首数“0”全然不同“从无”数数的“把‘0’放在‘1’之前”。倘以“0”符不记量，则“无论从序数的观点……还是从基数的观点”都无以入充“自然数”；正是量而一、加量为二、再加量为三……，其1、2、3、……者，方示数之序、方计数之值。倘若如示“猎人”以“0”计量而为“第‘0’个自然数”（首一而序“第一”，首“〇”当序“第〇”矣；倘“〇”第一，则“一”又第“几”也！），则必0+0=1、1+0=2、2+0=3……矣。若是，则“〇一”得“一”、“一一”得“三”，“九九”不再是“八十一”，但见“九十九”；更其奇数0、2、4、6、……，偶数1、3、5、7……矣；从此，十、百、千、万……不再是累十计“量”而退出“自然数”，“一、二、三……”之全部数词不再“表义”记“数”止为“符号”焉。是否诸如其前之壹圆、十指、百米、千年、万吨……，都将修作〇圆、九指、九十九米、九百九十九年、九千九百九十九吨……？二十世纪末叶权势者们的如此“壮举”，是否意味还真要回应“一九九九年人类毁灭”的历史“预言”？庆幸实施《GB 3102.11-93》虽历六年，人民币十张壹圆、五张贰圆、二张伍圆、一张拾圆依然等值，壹圆、十指、百米、千年、万吨……依旧岿然不动；惟见炒纪"千年"而于"九百九十九"，亦只不过蹩脚"权威"滥言，文媒传播、商界风行，连袂嘶竭以抗科学之声耳。又，岂有他哉！

自然数之记，九数一符足矣。诚如周述岐《数学思想和数学哲学》所言："只要用9个数字和一个0，就可以简单明了的表示任何一个自然数。"[22] 常有人问"'0'是什么？"其实太简单。"0"是圈，与数字同体的印阿记数"空位圈"——在位置记数中表示数位没有数字的符号；其义有类"小数点"，参与记数，却非数字[34] 耳。引出记数以示"没有数字"，未尝不可；然当切记者，表示"没有数字"之"0"符本身，万勿以为数字也。今而误入自然数，实在太显荒唐。倘若"0"仍不示事物数量，其又何以入伍"自然数"？如其果示事物数量而序自然数"1"之先，则于人类记数、计量，天翻地覆矣。如此两难之"0"，如何恬充"自然数"？且"0"不再"空位圈"，10、100、1000、10000……将示何数焉？难怪施教者，至今不以"GB"为绳（笔者特访一小学，教师苦于无策"0"计"自然数"，诲生如故），就是胡炳生先生自身亦以为"对于自然数a和非零〔按：当作'〇'〕自然数b，a/b才有意义"而非"自然数除法"定义"任何两个自然数a，b，a/b皆有意义"[32]；当知，所谓"把数'0'作为自然数"，不过天方夜谭而已，大可不必当真。其实，"ISO"、"GB"之作者尚在云里雾中，不过"以其昏昏，使人昭昭"耳；不妨借问其所"标准"制定者，"0+0=?"，谁人神力可解?！有愿"ISO"与"GB"之"自然数集｜N= {0，1，2，3，…}"就此打住，否则，连先民创造的原始文明，都将毁于二十世纪子孙的愚昧，就不觉得委实愧对祖宗，更汗颜于几千年的自然造化吗？

综观“21世纪始于2000年”的历史误因，无一不源西方；笔者就此深慰自己是个中国人，中国传统文化是无论如何也不可能衍生一个“〇”字的，就更不要说什么“把‘0’作为第一个自然数”[32]了。想不到二十世纪打开国门的中国人，除了“畏上”之固疾，更添了“崇洋”之顽症；从袁小明等《数学思想发展简史》“2进制只需要两个记数符号，比如1与2，其他的数可以由他们来标示，即2+1，2+2，2+2+1……3进制只需3个记数符号，比如1、2、3，其它的数则可表示成3+1，3+2，3+3，3+3+1等等”[35]的误逐洋途却摈其“0”，到胡炳生等《现代数学观点下的中学数学》的沾沾自喜于“把‘0’作为第一个自然数”[32]，怎生一个“崇”字了得！近年“GB”之时间量词“年代”、“自然数集｜N={0，1，2，3，…}”，屡蹈洋辙以之为道，甚或有所“发明”，岂不国、民之大悲哉！“世纪”者，“公元纪年或逆溯公元前纪年的佰年时段”，岂容没落西方之文媒滥言篡乱焉！

二、荒唐的时谬

其实，1996年4月11日全国自然科学名词审定委员会与中国天文学会联合召开新闻发布会，重申全自名审委天文名审委1993年8月的“21世纪始于2000年”建议及其“理由”，笔者早就当时报刊披露文字，于《再谈“缠绕世界概念的误译‘年代’”——兼与卞毓麟、李竞先生等辩言》一一驳斥矣。今年伊始，文媒正待“世纪”语、文颇注耳目，却也庸言滥调不绝；就是 1 月 15 日中科院紫金山天文台申言“21 世纪始于 2001 年”，并国务院相关机构取得一致意见之后，文媒仍见声嘶力竭护爱疽痈者，不得已而择其典要续驳之。

㈠《**瞭望**》

1999 年 2 月 8 日第 6 期《瞭望》刊登其驻北京记者姜岩、驻伦敦记者毛磊、驻巴黎记者马芬云、驻堪培拉记者江国成、驻东京记者乐绍延、驻莫斯科记者秦得岐采写，胡俊凯编辑整理之特稿《新世纪开端为何年 全球纷争不一》。

“公元 525 年……确定以‘基督降生’的年份为公元元年(即公元 1 年)。那时，阿拉伯数字中的‘0’还没有从印度传入欧洲……把公元 1 年前的一年定为公元前 1 年，故而这两年之间并不存在 0 年。……公元无 0 年的来历非常简单明了，但随着时间的推移，1000〔按：当‘一千’〕多年过去后很多人很难记得公元是没有 0 年的，因此就产生了‘21 世纪到底是从 2000 年，还是从 2001 年开始’这一简单而复杂的问题。”真不知道《瞭望》的编、记都是怎么想出来的，倘若其时“阿拉伯数字中的‘0’”已“从印度传入欧洲”，即当在公元 1 年、公元前 1 年“这两年之间……存在 0 年”吗？果于公元元年之前“存在 0 年”，亦当所谓“公元前 0 年”；公元之元年、始年、首年、一年同义，其前之所谓“0 年”必为“公元前”之“年”，总不致有既非“公元”、又非其“前”之“年”吧。公元前之“0 年”，如何影响公元纪年二十一个佰年之分期，委实令人费解。况且，“0”

本印阿位置记数“空位圈”，附着数字1、2、3、4、5、6、7、8、9；突兀一“0”，诚如“小数点”之撇开九字一符而突兀一“.”，全无记数之义也。倘尊《瞭望》之意，是否某公娶一妻、生一子之先，必当娶过〇妻、生过〇子呢？新闻编、记广纳天下信息，不知可曾耳闻目睹“地球村”之一“公”否？“记得……没有”，是不是有点太荒唐？《瞭望》编、记可曾“记得”多少世间“没有”的事物？人间事物总是因“有”而“记”，“记”而有“忆”，然后“记得”生也；真不知道，一个从未有过儿子的人，将如何去“记得”自己的儿子呢？既然“公元是没有0年的”，又何必去“记得”呢？真是不可思议，所谓“0年”者，不过“没有”之“年”耳；有“年”既不为“0”，要个“0年”何用？又古今中外何处人间可寻“0年”历法焉？公元纪年之“天文记法”，不过便利计数之需，标记“公元前1年”为“0”而已；岂容真有一个既非公元、又非其前之历纪？不是《瞭望》编、记太过偏爱“抽象”思维，如何可以“记得……没有”？不管是“公元是没有0年”的“记得”、还是“很难记得”，“以‘基督降生’的年份为公元元年（即公元1年）”第20个佰年的2000年终、第21个佰年2001年始，都是根本不可能发生动摇的；非常遗憾，《瞭望》的“因此”结论推理，是完全不见逻辑根据的。

《瞭望》在列举了美国总统克林顿、日本首相小渊惠三、俄罗斯总统叶利钦并英国国家遗产事物大臣、伦敦旅游委员会主席及俄罗斯的《独立报》、日本的《读卖新闻》等例之后，称“这些在正式谈话中将2000年作为新世纪开始年的国家首脑和选择

2000 年作为新世纪开端准备特庆大庆的普通百姓，并非‘科盲’，或硬要和天文学家过不去，而是在很大程度上出于一种约定俗成。有专家分析，人们习惯把 2000 年这一千位整数当作新千年的第一年，原因在于人类今天普遍使用十进位制记数法。”其所举者，岂止“科盲”，更而“德盲”也；其中倘有尚非失德者，于所不知，定不胡言乱语。什么时候有过此类“约定俗成”？“99”美元、英磅、卢布，何时何地当过“100”用？史无“20～29、30～39、……90～99”计量之习，今而“the 1920′s 、the 1930′s 、…the 1990′s”，恰为“约定俗成”；而好端端的十（10）、百（100）、千（1000）、万（10000）、……，硬要更以九（9）、九十九（99）、九百九十九（999）、九千九百九十九（9999）、……而取代，不知可谓哪一天国之“约定俗成”？明明是计算机中机械的数位控制扭曲了人们的计算常识，进而误以进位前、后记数分别计量所致，如何荒唐而至诬陷“十进位制记数法”？实乃二十世纪之奇耻大辱！如此以“位”计量，“‘几’进位制记数法”，可以不把“‘千’位整数当作新‘千’年的第一年”也？有言“悉尼市政府打算在 2000 年除夕……举行盛大的焰火晚会，迎接 2000 年和新纪元的到来”，“社会把 2000 年除夕当作 21 世纪的除夕……许多人是准备参加完 2000 年除夕之夜的庆祝活动后，接着参加 2001 年除夕夜的活动”之《瞭望》编、记，自己可知其“盲”否？所谓“除夕”者，《汉语大词典》释：“一年最后一天的夜晚，旧岁至此夕而除，次日即新岁，故称”；《辞海》（1989 年版）解：“一年最后一天的晚上，也指一年的最后一天。”倘非诚为“盲”者，何以如此白纸黑字尚不得见？倘非文化传媒大兴一言堂，“普通百姓”者，何力“选择”以抗天文学家？此间建“钟”设“会”者，又谁为“普通百姓”哉！

“天文学家的观点与社会习俗之间并不存在矛盾。天文学家所起的作用是向公众讲清楚其中的道理，至于人们选择何时庆祝，并无不妥。”其实所谓“社会习俗”不过文媒舆论导向所致耳，其所庆祝 2000 新千年，还是有与天文学家大相径庭的；“选择何时庆祝”与“选择何年始千”实在不是一回事。倘若庆祝“2000 这一千位整数年”，英国天文学家不妨“与民同乐”；但若“把 2000 年这一千位整数当作新千年的第一年”，还是取道“法国经度局的人士……认为‘那是他们的事’”为宜。

尽管新华社 1993 年 8 月 5 日发过记者秦春以《我国天文学者认为 21 世纪应从 2000 年算起》的电讯、《瞭望》1996 年第 3 期登过李竞先生的《世纪之交话“世纪”——二十一世纪应从哪一年开始?》，其责主在全自名审委的天文学名词审定委员会及其主任李竞先生本人；何必如此大顾“脸面”，明知为“过”，却又不惜违情背理妄求饰“非”焉！

㈡ **《光明日报》**

(1)《光明日报》于中科院紫金山天文台申言“21 世纪始于 2001 年”并国务院相关机构取得一致意见后之次日（1 月 16 日）即发表记者薛冬的抗文《是 2000 年进入 21 世纪，还是 2001 年进入 21 世纪，目前国际国内均没有权威部门出面确定，有关专家对此争论已久，各执一词——21 世纪从哪年算起》。

薛文小题有三："引起争论的焦点：公元无'0'年；国内外对新世纪的开端莫衷一是；我国天文学家的观点：新世纪始于2000年。"若以英国皇家格林尼治天文台、法国经度局、美国海军天文台及中国科学院紫金山天文台皆非"权威部门"，不知《光明日报》其"慧眼"，终能异鉴什么样的国际国内"权威部门"？"公元无'0'年"本乃天经地义，不要说人类史上从不存在过什么"'0'年"的纪元，就是依其所愿假设有个"公元'0'年"，不是亦还需要一个"公元前'0'年"与之相对应吗？总不致公元"'0'～99"年为公元一世纪、公元前"1～100"年为公元前一世纪吧。"'世纪'、'年代'都是外来概念"，谁告诉你们的？"世纪"虽为译者之创，却"年代"一词久源本土；晋、唐诗句不乏其用（〔晋〕谢灵运《会吟行》"自来弥年代，贤达不可纪"[36]；〔唐〕张说《赠崔公》"事随年代远，名与图籍留"[37]），又从何"外"而来也！正是蹩脚的汉译、糊涂的注解，方如《光明日报》之盲从误作外来量词耳。《光明日报》"国内外对新世纪的开端莫衷一是"廿天稍过，"全世界天文学家众口一词认定新世纪当从2001年算起"即刊《瞭望》特稿小题，如何可以歪曲事实、招摇惑众若此，真不知雪化形现终昭一日耳？"赞成2001年……的多为历史、考古、哲学、文字学方面的专家"，这也可以作为《光明日报》证明自己正确的依据吗？既然以为其类专家的意见不足为论，据有刊文"天时、地利"绝对优势的《光明日报》编、记，为什么就是不敢报道异说文章一二，亦让读者群众有能一睹真面目呢！倘若不是文媒霸道，拒绝异见，早为朝野上下"众口一词"矣；何致尚待"莫衷一是"数载？"世界卫生组织宣布2000年1月1日0时0分出生的儿童为‘世纪婴儿’”的谣传，居然再见于1999年1月16日的《光明日报》，真为信以为真的读者不平“嘲弄”；即使《光明日报》从未曾想到要去查一查传言的出处，又根本不愿耳闻目睹《服务导报》、《报刊文摘》的《“世纪幸运儿”愚弄世人》，但1998年12月16日《健康报》发布世界卫生组织驻中国首席代表的“辟谣”声明、1999年1月11日《深圳风采周刊》的“辟谣”特稿，《光明日报》又怎么可以充耳不闻呢？虽是“我国历算工作权威机构——中科院紫金山天文台元月15日发表意见：21世纪和第三个千年纪始于2001年。中国气象局科技教育司和中国科学院天文委员会等相关领域的科学家也认同上述关于21世纪和第三个千年纪初始年的标准提法”的报道，后见于1月20日《科学时报》，然却“国家科技部召开了5个单位（中科院、中国社科院、国家科技部、气象总局、国务院政法办）的会议，一致认为，21世纪应该从2001年1月1日开始；同时认为，庆祝活动可以从2000年开始，庆祝一年”的史实，记时于“1月15日”[38]；如此歪曲事实、混淆视听（“我国天文学家的观点：新世纪始于2000年”），其所编、记之起码道德，哪里去也?!

（2）没能阻止中国“21世纪始于2001年”的渐白于世，《光明日报》实不甘心，紧锣密鼓于其月25日发表了驻伦敦记者张鸣的《应当何时迎接新千年新世纪的来临》；通览其文，竟见旨意全在否定文题之“应当”耳。

“有关应当何时迎接和庆祝新千年和新世纪来临的问题，近几年来在英国……未见有公开的争论”下，接续文字即为“尽管有学者或学术部门认为公元第三个千年的正式起始年是2001年，但社会舆论、公众以及英国官方，都将1999年当作本世纪、本千年的最后一年”；况且，“皇家格林威治天文台（又译‘格林尼治天文台’），曾于1996年5月23日发表第52号信息公报，专门解释了新千年应从何时算起的问题”，不为“公开的争论”，而谓何也！

说“人们之所以在新千年自何时开始这一问题上存有疑惑，是因为公元纪年本身存有缺陷”，一定是全然不懂“公元纪年”者的胡言乱语；谁人可以论证，公元纪年的什么“缺陷”，能使人们对“新千年自何时开始”感到“‘迷’惑”？连“将耶稣基督的生‘年’确定在罗马帝国建元753年12月25‘日’”的“驴唇不对马嘴”都能道得出来，还能令人感受其几许“年代”之“学”?!

面对“千年起于何年决定于公元元年为何年；由于从公元前到公元的年序之间不包括零年（有学者称，这是因为公元纪年法创立时阿拉伯数字中的零概念尚未传到西方）……因此第一个千年的第一年是公元1年……第三个千年的起始日将是2001年1月1日”的一段蠢话，真是令人连“鄙视”的兴趣都没有了。历史长河中的任一具体纪年，都是“决定于”其所“历元”的。公元纪年每个千年的起始年自然受制于公元元年的确立，如若公元纪年第三个千年始于罗马建元2753年，就必定公元元年为罗马建元753年；但若公元纪年假以罗马建元752年历元，则其纪年的第三个千年必始罗马建元2752年。倘若此等历算尚欠明确，其诚无当领取“小学”资历证明矣。“公元前到公元的年序”从无“之‘间’”，如何“包括”得了什么整年、“零年”？笔者深愧浅薄，全然无知于“阿拉伯数字中的零概念”；愚度大约总当与其“整概念”同传西方，更其不解所与“公元纪年法”之“创立”，终有如何“因为”之涉？疑其“称”者，不为“学者”也。“由于……不包括零年”，“因此……第一年是公元1年”，似乎公元纪年的第一年，本不该是“公元1年”；诚是不可思议，“公元1年”与“公元纪年的第一年”，还真能表达出什么相左的语义吗?!

“7至8世纪的英格兰学者比德……明确将基督诞生之后第一年作为公元元年即公元1年”，“基督徒们也应在2000年12月25日纪念耶稣的第2000个周岁生日”，“考虑到新千年在基督教中的特殊意义，以及公众普遍将2000年当做新千年起始的实际情况，全英新教领袖坎特伯雷大主教乔治·凯里博士和天主教领袖卡迪纳尔·休谟，专门于1月19日联合发表声明，要求全英基督徒们提前一年，即在1999年‘圣诞之夜’，就庆祝耶稣的2000周年诞辰。”诞生年后接序的第一个年（诞生第二年）、诞辰之后的第一个期年（诞辰周年期）、相对“诞生第二年”的诞生其年（诞生第一年），何谓“诞生之后第一年”？简直就是外星人的“密码”。借助而外之中外文字，当知“以‘耶稣’降生当年为纪元”，则其第一个周岁生日必于公元2年12月25日、2000年之12月25日亦定是耶稣的第1999个生辰纪日；其所告诫“基督徒们也应在2000年12月25日纪念耶稣的第2000个周岁生日”已是不小的嘲弄，再而“要求全英基督徒们提前一年，即在1999年‘圣诞之夜’，就庆祝耶稣的2000个周年诞辰”，就只能是有于虔诚基督信徒们的蓄意戏耍了。至少，笔者不敢相信，英国教界真的会有如此亵渎“上帝”的“领袖”。“普遍……当作”已见“荒诞”，“提前一年”更是何其“不经”也！《光明日报》如此偏爱漫待科学之举，深为笔者所不解。

《光明日报》解释：“英国媒介和官方文件，无一不把 1999 年作为第二个千年的最后一年，把 2000 年作为新千年的起始年”的“根本原因，就是人类今天普遍使用十进位制记数法（据说这与我们有 10 个手指有关）。将 2000 年作为新千年的开始，就像人们习惯上将 50 周岁作为进入生命第 50 个年头的标志、将 1900 年作为世纪之初、将 1990 年作为 20 世纪 90 年代起始一样。这已经成为一种国际惯例。”真不知道，“人类今天普遍使用十进制计数法”到底有什么过错？真是“吃不到葡萄，就说葡萄酸”，不过，这恰恰泄露了自己误“把 2000 年作为新千年的起始年”的天机——根本不懂“十进制计数法”；是的，笔者思考再三，终于发现了比之“误译‘年代’”更为根本的“缠绕世纪概念”致因——计算机“记数”与“计数”的混淆，及“十进记数”中空位圈“0”符的误充自然数。倘若《光明日报》编、记亦不情愿把自己的第“10 个手指”（因比其前第 1～9 个手指进了一位记数）计归“脚趾”，大约不会出现 2000 年世纪归属的紊乱；不是文媒的愚蠢加荒唐，如何会有什么“公众”、“官方”的随从？倘非“进入生命〔的〕第‘51’个年头”，是无论如何也不得计年“50 周岁”的；不知《光明日报》的哪位编、记，有“将 50 周岁作为进入生命第 50 个年头”的“习惯”？什么人待到次年满一周岁，才算开始“进入生命第 1 个年头”？事实人们的真正习惯却是，一旦步入历世的“第50个年头”(或为刚足48周岁)，即以“扔下五十奔六十”为语；何待“50周岁”也！“世纪年”者，序佰之年也；《中国大百科全书·天文学》“公历”有例：“世纪年（1600，1700……）”[39]。“1900年”汉译一千九百年，十九个佰也；公元纪年第十九个佰年之第一百年，必置其十九世纪之终，如何可“将1900年作为世纪之初”？即使后有误计二十世纪者，其所误纪文字亦当不见七〇年期以前；至少其1985年中英合编之《简明不列颠百科全书》尚释一九〇〇年“义和团运动”为“19世纪末中国以农民为主体的反帝爱国运动”。许邦信先生1993年刊文更见：“1987年英国出版的《科林斯合作英语词典》(*Collins CO-BUILD English Language Dictionary*)是用计算机技术编成的一本崭新的英语词典，COBILD是英国柯林斯与伯明翰大学国际语言数据库的缩写，这本词典对于世纪的注释也是‘19世纪是1801～1900’”[1]。倘若不是八〇年期西方辞书人云亦云的逐渐成风，九〇年期的人们实在是不当感受一个“世纪年”之迷惑的。“一百”之与“九十九”之差别判然有致，能将终佰之年误作次佰始年，实在有令汉人的笔者大惑不解。“the 1990′s”（一九九〇年期）本即1990～1999的英语习惯表达式，自然起始“1990”之年。“2000年”的数量无非是两个千年，惟其第二个千年度过之后，才可能开始新的第三个千年；明明白白、清清楚楚“一千九百九十九年”，怎么可能等于“二千年”？其第二个千年仅度九百九十九年，如何可以接序第三个千年？果如《光明日报》之“第二千年”(二〇〇〇年)不为“二千年”之终、“第二千零一年”(二〇〇一年)不为“三千年”之始，汉语如何表义、印阿如何计数焉?！“将2000年作为新千年的开始”除了与“将1900年作为世纪之初”共源一误之外，根本不可能与人类的任何计量思路“一样”；正是这欲与the 1920′s、the 1930′s、……the 1990′s“一样”的愚蠢，才导致了人类时下计量的天下大乱。不知道《光明日报》的哪个“国际”、什么时候，有过“一例”千、百起始的纪年？至少七〇年期以先，人间文字未曾记录；二十世纪末叶九〇年期终岁的《光明日报》，又如何得称“惯例”以欺世人哉！

“尽管从纪年学上或技术上精确地说，第三个千年应从2001年正式开始，但英国公众、社会舆论和官方，实际上都已毫无疑义地将2000年这一千位整数年当做新千年的第一年。”无论文章所例举的“格林威治的‘千年纪念展览大厅’”、“巴黎埃菲尔铁塔上的千年倒计时钟”还是“白宫千年委员会”，都无以证明“毫无疑义”。正如《光明日报》文中自己介绍所言：“格林威治的专家同时认为，新千年始于2001年1月1日，并不意味着我们不应该庆祝2000年的开始；我们只是应当将这里的纪年法概念理解得清楚准确。同一则公报说：‘人们将肯定会庆祝公元2000年的到来，这对2000年这样的千位整数来说是自然的。但精确地说，我们庆祝的将是2000年，或是第二个千年的最后一年，而不是新千年的头一年。’”其与中国的“21世纪应该从2001年1月1日开始；……庆祝活动可以从2000年开始，庆祝一年”正有异曲同功之妙。如之将错就错地诱导，又哪里证明过《光明日报》其说的丝毫“风彩”?！

“不幸已于1998年10月31日被英政府关闭、位于剑桥的皇家格林威治天文台（又译‘格林尼治天文台’）”，“有趣的是，美国国家计时标准机构——‘美国海军天文台对千年起始问题的说法，也基本上与前皇家格林尼治天文台’一样。”如果说上引前句的“位于”还将“不幸已……被英政府关闭”拉回一步，则后句之“前皇家格林威治天文台”已是不再遮掩；然，英国皇家格林尼治天文台的存在，真的已成为“历史”了吗？非也！前面提到的《瞭望》文，曾在小题《全世界天文学家众口一词 认定新世纪当从 2001 年算起》下报道：“英国皇家格林尼治天文台旧址负责解释历法的彼得·安德鲁斯博士和负责新千年庆祝事物的维多利亚·诺顿女士在伦敦接受本刊记者采访时谈到……在英国天文学家中，对这一点几乎没有异议。”当知“位于剑桥”的天文台不过今为“旧址”而已；再见《瞭望》文中另称“英国皇家格林尼治天文台原址”，得明事实本乃“英国皇家格林尼治天文台”乔迁新址耳。为了坚持自身“说法”，竟能如此不择手段、歪曲事实，谎言戳穿之时，《光明日报》就不多少感到一点儿脸红吗？

“其实，纪年本身只具有象征、符号的意义，只是一种标明时间流逝、宇宙运动的坐标体系。人们欢庆新千年的来临，并不是要去庆祝公元纪年中的某个日子本身；千年之交真正值得纪念和欢庆的，将是生命的价值、人类的进步、文明的成就和世界的发展。……学术界的一些争论，恐怕难以影响或阻止众多国家公众依据约定俗成的国际惯例，在今年 12 月 31 日以宏大和各具特色意义的庆典，迎接新千年、新世纪的到来。”好一个“大哲”的口吻，只是“启示”人们的语句，未免太拙劣了一点。不管

"纪年"还是其"本身",终能"象征"什么呢?作者本人有能道得出来吗?真是"谁知道,谁能说?!"说人们的"纪年本身只具有"纪年符号的"符号"意义,不觉得有点太不可思议吗?借用纪年符号来赋予事物以时间意义并体现其时间概念的人类行为,真的就"只具有……符号(本身)的意义"吗?至少,人们能"将2000年这一千位整数年"如此错误地"当作新千年的第一年"的事实本身,就足以证明人类的纪年行为是远非符号的自身意义所能涵盖的。《光明日报》暨张鸣先生须知,"标明时间流逝"不过只是体现纪年行为价值的意义之一;诸如展现"生命的价值、人类的进步、文明的成就和世界的发展"及"展望下世纪……第一个十年实现国民生产总值比二〇〇〇年翻一番"[40]的纪年,也能"只是一种标明时间流逝"吗?纪年不仅只给历史,亦更给现在与未来,确定着它永恒的时间概念。"尽管从纪年学上或技术上精确地说,第三个千年应从2001年正式开始",然却文媒依旧连篇累牍如《光明日报》之《应当何时迎接新千年新世纪的来临》,还怎么能说"并不是要去庆祝公元纪年中的某个日子"呢?如果除去辞旧、迎新的千年交替,还称什么"千年之交"?如其"真正值得纪念和欢庆的"全与"千年"无涉,那么《光明日报》的这篇文章不也纯属多此一举吗?"学术界的一些争论"与文首"未见有公开的争论"不知何竟见语一篇文章,如此自食其言之句,记者、编辑怎么就不事先斟酌斟酌。科学不一定就能有幸与之权力结合,即使有与权力结合之法律,不是也常有人触之犯之;关于"2000年之世纪归属",不是《光明日报》亦常不在乎中央、政府,而独来独往于世间,更何况一"学术界”耳！学术界护卫科学的“影响”，不会因为《光明日报》否认而减弱；至于“阻止”，就实在不是“学术”范畴的权力所能及了。对于搞不清自然数“1999、2000、2001”基数（多少）与序数（第几）内涵的所谓“众多国家公众”的行为，确当坦然待以“那是他们的事”。

（3）《光明日报》之钟爱“21世纪始于2000年”，或当举国文媒夺冠；上海《文汇报》5月22日刊发配照新闻“2000年”《世纪钟竖立浦江畔》，《光明日报》23日即载照片消息《浦东“世纪钟”落成》：“电子屏幕上循环显示距2000年的倒计时间，提示人们21世纪即将到来。”总见了《光明日报》的与之趣味相投。然其编、记当知，即使说上万遍谎言，也终是不会变成真理。

㈢李竞

“李竞”者，中国科学院院士[41]、中科院北京天文台研究员，故全国自然科学名词审定委员会天文学名词审定委员会主任。堪为鼓噪“21世纪始于2000年”之中流砥柱的李竞先生竟能如此厚颜，着实有令笔者吃惊了。自1996年大张旗鼓地对抗格林尼治天文台的重申“21世纪始于2001年”，批驳、指责者定非笔者一人耳；全自名审委更名、其下天文名审委主任易人，为誉“我国著名天文学家”之“前主任”李竞先生，竟然蔑视科学、固执己见再借无聊记者之笔重复滥言惑众[42]，其“是可忍，孰不可忍也?!”早有专文驳辩之意，今幸就此续明之。

“‘公元’和‘世纪’虽然是纪年法中定义明确的科学术语，

但它们的纪年法却又是约定俗成的人为规定。'世纪'始于0年，还是1年？很早就有不同看法。"李先生也能咬文嚼字"约定俗成"，真令人不敢置信。典出《荀子·正名》："名无固宜，约之以命；约定俗成谓之宜，异于约则谓之不宜。"原本教会国家约之耶稣诞年（罗马历元753年）纪元，今更"公"而"元"之以废"西元"；后以历元佰年为量纪年，近更"世纪"雅、俗泛滥之。"公元"、"世纪"业经约定俗成，即"是纪年法中定义明确的科学术语"；其所纪年涵义自随词立而定、成，"异于约则谓之不宜"矣。"但他们的纪年法却又是约定俗成的人为规定"所与前句之概念紊乱、逻辑悖谬，令人不堪忍睹：前已"纪年法中定义明确"，后又何再"纪年法"可"人为"以作"规定"；"约定俗成"又何日解作"人为规定"而可随时修约焉？李先生总当听说"术业有专攻"，何不用语之时，现去不耻下问一番？李先生多年指责"公元无'0'年"，以为其历大弊，乃至有为今日"2000年世纪归属"之"引起争议的焦点"，其又何能"很早就有"公元纪年"'世纪'始于0年"之"看法"也？说"世纪从'0年'始符合我国的习惯用法"，未详可曾经过大脑；汉字正所体现古今中华"忠实于表意原则而不使用字母的文化"，"世纪"、"0"符又只本世纪才渐行国文，何年何事"我国"有过其如"世纪从'0'年始"之"习惯用法"？如此没头脑之信口雌黄，何竟亦能入得报章耳！"那时天文纪年法尚未问世，遂以历史纪年法来划分世纪"的说法，实在不敢相信其出自"天文学家"之口。公元纪年之"天文记法"止行天文界，是不以为"历史纪年法"；"划分世纪"从来只属历史纪年，又与天文之"记"

何涉？此处敢教李竞先生：世间迄今尚无“天文纪年法”，亦从无“历史纪年”之外另“法”，敢来争抢“划分世纪”也。诚其“正是因为出现了天文纪年法，才开始有了‘世纪’从1年始，还是从0年始的分歧和争议”之说并非李竞先生发明，此乃借以为“的”。天文记法只将公元纪年逆溯元年其前之1年记为0、2年记为–1、3年记为–2、……，别无他焉；其所改记全在公元前，提出公元纪年“从0年始”计“世纪”者，一定是把公元纪年之“天文记法”当作“纪年”之用，而将“–”号之后（0～+99）的“一百个年”（公元前1年～公元99年）误作公元一世纪也。倘如此，则“0～+99”为公元一世纪、逆溯“–1～–100”为公元前一世纪，非但纪年之公元“世纪”、公元前“世纪”均非相应，更其耶稣诞年不为“公元”矣。事实上，其所“异见”根本不能成立；虽有愚者提出，却是从无干扰“世纪”之力也。

“英法专家宣布20世纪于1901年1月1日开始，但英法公众却纷纷于1899年12月31日欢庆新世纪，美国的世纪庆典活动更是隆重，这使得1901年的庆典显得黯然无光。”不管李竞先生的“告诉”是否失实，至少可以感受其心态：幸灾乐祸。违背科学的公众再“纷纷”、活动再“隆重”，其又贬损科学本身几毫?！总不能违反法规者“纷纷”、触犯刑律事“隆重”，就得修改法规、取消刑律吧；倘悉某地群众造坟“纷纷”、修庙“隆重”，科学院所是否亦当遥至贺信以增其光呢?！堂堂“院士”竟也“公众”、“趋势”、“潮流”……立论是非，真是不知，何而曾与“科学”缘也！

“全国天文学名词审定委员会专家经过几年大量工作，最后取得了一致意见：‘21 世纪始于 2000 年 1 月 1 日。世纪从 0 年起计，年代也从 0 年起计。’经授权，1993 年曾发布了这个建议。1996 年 4 月 19 日，全国自然科学名词审定委员会和中国天文学会联合起草了《关于 21 世纪起始年份的意见》，再次明确了这个观点。”笔着函悉，昔时全国名审委天文委中坚持异见者，大有人在；至新华社发稿时，其电文亦只“今日聚会北京的全国自然科学名词审定委员会的天文学名词审定委员会部分专家学者认为”、“我国天文学界的一些专业学者认为”[43]，当知所谓“一致意见”，不过李竞“欺世盗名”耳。虽经 1996 年“再次明确”，却其“建议”终是未能有被中央、政府采纳；时值国务院相关机构会议一致认同紫金山天文台之“21 世纪始于 2001 年”，再而旧调相抗，自己就不感到“没趣”?!

“计算机的一位组数是 0 到 9，两位组数 10 到 99，以此类推，世纪应起自 00 年，止于 99 年。”计算机十进数位九字一符，所与十进位置记数无二焉；“0”非数字，无缘独立记数，惟而两位以上多位记数方得现其“0”符也。倘若所谓“一位组数是 0 到 9”，则当依谓“两位组数 00 到 99”；现行机中约简纪年亦总“00～09”，何机见其“一位组数是 0 到 9”哉？李先生此以“0～9”与“00～09”同义，则已自认“‘0’非数字”矣。机中纪年约以“00～99”，其实不过“1900～1999”之略，绝非“00”有以独立为数焉。其实，计算机以位数受控，如 1900～1999，不过千位、百位相同之“一百个”数，全然不同自然计数之一个“佰”数（如 1901～2000）也。何需借用计算机，自有十进位置记数，共同百位以下从来尾数“00～99”有数“一百个”；是否亦当“以此类推”，“100～199”为第二个百圆、“200～299”为第三个百米、“300～399”为第四个百吨、“400～499”为第五个百人……呢？果若第二百个圆属第三个百圆、第三百个米属第四个百米、第四百个吨属第五个百吨、第五百个人属第六个百人……，则最多二百圆、最高三百米、最重四百吨、最多五百人……之“最”者，终为二百、三百、四百、五百……，还是三百、四百、五百、六百……也？倘若两张佰圆的钞票，你又如何分得出“第100个圆～第199个圆”的“第二个百圆”？此间计量、记数异同，李先生还是早问“算术”明者为好。“世纪”之“起自”耶稣诞年，历史早见明义，不待李竞先生再而论“应”焉。

“我国过去没有世纪问题，1900年尚在光绪年间，因此也不存在与过去相矛盾的问题。”李先生的思路确实令人难以理解，虽是我国“1900年尚在光绪年间”，却其“1900年归属十九世纪”之否定仅为近年之事，怎么能说“不存在与过去相矛盾的问题”呢？中国的公元纪年虽仅始于1949年的中华人民共和国成立，但也不能拒绝其前历史的今日“公元”；总不可能令人回溯历史，概依其时历纪而标年月吧。既使我国文献未涉“1900”之佰年归属，“世纪”总为世界诸邦通用计量概念，岂可仅以一国之“无碍”而与国际异制哉！引据一国之特例，而为动摇国际标准之“根据”，此等思路，常人有易“理解”否？真为科学院士者憾。

学者贵在“坚持真理，修正错误”，“学家”者，亦当不违绳墨也。追随西方文媒导向、摒弃科学真理声音，实当科学院士所不为也；然却李竞先生乐此不疲，竟然固守其感受辞典“影响”、公众“印象”的荒谬“建议”，而愿望“Greenwich 的经典定义对英国的公众也将丧失约束力”[44]。须知，中国的公众不比英国的公众，虽有院士者言，亦将不为其惑也。

㈣

有秦献春者不详何许人，于 1999 年 3 月 26 日《中国文化报》刊文《21 世纪：离我们到底多远》，多见学舌之语；然，其中不乏尚待清算的两句胡言乱语。

“应注意的是，公元 1 年与公元前 1 年之间没有公元 0 年。”如同测量海拔 1 米与海拔以下 1 米之间没有个“海拔 0 米”、火箭发射 1 秒与发射前 1 秒之间没有个“发射 0 秒”、温标 1℃与 1℃以下 -1℃ 之间没有个“0℃”，更建国 1 年与建国前 1 年之间没有“建国 0 年”、入学 1 年与入学前 1 年之间没有“入学 0 年”、诞生 1 年与诞生前 1 年之间没有“诞生 0 年”，“公元 1 年与公元前 1 年之间没有公元 0 年”本乃天经地义，何须有人再而提醒“注意”也。似乎秦先生以为“公元 1 年与公元前 1 年之间”本该有个“公元 0 年”而却“没有公元 0 年”，故“应注意”之；为什么就“本该”有个“公元 0 年”，秦先生可曾听说过其三字一符的涵义吗？“元”者，首也，始也，一也；与之“0”符到底有过什么样的“同义”，委实令人费解；即使说“公〇1 年与公〇前 1 年之间”本该有个“公〇0 年”，不也是极其不可思议的吗！况且，“公元 0 年”与“公元前 1 年之间”没有个“公元前 0 年”，就不觉得有点“公元”与“前”瘸腿吗？秦先生怎么就不想一想，自有人类纪年以来，又哪个“公元”之外的

"私元"，曾经有过其"私元0年"？既然人类史上根本没有（亦根本不可能有）的纪元"0年"，又如何愚嗔得了"公元纪年"?!

"由此可见，历史纪年法中不存在公元0年，是一个人为的规定。"非常遗憾，笔者从文章首字检到"由此"，竟然不见"历史纪年法中不存在公元0年，是一个人为的规定"的一字"由此"，就自然不可能去幻想什么"可见"了。也许秦先生本意反对的是"历史学家开始采用公元纪年推算公元前年数"吧，但不知道公元1～100年的佰年为公元一世纪、公元前1～100年的佰年为公元前一世纪，到底有什么错？公元年数与公元前年数的必须对应纪年，到底是"自然法则"、还是"人为规定"？难道还真如秦先生的"历史纪年法中'存在'公元0年"(即公元0～99年为公元一世纪、公元前1～100年为公元前一世纪)，才是并非"人为规定"的自然法则吗？难道"秦献春"们，还真要把人类计量搅到收入99圆与支出100圆等值、南行99里与北行100里等长、〇上99度与〇下100度等高，才算心满意足吗?! 真以为"｜+99｜与｜-100｜等值"的计数梦想可以实现吗？我们不妨拭目以待之!

"其实，21世纪始于何年如同没有公元0年一样，都是人为规定，大可不必为之争论不休，冲淡了千年盛事的喜悦。"一个"其实"，似乎天下只有秦先生明智，然却不过仅为"其虚"耳。"21世纪始于何年"取决于何时公元纪年，公历纪元一旦确定，则其"21世纪始于何年"，就显然不在另作"人为规定"范畴；更纪年"没有公元0年"本就天经地义，则"其实"者，"21世纪始于何年如同没有公元0年一样"，都不可能再是"人为规定"也。假如不是有如秦先生者流一而再、再而三地非要篡改历史纪年的"不学权势"滥言，假如不是上媚不学权势、下压真理呼声的"文媒权力"鼓噪，何存所谓之"争论不休"？谁在冲淡这"千年盛事"？倘若"秦献春"们真愿一九九九年终为第二个千年结束、二〇〇〇年始为第三个千年开启，何不直称一九九九年为"二千年"、二〇〇〇年为"二千零一年"？那时再说别人"冲淡了千年盛事"，不也总能找些理由！

当然，愿与随声附和者绝非仅以上举，然却某些和者除了学舌，就连一句值得批驳的"发明"都没有；既然白纸黑字已将其耻永录，还是不再添笔了吧。一些根本不懂、也从不想懂"年代"其学之人，连"年代"的概念尚且离题十万八千里，就敢出来胡说八道；直令笔者行外愤笔之人，亦常为之住笔汗颜。甚憾哉！甚憾哉！

三、待清的说法

自 1993 年全自名审委天文名审委世纪纪年奇想"认为"公之于众，尚有未曾及时得闻或闻而未得及时清理之说，试择一二笔辩其明。

㈠许邦信

许邦信，南京大学天文系教授，故全自名审委天文名审委副主任。于 1994 年第 1 期《天文爱好者》刊登《谈谈 2000 年的世纪"归属"》，作为 1993 年 8 月 15 日新华社电讯稿《我国天文学者认为21世纪应从2000年算起》的“补充”。

“由于公元1年与前一年之间没有插入0年，这对公元前后相隔的年数容易产生差错，不便于天文历表的编算。”“公元1年与前1年”公共交接一点，无“隙”可“间”；谁能寻出“之间”而“插入0年”？君不见，首作“天文记法”的J.卡西尼，亦不过只“把公元1年记为+1年，把公元前1年记为0年，公元前2年记为–1年”，如何而能“插入0年”也?!“公元1年与前1年之间没有插入0年”与“公元1年与公元2年之间没有插入0年”，其理一也；倘非许先生追随西方文明（如误将位置记数“0”符作“数”字）的激烈惯势，是委实不该有道如此之说的。诚如数轴+1、–1唯一共同原点O，无以寻求单位长度轴段谓之数“0”；甲人南行1公里、乙人北行1公里，不会行出一个不南不北的“0公里”，而甲、乙相距“3公里”也。○上○下、线里线外、左东右西，绝无反量之“间”存一无所归属之“量”，实乃人间计量之起码常识，不解许先生竟何以不知之。说“没有插入0年”就“对公元前后相隔的年数容易产生差错”，一般不当是以汉民族语文为母语者所为；只要不出计算差错，依据汉语表义概念是根本不可能“对公元前后相隔的年数”的理解“产生差错”的。正是“便于天文历表的编算”才出现了绝然背离历史纪年的所谓“天文记法”，也正是这急功近利的形式化概念的渐趋发展，才导致了今日的“世纪”概念紊乱；然，几百年的糊涂历史将在这里戛然而止，人们实在不能容忍这荒唐的故事再出现它的续集了。

“到18世纪有了天文纪年法后，开始引起了‘世纪’从0年起始或从 1 年起始的分歧。"“天文纪年法”概念的非驴非马，已然昭示了如许先生者，实在不当贸然充担审断“历史年代”概念的重任；“纪年”全属历史学者的职事，不管是“世纪”、还是“年代”，诚其不与“天文”学科直接关涉。虽是天文、人文常需合作互补，却也不辨学科的越俎代庖，颇令一些天文学家尴尬。天文记法虽改公元前 1 年为“0 年”，却其历史纪年总为“公元前”；有能以为“从 0 年起始”公元一世纪者，就由他们自己去“分歧”好了。世间只有依据公元纪年的“天文记法”，绝无什么对抗公元纪年的“天文纪年法”；倘若果真“天文记法”以用纪年，则“-1 年～-100 年”为公元前一世纪、“0 年～+99 年”为公元一世纪，真就那么有感心安理得吗？“世纪”纪年虽自十七世纪始用，却其佰年计量总是耶稣诞年为元；1800 年(公元一千八百年）标志公元纪年第 18 个佰年的告终、1801 年(公元一千八百零一年）昭示公元纪年第 19 个佰年的起始，虽其“1801”可以解为第 19 个佰年的“1 年”，却是“1800”无以解为第 19 个佰年的“0 年”。“0”为位置记数其位无“零”、上位为“整”之标示，岂可“1800”以为“0”？如此“‘世纪’从 0 年起始或从 1 年起始的分歧”，倒是怨得公元纪年、还是怪得天文记法？

“世纪和年代的划分都是由习惯用法所形成，原则上改变哪一个都可以。”耶稣诞年纪元的佰年分期，如 1～100、……901～1000、1001～1100、……1901～2000（其 100、1000、1100、……2000 历史上又称作“世纪年”），如何“是由习惯用法所形成”，别人实在不得而知；“年代”类同“时间”，皆为宽泛抽象名词，绝无具体量词之义，如何可以指代定量时段“划分”焉！“年代”一词误附具体年期，年期、年代不辨，本即翻译家们的“遗憾”；即使不计世纪中“twenties，thirties，…nineties”(20～29，30～39，……90～99)的蹩脚汉译“二十年代，三十年代，……九十年代”(实当‘二〇’年期，‘三〇’年期，……‘九〇’年期)，其所指代年期亦是惟而“20～29，30～39，……90～99”矣。“世纪”更不要说，就是所谓的“年代”，虽其确“由习惯用法所形成”，然却不用其“法”可以，却是其所“用法”绝然不可“改变”也。本自好端端的一个“世纪”，不知什么人胡乱弄出“年代”，又非要稀里糊涂硬将“1个世纪”而“能被10个年代所整分”，何其荒唐哉！既已知晓“大约在1850年前后，英语中又开始使用20，30，…90等数词的复数形式分别表示某个世纪中特定的10年”，怎么就不仔细数数“20，30，…90”只有八个“10年”？怎么就没认真想想如何可求“10个年代”？又怎么就能随便说说“改变”?！如此“审定”、“补充”，又能如何心安理得哉！

㈡赵君亮

赵君亮，中科院上海天文台台长、教授，故全自名审委天文名审委副主任。1999年1月1日《青年报》专版报道《今天本世纪最后一个元旦?》，赵先生的意见作为报道之一。

“大家的看法不必太拘泥，定2000年为新世纪的起始年的确会使公元1世纪只剩下99年，‘但是第一世纪早就过去了，即使只有99年，后人也不必再追究。’”小的时候总以为科学家是严肃的，近年算是领教了。如果“2000年为新世纪的起始年”可“定”，是否“今天的24时为明日的起始时”亦可依“定”呢？如若“日从西出”可“定”、“女耕男织”可“定”，是否昔时的科学院都应改曰“定”学院呢？夏、商、周三代亦更“早就过去了”，原本明明白白的“公元1世纪”都可“只有99年”，三代之“断”自可轻而易举以“定”，何需举国“九五”工程之！怕什么呢，反正“后人也不必再追究”。不惜“会使公元1世纪只剩下99年”，也要“定2000年为新世纪的起始年”，还要奉劝“大家的看法不必太拘泥”；真不知道，什么样的科学名家才能从中寻出“科学”的丝毫踪迹。“只要大家的观点都‘解放’一些，问题就不存在了。”说出这样的话，笔者怎么也不能感到有与赵先生的身份相合。倘若赵先生的“逻辑”可取，则教师“‘解放’一些”，没有不及格的学生；法官“‘解放’一些”，没有将惩治的罪犯；……真是“天下太平”矣！事情常与愿违，“大家的观点”终没那么容易“‘解放’一些”；至少，紫金山天文台就没有上海天文台那么“解放”。庆幸这世界上还有“认真”二字，试想一个“看法不必太拘泥”、“观点都‘解放’一些”的世界，没有法规、准则，也无需坚持真理、探索科学，无乃是要我们再从“有序”而返回“混沌”的世纪吗！然，历史已经证明：伟大的自然法则是永远也不会放弃它于人类文明的庇护的。

㈢江晓原

江晓原，原中科院上海天文台研究员、天文史专业博士生导师，现上海交通大学科学史系主任。1999年1月1日《青年报》之《今天本世纪最后一个元旦?》，江先生的意见亦为报道之一。

“世纪划分的‘悬案’没有定论‘十分正常’。……‘这种问题不是对错问题，只是一个约定俗成的问题’，江晓原说，‘既然多数人以及媒体舆论认为2000年是21世纪的第一年，那么大家就应该接受这种观点。’”什么叫“世纪划分的‘悬案’”？难道此前没人“划分”过“世纪”吗？“世纪”本即“佰年”的异词，如何而为“悬案”？十四、十五世纪的英、法百年战争，谁人可谓“世纪战争”？上引“十九世纪起始”的“经过大量普遍的争论，专家们决定，世纪自1801年1月1日开始，不是1800年1月1日”，能说“没有定论”吗？倘若不是对“世纪”纪年的无知犹如江晓原先生者的曲解自恃，又何来所谓的“悬案”哉！如此违情背理的“悬案”亦能“十分正常”，是否江先生眼里，天下所有的荒谬言行，皆见“‘几’分正常”呢？江先生虽是职业天文学史，然却毕竟主用汉语文字，实在应该弄懂了成语而再遣词达意；“约定俗成”泛指事物名称而言，并非尚有跳出“对错”判断之外的事物名称，归属一个模棱两可的中介状态“约定俗成”。“世纪”二字本无“佰年”之义，“约”之以译公元纪年的百年分期而“命”，已然别于任意选取之“一百个年”矣；是以世纪的“百年”称写“佰年”更恰。此即所谓“名无固宜，约之以命”矣。既然公元纪年第20个佰年（1901年～2000年）无可置疑，则“约定俗成”之“20世纪”亦当诚“谓之宜”也；“异于约”而“认为2000年是21世纪的第一年”，“则”自当“谓之不宜”也。虽今释“约定俗成”亦泛指事物的名称和社会习惯，经人们相约处用而渐成认定；然却依旧全无江先生所能曲解之义也。虽江先生不解"约命以定、习俗而成"之成语本义或可推究辞书误导[45]，然却荒唐以为人间这种"约定俗成的问题"不是另种"对错问题"，也实在有点太离谱了。此处敢教江先生，"约定俗成"已为"宜"，依"成"行事"对"也；"异于约"则"不宜"者，违"约"乖戾"错"也。如：上天、下地已分，雄男、雌女已别，倘再非要下天、雌男，大谬也。当然，江先生有能反唇相稽，笔者先此道谢！"既然多数人以及媒体舆论认为2000年是21世纪的第一年，那么大家就应该接受这种观点"，为什么？"多数人以及媒体舆论"的"谣言"还少吗？至少那"多数人"本身就是令人怀疑的，倘若真为"多数人"，哪里还有什么"大家"！就因为"媒体舆论"爆炒"世纪婴儿"，包括世界卫生组织的"大家就应该接受这种观点"而为特许"世界公民"吗？只要"媒体舆论认为"，"大家就应该接受"；真不知道，科学工作者的口中，怎么竟能讲出这样可恶的话来?！况且，公元纪年的第20个100年的第100年，也是可以随意"认为"是第21个100年的第一年的吗？如彼，第2451195个儒略日（即1998年12月31日），是否亦可"认为"是1999年的第一天呢？不知第20张100圆钞的第100圆，江先生又将如何"认为"是第21张100圆的第1圆呢?！

㈣秋凌

不详"秋凌"其人何许，但见1999年3月4日《文摘报》摘载"秋凌"文——《世纪末，除千年虫外，世界各国又遇到一个新难题——下一个十年怎么称呼》（原载 1999 年 2 月 27 日《深圳商报》）；遂有匆草《人而不解的〈深圳商报〉新难题——“下一个十年怎么称呼”》，自是无缘一见报端。

所谓“千年虫”(笔者所知，计算机从来只有进“佰”之弊)，其所按部就班问世当于二十世纪末年，而解决“千年虫”之“难题”却于今之廿一世纪前二年显，当知文中“世纪末”者，并非专指世纪“末年”。非常遗憾，遍检摘文竟未得悉“这一个十年”者何；“这一个”十年未明，“下一个十年”自于云里雾中。“1990 年～1999 年”的下一个十年是“2000 年～2009 年”、“1991 年～2000 年”的下一个十年是“2001 年～2010 年”、“1999 年～2008 年”的下一个十年是“2009 年～2018 年”，谁人有能解读其所“下一个十年”？细端摘文得觅“下一个世纪头 10 年应该怎么称呼”，大概其当约略文题的本意吧；不管其为作者，还是摘者、编者，总不必要给出读者这样“高难”的考题吧，反正笔者的愚拙是怎么也想象不出，其“下一个十年”是如何会与“下一个世纪头 10 年”同义而解的呀！“为了解决这个世纪难题，‘美国之因’最近发起一场全球性的竞赛，看谁能为下个世纪的头 10 年起一个好名字。”“头 10 年”就是“头十年”，难道还真有什么不好吗？其之简捷、通顺、明了，堪称绝好语词；但若略显文雅，不妨“第一个十年”称之。真是难为了“美国之音”，这样一个童叟不屑的小题，竟需“全球”征询之。“直到第一次世界大战后，才开始以 10 年划分一个时间段”的事实，不仅是在“美国”，亦更无需“历史学家证实”；世纪中第一个用“…十”的复数形式标示“…〇”十年期的英文习惯用法为“the twenties”（“二〇”年期，亦即蹩脚翻译家所谓的“二十年代”），一战的历史总于1914～1918年间，而1920～1929十年自在“一战”以后，全与战事无涉也。1910～1919十年已然不循“…十”复数形式表示“…〇”十年期之英文习惯用法，更何况跨世纪之1900～1909十年哉！从来英文其所习惯用法只行“二〇、三〇、……九〇”八组十年期，根本无从言起所谓“二十年代”其前之如类计、称也。试问，谁人有能“twenties，thirties，……nineties”八式之外，再寻如式类例焉！还是北京冯世则先生问的真切：“每个世纪的末一年到下一个世纪的第9年这十年怎么称呼？”[46] 这样的十年期之约略表述，历史还真没有过（实在没法寻出期间数词的相同词素）；但若非要创其表述于此二十世纪，或许可以权称“跨……世纪‘〇〇’十年”（如将2000～2009的年期称为：跨二十世纪‘〇〇’十年）吧。

㈤余仁杰

不详其人。1998年2月13日以《21世纪究竟始于何年？》为题发表《宁波日报》之文，又于1998年3月2日改题《21世纪从何年开始？》再刊于《羊城晚报》（偶见文字改动）；昔曾致函两报，指证其文除见不实、乖谬、造谣之外，几乎全为抄袭他人已刊之文。

“在世纪起始年问题上完全不必遵守固有法则，不必墨守成规。原来的所谓法则，也是人为规定的，而且是西方人规定的；……鉴于很多人已习惯了21世纪将从2000年开始这一说法，因此建议采用从0始至9终的法则。”除了自然法则，人类社会的全部“法则”都是人为规定的；倘若其所“不必墨守成规”成行，人类社会必将不复存在，“不必墨守”不等于“不守”，“修正”之要义在“正”，倘欲“修‘歪’”而不守“成规”，实在不能成为欲“修”的理由。余仁杰者须知，“21世纪将从2000年开始”之谬说，本即源自“西方人”；据《光明日报》报道，可是“从国内情况看……赞成2001年进入新世纪的学者……要多一些”的呀，“持这种观点的多为历史、考古、哲学、文字学方面的专家”[42]，恰恰证明东方文化的不容西方谬误。事实上，人们“习惯”的只是文媒“21世纪将从2000年开始”的“信誓旦旦”与“喋喋不休”；岂有他哉！所“因”之“此”者何在？即使有其“此”，又何而致其“因”？“从0始至9终”，诚非人间计数，更何而“法则”之！余仁杰者可知，几个“0”的相加得“9”？敢教余仁杰，数之“9”者，“9”个“1”也；奉劝还是先学好了1、2、3、4、5、6、7、8、9、10，再来“建议”不迟。

㈥李竞

笔者惭愧，李竞先生于1994年第2期《天文爱好者》发表的《纪年法的社会效益》，竟然数年而后才得知阅。文不对题不问，仅此略笔补辩纪年。

“20世纪从1900年到1999年，还是1901年到2000年？80年代是从80年到89年，还是81年到90年？……这本来就是个有争议，还没有定论的问题。”“20世纪”者，公元纪年之第20个佰年也；从1901年1月1日到2000年12月31日，前后窜乱一日，则不谓“20世纪”。所谓“80年代”，不过英语“the eighties”（eighty、eighty-one、eighty-two、eighty-three、eighty-four、eighty-five、eighty-six、eighty-seven、eighty-eight、eighty-nine）的蹩脚汉译，所示年代惟而“80年到89年”，如何可容置疑哉！有言“20世纪从1900年到1999年”、“80年代是从81年到90年”者，完全不知“世纪”、“‘……十’年代”何物也；“不知为不知”，何必造谣“没有定论”哉！

“从1626年起……就将公元1年到公元100年，称为1世纪……然而，世纪的起始点是0，还是1，却没有最终的定论。”从来计量“起始”之“点”为“0”(表示“没有数字”之“0”移出位置记数而后，其前有无符号则不得而知)、“起计”之“量”为“1”，又“世纪”如何出其“外”焉！倘若李先生亦明“1900年到1999年”与“1901年到2000年”不能别为“世纪”，则知“1900年到1999年”必非“世纪”矣；因为“1年到100年”与“100年到199年”同样不能别为“世纪”，惟而100年1个世纪、200年2个世纪……2000年20个世纪，否则“世纪”无法应用纪年矣。“世纪”本即始于“公元”纪年的固定佰年分期，完全不同任取“一百个年”之随意时段；李先生倘能稍懂“公元”、“世纪”本义，不致荒唐有如“世纪的起始……没有最终的定论”矣。

“西汉始于高祖元年，即公元前206年，终于孺子婴居摄三年，即公元8年。西汉历史应是213年，而不是214年。若按天文纪年，将公元前206年，记为负205年，就一目了然了。”《史记·高祖本纪》载刘邦汉五年二月〔按：原文正月，《索隐》

徐广曰："二月甲午。"〕"甲午，乃即皇帝位汜水之阳"，当西汉始于公元前202年2月28日；《汉书·王莽传上》记孺子婴居摄三年十一月"戊辰，莽至高庙拜受金匮神嬗"，则9年1月10日西汉终。西汉历世二百一十年，西历211年。权以前206年至公元8年，亦应214年，不知何故弄出个"213年"？莫非李先生真还以为有个什么"尚该减去的'0年'"？世间何来一个"天文纪年"？既是"天文"，即非"纪年"。果"将公元前206年，记为负205年"，则必为"205+1（0年）"方得公元前年数，如之何谓"一目了然"哉！

"年代这个名词，也出自西方，他的定义是十年。""年代"确系本土概念，只是源自西方的表形"'…○'年期"，生给译成了似乎表义的"…十年代"；遂使"年代"再误，而几成纪年"量词"。其实，即使"…十年代"亦当解为"…十"的年代；原本自己的好东西，况且事关民族，实在不当越俎代庖，如此大方送人。英语连续数字首、尾相同词素的复数约略表达式，虽是一种习惯用法，却也已见约定俗成；李先生竟能解为"名词"概念，真是不知，曾与哪本西方词典见过"定义是十年"的名词"年代"?！更其不知，"the teens（thirteen、fourteen、fifteen、sixteen、seventeen、eighteen、nineteen）"，李先生如何可能数出一个"十年"？李先生之"勇气"确见惊人之处，"如此"亦敢设列专节，胡解"什么是'年代'？"！

"0"符、"世纪"、"年代"，其所渊源本义者何，几人有曾问过?！号称"全国审定"，大约亦常有"定"无"审"；责重"国家监督"，恐怕亦好惟"洋"是"尊"。"世界上怕就怕'认真'

二字”，倘若引作小题者都能多好一点“认真”，有明“0”本位置记数空位无数之“符”、“世纪”百年始于耶稣诞年“公元”、所谓“年代”本只“八组”英文表形略式，何致再而道出愈加“错误”之如引荒诞不经文句，损威误世贻笑后人哉！

在辨明“21世纪始于2001年”的几年里，笔者常不自主想起十六世纪被缚火刑场的布鲁诺；虽是今日无人赞许昔时的罗马宗教裁判所，却也如类行为不乏当夕世界。发现真理难，证明真理更难，早已是无人否认的客观事实；然却笔者这里更要说的是：公认真理最难。近闻孔子诞生真年月日可望得纪，甚感欣慰；“鲁襄公二十一年冬十月庚辰朔庚子孔子生”之诸字笔录传史二千而又数百年，无奈，势重之人避讳之。南宋以降曲纪孔诞不绝，果正孔诞纪辰今朝，何愁国运不昌！表形的十进位置记数与表义的累十为量计数本于人类相安无事，偏偏“盖世”名家指谓“0”符“数字”，胡诌“二进制”；更有N.尼葛洛庞帝者，“‘0、1’数字化”，形式主义登峰造极，面对报纸竞相刊文的风靡“数字化”，笔者确实感觉了深深的凉意——科学和真理才是真正的弱者。之所以笔者写出了如上的文字，实在是太想弄明白：为什么，为什么人们竟容忍过“21世纪始于2000年”的如此荒唐?！尽管1993年4月1日《中国青年报》第6版“幽默新闻创新奖”有醒目横栏标题《说的跟真的一样》，尽管其版《本刊提示》明言“读的人可千万别当真，都是虚的。”也尽管《提示》文下再显黑体文字“噢，提醒读者，这篇文章是真的!”，又尽管文栏标题更冠《天方夜谭》，一篇《谁是“世纪幸运婴儿”?》的小文终是未免“被一些报刊当作新闻全文转载”的厄运；更尽管作者请求《服务导报》发表了“《‘世纪幸运儿’愚弄世人》的类似更正类的文章”[47]且被1993年11月25日的《报刊文摘》转载，还是最终开了个世界抢生“世纪婴儿”的国际玩笑。最遗憾的是，身为中国科学院院士、故全国自然科学名词审定委员会天文学名词审定委员会主任的李竞，自1994年起多次刊文、谈话都以“2000年1月1日0时0分（或“0时1秒”）”（其实既为2000年1月1日，就不再“0时0分”）出生的所谓“世纪婴儿”为据，力主“21世纪始于2000年”；为其大势报道者，更其不乏《瞭望》新闻周刊及《人民日报》、《光明日报》。更为可悲的是，全国自然科学名词审定委员会、中国天文学会《关于21世纪起始年份的意见》（1996年4月19日）其“二、几点具体意见”之“4. 对国际组织已确定的提法不作改动”，竟例“如世界卫生组织已确定将2000年1月1日0时0分诞生的婴儿作为‘世纪婴儿’等。”读于此，不知我们的专家学者、我们的文媒编记以及我们的普普通通，都将感受些什么！在检阅霍恩比著、李北达译，商务印书馆与牛津大学出版社（中国）有限公司1997年9月合出之第四版《牛津高阶英汉双解词典》“century”时竟见其释：“any of the periods of 100 years before or after the death of Jesus Christ 世纪（指耶稣基督去世以前或以后每100年的期间）：the 20th century，ieA D1900-1999 第20世纪（公元1900-1999年）”。不管历史所选定的终将是什么，笔者稍可告慰的总是——已经尽力了。

注释：

［1］ 许邦信《谈谈2000年的世纪"归属"》，《天文爱好者》1994年1期。

［2］ 北京外国语大学英语系词典组编，外语教学与研究出版社1995年8月715页。

［3］ 华林甫著，《中国史研究》1998年4期。

［4］ 朱盈廉《未来的伊甸园里只有夏娃》，《科学时报》1999年2月28日。

［5］ 见自办赠阅小刊《纪年研考》（第5期）1995年2月21日。

［6］ 见自办赠阅小刊《研考》（特刊）1996年5月8日。

［7］ 《影印文渊阁四库全书》，台湾商务印书馆民国七十二（1983）年807册933-4页《唐开元占经·卷一百四·筭法》；其中样字原书空无，"1 2 3 4 5 6 7 8 9"为笔者依今字补加。

［8］ 《四部备要》，中华书局1988年影印版44册《逸周书·卷六》45页。

［9］ 谈祥柏等译、上海科学技术出版社1981年5月12-13页。

［10］［13］转引自蒋术亮《中国在数学上的贡献》，陕西人民出版社1984年5月第2、7页。

［11］ 游国恩《离骚纂义》，中华书局1980年11月138页。

［12］ 《黄帝内经素问·卷六》，《影印文渊阁四库全书》733册74页。

［14］ 单兴缘等主译、赵国清校，哈尔滨工业大学出版社1992年1月140页。

［15］ 学林出版社1988年9月3-4页。

［16］ 徐品芳《数学简明史》，学苑出版社1992年4月15页。

［17］ 〔苏〕Б.В.鲍尔加尔斯基《数学简史》，潘德松、金钊译，知识出版社1984年1月29页。

〔18〕〔20〕〔汉〕许慎《说文解字》，《一部·一》、《叙》。

〔19〕《玉篇·一部》所引〔汉〕王弼语，转引自1986年10月版《汉语大字典》第一卷第1页。

〔21〕〔英〕L.霍格本《大众数学》，李心灿等译，科学普及出版社1996年8月上册30页。

〔22〕周述岐《数学思想和数学哲学》，中国人民大学出版社1993年12月27页。

〔23〕〔德〕F.恩格斯《自然辩证法》，人民出版社1971年3月《马克思恩格斯全集》第20卷604-5页。

〔24〕陈森林主编《简明数学词典》，湖北人民出版社1984年1月54页。

〔25〕张文忠《数学思维漫谈》，知识出版社1986年3月53页。

〔26〕高希尧编《数学术语详解词典》，陕西科学技术出版社1991年7月401页。

〔27〕〔宋〕贾昌朝《群经音辨·卷六》，中华书局1985年新一版《丛书集成初编》一二〇八册137页。

〔28〕冯契主编《哲学大辞典》，上海辞书出版社1992年10月1555页。

〔29〕一次校系小型报告会上的答问，根据回忆整理。院称及人名略。

〔30〕〔33〕国家技术监督局《中华人民共和国国家标准GB 3100~3102-93·量和单位》，中国标准出版社1998年4月311、307页。

〔31〕省教育委员会研究室一九九七年十月六日（教研室字〔1997〕第93号）。省名及简称略。

〔32〕胡炳生《关于扩充自然数集的几个理论问题》，《数学通报》1998年11期。

〔34〕参阅拙文《“‘0’非数字”探义》，自办赠阅小刊《余修文稿》〔辑一〕1997年1月14日。

〔35〕高等教育出版社1992年10月3-4页。

[36]〔南朝梁〕萧统编〔唐〕李善注《文选·卷二十八·诗戊·乐府下》，中华书局 1977 年 11 月中册第 401 页下。

[37]《全唐诗·卷八十六·张说二》，中华书局 1960 年 4 月第三册 928 页。

[38]《中国教育报》1999 年 2 月 9 日。

[39] 中国大百科全书出版社 1980 年 12 月 87 页。

[40] 江泽民《高举邓小平理论伟大旗帜，把建设有中国特色社会主义事业全面推向二十一世纪》，《求是》1997 年第 18 期。

[41] 据《人民日报》1996 年 4 月 10 日 14 版温红彦《新世纪从哪年开始?》“编者按”。

[42] 文见前所言及之《光明日报》1999 年 1 月 16 日记者薛冬文。

[43]《光明日报》1993 年 8 月 6 日一版据新华社记者秦春北京 8 月 5 日电讯《我国天文学者认为 21 世纪应从 2000 年算起》。

[44] 引据李竞先生 1996 年 4 月 24 日复函。

[45] 笔者昔文《规范表述纪年散议》亦曾误解曲引，借此检讨之。

[46]《也捉“十年虫”》，《南方周末》1999 年 4 月 16 日 11 版。

[47] 见潇丽《谁把玩笑开到了联合国 “世纪婴儿”之说子虚乌有》，《中国妇女报》1999 年 6 月 7 日。

〔载 1999 年 7 月 11 日自刊《余修文稿》特辑〕

2002年10月3日孔子诞辰2553周年

——兼与刘再聪商榷历史教学中的年代计算

叶小草

刘再聪先生于2000年2月4日《光明日报》发表《1999年不是孔子诞辰2550周年——兼谈历史教学中的年代计算》之求真精神感人，然其所涉“年代计算”诚待商榷。

孔子生年月日，春秋史料惟见二载：《谷梁传〈春秋〉》襄公“二十有一年……秋，九月，庚戌朔，日有食之。冬，十月，庚辰朔，日有食之……庚子，孔子生”；《公羊传〈春秋〉》襄公“二十有一年……秋，九月，庚戌朔，日有食之。冬，十月，庚辰朔，日有食之……十有一月，庚子，孔子生”。《公羊〈春秋〉》“十有一月”，唐陆德明析断：“上有‘十月庚辰’，此亦‘十月’也。”后世多以“十有一月”衍文定论。虽《左氏传〈春秋〉》何以不载“庚子，孔子生”，迄今未明；却也《史记·孔子世家》“鲁襄公二十二年而孔子生”文布世，历经两汉、魏晋不闻疑难公、谷《春秋》孔诞载记。《春秋》诚当东周国修鲁史，《史记》仅为西汉私撰通史；跳开司马迁之“草创未就”而“祸”

以及《史记》文学之违史讹误、篡乱，仅就二传鲁国《春秋》同载“襄公……二十有一年……十月，庚辰朔……庚子，孔子生”（前552年10月9日）、一撰汉代《史记》独书“鲁襄公二十二年而孔子生”（前552年12月17日～前551年12月5日），何者当为信史，总该一目了然也。《史记》撰人历误“三正”以言“岁首”，不解《春秋》“春，王正月”之周正历纪，多见改“以周正十一月属明年”之违史篡乱记年，无由视其孔子行年以为信史。强以《史记》为的，则今人无以确纪孔子生年月日矣。人民教育出版社历史室1992年编著出版之九年制义务教育六年级教科书《中国历史》（第一册）之“孔子（公元前551年–前479年）”，不详其何以得悉上古孔子之如此生年；即使全凭《史记》为说，亦是“公元前552年12月17～30日”之一十四日不得挤出孔子“生年”。刘文之“孔子诞生于公元前551年已为学界公认”颇违史实，今人未见孔子降生一千二百年间史料有同《史记》之“二十二年”说，后之唐宋元明清，驳斥《史记》更及杜撰“鲁襄公二十二年十月庚子”孔诞之笔不绝；自民国起用公历，至今公元纪年，考论“孔子诞生于公元前551年”其说之非者益甚。事实上，不仅孔诞“前551年”说从未“学界公认”，且其学界“前551年”说原持者中已是难得一见护说勇者；不知倘若钱穆在世，是否亦愿再为时下孔诞真辰考论有道一句“后息者为胜”呢？今人可知上古文献史料载记孔子诞辰，惟而“鲁襄公二十一年十月庚辰朔庚子”（前552年10月9日）；是于公元1999年“纪念孔子诞辰2550周年”，准确无误。儒历所与现行格历（公历）置闰有别，于公元前552年10月9日有积历差6

日，是 2002 年 10 月 9 日减 6 日之“10 月 3 日”，正值孔子诞辰 2553 周年纪日。可叹，“日有食之”竟致鲁襄二十一年十月庚辰朔庚子硬窜二十二年十月甲戌朔庚子，不知倘若鲁襄二十二年“地有陷之”，二十三年十月己巳朔，何以安置历序干支“庚子”耳!

刘文“将公元前年代数加上公元后年代数便是周年数的计算公式其实是不正确的”之语，倘改“公元后”为“公元”，则是相当明智的论断；然却“计算 1999 年为孔子诞辰多少周年，可按公式算出（551 年 +1999 年 -1 年 =2549 年）为 2549 周年”的运算，委实无以恭维“正确”。人之诞生当年，断非可寻“周年”月日，必至次年相同月日之周而复始，方为诞辰周年之“一”耳；是当凡人诞辰周年之计，必将行世年数减其诞生之年“一”，方可得求诞辰“周年”正果。诚如孔子公元前 552 年 10 月 9 日生，必至前 551 年 10 月 9 日方为诞辰周年纪日，前 552 年历日断无诞辰“周年”可纪；惟而“552 年 -1 年 +1999 年 =2550（周年）”算式当谓正确运算，“552 年 +1999 年 -1 年 =2550（周年）”算式虽与前式运算结果相合，却其运算过程终非入情入理之谓也。刘文“借助数学上计算正负两数间距离的方法来计算公元前后两个历史年代时距所得出的周年数总会多出一年”的概念表述及其所作结论，令人深憾不知所云。“数学上”何时“计算”过“正负两数间距离”不得而知，其所“方法”更是闻所未闻；“计算”前与公元“两个历史年代时距”如何“得出”一个“周年数”，已然莫名其妙，再而“总会多出一年”，更乃云里雾中焉。看来，弄清刘文何以出此一语，确需长引其所前言文字：

“若将历史年代用一条线轴表示，以公元元年为中点与数轴上‘0’相对，就会清楚地看到，公元前的年代数与数轴左侧的整数点一一对应，而公元后的年代数总比相对应的数轴上的整数差1。这是因为数轴上有‘0’这一概念，而历史纪年中却没有公元0年。”这里，足见作者误解数轴之深。不得已而图示数轴，权充作者师：

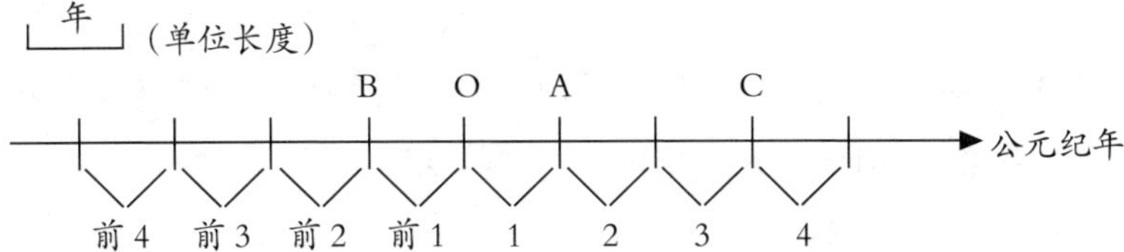

于直线上设一原点O，选择轴线正方向为公元纪年，确定单位长度线段“年”，则前与公元诸年一一对应于O点两侧相向数段，无多无少。刘文误将人们惯用英文字母标示的数轴原点O视作印阿位置记数空位圈“0”，且以人们假设之“原‘点’”误为数轴“示‘量’”单位，全然未明数轴何以为“数”也。倘依刘文“以公元元年为中点与数轴上‘0’相对”，不知作者“数轴”公元纪年的第一个所谓“整数点”，“对应”公元1年耶？公元2年耶？其实，数轴之上不仅根本无存“一一对应”实数的所谓“整数点”，就是可能标出的所有的点，也都只不过是人为设置的显示直线界限的位置标示；就是说，“点”不是构成直线的基本单位，从来不以大小、长短、厚薄之类度量影响数轴丝毫。数轴所以示数者，惟而数轴之上比照单位长度之两个定点间“线段”也。以O为原点、单位长度为半径在数轴OC上分别截取A、B二点，则线段$\overline{OA}$表示公元1年、线段$\overline{OB}$表示公元前1年；倘以 3 倍单位长度截取 C 点，则线段 $\overline{OC}$ 表示公元纪年的基数量 3 年。解析几何本即把数轴上的数量称作“有向线段”，亦即 A 点的坐标线段 $\overline{OA}$，绝非线段 $\overline{OA}$ 的坐标点 A；如此简单的数学常识尚未把握之前，是不好随意借用数轴示量的。再说，“年”为单位的数轴表示前与公元纪年，如何求示“周年”数量？也许作者愿意指出前面提到的教科书《中国历史》中“怎样计算年代?”的“公元纪年年代尺”练习题“请在年代尺上找出公元前 1 世纪的位置，并说明公元前 1 世纪是由多少年到多少年”的《教师教学用书》答案提示，来支持自己的“数轴”误说：

“

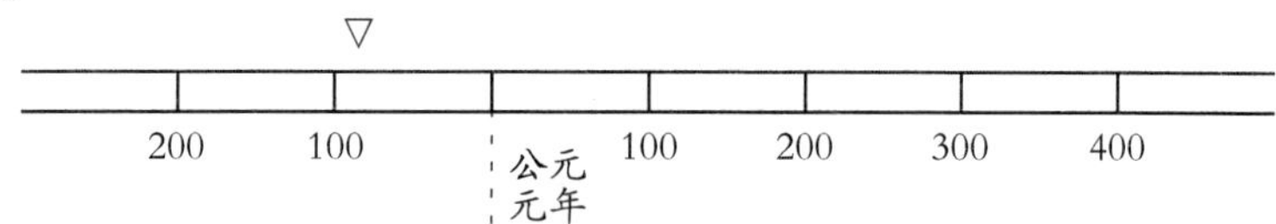

公元前 1 世纪由公元前 99 年到公元前 1 年。”

但，任何他人的错误，都不可能成为支持自身再错的依据。既为“年代‘尺’”，自然是以长短度量年代。答案提示误以标尺格线示量，显然违背数轴“有向线段”表量常识，更与人间量“尺”生活常理公然悖谬（倘依教科书，则必一尺十一寸矣）；仅以倒三角“▽”符的箭示即可指出“年代尺”上“公元前 1 世纪的位置”，无乃强灌教受师生“1 年＝100 年”也。倘非如此荒诞的“年代尺”，真不知道，该去如何理解更其荒谬的“公元前 1 世纪由公元前 99 年到公元前 1 年”文字答案了！连个公元纪年单位世纪的“佰年时段”尚且数不清楚的“答案”，也敢用来指导“教师教学”，委实令人匪夷所思。愿此充以“学生”作答“年代尺”，借止师讹：

“

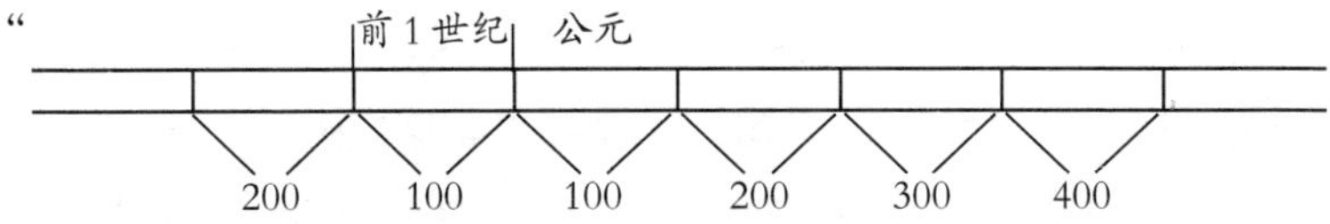

公元前1世纪由公元前100年到公元前1年。”

事物经年、人物行年皆与“周年”别法为计，始于元旦、终于除夕为之历史纪“年”固定时段，周而复始至次年相同月、日谓之任意“周年”期；诚如自孔子前552年10月9日诞生，至今2002年7月14日已为2554年，然却必至10月3日方为其诞辰2553周年纪日。刘文将教科书《中国历史》及《教师教学用书》的“假如有一个人在公元前3年出生，公元50年去世。这个人活了多少岁？答：53岁”擅改问答“这个人活了多少（周）岁？答：53（周）岁”例谓“在涉及到诸如孔子诞辰周年类的问题时也采用将公元前后两年代相加得出结果的不正确计算方法”，令人深感遗憾。不惜篡改原文而捏造他人“错误”，以足一己“批评”之快，实当天下行文之人所不齿。其人前3年出生，公元50年去世，3+50=53，回答其人活了“53岁”，实乃千真万确。书中本未言及生辰月日，自是不求其人“周岁”也；刘文既有此问，敢问有能自答其人活了多少“周岁”否？诚如刘文由衷坦言“历史年代的计算，不能不说是我国传统教学中的一个缺憾”，时下语文年与周年不分、岁与周岁不别例句俯拾即是，正乃刘文其言印证。其实，年与周年之分虽为影响年代计算正、误之不可虚视一环，却也二者分别简单浅显，稍加认真便可避免计算之讹。中国传统年数计算，有以事、物经历春、夏、秋、冬定序四季时年为量，不以另序等量时段谓“年”；诚如《淮南子·道应训》“周年不得见”，“周年”者，周之“年”，别于年也。香港于1997年7月1日回归中国，虽至1998年7月1日方为回归一周年，却早于1月1日已为回归第二年矣；亦如香港回归至今未足六周年，却可表述“自1997年至2002年，香港回归六年来……”，有以经历历史纪年时段为量也。《论语·为政》载孔子自述有言“吾十有五而志于学，三十而立，四十而不惑……”，皆以行年语之，不与“周年”有涉；古人计以行经客观时年数量为龄，不以自身生长时间累计实量周岁，涉读古史必当详明载记行年虚岁数字。事物生、息（含人之生、卒）其年，不论数月、数日、数时，史皆各以量计；诚如有童公元前二年除夕降生、公元二年元旦早逝，实足二周年所零不过一日，因其行经前一、前二、元一、元二四年，亦谓“四岁”而卒。今或有称“〇岁儿童”者，大谬！相对已满周岁儿童之“不满周岁儿童”，至少虚龄一岁，亦更不少二岁者；惟之“〇岁儿童”，世间绝无其人。人之降生，必置年中月日，或有不幸未曾经历第二年者，却是尽管短至分、秒，未有第一个时“年”尚未经历之人。年（岁）与周年（周岁）的根本区别在于，前者是以事物行经具体时年的序数记量（即经历第几个历纪年段），如孔子襄公二十一年一岁（生第一年）、哀公一十六年七十四岁（生第七十四年）卒；后者是以事物生存时间足年的基数计量（即连续多少个周始年期），如孔子襄公二十二年十月二十一日一周岁（生第二年）、哀公一十五年十月二十一日七十二周岁（生第七十三年），次年（生第七十四年）四月十一日未足七十三周岁而卒。

未解古语“年……”〔按：省略者为数字〕本“……年”之

宾语前置，自作聪明“享年……岁”，不惜语法不通亦愿行之者，不乏其人。“年”本自为量词，岂容重复赘“岁”？“享年……”语义，无非是“享……年”，非要自点“享……年岁”，真是不知何苦来着！最遗憾是今人所享“年岁”数不与历史享“年”计数一致，且又迄今未闻谁人昭示：“年岁”何指、数量咋计？不详作者是否有能自圆其说，至少读者敝人，委实不明“享年……岁”之所云。如吉林大学《社会科学学报》2001年第6期《深切怀念金景芳教授》文中“金景芳先生，因病医治无效，于2001年5月1日在长春逝世，享年99岁”，倘依金先生行第九十九年于2001年辞世，则必1903年为之诞生第一年；然见《怀念》下文却言“金景芳先生……1902年6月3日出生”，1903年为之诞生第二年，如此，则显然金先生卒于百岁之年。不知《怀念》何以不愿准确详实悼言金景芳先生“享年一百，终时98周岁”？时下文媒报道人物逝世，多为即非行年虚岁，又非终满周岁，专择不伦不类一“年岁”，委实不解何所意为；如之“享年99岁”，所与金景芳先生虚龄、周岁，终有何缘耶？虽是凤毛麟角，却也不乏真知卓见偶现：《陕西师范大学学报》（哲社版）2001年第3期《史念海先生永垂不朽》即悼“史念海先生因病医治无效，于2001年3月27日凌晨3时不幸与世长辞，享年九十。史念海先生字筱苏，1912年生于山西省平陆县。”史念海先生1912年生一岁，于2001年九十岁而卒，悼言“享年九十”堪称精当。所谓“享年”者，不过“行年”异词代言；虽今多把人之行经“年”数谓其自身年龄“岁”数，然却人而能享者，惟其行经身历之客观时“年”，万勿以为可享自身年岁也。

鉴于刘文遗憾教科书“未列出一个简单实用的公式”之提醒，试列“年数计算公式表”，以资计算之人参用：

公元纪年	年(岁)	周年(周岁)	
		止年月日早于始年月日	止年月日同、晚于始年月日
公元前	始年数 − 止年数 +1(止年)	始年数 −1(始年) − 止年数	始年数 − 止年数
前—公元	始年数 + 止年数	始年数 −1(始年) + 止年数 −1(止年)	始年数 −1(始年) + 止年数
公元	止年数 − 始年数 +1(始年)	止年数 −1(止年) − 始年数	止年数 − 始年数

拟以享年六十为例，试解表中算式：（1）前 90 年生、前 31 年卒，90–31+1（本不当减卒之年）=60（岁）；2 月生、1 月卒则 90–1（生之年不周生日）–31=58（周岁），1 月生、2 月卒则 90–1（生之年不周生日）–31+1（卒之年已周生日）=90–31=59（周岁）。（2）前 30 年生、公元 30 年卒，30+30=60（岁）；2 月生、1 月卒则 30–1（生之年不周生日）+30–1（卒之年未周生日）=58（周岁），1 月生、2 月卒则 30–1（生之年不周生日）+30=59（周岁）。（3）公元 31 年生、90 年卒，90–31+1（本不当减生之年）=60（岁）；2 月生、1 月卒则 90–1（卒之年未周生日）–31=58（周岁），1 月生、2 月卒则 90–31=59（周岁）。

述笔作结，愿引刘文“孔子诞辰周年的计算及学术纪念会日期的确定不但具有学术性而且极具社会性……周年计算问题不可等闲视之”共与读者诸君为诫，恭纪 2002 年 10 月 3 日——孔诞真辰 2553 周年。

〔载 2002 年 8 月 20 日自刊《余修文稿》辑二〕

找回专家丢失的"正视错误"良知

——诘难符合国家标准的"20 世纪 90 年代"

叶小草

"'1990 年代'这种说法不可取"，即是《中华读书报》记者彭彪 2003 年 4 月 2 日刊于其报的报道文题，又是"报刊上"表述"1990 年～1999 年"时间段，出现"'1990 年代'、'一九九〇年代'、'二十世纪九十年代'、'二十世纪九〇年代'、'20 世纪 90 年代'"不同写法"孰是孰非"的"专家的回答"。这里，不管是专家厉兵、还是记者彭彪，大约都没有意识到："1990 年代"所与"20 世纪 90 年代"抗争的，从一开始就不是什么"表达习惯"的优与劣，而是根本语义表述上的是与非。

厉兵的"在汉语中，每个百年的头 20 年，无法用'××世纪××年代'来称呼，而只有'20 年代'、'30 年代'一直到'90 年代'才能用'××世纪××年代'来表示。这是汉语的一个特殊现象"，恰是自证所谓"××世纪××年代"的并非汉语表达方式；汉语百年的第一个十年与第二个十年合称"头 20 年"，第九个十年与第十个十年合谓"后 20 年"，十个十年周延百年天衣无缝。言者不知，恰是“舶来方式”之蹩脚汉译“××世纪××年代”，方至纪年十十不一、百十龃龉文字累见书报刊。“2010 年代”之读“二〇一〇年代”，大可不必求教“广播员”，幼儿园大班孩子之确读文题“一九九〇年代”，即为笔者所亲耳聆听。厉兵之“‘1900 年～1909 年’和‘1910 年～1919 年’这两个时间段，在英文中可分别记作‘the 1900′s’和‘the 1910′s’，但汉语却没有对应的表达方式”，显然不知英、汉语源，且为之本末倒置矣。“the 1900′s”当示相同首数千百“19”的百年时段（即 1900 年～1999 年），只是迄今未见其所英语行文；“the 1910′s”更是不知何邦文字，至少断非英美语文。

“年代”词性有如“时间”，皆为泛指年段、时段；诚如“时间”从未指定几小时，“年代”亦非明指多少年。忆想“几十年代”句式，初于现代史著论述“三十年代文艺”之时，不仅“年代”无涉“三十”数字表义，且其指称年代，亦非今之严格年限。其时的“三十年代”，不过“‘三十’的年代”之意；其所“三十”，或为相同首数“三十”的年，或指首数为相同十位数字“三”的年，“年代”不过取其并非仅止一年的“诸年”之义（当然置换“年代”谓以“‘三十’年段”更恰）。今以英文“the 1990′s”，汉译“20 世纪 90 年代”行文；再而辞书以“每一世纪中从‘……十’到‘……九’的十年”定义“年代”、国标以“公历世纪、年代、年、月、日”规定“时间”，显将“年代”误列“世纪”属下量词矣。倘其年代自量“十年”，势必 90 倍于十年之“90 年代”有为 900 年，岂不荒唐！即使相同首数“90”的诸年，“从‘90’到‘99’”恰好十年，也无以妄增“年代”

二字“从‘…十’到‘…十九’的十年”词义；其义本当“90”完达，倘若初以“三〇年代”行文，今再“九〇年期”以言“the 90′s”，岂不形义佳合、符数（〇、十）显别之信而达雅一美文哉！即使可将“the 1990′s”支解，亦是“the 1900′s”不见“世纪百年”之义、“the 90′s”未显“年代十年”之形；即使相同首数十九百的诸年解作始于1900的百年、相同首数九十的诸年解作始于90的十年，亦当“始‘19百年’”、“始‘9十年’”，不论其“20世纪90年代”世纪、年代概念如何，“‘第’20百年”、“‘始’9十年”根本无以同义计量。况其“世纪”本乃“耶稣基督纪元（公历纪元）之百年分期”，每至百的倍数年谓其“世纪年”；“the 1900′s”相同首数十九百之诸年，虽其始年1900、终年1999亦为百年量，却非公元纪年的第20个百年（1901年～2000年），无缘与称“20世纪”。并非公元纪年的任意一百个年都为“计年单位”，惟而计始元年的百年期方为纪年单位“世纪”。诚如“20世纪90年代”本义“‘20世纪’的‘90年代’”，“90年代”亦当本义“‘90’的‘年代’”；上非“单位”百年，下无“几十”序年，何缘何故以言“二十‘世纪’的‘九十’年代”？

一旦专家不再忽略百姓的认真，也会发现“20世纪90年代”确非汉语土造，原本英文“the 1990′s”之蹩脚汉译，进而中文囫囵吞枣舶来袭用；而“the 1990′s”，又原本英文“the nineteen nineties”的引入印阿数字表达。句中“nineties”，显然是数词“ninety”借用名词复数形式的一种约定俗成表达——拥有相同词首“ninety”的“ninety，ninety-one，ninety-two，ninety-three, ninety-four, ninety-five, ninety-six, ninety-seven, ninety-eight, ninety-nine”；就是说，英语“the nineteen nineties”仅仅是拥有相同词首“nineteen ninety”的连续数目缩略表达式。其所用于表述历史年代，亦当只是“以首数‘nineteen ninety’记年的诸年”。倘知英语可循相同词首的连续数目缩略表达，惟其“the twenties, the thirties, the forties, the fifties, the sixties, the seventies, the eighties, the nineties”八组略式，厉兵不会轻易误以其“是汉语的一个特殊现象”；倘知英语“one, two, three, four, five, six, seven, eight, nine, ten, eleven, twelve, thirteen, fourteen, fifteen, sixteen, seventeen, eighteen, nineteen”无以寻求相同词首，厉兵不致臆推两个根本未现英语文字的“the 1900′s”和“the 1910′s”；倘知英语亦有相同词尾“teen”之略式“the teens”以缩“thirteen, … nineteen”诸年，中国辞书大可不必增释“年代”义项“十年为一个年代”；倘知“the nineteen hundreds”（“the1900′s”）百年无以关涉纪年单位“世纪”，国标不例“20世纪80年代”、辞书不释“每世纪中又以十年为一‘年代’”矣；倘知“the 1920′s”前驱“1901, 1902, ……1919”年、“the 1990′s”后继“2000”年恰好周延20世纪，则不致轻弃2004年首届廿一世纪奥运申办、不必圣坛迎过廿一世纪再补2000年事雕塑。倘若有知“the nineteen nineties”（“the 1990′s”）本义“相同首数‘一千九百九十’之诸年”，自是不再1999年《辞海》增释“年代”：“每个世纪中以十年为期的时段。起自0年，迄于9年。也有主张起自1年，迄于10年的。每个世纪的年代，从20年代（如1920–1929）到90年代（如

1990–1999)；一个世纪的前两个十年不称年代，分别称为‘最初十年’(如 1900–1909) 和‘第二个十年’(如 1910–1919)。” “世纪中以十年为期的时段”，必是公元纪年一次序百年之始于第一个十年、终于第十个十年的十个十年，就不可能再是“从 20 年代（如 1920–1929）到 90 年代（如 1990–1999）”的八组“几十‘年代’”。“数起于一而成于十，次一为道”，诚乃自有天、地、人之数量计法，十十而百、十百而千、十千而万……以至无穷；自“汉代筹算盘的空位上摆上了一个印度花环”，至今已是 1、2、3、4、5、6、7、8、9、10 及 100、1000、10000……多作一、二、三、四、五、六、七、八、九、一十及一百、一千、一万……取代，空位符“0”不过否定其位数字之义，如何可得“起自 0 年，讫于 9 年”计量？从来印阿记数九字一符，本为“起自末位‘0’符之年，讫于末位‘9’字之年”，竟也昏昏然推导一个“如 1900—1909”的世纪“最初十年”；明明白白 19 个 100 的“1900”十九世纪末年（世纪年），怎么能任意计为二十世纪的最初一年，难道 1899（一千八百九十九）年真能等于 19 个 100 年吗？1901（一千九百零一）年者，19 个 100 年后第 20 个 100 年的第 1 个年也。The first decade of the twentieth century（1901～1910 年），the second decade of the twentieth century （1911～1920 年），the third decade of the twentieth century （1921～1930 年），……the ninth decade of the twentieth century （1981～1990 年），the tenth decade of the twentieth century （1991～2000 年）；the teens （13～19 年），the nineteen twenties （1920～1929 年），……the nineteen eighties （1980～1989 年），the nineteen nineties （1990～1999 年）。“the nineteen nineties”与“the ninth decade of the twentieth century”诚如“风”与“马牛”，原本不相及；偏有“唯是风，马牛不相及也”者，谓以“此言‘风马牛’”、解作“马牛其‘风’”之妄语，传信天下千古。本之“二十世纪第九十年”安然无恙，非要汉译“the 1990′s”（相同首数‘一千九百九十’的诸年）”一个非驴非马“二十世纪九十年”之“代”，篡夺“九十年”之冠名权；不想，“九十”不含“八十九”而容“九十九”的荒诞，亦能多借专家口笔，几为天下信以为真。释文之见“也有主张起自1年，迄于10年的”并“一个世纪的前两个十年不称年代”文字，当知笔释其时，撰者自于“十年”之别谓“年代”，亦在云里雾中也。既然无人可知“和平年代”多少年，又“时间”不为60小时，则年代亦当不谓“十年”；释译“the nineteen nineties”（“the 1990′s”），“20世纪90年代”当休、“一九九〇年段”当立，既然人们习惯“抗战时期”、“文化大革命时期”，还是确译“一九九〇年期”更为佳宜。但愿，“the nineteen nineties（〈the 1990′s〉 1990～1999）”（“一九九〇年期”）有与“the 9th decade of the 20th century （1981～1990）”（“二十世纪第九个十年”），不再“风马牛”。

小时候，心不明、眼不亮，模模糊糊尽是专家权威；长大了，看清了，不少职称学阀。1989年《辞海》“世纪”释文以为“20世纪80年代，……亦有主张1981—1990年者”，“1981—1990年”正值二十世纪第九个十年，即非“1971～1980年”之“二十世纪第八个十年”、又非“1980～1989年”之“一九八〇年期”，其所正、误，皆非得谓“20世纪80年代”，谁人昏而“主张”

耶？1995 年修订版《汉英词典》“年代”作释“a decade of a century：八十年代 the eighties / 二十世纪九十年代 the 1990′s”，头戴“十个‘第几十年’”、身着“八组‘几十年代’”，竟也大模大样表演“年代”装。更有奇者，1997 年第四版《牛津高阶英汉双解词典》“century”新释：“any of the periods of 100 years before or after the death of jesus Chriht 世纪（指耶稣基督去世以前或以后每 100 年的时间）：the 20th century，ie AD 1900–1999 第 20 世纪（公元 1900–1999 年）”。弄不懂“世纪”为始于耶稣纪元的每个百年、并非任意一百个年的纪年单位的专家，也许并非绝无仅有；然却，“A. D.”本即“主的生年”，亦能英汉并谓耶稣基督“death”、“去世”以界公元，是否如此减损权威，有赚太轻易了点？虽是没有制定专家与百姓的标准距离，然却不乏“由谁来评判‘有道理’或者‘没道理’呢？当然是专家！我们有几百位院士，多少万名专家、教授、研究员、教授级高级工程师，当然由他们来评判”的传统惯势；虽然不敢奢望缩短专家、百姓距离，却也总愿这个世界，不要群分人间类别——“九根手指的专家”与“十根手指的百姓”。毕竟地球上的专家权威，还不至于取代百姓意志。

〔载 2003 年 5 月 8 日自刊《余修文稿》辑外〕

失误的计温“0度”称谓

叶小草

难怪有人怀疑温标“0度”概念竟惹了大学物理实验专家的嘲讽，时下的影视广播、图书报刊实在太易令人耳闻目睹一个“0度”的“存在”了。然，“0度”真的“存在”吗？

虽“零度”已堂而皇之释以“水开始凝结成冰的温度”有入《汉语大词典》，更“冰点”释文明见“摄氏温度计上冰点是0°，华氏温度计上是32°”，却“零”“在任何计量单位中表示‘没有’”，则当谓“零度”——“没有温度”也。摄氏温标只有“0点”、绝无“0°”，摄氏之“0点”——华氏“32°”之“刻点”也。摄氏“0”者，温标界点也，何以“°”之；华氏“32°”者，温标量段也，岂可“点”之？

《中国大百科全书·物理学》本以“水沸点与冰点之间的汞柱的高度差等分为100格，1格对应于1度”解释“摄氏温度”，不知何又悖论定义：“摄氏温标以水沸点为100度和冰点为零度作为温标的两个固定点。”“1格对应于1度”，则第100格为

100度，岂可又以“水沸点为100度”?！本之冰点至沸点共为100度，何再“冰点为零度”?或“0”不为“度”，或度无“0”称，岂容“零度”谓之?！

科学出版社名称室编《物理学词典》更以“水结冰的温度为0℃，水沸腾的温度为100℃，中间分100等分，每等分代表1℃”解之“摄氏温标”；“0℃”、“100℃”各为“1”℃，岂不是水之结冰至沸腾，摄氏标温102“度”！倘若“0℃”、“100℃”非谓“1”℃，则实不当以“℃”量之。

当我们为1979年版《辞海》释“零”以“摄氏温度表上的冰点。如：零下五度”欣慰时，又不得不为1989年版的修订释文而遗憾：“摄氏温度计上的冰点，记作0℃。”“0”，本作“没有数量”的标示，无以“记作0℃”。“89”《辞海》将“79”《辞海》的“在任何计量单位中【都只】表示没有”改释为“在计量时，数0表示没有”，似乎铺垫了“‘标量’0℃”的存在，但“0”的本义诚如《汉语大词典》的释“零”：“表示没有数量”。“没有数量”则没“数”、没“量”也；“0”既不为“℃”、“℃”亦不为“0”，“摄氏温度计上的冰点”无以记作“0℃”。

其实，摄氏温标“0”者，划分上、下之界点；适如数轴原点“O”者，以界正、负数也；亦如公元纪年元年与其前一年午夜交点之于历法也。“℃”者，温度量词，非为摄氏温标之格线也，更非格线与汞柱（权以为线）之交点；温标上水之沸点到冰点汞柱高度的百分之一格段方为“℃”，绝非汞柱标数格线（格线只标汞柱高度点，二格线高度之差方为温度物理量）可谓“温度”也。“0”于温标只为汞柱格线（界点），格上谓之“0上”、格下谓之“0下”，诚无“0”之“度（℃）”也；〇下2℃至〇上2℃只为4度温，“0”不为“℃”无以计量也。

温无“0度”，诚如历无“0年”、币无“0圆”、长无“0尺”、重无“0斤”、时无“0秒”、事无“0次”、物无“0个”……世间计量皆如之。建议读写温标之“0”，恢复本义“0点”，勿谓“0℃”为妙。即使积重难返，亦当晓喻天下：“0℃”，其无也！

（1996. 5. 1. 初稿）

〔载1996年5月8日自刊《研考》（原《纪年研考》）特刊〕

“‘0’非数字”探义

叶小草

数之概念，难见一般辞书。汉郑玄注《礼记·王制》“八政……度、量、数、制”：“数，百十也”[1]，注《周礼·夏官·量人》“制其从献脯燔之数量”：“数，多少也”[2]；《说文·攴部》：“数，计也”[3]；《集韵·遇部》：“数，枚也”[4]；宋贾昌朝《群经音辨·卷六》：“数，计之也；计之有多少曰数”[5]。笔者愚识以为：数者，抽象之事物量。数字，则自当记数之符号。本之《逸周书·周月》“数起于一而成于十，次一为道”[6]已为天下共识，不想今竟“数始于0，成于3，终于9，到10必循环”[7]。读之，今文何义，百思不得其解。“0”义本只“没有”符号，今能入主“数”字致此，犹当一个“杞国无事忧天倾”吗？

难怪一年级小学生的作业有题□1□□4□□7□9之填空（第一空的答案为“0”），《一年级小学数学习题精选》即有如题：“‘0’表示一个数也没有，这句话对吗？答：不对。因为‘0’可以表示一个物体也没有。如果盘子里的苹果吃完了，我们就说盘子里的苹果的个数是0。但‘0’本身就是一个数，所以不能说‘0’表示一个数也没有。0比1小，0排在1的前面。0还可以表示起点。”[8]没有苹果而能指出“苹果的个数”，真是魔术师的“奇遇”。“一个数也没有”，则不仅“两个数以上”没有，连最起码的“一个数”也没有。“一个数也没有”即没有“数”，正是欲“表示一个数也没有”，人类才创义了这空而无物的符号“0”。真不知“‘0’本身就是一个数”的持说者，何处寻据自圆其说也！即使学童之时，“算术”误以“0”入整数，亦是0非自然数；今以“0比1小，0排在1的前面”而入小学一年级《习题》，自是“0”入自然数矣。如此误导，未来的世纪将是一个何等紊乱的“数学”世界！当然，“0”入自然数，并非《习题》作者的创义；不是伦敦大学郝奇（K. A. Hirsch）教授，洪博尔特大学理查德（H. Reichardt）教授通力顾问下颇具影响的《简明数学全书》亦见“｜自然数N｜0，1，2，3，｜”的“图1.1-4四个猎人的集合”及“基数和序数的发展是密切相关的，它们构成了自然数的两个方面，通常习惯上，零（或无）既可算作基数，也可算作序数”，“数字0不是一个后继数；每一个非零的自然数必有一个紧挨着的前趋数；这就是说自然数列有起点，其第一个数是零”[9]吗！即使不敢断言“0为自然数”者，亦多见定义“把‘0’排在自然数列的最前面所形成的数列。如0，1，2，3，…”为“扩大的自然数列”[10]。既然谓之“自然数列”，就只能是全部由“自然数”组成的数列，又岂容“扩大”其自然数范畴再谓之“自然数列”？

即使真有一个“0，1，2，3，…”数列，亦只能谓之“自然数扩大数列”（这里只是说“即使”）。然却笔者再三求索，亦是不见数学诸家有言“0”者为“数”之理；是以笔者观之，“0”非自然数，亦非为整数，“0”本非“数”，其符更非“数字”。请君闻之休骇，不过一句真话而已。

一

自“上古结绳而治，后世圣人易之以书契”（《释名·卷六·释书契第十九》：“契，刻也；刻识其数也”[11]），至以筭作算，国人已将多位数之空位不放算筭以示其“空”；如，三百零四作“||| ||||”（即304。此说普见今之诸种《数学史》）。推之“书契”之时，或即不刻以作“空”位，有识多位数矣。印度入唐天文学家瞿昙悉达有言位置记数“凡数至十，进入前位；每空位处恒安一点有间，咸记无由辄错”[12]，是知今之“304”，原记“3·4”也。难怪今之印语以“0”为“sunya”（空）。“公元876年格瓦略尔（Gwalior）石碑上的记载”，同时出现于公元683年柬埔寨和印度尼西亚碑文的“©·ε”（605）、“@O∀”（608），应该是讫今发现使用“空”符的最早记载了[13]；但真正使用“0”符的今见最早文献，恐怕要属袁小明《数学史话》所介绍之格瓦略尔碑文“270和50两个数”[14]了。英文“zero”本非数词（two-zero不为twenty），汉字其“零”更无数义（“二零”非指“二十”）。“zero”者，“乌有”之意；“零”者，“零散”之义（《说文》：“零，余雨也。”[15]）。英语three hundred and four、

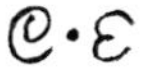

中文“三百零四”，虽英、汉翻译有以“zero”、“零”谓“0”，却亦今之英文“zero”无缘取代“and”行文，古今汉语“三百零四”，更谓“零数”有四，不过类其“三百又四”之义也。汉语行文至今不以“二零零零”记数，足见“零”非“0”义也。意大利数学家裴波纳契（L. Fibonacci）《算盘书》将“0”以“印度-阿拉伯数码”初传欧洲，曾被欧人拒绝二三百年之久。国人之接受“0”符，《数学史话》曾有介绍：“十七世纪我国翻译西方数学著作时，将阿拉伯数字改写成中国数字，其中也特将‘0’改写为‘〇’。直到十九世纪，随着阿拉伯数码的普遍使用，符号‘0’才正式在我国通行。”[16] 虽译“〇”符久见行文，却是近时方入汉语辞书；至今计算机之遍用，亦是未曾将其移“符”入“字”。今之汉语读“0”作“Líng”，约当“三〇四”之“〇”，有借“三百零四”之“零”字读音耳。“0”作为“位置制”记数法的“空位”符号，无疑是人类无可估价的创举；如果说英国学者李约瑟（J.Needham）的“也许我们可以冒昧地把这个符号看作是汉代筹算盘的空位上摆上了一个印度花环”[13] 确是一句非常幽默而又十分准确的赞语，那曾晓新《数学的魅力》的“古印度对数学的贡献不仅仅在于最早创造了‘零’的符号‘0’，而且最早承认‘零’是一个数”[17] 就实在难成一句恭维述语了。误将空位“符号”认成计量“数字”，实在是并非披罩了什么光环的。因为共同的十进制，所以印度-阿拉伯数码与中国数字都只有九个“数”符；只不过，1 2 3 4 5 6 7 8 9 的“逢十进一”记“10”，一二三四五六七八九的“逢十进一”书“一十”（可简为：十）。位置记数“10”，“1”为进位之数、

“0”为空位之符，缺一不成“位值”；位词记数“一十”，“一”为进位之数、“十”为数位之词，数“一”常作省略（多在首位之数）。约当位置、位词同渊中国筭算，印度取“0”示“空”以补筭算之“　”（无筭空位）、中国添词标位以去算筭之“　”（空位无筭），所成位置、位词记数二法各见短长；印–阿数字易写利算却多位数之识读不便，中国数字识读明快却不利运算有以“算盘”代步（或许正是有了“算盘”而生数位之词吧。这里，“一二三四五六七八九”是数字、“个十百千万亿兆京……”为位词）。严格说，中文数量词别为数、位、量，如：三百六十五天，“三六五”数词、“百十”位词、“天”量词。虽之十、百、千、万有见直用为数，却亦不过略“一”而作强调语气耳；古人所略，非止“百尺杆头”之首“一”，更见“身高丈二”之“一”丈二“尺”也。是当，汉语之“数”，有为数字、位词合而成之。“一一得一”有入汉语“九九歌”，而中国古今不见“十十”之歌，当知“九”数为限。中国之“无”，造词尊义而如“三百零四”（“二千”亦如）；印度之“空”，设符补实而如“３０４”（“２０００”亦如）。“0”本“空”、“无”之符，未详何以为“数”，今之误衍至烈，乃有0度、0时、0岁、0年以至0章之称；更，“公元0年”所致世界笔战，迄今未艾。然，“0”者也，何以为“数”?

二

以为“0”属整数者，未详始于何时。然，凡一整数皆可分为若干，而谁人可分其“0”为若干？整数者，至小为1，加1为2，再加1为3……，以致无穷（负数反量亦如）；而0之加0、再加0……永恒为0，非但无以言数之“整”，即使比之其“零”尚嫌不及也。必其绝对值大于任何小数者，方可语之以为“整”数也。“0.00……001”者，数也；“0”者，数之“无”也。吃了最后一个苹果，剩下的不可能再是“苹果”，而唯苹果之核；倘若亦将其核清理出室，反而出现苹果之“整个”，岂不鬼神作怪！苹果之没有为没有苹果，非但没有苹果核，亦是没有整个苹果；同理：数之没有为没有数，非但没有小数，亦是没有整数。“0”本位置记数中空位无数之符，“数”且不是，更岂强扣“整”数之冠？最憾，至今未见曾有述说“0”入整数之理，却是“自然数和零都叫做整数”[18]之说遍行天下矣。

“O”于数轴，不过连接正1、负1之界点；而“数”于数轴，总为其对应截点到原点之数段。“0”示原点，岂能视同数段？“0”于正1、负1相连两段，诚如手电筒两节电池之接点也；倘若两节电池串连通电不可视其电池为三，则“0”于数轴正1、负1两段之连，更其无以视为数三也。原点之于正、负数轴，不过接点耳；“0”既正1之点、又为负1之点，倘“0”独立为“数”，则正1不为正1、负1不为负1矣。本来原点、量段、方向有为数轴三要素，今而误以标量截点为“数”者渐众，遂以负轴截1之点、示“0”原点、正轴截1之点别为数轴“-1、0、+1”三数矣。其实数轴 −6 −5 −4 −3 −2 −1 O(0) 1 2 3 4 5 6 “1”之所示，其截点所至原点距离为1也；“-1”所示，亦其截点所至原点距离为1也。而“0”之所示，原点O之无距离也。之所以数轴正、负以 O 为界，实因“O”为一点也；倘若 O 为数段，又何以凭之为界也。既不为段，其“0”何能入“数”以言哉！数轴之比，诚如米尺；岂可舍尺端点 0 至格点 100（单位量段为厘米）之长距，而专指 100 之“格点”谓之“1 米”？数轴虽置截点标数，却从来只以“截点—原点”距离之数段计数；“截点”取代“数段”之史久长，以致“数轴上表示一个数的点叫做这个数的对应点”，“我们可以在这条直线上找出表示任意有理数的点”[19] 于今普入教材。其实，所谓“对应点”，不过数于数轴对应数段（数轴上该数截点至原点的距离）之“端点”(即上言之“截点”)；既然“数轴是一条用来表示数的直线，它要有规定的……单位长度”[19]，则表示“数”的就只能是有量之“段”、而绝非无量之“点”。数轴以段计数，故有同于量段之数段谓之数 1，二倍于量段之数段谓之数 2，四倍于量段、二倍于数 2 之数段谓之数 4……；则 1+1=2，2+2=4……，是以其计数表量而谓之“数轴”矣。倘若数轴以点计数，则原点 O=截点 1=截点 2=截点 4……，直线诸点无量可别（点无半径，自无大小）；既如 10.1 截点与 0.01 截点（亦与 –1 截点、O 点、+1 截点）本无“点”之大小量差，又何凭以其计数表量而谓之“数轴”也！所谓“数的对应点”，点之本身无量，不过其所“对应”者，该点所至原点“距离”（线段长度）也。+ 0. 0……01、–0. 0……01 之数总于数轴为“段”，而其原点 O，无论如何都于数轴为“点”，有量之段、无量之点，不于数轴同义而语也。数轴 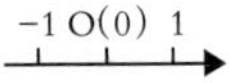 -1 O(0) 1 “–1—O—+1”不过三点二段，总量止为两个“单位长度”，其所示“数”亦只 –1、+1；O 为数轴原点，岂可视同数轴“单位长度”误计原点之“0”以为一“数”哉！之所以“原点”借“0”作示，正因“0”本空、无之符也。数轴原点本作“O”，不过常借“0”符以示没有数段耳（或许正是人们误“O”为“0”，方致今日衍0入数吧）；既然今多误“0”为“数”，还是复其原点标O为宜。

摄氏温标冰点之“0”，今见遍计以为“℃”(摄氏“度”)，其实摄氏温标之“0”不过其上、下温标之界“点”（亦为“接”点），其直接所“界”者：相邻温标之○上1℃、○下1℃。《中国大百科全书·物理学》解释“摄氏温度”计量为：“水沸点与冰点之间的汞柱的高度差等分为100格，1格对应于1度。”[20]如此，则冰点、沸点不为温标之“度”，不过别为1℃、100℃其“格”之一端“点”。世传“0度”讹讹相误，以致1989年版《辞海》释“零”义项有为：“摄氏温度计上的冰点，记作0℃。”[21]历来温标只有○上1℃、○下1℃，二“℃”相连止以“冰点”为界，绝无“0℃”处置其间；倘0为“℃”，0必为“格”，则○上、○下岂非断“格”而为“二柱”矣。温标设点作“0”以分上、下，诚示其点无“格”量温不为其“度”也。其实，水之依温变态，当在“一”下之度而冰、“百”上之度而气：冰点初“冰”，即为○上1℃之末、又为○下1℃之首；沸点始“气”，有属100℃之终、亦属101℃之始。温标之“0”，只为℃“0”、不为0“度”，正之其名实当言称“冰点”为宜。“温度”名词、“0度”数量词，二“度”诚非同义；前者泛言物之温、后者专指度之量，温度之“度”不得易“℃”、0度之“度”本为其“℃”。汉语以“度”代“℃”行文，或可“○度”以示没有

"℃"量（不为没有"温度"），然却不当有称"0度"（更其"0℃"）以谓数量也。其实，辞书之释"零度"，亦是不乏"比喻空无所有"义项；其义文句更是颇见文艺之著："把文官的势力削减到零度"（老舍《四世同堂·二三》）[22]。

日之记时，古以十二地支分别，量谓"时辰"；后作时辰二分，日记24时，量以"小时"迄今不废。今以称"时"记序（如：23时54分）、谓以"小时"计量（如86小时零47分钟），通行一日24小时。虽其日之时序1时为首、24时为末，却9时之49分34秒不同于1996年之12月22日（月日冠称当年、分秒缀系前时），约定俗成而谓其8时49分34秒；故今报时，言0时…分…秒，不称1时…分…秒。然"0时"者，"'○'时"（时数空、无）之义也；诚如1时0分0秒之谓"1时整"，时分秒之无量记之"0"符以示其数之"无"也。所谓"0时…分…秒"，不过所示"时"数为○；没有时"数"虽谓没有"小时"之量，却亦并非没有"时间"之义也。时下有见"零时"指为"每天零辰一点内的计时数"[23]之辞书〔叶按：其"零辰"实当"凌晨"〕，不要说"一点"之时本为"一时"之量，且若顺次"一时"指为"二点"之时，岂非日之首时为○、末时二十三？若此，又"二十四时"哪里去矣！更见所释"零时"有以"零点，计算一天二十四小时选定的基础时刻"[24]者，是以昨日已终、今日未始之二日假想"隔点"（钟表子夜十二时终止标点）误为"时"量；其实"1–24"之一日二十四时各以60分为量，所谓"零时"，没有"1–24"之任一60分之"时"也，不过当记"○时"而已。

近载熊和生《“中国科学家，21世纪下海去”》文中有见“大洋中脊沉积物的年龄最小，存在零岁的沉积物”[25]之语，大约“零岁”之词借用于所言胎教的“0岁教育”（其“0”本当谓“〇”）吧。胎教之论，中华在古；然却，语之“〇岁教育”，实为今之外入使然也。胎孕母体尚非降之为人，诚无人之年龄可计；今以胎于母体，于其无“岁”之时所施教育，言之“〇岁教育”也。却虽“沉积物的年龄最小”，终为有“岁”之物；而言“零岁的沉积物”，无乃自相矛盾耳。倘若“沉积物的年龄”未足周岁，亦是不为“零岁的沉积物”；人之“〇岁”指谓胎而未生，物之入海沉积并无孕育之期，岂可以为不满一年之期谓之“〇岁”？“〇岁”用指胎儿、“一岁”计称婴儿，生未逾年之婴虽常天、月计实，却亦无称“〇岁”之例；物之沉积倘比人之降生，则其各自年龄之岁惟而别以沉、降为始；既已沉积之物，岂能无“岁”量之！没有其“岁”之教育，非如不足一“岁”之沉积；不足整数之量总为量（小数），没有量之“0”符不标量。零之修饰名词义在不整（零钱、零件是也），“零”之限定量词义在无量（〇度、〇时如也）；引文“零岁”之“零”，其义既非“不整”、又非“无量”，是见遣词之谬。笔者愚识其文，实当“存在不足一岁的沉积物”。

自公元纪年行世，逆推其前纪年谓之公元前1年、公元前2年……。未详始于何时，天文记年约以计算之便（事实“便”却未必），特将公元前1年记之为“0”、公元前2年记之为“–1”……；“0年”之于行文，由是生矣。然其“0年”，并非“没有”之年，只为“不计”之年。如：–732年至+268年，

732+268=1000；其间未计"0年"（即公元前1年）之量。其实所便只为公元元年前后连续"期年"计量：公元前733年至公元268年，（733−1）+268=1000；公元前733年之当年不成"期年"量，故必"−1"而得"期年"真量。而实公元前733（−732）年至公元268年，733+268=1001，共历1001年；732+268=1000，计只周期1000年。倘依天文记年求计历年，尚需732+1（改记为0之公元前1年）+268=1001；期间何为简便，岂不益繁之举。"0年"本止天文运算之用，一时多有误移历史纪年者，似乎"公元有0年"；以致公元二○○○年之世纪归属，已成世界公案，且至今日未结。虽其紊乱世纪始终之"功"，诚非专属天文"0年"，却其兆端，总为渊源于其。是见"0"符标量之弊，深矣。

综观集合之"空"、向量之"无"，更及"零增长"、"零等待"、"零缺陷"、"0拷贝"等诸用新词概念，"0"其标示总为空、无(天文"0年"虽非"年"量之"无"，却恰是借其"无"义用以略"数"而计)。诚如，"零点方案"为"使其〔叶按：指事物程度〕达到'零'的水平"[23]的方案、"零的突破"为"使〔叶按：某项成就〕从无到有"[26]，毛泽东《论十大关系》之"我们是一张白纸，正好写字"[27]其"白"之"空白无字"，从来"0"符示义，止为空、无、没有、乌有、不存在……；数学之衍"0"入"数"不过人类史上的一大误解，因为迄今为止，还未曾有过一个认真解释（更不要说证明）"0为数字"的数学家。

三

说“0”是人类为了表示“空”、“无”而创义的符号，相信是没有什么人要出来反对的；但要强调“0”符不是数字，恐怕仍愿保持“缄默”者就只能难寻一二了。难怪张文忠《数学思维漫谈》借“0”之口质问：“初学算术的人常常把我当作是‘什么也没有’（或说是‘没有数的数’）。……我真是什么也没有吗?”[28]《简明数学词典》即以“表示没有的数。……它比任何自然数都小”释“零”[29]，《数学术语详解词典》更释：“跟其它数表示一定量一样，零是表示‘没有’这个特殊量的数。”[30]如果说“0”表示“什么也没有”尚欠周延的话，全是因为“0”本位置记数符号。既把本义“什么也没有”的“0”符创立于记数，就自当所示“什么‘数’也没有”；更因其首置于位置记数，则周延其义方为：“空位圈。在位置制记数法中表示其所置数位没有数字。”“没有数的数”是完全违反逻辑的，既然“没有数”的前题是明确的，那么所能“有”的就只能是数的“不存在”；既然我们根本无法从没有人的地方找到人，又怎么可能于数的范畴之外找出一个“数”来呢?!“表示‘没有’这个特殊量的数”其概念是相当模糊和紊乱的，虽说某物的“没有”，非指它物的“什么也没有”，却“没有”本身绝然不表其“有”；不管量的特殊、一般，总为量之“有”，而“没有”之谓“量”，实难想象其“没有”之“量”，长短乎、大小乎、轻重乎……?“表示没有的数”是充满矛盾的表述，“表示没有”本已释义准确无误，却赘上一个"的数"就只能非驴非马了；已是人类计"有"多少"的数"，又怎么可能再去"表示没有"？有与无是客观事物存在与否的本质表现，有是存在，无是不存在；但"量的规定性只有在同一种质的界限中才能存在"[31]。有与无是两种完全不同本质的事物范畴，作为在"有"的范畴标量的数，是根本无法再作用于"无"的范畴的；至于视"无"为"有"中无穷尽之数一，就实在是不免荒唐了。就是在M.海德格尔那里亦只是把"无"作为"是对人的一种生存状态体验的描述"，他认为"概念的无毕竟是一个概念，它是一个在者。……无是描述在的意义的一条途径；因为万物经无的衬托是其所是，无就是在。"[32]海德格尔的"无就是在"只是描述了"概念的无"（物质世界是否"无中生有"确非本文所要讨论的范畴，但月球上至今没有生命总是不能否认的事实），但就此混同客观事物，以为"'没有'也是一个数"，就实在是缺少根据了。数本"有"中数、无为"数"外无，岂可"有"外浩瀚之"无"屈就"有"中之一"数"？况且，有、无之间根本无法计量比较，"无"本身即是"有"的虚空，更及连接"无"的虚空、衬托"有"的虚空，何以得见其无之"小"？没有人的A房间不会因为没有B房间的十个人而"小"，人之多少是以人的存在为前题，房间大小是以房屋的局限为条件，两种根本不同"质的界限"怎么可能定量比较？诚如，"没有苹果"不只是没有"一个"苹果，而是没有所有的苹果；既然"苹果"不存在，则苹果的数量属性根本无从言起，更况"没有"之虚空"铺天盖地"，又如何"小"致不比一个苹果？既然没人敢说星球比之太空还大，则又谁人当断这虚空比其地球上的苹果尚“少”!

上引瞿昙悉达《开元占经》之文尚见前句：“筭字法 样 一字二字三字四字五字六字七字八字九字 点 右天竺筭法，用上件九个字乘除其字，皆一举札而成”[12]。其言天竺筭法，所用“九字一点”也；今虽以“0”代“·”，却“·”“0”其符皆非数字也。十进制之记数法，逢十进位，故位置制印-阿数码、位词制中国数字一律止为“九”字。《管子·轻重戊》载：“虙戏……作九九之数以合天道，而天下化之”[33]；晋刘徽注《九章算术》亦序：“昔在包羲氏……作九九之数以合六爻之变”[34]；今传“九九”之诀，尚见多种先秦典籍。从古至今，九之后继数，位置制以进位、位词制以易词；数字（码）之于“九”限，实乃“十进”制定其恒也。“0”符本乃标示“没有数字”之义，不想人类竟能误以为数，且致有史千年。未详以“0”代“·”之初，其符有无大小约定，倘其果如此之“◦”符大小，或可幸免拙文之劳矣(若今3 0 4、2 0 0 0本作3◦4、2◦◦◦，确显字、符之别)；然亦未必，观今其“0”尚衍入数，想古之“◦”又岂不至“0”？但若印-阿位置记数之“凡数至十，进入前位；每空位处恒安一点有间”至今不易“有间”之点（·）为圈（◦），或当亦如今之小数点（.），无人衍其入数矣。其实，空位点（·）之改为空位圈（◦）〔即使今之为“0”〕，亦是只为符号、不为数码。其符号“0”虽与数码“123456789”书为同体，确亦诚非同类之属；其当类属者，空位圈（◦）之与小数点（.）也。数位“·”、“◦”、“0”、“〇”本只同义符号，或许正其改书“0”同数码之体，方致衍“0”入数始然，亦诚未可知。“九个字乘除其字”，则“·”（即今之“0”）非数字显矣；既如是，空位圈“0”之平反昭雪是否亦当有日可待？

“零”之汉字，本非空、无之义，今译印-阿“0”符，多因无其对应汉字而偏取汉语表述中之隔位数字“……零……”之“零”；而汉语其“零”只作“整”之反义相对，所如“化整为零”、“零存整取”是也。汉语之“零”虽其“不整”，却亦不外“有”之范畴；作译标示虚空之印-阿“0”符，实在与零之义“有”大相径庭。笔者睹闻诸如“化整为零”、“从零做起”之时，常因“为零”、“从零”所“零”之有、无，费神思辨；况“0”、“零”作译，其“二零零一”之“零”，已远非“二千零一”之“零”义，更况“二零零零”哉！“〇”符虽非汉字，然却“一二三四五六七八九〇”仿印-阿空符以作“号码”（如电话号码、邮政编码、部队代号等），遍行于世矣。数字“一二三四五六七八九”突入一“零”记作编号，实生不伦不类之感；是笔者斗胆拙愚：“零”复“二千零一”之“零”，不作“二〇〇一”之“〇”；则“0”之直译为“〇”，自此“零”不解“0”。“0”本印-阿记数空位之“符”，“〇”作汉语编号同义之“码”（不为汉字），诚得形、用恰如之译。

大约正是囿于并非职业数学家而难得沉思，在F.恩格斯的《自然辩证法·数学》中亦见如下论述：“零是任何一个确定的量的否定，所以不是没有内容的。……作为一切正数和负数之间的界线，作为能够既不是正又不是负的唯一真正的中性数，零不只是一个非常确定的数，而且它本身比其他一切被它所限定的数都更重要。事实上，零比其他一切数都有更丰富的内容。把它放在其他任何一个数的右边，按我们的记数法它就使该数增加十倍。”[35] 正是“任何”一个确定的量的“否定”，才无以言说其“小”、才不能指称为“数”；“0”之所谓“内容”，亦正是“没有”任何一个确定的量。若取 $\overline{BO}$、$\overline{OA}$ 等量线段，连接 $\overline{BO}$、$\overline{OA}$ 为直线，则二线段之二端点 O、O 必得重合为一；此时以 $\overline{BOA}$ 直线之 O 点为原点、$\overline{OA}$（$\overline{OB}$）线段为单位长度、$\overline{OA}$ 线段为正方向作数轴，则 $\overline{OA}$ 为“+1”、$\overline{OB}$ 为“–1”，本为 $\overline{BO}$、$\overline{OA}$ 共同端点 O，此时已为数轴“+1”、“–1”之反向共同始点 O（原点）。O 点已然合二而一，又何处可寻“之间的界线”？惟而“假设”O、O 端点不为“重合”止为“并列”，方可得其“之间的界线”也；倘依“假设”，则 $\overline{BOOA}$ 线段必比 $\overline{BOA}$ 线段长一“O”点矣。正是数轴原点为“一”，方能“–1”赖其以足“–1”、“+1”依其以成“+1”；数轴上所有的“点”均为所截“线段”之示意标点（相连两数之接点共示二数），不得离线独立。作为连接“–1”、“+1”的原点“O”，与“–2”“–1”之接点（即数轴原点左端第一个单位长度截点）、“+1”“+2”之接点（即数轴原点右端第一个单位长度截点）共示其相连两数，根本无法分离出一个所谓“既不是正又不是负的唯一真正的中性数”；倘若“–1”、“+1”之接点 O 可以断取为“数”，则“–2”“–1”之接点（数轴所标“–1”之截点）、“+1”“+2”之接点（数轴所标“+1”之截点）亦可断取为“数”，更数轴上每个单位长度截点皆可取之为“数”矣。数轴本为直线，仅以“单位长度”计量为“数”；倘又再以每一单位长度截“点”（即数轴上两个相连单位长度线段之公共端点）为“数”，则数轴上每一"点"、"段"别谓其"数",岂非数轴所标有为点数列、段数列"二重数列"哉!然,数轴任意二点之间有点无穷,于如3.555之点与3.666之点相差其"点"几何,谁人可于数轴求知?既然无以标"点"量"数",又怎生一个"点数列"之"数轴"了得!数轴原点O不过人为设"点",正是数轴之点不表为"数"方得此设,倘依O点截断数轴为二,则其O点分离各归正、负,无处可寻所谓"0"符之"中性数"矣。二维坐标原点O(0,0)是指空间其点至纵、横坐标的距离分别为〇,数轴原点O(0)只能是指数轴其点至原点距离为〇,二点皆为原点本身;"0"即数轴原点本身"没有"数量之义,既是"没有"量,又何谓中性之"数"也。总之,数轴以始于原点"线段"为"量",则原点不复独立存在;数轴以点至原点"距离"为"量",则原点本身没有距离;是"0"符之于数轴,正是没有量之标示,绝非"0"谓"数字"也。世以数轴截点标码为"数",遂致示无"0"符入"数"矣。恩格斯举例"把它放在其他任何一个数的右边,按我们的记数法它就使该数增加十倍"来说明"零比其他一切数都有更丰富的内容",亦实在是太缺少其力度了。不要说位置制记数法之"0"只为其位数码进位以示空无之符,不得随意"把它放在其他任何一个数的右边";即或权作"可以","放在其他任何一个数的右边"而"使该数增加十倍"的功能,亦非"0"符专利,如:"13"中使"1"增加十倍者,个位数"3"也。是凭此说,无以证明——"零比其他一切数都有更丰富的内容"。恩格斯又以为:"任何一个量的无,本身还是有量的规定的,并且仅仅因此才能用零来运算。"[35] 然,"量的无"亦即

"质的无"，因为世上还没有不表现为量的质；质且不存在，又"量的规定"何缘"作用"于质？既然"数在本质上是客观的"，则其没质无量之"0"，更何缘加入"数"的运算？恩格斯之所谓"零乘任何一个数，都使这个数变成零；零除任何一个数，使这个数变成无限大，零被任何一个数除，使这个数变成无限小"[35]，亦是有欠深思的。"0"作为"没有'数'"的符号是根本无法进入"数"的运算的，即使强令列为算式亦是没有意义的。"零乘任何一个数"都只表示这个数的"没有"(如：5×1 表示有一个 5、5×2 表示有二个 5，而 5×0 则表示没有"5")，而不是"'使'这个数'变'成零"。"零除任何一个数"都只表示把这个数分成"没有"之一(如：5÷1 表示把 5 分一取一〈即不分〉、5÷2 表示把 5 分二取一，而 5÷0 则表示把 5 分"没有"而取其一"份")，然事实上是不可能的，所以人们常说"0"不能做除数或"0"做除数没有意义；假设恩格斯的○"是一个非常确定的数"成立，那么用"确定的数"去除"任何一个数"，都不可能"'使'这个数变成'无限'大"，更况"'0'符"根本就不能去作"'除'数"呢！"零被任何一个数除"，都只表示把"没有"分成这个数的一份(如：0÷1 表示把"没有"分一取一、0÷2 表示把"没有"分二取一)，然"没有"是根本不可分的，又何求其"之一"；"被任何一个数除"，其结果亦只能改变"被除数"，又怎么可能去"使'这个数'变成"其"小"，更进而"无限"？不详初引"0"符运算者何其所思，更不知其始于何时，今见《世界数学史略》有作如下介绍："9 世纪摩诃毗罗(Mahāvīra，约公元 850)《计算精华》一书记载了关于零的算法：

‘一个数乘零得零，一个数加零、减零或除以零，这个数都不变’；当时尚未认识到零不能作除数，此问题直到12世纪婆什迦罗仍未搞清楚。”[36] 其实，一个数加〇等于没加（〇加一个数表示没有什么数要加上这个数，不是“没有”加上这个数；“没有”不是“数”，无缘“增加、减少”。所以：0＋1≠1）、一个数减〇等于没减（〇减一个数表示没有什么数要减去这个数，不是“没有”减去这个数；数之“没有”，自是无力“减去”一个数；所以：0－1≠-1）、一个数乘以〇等于没有这个数（〇乘以一个数表示这个数那么多个“没有”）、一个数除以〇等于这个数分“没有”份的一份（〇除以一个数表示“没有”分这个数那么多份的一份），引〇进入运算，无非是：一运算没有进行、二算式不能成立。“0”本空位圈，无以进入运算：倘借“0”符表示一减一之“无”(1-1=0)，亦只示其运算结果已无数字；其移等号左边“-1”到号右，亦当改“0”为1，不为“1=0+1”；更方程“X-1=0”只应“X-1+5=5”，不当“X-1+5=0+5”。

自瞿昙悉达有言“凡数至十，进入前位；每空位处恒安一点有间”，尚只“九个字乘除其字”之算，全然无涉“有间”之“·”；至以“。”代“·”，更至修“。”有为数码同体之“0”，摩诃毗罗已为“一个数乘零得零，一个数加零、减零或除以零”矣。今已不止“自然数列有起点，其第一个数是零”之言立说，“九〇年期”更见：《数学探奇》首序第0章、次序第1章、再次第2章之奇著[37]，公元二〇〇〇年之世纪归属纷争竟致衍增“公元〇年”之奇称，学术期刊竟载欲求“司马迁的零年观”之奇文。所谓应用位置记数“‘八卦’二进制”原理的计算机问世，似乎为“0”是“数字”提供了源远流长的依据：“我国古代数学采用十进法，但也用过其它的记数法。例如最常见的‘八卦图’，就是世界上最早的一种二进位记数法，令人惊奇的是：八卦的组合与今天电脑的进位关系，竟完全相同！……《易经》里说：‘无极生太极，太极生两仪。两仪生四象，四象生八卦。’这些话好像很神秘、很玄虚，但如果把迷揭开了，实质就是一种二进位的记数法。它表示：$2^0=1$，$2^1=2$，$2^2=4$，$2^3=8$。……如果把符号‘——’（阳爻）当作‘1’，把‘— —’（阴爻）当作‘0’，我们便会发现，‘两仪’是指（阴）和（阳）而言的。用现代电子计算机语言来说，就是‘0’和‘1’。‘两仪生四象’是指代表数字的阴阳之上，又能各自分别派生出一阴一阳来。用电子计算机语言来说：‘二位数二进制可以有四种编码。’‘四象生八卦’，用现代语言来说就是：‘在二位数二进制编码之上，再加一位，即三位二进制数，就能组成八种编码形式。’而由六个爻组成的六十四卦，则正是二进制六位数的全部编码。现在，我们把三个爻组成的八卦作为例子，它所代表的二进位数表示如下：

卦名	符号	二进位制记法	十进制
坤	☷	000 $(0\times2^2+0\times2^1+0\times2^0)$	0
震	☳	001 $(0\times2^2+0\times2^1+1\times2^0)$	1
坎	☵	010 $(0\times2^2+1\times2^1+0\times2^0)$	2
兑	☱	011 $(0\times2^2+1\times2^1+1\times2^0)$	3
艮	☶	100 $(1\times2^2+0\times2^1+0\times2^0)$	4
离	☲	101 $(1\times2^2+0\times2^1+1\times2^0)$	5
巽	☴	110 $(1\times2^2+1\times2^1+0\times2^0)$	6
乾	☰	111 $(1\times2^2+1\times2^1+1\times2^0)$	7

由此可以看出，八卦实际就是人类最早的二进制。欧洲微积分的

创始人之一——大数学家莱布尼兹（Leibnitz，1646—1710 年）在 1701 年，正当他为探索乘法计算机原理而苦思冥想的时候，他出乎意外地收到了一位法国传教士从北京寄给他的'八卦图'，使他从中得到宝贵启示。他曾对此而大觉惊异，终于帮助他领悟出文明世界最早系统的二进位制数学。只用 1 和 0 就可以把所有的数字都表示出来，这真是一个叫人迷恋的数学奇观！"[38] 然而，G.W.莱布尼兹从"八卦图"中"领悟"出的所谓"二进制"，真的当谓"位置制记数法"的"二进制"吗？其实非也。如果历史上确曾使用过位置记数的"二进制"，则亦当一位数只有一个数"▲"（诚如十进制的一位数只有"九"个），二位数仅有两个数"▲△、▲▲"（亦如十进制二位数止为"九十"个）；其"▲+▲=▲△"之"△"只为空符、不为数符，就是说，所有的二进位置记数中，只能使用一个数符——"▲"（见图 1）。否则，何谓"二进制"也？"两仪生四象"是阳仪生太阳、少阴二象，阴仪生少阳、太阴二象（见图 2）；既阴、阳两仪"用现代电子计算机语言来说，就是'0'和'1'"，又岂能由生四象再而"用电子计算机语言来说：'二位数二进制可以有四种编码。'"？本当"二位数二进制"只有▲△、▲▲（即 2、3）二数，何处可求"四种编码"？观其"表示"二位数亦只"10、11"二数，加之一位数"0、1"二数（此处暂不否定其 0 为"数"）方为共得四数；而"两仪生四象"之象自成其四，加之生由两仪，则生仪、成象共为六数矣。"四象生八卦"则更生象太阳成卦乾、兑，生象少阴成卦离、震，生象少阳成卦巽、坎，生象太阴成卦艮、坤；其八卦、四象、两仪共得数码一十有四，岂如"表示"三位 100、

101、110、111 四码加之二位二码、一位二码总为八码也？更其何解“‘四象生八卦’，用现代语言来说就是：‘在二位数二进制编码之上，再加一位，即三位二进制数，就能组成八种编码形式。’”？

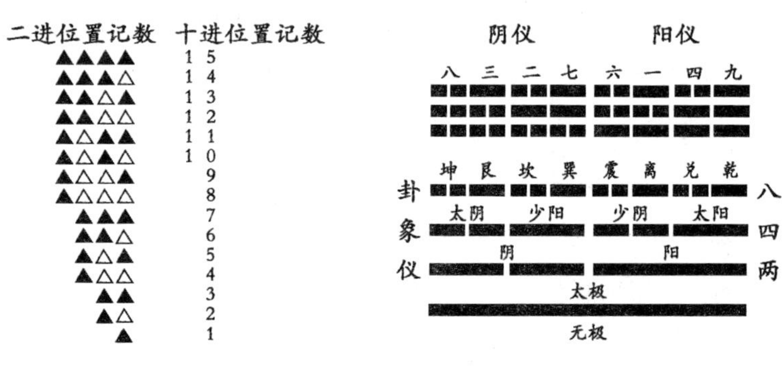

图 1（▲数符、△空符）　　图 2

观其“表示”并及所言，所谓计算机之“二进制”与八卦“生成”进数并二进位置记数，全如南、北海之“马牛不相及”也。计算机“八种编码形式”（“即三位二进制数”）000 001 010 011 100 101 110 111“所代表的二进位数”又表为“十进制”之“0 1 2 3 4 5 6 7”，自陷悖论矣：倘依“编码形式”，0、1 二符的三位组合、排列确为八种，且其二位组合、排列亦为 00 01 10 11 四种、一位排列 0 1 二种，有与八卦（坤 艮 坎 巽 震 离 兑 乾）、四象（太阴 少阳 少阴 太阳）、两仪（阴 阳）之“数”合，然却仪、象、卦共表一十四数，一位、二位、三位只如“表示”（0 1 10 11 100 101 110 111）之“数”八（其一位二数构成二位四数、二位四数又构成三位八数）也；若以“二进制数”，仅见三位二进制之数存四：100 101 110 111、只能二位二进之数有二：10

11，然却止合"两仪生四象"、"太极生两仪"其数，无法再而相合如"四象生八卦"之"八种编码"、"两仪生四象"之"四种编码"。其实，在数字电子技术中，逻辑低电平状态作"0"、逻辑高电平状态记"1"，0、1只是表示物理状态符号；于电子计算机之应用，0、1亦只作为六位编码符号，根本无需牵强附会以为所循二进位置记数并及八卦生成进数之律也。倘二进位置制以1记数，则其二位数惟有10、11，用0、1作符号，其二位组合、排列可得四种编码，然却不能以0、1作一位数进位而求四个二位数；若以0为阴、1为阳组排四种编码，其00、01即为0、1之数，全然不同"两仪生四象"之阴、阳由生而另成四数之象也。几经讨教方谙，所谓"二位数二进制"、"三位二进制数"别分两套系统：其"四种编码"（00 01 10 11）标数0 1 2 3，而"八种编码"（000 001 010 011 100 101 110 111）标数0 1 2 3 4 5 6 7；然却所作标数，诚与二进位置记数、八卦生成进数非谓同义之语也。编码就是编码、记数就是记数，二者迥然见异：一是0、1二符组排编码，一是数符迭加逢二进一记数；编码0、1以为一位二数，记数"▲"符唯一一位数；0、1二符三位组排八种编码，二进位置三位数内七数。或许正是囿于编码的思考，当年的莱布尼兹才致0、1误比阴、阳两仪，以为二进位置之一位数吧（"00 01 10 11"误比太阴、少阳、少阴、太阳四象，以为二进位置二位数；"000 001 010 011 100 101 110 111"误比坤、艮、坎、巽、震、离、兑、乾八卦，以为二进位置三位数；皆如。）；其实，莱布尼兹编码以0、1误比阴、阳两仪，进而衍0入数，所误远非"二进制"，更及根本之"位值制记数法"矣。莱布尼兹的“改进”位置记数二进制，不能不说是误解中国传统文化的历史遗憾。“无极生太极，太极生两仪”其语不见《易经》载文，未详作者何处摘引；《周易·系辞上》类语乃见：“是故，易生太极，是生两仪；两仪生四象，四象生八卦，八卦定吉凶，吉凶生大业。”[39]虽“无极生太极”语不出《易经》，却宋周敦颐《太极图说》有言：“无极而太极。……阴阳一太极也，太极本无极也。”[40]无极、太极之论，《通纬·易·乾凿度》有见：“夫有形生于无形，乾坤安从生？故曰：有太易、有太初、有太始、有太素也。太易者，未见气也；太初者，气之始也；太始者，形之始也；太素者，质之始也。气、形、质具而未离，故曰浑沦。”[41]其著另语：“既然物出始俾太易者也，太易始著，太极成；太极成，乾坤行。”[42]笔者愚识，物蕴未形谓无极、物成浑然为太极，当见无极、太极本然也。太极之论，唐李鼎祚《周易集解》载：“虞翻曰：‘太极、太一也；分为天地，故生两仪也’。”[43]《通纬·易·乾凿度》更见：“孔子曰：‘易始于太极，太极分为二，故生天、地’”[44]，“一者形变之始，清轻者上为天、浊重者下为地”[45]。未识太一、两仪、四象、八卦之生成，误解汉学为崇尚“偶数”文化，实在是“莱布尼兹的遗憾”；轻舍“太极”大本而借 0、1 误拟阴、阳，改造记数“二进”不惜衍 0 入数滥计，则更其“莱布尼兹的遗憾”之“遗憾”也！中文数字一、三首起构词比之二、四首起构词之多，可见《汉语大词典》：“一”之词 1712 条、“二”之词 480 条、“三”之词 1410 条、“四”之词 532 条〔按：粗略统计，不敢言确〕。汉民族语言文化中，“一”字内涵之丰富、外延之宽广，还没有哪一个数字堪与相比；外来空、无"〇"符，至今勉入汉语文字，又，古之人，岂容〇、一并组乾坤？《周易·系辞下》载："阳卦奇，阴卦偶。"[46] 汉扬雄《太玄·玄莹》有言："奇以数阳，偶以数阴，奇偶推演，以计天下，玄术莹之。"[47] "凡数，双曰偶，只曰奇"[48]，倘依莱布尼兹以为"0、1"有属二进位置之一位二数（三位共为"0 1 2 3 4 5 6 7"八数），则 0、1 者，谁为奇、偶之数？是笔者以为八卦生成进数或如：

太极…………… 之 ………▲为……一；

太极—阴…………之………▲△为……二，太极—阳………… 之 ……▲▲为……三；

太极—阴—太阴……之……▲△△为……四，太极—阴—少阳…… 之……▲△▲为……五，

太极—阳—少阴……之……▲▲△为……六，太极—阳—太阳…… 之……▲▲▲为……七；

太极—阴—太阴—坤…之…▲△△△为……八，太极—阴—太阴—艮…之…▲△△▲为……九，

太极—阴—少阳—坎…之…▲△▲△为一十 ，太极—阴—少阳—巽…之…▲△▲▲为一十一，

太极—阳—少阴—震…之…▲▲△△为一十二，太极—阳—少阴—离…之…▲▲△▲为一十三，

太极—阳—太阳—兑…之…▲▲▲△为一十四，太极—阳—太阳—乾…之…▲▲▲▲为一十五。

非敢断言此解有为八卦生成进数本义，更不愿轻说是数理合"易一阴一阳合而为十五之谓道"[49]，或许全为意外巧合亦未可知（乞恕笔者易学无知，仰望方家他日明道），然却如所记数实诚位置二进之律也；倘若八卦生成之数果寓"二进"，则上所记数确当其实也。如果莱布尼兹之前确曾使用过二进位置记数，亦当只如"数始于一，成于'二'，次一为道"之一位一数、二位二数、三位四数、四位八数……之记；计算机莱氏"二进"之"000 001 010 011 100 101 110 111"，无非是解"$2^0=1$，$2^1=2$，$2^2=4$，$2^3=8$"为二个符号三位组排八种编码、二位组排四种编码、一位排列二种编码，然却"$2^0 = 1$"之解并及"无极而太极"之说荡然无存矣。

既然无论清人江永《河洛经蕴》之“乾九、兑四、离三、震八、巽二、坎七、艮六、坤一”，或是今人突破进展之“乾九、兑四、离一、震六、巽七、坎二、艮三、坤八”[50]，全无“〇”卦得见，当知计算机之“二进”，纯系0、1二符之组合、排列编码，无涉二进位置之“一”始计数也；更“八卦的组合”（八六二四三七一九）与“今天电脑的进位关系”（0 1 2 3 4 5 6 7），何处“竟”见其“完全相同”焉！二符组合、排列编码之“0”与逢二进一位置记数之“0”本非同义（编码之“0”代表物理状态、记数之“0”表示没有数字），惟于数字电路计数器之运算，物理状态之“0”兼作“没有数字”之“符”（1 + 0 = 1）；然却物理状态之“0”不为数字、计数运算之“0”没有数字（否则：$1 + 0 \neq 1$），若非莱布尼兹的误解，计算机之应用本无其“0”之“数”也！既如是，则计算机之问世，更其无寻丝毫“0”为数字之佐证矣。如果说“任何数，无论多大，均可用整整九个字母加上一个表示‘无’的符号来记写”[51]是准确概述了十进位置记数的话，那么概述二进位置记数的“任何数，无论多大，均可用仅仅一个字母加上一个表示‘无’的符号来记写”[51]是准确无误的了。当我们真诚地赞美“权威”者巨大功绩之时，是否亦当正视权威者失误之“影响”亦常常是巨大的呢！

“在数学上，从无开始记数，‘〇’这个符号使整个世界为之改观。”[52]这话，早已有人感叹（“从无开始记数！”[53]）。今时则已正襟危坐是言：“有零年，是人追求科学真善美的必然；无零年，如儒略历等是不明白零的特殊性引来的遗憾。”[54]如类滥言，自是不足辞驳，惟其所惜——二十世纪的人类文明真就由因一个“0”符而改观吗？真为投生二十世纪遗憾！借此，笔者愿为儒略·凯撒时代深鞠一躬。“0”是什么？表示“没有”的符号。没有什么？没有数字。“0”本印–阿十进位置记数数位中“没有数字”符号——空位圈，记数数位“没有数字”之空位圈，自为有位无数之符也。空位圈“0”本只存在于“多位数”中，后世借其所示“无数”之义，移出作标“没有数量”：数轴原点O因没有“线段长度”之数量而标“0”（该点到原点的距离0〈即为“单位长度”无限小量之极限——没有“单位长度”量〉），温标冰点○因没有“汞柱高度”之数量而标“0”（该点到冰点的高度0〈即为“℃”无限小量之极限——没有“℃”量〉），算式1–1=0更是“数1”减去“数1”没有“数”而标“0”（严格说1–1 ≠ 0，“0”符只为没有数字的标示）。“0”符移出记数，不再示“空”只为标“无”。数轴原点O没有轴线长度（没有任何大于“单位长度”的倍数、亦没有任何小于“单位长度”的分数〈小数〉）而借“0”符标示其点没有数长，温标冰点○没有汞柱高度（没有任何大于“℃”的倍数、亦没有任何小于“℃”的分数〈小数〉）而借“0”符标示其点没有度高，皆本借移记数“0”符以作标示数轴原点其数“○”(没有数段)、温标冰点其度“○”(没有度量)，今反以为标示数轴原点“没有数”之“0”符为其原点之“数”、标示温标冰点“没有度”之“0”符为其冰点之“度”，岂无悲哉！难道还真要把“1–1”后的“0”符不作为“没有数”的标示而解为还剩一个数“0”吗？又谁人胆敢提了两只喝光茅台酒的空瓶去奉迎上司？无意奢褒汉字象形其求实人文，但若真的不是在“汉代筹算盘的空位上摆上了一个印度花环”，凭那无算数位的空空荡荡是不致人类今日一个衍“0”入数的；然却时下人们的“从无开始记数”，不致亦去罪究曾高赞“使整个世界为之改观”的“‘〇’这个符号”吧。该去怨谁呢？是“权威”，还是“迷信”？不管要去怨谁，多与少的属性总是要以实物的存在为其必要条件吧（口语常说“有几个算几个”，总不能把“没有”也算“一个”吧），事物“有没有”的范畴与事物“有多少”的属性尚在同义而语之时，我们又有什么理由再去怨“谁”呢？数者，计量也，无量岂有数哉！《庄子·天下》有言：“一尺之棰，日取其半，万世不竭。”[55] 棰之不竭，数之不“0”也；所言“‘0’非数字”可否？

若以《中文大辞典》“数字为代表九基数之记号，即 1、2、3、4、5、6、7、8、9 之谓。然有时加 0 于其中谓之数字者，此时由 1 至 9 之诸数字谓之有效数字”之释“数字”[56] 不为之确，却岂可《数字是什么》之“‘上帝创造了自然数，其余一切都是人为的。’在这格言中，L.克罗内克尔（1823–1891）指出了数学大厦赖以建立的可靠基础”[57] 亦不为之当？但愿人类数学的发展史上，不再堆砌损毁基础的建筑。

本于记数羞言一二，感时而缀“胡言乱语”；倘幸一君过目，进而有所发现、有所发明、有所创造，则小生辛苦足偿矣。

注释：

［1］［2］［39］［46］〔清〕阮元校刻《十三经注疏》，中华书局 1980 年 9 月影印版《礼记正义·卷十三》1348 页中、《周礼注释·卷十三》842 页下，《周易正义·卷七》82 页上、《周易正义·卷八》87 页中。

[3] [15] 〔汉〕许慎撰《说文解字》，中华书局 1963 年 12 月 68 页三上，241 页十一下。

[4] 北京市中国书店 1983 年 7 月中册 1024 页卷七去声上第十。

[5] [43] 《丛书集成初编》，中华书局 1985 年新一版一二〇八册 137 页、三八九册 349 页卷十四。

[6] 《四部备要》，中华书局 1988 年影印版 44 册《逸周书·卷六》45 页。

[7] [54] 温储基《试论司马迁的零年观》，《山西大学学报》（哲学社会科学版）1996 年 3 期 25、24 页。

[8] 何芝英等编纂，浙江教育出版社 1995 年 7 月 1 页。

[9] 〔德〕W.盖勒特·H.奎斯特纳·M.海尔维希·H.凯斯特纳著、谈详柏等译《简明数学全书》（Ⅰ.基础数学），上海科学技术出版社 1981 年 5 月第 10、11、14 页。

[10] [29] 陈森林主编《简明数学辞典》，湖北人民出版社 1984 年 1 月 17、54 页。

[11] 《尔雅 广雅 方言 释名——清疏四种合刊》，上海古籍出版社 1989 年 8 月 1076 页下。

[12] [34] [40] 《影印文渊阁四库全书》，台湾商务印书馆民国七十二（1983）年 807 册 933–4 页《唐开元占经·卷一百四·算法》、797 册 4 页、697 册 7–9 页〔明〕曹端《太极图说述解》。

[13] 参见鲁又文《数学古今谈》，天津科学技术出版社 1984 年 9 月 54 页。

[14] [16] 山东教育出版社 1985 年 3 月 10、11 页。

[17] 科学技术文献出版社重庆分社 1990 年 5 月 40 页。

[18] [19] 数理化自学丛书编委会数学编写小组编《数理化自学丛书·代数》，上海人民出版社 1977 年 10 月新 1 版一册 1、16 页。

[20] 中国大百科全书出版社 1987 年 7 月 915 页Ⅱ。

[21] 上海辞书出版社 1989 年 9 月下册 5219 页。

[22] 见《汉语大词典》，汉语大词典出版社1993年6月11册686页。

[23] 韩明安主编《新语词大词典》，黑龙江出版社1991年7月301页。

[24] 陈绂、聂鸿音主编《当代汉语词典》，北京师范大学出版社1993年12月656页。

[25] 《中国科学报》1996年11月6日。

[26] 于根元主编《现代汉语新词典》，北京语言学院出版社1994年11月464页。

[27] 《毛泽东著作选读》（下册），人民出版社1986年8月743页。

[28] 知识出版社1986年3月53页。

[30] 高希尧编，陕西科学技术出版社1991年7月401页。

[31] [32] 冯契主编《哲学大辞典》，上海辞书出版社1992年10月1555、139页。

[33] [47] [55] 《百子全书》，浙江人民出版社1984年5月三册《管子·卷二十四》、四册卷七、八册《庄子·杂篇下》第三十三。

[35] 中共马恩列斯著作编译局译《马克思恩格斯全集》，人民出版社1971年3月第20卷604-5页。

[36] 高希尧编著，陕西科学技术出版社1992年5月75页。

[37] 〔西班牙〕米盖尔.德.古斯曼著、周克希译，上海教育出版社1993年11月。

[38] 蒋术亮编著《中国在数学上的贡献》，山西人民出版社1984年5月62-3页。

[41] [42] [44] [45] [49] 《纬书集成》，上海古籍出版社1994年6月第1625页下、1659页下、1624页上、1627页上、1627页下。

[48] 《正字通·人部》，转引自上海辞书出版社《汉语大词典》(第一卷)1564页。

[50] 参见北京大学中国国情研究中心易学课题组《易学研究的突破性

进展——千古〈河图〉与八卦关系的解译》，《光明日报》1996年11月20日第八版。

[51] [53] 〔美〕I.阿西莫夫《数的趣谈》，上海科学技术出版社1980年12月第14、18页。

[52] 卢介景《数学史海揽胜》，煤炭工业出版社1989年3月42页。

[56] 中国文化学院出版部民国五十七（1968）年八月十五册一〇三页（总6167页）。

[57] 〔美〕R.柯朗、H.罗宾斯等著，汪浩、朱煜民译；湖南教育出版社1985年1月6页。

(1996. 12. 22. 初稿)

〔载1997年1月14日自刊《余修文稿》辑一〕

“纪年”与“数轴”

——诘难《21世纪百年历》

叶小草

翻检中国科学院紫金山天文台编《21世纪百年历》，本之“21世纪”百年概念清清楚楚，却不知其何以书中“年历表(2000～2100年)”，列历一百零一年？及览书中《历法和时间》文字，惊见“纪年”谬误之甚，远在寻常百姓之上，是愿缀笔止讹，以正天下视听。

书中《纪年法》开节即见荒诞之言“历史上存在的纪年法有两种”，即所谓“无零(0)纪年法”与“有零(0)纪年法”。这里，编者所谓的“纪年法”，诚当明确而谓“公元纪年法”。历史上的公元纪年法，虽由止于1582年10月4日的儒略历与始于10月15日的格里历合而成之，却也以为一种纪年法的承接，不谓“两种”也。不解编者何以得言，曾经“历史上存在”过什么“有零(0)”、“无零(0)”的“两种”公元纪年法？编者“罗马数码和希腊数码……均无零作单独数码存在，故名”的赘语，实在无稽；迄今的人类史，尚无一种“‘有0’作单独数码存在”的数字。尽管 *ISO 31-11：1992（E）*“｜11-4.9｜**N** N｜　｜the set of natural numbers; the set of positrve integers and zero ｜N= {0,1,2,3,…}　｜”及《GB 3102. 11-93》“｜11-2.9｜**N**，N｜　｜非负整数集；自然数集｜N= {0，1，2，3，…}　｜”皆见“0”入自然数之规定，然却事实，迄今○加○并非等于一、第一之前未序“第○”，不过一纸空文而已。从编者的“17 世纪起欧洲天文学家推广使用了整数纪年法，它包括负整数、0 数码和自然数”可析，其时编者尚未知晓 *ISO* 及《GB》之“N= {0，1，2，3，…}”规定；其所谓“公元前后期间序数跳过 0 年”的妄语，就更是没有“理由”的了。不知是编者真的尚难辨清具体“世纪”属年，还是根本不详史实年代，“1740 年”才出现的公元纪年天文记法，也要生给提前到“17 世纪”。说“公元前 1 年，即汉元寿二年”，“公元元年……即汉平帝元始一年”，“其干支序号（以甲子年为 1）为 56 和 57 是相连的两个数”，“这样的无 0 纪数，表明中国无形中接受了欧洲的影响”，足见编者尚未明了“0”符仅系印阿位置记数辅助符号之“空位圈”，不为“数字”，更非所谓什么“单独数码”。编者须知，中华民族累十计量的十进位词（异于印阿十进位置记数尾数空位“0、00、000、0000……”的“十、百、千、万……”）记数，其所增益人类文明有史数千年矣；岂待“汉代筹算盘的空位上摆上了一个印度花环”的印阿记数传入欧洲，再而“中国无形中接受”其什么“无 0 纪数”之“影响”？不仅“纪数”概念人间不解，“无 0 纪数”更于编者其外无人可知。公元纪年，迄今二千余载，何日为“后”不得而知；“公元”与“前”本无“期间”，不详编者何竟出此“跳过 0 年”奇语？编者一再指谓“第一种自然数纪年法”，似乎公元纪年还另有一个什么“第二种非自然数”的“纪年法”；其说之怪异，委实令人不知所云。公元纪年法就是公元纪年法，自有公元纪年以来，“A. D. ”公元、“B. C. ”公元前，皆以自然数为纪，诚乃迄今，天下唯一“公元纪年”之法也。“纪年”之属，固乃历史学之范畴，今有天文学家欲顾，不妨增益其事；连个汉语字、词、句、章亦为尚难把握之笔，竟也大颜不惭普教众生，贻误天下，真是何苦来着？天下谁人可知，“0 年”历数多少天？“公元 0 年前后是对称的”，若非尚需增加一个“公元前 0 年”与之“公元 0 年”对称，“公元纪年”与之“公元前纪年”又其如何“对称”耶？“公元 0 年为公元前 1 年”，“公元 1 年”又为“公元前”之几年耶？“公元 1 世纪：0～99 年；……同样，公元前 1 世纪：0～–99 年”，则“公元前”之历纪何年作始？又，“–1～98 年”为“公元 1 世纪”、“1～–98 年”为“公元前 1 世纪”可否？编者的“逻辑和计算”更是令人莫名其妙，说“时间间隔的计算，自然数法极易出错”，其“例如”有言：“公元前 5 年与公元 5 年的间隔，一般认为 5+5=10，其实应｜–4｜+5=9 年，即用 –4 的绝对值时，相隔有 9 年而不是 10 年。”自公元前 5 年元旦至公元 5 年除夕共 10 年，“一般认为”没错；“用 –4 的绝对值”的“9 年”，显然丢掉了天文记法用“0”标示的“公元前 1 年”的“1”年。其正确运算则当：｜–4｜+1（标“0”的“公元前1 年”）+5=10 年。其“又如”更言：“1989 年国际召开孔子诞辰 2540 年纪念会，因为孔子生于公元前 551 年，于是 1989+551=2540 年。而正确的间隔是｜–550｜

+1989=2539年。”抬眼书架，书脊赫然《孔子诞辰2540周年纪念与学术讨论会论文集》，是编者未谙“年”与“周年”之异；始于元旦、终于除夕为“年”，周而复始至次年相同月、日、时（常略其时不计）谓之“周年”，诚乃纪年常识也。先秦史料载记孔子生于“鲁襄公二十一年十月庚辰朔庚子”（前552年10月9日），552–1（诞辰当年绝无周年纪日，计算必减诞年之“1”）+1989=2540（周年），方可求得孔子诞辰周年正果。“–550”为公元前551年，本已后记孔诞一年，再而取计“｜–550｜”，如何可得“正确”孔诞纪辰“周年”焉？编者不省己误，妄言“国际会议的召开”有为“提前一年”，无乃自点也。编者需知，正是有感公元纪年4年（世纪年须400的倍数年）一闰（公元4、8、12、16、20……年，公元前1、5、9、13、17……年）的不便公元前置闰，方有天文学的标“0，–1，–2，–3，–4，……”以示公元前纪年“公元前1，2，3，4，5，……年”之记；这里必须明确一个概念：天文“0，–1，–2，–3，–4，……”记法所于“公元纪年法”（即公元纪年内容本身）并无丝毫改变，且其记法仅涉“公元前”之诸年标示符号，概无他焉。编者误以“公元纪年法”中另有“0年”之纪，进谓“公元0年”惑众，委实坑人不浅。编者所于“纪年”的蛊惑，并非仅止语言文字的荒诞，更有甚者，分别虚幻了所谓“两种”纪年法的“时标”图示：

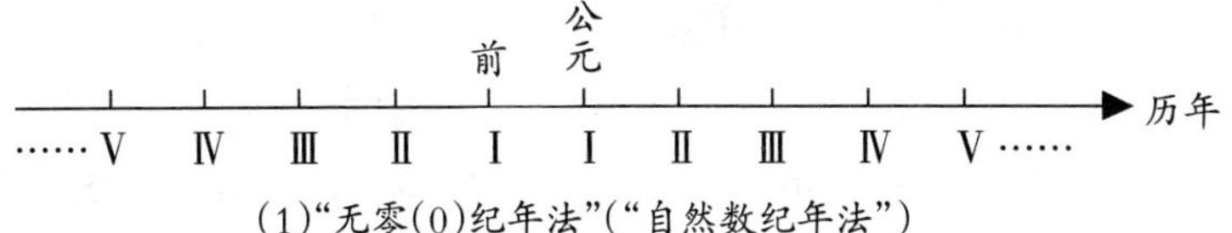

（1）“无零（0）纪年法”（“自然数纪年法”）

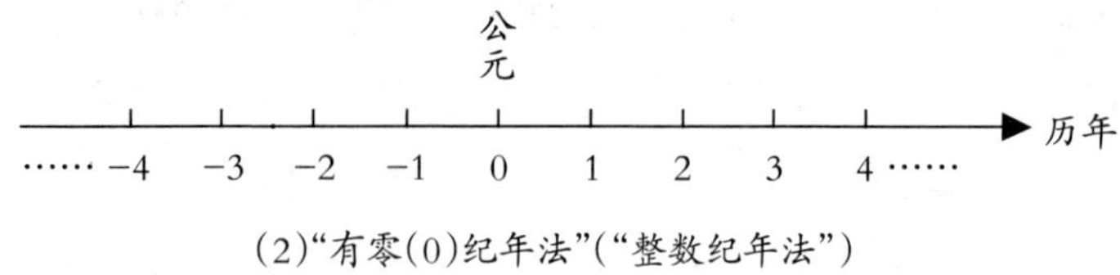

（2）“有零（0）纪年法”（“整数纪年法”）

综观编者《纪年法》之所误，根源者，大惑“时标”数轴。前录，图（1）竟然不设“原点”，图（2）则以原点为“数”，诚见编者所于“数轴”误解之深。中央电视台 1999 年 12 月 30 日一特别节目解释 21 世纪始于 2001 年时，指责公元纪年缺少“0 年”，并图示一断线“数轴”：

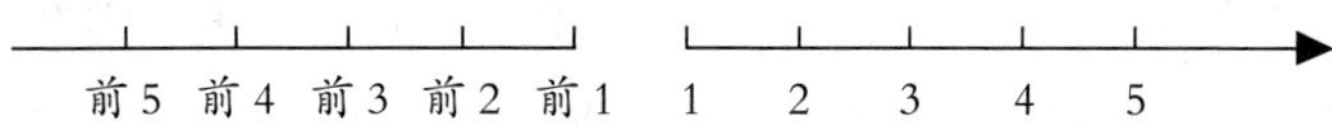

不详其所主旨，是否亦与今之“编者”持论相关。其实“数轴”者，不过“是一条用来表示数的直线”，但它要有“规定的正方向、原点和长度单位”。“单位”者，“1”之规定量也；“单位长度”者，规定线段也，数轴与之相当线段以谓“数‘1’”也。O 为“原‘点’”，绝非“线‘段’”，更断非数轴之所“示‘数’”者也。“原‘点’”与之“单位‘线段’”根本无以为“比”，其又如何进而求得“实数”耶？数轴上所示数量者，惟而轴线上两个定点间的“线段”。轴线上原点 O 外的任何一点 P，都是以 O 为公共定点的有向线段 $\overline{OP}$ 的唯一另外定点；用单位长度去度量，就可以得到有向线段 $\overline{OP}$ 的数量。设这个数量是 X，则 $\overline{OP}$ =X。解析几何把 X 叫作轴上 P 点的坐标，用 P（X）表示。这里表示数量的线段 $\overline{OP}$ 的 P 点的坐标 X 而非坐标点 P 的概念是十分明确的，绝不允许强调 P 点与其坐标 X 的一一对应关系而借以取代“坐标”充“数”；“点”代“线段”的喧宾夺主，诚乃数轴示量大忌。编者正是误解数轴以点为数，才荒唐地设计了“公元前后数码一一对应”的“自然数法”与“公元元年前后是对称的”的“整数法”，所谓的“两种纪年法”；至于误以“原点”为“量”，进而闹出“公元0年”笑话，则无疑更当引发我们关于传统“数轴”定义的认真思考。尽管“单位长度”本已明确了数轴的“线段”为“量”，但若我们不是仅仅使用“一条用来表示数的直线”，而是换作“一条用两个定点间的‘线段’来表示数量的直线”来定义“数轴”，历史上有如编者的相关误解总会少一些吧。至少，作为公共定点而无法自身成为 $\overline{OP}$ 线段的“原点 O”，总不至于再而歧义为“量”吧。数轴原点 O 与其他任意 P 点的根本区别就在于，任何一个 O 外 P 点都与原点 O 构成“两个定点间的‘线段’”，而仅只一个作为公共定点的原点 O，其自身是永远也无法成为“两个定点间的‘线段’”的；就是说，原点 O 是数轴上唯一没有坐标的点。既然原点 O 不是实数 X 在数轴上的坐标点，即使误以坐标点示数，亦是不当再而误出一个“原点0”来的。既然数轴上不会出现一个既不属于1、又不属于2的“点”，也就根本无法分离出一个既不归正数、又不归负数的独立原点“0”；作为公共定点的原点 O，无疑乃是数轴全部 P 点坐标赖以存在的基础，是无论如何都不可以放手承认其“自主”独立性的。事实证明，不仅数轴上根本就不存在一个什么“既不是正、又不是负的唯一真正中性数”，生活中任何两个相向物量的界定也都是根本不会出现什么所谓“中间量”的；诚如摄氏温标的冰点，人们虽已习惯称以“0℃”，却是无人而能寻出○上1℃与○下1℃之“中间”1℃高之汞柱也。昔之无量“0”符入属实数已为昏昏然，今之编者再而“0年”入计自然数，岂非天下数量之计已为无需共识耶？上录“数轴”三图，皆见大悖数轴基本要素；特作小图，以正视听：

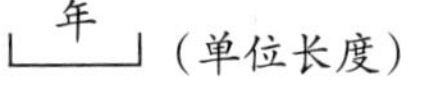

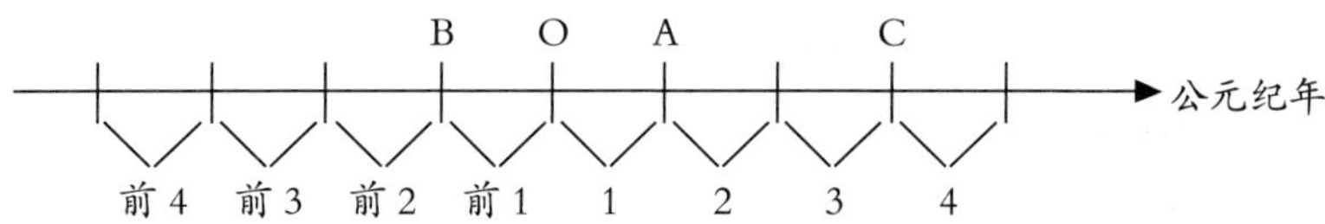

以O为原点、单位长度为半径在数轴OC上分别截取A、B二点，则A点坐标线段$\overline{OA}=1$、B点坐标线段$\overline{OB}=-1$；倘以3倍单位长度截取C点，则线段$\overline{OC}=3\times\overline{OA}$，万万不可误以截点$C=3\times A$。以单位长度为“年”而作公元纪年，则线段$\overline{OA}$表示公元1年、线段$\overline{OB}$表示公元前1年，以此类推；$\overline{BOA}$三点二段，只为两个单位长度，断不得容O点示“年”。迄今不闻尚有以“点”表“量”数轴，敢愿编者善待之。其实，公元纪年之“天文记法”，不过改记公元前纪年标示符号而已，全与公元纪年别无二致焉：

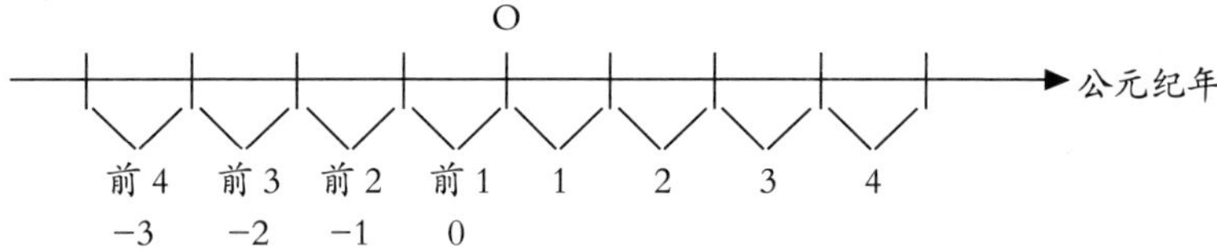

“0”本印阿位置记数之多位数中“空位圈”——表示数位没有数字（依附上位数字而出现），后之剥离多位数独立标示“没有数字”，进或移出数外径谓“没有数量”，本亦并无不妥；然却法国天文学家J.卡西尼1740年《太阳与月球表》把“公元1年记为

+1 年，公元前 1 年记为 0 年，公元前 2 年记为 –1 年”的急功近利聪明，恐怕所于今之编者数轴标点取代坐标量年的“公元 0 年前后对称”也是始料不及的吧。其实，正如“点可以描述为线的界限……只表示位置，没有大小、宽度和厚度”，数轴上所有的点都不过只是人们的设想，属于数轴本身并可以参与计量的“点”是根本不存在的；就是说，数轴只有实数的对应线段，没有表示数量的点。这里，特别想提醒编者的是：千万可别以为“数轴是由无数个点组成的”。本旨易于数量明示，是有“数轴”出世人间；不想竟会坐标功用亦被标点取代，由生点与坐标争“数”大战。不知时代的进程终是怎么了，技术的高新一定要以科学的扭曲为代价吗？

《世纪和年代》节虽与数轴无涉，却与纪年关系密切；有见节中行文诸多纰缪，颇虑以讹传讹，是愿不揣浅陋略予厘清。编者定义“世纪”，谓“以百年为期的计时单位”。世纪诚非任意百年之谓，自 1903 年至 2002 年的百年期无以指称“世纪”；其实，世纪是公元纪年的百年分期，亦即“百年时段的公元纪年单位”。编者的意“指时间的间隔，为期 100 年”，令人费解；从来世纪连续纪年，前、后自无“间隔”，诚如 20 世纪的佰年（1901～2000）与 21 世纪的佰年（2001～2100），何处可寻“为期 100 年”的“时间的间隔”焉？史以耶稣基督诞年纪元，是有 A.D.“主的生年”（公元）、B. C.“基督之前 ”（公元前）之别而公纪；基督诞生年之次年当谓“基督诞生的第二年”，编者“基督诞生之后第一年作为公元元年”，终为耶稣基督“诞生当年”耶、“诞生次年”耶？编者意将“基督诞生之年的次年作为公元元年”，尚需有持力据明确表述，方可昭示天下也。“每个时段后1个百年数就是世纪数，例如，2100年即21世纪”，不知道编者的话为什么都这么“别扭”；公元纪年中每个佰的倍数年都被称作“世纪年”，其倍数即为“世纪”数，如表示21个佰的2100年的倍数“21”即为21世纪的世纪数。惟是不解，2100年终是属于哪“个时段后1个百年数”？说“一些国家（包括中国）的公众、社会舆论和官方，依据约定俗成的惯例，主张公元纪年从0年开始计算”实在不免荒唐，“元”者“一”也，“公元”即“公一”，何而再能“从0年开始计算”？公元纪年之法，本即人们相约以定，习俗而成，倘有违之其约而“主张公元纪年从0年开始计算”者，大谬也；此乃成语“约定俗成”本义，不详编者所谓“约定俗成的惯例”，是否有为人间之事？人类史上何年何月何日有过“公元纪年从0年开始”的先例，编者有能任指其一否？危言耸听“惯例”，编者就没想过需要负点责任吗？中国的官方何时主张过“公元纪年从0年开始”？公众的“主张”编者何以得知？编者之号“公众”者，几个人耶？几亿人耶？倘非诸如编者相关机构若干要员的影响文媒，何至耳闻目睹“主张公元纪年从0年开始计算”之“社会舆论”焉？中国科学院紫金山天文台早于1999年之初始即作申言“21世纪始于2001年”，编者1999年之终末尚且语冠“目前”以刊上言，真是不知，此编者之“中国科学院紫金山天文台”，非彼申言之中国科学院紫金山天文台否？编者“年代”是“世纪中以十年为期的时段名称”并“例如，二十世纪九十年代，指1991年～2000年，即以出现91年为九十年代之始”，更为莫名其妙。“年代”一词用于社会，早于“世纪”不下千年历史；“年代”亦可量化“十年为期”，不知“时间”又当计量“几时为期”耶？编者茫然不知“九十年代”何物，竟也大言“释解”惑众，何乃一个“勇”字了得！所谓“九十年代”者，不过英文“ninety，ninety-one，ninety-two，…ninety-nine”十个连续数词约定俗成的缩略表达句式“the nineties”的憋脚汉译（笔者愚识，译作“‘九〇’年期”较宜）；即使后来的印阿数字（the 90′s）取代，英语中的八组（the 20′s，the 30′s，…the 90′s）如类句式也皆与“世纪”纪年无涉。“以出现91年为九十年代之始”并例以“二十世纪九十年代，指1991年～2000年”的谬说，不仅大悖英语原句及传统汉译，更与“二十世纪第九个十年”（1981年～1990年）、“二十世纪第十个十年”（1991年～2000年）概念混淆；其所误世之深，简直罪不可赦。

看来，天文、人文的距离，还是真的不小。庆幸时下充数计量的仅只一个空位“〇”，不知何时再扩一个小数“．”，致使数学、人学的距离，世间根本无以度量哉！但愿，告别廿一世纪的人们，不再留下告别二十世纪的感慨：做人真难。

〔载2002年8月20日自刊《余修文稿》辑二〕

盗名“二进制算术”的莱布尼茨0、1排列

——1679年手稿与1703年论文的“二进制算术”真伪

叶小草

1705年发表的莱布尼茨（G. W. Leibniz，1646～1716）1703年论文《论单纯使用0与1的二进制算术——兼论二进制用途以及伏羲所使用的古代中国符号的意义》，所于当今世界的影响，可谓非同小可；然其所谓“0与1的二进制算术”有为“真”否，却当今人认真析辨之。

应该说，“累十计量”是中华民族早于技术四大发明的更为重要的一大创举：《逸周书·周月》“数起于一而成于十，次一为道”[1]。不管是中国的位词（个、什、佰、仟、万、亿、兆……）记数，还是被李約瑟（J. Needham）视为“是汉代筹算盘的空位上摆上了一个印度花环”[2]的空位圈“0”〔按：唐《开元占经》载记之时用点“·”〕符印阿记数，十进位置记数都只惟有九个数字（一二三四五六七八九，123456789）；莱氏图列（图1）[3]所谓0、1“二进制算术”，实乃〇、1二元素之

重复排列，无以盗谓“二进制算术”。印阿十进位置记数的“逢十进一”已明确告诉我们不可能出现同一数位的第十个数字，即表示十个下位一的次序第十个数是用上位的数字“一”和下位的空符“○”合而成之；套用“十进”原理并借用其一字一符的1、0“二进制算术”，无疑只有唯一真正的数字符号“1”（“0”符仅为其数位数字的否定）。不管使用圈（○）或使用点（·），空位符号都只能是出现于数字进位之后；莱氏所谓的“我使用的数字符号只有0与1，逢二进位”[4]，无疑有如魏明安《八卦作为一种无零二进制数符系统的解说》所言“是从第三个数开始进位的”[5]，明显区别于传统进位制始于数1的“逢几”进位原理。倘非数序a、b、c、d、0、1的逢2进位亦称“二进制”，则莱氏所谓“数字符号只有0与1，逢二进位”之“二”，全然无所表义也；至少，自然数“二”之基数、序数二义，荡然无存矣。倘依莱氏数字符号“0与1”后第三个数“逢二”进位，诚当另设空位符号（如图2设“·”为空符）之记数；然却莱氏“二通过10来表示，二乘二等于四即100，二乘四等于八即1000，二八一十六即10000，类推”[4]的进位，又显然未将“0”符计为数字，仍然只作空位符号。莱氏视“0与1这两个最简单单位”为“数字”[4]的遗憾，当基于“逢十进位，使用十个数字〔叶按：原为‘学’字〕符号：0、1、2、3、4、5、6、7、8、9，各自表示零、一以及含九在内的后面几位数”的“十进制”记数误解；这里，依据莱氏的二进、十进记数皆当一、二、三、四……位首数○、○·、○··、○···，然又二进之二、十进之十均以“通过10来表示”，显然莱氏未曾认真思考记数“进位”的基本原理。位置记数的累进位制要求个、十、百、千……诸位数字必须完全统一，原本十进记数同位始于一、终于九，进位而成一十，次而类推，以致无穷；观之莱氏“二进”记数，一位始于〇、终于一，进位突兀一〇，全然不见“〇·、〇〇、〇一、一·”四数，既非第三个数“二”的“逢二进〇”、又非“逢二进一”的诸位惟而数“一”，不仅盗名“二进制算术”，更其全违“进位”记数矣。

莱氏自以为得计的“将数字还原为0与1这两个最简单的单位，那么处处都会显示出奇妙的秩序。在上面的数字表中我们便可以看到，每一栏中都有一定的周期出现的序列。第一栏中从上往下竖看01，第二栏中是0011，第三栏中是00001111，第四栏中是0000000011111111”[4]，事实上不过名副其实的0、1二符排列，也惟有0、1“排列”才会出现如此的周期序列；果愿套用十进制记数原理，以其数字1、空符0简为“二进”，惟当现其字、符周期序列10、1100、11110000、1111111100000000、……矣。当莱氏把中国“八卦”连线、断线符号解作“均与这一算术形式有关”而得意于所作图示比附（图4）[6]之时，早已无异是在自供“算术形式”本为“排列”而非“进位”了；不管是阴阳八卦还是六十四爻，都止连线、断线的三位或六位排列，其间不仅绝无空位符号且连“空位”也没有。正如柯资能《略谈易卦与二进位制》之言“进位制意味将低位清为〇〔叶按：原为‘零’字〕而同时高一位增加一个单位，低位清空是进位制的前提”[7]，至少，时至今日还没人能从中国卦爻的连线、断线排列图中寻找出进位制“空位”的一丝痕迹来。即使我们不去苛求

图 1		图 2	图 3	
∘ ∘ ∘ ∘ ∘ ○	○	○		
∘ ∘ ∘ ∘ ∘ 1	1	1	1	1
∘ ∘ ∘ ∘ 1 ○	2	○·	10	2
∘ ∘ ∘ ∘ 1 1	3	○○	11	3
∘ ∘ ∘ 1 ○ ○	4	○1	100	4
∘ ∘ ∘ 1 ○ 1	5	1·	101	5
∘ ∘ ∘ 1 1 ○	6	1○	110	6
∘ ∘ ∘ 1 1 1	7	11	111	7
∘ ∘ 1 ○ ○ ○	8	○··	1000	8
∘ ∘ 1 ○ ○ 1	9	○·○	1001	9
∘ ∘ 1 ○ 1 ○	1○	○·1	1010	10
∘ ∘ 1 ○ 1 1	11	○○·	1011	11
∘ ∘ 1 1 ○ ○	12	○○○	1100	12
∘ ∘ 1 1 ○ 1	13	○○1	1101	13
∘ ∘ 1 1 1 ○	14	○1·	1110	14
∘ ∘ 1 1 1 1	15	○1○	1111	15
∘ 1 ○ ○ ○ ○	16	○11	10000	16
∘ 1 ○ ○ ○ 1	17	1··	10001	17
∘ 1 ○ ○ 1 ○	18	1·○	10010	18
∘ 1 ○ ○ 1 1	19	1·1	10011	19
∘ 1 ○ 1 ○ ○	2○	1○·	10100	20
∘ 1 ○ 1 ○ 1	21	1○○	10101	21
∘ 1 ○ 1 1 ○	22	1○1	10110	22
∘ 1 ○ 1 1 1	23	11·	10111	23
∘ 1 1 ○ ○ ○	24	11○	11000	24
∘ 1 1 ○ ○ 1	25	111	11001	25
∘ 1 1 ○ 1 ○	26	○···	11010	26
∘ 1 1 ○ 1 1	27	○··○	11011	27
∘ 1 1 1 ○ ○	28	○··1	11100	28
∘ 1 1 1 ○ 1	29	○·○·	11101	29
∘ 1 1 1 1 ○	3○	○·○○	11110	30
∘ 1 1 1 1 1	31	○·○1	11111	31
1 ○ ○ ○ ○ ○	32	○·1·	100000	32

图 1
1703 年论文

图 2
第三进位

图 3
1679 年手稿

图 4			
○	○	○○○	☷
1	1	○○1	☶
2	1○	○1○	☵
3	11	○11	☴
4	1○○	1○○	☳
5	1○1	1○1	☲
6	11○	11○	☱
7	111	111	☰

图 4
莱氏二进、八卦比照

<table>
<tr><td colspan="32">0</td><td colspan="32">1</td></tr>
<tr><td colspan="16">0</td><td colspan="16">1</td><td colspan="16">0</td><td colspan="16">1</td></tr>
<tr><td colspan="8">0</td><td colspan="8">1</td><td colspan="8">0</td><td colspan="8">1</td><td colspan="8">0</td><td colspan="8">1</td><td colspan="8">0</td><td colspan="8">1</td></tr>
<tr><td colspan="4">0</td><td colspan="4">1</td><td colspan="4">0</td><td colspan="4">1</td><td colspan="4">0</td><td colspan="4">1</td><td colspan="4">0</td><td colspan="4">1</td><td colspan="4">0</td><td colspan="4">1</td><td colspan="4">0</td><td colspan="4">1</td><td colspan="4">0</td><td colspan="4">1</td><td colspan="4">0</td><td colspan="4">1</td></tr>
<tr><td colspan="2">0</td><td colspan="2">1</td><td colspan="2">0</td><td colspan="2">1</td><td colspan="2">0</td><td colspan="2">1</td><td colspan="2">0</td><td colspan="2">1</td><td colspan="2">0</td><td colspan="2">1</td><td colspan="2">0</td><td colspan="2">1</td><td colspan="2">0</td><td colspan="2">1</td><td colspan="2">0</td><td colspan="2">1</td><td colspan="2">0</td><td colspan="2">1</td><td colspan="2">0</td><td colspan="2">1</td><td colspan="2">0</td><td colspan="2">1</td><td colspan="2">0</td><td colspan="2">1</td><td colspan="2">0</td><td colspan="2">1</td><td colspan="2">0</td><td colspan="2">1</td><td colspan="2">0</td><td colspan="2">1</td></tr>
<tr><td>0</td><td>1</td><td>0</td><td>1</td><td>0</td><td>1</td><td>0</td><td>1</td><td>0</td><td>1</td><td>0</td><td>1</td><td>0</td><td>1</td><td>0</td><td>1</td><td>0</td><td>1</td><td>0</td><td>1</td><td>0</td><td>1</td><td>0</td><td>1</td><td>0</td><td>1</td><td>0</td><td>1</td><td>0</td><td>1</td><td>0</td><td>1</td><td>0</td><td>1</td><td>0</td><td>1</td><td>0</td><td>1</td><td>0</td><td>1</td><td>0</td><td>1</td><td>0</td><td>1</td><td>0</td><td>1</td><td>0</td><td>1</td><td>0</td><td>1</td><td>0</td><td>1</td><td>0</td><td>1</td><td>0</td><td>1</td><td>0</td><td>1</td><td>0</td><td>1</td><td>0</td><td>1</td><td>0</td><td>1</td></tr>
</table>

图5　0、1两个元素排列

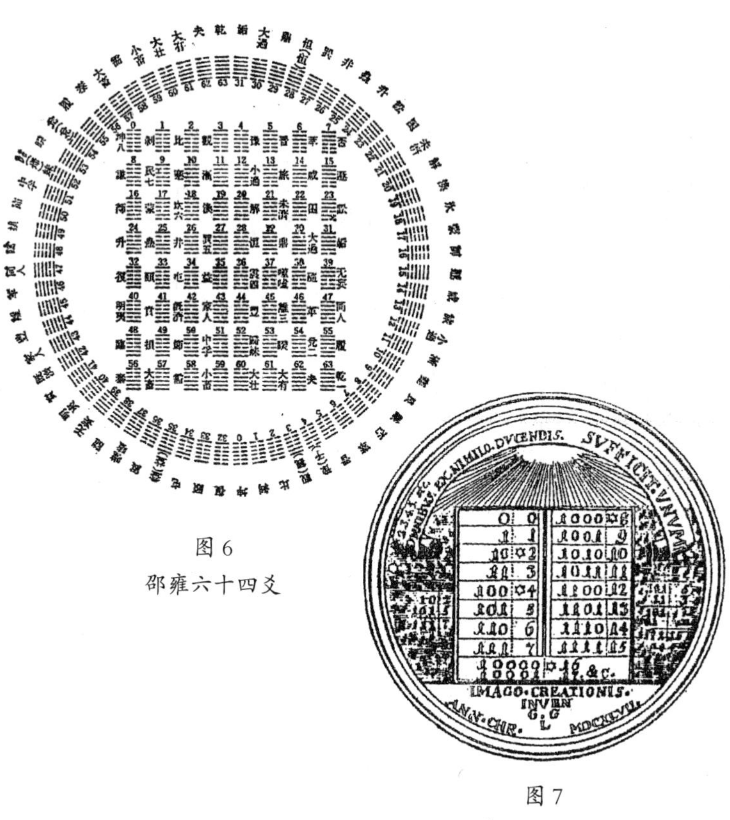

图6

邵雍六十四爻

图7

莱氏创造之像

莱氏“二进制”100、101、110、111（即十进制4、5、6、7）所与十进制100、101、110、111之何以区别，却001、010、011即1、10、11之“0”，终为记数数字耶、空位符号耶，不能不问。0为数字，则000当如111之与1分别为数，亦与之0别为二数矣；0非数字，则000及0皆非可能独立充数也。至于001、010，早在当时流亡荷兰的法国学者Cesar Caze与莱布尼茨的讨论中就已指出：“在所有的数字系统中，把0放在数字前填补空位的现象并不常见”[8]。排列与进位本无什么共通之处，不知为什么0与1的两个元素排列竟能有被莱氏盗谓“二进制算术”，就因为二、两作为数目的或可同义通用吗？真是不可思议。为明鉴莱氏0、1“二进”本系排列，特制0、1六位排列表（图5），以资比照邵雍阴、阳六爻排列图（图6）[9]；之所以“莱布尼茨由于图与自己的二进制算术一致而大为欢心”[10]（除其0、1与— —、——符号之别，他无二致），莱氏论文图列（图1、图4）本即二符排列，不过冠以“二进制算术”而已。

假如莱氏未尝发表过1703年的论文，1679年的手稿给我们留下的该是怎样明白无误（当然1、0还都是借用十进的字符）的“二进制”记数（图3）[11]啊！那么，至发表论文的二十几年间，莱氏为什么做出了从数字1、空位0“二进”记数到0、1两个元素“排列”的重大转变呢？“1696年5月莱布尼茨曾向公爵讲解过二进制算术，公爵很感兴趣，并且认为，用0和1来创造一切数的二进制可能为基督教《圣经》的创世说提供了表象或类比”[12]，“这是因为唯一完美的上帝即神从无到有创造了世界，而且它才与一切数的根源来自 0 与 1 的这种体系相对应”[10]。所以莱氏“在 1697 年元旦给卢道夫·奥古斯特（Rudo lphus Augustus）公爵”的“信中进一步发挥了公爵的想法”，认为 0、1“二进制”的完美“不单表现出神从无创造一切，而且创造了一种非常美的秩序与和谐的存在。因为二进制数表自右至左呈现出有规律的周期性；第一行是 0，1；0，1；……第二行是 0，0，1，1；0，0，1，1；……等等，每一行的循环期是前一行循环期的加倍。运用这种规律性的循环，人们可以不经过计算，很容易地写出所有的二进制数”[12]。这里，正可以“按照莱布尼茨的解释，二进制理论不是供普通计算用的，而是为了科学上的完美；也就是说，是为了用于发现数所具有的许多美妙的性质”[10]。莱氏还在信中将自己设计的“创造之像”（Imago Creationis）图案（图 7）[13] 作新年礼物呈献公爵，该面图案“顶部光芒四射”[10]，水下“深渊充满着黑暗”[12]，“空渊和暗沙属于‘零’或‘无’，而神的圣灵和光则属于无所不能的‘壹’”[12]，“这幅图画展示着创造的故事。图案的中部排列着一个二进制数与其相应的十进数的对照表〔叶按：其二数表皆以‘0’始〕，说明着二进制体系的含义”[10]；上镌座右铭：“从无导出一切（2、3、4、5……）的，是充分必要的‘壹’”（2，3，4，5，etc. OMNIBUS EX NIHILO DUCENDIS SUFFICIT UNUM）。正如莱氏有与伯莱明的约翰·肖林贝克讨论所道“在二进制当中已经觅寻到事物从无开始的连续的创造以及这种事物（由于连续存在）依存于上帝的那种美妙的图象”[10]，不难从中感受到“莱布尼茨是以大公的这个想法来争取各界对自己发明的二进制的关注”[10]；然而，这一“争取”的代价太沉重了，当莱氏在给白晋的信中论述“我们只有通过这种仅借助0与1来记数的方法，才能理解第七日的完美性……并且在这时那个〔111的〕特性与三位一体联系在一起”[10]之时，还能简单理解为仅仅“是以大公的”想法吗？在遵循自然法则的算术王国中，是根本不可能在数1的前面预留一个“0象征着先行在天地之间创造的虚无”[10]席位的；位置记数（不论几进位制）的空位（亦不管设符与否）只能出现于低位数字整合“进位”之后，亦不管是用·、〇等任何符号标示，其符号本身永远都只是其所在数位数字的根本否定。也许“从无到有”属于上帝，但却属于记数的惟而“从小到大”；莱氏从1679年手稿“1｜10｜11 100｜101 110 111 1000｜”到1703年论文“0 1｜10 11｜100 101 110 111｜”的“二进制算术”堕落，谁能说该当责难的，只是上帝“创世”的灵光，而非莱氏自身“功利”的遗憾呢？事实上，莱氏注入宗教神秘光环并以之为神髓的1703年论文0、1“二进制”，不仅早已从根本上背离了位置记数的“进位”计量（即增位而成十、百、千、万……）原则，更其不惜混淆数字、空符而单纯追求形式完美，以致彻底跌入0、1两个元素“排列”，诚乃数学史之一大憾事。看来，上帝是没有在意莱布尼茨发明“二进制”的恭维，“他的二进制算法并没有产生象他所期待的美妙结果，即数的科学的完成”[10]；其实，莱氏本该欣赏其1679年手稿中“10，1100，11110000，1111111100000000……”真正的“二进制数表自右至左呈现出有规律的周期性”，就是因为“上帝创造万物是从〇〔叶按：原为‘零’字〕开始的”[14]

吧，使得我们都只能不得不遗憾地接受莱氏发表1703年论文的史实。

尽管相信上帝的人群还只是地球上人类的一部分，却是*ISO*与至少殃及“GB”的“｜非负整数集；自然数集｜N={0，1，2，3，…}｜”[15]，已在整个地影响着这个世界上笔者所能耳闻目睹的“识数”人；然事实上，不管权势者们如何处心积虑，倘无回天之力致使0+0=1、1+0=2、2+0=3、……，任何无视自然数记录法则的“N={0，1，2，3，…}”《标准》，都只能不过一纸空文。不知“N={0，1，2，3，…}”的《标准》制定者，又将如何表示9、99、999、9999……的后继数？但愿计算机年代尾数“01，02……99，00”的百种数字、符号，不致扭曲十进位置记数“1，2……99，100”的百数自然计量；键盘“1，2，3，4，5，6，7，8，9，0”的九字一符排序，无疑是在提醒好为“00，01……98，99”者，自然数之单位佰数，末尾空符“00”之数，必然大于末尾数字“99”之数。之所以位置记数单位数（十进制十、百、千……，二进制二、四、八……）皆如“末尾‘0’符之数大于数字之数”其律，实乃“进位”法则使然也。其实，对于并非顶拜上帝的人们，空位圈、小数点都不过是数字1、2、3、4、5、6、7、8、9之辅助记录符号；空位圈“0”更为附着数字（1、2、3、4、5、6、7、8、9）之后专司否定数字存在之职，迄今无人可道其所标示几许大小、多少、长短数量也。但愿，“此处禁放垃圾”的告示牌不是垃圾、“该位空无数字”的标示符不是数字的常识，有能助于我们理解：作为数轴上唯一没有坐标的点，即使原点的字母O写成空位0，仍然只是没有数量的标示。真不知道，能将“没有”计入“多少”的数量王国，该是一个怎样纷乱的“数字化”世界?

注释:

[1] 《四部备要》，中华书局1988年影印版44册《逸周书·卷六》45页。

[2] 参见鲁又文《数学古今谈》，天津科学技术出版社1984年9月54页。

[3] 此为录制。原样见莱布尼茨《论单纯使用0与1的二进制算术——兼论二进制用途以及伏羲所使用的古代中国符号的意义》，载《中国科技史料》2002年第1期55页。

[4] 莱布尼茨《论单纯使用0与1的二进制算术——兼论二进制用途以及伏羲所使用的古代中国符号的意义》，李文潮译注，《中国科技史料》2002年第1期55、56页。

[5] 《自然科学史研究》，2000年第1期90页。

[6] 此为录制竖式。横式原样见莱布尼茨《论单纯使用0与1的二进制算术——兼论二进制用途以及伏羲所使用的古代中国符号的意义》，载《中国科技史料》2002年第1期56页。

[7] 全题《略谈易卦与二进位制——兼与魏明安先生商榷》，载《自然科学史研究》2000年第3期272页。非常遗憾，柯文的轻率断言“至迟在邵雍易学中，中国古代学者已经发现并自觉地使用了二进位制”，又表明其自身误把根本不存在“低位清空”的卦爻连线、断线排列认作了“二进位制”。

[8] 李文潮译莱氏《论单纯使用0与1的二进制算术——兼论二进制用途以及伏羲所使用的古代中国符号的意义》所附注释，《中国科技史料》2002年第1期56页注①。

[9] 复印于E. J. 爱顿《莱布尼茨、中国与二进制》，载《科学史译丛》1985年第1期11页。

[10] 〔英〕E. J. 爱顿《莱布尼茨、中国与二进制》，解延年译，《科学史译丛》1985 年第 1 期 8–14 页。

[11] 此为录制竖式。横式原样见孙小礼《关于莱布尼茨的一个误传与他对中国易图的解释和猜想》，载《自然辩证法通讯》1999 年第 2 期 53 页。

[12] 孙小礼《关于莱布尼茨的一个误传与他对中国易图的解释和猜想》，《自然辩证法通讯》1999 年第 2 期 53、54 页。

[13] 此为复印于 E. J. 爱顿《莱布尼茨、中国与二进制》之单面图案，《科学史译丛》1985 年第 1 期 8 页。

[14] 李约瑟《中国科学技术史》第二卷《科学思想史》，吴伯译，科学出版社、上海古籍出版社 1990 年 8 月 368 页注 4)。

[15] 国家技术监督局《中华人民共和国国家标准 GB 3100～3102–93·量和单位》，中国标准出版社 1998 年 4 月 311 页。

〔载 2002 年 8 月 20 日自刊《余修文稿》辑二〕

爻卦排列与所谓“二进制数表”

——“0、1”符号排列与“1”数“0”符记数之辨

叶小草

《光明日报·国学》2007年第10期（总第33期）并载姜广辉《邵雍的“加一倍法”就是严格意义的“二进制”》及“链接”短文：袁向东《自然数系的二进制表达法》、未署名《〈莱布尼茨二进制与伏羲八卦图考〉》[1]。拜读颠倒是非、混淆黑白三文愤懑难平，特并撰文以辨真假曲直。

一辨姜广辉《邵雍的“加一倍法”就是严格意义的“二进制”》

读罢姜文《邵雍的“加一倍法”就是严格意义的“二进制”》，不过主旨“邵雍的‘加一倍法’意味着中国早在九百多年前的北宋时期，已经发明了二进制的记数方法”而已。既然“主流的学术观点认为邵雍的《先天图》不是二进制记数方法，或至少不是一种自觉运用的二进制的记数方法”，再道“所谓‘加一倍法’即是今天严格意义上的‘二进制’的记数方法”，一定有

知“邵雍的《先天图》”究竟如何是或如何不是二进制的记数方法，然却一句“我们〔叶按：姜广辉者，本乃社会名人，不详此时如何成众〕认为，如果邵雍不是自觉运用‘二进制’的记数方法排出这一卦序，我们想不出他还可能用其他方法排出这种卦序，而正巧与‘二进制’的数表完全吻合”就想回答“如何是或如何不是”这一纵越数百载、横跨诸洲洋之大是大非，未免太随“臆”了点吧。作者须知，“排列组合”之于初等数学，有为两个不同概念：数学中诸多元素的无序组成谓之“组合”，元素的有序组合又称之“排列”。观察姜文所录邵雍《伏羲八卦次序图》、《伏羲六十四卦方位图》，皆乃两仪、四象、八卦……六十四卦的生殖结果，未有他哉。姜文以为发现了“读懂《先天图》卦序的要诀：卦序的‘逆数’”，断引而谓“邵雍已经指出：‘夫易之数，由逆而成矣。’(《皇极经世书》卷十三)”，以充王牌；然却，邵雍《皇极经世书·观物外篇上》载语本义：“八卦相错者，相交错而成六十四卦也。‘数往’者顺，若顺天而行，是左旋也；皆已生之卦也，故云‘数往’也。‘知来’者逆，若逆天而行，是右行也；皆未生之卦也，故云‘知来’也。夫易之数，由逆而成矣。此一节直解图意，若逆知四时之谓也。”[2] 邵雍先有“太极既分，两仪立矣。阳下交于阴，阴上交于阳，四象生矣。阳交于阴，阴交于阳，而生天之四象；刚交于柔，柔交于刚，而生地之四象；于是八卦成矣。八卦相错，然后万物生焉。是故，一分为二，二分为四，四分为八，八分为十六，十六分为三十二，三十二分为六十四；故曰分阴、分阳，迭用柔、刚，易六位而成章也。十分为百，百分为千，千分为万，犹根之有干、干之有枝、枝之有叶，愈大则愈少，愈细则愈繁，合之斯为一，衍之斯为万”[3]之语，则其：“数往”者，当读动词上声之“数（shǔ）”，记数已往之谓也；“知来”者，逆推以作预知，测算未来之言也。“易”之成数“六十四”卦，诚乃“数往”、“知来”合成之，是无“逆”预之卦，不得“成章”也。姜文实在不当偏解“夫易之数，由逆而成矣”，以为“读懂”邵雍六十四卦图“的要诀就是‘逆数’”。

虽是姜文“所谓‘加一倍法’即是今天严格要求意义上的‘二进制’的记数方法”，并非全无道理，却也所谓“今天严格意义上的‘二进制’的记数方法”，所与莱氏手稿“逢二进一”位值记数全无相通之处，不过盗用“二进制”名义的符号排列而已；“所谓‘加一倍法’”之“-- —”二爻排列，换作“○ 1”、“· 2”、“△ 3”……任何两种符号其所排列顺序总都一样，只是根本无法结缘“二进”记数罢了。姜文“《伏羲八卦次序图》正好是按二进制记数方法所表示的0–7的自热数表”、《伏羲六十四卦方位图》“正是二进制方法所表示的0–63的自然数表”，无乃昭示天下：作者跟本不谙“十进制位值记数法”，且更何从奢谈什么“二进制”耶？姜文附图《八卦》“乾一、兑二、离三，震四、巽五、坎六、艮七、坤八”，其所“一、二、三、四、五、六、七、八”，自有华夏文明从都记录八个自然数字，何来姜文天外“0–7的自然数表”？姜文所谓“7”者，到底自然序数“八”耶？还是天外来数“7”耶？同理，姜文“六十四卦”之所谓“0–63的自然数表”，其所示数，“六十四”卦耶？“63”卦耶？不洋作者功能之特异，可为世人展示天地人间何一“0”数物件？作者须知，

不管是 *ISO 31-11：1992（E）*之“｜11-4.9｜**N** N｜　｜the set of natural numbers；…｜N=｛0，1，2，3…｝｜”[4]，还是《GB 3102. 11-93》“｜11-2.9｜**N，**N｜　｜……；自然数集｜N=｛0，1，2，3，…｝｜”[5]，0+0=1、0+1=2、0+2=3……，都是“N=｛0，1，2，3，…｝”的充分必要条件；正如真实的自然数集“1、2、3、4、5、6、7、8、9、10、……”必以 1+1=2、1+2=3、1+3=4……为其充要前题也，否则无以言称“自然数”。“0”本十进位值记数空位符，姜文误将计入“自然数”，无异彰显荒诞耳。无论是中国筹算的直接空位，还是古代天竺算法的空位点，位置记数的“空位”从不冒充数字、无人入计数值；今之姜文有将“0”符入充自然数首，又其兼故空位圈，不详姜文自然数表“000”、“000000”所示，终为自然数字耶、有为空位符号耶？不知作者又能解释所谓“自然数表”之“000”、“000000”，可称数字者几许、有谓进位者几何？更其不知，文章作者如何作答：“000-0”、“000000-0”，何以“111-7”、“111111-63”，而非同理“111-1”、“111111-1”？既然《易》图卦序本即“--”、“—”二符递增排列，又姜文所谓“自然数表”全然与之对应，则当“邵雍的‘加一倍法’”无乃--、—二爻排列而已，亦即所谓“严格意义的‘二进制’”全与记数方法无涉焉。既然如此，何必欺世盗名“严格意义的‘二进制’”耶？

或许作者根本未谙何为自然数、何谓十进制，方至如此“严格意义的‘二进制’”之荒谬误解吧；应该说，如其“未谙”者，远非文章作者“姜广辉”也，不是文后作者明注“本文得到董光璧教授拔冗审读指正”吗！“数”者，以“有”为其前题，正如东汉郑玄之注《周礼·夏官·量人》"数，多少也"[6]，不论其多、其少，总置"有"中，亦即"有"外无数也。自然数之概念浅显足令一般书文不屑一顾，或以原指"物体的个数"不当有大错（后聆一小学教师亦作同解），周延一点或可以为"事物的个数"吧。自然之数，除单位且自身之"一"而外皆为一之叠加也；诚如十、百、千、万……，无非"十、百、千、万……"个数"一"之和也。"十进制"者，位值（亦可称"置"）记数之"逢十进位"法也，亦即使用"十减一"个数字进位递增而求无限记数之法也；九个数字诚乃十进位值记数之充分必要条件，增、减数字一个，不为"十进制"也。世间本无"二进制"，借用印阿十进记数"1"字"0"符炮制"二进制"，亦唯"二减一"个数字，否则，无以称谓"二进制"。"逢十进一"九个数（"逢二进一"一个数），诚乃位值记数之最最起码常识；一个数字的记数与"两个符号"的排列，全若"风"与"马牛"，岂可同日而语哉？姜文之"如果我们将卦画中的 设定为'0'，一设定为'1'，那上面的《伏羲八卦次序图》正好是按二进制记数方法所表示的0–7的自然数表"，"按照邵雍'加一倍法'"的原理，每增加一个爻位（实即数位），二进制数表中所包含的自然数的数目便会增加一倍"，"这也就是说，只用两个符号便可以以一种明白无误的逻辑方法（可操作、可验证的）表示任何自然数"，无乃坦言作者确需补课"自然数"与"十进制"。之所以姜文认为邵雍"是自觉运用'二进制'的记数方法排出这一卦序"，应该说作者的初等数学基础委实欠缺了点；不管是卦爻的--、—，还是设定的0、1，只需知晓一个数学"排列"概念，化解卦序以及所谓“自然数表”的排列结果，不是本于情理之中吗？

诚然，今人“0、1”符号排列取代“1、0”字、符记数者千千万万，谁让撰文姜广辉、审读董光璧之混淆记数、排列大作——露脸《光明日报·国学》，自缚靶的呢！

二辨袁向东《自然数系的二进制表达法》

按说，袁文“数是人类在长期实践活动中逐渐形成的抽象概念，它们主要用来表示事物的多少（……）和事物间的次序（……）。我们熟知的自然数就具有这两方面的功能”及“现在普遍使用印度-阿拉伯数码〔叶按：印阿数字何以改称‘数码’，甚不得解〕1，2，3，……和十进位值制来表达自然数。严格地说，全体自然数组成的无穷集合N＝（1，2，3，……）和……运算一起构成自然数系”的明确表述，绝然不与姜文“加一倍法”的所谓“二进制”同流合污；然却袁文后序，犹如坚盾抗锐矛，读之不明，作者何意自掘立论根基耶？

诚憾袁文“所谓十进位值制……它只需要利用十个不同的数码（现在通用的是0，1，2，3，4，5，6，7，8，9。此时我们称这种表达方式的基为十），按逢十进一的进位法，以及数码在不同的位置表示不同的值的规定，就能比较方便地表达数的大小、次序并进行运算”，确然颇与前述悖论。先说“数码”歧义，令人难辨所以：至少笔者所于数码，首先想到的总如身份证号码、电话号码、房间号码、车牌号码、信箱号码、彩票号码、邮政编码、部队番号以及各类代号等不涉数量涵义之符号，有将记数文字混称“数码”，委实不免歧义；既然袁文所言皆为记数文字，何苦不言“数字”而故作歧语“数码”焉？本已“普遍使用印度–阿拉伯数码 1，2，3，……和十进位值制来表达自然数”、“全体自然数组成的无穷集合 N＝（1，2，3，……）”，此又何生“十个不同的数码（现在通用的是 0，1，2，3，4，5，6，7，8，9。……）”耶？既然数码首 0、次 1，则当必于十进记数 0 十、0 百、0 千……也，不详作者有知 0 个、0 十、0 百……记数几何，且又“利用十个不同的数码”如何标示耶？第“十个”数码倘不进位，如何得言“逢十进一的进位法”耶？且若第“十个”数码而后之下一个记数进位，又岂“称这种表达方式的基为十”焉？印阿记数从来九字一符，逢十进一而成“10”；如今袁文首 0、次 1“十个”数码，再作所谓“十进”亦当“逢十进〇”。既然仍按“逢十进一的进位法”，又如何增得“十个”所谓数码“0，1，2，3，4，5，6，7，8，9”耶？所说“逢十进一”者，诚如《逸周书·周月》载言“数起于一而成于十，次一为道”[7]也。

袁文序谓“二进制是‘基为 2 的位值记数系统’。……只需要利用两个数码（现在通用的是 0 和 1），按逢二进一的进位法，……就能像十进制一样，对所有的自然数表示其大小、次序并进行运算”，这里，袁文与他的所谓“十进位值制”犯了同样的错误，“基为 2 的位值记数系统”惟有使用“二减一”个数字，才能体现“逢二进一”之记数方法；倘若“利用两个数码”，则出现“第三个”数码进位，无疑悖谬“逢二进一的进位法”则，总不至于六个数码“a，b，c，d，0，1”而后进位，亦可谎称“二进制”吧！

其实，袁文所谓“现代电子计算机就使用二进制”的说法，亦实在是无法冠以“严格”二字的。人间本无记数“二进制”，无非是借用十进位值记数之数字“1”、空符“0”别示一种计算机处理信息储存状态的两个符号，再仿“逢十进一”进位方法，改作所谓“逢二进一”增位排列而已，根本谈不上什么“使用二进制”。作者须知，诚如逢十进一记数之“1、2、3、4、5、6、7、8、9、10”第十个数进位才叫其“基为十（10）”，惟有“1，10”两个数之第二个数进位才有可能被称为其“基为二（10）”的借用十进数、符的记数二进位值制；亦诚如十进制“1、2、3、4、5、6、7、8、9、10、……”之“0”符只为空位圈、不为记数字，仿借二进制“1、10、……”之“0”符亦为仅止空位圈符、不作计量数字。“两个数码（……0 和 1）”的排列与一个数字（1）、一个空符（0）的记数，虽是皆循“逢二进一的进位法”则，却也全然不同之数学概念：前者“00、01、10、11、……”排列，后者“1、10、11、100、……”记数，而“0、1、10、11、……”何谓，恰如当令国人汗颜之成语“风牛马不相及”也。

不要以为，千万不要以为，国际标准（ISO）、国家标准（GB）的自然数集“N＝｛0，1，2，3，…｝”，就真能“规定”出：人的手指不再十根，而为九根。

三辨无名氏
《〈莱布尼茨二进制与伏羲八卦图考〉》

遗憾，《〈莱〉》文只知道“柏应理著有《中国哲学家孔子》

(Confucius Sinarum philosophus) 一书”，且这部“于1687年在巴黎出版”的书中“画出了‘伏羲八卦次序图’和‘伏羲八卦方位图’”以及“六十四卦图”，并莱布尼茨在“发信时间为：1687年12月19日9点法兰克福”于“致函冯·黑森–莱茵费尔”的“信中提到‘Fohi’一词，这个词就是汉语中的‘伏羲’”，却不晓得G. W. 莱布尼茨于1703年发表论文《论单纯使用0与1的二进制算术——兼论二进制用途以及伏羲所使用的古代中国符号的意义》以前之1679年，已然完成了只有一个数字“1”的二进记数另文“手稿”[8]。况且，上古史上“伏羲”的影响远非“爻卦”一隅，又如何可得以为“考证了莱布尼茨在发明二进位制之前的1687年曾读过比利时耶稣会教士柏应理（Philippc Couplet，1623～1693）介绍中国的古代经典包括《周易》的著作，从而了解相关的易图与卦序”？

既有《〈莱〉》文提醒，如何敢不拜读胡阳、李长铎之《莱布尼茨二进制与伏羲八卦图考》（上海人民出版社2006年8月版）大著！深憾胡著宗旨不过又其“二进制到底源于何处？历史告诉人们它源于古代中国，是中华民族的聪明才智所创”[9]耳，然其最憾，翻遍全书未见一证：位值记数“二进制”者，如何“源于古代中国”。

胡著第三章序节“三、《易经》在莱布尼茨之前已被欧洲称为二进制”[10]，有言“斯比塞尔在第167页第一行〔叶按：当指斯比塞尔于1660年在荷兰莱顿出版的《中国文史评析》一书[11]〕写到的‘Principiis per binarium multiplicatis’中的‘binarium’一词，该词为拉丁文，英文即为‘binary’，就是中文的二进制”[12]。这里的“binarium”，胡著称“就目前现有的文献记载是首次”[13]应当有真（其书后文有言“关于莱布尼茨以前欧洲二进制一事笔者做过研究”[14]），然谓“在斯比塞尔所编著的《中国文史评析》一书中已把《易图》称之为二进制”[13]，就恐怕难着边际了。说人类产生“二进”记数意识之先已然出现拉丁语词“二进制”，实在匪夷所思。拉丁语“binarium”一词，囿于笔者身处条件未及查得；然于谢大任主编《拉丁语汉语词典》中有见“binarius，a，um，adj. 双倍的，双重的”及“binatus，a，um，adj.〈植〉双生的（如二小叶同生于一总柄之顶，或一单叶几乎分裂为二）”[15]，所释全与“逢二进一”之“二进制”记数无关。胡著所谓“斯比塞尔在第166页中介绍阴阳生两仪〔叶按：阴、阳自成两仪，如何“生”之哉!〕、两仪生四象、四象生八卦、八八六十四卦的数学模型”[16]，不过有如《易》之“易有太极，是生两仪；两仪生四象、四象生八卦”[17]及其上引《皇极经世书·观物外篇上》之“太极既分……易六位而成章”，全然不着二进记数之“逢二进一”边际也。是则笔者斗胆，斯比塞尔之言“binarium”断非“就是中文的二进制”，恰其当指“两仪生四象、四象生八卦”之“双倍”、“双生”，根本无缘“逢二进一”也。

胡著有谓“莱布尼茨自我宣称‘当初我创立二进制算术的原则时，对《易经》中的八卦是根本不知道的’〔叶按：‘据1707年12月15日莱布尼茨给布尔盖（D. Bourquet）信’[18]〕”[18]，并批评说“莱布尼茨这种自我宣称却表现出他的不诚实和掩耳盗铃的窘态”[18]。笔者以为，这样的批评是要必须掌握确实证据的。倘若胡著这里仅指莱布尼茨 1703 年发表的论文——"于 1703 年 4 月 1 日才收到白晋 1701 年的回信，见到了伏羲六十四卦次序图和伏羲六十四卦方位图。莱布尼茨……也认为自己的二进算术体系与伏羲这两张图相同。几天后莱布尼茨撰写了《二进位算术的阐述——关于只用 0 与 1 兼论其用处及伏羲氏所用数字的意义》，发表在法国《皇家科学院院刊》（收稿日期为 1703 年 5 月 5 日）"[19]，或许尚存几分可能；因为不管莱氏何时得见伏羲卦图，除其"0、1"二符取代"- -、—"二爻，几无二致焉。然如胡著有据"在 1679 年之前，即莱布尼茨'发明'二进制最早时间之前，中国的《易图》（八卦）已见于欧洲公开出版物"[20]，断论"当初我创立二进制算术的原则时，对《易经》中的八卦是根本不知道的"为"莱布尼茨的谎言"[18]，就实在缺少"立言"依据了。《莱布尼茨二进制与伏羲八卦图考》购置书架近年，今撰此文方有过目，未详作者胡阳、李长铎，所于时下出版图书可能尽阅否？既然人力本即无以全览，又何必苛求昔之莱氏通读"欧洲公开出版物"焉？胡著既知"莱布尼茨在 1679 年的手稿中不用'binarium'一词，而是'dyadica'一词。莱布尼茨使用'binarium'一词见于 1703 年"[14]，就实在更不应该轻以所谓"莱布尼茨在 1679 年之前已见到《易图》"[20]，而来宣判莱氏"不知道"语有为"谎言"了。况且，胡著全书不见莱氏"之前已见到《易图》"直接证据，即使诚有可能、实在应该，亦只不过"分析"而已。大著作者须知，莱布尼茨 1679 年 3 月 15 日"手稿"只为

“1	2	3	4	5	6	7	8	……”[21]
1	10	11	110	101	110	111	1000	

一个数字“1”之借用“十进”字、符所作“逢二进一”记数，并非“我的二进制算术与八卦之间有着惊人的相似性”[22]的“按照十进制，我们用0、1、2、3、4、5、6、7、8、9写出一切数，而魏格先生用四进制即0、1、2、3，写出一切数。……这就给了我一个机会，提出一切数都可以用二进制或二重级数的0和1写出”[18]之“0、1”两个符号

“0	1	2	3	4	5	6	7	……”[23]
0	1	10	11	100	101	110	111	

混种排列；莱氏1703年论文之所谓“二进制算术”纯属假冒伪劣，是有拙文《欺世盗名“二进制算术”的莱布尼茨0、1排列——1679年手稿与1703年论文的“二进制算术”真伪》的匆匆草就[24]。既然，事实正如“李约瑟为了替莱布尼茨争得二进制发明的优先权，讽刺《易经》的占卜者们根本没有任何算术方面的研究或思考”[25]，莱布尼茨就是提前二十年看到了爻卦《易》图，而胡著亦是无法剥夺莱氏1679年“手稿”借用“十进”数、符的二进记数发明权的。

遗憾，胡著既然宣称“莱布尼茨……在他去世的那一年，即1716年，在‘致德雷蒙先生的信——论中国的自然神教’中诚实地说出他关于二进制的文章是受中国太极八卦图的启发”[26]，又为什么在接着引证的信文中找不到一句所谓莱氏“说出他关于二进制的文章是受中国太极八卦图的启发”的话呢？如果是胡著误解了信文“肯定了我对这位古代哲学帝王的符号的解释”[27]，

笔者只能面对作者胡阳、李长铎的汉语理解能力表示几分遗憾了；"因为他说到了算术，肯定了我对这位古代哲学帝王的符号的解释，即我认为这些符号是数目字"[27]的信文，只能理解为：因为"我认为这些符号是数目字"，所以"他说到了算术"，也就是"肯定了我对这位古代哲学帝王的符号的解释"。真是不知，何等文化修养才能理解为"诚实地说出他关于二进制的文章是受中国太极八卦图的启发"耶？莱氏既已明言他的0、1"二进制算术"是"我对这位古代哲学帝王的符号的解释"，真不明白，胡著的"考"论意义究竟又在哪里呢？当然，最遗憾的远非胡著争论"发明权"的徒劳举措，最糟糕的总如莱氏"我认为这些符号是数目字"，乃至所谓"0、1"二进制算术的游说天下，崇迷至今更多胡著"如类"问世。

《易》卦阴、阳二爻递增、递减排列，"0、1"取代"--、—"，依然只是符号排列；借用数"1"、符"0"记数，换作"逢'二'进一"，无疑仍是位值记数。两个符号"0、1"排列、一数一符"1、0"记数，虽是皆循"逢二进一"排序，却也质地迥异有如马牛南、北海，只憾淆者欠思"0"也者——终作数、符，而已。自古印阿记数1、2、3、4、5、6、7、8、9、10、……(早之"0"符作"·")；中国则筹径空位、书取位词（十、百、千、万……），近则"0、1"成灾，至今滋而自然数集"N={0，1，2，3，…}"定规天下，正如《〈春秋〉公羊传》之僖公四年载语"君处北海，寡人处南海；唯是风，马牛不相及也！不虞君之涉吾地也，何故"[28]，今人偏要成语"风马牛不相及"。时至廿一世纪，面对自上而下"0、1"二进制，笔者深为华夏国学盈泪，更为人类文明悲哀。

文章已作结语，却又想起学生近荐的一则摘文，不妨转录于此共赏之。《什么是数学》：“这是波兰著名数学家谢尔品斯基的真实故事。　有一天，他要搬家，他的夫人把行李拿出来以后对他说：‘我去叫辆出租车，你在这儿看好行李，总共有 10 个箱子。’　过了一会，他的夫人回来了，他对夫人说道：‘刚才你说有 10 个箱子，可是我数了，只有 9 个箱子。’‘不对，肯定是 10 个。’　‘说什么呢，我再数一遍，0，1，2，3，……’”（郭云摘自北京理工大学出版社《有趣的数学》，〔韩〕李成延文，金红子译）[29]。真不知道，九根手指的专家，比之十根手指的百姓，谁个更“识数”耶？

注释：

［1］《光明日报》2007 年 3 月 22 日第 9 版。

［2］［3］〔宋〕邵雍《皇极经世书》卷十三《观物外篇上》，《影印文渊阁四库全书》第 803 册第 1065 页上、1064 页上。

［4］*INTERNATIONAL STANDARD ISO 31-11* Secondedition 1992-12-15；Quantities and units—Part 11：Mathematical signs and symbols for use in the physical sciences and technology page.3〔录自国家技术质量监督局“标准馆藏（2）”〕

［5］《中华人民共和国国家标准 GB 3100～3102-93·量和单位》，1993-12-27 国家技术质量监督局发布；中国标准出版社 1998 年 4 月第 311 页。

［6］［17］［28］〔清〕阮元校刻《十三经注疏》，中华书局 1980 年 9

月影印版《周礼注疏·卷三十》第 842 页下、《周易正义·卷七》第 82 页上中、《春秋左传正义·卷十二》第 1792 页中下。

[7] 《四部备要》，中华书局 1988 年影印版第 44 册《逸周书·卷六》第 45 页。

[8] 孙小礼《关于莱布尼茨的一个误传与他对中国易图的解释和猜想》“1679 年 3 月 15 日，莱布尼茨用拉丁文撰写了题为《二进制算术》（De Progressione Dyadica）的论文草稿”；载《自然辩证法通讯》 1999 年第 2 期第 52 页。

[9] [10] [11] [12] [13] [14] [16] [18] [19] [20] [25] [26] [27] 胡阳、李长铎《莱布尼茨二进制与伏羲八卦图考》，上海人民出版社 2006 年 8 月第 130、41、38、43、45、120、42、50、26-7、49、51、81、82 页。

[15] 谢大任主编《拉丁语汉语词典》，商务印书馆 1988 年 7 月第 68 页。

[21] 转引自孙小礼《关于莱布尼茨的一个误传与他对中国易图的解释和猜想》图 1 “莱布尼茨 1679 年 3 月 15 日文章手稿的第一页”，载《自然辩证法通讯》1999 年第 2 期第 53 页。

[22] 莱布尼茨《论中国哲学》，胡著引用庞景仁译文（《中国哲学史研究》1982 年第 1 期）并参阅法、英文版本有所改动；转引自《莱布尼茨二进制与伏羲八卦图考》第 82-3、87 页。〔笔者此处引文出自胡著正文，该段正文后括注“本译文”令人难断该正文终为莱氏语、或为胡著文？借览胡、李网上另文，方敢析断莱氏文。真不知道，作者、编者谁个错耶?〕

[23] 莱布尼茨 1697 年 1、2 月间寄往北京的致意大利传教士闵明我（C.F.Gri maldi）信；见孙小礼《关于莱布尼茨的一个误传与他对中国易图的解释和猜想》，载《自然辩证法通讯》1999 年第 2 期第 54 页。

[24] 自办赠阅小刊 2002 年 8 月 20 日《余修文稿》〔辑二〕，匆匆赶制携入北京“世界数学家大会”私作会下交流。

[29] 《读者》，2007 年第 17 期第 11 页。

〔载 2007 年 9 月 17 日自刊《余修文稿》辑四〕

不在意你记住作者的名姓，却总期于你翻阅过笔者的文字——哪怕仅止篇章少许，甚或只言片语。

当然，更渴望的总是：持见者的批评教正。诚谢。

真的无人驳难，总是于这世间的遗憾。

（谨此感谢所有助成书文之人，最是不易忘怀昔时校园那些善良的师生。）

——作者赘语

作者讯址：

265713

山东省龙口市东海园区福海阁 36 楼 802 室

联系电话：

15564514410